让思想流动起来

论世衡史
- 丛书 -

被牺牲的『局部』

淮北社会生态变迁研究（1680—1949）

― 修订本 ―

马俊亚 著

四川人民出版社

图书在版编目（CIP）数据

被牺牲的"局部"：淮北社会生态变迁研究：1680-1949 / 马俊亚著. —— 修订本. —— 成都：四川人民出版社，2023.2（2023.11重印）
（论世衡史 / 谭徐锋主编）
ISBN 978-7-220-12762-5

Ⅰ.①被… Ⅱ.①马… Ⅲ.①社会发展—研究—淮北—1680-1949 Ⅳ.①D675.4

中国版本图书馆CIP数据核字（2022）第128404号

BEI XISHENG DE "JUBU"：HUAIBEI SHEHUI SHENGTAI BIANQIAN YANJIU (1680—1949) (XIUDINGBEN)

被牺牲的"局部"：淮北社会生态变迁研究（1680—1949）（修订本）

马俊亚　著

出 版 人	黄立新
策划统筹	封　龙
责任编辑	葛　天　冯　珺
封面设计	周伟伟
版式设计	戴雨虹
责任印制	周　奇
出版发行	四川人民出版社（成都市三色路238号）
网　　址	http://www.scpph.com
E-mail	scrmcbs@sina.com
新浪微博	@四川人民出版社
微信公众号	四川人民出版社
发行部业务电话	（028）86361653　86361656
防盗版举报电话	（028）86361661
照　　排	四川胜翔数码印务设计有限公司
印　　刷	成都东江印务有限公司
成品尺寸	145mm×210mm
印　　张	28.5
字　　数	635千
版　　次	2023年2月第1版
印　　次	2023年11月第4次印刷
书　　号	ISBN 978-7-220-12762-5
定　　价	149.00元

■版权所有·侵权必究
本书若出现印装质量问题，请与我社发行部联系调换
电话：（028）86361656

献给我的外祖父穆大举（鹏飞）公

序

读马俊亚先生著作《被牺牲的"局部"：淮北社会生态变迁研究（1680—1949）》，三百年来，淮北百姓生活艰难，一字一句，令人悲恻。自古暴政都容易被人指出阙失，然而治河和漕运两件有关国计民生的大事，竟然也招致一方百姓数百年无法自拔的贫穷。说"苛政猛于虎"，善政也会引来洪灾！

作者指出，为了漕运和明代皇陵，刘大夏、潘季驯等一代治水贤臣，居然以淮为壑，让滚滚黄河倾入徐淮平原。漕运有关北方千万人口的食用，还可以说得过去；所谓"凤阳根本之地"，皇陵之内并无骨骸，寝殿之中也无居人，居然以此为理由，使淮北生态完全改观。"自从出了朱皇帝，十年倒有九年荒"。言念及此，深叹权力两字不可滥用。

自来研究生态变化者，可从种种角度考察其前因后果。真能如这部著作一样，以绵密证据，找出元凶——错误的政策，如此者，真不多见。

回顾历史，为了政权不惜工本，以致引发生态巨变者，比比皆是。汉唐两代，都以关中为畿辅。汉代三选七徙，将关东富户豪杰一次又一次移居关中，长安四周，添了十余个城邑，这些卫星都市的人口，加上长安本身人口，使关中无法负荷，以致光武中兴不得不将首都迁往洛阳。经过南北朝,长安常为战争之地。但是从北周以关中为基地,大量府兵驻扎关中。盛唐之时,关中人口大增,不仅有政府官员,大量军队,还有西来的番商胡贾,于是关中资源再度衰竭,武则天不得不时常就食洛阳。更可惜者,关中树木作为柴薪砍伐殆尽,郁郁葱葱的终南山,到中唐时,树木已大不如前。关中植被流失,造成史念海先生所指陈的"河流侵蚀原地"。今天,八水绕长安的盛况,已完全不可再见。"周原芜芜",今日破碎不堪,这个经验,竟不为世人察觉。在今天我们又见到首都人口剧增,调动南北资源只为此一个超大都市的食用和饮水。南水北调是巨大工程,对饮用水还有补充余地,但终究救不了地下水源干枯,河北平原下陷岂止以尺计!

即使不谈首都面临的困难,中国经济发展,全国处处都有所营建,处处高楼大厦,一片一片水泥地,夺走了农田与植被。缺少了植物覆盖,雨水不再能渗入土壤,而水泥地的反射热,又增加了许多大地暖化的温度。为了这些兴盛的表象,后代将支付无穷的生态代价。

以上所说,只是我们亲眼目及,堪为痛心的一些现象。今天国人的环保意识已比二三十年前提高不少。我想我所指出的问题,都发生在生活之中,我们是不是也对于政策的设计和运作,应当以史为鉴,有所警惕。

这部著作中,提到淮北农家长久没有男耕女织的分工,妇女似乎没有发挥她们从事副业的生产力。这种现象,值得注意。但其中缘故安在,值得推敲。副产品的市场还在,副产品生产者也在,原料不难取得,而农户生活艰困如此,除农田生产收入外,为何男女都不能在副业中找出路?作者必有很多研究资料,盼望他另有宏文,就此问题,作出分析。

许倬云 谨序
2008年6月24日

鸣　谢

本书的增订得益于2017年度国家社会科学基金重大招标项目"大运河与中国古代社会研究"（17ZDA134）和2016年度国家社会科学基金重点项目"近代中国社会环境历史变迁研究"（16AZS013）的资助。

本项研究曾获得南京大学历史系原主任陈谦平教授、崔之清教授的支持和关心。同时，得到了费约翰（John Fitzgerald）教授的帮助，使我有机会去澳大利亚La Trobe大学作了数月的访问研究，在该校及墨尔本大学图书馆查阅了许多相关资料。

2006年9月至2007年8月，我有幸被南京大学人文社会科学高级研究院录取为驻院学者，得到了该院特聘教授许倬云先生的多次教诲，并得到了周宪院长的热心指导。周宪院长对我的研究方法指导尤多，使我极大地拓展了研究视域。马敬主任、陈勇助理帮助解决了不少实际问题。其间，台湾大学人文社会高级研究院与南京大学高研院达成互派学者协议，我成了第一批受惠于此项目的人。在台湾大学的日子里，包宗和副校长、林建甫副院长亲自安排本人与台湾大学地理系、农业经济系的专家学者就本书的部分问题进行研讨，包、林二位教授还参与讨论。本人受益实多。台湾大学人文社会高级研究院助理张淑君、林慧宜、刘爱玲、于祯等小姐，工作细致周到，同样给了我极大的帮助。台湾大学图书馆藏书丰富，尤其馆藏的日文书籍，对本书颇有启发。在台期间，我还得到了台北图书馆、"中研院"傅斯年图书馆、近代史研究所图书馆及档案馆的大力帮助。本书的繁体版于2010年在台湾大学出版中心出版，非常感谢黄俊杰教授的鼎力帮助。

在南京大学高研院期间，我参与了张玉林、何成洲教授领衔的"环境问题研究小组"，受到了社会学、经济学、地理学及新兴的环境科学等多学科理论的熏染，本书的某些内容也得到不同学科专家的批评。

本项研究，得到了安徽大学副校长吴春梅教授的大力帮助。无论是查找资料，还是学理交流，均受益匪浅。在阜阳调查时，得到了阜阳师范学院人事处长吴海涛教授和阜阳市政府办公室主任刘建民先生的帮助。

本书的一些阶段性成果，曾在《历史研究》、（美国）*Modern China*、（英国）*Modern Asia Studies*、（日本）《近きに在りて》、《中国经济史研究》、《江海学刊》、《清华大学学报》、《史学月刊》、《江汉论坛》、《华中师范大学学报》、《淮阴师范学院学报》等刊物上发表，本人感谢前述刊物对我的扶持。其中，在*Modern Asia Studies*发表的论文系与Tim Wright教授合作，本人感谢Wright教授允许我使用我们共同的成果。

本书首次付梓，双亲在堂，弱息在抱。母亲穆运霞年逾古稀，为了让我专致本项研究，不辞辛苦，帮我分担抚幼重担。寸草之心，无以报三春之晖。呆萌小女，时时绕膝送抱，咿咿呀呀，常叮嘱我多加休息，使我时时感受天伦之乐。

十余载瞬然即逝,弱息已成少年,双亲与我永隔。瞻望母兮,瞻望父兮,犹闻叮咛:"嗟!夙夜无寐,上慎旃哉。"

马俊亚
于南京大学中华民国史研究中心
2009年3月20日
2020年10月修订

目 录

导　言 / 001
　　一、研究区域和时段 / 001
　　二、研究对象和理论体系 / 007
　　三、研究现状 / 023

第一章　**保漕大局下的政策误区** / 038
　　第一节　泗州城的沉没与治水政治 / 039
　　第二节　漕运方略与淮北的被牺牲 / 084
　　第三节　官场积习与水患世界的形成 / 146
　　小　结 / 193

第二章　**盐业政策下的利益分配** / 197
　　第一节　国家机器的自利化 / 198
　　第二节　商人寻求租金的最大化 / 238

第三节　生产者的贫困化 / 282
　　　第四节　社会的边缘化 / 312
　　　小　　结 / 338

第三章　从沃土到瘠壤 / 342
　　　第一节　治水与农业生态的破坏 / 342
　　　第二节　稻作农业的变迁 / 383
　　　第三节　农家手工经济结构的演变 / 429
　　　小　　结 / 473

第四章　粮食短缺与生存困境 / 476
　　　第一节　粮食生产与人食所需 / 476
　　　第二节　无权者的田土之累 / 492
　　　第三节　平民粮荒对策的困境 / 530
　　　小　　结 / 569

第五章　本能异化为特权 / 571
　　　第一节　被殄灭的人欲 / 572
　　　第二节　强势群体的性剥夺 / 585
　　　第三节　无法自洽的伦理 / 614
　　　小　　结 / 628

第六章　社会生活与社会冲突 / 631
　　　第一节　诗礼武风的普及 / 631

第二节 民性的衰变 / 667

第三节 丛林世界的形成 / 689

小　结 / 729

第七章　社会结构的异化 / 732

第一节　社会结构与社会形态的畸化 / 732

第二节　强势集团领主化 / 755

第三节　"下江南" / 775

小　结 / 816

结　语 / 819

征引文献 / 834

一、中文部分 / 834

二、西文部分 / 867

三、日文部分 / 877

后　记 / 881

导 言

一、研究区域和时段

本书的"淮北",以清代雍正、乾隆年间行政区划中的江苏淮安府、徐州府、海州直隶州,安徽的凤阳府、颖州府、泗州直隶州为其核心地区;以山东省的曹州府、兖州府、济宁直隶州(主要是沿微山湖地区)的部分地区,河南省毗连安徽、江苏的部分地区为其外围地区。

淮安府初辖2州9县,雍正二年(1723),海州、邳州两州从淮安析出升为直隶州,海州辖赣榆、沭阳两县,邳州辖宿迁、睢宁两县,淮安辖山阳、阜宁、盐城、清河、安东、桃源6县[①]。

徐州在顺治初为直隶州,领萧县、砀山、丰县、沛县4县。雍正十一年(1733)徐州升为府,降邳州来属,这样,徐州领1州7

[①] 赵尔巽等:《清史稿》卷五十八"地理五",北京:中华书局,1977年,第1985—1987页。

县,即邳州、铜山、萧县、砀山、丰县、沛县、宿迁、睢宁①。

凤阳府,顺治初领5州13县。雍正三年(1724),升颍、亳、泗为直隶州,分颍上、霍丘属颍州直隶州,太和、蒙城属亳州直隶州,盱眙、天长、五河属泗州直隶州。十一年,分寿州置凤台县。乾隆二十年(1755),把临淮并入凤阳,四十二年(1777),将虹县并入泗州。经调整后,凤阳府领2州5县,即寿州、宿州、凤阳、怀远、定远、凤台、灵璧②。

颍州府,顺治初,与颍上、太和二县俱属凤阳。雍正二年,升直隶州,改隶安徽省,以颍上暨霍丘来属,分太和属亳州。十三年(1735)升府,增设阜阳县,降亳州及所隶太和、蒙城二县来属隶。领1州6县,即亳州、阜阳、颍上、霍丘、涡阳、太和、蒙城③。

泗州直隶州,康熙六年(1667)分属安徽省,隶凤阳。康熙十九年(1680),州城圮,陷入洪泽湖,寄治盱眙。雍正二年升直隶州,隶安徽省。乾隆四十二年,裁凤阳府虹县,省入泗州为州治。领盱眙、天长、五河3县④。本书不包括远离淮河的天长县。

民国前期,上述苏属地区,属于淮扬道的有淮阴(原清河县)、淮安(清淮安府附郭山阳县,1912年裁府留县,1914年改现名)、泗阳(清桃源县)、涟水县(清安东县)、阜宁、盐城

---

① 赵尔巽等:《清史稿》卷五十八"地理五",北京:中华书局,1977年,第1989—1990页。
② 赵尔巽等:《清史稿》卷五十九"地理六",北京:中华书局,1977年,第2005—2007页。
③ 赵尔巽等:《清史稿》卷五十九"地理六",北京:中华书局,1977年,第2007—2009页。
④ 赵尔巽等:《清史稿》卷五十九"地理六",北京:中华书局,1977年,第2017—2019页。

6县,以及徐海道所属的铜山县(清徐州府附郭首县,1912年1月裁府留县)、丰县、沛县、萧县、砀山、邳县(清邳州,1912年1月改县)、宿迁、睢宁、东海(1912年1月改海州为县)、灌云(1912年4月析东海板浦地方设置)、沭阳、赣榆12县①。

皖属地区主要属于淮泗道,治凤阳县,辖凤阳(清凤阳府附郭首县,1912年1月裁府留县)、定远、凤台、怀远、灵璧、寿县(清寿州,1912年4月改县)、宿县(清宿州,1912年3月改县)、阜阳(清颖州府附郭首县,1912年1月裁府留县)、颖上、太和、霍丘、蒙城、涡阳、亳县(清亳州,1912年4月改县)、泗县(清泗州,1912年4月改县)、五河、盱眙、天长共18县②。

另外,本书把兖州府的滕县、峄县,曹州府的单县、曹县、济宁直隶州的金乡、鱼台、嘉祥和光州直隶州的固始,陈州府的沈丘、项城,归德府的永城、夏邑作为淮北的边缘地区。

民国年间,淮北各县面积及人口数如下表:

民国前期淮北各县总面积及人口数

省属	县名	面积(平方公里)	人口数	资料来源
江苏省	阜宁	5766.75	1001909	实业部国际贸易局编:《中国实业志(江苏省)》,上海:1933年,第1编,第7—11页,14—16页。

---

① 张宪文等主编:《中华民国史大辞典》,南京:江苏古籍出版社,2001年,第1941页。
② 张宪文等主编:《中华民国史大辞典》,南京:江苏古籍出版社,2001年,第1942页。

续表1

省属	县名	面积（平方公里）	人口数	资料来源
江苏省	盐城	4844.75	1038853	实业部国际贸易局编：《中国实业志（江苏省）》，上海：1933年，第1编，第7—11页，14—16页。
	铜山	3669.17	986536	
	灌云	2780.75	581835	
	涟水	2737.00	547375	
	东海	2686.00	372739	
	泗阳	2379.75	523602	
	邳县	2378.75	584904	
	宿迁	2368.58	670941	
	萧县	2366.50	509644	
	沭阳	2347.75	550760	
	淮安	2310.25	730734	
	淮阴	2218.25	426765	
	睢宁	1804.00	547848	
	赣榆	1775.25	399326	
	沛县	1382.75	346593	
	砀山	1271.00	292354	
	丰县	1238.50	304480	
安徽省	凤阳	2700.93	422024	国民政府主计处统计局编：《中华民国统计提要》，上海：商务印书馆，1936年5月，第238页。
	定远	3776.53	333519	
	凤台	2619.03	488454	
	怀远	2789.79	483620	
	灵璧	3332.23	517544	
	寿县	4048.41	693915	

续表2

省属	县名	面积（平方公里）	人口数	资料来源
安徽省	宿县	4985.74	966740	国民政府主计处统计局编：《中华民国统计提要》，上海：商务印书馆，1936年5月，第238页。
	阜阳	7075.60	1792467	
	颍上	1792.81	347200	
	太和	2039.12	584441	
	霍邱	4184.35	433414	
	蒙城	2649.20	433779	
	涡阳	2755.31	572077	
	亳县	2821.62	534327	
	泗县	3061.34	545357	
	五河	792.77	119996	
	盱眙	4320.29	249002	
山东省	滕县	12177	559884	实业部国际贸易局编：《中国实业志（山东省）》，上海：华丰印刷局，1934年印，第1编第9—12、35—39页。
	峄县	12800	未报	
	金乡	5645	232051	
	嘉祥	1800	161544	
	鱼台	3600	185440	
	曹县	12000	未报	
	单县	8700	424272	
河南省	夏邑	586	281939	刘坤阊：《河南人口统计及其分析》，《内政统计季刊》创刊号，1936年10月，50—55页。原表中县域面积为平方市里，此处换算为平方公里。
	永城	1720	521518	
	项城	1574	299988	
	沈丘	1144	264431	
	固始	3729	529034	

续表3

省属	县名	面积（平方公里）	人口数	资料来源
合计		167545.8	19238667（缺2县）	114.83

本书所研究的淮北地理位置如下：

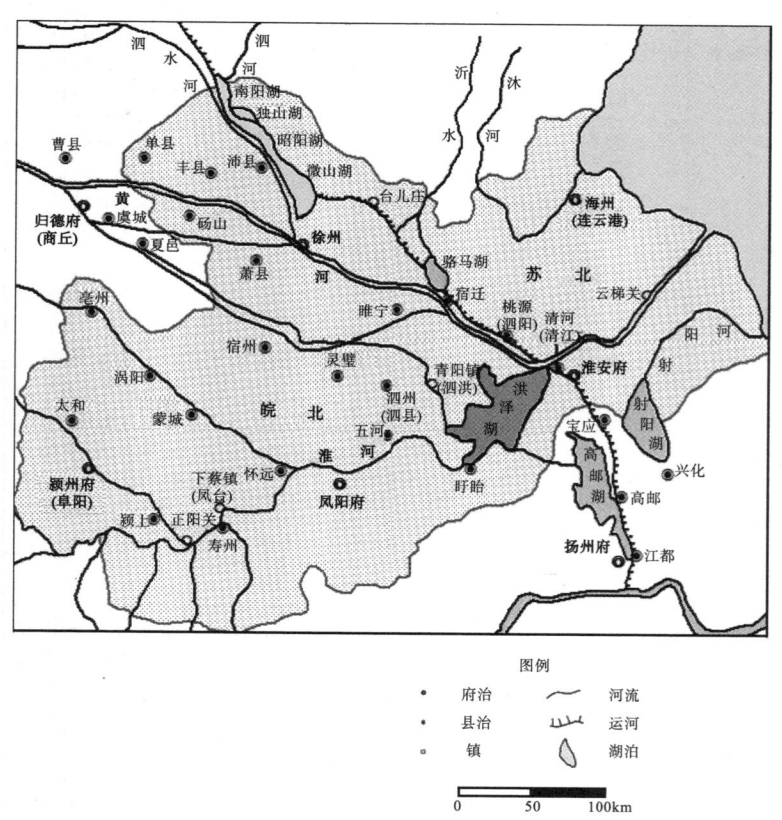

淮北地理位置图（董为民作）

本书涉及的时段为康熙十九年（1680）至1949年。淮北生态衰变的实际年代应始于南宋建炎二年（1128），其时宋都从东京（开封）南迁临安（杭州），淮北不再作为国家的核心地区，失去了许多政策上的眷顾，尤为严重的是，为了避免与金兵作战，东京留守杜充竟掘开黄河南岸大堤，使黄河水南流入淮，这是淮北生态畸变的开端，而此时淮北属于交战地带，兵连祸结，既是宋的边缘地区，又是金的边缘地区。宋、金双方均无意加以治理。此后，淮北再也没有中兴过。本书之所以选择1680而非1128年作为起点，是因为1680年是淮北生态史上的重要年代，这一年，泗州城完全沉入洪泽湖底。而这一年，并非战争年代，亦非中国传统社会的"乱世"，而是著名的"盛世"，从中更可以看出淮北社会生态衰变的国家政策因素。而探究泗州城的沉没，又必须追溯到此前一个世纪（1579年）高家堰的增筑。因此，本项研究事实上起自1579年。1949年是国共两党在大陆进行政权更替的年代，把这一年作为本书时段的下限，是容易理解的。

二、研究对象和理论体系

本书主要分析清至民国前期中央政府在"顾全大局"的政治思维下所制定的政策对淮北地区的巨大影响，着重考察淮北地区人类活动，特别是政府行为和官僚意志对区域环境系统演变的影响。从探讨这个地区环境变迁与人类政治和经济活动之间的关系中，找出这个地区社会整合所特有的异性。由于人类的社会关系极为复杂，影响生态变迁的因素纷繁众多。因此，本书借助多学科的理论方法,设计不同的框架,以便更多地把握社会的不同面相。

本书特别强调盛清至1949年国家政策的演变对淮北所造成的影响。在这一时段中,中央政府的"三大政"(漕务、河务、盐务),相当一部分(甚至是主要部分)集中于淮北地区。需要特别指出的是,不论是作为国家财政支柱的盐务,还是作为国家财政漏卮的河务,以及国家命运所系之漕粮,对淮北而言,均非福音,而是随时需要淮北为之牺牲的不可撼动的"大局"。本书对这三项事务与淮北社会生态的关系将作详细的剖析。另外,对淮北农业生态、社会结构和社会形态的衰变及平民的生活状态,亦将作细致的考察。

马克思指出:"任何时候,我们总是要在生产条件的所有者同直接生产者的直接关系——这种关系的任何当时的形式必然总是同劳动方式和劳动社会生产力的一定的发展阶段相适应——当中,为整个社会结构,从而也为主权关系和依附关系的政治形式,总之,为任何当时的独特的国家形式,找出最隐蔽的秘密,发现隐蔽的基础。"①

众所周知,在清代以前的中国,生产条件的所有者是专制君主,生产者主要是农民,在淮北地区,还有许多灶民。灶民尽管是官府控制下的手工业者,其地位要低于普通农民。

恩格斯指出:"农村居民由于分散于广大地区,难于达到大多数人的意见一致,所以他们永远不能胜利地从事独立的运动。他们需要更集中、更开化、更活跃的城市居民的富有首创精神的

---

① 马克思、恩格斯:《资本论》第3卷,《马克思恩格斯文集》第7卷,北京:人民出版社,2009年,第894页。

推动。"①

马克思的表述更为深刻:"小农人数众多,他们的生活条件相同,但是彼此间并没有发生多种多样的关系。他们的生产方式不是使他们互相交往,而是使他们互相隔离。……他们进行生产的地盘,即小块土地,不容许在耕作时进行分工,应用科学,因而也就没有多种多样的发展,没有各种不同的才能,没有丰富的社会关系。每一个农户差不多都是自给自足的,都是直接生产自己的大部分消费品,因而他们取得生活资料多半是靠与自然交换,而不是靠与社会交往。一小块土地,一个农民和一个家庭;旁边是另一小块土地,另一个农民和另一个家庭。一批这样的单位就形成一个村子;一批这样的村子就形成一个省。……就像一袋马铃薯是由袋中的一个个马铃薯汇集而成的那样。数百万家庭的经济生活条件使他们的生活方式、利益和教育程度与其他阶级的生活方式、利益和教育程度各不相同并互相敌对,就这一点而言,他们是一个阶级。而各个小农彼此间只存在地域的联系,他们利益的同一性并不使他们彼此间形成共同关系,形成全国性的联系,形成政治组织,就这一点而言,他们又不是一个阶级。因此,他们不能以自己的名义来保护自己的阶级利益。……他们不能代表自己,一定要别人来代表他们。他们的代表一定要同时是他们的主宰,是高高站在他们上面的权威,是不受限制的政府权力,这种权力保护他们不受其他阶级侵犯,并从上面赐给他们雨水和阳光。所以,归根到底,小农的政治

---

① 恩格斯:《德国的革命和反革命》,《马克思恩格斯文集》第2卷,北京:人民出版社,2009年,第358页。

影响表现为行政权力支配社会。"①

中国,特别是淮北社会,与马克思所论述的法国农村极为相似。费孝通指出:"在中国农民中,基本的社会单位在数目上非常之小,并主要由父母和孩子构成。从对中国研究的各方证据显示,这种现象在中国农村毫无例外。"②农民非常贫穷,他们是经济上的生产者,他们几乎不被研究者所关注,也没有在历史文献中留下什么踪影③。他们甚至比西方社会中的同类更加依附于行政权力,更加需要政治权力的保护——尽管他们总是被政治权力所剥夺和伤害。基于此,"行政权力支配社会"这一论述非常吻合淮北社会的特征。

对于"权力"的界定,我们基本上采用米尔斯(C. Wright Mills)的定义:"权力与人们所做的安排其生活的决定相关,并与人们决定他们那个时代构成其历史的事件相关。"④

由于行政权力在社会生活中的主导地位,它普遍地被用于确定人们的社会地位、垄断各类资源、对财富进行争夺。恩格斯指出,人类进入文明时代,完成了古代氏族社会完全做不到的事情。但是,它是用激起人们的最卑劣的动机和情欲,并且以损害人们的其他一切秉赋为代价而使之变本加厉的办法来完成这些事情的。"鄙俗的贪欲是文明时代从它存在的第一日起直至今日的起推动作

---

① 马克思:《路易·波拿巴的雾月十八日》,《马克思恩格斯文集》第2卷,北京:人民出版社,2009年,第566—567页。
② Hsiao-tung Fei, "Peasantry and Gentry: An Interpretation of Chinese Social Structure and its Changes," *The American Journal of Sociology*, vol. LII, no. 1, (July 1946), p. 2.
③ Hsiao-tung Fei, "Peasantry and Gentry: An Interpretation of Chinese Social Structure and its Changes," *The American Journal of Sociology*, vol. LII, no. 1, (July 1946), p. 1.
④ Irving Louis Horowitz (ed.), *Power, Politics and People: The Collected Essays of C. Wright Mills*. New York: Oxford University Press, 1963, p. 23.

用的灵魂；财富，财富、第三还是财富——不是社会的财富，而是这个微不足道的单个的个人的财富，这就是文明时代唯一的、具有决定意义的目的"①。就这一点而言，我们认为，尼采与恩格斯有着相似的表述："恶行属于强者和具有美德的人。……最强者，即具有创造性的人，必定是极恶的人，因为他反对别人的一切理想，他在所有人身上贯彻自己的理想，并且按照自己的形象来改造他们。"②

黑格尔及其追随者多认为官僚机构演化为一种自发的带有终极和最高权力的结构。马克思主义者则强调现代社会中的经济权力。米尔斯认为，如果按照一个官僚机构不是一个阶级的定义，典型地说，一个官僚机构中的官员不会被允许成为一个经济的企业家，那么，黑格尔就是正确的。但如果在像现代德国这样的政治资本主义体制下，马克思则是正确的③。

被马克思称为"不自觉地说出和恩格斯所说的相同的话"④的海因岑曾有"权力也统治着财产"，"财产关系上的不公平全靠权力来维持"⑤的表述。马克思认为，在资产阶级在政治上还没有形成为一个阶级前，"权力也统治着财产"，就是说，财产的手中并没有

---

① 恩格斯：《家庭、私有制和国家的起源》，《马克思恩格斯文集》第4卷，北京：人民出版社，2009年，第196页。
② 〔德〕弗里德里希·尼采：《权力意志：重估一切价值的尝试》，张念东等译，北京：中央编译出版社，1991年，第3页。
③ Irving Louis Horowitz (ed.). *Power, Politics and People: The Collected Essays of C. Wright Mills*. New York: Oxford University Press, 1963, pp. 65-66.
④ 马克思：《道德化的批判和批判化的道德》，《马克思恩格斯选集》第1卷，北京：人民出版社，1972年，第171页。
⑤ 马克思：《道德化的批判和批判化的道德》，《马克思恩格斯选集》第1卷，北京：人民出版社，1972年，第169页。

政治权力,甚至政治权力还通过如任意征税、没收、特权、官僚制度加于工商业的干扰等等办法来捉弄财产。本书的淮北社会无疑处在前资本主义阶段,不但资产阶级在政治上没有成为一个阶级,在某种意义上,正如马克思所述,就是农民、乃至地主都没有成为一个阶级。因此,这里财产关系上的不公平全是由权力来决定。

马克思认为,有两种权力,一种是财产权力,也就是所有者的权力,另一种是政治权力,即国家的权力①。马克思、恩格斯指出:"那些使一定的生产力能够得到利用的条件,是社会的一定阶级实行统治的条件,这个阶级的由其财产状况产生的社会权力,每一次都在相应的国家形式中获得实践的观念的表现。"②一切政治权力起先总是以某种经济的、社会的职能为基础的③。

按我们的理解,这种由于财产状况所决定的社会权力就是"经济权力"。迈克尔·曼对"经济权力"的定义为:"在许多时间和地点,经济权力的形成在很大程度上是由其他权力来源塑造的或改造的。一般而言,经济权力关系——如果愿意的话,也可以说是社会阶级——的'弱点'是,它们进一步扩张依赖于占有与合作的有效规范。……经济权力和社会阶级基本上被军事或意识形态权力结构改造了。"④在社会学领域,利益集团的表现在于其对经济权力

---

① 马克思:《道德化的批判和批判化的道德》,《马克思恩格斯选集》第1卷,北京:人民出版社,1972年,第170页。
② 马克思、恩格斯:《德意志意识形态》,《马克思恩格斯文集》第1卷,北京:人民出版社,2009年,第542页。
③ 恩格斯:《反杜林论》,《马克思恩格斯文集》第9卷,北京:人民出版社,2009年,第190页
④ 〔英〕迈克尔·曼:《社会权力的来源》第1卷,刘北成等译,上海:上海人民出版社,2002年,第701页。

的把握。按卢少华等学者的定义，经济权力是指某个人、某个组织或某一集团通过对经济资源的控制而达到自身目的的能力。控制经济资源是最基本的权力形式。如果某一权力主体掌握着财产，能够对经济生活的各个领域进行组织管理，那么他就能够对他人实行控制并对国家的政策施加决定性的影响。一句话，经济权力是指经济主体通过对经济资源的控制而达到对他人的统治和支配的能力[1]。

"但在专制制度下，对财富的占有必须与一定的社会地位结合起来才能搭成通往政治权力的阶梯。单纯依靠经济手段获得财富的商人在农业社会中是没有政治地位的。相反，政治权力却可以任意获得财富和限制、干涉经济权力。……没有经济权力的政治权力主体可以任意查抄、没收经济权力主体的财产，任意支配经济权力，使经济权力依赖于政治权力。"[2]因此，即使政治权力起源于某些经济势力，但政治权力始终对经济权力起决定作用。

换句话说，在中国古代社会，"权"与"利"相比，权占有更重要的地位，权力比财富更受人们的青睐。就权力与财富间的关系而言，中国的封建统治阶级并不像西方的资产阶级那样，因为有了"钱"，进而有了"权"；而是先有了权，再凭借政治权力获得大量财富。一般说来，财富的多寡与权力的大小成正比[3]。学者认为，在政治垄断一切的社会里，必然同时存在着两种状况：一方面

---

[1] 卢少华、徐万珉：《权力社会学》，哈尔滨：黑龙江人民出版社，1989年，第114—115页。
[2] 卢少华、徐万珉：《权力社会学》，哈尔滨：黑龙江人民出版社，1989年，第117页。
[3] 刘泽华等：《专制权力与中国社会》，长春：吉林文史出版社，1988年，第121页。

是任何人要得到任何东西，都必须通过政治手段，因而人们都被迫"盯住政治这块肥肉"，另一方面，政治权力将越来越集中[①]。

一切大小官吏，甚至包括掌握全国最高权力的皇帝，均可凭借权力、政治地位而获取暴利。郑玄指出："三代以下，未有不仕而能富者，故官愈尊，则禄愈厚。"[②]这样一来，政治权力便在经济分配领域占据主宰地位。只有强权才能决定谁应得的多些、谁应得的少些。"政治权力虽不能直接满足人的生物需求，但它却可以保障或拒绝提供有限产品来满足社会成员的需求，它虽然自身不创造任何物质财富，但它却可以决定所有现有的有限物质财富最终流向何处。正因如此，在当时权力就像后来资本主义社会的货币一样，可以被看作一种最一般的等价物。权力就是上帝，有权就有了一切！在这种情况下，先去抓权，自然比直接从事经济活动显得更聪明些了。"[③]

1898年，一位西方学者写道："准确地说，中国并没有什么政府。它仅有官僚！"[④]家长式的独裁者拥有的实际权力是无法知道的。皇帝一旦登基，他就被认为是所有权力的来源。他被视为国家和人民的拥有者[⑤]。在中国，掌握权力的国家为了自身的利益，利用行政权力直接干预农民的家庭形态及农民的人口再生产，在中国

[①] 丁学良，《非民主制度下经济现代化的政治条件》，《经济社会体制比较》编辑部编：《腐败：货币与权力的交换》，北京：中国展望出版社，1989年，第24页。
[②] 郑玄：《论语郑注》卷四，嘉庆二十五年刻本，第2页上。
[③] 刘泽华等：《专制权力与中国社会》，长春：吉林文史出版社，1988年，第126页。
[④] Alexis Krausse, *China in Decay: The Story of a Disappearing Empire*. London: George Bell & Sons, 1900, p. 51.
[⑤] Alexis Krausse, *China in Decay: The Story of a Disappearing Empire*. London: George Bell & Sons, 1900, p. 52.

古代的社会结构中,政治权力支配着一切①。在封建国家行政权力的大力推动下,小农成了中国农民的主要成份,他们形不成统一的政治力量,成了最适合于强权对其政治统治与暴力侵夺的群体。钱穆指出:中国社会里的"一切力量都平铺散漫,很难得运用。因其是平铺的,散漫的,因此也无组织,不凝固"②。与此同时,中国农民的生存状况与不断用行政手段干预它的集权政治的关系愈益密切。小农的经济、家庭、生活以至于个人的命运,完全不能取决于自己,而是维系在政治权力之上③。清末在中国的西方人也明确指出,中国人可以分为两大部分:平民和官员。这两个阶层对双方都是必要的。前者是生产者,后者是掠食者。这种制度在世界其他国家是不可能贯穿于整个帝国时代的。但在中国却运转得极好,在某些情况下甚至双方受益。官员们就像薪酬不足似的,在其权力范围内,为了其一己之利,均要敲剥其百姓;而下层民众则听任官僚们的摆布以获其保护④。

在美国学者托夫勒看来,暴力、财富和知识是社会权力的基本源泉⑤。"就像机器工具(可以制造出更多的机器)一样,武力、财富或知识适当地使用,可以使人掌控更多更广的权力源泉。

---

① 刘泽华等:《专制权力与中国社会》,长春:吉林文史出版社,1988年,第115页。
② 钱穆:《中国历代政治得失》,台北:东大图书股份有限公司,1990年,第159页。
③ 刘泽华等:《专制权力与中国社会》,长春:吉林文史出版社,1988年,第119页。
④ Alexis Krausse, *China in Decay: The Story of a Disappearing Empire*. London: George Bell & Sons, 1900, p. 28.
⑤ Alvin Toffler, *Powershift: Knowledge, Wealth, and Violence at the Edge of the 21 Century*. New York, etc.: Bantam books, 1990, p. 13.

因此，无论统治精英或个人在其私人关系中怎样利用另外的权力工具，武力、财富和知识都是最终的杠杆。它们在权力中三合为一。"① 当然，它们是有区别的，暴力是短暂、低质的权力，财富创造质量中等的权力，高质权力则源于知识的应用②。对中国传统社会而言，权力的源泉是行政职位。而最高级别的行政职位则源于暴力的成功运用，就是通常所说的"成则为王"。知识不是权力的源泉和杠杆，而是通向权力的阶梯。

作为传统农民经济极为发达的地区，淮北的农民和灶民均不能融入到具有共同利益的集体，不能发展出代表自己利益的代表。而在马克思和恩格斯看来："只有在共同体中，个人才能获得全面发展其才能的手段，也就是说，只有在共同体中才可能有个人自由。在过去的种种冒充的共同体中，如在国家等等中，个人自由只是对那些在统治阶级范围内发展的个人来说是存在的，他们之所以有个人自由，只是因为他们是这一阶级的个人。从前各个人联合而成的虚假的共同体，总是相对于各个人而独立的；由于这种共同体是一个阶级反对另一个阶级的联合，因此对于被统治的阶级来说，它不仅是完全虚幻的共同体，而且是新的桎梏。在真正的共同体的条件下，各个人在自己的联合中并通过这种联合获得自己的自由。"③

正如马克思所精辟指出的那样，封建国家对于淮北平民而言，

---

① Alvin Toffler, *Powershift: Knowledge, Wealth, and Violence at the Edge of the 21 Century*. New York, etc.: Bantam books, 1990, p. 14.
② Alvin Toffler, *Powershift: Knowledge, Wealth, and Violence at the Edge of the 21 Century*. New York, etc.: Bantam books, 1990, p. 15.
③ 马克思、恩格斯：《德意志意识形态》，《马克思恩格斯文集》第1卷，北京：人民出版社，2009年，第571页。

不过是"冒充的共同体"或"虚假的共同体",淮北平民不能区分自己与封建专制统治者的利益区别,他们不自觉地就使用了剥夺他们、压榨他们的统治集团的政治标准和话语体系。他们常常视为他们争取利益、从而损害统治集团利益的先醒者和先行者为敌,视损害他们利益的人以及维护统治集团利益的帮凶为友,更天然地视统治集团为自己的利益代言人。

在社会模式方面,中国社会有着某些学者论述的"东方社会"的特点,就是这个社会没有经历过真正的社会革命,而是被军事的轮替所主宰。这里的民众偏向于"强力的政权"而不是难以把握的民主政治①。宫廷的主人可以不断变化,但权力结构却基本不变。这里没有一种用以抵制或抗衡"坏政府"的权力②。刘易斯(Bernard Lewis)指出:"西方抵制坏政府的原则在伊斯兰思想中是全然陌生的。相反,伊斯兰抗拒不虔诚的政府的教义在早期具有极为关键的历史影响。这一教义被铭记在先知的口传中,特别是以下两句谚语中:'罪恶中是没有服从(的责任的)'和'绝不能听从那些反对其创造者的家伙'。"③这些教义看上去对政府和革命均有限制作用,但其影响却被两个致命的缺陷削减了。其一,法理

---

① M. Khadduri, "The Role of the Military in the Middle East Politics," *American Political Science Review*, vol. 46(1953), pp. 511-524.
② 这一论述,详见Bernard Lewis, "Islamic Concepts of Revolution," in P. J. Vatikiotis (ed.), *Revolution in the Middle East and Other Case Studies*. London: George Allen & Unwin Ltd, 1972, pp. 30-40对伊斯兰社会的研究。需要说明的是,Lewis的观点也受到许多学术上的批评,详见Bryan S. Turner, *Marx and the End of Orientalism*. London: George Allen & Unwin Ltd, 1978, pp. 68-74.
③ Bernard Lewis, "Islamic Concepts of Revolution," in P. J. Vatikiotis (ed.), *Revolution in the Middle East and Other Case Studies*. London: George Allen & Unwin Ltd, 1972, p. 33.

学家没有人来讨论、更没有人来回答一道命令如何被验证为合法或有罪的问题；其二，根本没有合法的程序和机制被设计或建立起来实施法律以抵制统治者①。中国传统社会自然不像伊斯兰社会那样有着如此强烈的宗教意识，但中国社会同样有无条件地服从圣人以及代表天意的天子的教导，实际是无条件地服从行政权力。

秦以后，中国皇权主要为以淮北精英为主的汉人、"融合胡汉文武为一体"的关陇集团②和北方少数民族所掌握、争夺、轮换。在隋唐以前，淮北精英尤具优势；从项羽、刘邦、曹操、刘裕、萧道成、萧衍、李昪等到朱元璋、袁世凯，淮北精英与中国皇朝政治相始终。

马克思、恩格斯指出："人创造环境，同样，环境也创造人。"③古代淮北精英驰骋疆场之时，不乏气吞山河、叱咤风云、悲壮豪迈、可歌可泣的史诗般勋绩，但他们的功业使中国皇朝政治难以走出成王败寇式的低层次循环，固化了小农政治的历史影响。作为社会学意义上的小农，尽管淮北精英在古代不断地以浩然磅礴之势书写历史，却缔造了一个又一个仅仅更换了特权者的特权社会。就政治学意义而言，淮北精英建立的皇朝体制，不但把不受制约的权力越来越集于君主一身，而且使包括特权者在内的所有人无法获得正当的政治权利。

---

① Bernard Lewis, "Islamic Concepts of Revolution," in P. J. Vatikiotis (ed.), *Revolution in the Middle East and Other Case Studies*. London: George Allen & Unwin Ltd, 1972, p. 33.
② 陈寅恪：《唐代政治史述论稿》，台北：里仁书局，1985年，第49页。
③ 马克思、恩格斯：《马克思恩格斯选集》第1卷，北京：人民出版社，1972年，第172—173页。

小农政治的逻辑把暴力胜利视为执政合法性的依据，激发了更多梦想取而代之者不断地问鼎逐鹿，在心底里唯暴力是崇。他们视金戈铁马、血流四野为英雄之所为，是志在置办最大的家业；视平民理性的求田问舍、居安谋生为胸无大志，鼠目寸光。他们把天下视为可用武力瓜分的利薮，通过暴力或国家意志不断地以均贫富为堂皇借口夺人私产，掠人财富，以操控天下利源。他们或在经济方面打破了旧的不平等，但必在政治上重构新的不平等，而最终又使得"均贫富"变得毫无意义。

19世纪后期，尽管一个法国青年的普遍抱负是在当地谋取政府中的某一小职位，由此升迁到地方统治中心，最后达到巴黎的某间首长办公室[1]。但西方社会对行政权力的顶礼膜拜实在无法与中国相提并论。我们认为，与西方社会形成"拜物教"相对比，中国传统社会则形成了"拜权教"[2]。

尤为重要的是，马克思和恩格斯对权力与财产关系的论述与"寻租理论"并无二致。罗素也指出，有势力的私人团体可以诱导国家以一种对它们有利，然而不一定对全民族有利的方式来获得权利，它们也能使法律做出有利于它们的规定[3]。

根据钱颖一对克鲁格模型的归纳，寻租理论包括三个要点：（1）租金是政府对市场经济干预的结果。在市场经济中，只有政府

---

[1] 〔英〕赫伯特·斯宾塞：《国家权力与个人自由》，谭小勤等译，北京：华夏出版社，2000年，第32页。
[2] 马俊亚：《混合与发展：江南地区传统社会经济的现代演变（1900—1950）》，北京：社会科学文献出版社，2003年，第6页。
[3] 〔英〕伯特兰·罗素：《权力论：一个新的社会分析》，靳建国译，北京：东方出版社，1989年，第107页。

才能借助于法律和行政权威和运用强制性手段,创造不平等的竞争环境并维持一部分人享有的租金①。(2)寻租活动造成了社会的浪费②。布坎南认为,这一过程没有创造价值,垄断造成了价值的纯粹损失。获得的租金反映了价值从一般消费者转向受优惠的寻求租金者③。吴敬琏指出,寻租不仅包括只创造利润而不创造财富的活动,而且包括旨在促成政治干预和行政管制从而产生租金的活动,以及旨在逃避现存的管制以取得租金的活动。所有这类活动,都是要耗费社会资源的。从它们只耗费资源而不创造财富的意义上说,是一种浪费④。(3)利益集团对建立租金的要求。既然租金可以给一部分人带来好处,那么这一部分人就会事先采取各种手段(如游说、收买等),促使政府用行政命令的方式建立各式各样的可占据的租金(包括限制他人进入某一行业)⑤。布坎南指出,面对政府有差别的待遇,个人或群体可能会:进行疏通活动;直接进入政治,以便能够取得决策权;制定关于进入或退出受影响的活动的计划⑥。

---

① 钱颖一:《克鲁格模型与寻租理论》,《经济社会体制比较》编辑部编:《腐败:货币与权力的交换》,北京:中国展望出版社,1989年,第82页。
② 钱颖一:《克鲁格模型与寻租理论》,《经济社会体制比较》编辑部编:《腐败:货币与权力的交换》,北京:中国展望出版社,1989年,第83页。
③ 〔美〕詹姆士·布坎南:《寻求租金和寻求利润》,《经济社会体制比较》编辑部编:《腐败:货币与权力的交换》,北京:中国展望出版社,1989年,第72页。
④ 吴敬琏:《"寻租"理论与我国经济中的某些消极现象》,《经济社会体制比较》编辑部编:《腐败:货币与权力的交换》,北京:中国展望出版社,1989年,第2页。
⑤ 钱颖一:《克鲁格模型与寻租理论》,《经济社会体制比较》编辑部编:《腐败:货币与权力的交换》,北京:中国展望出版社,1989年,第84页。
⑥ 〔美〕詹姆士·布坎南:《寻求租金和寻求利润》,《经济社会体制比较》编辑部编:《腐败:货币与权力的交换》,北京:中国展望出版社,1989年,第79页。

这一理论不仅可以解释盐商等利益集团为了自身的垄断利益给整个淮北地区带来的损害，也可以推广到地区性的利益博弈中，来解释其他地区（如江南地区）在获得政策优惠的同时，淮北所受到的损害。但纯粹的经济学显然无法解释淮北整个社会生态的演变，更无法涵盖马克思对权力的论述。正如罗素指出的那样："经济学作为一门独立的科学是不现实的，若以它指导实践，必将误入歧途。它是一门更广泛的学科——权力的科学——中的一个组成部分，毫无疑问，是非常重要的一部分。"①

学者们已公认，权力差别比财富与声望不平等产生的后果更为严重。"可以肯定地说，财富和声望可以作为获得权力的基础，反之亦然；但是声望与权力不同，它们代表最终需要的满足，因此具有分配的性质，而权力总是涉及安排他人的生活，限制他们的行动自主权。"②

因此，阿克顿勋爵的下述论述，更适合中国传统社会："权力导致腐败，绝对权力导致绝对腐败。伟大人物也几乎总是一些坏人，甚至当他们施加普通影响而不是行使权威时也是如此；而当你以自己的行为增强上述趋势或由权威导致的腐败真的出现时，情形更是如此。"③在阿克顿看来，历史并不是由道德上无辜的一双双手所编织的一张网。在所有使人类腐化堕落和道德败坏的因素中，

---

① 〔英〕伯特兰·罗素：《权力论：一个新的社会分析》，靳建国译，北京：东方出版社，1989年，第108页。
② 〔美〕丹尼斯·朗：《权力论》，陆震纶、郑明哲译，北京：中国社会科学出版社，2001年，第293页。
③ 〔英〕阿克顿：《自由与权力：阿克顿勋爵论说文集》，侯健等译，北京：商务印书馆，2001年，第342页。

权力是出现频率最多和最活跃的因素①。

即使在阶级社会中,文明时代的基础是一个阶级对另一个阶级的剥削,所以它的全部发展都是在经常的矛盾中进行的。生产的每一次进步,同时也就是被压迫阶级即大多数人的生活状况的一个退步。对一些人是好事的,对另一些人必然是坏事②。因为文明时代"几乎把一切权利赋予一个阶级,另方面却几乎把一切义务推给另一个阶级"③。在生产力的发展过程中,必然产生这样的一个阶级,"它必须承担社会的一切重负,而不能享受社会的福利,它被排斥于社会之外,因而不得不同其他一切阶级发生最激烈的对立;这个阶级构成了全体社会成员中的大多数"④。

淮北远不是一个阶级社会,在这个社会中,由于缺乏各个阶级的代言人和阶级之间的斗争,行政权力更具有无可抗衡的压倒性优势。那里的平民群体,主要是农民、灶民及其他下层社会成员,他们虽没有其他阶级推给的义务和痛苦,但却承担了行政权力所强加的、远比阶级社会下层阶级所承担的多得多的义务和痛苦。即使富裕集团,也不是通过阶级的力量来维护自己的利益,而是通过收买行政权力以减少其对自身利益的侵害,并寻求其租金最大化。即使在20世纪40年代以后,淮北社会的"阶级意识"开始被人

---

① 〔英〕阿克顿:《自由与权力:阿克顿勋爵论说文集》,侯健等译,北京:商务印书馆,2001年,第342页。
② 恩格斯:《家庭、私有制和国家的起源》,《马克思恩格斯文集》第4卷,北京:人民出版社,2009年,第196—197页。
③ 恩格斯:《家庭、私有制和国家的起源》,《马克思恩格斯文集》第4卷,北京:人民出版社,2009年,第197页。
④ 马克思、恩格斯:《德意志意识形态》,《马克思恩格斯文集》第1卷,北京:人民出版社,2009年,第542页。

为地"唤醒",淮北仍然没有出现独立的阶级力量,不论是贫民,还是富民,他们只能改变对行政权力类型的依附,而无法改变对行政权力本身的依附。在这里,不论是知识分子,还是农民、工人、商人、盐民,等等,他们都还是"毛",只有行政权力才是真正的"皮"。总之,"行政权力统治社会"是本书的核心理论。

三、研究现状

钞晓鸿指出:"生态与生态环境史研究也是中国学术在继承的基础上进行革新、交流、学科整合的产物。应该承认,在中国的历史地理学、气候学等领域,数十年来几代人已进行了一系列的相关研究,这些成果构成了中国生态环境史研究在本土的学术基础。"[①]本人赞成钞晓鸿的论断。钞晓鸿主要对明清以来陕西的生态环境变迁作了研究。

另外,考古、水利史、社会经济史领域的诸研究,也大量涉及社会生态的变迁。卡尔·魏特夫(K. A. Wittfogel)在1931年出版的《中国之经济与社会》一书中,研究了中国农业灌溉的技术条件与客观因素,[②]尤为可贵的是,他还注意对中国治水组织的研究[③]。他的观点对日本学者有相当的影响。日本学者常把对治水的控制作为专制主义的客观基础,或从治水组织的角度探讨治水活动与中国国

---

① 钞晓鸿:《生态环境与明清社会经济》,合肥:黄山书社,2004年,第6页。
② K. A. Wittfogel:《解体远程にある:支那の経済と社会》(上卷),平野义太郎监译,东京:中央公论社,1940年,第229—332页。
③ K. A. Wittfogel:《解体远程にある:支那の経済と社会》(上卷),平野义太郎监译,东京:中央公论社,1940年,第333—371页。

家权力及社会的关系①。黄丽生的《淮河流域的水利事业：从公共工程看民初社会变迁之个案研究（1912—1937）》内容涉及人文与自然、政府与社会、人力与物力等多重关系，作者把水利作为人文力量改善人地关系的典型，以此探讨历史长期发展的意义②。吴秀良（Silas H. L. Wu）对清代密折制度的研究，提供了最高统治者的信息搜集与控制手段，并特别研究了对江南的控制，实为对专制主义研究的个案③。郑学檬《中国古代经济重心南移和唐宋江南经济研究》④考察了中国区域社会经济发展的不同命途。中国历史地理学界的研究多涉及生态环境的变迁，对本书有启发意义的著作有史念海的《河山集》⑤、《中国历史人口地理和历史经济地理》⑥。翁俊雄《唐代人口与区域经济》一书，利用《通典》、新旧《唐书》地志中的户口数字，探讨唐代人口的规模和影响，揭示包括中原地

---

① 像清水盛光的《支那社會の研究——社會學的考察》（东京：岩波书店，1939年）、《中國鄉村の治水灌溉に現はれたる通力合作の形成》（京都《東方學報》总第18册，1950年2月）强调中国传统政治的特征在于绝对的专制主义。柏佑贤：《アジア農業の特質—特に中國における耕種方式をめぐって—》（京都《東方學報》第25册，创立二十五周年纪念论文集《人文学报》第5号合并号，1954年11月），强调中国农耕的亚细亚生产方式。森田明：《清代水利史研究》（东京：亜纪书房，1974年）以及森田明的另一部著作《清代の水利と地域社會》（福冈：中国书店，2002年），主要以江南、两湖、福建等地的水利组织与水利工程的实施来探讨社会组织与社会群体的实态。
② 黄丽生：《淮河流域的水利事业：从公共工程看民初社会变迁之个案研究（1912—1937）》，台北：台湾师范大学历史研究所，1986年，"自序"。
③ Silas H. L. Wu, *Communications and Imperial Control in China: Evolution of the Palace Memorial System, 1693-1735*. Cambridge: Harvard University Press, 1970.
④ 郑学檬：《中国古代经济重心南移和唐宋江南经济研究》，长沙：岳麓书社，2003年。
⑤ 史念海：《河山集》，北京：三联书店，1978年。
⑥ 史念海：《中国历史人口地理和历史经济地理》，台北：台湾学生书局，1991年。

区在内的经济发展过程①。

蔡泰彬《晚明黄河水患与潘季驯之治河》，既关注水患形成的自然与人为因素，也探讨了潘季驯治水的社会影响②。对大运河地理、经济、运输等情况的系统调查，以东亚同文书院《大运河调查报告书》最为全面。这部日本学者在大正五至十一年（1916—1922）的调查报告，内容包括江苏、山东、安徽、河南、直隶等省沿运市县的地理、水利、船运、金融等社会生活的各个方面③。

对大运河与漕粮运输，学界多予以积极的评价。全汉昇认为："运河是在隋唐大一统帝国的新的客观形势下产生出来的。它的开凿，实是适应时代的需要。"④有的学者甚至认为，漕运史"又是一部大运河开凿拓展史和我国古代劳动人民征服自然的伟大斗争史，是中华民族文明发达的象征和杰作，是人类史上的奇迹"⑤。对明清的漕运，日本学者星斌夫较多地强调了河运的具体实施情况，并将中国元、明、清三代正史中食货志、河渠志中海运、漕运等内容作了收集并翻译成日文⑥。他对元代的海运也有专门研究⑦，他在研究明代漕运的著作中，曾专辟一章，研究与河运同时进行的地方

---

① 翁俊雄：《唐代人口与区域经济》，台北：新文丰出版股份有限公司，1995年9月。
② 蔡泰彬：《晚明黄河水患与潘季驯之治河》，台北：乐学书局有限公司，1998年。
③ 毂光隆编：《東亜同文書院大運河調査報告書》，爱知县：爱知大学刊，1992年。
④ 全汉昇：《唐宋帝国与运河》，上海：商务印书馆，1946年，第12页。
⑤ 彭云鹤：《明清漕运史》，北京：首都师范大学出版社，1995年，第208页。
⑥ 星斌夫：《大運河—中國の漕運》，东京：近藤出版社，1971年。星斌夫：《明代漕運の研究》，东京：日本学术振兴会，1963年。星斌夫：《大運河発展史：長江から黄河へ》，东京：平凡社，1982年。
⑦ 星斌夫：《元代海運経営の実態》，《歴史の研究》1980年第7期。

性海运①。星斌夫晚年出版的《明清社会经济史研究》中,对大运河社会经济史作了进一步的研究,对运河上的水运劳动者、水运劳动者之生态等均有深入研究②。美国Harold Hinton的《大运河的粮食运输》③、Kate Leonard的《大运河的粮运管理》④等论著探讨了漕运与交通环境,并进而探讨了与国家政策的关系。吴缉华的著作全面探讨了明代海运的运作,并研究了嘉靖(1522—1566)、隆庆(1567—1572)时代开胶莱河通海运的争议⑤。张哲郎《清代的漕运》,把清代漕运分为河运、海运和河海并用三个阶段,对各阶段的漕运情况作了简略的叙述⑥。李治亭《中国漕运史》对清代漕运的成就评价尤高,认为其"制度之全面、规定之细密,法令之严整,是清以前各代所不及的"⑦!李文治、江太新则是从"漕运的实行是具有一定的历史意义"来研究清代漕运的⑧。还有许多学者细致地研究了漕运的管理⑨。西方学者多认为明清朝廷行河运、弃海运是

---

① 星斌夫:《明代漕運の研究》,东京:日本学术振兴会,1963年,第七章。
② 星斌夫:《明清時代社會經濟史の研究》,东京:国书刊行会,1989年4月,第18—28、55—65页。
③ Harold Hinton, *Grain Transport via the Grand Canal, 1845-1901*. Harvard Papers on China, no.4. Cambridge, Mass.: Harvard University Press, 1950.
④ Kate Leonard, "Controlling from Afar: Open Communications and the Tao-Kuang Emperor's Control of Grand Canal-Grain Transport Management, 1824-26", *Modern Asian Studies,* vol. 22, no.4, 1988.
⑤ 吴缉华:《明代海运及运河的研究》,台北"中研院"历史语言研究所,1961年。
⑥ 张哲郎:《清代的漕运》,台北:台湾大学历史研究所,1969年。
⑦ 李治亭:《中国漕运史》,台北:文津出版社,1997年,第289页。
⑧ 李文治、江太新:《清代漕运》,北京:中华书局,1995年,前言第2页。
⑨ Harold Hinton, *Grain Transport via the Grand Canal, 1845-1901*. Cambridge, Mass.: Harvard University Press, 1950; Kate Leonard, "Controlling from Afar: Open Communications and the Tao-Kuang Emperor's Control of Grand Canal-Grain Transport Management, 1824-26", *Modern Asian Studies,* vol. 22, no.4 (1988).

其孤立主义政策的表现①。朱偰选编的运河史料,较多地关注运河溃决对民间所造成的疾苦②。倪玉平《清代漕粮海运与社会变迁》全面考察了清代漕粮海运的变化及背景,对各阶段的海运利弊剖析颇详③。松浦章的《清代上海沙船航运业史研究》一书,内容包括清代沙船船运业的萌芽、航海道路、沙船船运的开展等方面,对于比较沙船海运与运河河运的优劣,极具参考价值④。不足之处在于,这些研究基本上集中在漕运一个方面,对国家整个经济、政治、社会等方面宏观政策的转型与生态演变的关系,尚无扎实的研究。

关于淮北盐务方面的著述,主要有林振翰《淮盐纪要》和《盐政辞典》⑤、高元劼《淮北盐务记要》⑥,辑录了大量的盐务资料和论述。日本学者影山刚考察了包括盐在内的中国古代专卖制,对先秦的食盐生产工程、生产组织、经营形态和流通机构,以及西汉食盐生产者的组织、生产手段及生产者属性、专卖制下盐业的经营形态及流通贩卖部门的组织结构作了详细论述⑦。佐伯富《清代盐政研究》⑧系统地研究了两淮盐场的管理制度、灶户的阶级分化、引岸问题、私盐问题,以及盐商的生活与陶澍的盐务改革。他还发表了一系列论文研究了盐在中国社会的影响、清代盐业资本的形

---

① 黄仁宇:《明代的漕运》,张皓等译,北京:新星出版社,2005年,第228页。
② 朱偰:《中国运河史料选辑》,北京:中华书局,1962年。
③ 倪玉平:《清代漕粮海运与社会变迁》,上海:上海书店出版社,2005年。
④ 松浦章:《清代上海沙船航運業史の研究》,吹田市:关西大学东西学术研究所,2004年。
⑤ 林振翰的《淮盐纪要》和《盐政辞典》,均由上海商务印书馆1928年出版。
⑥ 高元劼:《淮北盐务记要》,1948年刻本。
⑦ 影山剛:《中國古代の商工業と專売制》,东京:东京大学出版会,1984年11月,第147—270页。
⑧ 佐伯富:《清代塩政の研究》,京都大学:东洋史研究会刊,1962年。

态及淮南的盐务改革①。山村治郎《清代两淮的灶户一斑》②与波多野善大《清代两淮盐业中的生产组织》两文③，对盐场的生产和灶民的组织管理作了研究。刘常山著作研究了陶澍至丁恩时期，即清中后期至民国前期的盐务改革活动④。徐泓《清代两淮盐场的研究》，涉及两淮盐场的行政组织、灶户组织、生产形态、私盐和盐政改革⑤。陈锋的《清代盐政与盐税》⑥一书，主要讨论清代盐政的管理，食盐的销售区域，盐税的征收以及在财政中的地位，私盐的成因与对策，盐商的报效及盐政改革等问题。何维凝的《中国盐政史》⑦详述了有史以来至1941年中国盐政情况，尤其对民国前期的盐政阐述颇详。

20世纪30年代以来，冀朝鼎研究了中国政治需要与核心经济区形成的关系，对淮北作为核心经济区的变迁作了条分缕析。尤其

---

① 佐伯富：《塩と支那社会》，《东亚人文学报》第3卷第1号，1943年出版；佐伯富：《清代における塩业资本について》，《东洋史研究》第11卷第1、2号，1950—1951年出版；佐伯富：《清代における塩务の疑狱について》，《东方学》第32辑，1966年出版；佐伯富：《清代道光朝における淮南塩政の改革》，《东方学论集》（3），1955年出版；佐伯富：《清代咸丰朝における淮南塩政》，《东洋史研究》第13卷第6号，1955年出版。
② 山村治郎：《清代两淮の灶户一斑》，《史学杂志》第53编第7号，1942年出版。
③ 波多野善大：《清代两淮製塩における生产组织》，《东洋史研究》第11卷第1号，1950年出版。
④ 刘常山：《清代后期至民国初年盐务的变革（1830—1918）》，台北：文史哲出版社，2007年。
⑤ 徐泓：《清代两淮盐场的研究》，台北：台湾大学史学研究所，1972年。
⑥ 陈锋：《清代盐政与盐税》，郑州：中州古籍出版社，1988年。
⑦ 何维凝：《中国盐政史》，台北："大中国"图书有限公司经销，何龙澧芬1966年出版。

注重战争等因素对淮北地区的破坏①。天野元之助也把中国分为东北、华北、华中和华南四个传统大区，分别研究其在民国前期不同的经济形态②。他对中国农书中的稻作技术研究甚详③。另外，天野元之助对中国稻作生产的考证，对本书研究淮北稻作生产的衰变有一定的参考作用④。大泽正昭关于唐宋变革时期农业社会史的研究中，仅关注江南的稻作经营，而没有看到稻作从淮北向江南发展这一演变过程⑤。安东篱（Antonia Finnane）的研究注意到了苏北水灾与贫穷之间的关系；认为政府对盐业的垄断，使两淮盐业根本无法造福整个苏北地区，仅有利于少数盐商，且盐商聚集于扬州，其财富没有分布到淮北⑥。田尻利的《清代农业商业化研究》一书，以江苏的农村副业及商业为研究重心，探讨了商业发展与政府、乡绅等的角色，但对苏北部分涉及极少⑦。饭冢靖《中国国民政府与农村社会》一书，主要研究江、浙两省的农村金融与合作事业，关于这方面的内容，淮北农村自然乏善可陈⑧。

---

① Ch'ao-ting Chi, *Key Economic Areas in Chinese History: As Revealed in the Development of Public Works for Water-Control*. New York: Paragon Book Reprint Corp. 1963 (First Published by George Allen & Unwin Ltd., 1936, London), pp. 105-106.
② 天野元之助：《中国の農業地域の展開》，东京：龙溪书舍，1979年，第277页。
③ 天野元之助：《陳旉の〈農書〉と水稲作技術の展開》（上），京都《东方学报》第19册，1950年12月；天野元之助：《陳旉の〈農書〉と水稲作技術の展開》（下），京都《东方学报》第21册，1952年3月。
④ 天野元之助：《中国農業史研究》（增补版），东京 御茶の水书房，1989年，第89—138页。
⑤ 大泽正昭：《唐宋変革期農業社会史研究》，东京：汲古书院，1996年，第197—234页。
⑥ Antonia Finnane, "The Origins of Prejudice: The Malintegration of Subei in Late Imperial China," *Comparative Studies in Society and History*, Vol. 35, No. 2 (April, 1993), pp. 211-238.
⑦ 田尻利：《清代農業商業化の研究》，东京：汲古书院，1999年。
⑧ 飯塚靖：《中国國民政府と農村社會》，东京：汲古书院，2005年。

家庭棉织业是中国农村社会主要经济活动之一。马克思认为：小生产"正常的补充物即农村家庭工业，由于大工业的发展而被消灭；处在这种耕作下的土地逐渐贫瘠和地力枯竭。"①这一论述曾得到许多学者的赞同，一般认为，中国封建社会中，农家男耕女织，维持自给自足的自然经济。现代工业兴起后，工业品侵占了手工业品的市场，自然经济随之瓦解。余霖（薛暮桥）早就写道："都市工业品侵入之结果，使家庭手工业及农村副业破产；农民之收入，因此大减。"②费孝通在20世纪30年代的调查认为，现代工业兴起后，挤垮了农民的家庭工业③。许涤新、吴承明主编的《中国资本主义发展史》对封建社会中农家棉纺织的规模、效率等作了较为详尽的估计④，并研究了1840—1894年洋纱、洋布排挤土纱、土布的过程⑤、1895—1920年"农民家庭棉手工业的进一步破坏"的过程⑥，丁日初等学者认为，上海手工纺织工业自清光绪中叶起已走向下坡⑦。段本洛等研究了1840—1918年江南农村棉织业从家庭手工业向工场手工业的过渡、1918—1949年江南"手工棉织业的

---

① 马克思、恩格斯：《资本论》第3卷，《马克思恩格斯文集》第7卷，北京：人民出版社，2009年，第912页。
② 余霖：《江南农村衰落的一个索引》，转引自冯和法编《中国农村经济资料》上册，上海：黎明书局，1935年，第417页。
③ Hsiao-tung Fei, *Peasant Life in China: A Field Study of Country Life in the Yangtze Valley*. London: Routledge & Kegan Paul Ltd, 1962, pp. 197, 202-203, 232-233.
④ 许涤新、吴承明主编：《中国资本主义发展史》第1卷，北京：人民出版社，2003年，第391—412页。
⑤ 许涤新、吴承明主编：《中国资本主义发展史》第2卷，北京：人民出版社，2003年，第265—284页。
⑥ 许涤新、吴承明主编：《中国资本主义发展史》第2卷，北京：人民出版社，2003年，第970—985页。
⑦ 丁日初主编：《上海近代经济史》第1卷，上海：上海人民出版社，1994年，第392页。

短暂发展与衰落"的过程①。也有学者对现代工业排挤家庭手织业的观点提出了挑战,认为中国近代机器工业与手织业是并存的关系。严中平通过对河北、山东等15个省的研究表明,直到1937年,"中国乡村里的家庭手工业是普遍存在的"②。赵冈认为,手工业依靠家内劳动,构成了对新式棉纺织厂的抵抗③。马若孟(Ramon H. Myers)认为,新式产业的发展,增加了农民在城市的就业机会,提高了农民的收入④。费正清(John K. Fairbank)、费维恺(Albert Feuerwerker)等认为,20世纪30年代以前,外国资本主义并没有摧毁中国国内的手工业,机制纱的使用加强了整个手工织布业⑤。徐新吾认为:"虽则在鸦片战争前,在江南、华北等棉业集中区的棉布与棉花的商品市场都已相当广阔,而主要由于中国小农经济结构的坚韧性,它们在封建主义高压下,可以增加小商品生产的上市量,却愈益把小农业与小手工业在家庭内部胶合起来。"⑥林刚从资源配置的角度,论述了在工业经济条件下,农家自给性生

---

① 详见段本洛等:《近代江南农村》,南京:江苏人民出版社,1994年,第115—127、396—409页。
② 严中平:《中国棉纺织史稿》,北京:科学出版社,1955年,第264页。
③ Kang Chao, "The Growth of a Modern Cotton Textile Industry and the Competition with Handicrafts," in Dwight H. Perkins (ed.), *China's Modern Economy in Historical Perspective*. Stanford: Stanford University Press 1975, p. 180.
④ Ramon H. Myers, *The Chinese Peasant Economy: Agricultural Development in Hopei and Shantung, 1890-1949*. Cambridge, Massachusetts: Harvard University Press, 1970, pp. 211-212.
⑤ 费维恺:《1870—1911年晚清帝国的经济趋向》,载〔美〕费正清、刘广京编:《剑桥中国晚清史》下卷,中国社会科学院历史研究所编译室译,北京:中国社会科学出版社,1993年,第25—33页。
⑥ 徐新吾:《中国经济史料考证与研究》,上海:上海社会科学院出版社,1999年,第138页。

产（织布）的必要性①。杨懋春对山东一个村庄的解剖表明，尽管农村土布受到了洋布的竞争，但农家依然用旧式织机在家织布②。日本学者岛一郎认为中国棉纺织品市场较小，工业品亦受土布的竞争③。总之，学者们的看法基本上局限于"并存"和"瓦解"两种非此即彼的观点。实际上，这两种看法均无法解释淮北地区农家经济结构的变迁，更无法解释这种变迁背后的极其深刻的社会内涵。

关于对地方社会与地方士绅的研究，以张仲礼《中国绅士》《中国绅士的收入》及费孝通的《中国绅士》（*China's Gentry*）④为代表。对绅士在地方社会的作用，论述尤详。周锡瑞等编的《中国地方绅士与统治模式》⑤收录了许多运用社会学、人类学等研究社会控制与社会结构的论文。邓尔麟（Jerry Dennerline）的《钱穆与七房桥世界》⑥，通过对无锡荡口等个案研究，揭示了地方绅士在社会服务方面的功能。何炳棣的《中华帝国的成功之梯》⑦，主要研究了商人阶层对国家政策的影响与对地方社会的作用。不足之处在于对淮北士绅的研究，几乎是空白。

---

① 详见林刚：《长江三角洲近代大工业与小农经济》，合肥：安徽教育出版社，2000年，第1—25页。
② Martin C. Yang, *A Chinese Village: Taitou, Shangtung Province.* New York: Columbia University Press 1945, pp. 26-27.
③ 岛一郎：《中國民族工業の展開》，京都ミネルウァ京书房，1978年，第64—69页。
④ Chicago: The University of Chicago Press, 1953.
⑤ Joseph W. Esherick and Mary Backus Rankin, Chinese Local Elites and Patterns of Dominance. Berkeley /Los Angeles/Oxford: University of California Press, 1990.
⑥ Jerry Dennerline, *Qian Mu and the World of seven Mansions*. New Haven and London: Yale University Press, 1988.
⑦ P'ing-ti Ho, *The Ladder of Success in Imperial China: Aspects of Social Mobility, 1368-1911*. Cambridge, Massachusetts: Harvard University Press, 1959.

关于对国家服务调配与社会生态变迁的研究，这方面以彭慕兰（Kenneth Pomeranz）的研究为代表。他的《腹地的构建》[①]一书及其论文《土地是如何衰竭的？关于清朝环境史的几点思考》[②]认为，从19世纪60年代至1937年，中国中央政府的主要目标经历了从"自强"到"现代化"的变化。其实质就是与外国产业进行竞争、增加国家财政收入。在这一国策之下，对内地最为明显的损害是原来由国家政府承担的黄河水利治理及交通的维持变成了地方性的事务。事实上是国家放弃了内地。从而造成了农民所负担的税赋及各种苛捐杂税不断增加，而以水灾为主的自然灾害日渐增多。经常性的涝灾与盐碱化，又使土地的生产能力不断萎缩。内地不但面临着前所未有的食物危机，而且面临着严重的燃料短缺。加上人们无法从国内的市场融合中获得经济利益和其他物质利益，人们只能以掠夺式的方法榨取食物和燃料，森林被砍伐殆尽，甚至堤岸上的芦苇、茅草等也被割光，这更加剧了河流的淤塞，造成更多的泛滥。整个社会面临着严重的生存危机。尽管彭慕兰的研究视域是山东西部地区，但许多结论适用于整个淮北地区。马俊亚在彭慕兰研究的基础上，全面总结了国家政策转型对不同地区社会生态的影响[③]。但这方面需要研究的内容实在太多，如人类生产方式、生活方式等

[①] Kenneth Pomeranz, *The Making of a Hinterland: State, Society and Economy in Inland North China, 1853-1937*. Princeton: Princeton University Press, 1993年；中文版《腹地的构建：华北内地的国家、社会和经济》（马俊亚译），北京：社会科学文献出版社，2005年；上海：上海人民出版社，2017年。

[②] Kenneth Pomeranz, "How Exhausted an Earth? Some Thoughts on Qing Environmental History," *Chinese Environmental History Newsletter*, vol.2 no.2, November 1995.

[③] 马俊亚：《国家服务调配与地区性社会生态的演变》，《历史研究》2005年第3期，第3—18页。

更为广泛的因素对生态演变的影响显然更大。

关于江南都市"苏北人"的研究。美国学者韩起澜（Emily Honig）在《姐妹与陌生人：上海纱厂的女工》①中细致研究了上海纱厂女工的地缘矛盾，注意到了来自苏北地区的工人与江南地区工人多方面的差别；她在《创造中国种族：苏北人在上海》②一书中，明确地提出了"苏北人"的概念（她所研究的"苏北人"，包括江苏北部、山东、河南、安徽等省的人，主要是淮北人），并详尽地研究了上海苏北人的社会地位及生存状态。马俊亚的《近代江南都市中的苏北人：地缘矛盾与社会分层》③一文，从地缘关系探讨了苏北人在江南都市中的阶级属性。

关于秘密帮会和反叛者的研究，耿毓英的《安清史鉴》④，裴宜理（Elizabeth J. Perry）的《华北的造反者与革命者》⑤、蔡少卿主编的《民国时期的土匪》⑥、《中国秘密社会》等著作，布赖恩·马丁的《上海青帮》⑦，凯利（David E. Kelley）的《香堂与漕船：18世纪的罗教与水手行帮》⑧考察了青帮、罗教等的起源，并

---

① Emily Honig, *Sisters and Strangers: Women in the Shanghai Cotton Mills, 1919-1949*. Stanford: Stanford University Press, 1986.
② Emily Honig, *Creating Chinese Ethnicity: Subei People in Shanghai, 1850-1980*. New Haven and London: Yale University Press, 1992.
③ 马俊亚：《近代江南都市中的苏北人：地缘矛盾与社会分层》，《史学月刊》2003年1期。
④ 耿毓英：《安清史鉴》，1934年刊印。
⑤ Elizabeth J. Perry, *Rebels and Revolutionaries in North China, 1845-1945*. Stanford: Stanford University Press, 1980.
⑥ 蔡少卿主编：《民国时期的土匪》，北京：中国人民大学，1993年。
⑦ 布赖恩·马丁：《上海青帮》，北京：三联书店，2002年。
⑧ David E. Kelley. "Temples and Tribute Fleets: The Luo Sect and Boatmen's Associations in the Eighteenth Century," *Modern China*, vol. 8, no. 3 (July 1982), pp. 361-391.

探讨了包括江南、淮北地区在内的秘密社会、土匪的成因与影响等多方面的历史；尤其是裴宜理的著作，"试图探究中国历史上造反最普遍的地区淮北农民造反的原因"①。这些研究甚少涉及土匪、帮会与社会生产、生活方式等方面的极为密切的关系。

关于燃料短缺与森林的砍伐，诺曼·肖（Norman Shaw）于1914年出版的《中国森林树木与木材供应》②对中国的森林分布作了统计。兴亚院技术部《华北林产资源调查》③、Vaclav Smil的《恶土：中国的环境退化》对中国的森林砍伐、河道淤塞、自然生态恶化作了探讨④。1941年，日本学者就指出黄河中上游地区，因经济生活而造成对森林的滥伐⑤。杉本寿的《支那林业经济建设论》⑥，考察了民国前期包括河南、苏北和安徽在内的林业建设。不足之处在于自然生态的恶化，是综合因素发生作用的结果，并且在不同的地区有不同的主因，这方面的研究亟待深入。

关于历史地理与自然灾害的研究，对淮河流域历史地理进行综合研究的著作有邹逸麟主编的《黄淮海平原历史地理》⑦、吴必虎的《历史时期苏北平原地理系统研究》⑧；关于淮河泛滥等成灾

---

① Elizabeth J. Perry, *Rebels and Revolutionaries in North China, 1845-1945*. Stanford: Stanford University Press, 1980, pp. 1-2.
② Norman Shaw, *Chinese Forest Trees and Timber Supply*. London: T. Fisher Unwin, 1914.
③ 興亜院技術部：《北支における林産資源調査》，东京，无出版社信息，1940年。
④ Vaclav Smil, *The Bad Earth: Environmental Degradation in China*. Armonk, N.Y.: M. E. Sharpe, 1983.
⑤ 伊藤武夫：《黄河治水の経済的重要性》，东京：东亚研究所，1941年，第9—10页。
⑥ 杉本寿：《支那林业经济建设论》，京都：教育图书株式会社，1943年。
⑦ 邹逸麟主编：《黄淮海平原历史地理》，合肥：安徽教育出版社，1993年。
⑧ 吴必虎：《历史时期苏北平原地理系统研究》，上海：上海人民出版社，1996年。

研究的主要成果有淮河水利简史编写组编《淮河水利简史》①、张秉伦等《淮河和长江中下游旱涝灾害年表与旱涝规律研究》②等著作。特别是邹逸麟、吴必虎的著作对淮河平原的气候、植被、土壤、灾害、水系、湖泊、海岸、人口、农业、交通和城市等方面的变迁，进行了全面的研究。这些研究极为出色，但显得过于静态。不能全面地反映丰富多彩的社会生活的方方面面。本书的研究，将增加更为丰富的社会内容，在动态中研究社会生态的演变。

  关于对江南、淮北地区性产业结构演变的研究，马俊亚《工业化与土布业：江苏近代农家经济结构的地区性演变》③认为，在前近代社会，江苏省自南向北形成了极不相同的农家经济形态，江南地区从男耕女织的自然经济过渡到了织布主业化、农业副业化的商品经济时代；通海地区则形成了典型的耕织结合的自然经济；淮北地区，演化成了残缺型的商品经济——只有"男耕"，没有"女织"。现代工业兴起后，江南地区率先进入工业主业化的时代，农家手织业与农业均呈萎缩状态，并转向以自给性为主的生产，商品市场并未大规模地被工业品所夺占；通、海地区过渡到了织布主业化、农业副业化的时代，家庭手织业与商品市场获得了共同发展；淮北地区的农家经济中则较普遍地出现了家庭织布副业，形成了较完整的自给型经济，棉纱市场的扩大造成了对棉布需求的减少。这种农家经济的区域性转型，

---

① 水利部治淮委员会淮河水利简史编写组：《淮河水利简史》，北京：水利电力出版社，1990年。
② 张秉伦、方兆本主编：《淮河和长江中下游旱涝灾害年表与旱涝规律研究》，合肥：安徽教育出版社，1998年。
③ 马俊亚：《工业化与土布业：江苏近代农家经济结构的地区性演变》，《历史研究》2006年第3期，第98—117页。

体现了工业与农业的和谐发展及地区性资源的优化配置。这种发展模式不但对传统的自然经济解构理论构成了挑战，而且挑战了施坚雅等学者的农家经济理论与区域发展模式。但这一研究仅局限于土布业的演变，对于更为广泛的经济、社会生活的演变，只能作挂一漏万式的叙述，无法完整地反映整个社会经济的演变。

吴海涛的博士论文《淮北的盛衰——成因的历史考察》①认为，在封建时代，几乎每一次较大的战乱，淮北地区均倍受打击。但自北宋以后，淮北经济不再像前代那样，在战乱之后总能很快恢复。金元时代，淮北农业经济虽有所恢复，但并没有达到北宋时期的水平。"淮北社会经济恢复重建后，又走了恢复之路，明清时期有些方面已达新的高度。但就总体而言，淮北经济在全国范围内已失去昔日的辉煌地位，逐渐落后于江浙等地。"②作者把水利的兴废、自然灾害的频发、人口的迁徙作为淮北衰退的根本原因。

最后，必须特别说明的是，秦晖在《田园诗与狂想曲：关中模式与前近代社会的再认识》③对关中模式的研究，特别是关中"封建性"的结论，对本书具有较大的启发意义，也是作者需要专门致谢的。

综上所述，尽管淮北社会生态某些方面的研究，成果不菲，但作为整体而言，这方面的研究极为薄弱，许多方面甚至是空白。

---

① 吴海涛：《淮北的盛衰——成因的历史考察》，北京：社会科学文献出版社，2005年出版。
② 吴海涛：《淮北的盛衰——成因的历史考察》，北京：社会科学文献出版社，2005年，第73页。
③ 秦晖：《田园诗与狂想曲：关中模式与前近代社会的再认识》，北京：中央编译出版社，1996年。

第一章　保漕大局下的政策误区

中国四千年文明史是在与洪水的搏斗中揭开序幕的。美国学者费礼门（John Ripley Freeman）指出："洪水在中国，危害人民生命为数之众，举世殆无其匹。"[1]刘易斯（Mark Edward Lewis）指出，中国远古时代关于洪水的神话，不但提供了对通过等级分化的强制实施所建立的社会秩序的一般思想的戏剧性描述，而且被用来作为政治秩序的起源神话。也正是在这样一个君权尚未形成和稳定的时代，刘易斯看到了治水事务中反叛者的反抗与最初统治者通过治水来强化君权的真实历史[2]。在君权极端强化的明清时代，治水事务始终服从于政治需要、服从于维护君权的需要。

长时期里，淮北地区被称为"洪水走廊"，洪水对淮北生态的影响至关重大。淮北的洪灾是如何形成的呢？1680—1855年的近200年里，中央政府每年在淮北均要投入至少数百万两白银的治水经费，进行大规模的治水活动，为什么不能一劳永逸地解决水患

---

[1] 费礼门：《中国洪水问题》，载沈怡：《黄河问题讨论集》，台北：商务印书馆，1971年，第1页。
[2] Mark Edward Lewis, *The Flood Myths of Early China*. New York: State University of New York Press, 2006, p. 76.

问题呢？这些问题从来都不是孤立的，而是与中国传统政治密切相关。

第一节　泗州城的沉没与治水政治

在淮北大地，长期流传着水母娘娘失手打翻一只装着三江四海的水桶，最后淹了泗州城的传说。泗州被淹，史实凿凿，且水下遗址已被发掘。只是这座命运多舛的古城并非为水母娘娘所误淹，而是人类自己有意为之。

一、泗州之沉

万历七年（1579），潘季驯主持的黄淮治水工程竣工。

这次工程共筑土堤长112268丈（620多里），砌石堤3374丈（约18.7里），堵塞大小决口139处，修建每座长达30丈的减水石坝4座、新旧闸和车坝各3座、涵洞2座、减水闸4座，筑拦河顺水等坝10道，疏浚运河淤浅11563丈（约64.2里），开河渠2道，栽植护堤低柳832200株[①]。为了加强清水对黄河泥沙的冲力，潘季驯大筑高家堰，截断淮河，逼迫全部淮水以趋清口，将大涧、小涧等原来出水口全部闭塞，这就是治黄史上著名的"蓄清刷黄""刷黄济运"之策。

据李春芳《重筑高家堰记》，高家堰在山阳西北四十里，"创自汉陈登，所以障淮也。至我朝黄河由寿历颍，循淮而会于清河

---

① 潘季驯：《河防一览》卷八，南京：中国水利工程学会，1936年，第209页。说明：此书残缺，残缺部分使用四库全书本。特此说明。

口,继由孙家渡、赵皮寨循涡而会于清河口,以故高家堰愈益重,陈恭襄瑄则增筑之。乃其后黄河由飞云桥出小浮桥,循徐邳而下,司水诸臣遂无复事高家偃,以是堰日颓。频年以来,黄河分流入涡,而故所行道,若桃源、清河口多壅阏,水不得尽归海,稍溢则灭堰,直入高宝,于是淮南北并蒙河患矣"①。

陈登与陈瑄筑高家堰之说,均为明万历以后人所言,于前史无征。高家堰下有"阜陵"等湖,三国、唐时在此亦有修堤工程,但这些工程主要是灌溉工程②。即使明初平江伯陈瑄修筑过此堰,其规模也不会太大,尤为重要的是,陈瑄修筑高家堰的目的,仍在于"阻障淮水,使不得东入漕渠以灌下河田地"③。

高家堰最早见于嘉靖(1521—1566)年间的史料中。据《皇明五朝纪要》:"嘉靖中,河决崔镇、吕泗,往往夺淮流入海,淮势不敌,或决高家堰,或决黄浦,或决八浅。淮扬诸郡悉为巨浸。"④《明纪》载:"嘉靖三十一年(1551),河决徐州房村集至邳州新安,运道淤阻五十里。总河都御史曾钧请浚刘伶台至赤晏庙八十里,筑草湾老黄河口,增高家堰长堤,缮新庄等旧闸,以遏横流。从之。"⑤这一工程主要是为了捍护淮堤,不致漫流,而非蓄水冲淤。

隆庆年间,陈堂《请遣大臣治河疏》称:"为淮河计者,曰

---

① 李春芳:《贻安堂集》卷三,万历十七年刻本,第17页下—18页上。
② 武同举编纂:《江苏水利全书》第二编卷五,南京:水利实验处,1950年,第1页。
③ 朱鋐:《泗州至清口淮河考》,见《河漕备考》卷二,雍正三年刊本,无页码。
④ 许重熙:《皇明五朝纪要》卷七,崇祯刻本,第40页下。
⑤ 陈鹤撰、陈克家补:《明纪》卷三十四,江苏书局刊本,第6页上。

筑高家堰，则工费不赀，束手无策；曰筑高宝黄浦等堤，则随筑随决，漫不可支。"①从这里看出，高家堰并无大筑的迹象。后来丁士美所写的碑记则明确说明了此前的高家堰非大工程："先是堰屡决屡筑，工皆不巨，迩者决益甚，工益巨，当事者始难之矣。"②

高家堰方面较大的工程始于隆庆六年九月，讫于万历元年春，历时5个月。"堰随地高下，其高者约一丈许，面阔五丈，底阔十五丈，涧口水深一丈。实土与之等，阔三十七丈。堰筑于其上，外为偃月堤，长三百丈，高六尺。……又导堰内湖涧诸水由毕沟入西湖，数十里间皆为膏腴，可树可艺。堰延袤五千四百丈，用帑金六千有奇"云③。韩昭庆指出，此时的高家堰，最高不过3—4米（相对高度），长约34里，约合现代洪泽湖大堤总长的四分之一。这是潘季驯大筑高家堰以前规模较大的一次修筑④。

据潘季驯疏称，万历七年的高家堰截淮大工可谓圆满完成。之所以圆满，首先得益于万历皇帝人格伟大、决策英明："此盖仰仗我皇上圣德格天，神明协相，圣心独断，庙算坚持。"⑤其次，得益于潘本人的方案正确，皇帝能坚持原则，不为浮言所动，"向使少为异议所摇，则此时不知更作何状矣"⑥。最后，得益于各级官员奉公忘私，胼手胝足，栉风沐雨，具有坚强的执行力。潘称：许多官员"经理有方，承委便能速办，操持无染。督夫每见争趋，出

---

① 朱吾弼辑：《皇明留台奏议》卷十六，万历三十三年刻本，第3页上。
② 郭大纶：《淮安府志》卷三"建置志"，万历年间刻本，第7页下。
③ 郭大纶：《淮安府志》卷三"建置志"，万历年间刻本，第8页上。
④ 韩昭庆：《黄淮关系及其演变过程研究：黄河长期夺淮期间淮北平原湖泊、水系的变迁和背景》，上海：复旦大学出版社，1999年，第125页。
⑤ 潘季驯：《河防一览》卷八，南京：中国水利工程学会，1936年，第211页。
⑥ 潘季驯：《河防一览》卷八，南京：中国水利工程学会，1936年，第211页。

入泥淖之中,堕指裂肤而不顾,见者俱为酸心。栖迟草菱之内,餐风沐雨以为常,察之全无惰意,忠勤可取"①。

在潘季驯看来,这次所兴大工,算得上是开支节省,功绩显赫,成效持久,为淮北千百万百姓谋取了福祉和安宁,"亿万年命脉之路,一旦底于禽宁"②。潘强调,由于修筑了遥堤③,自徐州府至淮安府,两堤相望,工程质量极其过硬,即使洪水异常,也很难溃出。由于在宿迁、桃源南岸修建了归仁堤,黄河水已不可能南决泗州。至于桃源、清河北岸,设有减水坝座。"故在遥堤之内,则运渠可无浅阻。在遥堤之外,则民田可免淹没"④。

潘非常自豪地称,徐州、邳州地区,"两岸居民无复昔年荡析播迁之苦。此黄水复其故道之效也"⑤。拦蓄淮水的高家堰异常坚固,使得淮水全部从清口涌入黄河,冲刷泥沙入海,清口则越来越深,"故不特堰内之地可耕,而堰外湖陂,渐成赤地,盖堰外原系民田,田之外为湖,湖之外为淮,向皆混为一壑,而今始复其本体矣"⑥。不但高邮、宝应地区原来被淹没的田地得以重新耕种,而且,上自虹县、泗州、盱眙,下及山阳、兴化、盐城等处,皆成沃壤,"此淮水复其故道之效也"⑦。

---

① 潘季驯:《两河经略》卷四,《钦定四库全书》(第430册)史部六"诏令奏议类二",台北:商务印书馆,1986年影印本,第14页上。
② 潘季驯:《河防一览》卷八,南京:中国水利工程学会,1936年,第211页。
③ 河两岸筑长堤以束水,称为"缕堤";为防缕堤复决,更于数里外筑重堤以备,称为"遥堤"。
④ 潘季驯:《河防一览》卷八,南京:中国水利工程学会,1936年,第210页。
⑤ 潘季驯:《河防一览》卷八,南京:中国水利工程学会,1936年,第210页。
⑥ 潘季驯:《河防一览》卷八,南京:中国水利工程学会,1936年,第210页。
⑦ 潘季驯:《河防一览》卷八,南京:中国水利工程学会,1936年,第211页。

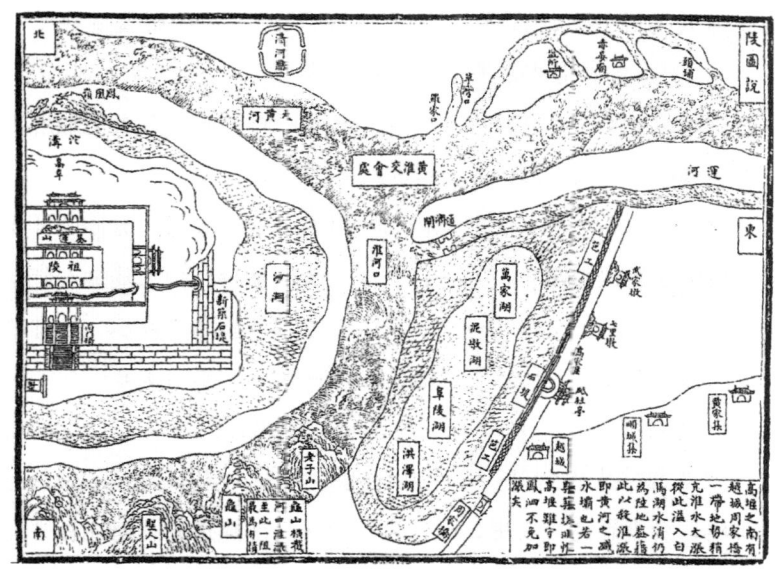

潘季驯治河时，洪泽湖与明祖陵情况见以上示意图①

潘季驯的成就获得了学者的赞扬。郑肇经认为："季驯天才卓越，推究阃奥，发人所未发，成一代之殊勋，神禹以来，一人而已。"②沈怡则称其治黄为"中国河工史上最光辉的一页"③。张含英认为"束水攻沙"一说"是人民群众实践的结果。不过潘季驯又有所发展，并进而运用于下游河道的治理。"④还有的学者认为："潘季驯束水攻沙、以水治水的思想不但在这次河道治理中取

---

① 选自潘季驯：《河防一览》卷一，《钦定四库全书》（第576册）史部十一"地理类四"，台北：商务印书馆，1986年影印本。
② 郑肇经：《中国水利史》，上海：商务印书馆，1939年，第59页。
③ 沈怡：《潘季驯治河》，载沈怡：《黄河问题讨论集》，台北：商务印书馆，1971年，第383页。
④ 张含英：《明清治河概论》，北京：水利电力出版社，1986年，第40页。

得了显著的成效，使许多人梦寐以求的黄淮安流的愿望变成了现实。"①若真的像潘季驯所说的那样，这次大工从根本上消除了祸害淮北地区约400年的黄河、淮河、运河积患，并一劳永逸地解决了淮北地区贫瘠的根源，潘所得的所有赞誉均不为过。

诚然，这次大工后，短期内似乎具有一定的效果，泥沙的冲刷能力极大地得以提高，1194—1578年，黄河下游三角洲陆地每年平均向海洋延伸33米，1579—1591年猛增为1540米/年。此后，延伸的速度变慢，在1592—1855年，仍维持110—500米/年的速度②。

但高家堰等大工兴修后，黄、淮、运的灾祸却从未见少。史载："未几，水患益甚。"万历十七年六月，黄水暴涨，决兽医口月堤，漫李景高口新堤，涌入夏镇内河，冲坏田庐、淹死百姓无算。万历十八年，黄河大溢，徐州城内黄水淹积逾年，官民纷纷要求迁城改河。万历十九年九月，山阳段黄河复决，江都、邵伯因湖水下注，田庐被淹浸。万历二十年，潘季驯上疏，力言治河主旨为"筑堤障河，束水归漕；筑堰障淮，逼淮注黄。以清刷浊，沙随水去。合则流急，急则荡涤而河深；分则流缓，缓则停滞而沙积。上流既急，则海口自辟而无待于开。其治堤之法，有缕堤以束其流，有遥堤以宽其势，有滚水坝以泄其怒。法甚详，言甚辩。然当是时，水势横溃，徐、泗、淮、扬间无岁不受患，祖陵被水。季驯谓

---

① 马雪芹：《大河安澜——潘季驯传》，杭州：浙江人民出版社，2005年，第237页。
② Jiongxin Xu, "A Study of Long Term Environmental Effects of River Regulation on the Yellow River of China in Historical Perspective," *Geografiska Annaler. Series A, Physical Geography*, vol. 75, no. 3 (1993), p. 68.

当自消，已而不验"①。

万历六年潘季驯的大工中，其长60余里（10378丈），底宽8—15丈、顶宽2—6丈、高1丈二三尺的高家堰更是备受泗州人的诉议②。潘季驯大修高家堰，"使淮无所出，黄无所入，全淮毕趋清口，会大河入海。然淮水虽出清口，亦西溢凤、泗"。万历八年，雨涝，淮水围困泗州城，并危及明祖陵。万历十九年九月，淮水溢泗州，高于城壕，泗州塞水关以防淮水内灌，城中积水难泄。"州治淹三尺，居民沉溺十九，浸及祖陵"。朝廷官员多要求拆掉高家堰③。

潘季驯主持的大工完成的次年（1580），泗州进士、原湖广参议常三省愤然上书，驳斥潘季驯的治河理论，要求决放高家堰。常三省写道，高家堰的修筑，使淮河边的泗州城倍受水淹之苦："泗城内原有城中城，南门不守，而外水入，两水交攻，暑雨且甚，遂致毁城。内水深数尺，街巷舟筏通行，房舍倾颓。军民转徙，其艰难困苦，不可殚述。"有着外堤和砖石城墙保护的城中水患尚且如此，农村中的情形则可想而知了："泗人有岗田，有湖田。岗田硗薄，不足为赖，惟湖田腴肥，豆麦两熟，百姓全藉于此。近岗田低处既潴，若湖田则尽委之洪涛，庐舍荡然，一望如海。"由于百姓仅靠农业为生，田园葬于湖水，生计全失，只得"逃散四方，觅食道路。赢形菜色，无复生气"。流落外地的难民，成了被歧视、被

---

① 张廷玉等：《明史》卷八十四"黄河（下）"，北京：中华书局，1974年，第2056页。
② 潘季驯：《两河经略》卷三，《钦定四库全书》（第430册）史部六"诏令奏议类二"，台北：商务印书馆，1986年影印本，第22页下。
③ 张廷玉等：《明史》卷八十七"淮河"，北京：中华书局，1974年，第2121页。

驱赶的对象,常三省写道:"近日流往他郡者,彼处不容,殴逐回里,饥寒无聊,间或为非。出无路,归无家,生死莫保。其鬻卖儿女者,率牵连衢路,累日不售,多为外乡人贱价买去,见之惨目,言诚痛心。"①

对于决放高家堰以减轻洪水对泗州的围困的要求,潘季驯认为,高家堰与运河漕道的关系极为密切,绝不能决放,一旦决堤,则淮水东汇,高邮、宝应一带运河必然横溃四决,阻梗运道。而黄河入海口则全赖淮、黄两股水流合力冲刷;若决高堰,仅剩黄水一股,难以冲刷黄河带来的泥沙,海口必然淤塞。若如此,则海口以上的黄河则随时随地均可决堤,运河河道必然阻塞。常三省反对潘季驯的治河方略。他指出,过去在长时期里利用淮河、洪泽湖为运道,淮水从大涧、高良涧入湖,而高家堰则从万历七年才筑成,如果高堰决堤真的如潘氏所危言的后果,为何在万历七年以前却没有那么多的灾患呢?他一针见血地指出了潘氏的立论无可证实。他写道:"至谓堰之一决也,则淮水东而湖溃,海口塞而黄河决,因遂阻梗运道焉。此则前无可验,后无可推者也。"他还用事实来驳斥潘的强词夺理,认为高堰大堤丝毫无助于黄河安全,"河决崔镇等口,正在万历年间高堰既筑之后,而去年高宝、邵伯一带堤埂之倾圮者,十有余处,较之往年特甚。适又在于堰工初成,一无所决之时,此又何说也"②? 常三省上书后,很快遭到了潘季驯的弹劾,被罢去官职。常三省的呼吁大概在当时被不少人视为杞人之忧。

---

① 叶兰等纂修:《乾隆泗州志》卷十"人物志",中国地方志集成(30),南京:江苏古籍出版社,1998年,第313页。
② 叶兰等纂修:《乾隆泗州志》卷十"人物志",中国地方志集成(30),南京:江苏古籍出版社,1998年,第313页。

实际上，有的学者以世纪为单位对近500年淮河中游凹地水灾所作的分析表明，修筑高家堰至黄河在1855年改道期间，水灾的频率明显地增加了。未修高家堰的15世纪，水灾仅有4次，修筑高家堰的16、17世纪分别达22、23次，18世纪更达35次[①]。从夏代至民国年间，黄河共迁徙46次，其中在明代迁徙15次，清代14次。[②]

高家堰修筑整整100年后，让泗州城永沉湖底的洪水，更为常、潘之争作出了最终裁决。

泗州始设于北周大象二年（580），州治初在宿预（今宿迁），唐开元二十三年（公元735年）移临淮[③]。唐诗中有"云湿淮南树，筇吹泗上楼"之句[④]。唐人李绅的《入泗门》写道："淮河一派清淮接，堤草芦花万里秋。烟树苍茫分楚泽，海云明灭见扬州。"[⑤]说明泗州在唐代是通向淮扬的重要交通要道。陆畅《夜到泗州酬崔使君》云："徐城洪尽到淮头，月里山河见泗州。闻道泗滨清庙磬，雅声今在谢家楼。"[⑥]

宋以前，泗地为泗水、沂水与淮河交会之地，各河流"安流

---

① Jiongxin Xu, "A Study of Long Term Environmental Effects of River Regulation on the Yellow River of China in Historical Perspective," *Geografiska Annaler. Series A, Physical Geography*, vol. 75, no. 3 (1993), p. 71.
② 沈怡、赵世暹、郑道隆编：《黄河年表》，军事委员会、资源委员会参考资料第15号，1935年11月，第7页。
③ 南京大学文化与自然遗产研究所、南京大学历史系考古教研室、江苏省盱眙县文化局：《江苏盱眙泗州城遗址考古调查勘探报告》，2004年11月22日，第2页。
④ 方瑞兰监修：《安徽泗虹合志》卷十八"诗"，光绪十三年刻本，第2页下。
⑤ 方瑞兰监修：《安徽泗虹合志》卷十八"诗"，光绪十三年刻本，第4页上。
⑥ 彭定求等编：《全唐诗》卷四七八"陆畅"，北京：中华书局，1960年，第5444页。

顺轨数千年无变更"①。有人指出:"江南自淮而东,以楚泗、广陵为之表。"②泗州方志中称此地为:"梁、宋、吴、楚之冲,齐、鲁、汴、洛之道。"《凤阳府志》载:"泗州南瞰淮水,北控汴流,地虽平旷,而冈垄盘结,山水朝拱,风气凝萃,形胜之区也。"③《泗州志》称:泗州"扼淮徐之门户,通究豫之舟车。虽原平野旷之区,而风水结聚,自然昌明。东南一大都会也"④。

唐时流传着民谣:"只闻有泗州和尚,不见有五县天子。"泗州和尚即僧伽大师,又名泗州大圣,原为古印度人,俗姓何氏。在唐中后期及北宋时代备受民众崇拜,从沿海到西域、从北国到南疆,处处有泗州庙。

到唐末,禅宗信徒集中朝拜的地方有四处:一是五台山——文殊菩萨的圣地;二是泗州普光王寺——僧伽大圣的圣地;三是终南山——三阶教圣地;四是凤翔法门寺——佛骨圣地⑤。

僧伽在唐龙朔(公元661—663年)开始游历北方,隶名楚州龙兴寺。后在泗州临淮县信义坊乞地施标,准备建寺院于其标下,掘得古香积寺铭记及金像,上有"普照王佛"字样,遂建寺院。唐景龙二年(公元708年),唐中宗遣使迎入都城,入内道场,尊为国师,不久出居荐福寺。唐中宗曾问万回:"僧伽大师何人耶?"万

---

① 张相文总纂:《泗阳县志》卷七"地理志",民国十五年刻本,第1页下。
② 叶兰等纂修:《乾隆泗州志》卷一"形胜",中国地方志集成(30),南京:江苏古籍出版社,1998年,第174页。
③ 叶兰等纂修:《乾隆泗州志》卷一"形胜",中国地方志集成(30),南京:江苏古籍出版社,1998年,第174页。
④ 叶兰等纂修:《乾隆泗州志》卷一"形胜",中国地方志集成(30),南京:江苏古籍出版社,1998年,第174页。
⑤ 徐湘霖:《净域奇葩——佛教艺术》,成都:四川人民出版社,1995年,第67—68页。

回称:"是观音化身也。"①

僧伽有弟子三人,慧岸、慧俨、木叉。胡适指出:"在《西游记》里,惠岸和木叉已并作一人,成为观音菩萨的大弟子了。"②

据罗世平研究,唐代由于观世音菩萨信仰的流行,民间信众对具有超凡神迹的人物也加以神化,将他们比作观音化现,造经画像,虔心供养,为一时风尚。从流传下来的文献及经像来看,唐代僧伽和尚为其中最有代表性的人物,敦煌莫高窟有他的经像留存。经文开篇叙僧伽身世,原居东海净土,因奉教化众生使命与弥勒佛同时下凡,在西方为释迦牟尼,至东土即号泗州僧伽,化度阎浮之中善缘众生。全篇经文都在神化僧伽和尚,俨然是东方的救世主③。

至宋时,对僧伽的崇拜更加风行。苏轼著有《泗州大圣传》对僧伽籍贯进行考证:"和尚何国人也,又曰世莫知其所从来。云不知何国人也。近读《隋书·西域传》,乃有何国。"④濒临泗水的泗州大圣塔,"舟人往来与居人祈祷立应"。朱熹恭维宰相刘挚,托市井语称:"过南京不见刘待制,如过泗州不见大圣。"⑤

被水淹沉的泗州城原筑于宋,有东西二城,皆土筑。明初合二为一,并改用砖石修筑,城周长9华里30步,城墙高3丈5尺⑥。城

---

① 陶敏主编:《全唐五代笔记》第1册,西安:三秦出版社,2012年,第361—362页。
② 胡适:《胡适文存》(二),合肥:黄山书社,1996年,第468页。
③ 罗世平:《敦煌泗州僧伽经像与泗州和尚信仰》,北京图书馆敦煌吐鲁番学资料中心,台北《南海》杂志社编:《敦煌吐鲁番学研究论集》,北京:书目文献出版社,1996年,第124页。
④ 爱新觉罗·弘历编:《唐宋诗醇》(下)卷三十三,冉苒校点,北京:中国三峡出版社,1997年,第669—670页。
⑤ 李贽:《藏书》(第9册)卷三十一,北京:中华书局,1974年,第1695页。
⑥ 方瑞兰监修:《安徽泗虹合志》卷二"建置志",光绪十三年刻本,第4页上。

内有城门五州署、城隍庙、文庙学宫、泗州营卫署、泗州大圣寺、灵瑞塔、演武厅等。由于地当"江淮要冲，南北孔道"，城内修有伏龙、廻龙、汴泗、永宁、天梯等桥，"至于衢闾整饬，栋宇毗连，百货之所集，人才之所锺，视今日（指晚清——引者注）当加倍"①。

高家堰修成后，被洪水淹浸成了泗州人民生活的重要内容。一般说来，供蓄水用的水库多建在山谷中；如三面临山，只要在谷口修一道坝堰即可，这样就不会造成大面积的土地被淹。由于淮河中游地区地势极为平坦，河流落差极小，筑堰蓄水所淹的面积极其巨大，泗州等地随时都面临灭顶之灾。

至于潘季驯的治河方略，尽管从开始时就不断地受到人们的责疑，但长期以来却被治河者奉为圭臬。康熙元年（1662）、四年（1665）、五年（1666）、九年（1670）、十一年（1672）、十五年（1676），泗州均遭大水淹没，受灾非常频繁②。尽管如此，治河专家靳辅仍然认为："水势分而河流缓，流缓则沙停，沙停则底垫，以致河道日坏。"③基本上秉承了潘对黄河成灾原因的认识。他们治河的方法也基本一致，靳辅指出："黄河之水从来裹沙而行，水合则流急而沙随水去，水分则流缓而水漫沙停。沙随水去则河身日深，而百川皆有所归。沙停水漫则河底日高，而旁溢无所底止。故黄河之水全赖各处清水并力助刷，始能奔趋归海而无滞

---

① 方瑞兰监修：《安徽泗虹合志》卷二"建置志"，光绪十三年刻本，第4页下。
② 陈琳：《明代泗州城考》，《历史地理》第17辑，上海：上海人民出版社，2001年6月，第189页。
③ 靳辅：《河道敝坏已极疏》，《治河方略》卷六，南京：中国工程学会，1937年，第216页。

也。"①1677年,靳辅治河,大修高家堰,南抵翟家坝,北迄烂泥浅,并大辟清口,挑引河四五道②。康熙十九年(1680),泗州城终于永沉湖底。可以说,靳辅主持的这次河工是泗州沉没的直接原因。

据《清史稿》载:"自明末清口久淤,旧黄河堤决,黄流夺淮,水倒灌入泗,州境时有水患。至清康熙十九年,城遂圮陷于湖。"③泗州方志记载这次沉城的经过为:1680年夏,"淮大溢,城内水数丈"④。当时,淮河上游山水大发,下游由于高家堰的阻拦,水流高出外堤数尺。淮水最终冲垮城墙城门,将泗州城没入水底,"州城之文武衙门、仓库沉没水中"⑤。此后,泗州地方官员坚持在城门楼上理政达11年,但至康熙三十五年(1696)全城即彻底被泥沙埋没⑥。原来繁华的泗州城池从此成了洪泽湖底的一部分。离泗州城13里的明祖陵,在嘉靖中期经测量尚高于淮水2丈3尺1寸⑦,此时,同样沉入到了水底⑧。泗州之沉,充分证明潘季驯所

---

① 靳辅:《河道敝坏已极疏》,《治河方略》卷六,南京:中国工程学会,1937年,第216页。
② 武同举编纂:《江苏水利全书》第二编卷五,南京:水利实验处印行,1950年12月,第1页。
③ 赵尔巽等:《清史稿》志三十四"地理六",北京:中华书局,1977年,第2017页。
④ 叶兰等纂修:《乾隆泗州志》卷四"蠲赈",中国地方志集成(30),南京:江苏古籍出版社,1998年,第214页。
⑤ 叶兰等纂修:《乾隆泗州志》卷二"建置志",中国地方志集成(30),南京:江苏古籍出版社,1998年,第177—178页。
⑥ 南京大学文化与自然遗产研究所、南京大学历史系考古教研室、江苏省盱眙县文化局:《江苏盱眙泗州城遗址考古调查勘探报告》,2004年11月22日,第2—3页。
⑦ 王在晋:《通漕类编》卷三,万历甲寅(1614)刻本,第38页上。
⑧ 方瑞兰监修:《安徽泗虹合志》卷二"建置志",光绪十三年刻本,第32页下。

说的泗州"霖淫水涨,久当自消"的信念是错误的[1],由此看出他的治河后果具有重大的负面影响。

由于泗州旧城离盱眙仅2华里,因此,泗州被大水淹没后,"官若浮鸥,民尽奔盱"[2]。泗州州治被迫移到盱眙,"州牧或借民房,或驻试院",由于州治寄寓盱眙,"远隔河湖,声息难通",有的建议在双沟建城,有的建议在包家集设治。乾隆二十四年(1759),两江总督尹继善认为,"泗州寄居盱眙以来,官民相安已久,且泗城本在州之极南,相距盱眙二里,中隔一河,济渡甚便,请将泗州即于盱眙驻扎,毋庸迁徙建城。……将州同、外委把总分驻州境之双沟,其知州、吏目、都司、千总、儒学各衙署,即建于盱眙之麓。"[3]直到乾隆四十二年(1777),朝廷才批准裁虹为泗,虹县的版图民赋,全部并于泗州,而把虹县县城作为新的泗州州城[4]。

尽管更换了州治,百万生灵挣扎于洪水之中,泗州仍处于洪水的围迫之中。到后来,连新州城虹泗也再次沉入洪泽湖底。实际上,洪泽湖淹没了两座泗州城。

从潘季驯的本意来看,修筑高家堰,自然不是为了把水患引向泗州。就当时人们的认识能力而言,也不可能预想到其后一个世

---

[1] 提出这一见解的是水利部治淮委员会淮河水利简史编写组《淮河水利简史》(北京:水利电力出版社,1990年),第210页。
[2] 叶兰等纂修:《乾隆泗州志》卷二"建置志",中国地方志集成(30),南京:江苏古籍出版社,1998年,第208页。
[3] 叶兰等纂修:《乾隆泗州志》卷二"建置志",中国地方志集成(30),南京:江苏古籍出版社,1998年,第178页。
[4] 张佩芳:《移泗州治记》,叶兰等纂修:《乾隆泗州志》卷十一"艺文志",中国地方志集成(30),南京:江苏古籍出版社,1998年,第361页。

纪的事。但随着时间的推移，泗州水患逐渐加剧，一代接一代的河臣仍不思更改，基本上一成不变地继承了潘的治水方略。这种不以泗州为重的思维极为明显。可以说，泗州之沉，完全是官僚意志所致。我们将要分析，水淹泗州实质上是明清统治者为了维持其核心利益而牺牲其他"局部利益"的结果。

二、必须顾全的大局

冀朝鼎指出，"灌溉的运河、陂塘、排泄设施和水灾控制工程，以及人工开挖的河道，大多是作为与政治密切相关的公共工程来修筑的。它们被好几个朝代作为社会和政治斗争中重要的政治筹码和强大的武器来运用。这些公共工程的目的和发展基本不是出于人道的考虑，而是出于自然和历史的条件，以及出于统治阶级的政治目"[①]。

潘季驯在与常三省的争论中，可谓全胜而归。这并非常三省的立论缺乏依据，也不是因为潘在中央政府的职位要高于常的缘故。而是因为潘所持的理由是保运保漕，这就是公认的"大局"，而常上书的目的则是为了保护泗州一地。史称："蓄清以敌黄，乃转漕大政。"[②]常三省所列举的泗州城乡被淹惨状，对于泗州人而言，无疑是生死存亡之事，但与维持京师及北部边境的粮食供应，保障国家的正常秩序这一核心利益相比，是极不相称的，只能属"局部利益"。局部利益必须服从大局，这是中国传统政治所注定的。

---

① Ch'ao-ting Chi, *Key Economic Areas in Chinese History: As Revealed in the Development of Public Works for Water-Control*. New York: Paragon Book Reprint Corp. 1963 (First Published by George Allen & Unwin Ltd., 1936, London), pp. 1-2.
② 方瑞兰监修：《安徽泗虹合志》卷四"水利志"，光绪十三年刻本，第7页上。

据潘季驯疏称：在常三省与原江西副使李纪、朔州知州柳应聘和潍县知县高尚志联名所具的揭文中，"中间最所耸动人者，云祖陵松柏淹枯，护沙洗荡二句。臣读之不胜骇汗"①。泗州被淹也罢，淮扬被淹也罢，均没有让潘季驯受到惊吓，倒是明祖陵前的几棵树被淹，让他吓出一身大汗。这听起来似乎有点夸张，但如果我们看一下明代的治河政治，对他的话就毫不为怪了，更不觉得是夸张了。

实际上，泗州在明代有着政治上的特别意义。治北13里的杨家墩，葬有朱元璋的祖父及曾祖、高祖的衣冠，也是朱元璋在其母陈氏腹中受孕之地，即明祖陵之所在，为有明一代政治上的圣地②。工部的奏疏中写道："泗州祖陵系我国家根本重地，王气所锺，命脉所系。实圣子神孙亿万世无疆之丕基也。"③治水者必须首先考虑的是泗州明祖陵的安全问题，保护明祖陵不受水淹是每位河臣所必须面对的头等政治大事。潘季驯对此非常明白，他曾写道："三祖陵寝，万年根本之地，百祥肇始之区，委的事体重大。"④

纪昀等精辟地指出："明代仰东南转漕以实京师，又泗州祖陵逼近淮泗，故治水者必合漕运与陵寝而兼筹之。"⑤丝毫没有农业与民生等方面的考虑。1592年5月8日，勘河给事中张贞观给万历

---

① 潘季驯：《河防一览》卷九，南京：中国水利工程学会，1936年，第246页。
② 方瑞兰监修：《安徽泗虹合志》卷二"建置志"，光绪十三年刻本，第32页下。
③ 《部复分黄导淮告成疏》，朱国盛编：《南河志》卷四，天启乙丑年（1625）刊本，第17页下。
④ 王在晋：《通漕类编》卷五，万历甲寅刻本，第38页上。
⑤ 纪昀等：《河防一览提要》，《钦定四库全书》（第576册）史部十一"地理类四"，台北：商务印书馆，1986年影印本，第1页下。

皇帝的奏折，清楚地说明了明代治水者的治河原则："祖陵为国家根本，即运道民生，莫与较重。"①据《明史·张贞观传》载，张本为沛人，"泗州淮水大溢，几啮祖陵。贞观往观，定分黄道淮之策"。明臣议事时，防治洪水所应考虑的各事项次序为："陵寝、国计、民生。"②工部在一份奏疏中特别强调："祖陵水患为第一义，次之运道，又次之民生。"③万历二十年五月，陈邦科在《酌议治河疏》中以人体来作形象的说明："惟黄河犹人身之肠胃，祖陵其腹心，运道其咽喉，而生灵赤子皆肌肤也。"④

万历二十五年，詹事府录事曾长庆疏请霍丘六安之间开矿，万历二十七年十一月陈煌□《乞禁开凿疏》阻止，硬把此事与远隔数百里的祖陵龙脉联系起来，"祖陵为根本至重也。乃今于皇陵过脉之所，听其穿凿，任其震憾，亏根本，损元气，截地维，伤国脉，震摇皇祖在天之灵，莫此为甚。就令开采其间，山陵尽矿，沙土皆金，可输而实诸内帑，诚恐陵脉损伤，事变叵测。即琼林大盈，土苴弃之矣。陛下又何利焉，而为此耶"⑤？

在治水实践中，明臣均奉行祖陵至上这一原则，战战兢兢、认真周到、不遗余力地营建维护明祖陵这一政治工程，而对与

---

① 傅泽洪等录：《行水金鉴》（第9册）卷六十四，上海：商务印书馆，1936年9月，第940页。
② 傅泽洪等录：《行水金鉴》（第9册）卷六十四，上海：商务印书馆，1936年9月，第954页。
③ 《部复分黄导淮告成疏》，朱国盛编：《南河志》卷四，天启乙丑年（1625）刊本，第14页下。
④ 朱吾弼、李云鹄等辑：《皇明留台奏议》卷十六，万历三十三年刻本，第23页上。
⑤ 朱吾弼、李云鹄等辑：《皇明留台奏议》卷十四，万历三十三年刻本，第23页下。

千百万百姓生命财产、生产生活相关的工程,却常常忽略不管。有人建议,把运道改从淮河上游入汴水,再由汴水过黄河进入沁水,以避清口之险。明臣应该知道这一方法的优点,却不敢施行。因为,"濠泗为有明发祥之地,而祖陵复在其间。当时臣子既持地脉之说,又恐于此行漕,堤防万一不固,变生意外。所以极知其利而不敢言。淮黄虽迂险劳费,势有所不惜也"[1]。不论改道之说是否可行[2],但其对明臣心理的分析,却是非常贴切的。

　　远在嘉靖初年,明臣在治理黄淮灾患时就非常谨慎地考虑祖陵的风水问题了[3]。1550年4月29日,总督漕运右副都御史龚辉、巡按直隶御史史载德上奏,认为泗州地势低下,又因黄河水冲入淮河,"为陵寝之忧",请求开凿直河口,修筑二陈庄、刘家沟2口,并请求派钦天监官员1名,"相度祖陵地脉"。这项工程当即被工部批准[4]。1575年,黄河崔镇等处北决,淮水又从高家堰东决。当时,"徐邳以下,至淮南北,漂没千里"[5]。明臣对如此巨大的民生灾难,熟视无睹,却生怕洪水浸渍祖陵的柏林,随即开始修建长

---

[1] 周篆:《浚隋河故道通漕议》,载贺长龄:《皇朝经世文编》卷一百四"工政十",上海:广百宋斋丁亥仲春校印,第29页上。
[2] 这个方案在唐代似乎有人实践过,效果并不好。据《旧唐书》卷一九九"文苑中":齐浣,"复为汴州刺史。淮、汴水运路,自虹县至临淮一百五十里,水流迅急,旧用牛曳竹索上下,流急难制。浣乃奏自虹县下开河三十余里,入于清河,百余里出清水,又开河至淮阴县北岸入淮,免淮流湍险之害。久之,新河水复迅急,又多礓石,漕运难涩,行旅弊之。"
[3] 详见郭涛:《潘季驯治理黄河的思想与实践》,中国水利学会水利史研究会、黄河水利委员会黄河志编委会:《潘季驯治河理论与实践学术讨论会论文集》,南京:河海大学出版社,1996年,第4—5页。
[4] 傅泽洪等录:《行水金鉴》(第9册)卷六十二,上海:商务印书馆,1936年9月,第914页。
[5] 傅泽洪等录:《行水金鉴》(第9册)卷六十二,上海:商务印书馆,1936年9月,第917页。

226丈的石砌陵堤,直到1577年才完工[①]。

而洪水这样的灾患又绝非局部治理所能收效。因此,尽管河臣们不断牺牲其他许多地区的利益,对祖陵的关护无微不至,但却无法从根本上消除祖陵所受的威胁。这种治理方法是典型的"一隅之利,全局之祸也;一时之利,百世之祸也"[②]。1595年6月3日,因泗州祖陵水患愈演愈烈,万历帝下旨将总河舒应龙革职为民;相关官员如陈洪烈、刘宏宝,"降极边方杂职"[③]。9月4日,以科臣勘河失护祖陵罪,勒令原浙江巡抚常居敬闲住[④]。

到万历后期,明朝君臣为了保护运道和陵寝,更是明目张胆地放弃对民生的关怀。1604年初,工科都给事中侯庆远疏称:"迦河成而治河之工可以徐图,但不病漕与陵,则任其所之,稍防疏焉,而不必力与之斗。"[⑤]

崇祯年间(1628—1644),由于水患更加严重,明代君臣对祖陵的关护愈加急切,而对民生方面的关注则更少。1633年5月29日,大理寺左寺丞吴甡、翰林院编修夏曰湖等人反对开高家堰三闸的合疏中,首先担心的就是祖陵的风水[⑥],其次,在议及"淮泗诸水,滔滔东注"时,关注的则是漕粮运输问题,高宝漕堤受损,

---

① 傅泽洪等录:《行水金鉴》(第9册)卷六十二,上海:商务印书馆,1936年9月,第917页。
② 武同举:《导淮入江入海刍议》,《两轩賸语》,1927年印本,本文第1页。
③ 傅泽洪等录:《行水金鉴》(第9册)卷六十四,上海:商务印书馆,1936年9月,第942页。
④ 傅泽洪等录:《行水金鉴》(第9册)卷六十四,上海:商务印书馆,1936年9月,第945页。
⑤ 傅泽洪等录:《行水金鉴》(第17册)卷一二八,上海:商务印书馆,1936年9月,第1854页。
⑥ 傅泽洪等录:《行水金鉴》(第9册)卷六十四,上海:商务印书馆,1936年9月,第953页。

"运船牵挽无路,则数百万粮,何由而达京师"①?再次,洪水淹没两淮地区,"各盐场尽被淹没,煮海无策,则百余万盐课,其问诸水滨乎"?最后,明臣们也意识到了洪水会吞没数百万百姓的生命财产,但这绝非对百姓本身的人道关怀,甚至没有统治者常见的重视黎庶之类的应有套话,而是关注"数百万粮税,谁为供输乎"②?

由此可见,明代最高统治者从来就没有奉行过"民为邦本"的理念,而是时时刻刻警觉任何有损其"龙脉"的鸡毛蒜皮之事。至于长期牺牲像淮北这样一个地区百姓的生命财产来维持其统治,也就不足为怪了。

到清代,统治者与治河者不再关注明祖陵的安危,少了许多意识形态方面令人生畏的禁区和不可触及的原则,并注重解决危害民生的水患③,以获得政治上的稳定。这也是清代盛世比前代显得可贵的地方。但反对加筑高家堰的泗州士绅,也从此失去了护卫明祖陵这一政治制高点,泗州成了必然被牺牲的地区。

1683年12月23日,康熙给吏部尚书伊桑阿等的面谕中称:"朕车驾南巡,省民疾苦,路经高邮、宝应等处,见民庐舍田畴淹没,朕心深为轸念。访问其故,具悉梗概。高、宝等处湖水,下流原有海口,以年久沙淤,遂致壅塞。今将入海故道,浚治疏通,可免水患。自是往还每念及此,不忍于怀。此一方生灵,必图拯济安

---

① 傅泽洪等录:《行水金鉴》(第9册)卷六十四,上海:商务印书馆,1936年9月,第954页。
② 傅泽洪等录:《行水金鉴》(第9册)卷六十四,上海:商务印书馆,1936年9月,第954页。
③ 张鹏翮:《治河全书》卷一"上谕",康熙四十二年刊本,不署年月、页码。

全,咸使得所,始称朕意。尔同工部尚书萨穆哈往被水灾州县,逐一详勘,期于旬日内复奏,务期济民除患,总有经费,在所不惜。"①17世纪后期,由于康熙的开创精神,国家工程方面的潜力被有效地运用到改善影响黄河的各种因素中。像1688年开筑中河、1699年加固高家堰这类庞大工程的完成,实实在在地显示了一个王朝在其青年时代的活力。必须说明的是,庞大的治水工程的完工,使得其后大约60年里没有发生严重的洪灾,这主要是由于地方官员的积极参与、河工的经济和有效征用,以及在早期阶段尚少官僚习气的清帝国所呈现的小康状态②。

1699年4月4日,康熙皇帝巡视高家堰。11月4日,谕大学士、学士、九卿等:"今岁朕南巡,看得黄河逼近清口,黄水每多倒灌,以致淤垫。洪泽湖水不出,自高堰各坝,流入高宝诸湖。自高宝诸湖流入运河,以至下河田地尽被淹没,淮扬所属钱粮,虽频年蠲免赈济,动帑修理堤岸,群黎尚在水中。"③从这里可以看出康熙皇帝对水患祸民确实较为关注。

尽管康熙处处宣称以民生为重,实际上,清中央政府仍把运道安全视为无与伦比的最高利益。

清代河臣对淮北灾患的成因同样非常清楚。1679年,靳辅疏曰:"当淮流循禹故道之时,淮流安澜直下,此地未闻水患。迨黄

---

① 张鹏翮:《治河全书》卷一"上谕",康熙四十二年刊本,不署年月、页码。
② Ch'ang-tu Hu, "The Yellow River Administration in the Ch'ing Dynasty," *The Far Eastern Quarterly*, vol. 14, no. 4, Special Number on Chinese History and Society (August, 1955), p. 508.
③ 傅泽洪等录:《行水金鉴》(第9册)卷六十六,上海:商务印书馆,1936年9月,第970页。

流南徙夺淮，淮流不能畅注，于是壅遏四漫。山阳、宝应、高邮、江都四州县，河西低洼之区，尽成泽国者六百余年矣。"①但有清一代，漕运仍是国家必须顾全的大局。张伯行指出："国家之大事在漕，而漕运之利惟赖河。"②

1679年11月30日，康熙在乾清门与部院各衙门官员讨论靳辅治河问题时，工部尚书马喇同意靳辅动支款项的请求，理由是"黄河淤塞，有妨运道"。都察院左都御史魏象枢本不同意靳的请求，但"恐将来漕运有阻，则咎归会议诸臣"，不敢明确表示反对。户部尚书伊桑阿也认为若不治理黄河，"运道恐致有阻"。康熙本人因这个请求关系到漕运，"自应从其所请"③。因此，清代对黄河的治理，主要是为了维护漕运。张伯行指出："河水若不能畅流，漕船亦不能远至。"④

乾隆十八年（1753），车逻坝及邵伯二闸同时漫决。不久，铜山县张家马路堤工溃决，黄河冲决内堤七八十丈、外堤四五十丈，全河南趋，由灵璧、孟山等湖汇归洪泽湖⑤。11月17日，乾隆与在廷诸臣讲求治河，吏部尚书孙嘉淦主张开减河引黄水入大清河入海。这一减免淮北水患的建议由于威胁到漕道，理所当然地遭到了

---

① 《清实录·圣祖仁皇帝》（第4册）卷八十二，北京：中华书局，1985年，第1044页上。
② 张伯行：《条陈黄淮河务十条》，见张伯行著《正谊堂文集（附续集）》卷四，上海：商务印书馆，1936年，第41页。
③ 中国第一历史档案馆整理：《康熙起居注》第1册，北京：中华书局，1984年，第455页。
④ 张伯行：《遵谕条奏黄河折（康熙六十年）》，见张伯行著《正谊堂文集（附续集）》卷三，上海：商务印书馆，1936年，第39页。
⑤ 戴逸、李文海主编：《清通鉴》第9册，太原：山西人民出版社，2005年，第3688页。

乾隆帝的拒绝。并且，乾隆帝明确表示："此后仍有以治河奏者，必将原折发还。"①

为了维持运河航道的畅通，每年农历五至九月，是漕粮北运时期。在漕运开始前和进行时，均要闭闸蓄水。这个时期大致相当于公历的6至10月，"淮河流域于每年夏季七八月之交，多倾盆大雨"②。

表1-1 1913至1927年淮河流域月均雨量

月份	1	2	3	4	5	6	7	8	9	10	11	12
公厘	30.8	35.7	33	48.1	56.2	106.1	226.9	111.9	32.4	25.9	17.7	14.2
100M³/km²	308	357	330	481	562	1061	2269	1119	3240	259	177	142

资料来源：陆养浩：《江北水利辑要》，《江苏研究》第1卷第3期，1935年7月1日发行，第6页。

上表中淮域全年降雨量共788.9公厘。每年6—8月份的雨量达444.9公厘，约占年降雨量的56.4%。

明臣的一份奏疏中写道：

> 窃见今年以来，四方无不告灾，而淮汤、庐、凤等府，滁、徐、和等州，其灾尤甚。臣等询访南来官吏，备说前项地方，自六月至于八月，数十日之间，淫雨连绵，河流泛涨。自扬州北至沙河，数千里之地，无处非水，茫如湖海。沿河居民

---

① 戴逸、李文海主编：《清通鉴》第9册，太原：山西人民出版社，2005年，第3690—3691页。
② 陆养浩：《江北水利辑要》，《江苏研究》第1卷第3期，1935年7月1日，本文第4页。

悉皆淹没，房屋椽柱，漂流满河。丁壮者攀附树木，偶全性命。老弱者奔走不及，大半溺死。即今水尚未退，人多依山而居，田地悉在水中，二麦无从布种。或卖鬻儿女，易米数斗，偷活一时；或抛弃家乡，就食四境，终为饿殍，流离困苦之状，所不忍闻。臣等窃惟各府州处南北之冲，为要害之地，圣祖之创造帝业，实以此为根本。江南之输运钱粮，实以此为喉襟。况自古奸雄启衅召乱，多从此地。若不急议赈恤，深恐冬尽春初，米价愈贵，民食愈难，地方之变，殊不可测。①

漕运进行时，上游淮水支干各河来量极大，无法宣泄，使得整个淮河中游成为滞洪区，只能任其淹没洪泽湖以西的凤阳、泗州、颍州等地区。有时因为人为的原因（如沿河役吏的勒索、漕丁售卖所带货物、运河河道障碍等），漕运往往拖延至开秋。

康熙年间（1662—1722），漕运总督林起龙奏称："通漕计船，约有六千余只，少有稽阻，到通必迟。到通迟，则回空必迟。回空迟，则归卫必迟。归卫迟，则修舱必迟。修舱迟，则赴次必迟。赴次迟，则受兑必迟。受兑迟，则开帮必迟。即使昼夜不停，责以冬兑冬开之限，五月间尽数过淮，万万不能。"②而当时能使漕船延误的因素不胜枚举。最主要的是漕运水手夹带私货。漕船每到一个地方，常有"积年牙侩"为漕船引领客商，装运货物。而客商则因搭载漕船可以偷漏税课，"视朝廷粮船为藏奸罔利之

---

① 《费文宪公集·两淮水灾乞赈济疏》，陈子龙等选辑：《明经世文编》卷九十七，北京：中华书局，1987年，第856页上。
② 林起龙：《请宽粮船盘诘疏》，贺长龄：《皇朝经世文编》卷四十六"户政"二十一"漕运上"，上海：广百宋斋丁亥仲春校印，第51页上。

薮"①。漕丁在运官的默许或支持下，"凡于城市镇店，货物辐辏之所，希图逗留，揽载买货"②。漕船不能按时过淮，运河闸坝只能蓄水相待，更加剧了淮河中游地区的水患。

清代再次有人提出，改漕舟由洪泽湖溯淮而上，入汴河以抵黄河边上的祥符，而祥符对岸的阳武距卫河仅60华里。使运道移往淮河、黄河的上游，这样，"高堰之水，可以毋蓄，而淮、扬下河之水患可免矣。微山、蜀山诸湖可以毋蓄，而山东之涝旱可免矣"③。遗憾的是，尽管此时已没有明祖陵的顾虑，但在实践中仍无人理会。

在清初，君臣们除漕运外，非常看重两淮地区的盐课。在相当程度上，这个地区的治水是为了保证盐课和其他税收的征收。1658年12月2日，河南道监察御史何可化题："险堤而外，为盐城等县，直达江都，每岁盐课百四十万，取给于此，若五险堤岸一决，则盐城尽被渰没，且非一岁兴工可便补塞。国家几百万金钱，不可不重为虑也。"顺治帝在谕旨中称"淮黄堤工，关系地方盐课"④。无独有偶，1679年，河道总督靳辅疏陈诸塞清水潭决口的重要性是"山阳、高邮等七州县田地被水淹没，十余年来，每岁损课数十万两"⑤。丝毫未提民生问题。

---

① 林起龙：《请宽粮船盘诘疏》，贺长龄：《皇朝经世文编》卷四十六"户政"二十一"漕运上"，上海：广百宋斋丁亥仲春校印，第53页上。
② 林起龙：《请宽粮船盘诘疏》，贺长龄：《皇朝经世文编》卷四十六"户政"二十一"漕运上"，上海：广百宋斋丁亥仲春校印，第53页上。
③ 魏源：《魏源集》上册，北京：中华书局，1976年，第401页。
④ 傅泽洪等录：《行水金鉴》（第17册）卷一三四，上海：商务印书馆，1936年9月，第1939页。
⑤ 《清实录·圣祖仁皇帝》（第4册）卷八十，北京：中华书局，1985年，第1028页上。

诚然，在意识形态方面强调"民为邦本"的思想，不论出于何种意图，在"盛世"时均体现了对民生的真正关注。对淮北这样的传统农业区而言，算得上是福音。有的学者推重雍正时的水利工程，认为超过了顺治与康熙时代，极大地提高了民众的福利[①]。

总之，在治水方略方面，清朝的决策者体现了有别于明朝决策者的转向，即从对祖陵和运道的强调转为关注"运道民生"，这类谕旨在"盛世"时代如恒河沙数[②]。即使到嘉庆前期，仍屡有河臣因请求增加河工料价归地粮摊征，而被斥为"病民"，并遭革职之事[③]。

清中期以后，迫于内忧外患，政治日渐腐败，"治法治人，两俱无有，腹部黄河、淮河、长江三大流域，几无岁不灾，而其灾害程度，复与年俱增"[④]。清朝的治河又回复到以保运为最高原则的传统政治思维上来，淮北的民生问题再次成为国家利益的牺牲品。

清代常有大员义正辞严地指责"地方官但知收割，不顾河工；即沿河居民，亦但保目前"[⑤]。其实，漕、河方面的官员又何尝不是只顾漕运，不顾地方百姓的利益呢？"是以每当启放四坝，互起纷争，俨如敌国，此皆不知大局者之所为也"[⑥]。在这些官员们的

---

① Pei Huang, *Autocracy at Work: A Study of the Yung-cheng Period, 1723-1735*. Bloomington and London: Indiana University Press, 1974, pp. 236-240.
② 关于清代统治者，特别是康熙帝对运道民生的关注，详见张鹏翮编：《治河全书》卷一和卷二"上谕"，康熙四十二年刊本，不署年月、页码。
③ 汪胡桢、吴慰祖编：《清代河臣传》卷三，南京：中国水利工程学会，1937年2月，第124、125页。
④ 芳墅：《中国古代农田水利之研究》，《水利委员会汇刊》第7辑，1942年1月，第14页。
⑤ 武同举辑纂：《再续行水金鉴（运河卷）》（2），武汉：湖北人民出版社，2004年，第556页。
⑥ 武同举辑纂：《再续行水金鉴（运河卷）》（2），武汉：湖北人民出版社，2004年，第556页。

眼中，千百万百姓的身家性命均是小事，只有漕运才属"大局"。

明清地方大员，每每不远千里，水陆兼行，不厌其烦地向皇帝报告一些诸如某段黄河变清、禾生双穗、凤鸟来仪、海市蜃楼之类的"祥瑞"吉兆，以证明当朝的皇帝就是圣君再世。而对被人为放水淹毙的成千上万名百姓，连数量统计都不愿做，当然，即使做了精确统计，谁也不会予以上报；即使上报，也会被批为繁琐，更不会予以公布。毕竟，在朝廷看来，淹毙几万百姓，至多损失些税收和赈粮，而让社会知道百姓真实的死亡数字，至少会有损圣君和"盛世"的美誉，更可怕的是，可能影响稳定的局面，损害其统治基础。

所以，即使在政治最清明的专制时代，像"平日零收私盐济枭之小贩人等"，均有精详的信息，督抚乃至皇帝均严予掌控。雍正十二年十月六日，两江总督赵弘恩向雍正帝上奏的这类小贩数量为395名，而非用"数以百计"之类的含糊数据。可见君臣对此类小贩的重视程度！这些小贩均被"所属文武存记档案，留心踩缉"①。至于被淹毙的平民，数量再多，也不会被详细存记档案的。

道光元年（1821），据姚祖同疏陈，"河工之敝坏显而易见，民生之凋瘵隐而难治"。仅河南一地，"河工加价，自常赋三百六十余万外，逾额摊征，衡工未已，睢工继之；睢工未已，马工、仪工又相继接征。此外复有各处堤工随时摊征之款，民力其何

---

① 台北故宫博物院清代宫中档与军机处折件：《江南总督赵宏恩奏折》（雍正十二年十月初六日），箱号：75，文献编号：402010579，统一编号：故宫013710。

以堪"①？可见，到了道光年间，河工"病民"已经非常严重了。

漕船过淮后或洪泽湖蓄水过多，官府会随时泄放，运河东侧往往一片汪洋。《淮安府志》称："方运河畅流时，东南稻田数千顷咸资其利，号称膏腴。自湖水下徙，运源艰涩，民始有乏水之忧。莳种植秧，多违常度。夏秋间禾欲登场，而水潦横溢，以淹没告者踵相接也。民力既殚，疏浚堤防之功不至，浸淫日久，高田多龟坼，下田成污莱，向之膏腴化为瘠区。"②

乾隆七年，扬州府通判刘永钥等禀称：高邮、邵伯一带湖河，水势加长。已将芒稻闸、董家沟开放，以资利导。"乃有湖西乡民数十人，赴邵伯工次，求开奉旨永闭之昭关坝，以保日禾。永钥等谕令散去。讵刁民于次日五鼓持械聚众，擅敢将漕堤挖动。下河乡民抢护，两相争执，各有数人受伤"③。可见，昭关泄水之严重性。但在后来的官府看来，不论淹没多少百姓，只要能维持大局，昭关泄水是在所不惜的。

乾隆四十一年九月，高宝等地湖河水势盛涨，署江督萨载决定启放南关、车逻等坝，"启坝减泄，而减下之水既多，下河亦不免稍淹"。萨载竟称："此亦无可如何之事！"④嘉庆十三年六月，官府开启五里、昭关、车逻、南关等坝，平地水势二三尺，"近河

---

① 汪胡桢、吴慰祖编：《清代河臣传》卷三，南京：中国水利工程学会，1937年2月，第157页。
② 吴昆田纂：《淮安府志》卷六"河防"，光绪十年刊本，第18页下—19页上。
③ 《清实录·高宗纯皇帝》（第11册）卷一七一，北京：中华书局，1985年，第167页下。
④ 台北故宫博物院清代宫中档与军机处折件：《署理两江总督江南河道总督萨载奏折》（乾隆四十三年九月十三日），箱号2704，文献编号403036239，统一编号（故宫）06211。

村庄低洼田亩多被淹浸"。江苏巡抚汪日章称，由于"迁居高岸灾民俱经散给磨饼、席竹，食宿有资，民情安静"①。用几张竹席就能让家没财毁的百姓情绪稳定，中国官员真乃治民有术！

1826年夏，洪泽湖水大涨。7月30日，两江总督琦善奏："可虑者，洪湖堤工本非坚实，水面又宽广四百余里。上冬今春存水不过一丈二尺有余，每遇西北大风，即已巨浪如山，直过堤顶。今水增数尺，容蓄愈难"②。经启三河闸坝、拦湖坝等，效果并不显著，琦善准备将扬河、扬粮两厅境内归江归海各坝，全部启放，即使这样，"此但以保运河之堤，而不足以泄洪湖之涨，第下游田亩实已因此受淹"③。有位亲身经历过此事的人写道，"扬郡七州县当下游者，田庐尽没，较嘉庆丙寅（1806）决荷花塘尤剧"④。这在清朝高官们的奏折中得到了印证。据8月2日江苏巡抚陶澍奏：各坝泄放之水，直达高、宝诸湖，后又将车逻、南关、中新等4坝启放，高宝地区"田亩房舍，均归巨浸。……田间水深五六尺至一丈不等，庐、墓尽在水中。……民间扶老携幼，纷纷迁避高阜，露处乏食"⑤。有人作《开坝行》纪其事："稻未收，洪湖水长日夜流。治河使者计无奈，五坝不开堤要坏。车逻开尚可，昭关坝开淹

---

① 台北故宫博物院清代宫中档与军机处折件：《江苏巡抚汪日章奏折》（嘉庆十三年六月初二十九日），箱号2714，文献编号406012283，统一编号（故宫）131140。
② 武同举辑纂：《再续行水金鉴（淮河卷）》，武汉：湖北人民出版社，2004年，第126页。
③ 武同举辑纂：《再续行水金鉴（淮河卷）》，武汉：湖北人民出版社，2004年，第127页。
④ 京杭运河江苏省交通厅苏北航务管理处史志编纂委员会编：《京杭运河志（苏北段）》，上海：上海社会科学院出版社，1998年，第645页。
⑤ 武同举辑纂：《再续行水金鉴（淮河卷）》，武汉：湖北人民出版社，2004年，第128页。

杀我。昨日文书来,六月三十申时开。一尺二尺水头缩,千家万家夫老哭。"①

在这次泄洪事件中,高官大吏们最为关注的是保护运河和洪泽湖大堤。"当事惧堤工不保,遂启五坝过水"②。而最高统治者最为关心的则是保证漕粮的运输,对淹没民间田庐则并不顾及。8月3日,道光皇帝的上谕中称:"御黄坝业经两年不开,本年粮船,必须全数回空,来年重运,必当照常行走。既据该督(指琦善——引者注)等会筹定义,道将厅营皆以为减坝可行,此时即应坚持定见,及早办理,毋再游移观望。时届立秋,漕船回空瞬至,倘启坝自缓,空船归次少迟,尚无大碍。若竟迁延贻误,将来漕船不能回空,并误明春重运,朕惟琦善、张井、潘锡恩三人是问,决不宽贷,懔之慎之,将此谕令知之。"③

可叹的是,这次决水所淹没的人口稠密村镇,百姓却多归罪于琦善,多年来一直坚信英明的皇帝视他们如己子,事后查出了实情,严惩了琦善,替他们做了主。直到20世纪30年代,老人们还在叙述,"琦大人开减坝放水,事前饰词入告,谓此地百里无烟。后钦差查覆,乃知烟村甚密,百万灾黎,一时破产。琦大人遂至得罪"④。其实,这次放水,琦善根本没有受到惩办,并很快兼任了漕运总督,可谓实权与肥缺并握。而放水淹民的真正罪魁,正是百

---

① 曹楙坚:《昙云阁集》卷四,光绪三年刻本,第28页上。
② 京杭运河江苏省交通厅苏北航务管理处史志编纂委员会编:《京杭运河志(苏北段)》,上海:上海社会科学院出版社,1998年,第645页。
③ 武同举辑纂:《再续行水金鉴(淮河卷)》,武汉:湖北人民出版社,2004年,第102页。
④ 张煦侯:《淮阴风土记》下册,1936年,第151页。

姓钦之仰之、趋之信之的道光皇帝。

仅过1年，1827年7月3日，据张井、潘锡恩奏："奉上谕：洪湖存水较上年尤为旺盛，堰工吃重，自不得不预筹宣泄。惟下游各州县田庐上年全被淹浸，虽现在严守车逻等坝，不致淹及民田，而此后湖水日增，必须思患预防，俾堰工可保无虞，而下游亦不致被患。"①在以保住乌纱帽为主要目的的官员们的眼中，百姓的利益永远没有"大局"重要，是以河臣们有着充分合理的"借口"来做损害百姓的事："臣等固当顾惜灾黎，不敢轻议启放，然亦未敢过于拘泥，贻误堤防，惟视湖河水势，权其重轻以为操纵。"②

黄河北徙之后，淮北治水问题已不再成为中央政府层级的核心问题，而是成了地方性事务。同治六年（1867），督臣曾国藩因江苏绅耆之请，以黄河迁徙已阅10年，旧堤当存，施工较易，倡为导淮之说，奏请分年试办。光绪六、七等年，署督臣吴元炳、督臣刘坤一，兴办抽挑扬苑一带河工，由黄河及张福河、碎石等河数次兴工，但仅能略资分泄，不久又淤塞。安徽学政徐郙请排泄泗、沂两河为导淮前期工程，建议疏治大通口作为出海之途，获左宗棠支持，议办多年，没有结果③。到了民国前期，中央政府无意负担淮北地区的治水费用，而是由地方政府筹集，治水事务每况愈下，只能作些小修小补的工程。如张謇曾倡上、中、下导淮三策，地方政

---

① 武同举辑纂：《再续行水金鉴（淮河卷）》，武汉：湖北人民出版社，2004年，第151页。
② 武同举辑纂：《再续行水金鉴（淮河卷）》，武汉：湖北人民出版社，2004年，第152页。
③ 台北"中研院"近代史研究所档案馆藏档案：《江苏查勘淮河故道并办工赈》（光绪三十三年），馆藏号06-21-11-09，宗号2-（3），第7—8页。

府只能采行费用最少的下策,以至于水患始终无法根除[①]。

民国前期,淮北河务更成了军阀斗争的牺牲品。柏文蔚等提出"裁军导淮",希望把内斗的资源用于治淮事业,但真正的掌权者对此毫无兴趣。1924年,主持山东政务的官员们甚至不愿花费数万元来对本已危殆的黄河河堤进行简单的维护,结果造成1925年黄河南岸决堤,鲁西南大片地区被淹的大灾[②]。

到了民国年间,五座归海坝之一的昭关坝,由于下河淮扬地区民众的反对,向来很难开启,至有"宁失江山,不开昭关"之谚。1931年大水泛涨,"上下河人民为开坝问题,死力相持,终未启放,卒至坝北三元庵溃决数十丈,上下河同归于尽"[③]。

南京国民政府时期,河务与民生仍没有引起政府足够的重视,甚至不能像清朝中期那样对河务常常有统一的管理与规划[④]。1938年6月6日至9日,为了迟滞日军的进攻,淮北再次成为中央政府的牺牲品。在蒋介石的命令下,政府军新八师炸开河南郑县花园口大堤,口门迅即冲大。泛水一股沿贾鲁河经中牟、开封、尉氏、扶沟、西华、淮阳、周口入颍河,至安徽阜阳至正阳关入淮;另一股自中牟顺涡河经通许、太康至安徽亳县由怀远入淮。豫、皖、苏3省44县成为黄泛区。

[①] 韩紫石:《苏北黄灾救济专刊序》,《水利委员会汇刊》第8辑,1942年4月,第15页。
[②] Walter H. Mallory, *China: Land of Famine.* New York: American Geographical Society, 1926, p. 72.
[③] 胡焕庸:《两淮水利盐垦实录》,南京:中央大学,1934年12月刊印,第5页。
[④] 雍正时代对河务统一规划与管理的论述,见Pei Huang, *Autocracy at Work: A Study of the Yung-cheng Period, 1723-1735.* Bloomington and London: Indiana University Press, 1974, p. 237.

据豫皖边区副总指挥部的电文称，1939年，豫皖边区水灾异常严重。黄流自太康西北，进入涡河后，流量暴涨。于鹿邑西北观武集、梁口、时口一带决口四五处，向东南分流到赵王河、清水河、泯河、米唐河后，有支流陆续添溢。由于黄泛区地势平坦，各河极易四处横流。仅淮阳、鹿邑、柘城、沈丘、亳县五县受灾面积达7500多平方公里，受灾难民826000余人，直接财产损失达4183万余元。"灾民遍野，惨不忍睹"①。

受黄流影响，苏北沂、沭、运各河暴涨决口，东海、灌云、邳县、沭阳、宿迁、淮安各县惨罹灾患。以东海、灌云灾情最重，两县灾民即达数十万人，"灾民始犹以草根树皮充饥。近则无可得食，饥寒交迫，非振莫活。且因无力购种，迄今尚有十余万亩农田未播春耕，影响来年生计，尤非浅鲜"。邳县、沭阳、宿迁、淮安各县灾民，"流亡载道，待哺嗷嗷"②。1938年8月29日，高邮马头湖水位达1丈8尺5寸，沿运各县，"或因湖水涨漾，或因淫雨为灾，七八千方里之地，庐舍漂没，生民离散，运堤各汛，更复迭呈险象，已至最危岌之阶段"③。

在花园口决堤后黄河8年多的泛滥中，死亡人口达89万④。在苏

---

① 中国第二历史档案馆藏重庆国民政府振济委员会档案：《豫皖边区副总指挥部快邮代电》（1940年11月11日），全宗号116，卷号425，无页码，文件原始分类号5-2-2，卷号16。
② 中国第二历史档案馆藏重庆国民政府振济委员会档案：《江苏省振济委员会呈文》，全宗号116，卷号423，无页码，文件原始分类号5-2-2-1，卷号19。
③ 中国第二历史档案馆藏重庆国民政府振济委员会档案：《江苏省振济委员会呈文》，全宗号116，卷号423，无页码，文件原始分类号5-2-4，卷号2。
④ 黄河水利委员会编：《民国黄河大事记》，郑州：黄河水利出版社，2004年，第131页。

北地区形成巨浸,并迫使1200万人口流离失所[1]。花园口决堤,使黄河再次夺淮行水,"寖有图复明初南徙局势"[2]。在淮河下游的江苏省,"水祸将视咸丰河徙以前为尤烈。"这是因为河道已与以前大不相同,"前此河行归徐,上有分减,下有通路,犹可尽人力为之防范。今则取道颍、凤,将溢于洪泽、高、宝诸湖。"[3]

三、治水政治

在明代,河务的最高原则是维护最高统治者基业的象征明祖陵,这是治河者面临最大的政治问题。

康熙对治河的关注,同样带有较多的政治诉求。

1701年7月13日,总河张鹏翮奏称:盱眙在山腰,泗州在山下,淮水绕泗州而流,加上归仁堤所阻蓄的各湖之水,均侵入泗州,泗州因此多灾。而洪泽湖周家桥、高良涧、武家墩、唐埂、古沟、东西六坝关闭后,水不东注,高邮、宝应、兴化、泰州、山阳、盐城、江都等州县,田地从水中露出,可以耕种[4]。尽管张的奏折中充满了对康熙的歌功颂德,但也有重淮扬、轻盱泗之意,而这并非张个人的想法,实为明清河臣根深蒂固的观念。

显然,康熙明白张鹏翮这一思想的来龙去脉,但仍对他进行了极为严厉的斥责:"朕念黄河运河关系国计民生,三次看阅河工,

---

[1] Norman D. Hanwell, "New Floods Threaten More Losses for China," *Far Eastern Survey*, vol. 8, no. 15 (July, 1939), p. 177.
[2] 景武:《再论治黄》,《水利委员会汇刊》第7辑,1942年1月,第9页。
[3] 韩紫石:《苏北黄灾救济专刊序》,《水利委员会汇刊》第8辑,1942年4月,第16页。
[4] 傅泽洪等录:《行水金鉴》(第10册)卷六十八,上海:商务印书馆,1936年,第999—1000页。

屡行简任河臣,修筑堤岸,每岁不惜百万帑金解发。夏月雨水时,昼夜忧虑,不时遣人看视。凡被水灾截留漕米,尽出仓粮赈济者,总为拯救灾民,并非赈救泗州、盱眙百姓之灾,而淮安、扬州等处百姓,俱免水灾,是但知淮扬地方,岂独不知有泗州、盱眙,天下之大,亦并不知其为愚昧,已至于极。"①下令:"将朕谕旨及张鹏翮所奏,一并刊刻于淮安、扬州、泗州、盱眙等处,遍行张挂,令众人观看,天下之人,自有公论。"②

  康熙皇帝在这份上谕中还大谈"四海一家","统一天下之主"应拯救灾黎云云。不难看出,他是借痛骂张鹏翮而收拾淮泗地区的民心。毕竟,淮扬地区的百姓对当年清兵屠杀的记忆尚未散尽。而泗州则是明朝统治者的惠泽深滋久润的辇毂之地,凤阳在明代被定为中都,凤泗之民"由此产生过天子故里一等公民的荣耀感"③,并获得过朱元璋"永不课征"的承诺④。消除畛域之别,乃至消除民族隔阂,并从根本上清除对前朝的感愫,培育和谐社会的意识⑤,是政治稳定的前提。因此,在治水这样的事务中,就必须体现"天下统一之主"的爱民之心与一视同仁之意。事实上,张

---

① 傅泽洪等录:《行水金鉴》(第10册)卷六十八,上海:商务印书馆,1936年,第1002页。
② 傅泽洪等录:《行水金鉴》(第10册)卷六十八,上海:商务印书馆,1936年,第1003页。
③ 李修松主编:《淮河流域历史文化研究》,合肥:黄山书社,2001年,第523页。
④ 李修松主编:《淮河流域历史文化研究》,合肥:黄山书社,2001年,第524页。
⑤ 有的学者认为,中国统治者对神祇符号的利用,是为了消弭阶级差别、创造共同体意识(C. K. Yang, *Religion in Chinese Society*. Berkeley: University of California Press, 1961, p.81)。我们认为,在清代,中国尚不存在着如西方社会那样的各阶级,更明显的是地域矛盾、民族矛盾及贫富矛盾。

的治河业绩常被人比肩靳辅,"论者谓靳张济(齐)美,媲于萧曹"①。否则,如果真的"昏愦之极,未有如张鹏翮者"②,康熙皇帝为何还让张留任河道总督一职呢?而他更不可能自降身价,把谕旨与张的奏折一并公开张挂,听任淮扬百姓对他们圣君愚臣任意评头论足。是以康熙皇帝的治河带有太多的政治意图,可能从一开始,他就希望借治河一事,既要改善淮泗地区的水文环境,更要获得政治上的巨大收益。即使这样,就淮北社会生态变迁而言,康熙的治河是利远大于弊。

1705年4月23日,康熙再次视察高家堰,召见总河张鹏翮、淮扬道张弻、大学士马齐等。11月19日,谕工部:"方今海宇升平,惟以安阜黎元为急,东南要务,莫重于河者。朕数经南巡,指示修筑方略,凡以筹运道济民生也。"③康熙特别强调自己多次亲自到治水第一线的目的,就是为了现场解决运河减水伤农的问题,"当水涨之时,若高堰及运河减水坝,不令开放,则堤堰其为危险;若开坝宣泄,则闾阎垄亩,必致潦伤。方春水涸,民间尽皆播种,一经夏水骤涨,开坝放流,而所播之种,悉被淹没"④。对于这一两难选择,康熙决定在高家堰三坝之下,挖出一条河流,两旁筑堤束水,通入高邮、邵伯诸湖,湖外同样修筑土堤,不使湖水漫溢。高邮减水坝下面,再开挖一条河流,经串场河,通入白驹、丁溪、

---

① 郑肇经:《中国水利史》,上海:商务印书馆,1939年,第148页。
② 傅泽洪等录:《行水金鉴》(第10册)卷六十八,上海:商务印书馆,1936年,第1002页。
③ 傅泽洪等录:《行水金鉴》(第10册)卷六十九,上海:商务印书馆,1936年,第1011页。
④ 傅泽洪等录:《行水金鉴》(第10册)卷六十九,上海:商务印书馆,1936年,第1011页。

草堰等河，疏通白驹等河淤浅之处，使河水流入大海。又因为洪泽湖水势大涨，泗州、盱眙等州县经常遭受水灾，决定在泗州受水之处，筑堤控制。"则所全于淮安、扬州、凤阳三郡民生者多矣"。他强调此事与运河漕道无关，全是为了百姓利益。"在河官止知保护河道，不复详计民生。朕惟民间田亩所系甚重，宜图万全可久之策"①。1706年2月22日，康熙再次表白："大堤应挑之河，与漕运河道，绝无关涉，特为淮扬所属田亩，不致淹没，有裨民生之故。"②

1706年，在河工效力的原大理通判徐光启向总河张鹏翮建议：于泗州境内溜淮套穿汤家冈，挑河筑堤，引淮水下流至张福口，直出清口，分水势以达黄河，以减少洪泽湖的蓄水量，保护高家堰的安全，并达到刷黄济运的目的。总河张鹏翮予以上奏。康熙皇帝派总督阿山、总漕桑格、总河张鹏翮、江苏巡抚于准、安徽巡抚刘光美共同勘测。督臣阿山等对工程的估价为139万多两。经部议，令严加核减，经徐光启、宿迁县丞郭维藩、清河县主簿方德弘重新估计，工程造价为123万余两③。5月25日，阿山等请求康熙皇帝"亲临阅视，指授方略"④。其时，从康熙的本意而言，并不愿再赴泗州等地。1707年1月14日的上谕中说："今朕年已渐增，惮于临

---

① 傅泽洪等录：《行水金鉴》（第10册）卷六十九，上海：商务印书馆，1936年，第1011页。
② 傅泽洪等录：《行水金鉴》（第10册）卷六十九，上海：商务印书馆，1936年，第1012页。
③ 傅泽洪等录：《行水金鉴》（第10册）卷七十，上海：商务印书馆，1936年，第1033页。
④ 傅泽洪等录：《行水金鉴》（第10册）卷七十，上海：商务印书馆，1936年，第1034页。

幸。且南方水土，不比北地，每渡大江河湖，及过闸口，亦甚加廑念。故不欲亲往阅视。"[1]但没有皇帝的现场指示，地方官根本不敢开工。1月25日，内阁、九卿再次请求康熙"早临阅视指示"。康熙最后只得奉皇太后懿旨前去视察溜淮套工程。

1707年3月31日，康熙经实地勘查，对前述要员们的意见大失所望，下旨称："张鹏翮听信罢斥小人徐光启，议开溜淮套，竟不亲加审勘，辄奏称此河开浚有益。所立开河标识，至毁坏民间坟冢田庐。又地势甚高，虽开浚成河，亦不能水出清口，徒滋生事扰民。"[2]6月25日，下令将阿山革职，张鹏翮革去所加宫保，桑格降5级，刘光美、于准降3级[3]。

对上述各位大员的处罚，再次体现了康熙在河务中的政治意识。溜淮套工程不能上马，明明是该地段地势较高、预算较大这些财政、技术原因，但康熙却把它们放在次要地位。而把毁坏民间坟墓田庐作为首要原因，与明朝皇帝把自己的祖坟放在治河的首要位置，形成了鲜明的对比，以此体现圣主对民生的关怀之情。实际上，清兵入关后，在华北肆无忌惮地圈占民田，在淮扬地区大肆戮杀，殒者以百万计，又何惜百姓的坟庐呢？阿山之辈所受的重罚，相当程度上，是为康熙政治诉求所付出的小额成本。而牺牲几名奴才的官运换取淮、扬、凤、泗广大地区的民心，康熙实不愧为高明

---

[1] 傅泽洪等录：《行水金鉴》（第10册）卷七十，上海：商务印书馆，1936年，第1035页。
[2] 傅泽洪等录：《行水金鉴》（第10册）卷七十，上海：商务印书馆，1936年，第1036页。
[3] 傅泽洪等录：《行水金鉴》（第10册）卷七十，上海：商务印书馆，1936年，第1037页。

的政治投资家。

另外,康熙对阿山等人的最大不满,是这批要员没有踏踏实实地调查研究就听信徐光启的话,从而轻率地上奏,直至劳动康熙本人前来勘查。从这一点来看,阿山等人的被罚实是罪有应得。但长期以来,康熙经常对河务指授方略,从尽拆拦黄坝以导黄归海,广辟清口、坚闭六坝以束淮敌黄,增筑挑水坝、加挑陶庄引河逼黄溜北行,开归仁堤引河以导睢水刷黄,塞时家马头、筑河堰,挖戚字堡、杨横庄等河,到亲临河工,改中河出水口门于杨家庄,建龙窝等处挑水坝,开鲍家营引河泄黄河异涨之水,……莫不详细予以指示①。河臣们自然依赖成性,不敢有自己的主见。

对河臣们而言,君心比河性更难捉摸,劳心费神地研究勘测,即使摸透了河性,却无法保证能符合圣意。如其拿出自己的方案,倒不如等待皇帝的方案最为稳妥。有的学者认为,尽管清朝强化了中央集权,但权力较大的地方大员仍对最高统治者有掣肘作用,并因此影响了政策的实施②。而在治河过程中,我们则看到,地方大员的无所适从,同样影响了行政效率。1699年康熙南巡,就是因为河臣们"咸请亲临指示,以为一劳永逸之图"③。在百官均消极懈怠的情况下,即使再能干的君主也无法凭一己之智和一己之力完成治河事务。学者指出,当皇帝个人对政府的各方面负有绝对责任时,由最高权力作出的政策处处依赖于皇帝本人,这绝非长久之计。对一般的政府事务而言,官员们在处理问题时,对其行为的结果多多

---

① 张鹏翮:《治河全书》卷一"上谕",康熙四十二年刊本,不署年月、页码。
② Susan Naquin and Evelyn S. Rawski, *Chinese Society in the Eighteenth Century*. New Haven and London: Yale University Press, 1987, p. 10.
③ 张鹏翮:《治河全书》卷一"上谕",康熙四十二年刊本,不署年月、页码。

少少可以预料得到,而对治水这样的重大工程则涉及不可预见的因素,使得称职的官员若规划长远方案在政治上也显得很不明智①。

雍正帝曾就河工夫役等问题发布上谕:要求地方大员在征夫役时,"将往昔苛政、本朝恩泽,现今不得已暂时派拨各情节,逐一分剖示谕,皆令晓然知悉"②。他认为通过新旧朝对比,可以让人们看出新朝爱民的本意,憎古惜今,不再有不满情绪,并充满感恩戴德之情。

1824年,由于黄河异涨,道光皇帝只能根据河臣们的奏折来发布指示。尽管道光本人希望"宸意不为遥制",由官员们自行决定开御黄坝放水,但官员们推诿、逃避、迟延,结果丧失了好机会,造成了运河决堤的严重后果③。反过来看,官僚体制的低效或失效极大地制约了中央的权力。有人正确地指出:"从传统来看,中国王朝由于高度集中的官僚体制而格外突出,这个体制的目的是维护中央对国家生活所有重要方面的控制。官僚体制的有效程度决定了中央权力的程度,中央权力的缩小和丧失必然导致一个朝代的衰微和垮台。"④

但传统的统治者多相信自己与其他统治者不同,比其他统治

---

① Ch'ang-tu Hu, "The Yellow River Administration in the Ch'ing Dynasty," *The Far Eastern Quarterly,* vol. 14, no. 4, Special Number on Chinese History and Society (August, 1955), p. 509.
② 黎世序等辑:《续行水金鉴》(第1册)卷五,上海:商务印书馆,1936年,第127页。
③ Jane Kate Leonard, "Controlling from Afar: Open Communications and the Tao-Kuang Emperor's Control of Grand Canal-Grain Transport Management, 1824-26", *Modern Asian Studies*, vol. 22, no. 4 (1988), p. 687.
④ Ch'ang-tu Hu, "The Yellow River Administration in the Ch'ing Dynasty," *The Far Eastern Quarterly,* vol. 14, no. 4, Special Number on Chinese History and Society (August, 1955), p. 505.

者更高明，能够解决其他统治者所不能解决的问题，做出其他统治者所没有的业绩。股肱重臣的任务很大程度上不是去解决社会现实问题，而是去营建一些形象工程，"制造"出令统治者相信的前无古人的"成就"，为统治者穿上一件什么都没有的"新衣"，让他独自陶醉其中，让少数清醒者因恐惧而沉默，让大多数庸者处于集体无意识，只会盲目地附和。而巨大的水利工程最能满足好大喜功的统治者内心的需要。因此，许多治水工程，当时常常被夸为泽及万世，一劳永逸地解决了积患，遗憾的是，这些工程却像成了顽疾的疮癣，每年在洪水暴发时均要重新进行修治。周而复始，没有底尽。高堰建成后，潘季驯上疏称："昔年沙垫河浅，水溢地上，只见其多。今则沙刷河深，水由地中，只见其少。地方士民，皆谓二十年来所旷见也。……今财力不多费，而功遍于两河；时日不久旷，而效收于期月。数千里鱼鳖之民，一旦登于衽席，亿万年命脉之路，一旦底于翕宁，职等幸获遭逢，曷胜庆幸。"①

在潘反驳常三省的疏中，引用泗州籍的御史赵卿的信称："大工底绩，数十年沮洳，一旦膏壤，诸名公必溃之役，倏尔告成，国家幸甚，生民幸甚。古谓地平天成，万世永赖者，更何状哉！……至于吾民之沃壤极目，欢声盈耳。"②又据营田道金事史邦直称，"职经越城等处达淮泗间，沿途看得高堰以东地方，……布种者即嘉禾穰穰，而泗州四外，俱成干滩。淮由地中，去堤岸十余丈，黄童白叟，共曰十数年未见，不意今日复睹平地"③。这样的话语即

---

① 潘季驯：《河防一览》卷八，南京：中国水利工程学会，1936年，第211页。
② 潘季驯：《河防一览》卷十，南京：中国水利工程学会，1936年，第248页。
③ 潘季驯：《河防一览》卷十，南京：中国水利工程学会，1936年，第248页。

使不能使万历皇帝相信"圣人出，黄河清"，也足以使其相信他们就是名符其实的明君贤臣，大河从此安澜了。其实，万历皇帝只不过是一个寻欢作乐、纵情肉欲、为人苛刻、不负责任、极端懒惰的人，他不具备任何明君的个性①。

连万历皇帝都能得到如此之多的阿谀之辞，像康熙这样的"圣主"所经受的谀辞也就可想而知了。历年以来，尽管康熙皇帝不断亲自指授治河方略，但治河的实际成效却并不理想。对此，康熙皇帝非常清楚。1699年2月20日，他在上谕中说："黄淮为患，冲决时闻，下河地方田庐漂没。朕轸念民艰，曩曾屡遣大臣往修，不惜数百余万帑金，务期早绥黎庶。乃历年已久，迄无成功。今水势仍复横溢，浸漫城庐，沉没陇亩，以致民多失业。"②但河臣们却大肆文过饰非，以离谱的谀辞夸大治河的正面效果，颂扬康熙的丰功伟绩。1699年11月11日，户科掌印给事中张睿题奏：近年以来，淮南地区遭遇水患，"皇上恤念民生，亲临阅视。……乃特赐指授，命前河臣董安国等，将黄河湾曲处挑引水河一道，使水直下，远避清口，免其倒灌，此殆神灵天授，非臣下意计所及，万姓欢呼，伫看底绩"③。1700年5月22日，工部尚书王鸿绪折奏，称颂康熙"虽

---

① Richard Shek, "Fictional and Real-Life Rulers: Journey to the West and Sixteenth-Century Chinese Monarchs". In Joseph. Esherick, Wen-hsin Yeh and Madeleine Zelin (eds.), *Empire, Nation, and Beyond: Chinese History in Late Imperial and Modern Times-a Festschrift in Honor of Frederic Wakeman*. Berkeley: Institute of East Asian Studies, University of California, 2006, p. 48.
② 张鹏翮：《治河全书》卷一"上谕"，康熙四十二年刊本，不署页码。
③ 傅泽洪等录：《行水金鉴》（第9册）卷六十六，上海：商务印书馆，1936年，第971页。

大禹之神智无以过也"①。同年12月19日，总河张鹏翮称康熙的治河方案"迈神禹之峻烈，贻万世之平成"②。他在另一封奏折中称颂康熙的治水伟绩："大智独断，尽善尽美。故能易污莱为乐土，起灾黎于更生。烟火桑麻之象盈于目，欢呼颂祷之声溢于耳。巍巍荡荡，峻德丰功，诚足以上迈千古，下垂无穷也。"③类似的谀辞不胜枚举④。

这些谀辞如果仅用来满足最高统治者的虚荣心，对于淮北社会、乃至整个治水大业并无实质性的损害。但皇上的方案均是放之四海、历千万世而皆准的。即使康熙在有些场合强调自己的方案为"一时意见，亦不保其必然"⑤，但有谁敢予以更改呢？史称："自河工敝坏，黄河之水逆入清口，清口湮塞，淮水溃六坝而东出，山、盐、高、宝诸州邑几为巨浸。堰虽存，与无堰等。幸我皇上南巡视览形势，洞烛机宣，命坚闭六坝，广辟清口，且大举增筑高堰。……此皆庙算精详，功同造化，以致两河普照，亿兆更生，后之防河者，奉为一定之制，守而弗失，即千万年可长治也。"⑥

治理黄河、淮河这样的河流，向无一劳永逸之计，无数十年不变的方法。大部分河臣均知因时制宜的道理。但在盛世里，河臣们

---

① 傅泽洪等录：《行水金鉴》（第9册）卷六十七，上海：商务印书馆，1936年，第979页。
② 傅泽洪等录：《行水金鉴》（第10册）卷六十八，上海：商务印书馆，1936年，第992页。
③ 张鹏翮：《治河全书》卷一"上谕"，康熙四十二年刊本，不署页码。
④ 傅泽洪等录：《行水金鉴》（第10册）卷六十九，上海：商务印书馆，1936年，第1009页。
⑤ 张鹏翮：《张（鹏翮）公奏议》卷一，清代刻本（无版本信息），第26页上。
⑥ 傅泽洪等录：《行水金鉴》（第10册）卷七十，上海：商务印书馆，1936年，第1026页。

却突然停止了自己的思考，把千变万化、千头万绪的河务寄托在一个人的思想上，并定为千万年不变之制，使得治河成了胶柱鼓瑟之事。这样的治河效果也就可想而知了。如1709年，康熙亲临清口，"特授方略，亲临指钉一桩，建设御坝，挑令黄溜北趋陶庄，俾黄淮顺行而交会。诚千古不易之章程也"[①]。尽管河臣严格按照康熙帝的指示办理，但"清口每有黄流倒灌之虞"[②]。说明康熙的方案不可能传之万世而皆准。然而，直到乾隆十四年（1749）十月，高斌在奏折中称："伏念河工为国家重务，历来谈河务者，人各异说，纷如聚讼，莫能折衷。从前仰荷圣祖仁皇帝六次巡幸，翠华所至，勘阅情形，指授方略，数十年间，历任河臣，得有遵守。即今一切修防之法，悉皆凛奉成规，循照办理。"[③]

另外，最高统治者经常直接授予具体的治河方案，像康熙皇帝，连清口西坝加长数丈这样的事都要亲自下旨[④]。以一个最高领导者的身份承担了工程技术人员的具体事务，先不考虑其能否胜任，至少，这样做无法调动河臣及技术人员的主观能动性，使他们成了只知唯唯诺诺、按最高指示办事的行尸走肉。乾隆皇帝对河臣每事必奏的做法深为不满。1762年，他巡视清口时，指示"开清口以泄尾闾，专为洪湖异涨而设"。1768年，"黄强清弱，是又当

---

① 黎世序等辑：《续行水金鉴》（第2册）卷十二，上海：商务印书馆，1936年，第278—279页。
② 黎世序等辑：《续行水金鉴》（第2册）卷十二，上海：商务印书馆，1936年，第279页。
③ 黎世序等辑：《续行水金鉴》（第2册）卷十二，上海：商务印书馆，1936年，第276页。
④ 傅泽洪等录：《行水金鉴》（第10册）卷六十九，上海：商务印书馆，1936年，第1010页。

收缩清口,以为抵御"①。即使面对这一常识问题,当时的河臣高晋、李宏却不敢自作主张,不敢采取因时制宜的方法,而是请求乾隆给予指示。乾隆在上谕中写道:"此等消息机宜,河臣自当随时筹酌,以期妥善,朕岂能一一料及,预为指示?而为河臣者,又岂可胶柱鼓瑟,必待朕指授机要,方为办及耶?"②

从明到民国,河务中总是充斥着中国特有的封建政治色彩。就是日本人的傀儡大员,在视察凤阳王营子、临淮关及五河县武家嘴等处淮河堤工时,"各该地自镇保长外,或父老,或青年自卫团,或男女小学生,或各业公会会员,均整集欢迎。委员长迭次对众宣布:中央筹拨巨款,完此堤工无非解除民众痛苦,暨汪主席眷顾皖民,消弭淮患之德意。厥至无不欢声雷动,高呼口号"③。

可见,到清代,除现实的洪水治理外,河务还承担了宣传最高统治者仁政的政治使命。传统的统治者多相信自己比其他统治者更伟大,能够解决其他统治者所不能解决的问题。而河务则可以营造出极为直观的宏大工程,给好大喜功的统治者以视觉上的满足。因此,许多治水工程,当时常常被夸为泽及万世,一劳永逸地解决了积患,实际上,真正有价值的工程并不多。这也是淮北治水事务投入多、效果差的原因之一。

---

① 黎世序等辑:《续行水金鉴》(第12册)卷五十五,上海:商务印书馆,1936年,第1214页。
② 黎世序等辑:《续行水金鉴》(第12册)卷五十五,上海:商务印书馆,1936年,第1214—1215页。
③ 《视察淮堤工程》,《水利委员会汇刊》第5辑,1941年5月,第39页。

第二节　漕运方略与淮北的被牺牲

在相当长的历史时期，华夏族是非常善于航海的民族。世界近代史的肇始即是从大航海开始，以郑和为首的明代官兵比西方航海家提前近百年多次进行规模巨大的远洋航行。永乐年间重新开凿大运河，明代的漕粮从海运改为河运，中国也从一个海洋国家变成了内陆国，在西方国家争相跨入工商社会、并采行现代政治体制时，明清朝廷一成不变地固守着农业传统和小农政体。

一、河运的专行

加筑高家堰给淮北的水道带来毁灭性的破坏，为什么明、清两代政府还要年年花费巨资来维持这一政策呢？

实际上，加筑高家堰的背后是维持运河河道，以保证漕粮的运输。唐以前的王朝所定都的黄河南部地区，大多数时间为国家最重要的粮食产地。与这些王朝不同的是，明成祖以后，明朝所定都的北京附近地区，并不是当时国家重要的粮产地，所产根本不敷所需。明臣指出："国家奠鼎幽燕，京都百亿万口抱空腹以待饱于江淮灌输之粟。一日不得则饥，三日不得则不知其所为命。是东南者，天下之厫仓。而东南之灌输，西北所寄命焉者。主人拥堂奥而居，而仓囷乃越江逾湖，以希口食于间关千里外，而国家之紧关命脉，全在转运。"[①]

[①] 王在晋：《通漕类编》，万历甲寅刻本，"序"第1下—2页上。

因此，对明人而言，"今时最急者，惟漕"①。黄仁宇写道，从经济角度来说，大运河对明朝发挥着命脉的作用。虽然我们早已知道这条水道在国家财政经济中起着主要作用，但是，明朝宫廷对它的依赖程度是前所未有的，远远超过了以前的历代王朝。大运河是京城和江南之间惟一的交通运输线，所有供应都要经过它。在供应名单中，除了粮食占据首先要地位外，其他物品包括新鲜蔬菜和水果、家禽、纺织品、衣料、文具、瓷器、漆——几乎中国所产的各种物品都通过大运河进行输送。诸如箭杆和制服之类的军需品，笤帚和竹耙之类的家用器具，也经过运河运送到北京去。整个明代，这种依赖性一直存在，从未中断②。据利玛窦在运河上观察：无数装有贡品的船只络绎不绝驶往京城，许多船只没有满载，商人用很低的租金租借空舱，向京城提供当地不生产的物品。当时"北京什么也不出产，而北京什么也不缺乏"③。

学者认为，自明迁都北京，"直至鸦片战争前，明、清两朝中央政府对全国绝大部分地区的有效统治，则主要都是通过京杭大运河为主体的水运网络之漕运而实现的。所以，漕运对明、清两代政权都显得十分重要"④。

运河对明代如此重要，但运河绝不是一条驯顺的河流。运河不是自然河流，而是人力强行开凿的；自然河流一般按照水往低处流

---

① 王在晋：《通漕类编》，万历甲寅刻本，"序"第6页下。
② 黄仁宇：《明代的漕运》，张皓等译，北京：新星出版社，2005年，第15—16页。
③ 《〈利玛窦日记〉选录》，载中国社会科学院历史研究所明史研究室编：《明史资料丛刊》第2辑，南京：江苏人民出版社，1982年，第170页。
④ 彭云鹤：《明清漕运史》，北京：首都师范大学出版社，1995年，第93页。

的天性,总是从地势较低处流淌,这是最为合理的选择。运河则是从多个屋脊形的地势上通过,是以运河有"三起三落"之说。

  运河所经过的苏北黄泛区冲积平原,南起淮安,向西北经桃源(泗阳)、宿迁、徐州,达沛县、丰县。淮安附近地面高程仅10米左右,到宿迁、泗阳升高为25米,徐州附近达30—34米,丰、沛地区则为35—42米间①。运河在鲁南地区,"自南旺分水北至临清三百里,地降九十尺,为闸二十有一;南至镇口三百九十里,地降百十有六尺,为闸二十有七。其外又有积水、进水、减水、平水之闸五十有四。又为坝二十有一,所以防运河之泄,佐闸以为用者也"②。运河河底在鲁南段高出在苏北段达四五十米,使得向运河河道供水极其艰难。是以直观地说:"严格意义上的运河,也就是'闸河',……它的海拔很高,几乎是将河水垂直灌入'闸河'中。"③

  在淮北段,运河河床高于东部地面,一旦决堤,往往以高屋建瓴之水给运河旁的乡村镇市造成灭顶之灾。正如第二任香港总督在淮安所观察:"大城市淮安府位于黄河边,它宽约3英里,地面海拔比运河低很多。我们的轮船在运河上漂流时,向下看,可以看到破败不堪的城墙。一个令人不寒而栗的想法是,运河河岸发生了任

---

① 京杭运河江苏省交通厅、苏北航务管理处史志编纂委员会编:《京杭运河志(苏北段)》,上海:上海社会科学院出版社,1998年,第23页。
② 张廷玉等:《明史》卷八十五"运河(上)",北京:中华书局,1974年,第2078—2079页。按:明代1营造尺=32厘米(吴慧著:《新编简明中国度量衡通史》,北京:中国计量出版社,2006年,第143页),90尺=28.80米;116尺=37.12米。明代运河南旺段如高于丰、沛处37米多,高于江苏淮安约60米。
③ 戴维斯:《崩溃前的大清帝国:第二任港督的中国笔记》,易强译,北京:光明日报出版社,2013年,第97页。

何变故，都一定会对这座城市造成毁灭性影响。"①

据20世纪30年代对高、宝等地的调查，高邮房屋较运河堤顶为低，宝应县城墙与堤平齐。邵伯、高邮、宝应、淮安等下河8县，全恃运河大堤保护②。

事实上，运河经常溃决。明代陈瑄筑在宝应氾光湖东筑堤，蓄水为运道。"上有所受，下无所宣，遂决为八浅，汇为六潭，兴（化）、盐（城）诸场皆没。而淮水又从周家桥漫入，溺人民，害漕运"③。宣德年间（1426—1435），"运道始坏"。景泰三年（1452）五月，运河堤工完成不到一个月，"北马头复决，挈漕流以东。"④景泰四年（1453）四月，刚完成运河决口堵塞工程，"而减水坝及南分水墩先败，已复尽冲墩岸桥梁，决北马头，挈漕水入盐河，运舟悉阻。……是岁，漕舟不前者，命漕运总兵官徐恭姑输东昌、济宁仓。及明年，运河胶浅如故"⑤。弘治二年（1489），黄河在张秋段，冲塌会通河。四年后，黄河再决数道侵入运河，毁坏张秋东堤，夺汶水入海，漕流断绝。工部侍郎陈政总理河道，集夫15万，"治未效而卒"⑥。正德四年（1509）十月，黄河在沛县飞云桥段决堤，"入运，寻塞"。嘉靖初年，"河数坏

---

① 戴维斯：《崩溃前的大清帝国：第二任港督的中国笔记》，易强译，北京：光明日报出版社，2013年，第98页。
② 胡焕庸：《两淮水利盐垦实录》，南京：中央大学，1934年12月刊印，第7页。
③ 张廷玉等：《明史》卷八十五"运河（上）"，北京：中华书局，1974年，第2095页。
④ 张廷玉等：《明史》卷八十五"运河（上）"，北京：中华书局，1974年，第2082页。
⑤ 张廷玉等：《明史》卷八十五"运河（上）"，北京：中华书局，1974年，第2082—2083页。
⑥ 张廷玉等：《明史》卷八十五"运河（上）"，北京：中华书局，1974年，第2083—2084页。

漕"①。嘉靖十九年（1540）七月，"河决野鸡冈，二洪涸"②。嘉靖四十四年（1565）七月，"河大决沛县，漫昭阳湖，由沙河至二洪，浩渺无际，运道淤塞百余里"③。

隆庆年间（1567—1572），黄河浊流倒灌汶水、泗水，使得运船难以行走。郎中陈瑛移黄河口到铜山北茶城（即坨城、垞城）东八里，建古洪、内华两闸，漕河从古洪出口，"后黄水发，淤益甚"④。隆庆三年（1569）七月，"河决沛县，茶城淤塞，粮艘二千余皆阻邳州"⑤。次年六月，淮水突涨，仲家浅段决堤，淮水与黄河合到一起，茶城段淤塞。不久，淮河自泰山庙至七里沟淤10余里。随后运河在邳州处决堤，睢宁运道淤百余里。隆庆五年（1571）四月，运河在邳州王家口段决口，"自双沟而下，南北决口十余，损漕船运军千计，没粮四十万余石，而匙头湾以下八十里皆淤"⑥。万历三年（1575），"河决崔镇，淮决高家堰，高邮湖决清水潭、丁志等口，淮城几没"⑦。万历十九年（1591）十月，"淮湖大涨，江都淳家湾石堤、邵伯南坝、高邮中堤、朱家墩、清

---

① 张廷玉等：《明史》卷八十五"运河（上）"，北京：中华书局，1974年，第2085页。
② 张廷玉等：《明史》卷八十五"运河（上）"，北京：中华书局，1974年，第2086页。
③ 张廷玉等：《明史》卷八十五"运河（上）"，北京：中华书局，1974年，第2087页。
④ 张廷玉等：《明史》卷八十五"运河（上）"，北京：中华书局，1974年，第2095页。
⑤ 张廷玉等：《明史》卷八十五"运河（上）"，北京：中华书局，1974年，第2089页。
⑥ 张廷玉等：《明史》卷八十五"运河（上）"，北京：中华书局，1974年，第2089—2090页。
⑦ 张廷玉等：《明史》卷八十五"运河（上）"，北京：中华书局，1974年，第2093页。

水潭皆决。郎中黄曰谨筑塞仅竣，而山阳堤亦决"。万历二十一年（1593）五月，"漕河泛溢，溃济宁及淮河诸堤岸"。经总河尚书数年劳民伤财的修治，"而黄、淮并涨，高堰及高邮堤数决害漕"①。杨一魁接任总河尚书，"浚两河口至小浮桥故道以通漕。然河大势南徙，二洪漕屡涸，复大挑黄堌下之李吉口，挽黄以济之，非久辄淤"。万历二十六年（1598），刘东星继承了杨一魁的职位和治河方法，"岁冬月，即其地开一小河，春夏引水入徐州，如是者三年，大抵至秋即淤。乃复开赵家圈以接黄，开泇河以济运。赵家圈旋淤，泇河未复，而东星卒"②。万历四十四年（1616）"河决徐州狼矢沟，由蛤鳗诸湖入泇河，出直口，运船迎溜艰险"。天启元年（1621），淮、黄涨溢，里运河在王公祠段决堤。天启三年（1623）秋，外河（淮安府城北的黄河）决口数处。同年冬，疏浚永济新河，毫无效果。总河都御史刘士忠开坝以济运，但很快淤塞③。

崇祯年间（1628—1644），淮北地区的运河已呈系统性溃坏，局部性的治理至多是扬汤止沸，治河官员屡屡获罪。崇祯二年（1629），淮安苏家嘴、新沟大坝同时决堤，淹没山阳、盐城、高邮、泰州大量民田。五年（1632），建义北坝决堤。总河尚书朱光祚疏浚骆马湖作为运道，名顺济河。六年（1633），良城至

---

① 张廷玉等：《明史》卷八十五"运河（上）"，北京：中华书局，1974年，第2096页。
② 张廷玉等：《明史》卷八十五"运河（上）"，北京：中华书局，1974年，第2097页。
③ 张廷玉等：《明史》卷八十五"运河（上）"，北京：中华书局，1974年，第2098页。

徐塘淤为平陆，漕运愆期，朱光祚被革职，由刘荣嗣继任。八年（1635），骆马湖淤阻，刘荣嗣在徐州、宿州开河，引注黄水，被劾以重罪。侍郎周鼎继任，次年，"黄、淮涨溢日甚，倒灌害漕。鼎在事五年，卒以运阻削职。继之者侍郎张国维，甫莅任，即以漕涸被责"。十四年（1641），"河大决开封，下流日淤，河事益坏，未几而明亡矣"[①]。

顺治四年（1647）夏，运河在江都决堤。六年（1649）夏，高邮运堤决数百丈。七年（1650），运堤溃决，挟汶水由盐河入海。十五年（1658），董口淤。康熙四年（1665）秋，运堤溃决，高邮大水。五年（1666），运河自仪征至淮安段淤浅。六年（1667），运河决江都露筋庙。十年（1671），决高邮清水潭。次年再决，十三年（1674）始堵塞。十四年（1675），决江都邵伯镇。十五年（1676）夏，运堤崩溃，高邮清水潭、陆漫沟、江都大潭湾，共决数百丈。十七年（1678），筑江都运堤，塞清水潭决口。"清水潭逼近高邮湖，频年溃决，随筑随圮，决口宽至三百余丈，大为漕艘患"。十八年（1679），决山阳戚家桥。十九年（1680），决兴化运堤，洪水冲入高邮县城。二十年（1681）七月，黄水大涨，皂河淤淀，不能通舟。二十七年（1688），中运河决堤，淹清河民田数千顷。六十年（1701），据济宁道台称，"彭口一带有昭阳、微山、西湖，喷沙积於三洞桥内，屡开屡塞，阻滞粮艘"。雍正二年（1723），齐苏勒于骆马湖湖东陆塘河通宁桥西高地筑拦河滚坝，再筑拦水堤600丈，口门宽30丈，以便宣泄。又帮筑运河西岸

---

① 张廷玉等：《明史》卷八十五"运河（上）"，北京：中华书局，1974年，第2099—2100页。

地洞口堤身510丈，高邮、宝应、江都东西岸堤工5024丈，宝应西堤七里闸迤南至柳园头堤工570丈。四年（1725），齐苏勒改种家渡南的旧彭口于十字河，而彭口沙壅积如故。朝廷遣何国宗等勘视运道。五年（1726），山东巡抚塞楞额以柳长河日益淤浅，特开两条引河。九年（1730），兼任总河田文镜称："自何国宗于三坝内增建石坝，涓滴不通，既无尾闾泄水，又无罅隙通淤，致汶挟沙入运，淤积日高。"乾隆二年（1737），御史马起元言："直、东运河，近多淤塞。"是岁，大挑淮、扬运河，自运口至瓜洲300余里。乾隆二十七年（1762），以鱼台辛庄桥北旧有2个泄水口，口门刷深，难以节制，张师载等进行改建。嘉庆元年（1796），河决丰汛，刷开南运河佘家庄堤，由丰县、沛县北注金乡、鱼台，漾入微山、昭阳各湖，穿入运河，漫溢两岸。是冬，漫口被堵塞，因凌汛又倒坍。次年，东西两坝并坍。自丰工决后，曹工、睢工、衡工，每年都要决堤。九年（1804），因山东运河浅塞，大加濬治；又预蓄微山诸湖水以济运。然而自此以后，黄河水高于洪泽湖清水，漕船只能靠黄河水浮送，淤沙日积日厚。嘉庆十四年（1809），淮、扬运河300余里浅阻。道光十一年（1831），高邮湖水淹没马棚湾及十四堡，高邮湖与运河漫为一体。咸丰元年（1851），甘泉闸河撑崖溃塌30余丈，黄河丰县段决堤，山东被淹，运河漫水，漕船改由湖陂行。十年（1860），运河决淮扬马棚湾段。同治五年（1866），运河决清水潭。八年（1869），黄河兰阳段决堤，漫水下注，运河堤堰残缺更甚。自张秋以北，别无水源，历年只能借黄济运。十年（1871），运河侯家林段决堤，直注南阳、昭阳等湖，郓城亦为泽国。光绪十六年（1890），用两江总督曾国荃言，修扬属南运河堤闸涵洞，及附城附镇砖工。又用漕督松椿言，濬邳、宿运河。光绪二十七年（1901），河运废弃，运河水利由各省分筹①。

运河河道并不是一成不变的，明清两代可谓日日在变。仅就淮北而言，明代先开凿工程浩大的会通河，但自淮安府清口以北至镇口500余里仍经黄河行漕（即"河漕"），河漕"上流苦溃，下流苦淤"。万历三十二年（1604），开凿260里的迦河以避部分黄河之险，漕船由直河（古沭河）达于迦河。"至迦河开而二洪避，董沟辟而直河淤"②。康熙年间，靳辅在宿迁、桃源、清河三县黄河北岸遥堤、缕堤之间开筑180里的新河，称为中运河（简称"中河"），北接迦河，使漕船不再从黄河中行驶较长河段，避开黄流之险。嘉庆年间，河流屡决，运道被淤，因而借黄济运。③咸丰朝，黄河北徙，中原多故，运道中梗。清末，终于被迫采用海运。

漕船在运河航行，非常危险。北宋时，都水监丞陈佑甫对宋神宗说："异时淮中，岁失百七十艘。"④以每船运米400石、每船10人计，仅在漕船渡淮河时，每年损失漕米6.8万石、淹溺运丁1700人⑤。那时尚未蓄淮河清水冲刷黄河泥沙，黄河北流，漕船在泗州

---

① 赵尔巽等：《清史稿》卷一二七"运河"，北京：中华书局，1977年，第3770—3793页。
② 张廷玉：《明史》卷八十五"运河（上）"，北京：中华书局，1974年，第2079页。
③ 赵尔巽等：《清史稿》卷一二七"运河"，北京：中华书局，1977年，第3769页。
④ 傅泽洪等录：《行水金鉴》（第9册）卷六十六，上海：商务印书馆，1936年，第968页。
⑤ 康熙二十五年，每船拟定为10丁。雍正四年，酌改江南、安庆前后两帮每船17丁，江南、兴武十八帮每船12丁。其余各省帮船，每船仍系10丁。见赵慎畛：《榆巢杂识》卷上，北京：中华书局，2001年，第79页。

段只需过淮水,而淮水并不急湍。

据利玛窦的观察,在运河上行船,往往要用纤绳拉船前进。过闸时,水手们非常辛苦,且耽搁很久。在闸的出口或入口,经常有船只倾翻,水手们则很少能幸免于难①。

在成化十年(1474)开凿仪真罗泗闸之前,"凡南京供应、江西、川、广、云、贵等处粮货及并海诸番贡献,悉从江车坝入淮,以达京师。其各船至坝,经旬需次,起若凌空,投若入井,财废船坏,不可胜算"。另外,"船昔至坝,难遇水平,其粮货亦雇挑堆囤,过则复挑,其费不一";运河各坝均有规定,每日所过船只不能超过100艘,遇风雨则减半。由于大力绞拽,"船过必损,须办灰麻备舱"。而遇有干旱年份,"甚至掘坝接潮以救粮运";如遇里运河水较大,则"决岸倒坝,修费椿草,动辄千万"②。

罗泗闸建成后,为漕船提供了一定的便利,减少了拖拽造成的损坏,但并没有从根本上解决此处的漕船过闸问题,"方春粮运上京,闭闸过坝,则利归塌房,穷军受疲。冬粮船回还过坝,船多损折。况水涸冰冻浅阻,河道经月不得尽绝。是闸便于夏秋,不便于春冬"③。离仪真东北20里附近,"迩年冬月回空粮船到来,必须大江口关王庙前打筑土坝,开沟放水,方得车绞船只,过毕未免拆

---

① 〔意〕利玛窦、〔比〕金尼阁:《利玛窦中国札记》,何高济等译,桂林:广西师范大学出版社,2001年,第229页。
② 顾炎武:《天下郡国利病书》(三),黄珅等校点,上海:上海古籍出版社,2012年,第1278页。
③ 顾炎武:《天下郡国利病书》(三),黄珅等校点,上海:上海古籍出版社,2012年,第1282页。

卸,一年一次,劳民伤财"①。

漕船不论过湖、还是过河,一遇大风极其危险。乾隆四十六年四月十四日(1781年5月7日),淮安头帮漕船50只行经昭阳湖时遇风,收帮不及,"该处正河坐当湖心,风急浪涌,以致该帮船互相碰击,顷刻间将吕鸣玉船等二十只登时沉溺"②。一阵大风即可造成河中40%的船只沉没!

众所周知,仪真、昭阳等段运河并非漕道上的最危险之处,几个世纪以来,淮安北部运河入黄河处的漕道一直被船员们视为最险恶之处③。距黄淮交会处不过200丈的淮安天妃闸,由于"运河垫高,年年挑浚无已,兼以两河汇合,漾洄激荡",每当漕船经过,"重运出口牵挽者,每艘常七八百或至千人,鸣金合噪,穷日之力,出口不过二三十艘"④。天妃闸口外不远处淮、黄二水合并南下,水势极为湍急。⑤ "飞瀑怒涛,惊魂夺魄,下水放闸之船,疾如飞鸟,若坠深渊,浮沉难定,一入回溜,人船两伤"⑥。中国学者一般认为明清两代有128.5个漕帮,日本学者认为有114个

---

① 顾炎武:《天下郡国利病书》(三),黄珅等校点,上海:上海古籍出版社,2012年,第1283页。
② 台北故宫博物院藏清代清代宫中档与军机处折件:《书麟等奏江西帮船渡黄漂没》,箱号2778,文献编号040802。
③ Harold C. Hinton, "The Grain Tribute System of the Ch'ing Dynasty," *The Far Eastern Quarterly,* vol. 11, no. 3 (May, 1952), p. 344.
④ 傅泽洪等录:《行水金鉴》(18册)卷一三五,上海:商务印书馆,1936年,第1956页。
⑤ 傅泽洪等录:《行水金鉴》(18册)卷一三五,上海:商务印书馆,1936年,第1951页。
⑥ 傅泽洪等录:《行水金鉴》(18册)卷一三五,上海:商务印书馆,1936年,第1952页。

漕帮。[①]仅在天妃闸附近,每年每帮皆要沉没好几艘船。隆庆四年(1570),此段即损失船只800艘,溺人千余,失米226000石[②]。

此处船只失事,是很难施救的;甚至造成施救者与遇险者同归于尽的局面。1789年6月14日,漕运总督书麟在御黄坝监督漕运时亲目所睹:

> 迨至午刻各船正在畅行之际,忽见该帮(袁州帮)第二十七号漕船行至清、黄交汇处,转头折入大溜,用锚涨往北岸,陡遇暴风。中泓溜势涌急,将锚缆涨断。复下一锚,锚缆又断。船随大溜而去。臣等遥见该船势在危急,不胜惊骇。随多差员弁,迅押护漕救生船只飞棹前往救护,各该船虽将次赶上,而随后又有漕船一只锚缆亦断。风溜愈紧,后船冲下,正撞前船,船身竟成两截,篷桅倾倒,顷刻两船漂溜无踪。[③]

而天妃闸的闸夫,又是一批熟知水性的陈年地棍,开闸闭闸,一举手之间就能决定人船的生死存亡。因此,船只从此经过,每艘按例勒索若干银两,甚至官方的漕船从此经过,预先也要按石交银,一般每石索银8厘至1分。"稍不遂意,绞关左右,绳缆松紧,闸棍略显神通,磕撞立时粉碎。漕粮、白粮,每年每帮定损数只。

---

① 参见王冠倬:《中国古船图谱》,北京:三联书店,2001年,第199页;松浦章:《清代大运河之帆船航运》,《淮阴工学院学报》2010年第6期,第7页。
② 任源祥:《漕运议》,载贺长龄:《皇朝经世文编》卷四十六"户政二十一",上海:广百宋斋丁亥仲春校印,第1页上。
③ 台北故宫博物院藏清代清宫中档与军机处折件:《署理河东河道总督何裕城奏报淮安头帮船只沉溺情形》,箱号2776,文献编号032502。

水手抢救，剥船捞运，尽是闸棍一党，获利更多。而军民之性命身家，遂断送于此矣"①。

自嘉庆之季，"黄河屡决，致运河淤垫日甚，而历年借黄济运，议者亦知非计"。两江总督琦善称："臣抵清江，即赴运河及济运、束清各坝逐加履勘。自借黄济运以来，运河底高一丈数尺，两滩积淤宽厚，中泓如线。向来河面宽三四十丈者，今只宽十丈至五六丈不等，河底深丈五六尺者，今只存水三四尺，并有深不及五寸者。舟只在在胶浅，进退俱难。济运坝所蓄湖水虽渐滋长，水头下注不过三寸，未能畅注。淮安三十余里皆然，高、宝以上之运河全赖湖水，其情大可想见。"②

1824年11月中旬，由于黄水异涨，滞留在黄河北岸的漕船近2000艘，不但影响了来年的漕运，而且在被滞留的水手中间，孕育着巨大的不安和骚动，以至于道光帝深以为忧③。

直到清末，运河沿途仍然非常危险。据1831年4月24日，张井奏："归江桥坝，皆在东岸，溜如悬瀑。船近口门，辄被吸入。从前湾头闸、壁虎桥等处，屡有损伤船只之事，当为炯戒。"④

由于运河北段纬度较高，冰冻也加剧了运丁的艰辛。如天津、临清迤南一带，"从无不冻之河"，每年十一月至次年二月，河面

---

① 傅泽洪等录：《行水金鉴》（18册）卷一三五，上海：商务印书馆，1936年，第1952页。
② 赵尔巽等：《清史稿》卷一二七"运河"，北京：中华书局，1977年，第3786—3793页。
③ Jane Kate Leonard, "Controlling from Afar: Open Communications and the Tao-Kuang Emperor's Control of Grand Canal-Grain Transport Management, 1824-26", *Modern Asian Studies*, vol. 22, no. 4 (1988), pp. 686-687.
④ 武同举辑纂：《再续行水金鉴（淮河卷）》，武汉：湖北人民出版社，2004年，第203页。

皆被冰封。"若一遇冻阻，沿河敲冰，费尽官民之力"①。

维持河运，还造成了严重的社会冲突，使得官、军、民、商之间产生了错综复杂的矛盾。明代由南方运鲜物进京的冰鲜船，所装运的冰鲜鲥鱼，按规定在五月初采完，杨梅则在小暑之后采取②。但"进鲜内臣，每以采鲜既完之后，方行措办装具，附载货物，勾当稽留，动逾旬日，沿途淹顿，又致愆期"③。严重影响了运河正常的蓄水。其他政府公务人员，烦于等候，更是经常逼迫管河官员开放闸坝。成化十三年（1477）圣旨："近闻两京公差人员……恃强越过巡司抢开洪闸，军民受害不可胜言。"④正德七年（1512）圣旨指出："今运河水少，又被往来马快座船人员挟势越帮，强开闸座，走泄水利，诚恐阻滞粮运。"⑤《金瓶梅》一书借安郎中之口道出了为朝廷运送花石给运河造成的损害："前者皇船载运花石，折闸折坝，所过倒悬，公私困弊之极。"⑥

清朝时，人称："军艘行二千余里之运河，层层有费，丁不得不索之官，官不得不索之民，致官与丁相持，民与官相持，已成百年痼疾。"⑦由于漕船在运河中航行拥有绝对的优先权，一些漕丁甚至故意阻截运道，敲诈商旅，夹带私盐，杀人越货。"行旅壅塞，则病商；起拨守冻，则病丁；捞浚催偿，则病官；私货私盐，

---

① 林起龙：《请宽粮船盘诘疏》，贺长龄：《皇朝经世文编》卷四十六"户政二十一"，上海：广百宋斋丁亥仲春校印，第51页上。
② 潘季驯：《河防一览》卷八，南京：中国水利工程学会，1936年，第204页。
③ 潘季驯：《河防一览》卷八，南京：中国水利工程学会，1936年，第206页。
④ 朱国盛编：《南河志》卷一，天启乙丑年刊本，第9页上。
⑤ 朱国盛编：《南河志》卷一，天启乙丑年刊本，第9页下。
⑥ 兰陵笑笑生：《金瓶梅》第68回，济南：齐鲁书社，1991年，第1033页。
⑦ 魏源：《魏源集》上册，北京：中华书局，1976年，第424页。

则病榷；恃众骚扰，则病民"①。

为了维持运道，像治理黄河、淮河水灾等这样事关民瘼的大事，在国家政略上一概变成次要之事，也使得上述河流的治理，在技术上困难重重。魏源写道："人知黄河横亘南北，使吴、楚一线之漕莫能达，而不知运河横亘东西，使山东、河北之水无所归；人知帮费之累，极于本省，而不知运河之累，则及邻封。蓄柜淹田，则病潦；括泉济运，则病旱。"②由于运河的横截，在黄河北徙之后，"江北竟无一东出入海之干川，而仅有一南下入江之运道"③。而河道狭窄的江北运河除沭水外，"则受泗、受沂、受淮，受入泗之汶，受入淮之灘、浍、淝、涡、颍、汝诸支川。合四省之水，独以一运河为其转输之关键。万钧之重，非侏儒所能胜。"④直到南京国民政府时期，中外专家仍然一致认为，维持运道与向运河供水是治淮的首要障碍⑤。

有人认为："大运河的开凿与贯通，营造着新的自然环境、生态环境、生产环境，极大地促进了整个运河区域社会经济环境的改善，使运河区域成为繁荣昌盛的新的经济带。"⑥数百年前的封建统治者就能有如此高瞻远瞩的识见和泽被后人的实践，实在令人骇异。至少就淮北地区而言，运河破坏了原有的自然环境、生态

---

① 魏源：《魏源集》上册，北京：中华书局，1976年，第406页。
② 魏源：《魏源集》上册，北京：中华书局，1976年，第406页。
③ 武同举：《江苏江北水道说》，《两轩媵语》，1927年印本，本文第4页。
④ 武同举：《江苏江北水道说》，《两轩媵语》，1927年印本，本文第4—5页。
⑤ Edward T. Lockwood, "Flood and flood Prevention in China," *Far Eastern Survey*, vol. 4, no. 21, October 23, 1935, p. 167.
⑥ 安作璋主编：《中国运河文化史》，济南：山东教育出版社，2001年，"序"第3页。

环境、生产环境，而且漕运的维持极大地阻止了淮北社会经济的发展。别说淮北与江南之间恍如隔世般的差异，就是淮河南北都不可能融为一个经济带。

维持运道，对淮北自然生态的破坏无以复加。武同举认为："千载以上，淮东水利，利尽陂塘，纲举而目张。吾江北水道之完备，甲于天下，有声于历史。其时运道则南有邗沟，北有泗汴，不为淮病。"①而会通河修成后，运道纵贯南北。"于是运与淮有两不并立之势。……曾几何时，河盛摈淮，全淮流徙，河坏之后，故道填淤，淮不复故，幽于沼泽，直丧失其独流之资格。而运河一线，蜿蜒迤逦，操纵蓄泄"②。可以说，在运河贯通以后，淮北地区的农耕条件、水利优势已不复存在，反而变成不断淹没田庐的不利条件。

即使对于淮北的商业经济，运河的影响也是利少弊多。除了运河沿岸淮安、徐州、济宁这样的城市能得益于商旅往返之外，其他广大腹地实在无法分享其福泽。明大学士丘濬指出，由于漕粮全靠运河运输，运河成了南北运输最主要的通道，"京师公私所用，多资南方货物，而货物之来，苦于运河窄浅，舳舻拥塞，脚费倍于物直，货物所以益贵，而用度为艰"③。如果开辟海上通道，降低国家对运河的依赖，则"南货日集于此，空船南归者，必须物实，而

---

① 武同举：《江苏江北运河为水道统系论》，《两轩賸语》，1927年印本，本文第1页。
② 武同举：《江苏江北运河为水道统系论》，《两轩賸语》，1927年印本，本文第1页。
③ 顾炎武：《天下郡国利病书》（三），黄坤等校点，上海：上海古籍出版社，2012年，第1769页。

北货亦日流于南矣。今日富国足用之策,莫大于此说者"①。

除运河的维持外,漕运的代价也是惊人的。仅从经济角度而言,直接成本业已不菲。清人指出:"夫南漕自催科、征调、督运、验收,经时五、六月,行路数千里,竭万姓无数之脂膏,聚胥吏无数之蟊贼,耗国家无数之开销,险阻艰难,仅而得达京仓,每石之值约需四十两,或二十两,或十八两不等,而及归宿,乃为每石易银一两之用,此实绝大漏卮,徒以冗官蠹吏所中饱,相沿不改,此真可为长太息者也。"②这种说法可能有些夸张。据最合理的估计,以每年运送漕粮400万石计,河运的直接运费达800万石米③。每年的河运支出约合1826万两白银,加上每年维持运道所费的近千万两白银,仅河运体制的这两项支出即远超清中期国库总收入的二分之一。这也是河务利益集团只算政治账,从不敢算经济账的原因。毕竟,政治账从来都是像气球一样可以无限吹胀的糊涂账,而经济账则容易让人对河运的成本一目了然。

而由河运造成的民命、生态方面的损失,更是金钱所无法衡量的。

另外,由于河运费时往往近半年,运到北京的米一概成了陈米,许多人根本不愿食用,以至获得漕米配给的王公贵族、各级官员、八旗子弟等大量以低价出售漕米。而花费了千辛万苦运到北京

---

① 顾炎武:《天下郡国利病书》(三),黄坤等校点,上海:上海古籍出版社,2012年,第1769页。
② 黄维梦:《停漕论》《新辑时务汇通》卷六十七,转引自李文治、江太新《清代漕运》,北京:中华书局,1995年,第437页。
③ 阮元:《海运考》(上),载贺长龄:《皇朝经世文编》卷四十八"户政二十三",上海:广百宋斋丁亥仲春校印,第3页上。

的漕米，其价格仅与北方小米的价格相当①。

有人赞美运河文化，"以其博大的包容性和统一性，广阔的扩散性和开放性，强大的凝聚力和向心力，不仅加强了中国传统思想文化发源地齐鲁地区与中原地区、江南地区的文化交融，更把汉唐的长安、洛阳，两宋的开封、杭州和金、元、明、清的北京为首的文化中心联为一体，不断减少区域文化的差异而呈现共同的文化特征，从而使各个区域文化融合为中华民族的多元一体的大一统文化"②。运河使中国长期不能实行海运漕粮，严重地影响了海运的发展；在世界列强纷纷走向海洋时，使中国长期固化为一个内陆国，谈何开放性？

唐人李敬方《汴河直进船》诗中写道："汴水通淮利最多，生人为害亦相和。东南四十三州地，取尽脂膏是此河。"③而到了明清两代，淮北不仅财富被吸尽，而且整个经济发展的基础、人民生活的基本条件亦被破坏殆尽。运河已不是利害相和，而是绝对的弊大于利了。

综上所述，运河是中国古代劳动人民智慧的结晶，体现了中国辉煌的文明和灿烂的文化，但也是封建统治者重大的决策失误。即使从经济成本和人道方面来考虑，河运既不属于节省、也不属于安全的运输方式，而是远较海运浪费和危险。明清两代长期专行河

---

① Lillian M. Li and Alison Dray-Novey, "Guarding Beijing's Food Security in the Qing Dynasty: State, Market, and Police," *The Journal of Asian Studies*, Vol. 58, No. 4 (November, 1999), pp. 1007-1008.
② 安作璋主编：《中国运河文化史》，济南：山东教育出版社，2001年，"序"第5—6页。
③ 彭定求等编：《全唐诗》卷五0八"李敬方"，北京：中华书局，1960年，第5776页。

运，给中央财政造成了极大的负担，这些负担转嫁到百姓身上后，形成国穷民困的局面，这不能不说是国家政略的重大失误。

二、海运的废弃

学者们在论述运河开凿的合理性时，往往重述明代官僚利益集团的伪论据，即海上有风险。这在事实上贬低了中国古代劳动人民另一项极其伟大的壮举——长期领先的航海事业。

中国远古时代的东夷部族，以善于航海著名[①]。可惜他们不属于黄帝部落，他们的航海技术没有得到来自西部与西北农耕部落为主的统治者的重视。

20世纪60年代，根据对澳大利亚威兰德拉湖（Willandra Lake）早期人类头骨的研究，发现澳大利亚早期人类与中国新石器时代的长江下游地区的人类在各个方面都惊人的相象。最近的基因研究更证实美拉尼西亚、澳大利亚和新几内亚的土著居民系来自亚洲东南部地区[②]。大约在公元前9000年，中国人凭木筏和独木舟渡过台湾海峡从大陆来到台湾居住。在公元前7000—前5500年之间，他们从台湾来到菲律宾。公元前4000年前后，他们来到马来半岛和摩鹿加群岛，并向东到达俾斯麦群岛。公元前1300年，他们到达斐济[③]。当他们来到印度尼西亚时，已开始使用帆、舵等装置，那时苏拉威

---

① Louise Levathes, *When China Ruled the Seas: The Treasure Fleet of the Dragon Throne, 1405-1433*. New York: Simon & Schuster, 1994, p. 23.
② Louise Levathes, *When China Ruled the Seas: The Treasure Fleet of the Dragon Throne, 1405-1433*. New York: Simon & Schuster, 1994, p. 24.
③ Louise Levathes, *When China Ruled the Seas: The Treasure Fleet of the Dragon Throne, 1405-1433*. New York: Simon & Schuster, 1994, p. 25.

西岛中部是建造海船的中心。大洋洲地区称呼船的两个词汇"waka或vaka""paepae或pahi"就源于早期中国人词语中对"船"的称呼①。

中国古代海运粮石史不绝书。春秋时代,齐国即海运粮石。是时"轴舻转载斛石"。齐景公曾与晏子论及"犹轴转斛",孙星衍指出:"是时齐海运,故景公欲浮舟而南。"②

越灭吴后,江苏绝大部分地域纳入越的统治范围。现苏北连云港迤北至山东鲁南地区,在春秋后期曾作为越国都城。《越绝书》称:"句践大霸称王,徙琅琊,都也。"③"木客大冢者,句践父允常冢也。初徙琅琊,使楼船卒二千八百人伐松柏以为桴,故曰木客"④。《吴越春秋》载:句践二十五年,"越王既已诛忠臣,霸于关东,从(徙)都琅邪起观台,周七里,以望东海,死士八千人,戈船三百艘"⑤。越人"以舟为车,以楫为马",历来从事水上活动;且吴、越所统之族,并亦及于海外。琅琊为联系山东半岛与三江五湖之重要港口,故"勾践并吴,欲霸中原",遂"徙都琅琊"也⑥。

中国在战国时代即已发明司南,为海上航行提供了极大的便利。

---

① Louise Levathes, *When China Ruled the Seas: The Treasure Fleet of the Dragon Throne, 1405-1433*. New York: Simon & Schuster, 1994, p. 25.
② 孙星衍注:《晏子春秋音义》卷下"问下第四",上海:商务印书馆,1937年,第47页。
③ 《越绝书》卷八"越绝外传记越地传",北京:中华书局,1985年,第40页。
④ 《越绝书》卷八"越绝外传记越地传",北京:中华书局,1985年,第43页。
⑤ 赵晔:《吴越春秋》卷十"勾践伐吴外传",南京:江苏古籍出版社,1999年,第175—176页。
⑥ 蒙文通:《越史丛考》,北京:人民出版社,1983年,第121页。

水上民族越国的经营,使琅琊成为先秦时代最发达的海运港口。秦始皇时代,赣榆"方士"徐福(徐市)曾率领船队多次从这里航海。

另外,由于秦政的暴虐,大量对秦朝体制不认同者、被迫害者,把孔子"道不行,乘桴浮于海"的理念运用到实践中,假"方士"的身份,借访仙寻药为掩护,航海避秦。琅琊是这些"方士"出海的主要始发地之一①。

分布在世界多地的与"琅邪"发音相同的地名,承载了当年浮海离国之人的怀乡之情。顾实载述孙中山与他谈论琅邪的影响:"犹忆先总理孙公告余曰:'中国山东滨海之名胜,有曰琅邪者,而南洋群岛有地曰琅邪(Langa),波斯湾有地亦曰琅邪(Linga),此即东西海道交通之残迹,故三地同名也。'"②

三国时吴国的航海技术已达很高的水平。东晋时,成帝咸康六年(340),"赵王虎命司、冀、青、徐、幽、并、雍七州之民五丁取三,四丁取二,合邺城旧兵,满五十万,具船万艘,自河通海,运谷千一百万斛于乐安城"③。

唐初,"征辽之役,诏太常卿韦挺知海运,(崔)仁师为副,仁师又别知河南水运。仁师以水路险远,恐远州所输不时至海,遂便宜从事,递发近海租赋以充转输"④。唐显庆五年(660)十二

---

① 对这个问题,作者将有另文详述。
② 顾实:《穆天子传西征讲疏》,上海:商务印书馆,1934年,"读穆传十论"第24页。
③ 司马光:《资治通鉴》卷九十六,北京:中华书局,1976年,第3039页。
④ 刘昫等:《旧唐书》卷七十四"崔仁师传",北京:中华书局,1975年,第2621页。

月，唐军分道击高丽，"青州刺史刘仁轨坐督海运覆船，以白衣从军自效"①。唐职官中，有不少官名涉及海运。万岁通天二年（697）有"清边军海运度支大使"②。天宝（742—756）末，因安禄山奏请，畅璀为河北海运判官③。安禄山手下有"海运使"一职④。宝应年间（762—763），高丽人李正己，被授为"海运押新罗渤海两蕃使"⑤，其孙李师古与李师道亦先后被授予类似的官衔⑥。

唐人诗歌常提及海运。杜甫《后出塞》之四："云帆转辽海，粳稻来东吴。"⑦《昔游》："吴门持粟帛，泛海入蓬莱。"⑧戴叔伦《京口送皇甫司马副端曾舒州辞满归去东都》："潮水忽复过，云帆俨欲飞。"⑨

宋代开始使用罗盘航海。在13世纪初，中国船只是印度洋上最好的海船，这些商船平均长100英尺、宽25英尺，载货120吨、船员达60人。最大的海船载货300吨并载人500—600名，附带救生船

---

① 司马光：《资治通鉴》卷二百，北京：中华书局，1976年，第6322页。
② 陈子昂：《陈伯玉文集》卷七，弘治年间杨澄刊本，第6页上。
③ 刘昫等：《旧唐书》卷一一一"畅璀传"，北京：中华书局，1975年，第3332页。
④ 司马光：《资治通鉴》卷二一七，北京：中华书局，1976年，第6941页。
⑤ 刘昫等：《旧唐书》卷一二四"李正己传"，北京：中华书局，1975年，第3535页。
⑥ 刘昫等：《旧唐书》卷一二四"李师古传"与"李师道传"，北京：中华书局，1975年，第3537、3538页。
⑦ 彭定求等编：《全唐诗》卷十八"杜甫"，北京：中华书局，1960年，第186页。
⑧ 彭定求等编：《全唐诗》卷二二二"杜甫"，北京：中华书局，1960年，第2358页。
⑨ 彭定求等编：《全唐诗》卷二七三"戴叔伦"，北京：中华书局，1960年，第3088页。

只[①],可日行千里(300英里),水手们从不惧怕大风大浪[②]。

元世祖至元十二年(1275),开始北运江南漕粮。至元十九年(1282),用丞相伯颜的建议,开启海道,设立3名运粮万户府,由朱清、张瑄、罗璧充任。第一年运粮4万余石,后增至300余万石[③]。

《元史》认为:"元自世祖用伯颜之言,岁漕东南粟,由海道以给京师,始自至元二十年,至于天历、至顺,由四万石以上增而为三百万以上,其所以为国计者大矣"[④]。其他史家有类似看法:"元都于燕,去江南极远,而百司庶府之繁,卫士编民之众,无不仰给江南。自丞相伯颜献海运之言,而江南之粮,分为春夏二运,盖至于京师者,一岁多至三百万余石。民无挽输之劳,国有储蓄之富,岂非一代之良法欤?"[⑤]明大学士丘浚认为,"作元史者,皆国初史臣,其人皆生长胜国时,习见海运之利,所言非无所征者"[⑥]。

钱谦益评价道:"伯颜之意,以为元都燕,去东南转漕之地四五千里,万一中原有警,道路梗塞,非海道不足以备缓急,故于立国之初,既为漕海之计。其谋国深远营度,在百年之后,非凡所知也。"[⑦]从后来河运的危害性来看,明清柄政者在转漕问题上的

---

① Louise Levathes, *When China Ruled the Seas: The Treasure Fleet of the Dragon Throne, 1405-1433.* New York: Simon & Schuster, 1994, p. 43.
② Louise Levathes, *When China Ruled the Seas: The Treasure Fleet of the Dragon Throne, 1405-1433.* New York: Simon & Schuster, 1994, p. 44.
③ 苏天爵:《国朝文类》卷四十,上海涵芬楼影印本,第19页上。
④ 宋濂等:《元史》卷九十七"食货志五·海运",北京:中华书局,1976年,第2481页。
⑤ 危素:《元海运志》,丛书集成初编:《元海运志及其他二种》,上海:商务印书馆,1936年12月,第4页。
⑥ 顾炎武:《天下郡国利病书》(三),黄坤等校点,上海:上海古籍出版社,2012年,第1767页。
⑦ 钱谦益:《牧斋初学集》卷二十四,崇祯癸未刊本,第21页上。

失策与荒谬，与伯颜确有霄壤之判。

元代采取海运漕粮的方略，终元一代，国家对黄、淮的投入经费根本无法与明清两代相比，但淮北水患却远没有明清严重。那时，粮船从太仓刘家港入海，经扬州路通州、海门县黄连沙头、万里长滩，沿山岙而行，抵淮安路盐城县，历海州、密州、胶州界放灵洋投东北路。计其水程自上海至扬村码头，凡13350里。后来，朱清等开辟自刘家港经万里长滩、青水洋、黑水洋至成山，达界河口的海道，"其道差为径直"。次年，千户殷明略又开辟从刘家港入海至崇明州三沙向东行入黑水大洋的海道，取成山转至刘家岛入界河，"当舟行风信，有时至浙西至京师不过旬日而已"，这条海路最为便捷①。

向京师输送粮食，以保证其稳定，是各个国家都极为重视的事。作为拥有极为成熟统治经验的明清两代中央政府，对此事的重视是可以理解的，也是极为合理的②。问题的关键不是要不要运送米粮，而是应该用相对合理的方法来运送。

明初，明太祖在南京建都，当时各地的贡赋，通过长江可以非常便捷地运入京师③。明成祖迁都北京后，"百官卫士仰需江南"④。开始时，漕粮通过两条路线运入北京。一条由江入海，出

---

① 赵宏恩等编修：《江南通志》卷七十七"食货志·漕运"，乾隆年间刊本，第11页上一下。
② 参见Lillian M. Li and Alison Dray-Novey, "Guarding Beijing's Food Security in the Qing Dynasty: State, Market, and Police," *The Journal of Asian Studies*, Vol. 58, No. 4 (November, 1999), pp. 992-993, 1026-1027.
③ 明初的海运，详见星斌夫：《明代漕运の研究》，东京：日本学术振兴会，1963年，第2—5页。
④ 王在晋：《通漕类编》卷二，万历甲寅刻本，第1页上。海运停废后的漕运情况，详见星斌夫：《明代漕運の研究》，东京：日本学术振兴会，1963年，第31—32页。

直沽口，由白河达通州，即海运路线，主要是为了供给辽东军需。永乐（1403-1424）初年，陈瑄和宣信率领的漕军经常通过海道运粮百万石到北京和辽东①。另一条由江入淮，过黄河至阳武县陆运至卫辉府，由卫河运至蓟州，即河运路线②。令人惊讶的是，永乐十三年（1415），会通河疏浚后，海运停止③。"至于漕运之规，随时更变"④。

竭力推崇河运的明代漕臣王在晋写道："说者谓海运宜于胜国，今胡独不然。朱清、张瑄为海上亡命，故周知海门之险阻。胡元虏使其民投之穷海，而忍视其死。至元二十八年（1291），漂米二十四万石五千有奇，至大二年（1309），漂米二十万九千有奇。其随船汩没者，盖不知其几千人矣。"⑤而明初之所以能行海运，是因为"胜国未远，沙民犹能习海"⑥。

在王在晋看来，海运是极不人道的暴政，可与秦始皇修长城相提并论，"昔始皇驱民于边，犹掩骼长城之下，而胡元驱民于海，乃纳命沉溺之中。吾民何辜，而罹此劫"⑦？这种夸张到缺乏常理和常识的歪理邪说，在明代竟是河运利益集团的主调。若海上真如地狱般的危险，又何来河运集团所喋喋强调的海上"多盗贼"一说？

---

① 《明实录·太宗文皇帝》卷十七，台北"中研院"历史语言研究所刊本，1962年，第6页上；《明实录·宣宗章皇帝》卷一百六，台北"中研院"历史语言研究所刊本，1962年，第14页上。
② 王在晋：《通漕类编》卷二，万历甲寅刻本，第1页上。
③ 王在晋：《通漕类编》卷二，万历甲寅刻本，第1页下。
④ 顾炎武：《天下郡国利病书》（二），黄坤等校点，上海：上海古籍出版社，2012年，第1198页。
⑤ 王在晋：《通漕类编》，万历甲寅刻本，"序"第8页下。
⑥ 王在晋：《通漕类编》，万历甲寅刻本，"序"第9页上。
⑦ 王在晋：《通漕类编》，万历甲寅刻本，"序"第9页下。

元代大量用沙船海运漕粮，并使用牵星术以计算船只所在纬度。元代海运漕粮，其事故损失率约为1%至1.6%。

元代海运船覆粮沉之事，并非海运技术不成熟或海洋上存在着不可控制的自然因素，这些事故恰恰是不良的体制造成的。

元代学者写道："往年某尝适吴，见大吏发海运。问诸吴人，则有告者曰：富家大舟受粟多，得佣直甚厚，半实以私货，取利尤伙，器壮而人敏，常善达。有不愿者，若中产之家，辄贿吏求免。宛转期迫，辄执畸贫而使之。舟恶，吏人朘其佣直，工徒用器食，卒取具授粟，必在险远。又不得善粟，其舟出辄败，盖其罪有所在矣。"①可见，元代富裕人家置办的舟船，完全胜任海运的需要。而官府所给的运费也足够置办合格的海船。但经管官吏却大肆中饱。那些被克扣佣值的贫穷人家，无力置办合乎标准的海船，只能因陋就简，因而极易引发海运事故。时人指出："运舟募诸濒海之家，民苦之。而贫者常以舟坏误事。"另有品性不端者，"海舟受雇者直甚厚，而无赖之人得钱即縻于饮博，及期宁受责于无可奈何"②。

明初辽东海运停废，也非海上风险，而是民间海运到北方的粮食成本太低，以致粮价低落。唐顺之写道："国初运道自登莱达于辽东，自直沽达于山海永平蓟州。一运至五六十万石，今永平西门之外，滨于滦河，实通漕舟，故迹犹在。而旧仓亦多，后因辽蓟本处米贱，而转漕一石之费，足籴本处三四石。是以本色往往为折色，变本色为折色，是以海运遂无所用而罢，不尽缘畏风波之故也。然海运虽罢，而民间之泛海输货于丰闰诸县者，则未

---

① 虞集：《道园学古录》卷六，明代刊本（上海涵芬楼影印），第14页上。
② 虞集：《道园学古录》卷四十，明代刊本（上海涵芬楼影印），第10页下。

尝绝。"①

尽管明朝的禁海令极严，但民间同样有较发达的海上航运。明人崔旦在给河道总督的书中写道："予家居滨海，僮仆贸易海上，颇知海舟之便。"②

明代的海运不存在任何技术上的问题。海运停废之日，正是郑和下西洋如火如荼之时，这支船队之组织、航程之漫长、航路之艰险，显然远胜于一年一度仅在近岸航行的漕船了。当时郑和最大的宝船长44.4丈，宽18丈③。宝船上的间隔舱和尾舵及平衡舵，直到18世纪末或19世纪初才传到欧洲④。

明代的沙船已使用了披水板、升降舵等，现存明代由太仓至日本的针路图（即沙船航线），包括时间、里程和水深极为详尽⑤。

隆庆年间（1567—1572），大学士丘浚驳斥了海运比河运危险这一谬说。他指出：自至元二十年（1283）始，至天历二年（1329）止，综计元代海运46年损失的漕粮数量，"窃恐今日河运之粮，每年所失，不止此数"。况海运没有剥浅之费，无需十天半月地排队等候，而其支兑加耗，每石更远少于河运⑥。直到清中后

---

① 唐顺之：《荆川先生文集》外集卷二，明代刊本（上海涵芬楼影印本），第25页下。
② 崔旦：《海运议上勘理河道熙泉何侍御》，丛书集成初编：《元海运志及其他二种》"海运编"卷上，上海：商务印书馆，1936年12月，第8页。
③ Louise Levathes, *When China Ruled the Seas: The Treasure Fleet of the Dragon Throne, 1405-1433*. New York: Simon & Schuster, 1994, p. 80.
④ Louise Levathes, *When China Ruled the Seas: The Treasure Fleet of the Dragon Throne, 1405-1433*. New York: Simon & Schuster, 1994, pp. 81—82.
⑤ 许涤新、吴承明主编：《中国资本主义发展史》第1卷《中国资本主义的萌芽》，北京：人民出版社，2003年，第662—665页。
⑥ 顾炎武：《天下郡国利病书》（三），黄坤等校点，上海：上海古籍出版社，2012年，第1769页。

期,即使河运过程中,"弁丁数千,各司其事,沿途催趱,层层照料,尚不免风水沉失之虞"①。

显然,海运远较河运节省时间,更为重要的,这种方法更大量地节省了财力、民力。同样以每年运送400万石漕粮计,海运的全部支出仅有160万石米②。仅相当于河运的五分之一。总的说来,"漕河视陆运之费省十三四,海运视河运之费者省十七八。盖河漕虽免陆行,而人挽如故"③。海运时,船只在海上向北航行,不论是南风、西风还是东风,均可鼓帆而进。清代沙船大体上每年正月出海,至七月西北风起停航,往返可3至4次,而多数是三月以后出海,往返2至3次。从上海至天津,顺风需时约7—10日④。河运所费时间高于海运至少10倍,所用人力更高于海运数十倍。

可以说,海运与其他任何运输办法(包括支运、长运、兑运等)相比,均利大于弊。最早取代海运是水陆并用的办法。永乐元年(1403),在淮安用300石以上的船只装漕粮,运入淮河、沙河,至陈州、颖歧,改用100石以上的浅船,运至跌坡上,再以大船载入黄河,至八柳树等处,由河南车夫运赴卫河,再转运北京⑤。遇到运河淤浅时,"运舟日行尺寸"⑥。

---

① 陶澍:《恭报海运全竣折子》,《陶澍集》上册,长沙:岳麓书社,1998年,第112页。
② 阮元:《海运考》(上),载贺长龄:《皇朝经世文编》卷四十八"户政二十三",上海:广百宋斋丁亥仲春校印,第3页上。
③ 顾炎武:《天下郡国利病书》(三),黄坤等校点,上海:上海古籍出版社,2012年,第1767页。
④ 许涤新、吴承明主编:《中国资本主义发展史》第1卷《中国资本主义的萌芽》,北京:人民出版社,2003年,第665页。
⑤ 王在晋:《通漕类编》卷二,万历戊寅刻本,第2页下。
⑥ 顾炎武:《天下郡国利病书》(二),黄坤等校点,上海:上海古籍出版社,2012年,第1049页。

为什么明政府会放弃如此廉价高效的海运，采行浪费到了极致的河运呢？其理由竟是海运风险较大和海上有盗贼。

利玛窦写道："维持这些运河，主要在于使它们能够通航的费用，如一位数学家所说，每年达到100万。所有这些对欧洲人来说似乎都是非常奇怪的，他们可以从地图上判断，人们可以采取一条既近花费又少的从海上到北京的路线。这可能确实是真的，但害怕海洋和侵扰海岸的海盗，在中国人的心里是如此之根深蒂固，以致他们认为从海路向朝廷运送供应品会更危险。"①其实，维持运道和运粮，每年所费何止百万，在清代经常各需要千万两白银。

现在还有学者把"敌方的海军"作为海运的不利因素之一②。实际上，在明廷弃海运之时，中国的海上力量，仍然无可匹敌。有人曾设想，假如达·伽玛的小船队遇上了郑和的船队，世界历史将会是另一种样子③。令人扼腕的是，实行河运之后，政府才放弃了海军建设。在明清两代，尽管中国的远洋技术一度领先于全世界，但却没有建立起一支像样的海军。这可以说是弃海运、行河运的又一严重恶果。

海运的两大敌人之一是海盗。在明初行海运之时，在明水师的打击下，海盗根本不像后来那么嚣张。明代海上漕军经常轻松地击溃真正外籍的海盗或倭寇。洪武六年（1373），张赫率师遇倭寇，

---

① 〔意〕利玛窦、〔比〕金尼阁：《利玛窦中国札记》，何高济等译，桂林：广西师范大学出版社，2001年，第229页。
② Harold C. Hinton, "The Grain Tribute System of the Ch'ing Dynasty," *The Far Eastern Quarterly*, vol. 11, no. 3 (May, 1952), p. 348.
③ Louise Levathes, *When China Ruled the Seas: The Treasure Fleet of the Dragon Throne, 1405-1433*. New York: Simon & Schuster, 1994, p. 20.

将其追逐至琉球，斩杀多人，缴获大量武器①。三年后，柳升率军在灵山击败海盗，后者大部被杀死或溺亡。同时，唐鉴将倭寇追至朝鲜②。永乐四年（1406），平江伯陈瑄督海运，追倭寇至朝鲜境内，焚其舟船，杀死无数③。不久，明政府设备倭指挥使，致使倭寇不敢觊觎海上漕粮④。归有光指出："自淮阳王建海运，则泛海之役皆自此始，万斛之舟云屯风飘，接于辽海。当时屹为巨镇，国家罢漕事，设两卫，百数十年间海外无事。"⑤

陈建则云："国初海运之行，不独便于漕纲，实令将士习于海道，以防倭寇。自会通河成而海运废，近日倭寇纵横，海兵脆怯，莫之敢撄，亦以运道不习之故耳。"⑥

刘应节提出实行海运，可以把裁省下来的漕军组建成强大的水师。他写道："海舟一载千石，足载河舟所载之三，海舟率五十人，可减河舟用人之半。退军还伍，俾国有水战之备，可制海边之寇。"⑦大学士丘濬也提出："量江、淮、荆、湖之漕，折半入海运，除减军卒以还队伍，则兵食两足；而国家亦有水战之备，可以制服朝鲜、安南边海之夷，诚万世之利也。章句末儒，偶有臆见，非敢以为决然可行，万世无弊也；念此乃国家万万年深远

---

① 《明实录·太祖高皇帝》卷二百三，台北"中研院"历史语言研究所刊本，1962年，第5页下。
② 《明实录·太宗文皇帝》卷六十二，台北"中研院"历史语言研究所刊本，1962年，第5页上—下。
③ 星斌夫：《明代漕运の研究》，东京：日本学术振兴会，1963年，第23页。
④ 星斌夫：《明代漕运の研究》，东京：日本学术振兴会，1963年，第24页。
⑤ 归有光：《震川先生集》卷十一，康熙年间刊本，第5页上。
⑥ 严从：《殊域周咨录》卷二，万历年间刻本，第15页上。
⑦ 顾炎武：《天下郡国利病书》（三），黄珅等校点，上海：上海古籍出版社，2012年，第1758页。

之虑。"①

显而易见,如果实行海运,国家不要花费任何额外的费用,就可以组建起一支颇具规模的海军。清人有着同样的设想:"若再行海运,设海督,联合山东、江浙为京东一大水师。内可以廓清洋盗,外可以镇压诸彝,上可以飞挽漕粮,下可以流通百货。"② 这支海军在对付来自外国盗匪的同时,势必增强整个国家的国际认知,减少明清时登峰造极的自闭心态。最为重要的是,可以不再使自己的国民入海为寇。可惜的是,由于明廷顽固地坚持河运,把海洋视为桀骜不驯的恐魔怪兽,致使包括淮北地区在内的绝大多数沿海地区备受"倭寇"的扰害。嘉靖三十五年(1556),"倭寇"掠瓜洲,烧毁漕粮达34000余石③。

清廷继续采行河运,不重视海军建设。到18世纪末19世纪初,东南沿海备受海盗祸乱,而此时广东水师根本无力与海盗抗衡。海盗的人员和船只均极为充足,而水师却两者均严重不足。海盗的人员装备至少大于广东水师3倍④。1804年,水师畏惧出海作战,甚至要求把他们的船只从服役的行列中剔出⑤。最后,官员们不得不借助于葡、英等海军力量才将海盗镇压下去⑥。可以说,清朝微不

---

① 顾炎武:《天下郡国利病书》(三),黄珅等校点,上海:上海古籍出版社,2012年,第1769—1770页。
② 蓝鼎元:《漕粮兼资海运疏》,载贺长龄:《皇朝经世文编》卷四十八"户政二十三",上海:广百宋斋丁亥仲春校印,第21页下。
③ 星斌夫:《明代漕运の研究》,东京:日本学术振兴会,1963年,第383页。
④ Dian H. Murray, *Pirates of the South China Coast, 1790-1810*. Stanford: Stanford University Press, 1987, p. 101.
⑤ Dian H. Murray, *Pirates of the South China Coast, 1790-1810*. Stanford: Stanford University Press, 1987, p.105.
⑥ 详见Dian H. Murray, *Pirates of the South China Coast, 1790-1810*. Stanford: Stanford University Press, 1987, pp. 131-136.

足道的海军力量此时已暴露无遗。数十年后，终于屡为"诸彝"的海军所败，为自己埋下了覆亡的祸根。是以直到清末，"大清裱糊匠"李鸿章再次提出，海运有利于加强海防："国家治安之道，尤以海防为重，当今沿海数千里，洋舶骈集，为千古以来创局，已不能闭关自治，正不妨借海道转轮之便，逐渐推广，以扩商路而实军储。"①

事实上，明清行河运之时，有人不断提出海运建议，并进行成功的实验。

正统六年（1441），因运河水浅涩，运卒终年不得休息，山东昌邑人王坦建议开胶莱河，漕船由掖县抵直沽，可避东北海险数千里，较运河近便，工部驳覆不纳②。此后，不断有明臣提出开胶莱河、河运与海运并举的建议，均未成③。

嘉靖十九年（1540），南京中军都督万表建议：海运虽然极险，但浙中海船，向来可以远航到海外贸易。松江、太仓、通州、泰州等地有沙船，淮安有海䲡船，通常由海路至山东蓬莱贸易，这里离天津并不远，可以把松江、太仓的近海漕粮，出资雇海船运输，以三四万石作试验，熟悉海道，以备不时之需④。值得一提的是，这一建议，在1619年1月15日竟由浙江道御史江日彩再次提

---

① 李鸿章：《筹议黄运两河折》，顾廷龙、戴逸主编：《李鸿章全集》第5册，合肥：安徽教育出版社，2008年，第403页。
② 姚汉源：《黄河水利史研究》，郑州：黄河水利出版社，2003年，第367页。
③ 明代开胶莱河之议，详见星斌夫：《明清时代社会经济史の研究》，东京：国书刊行会，1989年4月，第99—115页。姚汉源《黄河水利史研究》，郑州：黄河水利出版社，2003年，第367—380页，也有述及。
④ 傅泽洪等录：《行水金鉴》（第15册）卷一一五，上海：商务印书馆，1936年，第1684页。

出①。1566年10月5日，工科都给事中王元春，劾奏总理河道、工部尚书朱衡，并请求探访元人海运故道②。

1570年，邳州河道淤平180里，隆庆帝下诏让群臣讨论海运问题。次年，王惟精运米2000石，从淮安入海，对海道进行探索③。户科宋良佐请复海运，得到了山东巡抚梁梦龙的大力支持。梁梦龙认为："海道多潢，犹陆地多岐；海人行海，犹陆人行陆；傍潮而行，非横海而渡。今踏出海道，傍海居多，较元人殷明略踏出之道尤属稳捷。"④

1571年，朝廷已接受了疏通胶州河的建议。漕运总督王宗沐认为，疏通胶州河纯属多此一举，"即大海可航，何烦胶莱也"。随即请示从淮安到天津海运12万石漕粮作试验，获得了朝廷的批准。其试行海运，"时中外尚疑骇，谓不知何若"⑤。尽管这次海运粒米无失，但"人言啧啧"，不少人传说有8艘海船、3200石米遭风漂没。谣言之盛，连王宗沐本人都信以为真，连忙筹集3万两银子买米补齐⑥。两个月后，"十二万石悉安行抵岸，而天下臣民始信

---

① 傅泽洪等录：《行水金鉴》（第17册）卷一百三十，上海：商务印书馆，1936年，第1878页。
② 傅泽洪等录：《行水金鉴》（第15册）卷一一七，上海：商务印书馆，1936年，第1708页。
③ 高培源：《海运论》，载贺长龄：《皇朝经世文编》卷四十八"户政二十三"，上海：广百宋斋丁亥仲春校印，第14页上。
④ 顾炎武：《天下郡国利病书》（三），黄坤等校点，上海：上海古籍出版社，2012年，第1764页。
⑤ 顾炎武：《天下郡国利病书》（三），黄坤等校点，上海：上海古籍出版社，2012年，第1772页。
⑥ 傅泽洪等录：《行水金鉴》（第15册）卷一一九，上海：商务印书馆，1936年，第1734页；星斌夫：《明代漕运の研究》，东京：日本学术振兴会1963年，第387页。

海道可通矣"①。王宗沐认为，明朝定都北京，本来具有非常有利的条件，这就是东边拥有漫长的海岸线，"国家都燕，大海在左肱，此专利也"②。

此后，明廷把准备每年海运12万石漕粮作为定例进行试验。但在万历元年（1573），漕运海船在山东即墨县福岛等处，遭暴风雨袭击，损坏粮船、哨船各7只，漂没粮米约5000石，淹死水手15名。户科都给事中贾三近、巡仓御史鲍希颜、山东抚按傅希挚、俞一贯等据此奏停海运，得到朝廷的批准③。明王朝把海运漕粮的有利条件变成了基本依靠河运的极其不利的因素④，长期把国家治理得山穷水尽，民不聊生。此后，"有诏严杜异议，而海中之粟

---

① 顾炎武：《天下郡国利病书》（三），黄坤等校点，上海：上海古籍出版社，2012年，第1772页。
② 顾炎武：《天下郡国利病书》（三），黄坤等校点，上海：上海古籍出版社，2012年，第1772页。
③ 傅泽洪等录：《行水金鉴》（第15册）卷一一九，上海：商务印书馆，1936年，第1738页；星斌夫：《明代漕运の研究》，东京：日本学术振兴会，1963年，第387—388页。
④ 明代海运漕粮的详细叙述，见吴缉华《明代海运及运河的研究》（台北"中研院"历史语言研究所，1961年），第205—266页。渤海湾内海运的叙述，见星斌夫《明代漕运の研究》（东京：日本学术振兴会，1963年），第389—395页。但吴缉华认为，到万历元年（1573）明政府废止了海运漕粮（吴缉华：《明代海运及运河的研究》，第266页）；星斌夫认为嘉靖年间，渤海湾的海运停废（星斌夫：《明代漕运の研究》，第389—395页）。这些说法值得商榷。其实，直到明末，在山东尚有小规模的海运。泰昌元年八月二十三日（1620年9月20日），发生飓风损坏海运船只的事件。登属运船损伤85只，存22只，漂没粮米25864余石，莱属海船损伤16只，漂没粮米13810石。"水手溺死者无算"。次年，海运粮船再次遭遇暴风袭击（见傅泽洪辑：《行水金鉴》（第17册）卷一三〇，上海：商务印书馆，1936年，第1880—1881页）。天启七年十二月乙巳，抵达南海口的海运粮船因为没有实时起驳，损坏船只24艘，米11000余石（傅泽洪辑：《行水金鉴》（第17册）卷一三一，上海：商务印书馆，1936年，第1893页）。万历四十八年（1620），运粮沙船达45艘，运粮25360石（松浦章：《清代上海沙船船运业史的研究》，吹田市：关西大学东西学术研究所，2004年，第29—30页）。

不可登矣"①。尽管如此,其后仍然有明臣不畏浮议,提出海运的主张。

万历三年(1575)八月,南京工部尚书刘应节等上疏,指出明朝"一切军国重需,悉皆仰给东南,在祖宗时,犹藉海运之利,转输万里,以给边饷。自会通河开,海运始罢,致使国家万年之命脉,仅恃一线之咽喉"②。再次建议疏通山东胶州河,南自淮子口入海,由齐堂岛、鹰游口入淮以抵淮扬。这条河海并用之道,"贾客往来,殆无虚日,风顺不过五六日之程"③。胶州河在嘉靖中期,未用国帑即已完成工程的百分之六七十,遗憾的是,后来负责剩余工程的官员动辄申请经费百万两,且"各司道官多推艰避事,其中工程道里丈尺,大率虚估,未见详确,显是故设难词,欲以沮坏成事"④。

到万历中期,漕运派已经长期垄断着廷议中的话语霸权,对偶然出现的海运派采用严酷的打击手段。1601年,武英殿中书舍人管理山东矿务程守训上疏请求改易漕渠,由高邮州达淮安府庙湾入海,经过数百里的海路,到达山东胶州麻湾转入新河,至海仓再入海,经1000余里后到达天津。这样,可以节省河运的劳费,又可避免海运的风险。主张河运漕粮的工科给事中张问达上疏弹劾程守训"蠹国殃民","且假称明旨,吓骗赃数十万,乞亟为罢斥,并

---

① 朱健:《古今治平略》卷五,崇祯年间刻本,第53页上。
② 顾炎武:《天下郡国利病书》(三),黄坤等校点,上海:上海古籍出版社,2012年,第1756页。
③ 顾炎武:《天下郡国利病书》(三),黄坤等校点,黄珅等校点,上海:上海古籍出版社,2012年,第1756页。
④ 顾炎武:《天下郡国利病书》(三),黄坤等校点,黄珅等校点,上海:上海古籍出版社,2012年,第1759页。

发诸臣谕劾诸疏，一一追究"①。毕竟，海运的益处昭昭可鉴，直到明朝快灭亡时，还有人对海运念念不忘。崇祯十一年九月戊寅（1638年10月25日），户部李待问疏言，"海运一事所以济河漕之不及。……今漕臣先募大海船数只，自维扬至津门，各携工役，详录岛屿，往来审视，以图经始"②。次年，内阁中书崇明人沈廷扬复陈海运之便，辑《海运书》5卷进呈，随即奉命造海舟试验，用2条船载米数百石，十三年六月朔（1640年7月19日），由淮安出海，8月2日抵达天津，试验获得成功。崇祯帝命沈廷扬前去登州与巡抚徐人龙合办海运，山东副总兵黄荫恩上海运九议，崇祯帝令黄荫恩督海运。此次海运实践"省费多"。但后来沈廷扬的海运"为督漕侍郎朱大典所沮"③。

康熙二十三年（1684），清廷开放海禁后，上海的沙船业很快发展起来。清人魏源指出："元、明海道官开之，本朝海道商开之。"④据研究，嘉庆初，上海千石以上的海运沙船，最高曾达到3600只左右。道光初曾一度减少，降至1400只左右。经过补充，道光间，千石以上的沙船仍维持在2000只左右。加上载重在八九百石和四五百石的海船，有3000只左右⑤。较大的沙船可载米3000石，小的减半。每船价值银七八千两，船主多为崇明、通州、海门、南

---

① 傅泽洪等录：《行水金鉴》（第17册）卷一二七，上海：商务印书馆，1936年，第1844页。
② 傅泽洪等录：《行水金鉴》（第17册）卷一三一，上海：商务印书馆，1936年，第1903页。
③ 张廷玉等：《明史》卷八十六"海运"，北京：中华书局，1974年，第2117页。
④ 魏源：《魏源集》上册，北京：中华书局，1976年，第404页。
⑤ 许涤新、吴承明主编：《中国资本主义发展史》第1卷《中国资本主义的萌芽》，北京：人民出版社，2003年，第669—670页；松浦章：《清代上海沙船船运业史的研究》，吹田市：关西大学东西学术研究所，2004年，第33页。

汇、宝山、上海的富民①。而有的学者所说的海运的不利条件之一是"船只不足"②的说法，是很不确切的。

除上海外，其他地区也有许多沙船，对江、海、河、湖的航路均非常熟悉。如苏北赣榆沙船"运货吴淞，来往为恒，未尝失风"③。嘉庆中期，由于开放减水坝，使得盐河无法通航，"淮北之商，载盐海航，由福山（今常熟福山镇——引者注）入江，行千五百里之内洋，是江口可通河北也"④。道光初年，沙船"航东吴至辽海者，昼夜往反如内地"⑤。沙船运货，每年漂没的比重，降到货物总量的1%以下，而"南粮由运河，每年失风殆数倍于此"⑥。包世臣写道："上海人往来关东、天津，一岁三、四至，水线风信，熟如指掌。"⑦是以上海人"视江宁、清江为远路，而关东则每岁四五至，殊不介意。"⑧

清初，统治者曾看到了明廷政略方面的许多重大失误，如他们认为明朝所修的长城纯属无益。但这一马上得天下的游牧民族，却

---

① 齐彦槐：《海运南漕议》，载贺长龄：《皇朝经世文编》卷四十八"户政二十三"，上海：广百宋斋丁亥仲春校印，第33页上。
② Harold C. Hinton, "The Grain Tribute System of the Ch'ing Dynasty," *The Far Eastern Quarterly,* vol. 11, no. 3 (May, 1952), p. 348.
③ 魏源：《魏源集》上册，北京：中华书局，1976年，第399页。
④ 魏源：《魏源集》上册，北京：中华书局，1976年，第399页。
⑤ 魏源：《魏源集》上册，北京：中华书局，1976年，第415页。
⑥ 齐彦槐：《海运南漕议》，载贺长龄：《皇朝经世文编》卷四十八"户政二十三"，上海：广百宋斋丁亥仲春校印，第33页上。
⑦ 包世臣：《包世臣全集》"中衢一勺·艺舟双楫"，合肥：黄山书社，1994年，第12页。
⑧ 齐彦槐：《海运南漕议》，载贺长龄：《皇朝经世文编》卷四十八"户政二十三"，上海：广百宋斋丁亥仲春校印，第33页上。据松浦章研究，道光六年的海运，从上海航行到天津的沙船，最快需时16天，最长需时28天。见松浦章《清代上海沙船船运业史的研究》（吹田市：关西大学东西学术研究所，2004年），第250页。

继承了明廷的大部分管理方式,包括继承了比修筑长城危害百倍的漕运体制,且他们对河运的偏爱是如此之深,竟将这一祸国殃民的制度一下子就维持了200多年。康熙、嘉庆年间,均因河患严重,臣僚屡议改河运为海运,终因河运派势力太大,没有议出结果①。可以说,明清两代的国困财穷,与漕运政略有着极大的关联。

康熙三十九年(1700),清口淤塞,康熙把海运一事交部臣讨论②。并差人向总河张鹏翮询问:"明年漕船行走有无迟误,至其漕粮装载沙船可否从江下海入黄河海口,由中河行走。"③因循守旧、与河运有着巨大利益牵涉的张鹏翮奏称:"此时运河各决口尽行堵塞,……来岁粮船自是通行不致有误。至于改载沙船,雇募水手人夫,恐致糜费钱粮。且由江入海,从黄河海口进中河之处,潮汐消长,水势不一,风涛不测,实属难行。"④张对海运的否决,得到了康熙的赞成。雍正年间,蓝鼎元提出海运方案,亦被否决⑤。嘉庆九年(1804),洪泽湖水位较低,河口泥沙淤积,7省粮船无法通行。清政府只得准备海运漕粮,并招募镇海海船100余艘,加上松江、上海两地的海船,共400艘。每艘载米1500石,每年可往返3次。运费较河运省三分之二⑥。每年运送能力达180万

---

① 魏源:《魏源集》上册,北京:中华书局,1976年,第414页。
② 高培源:《海运论》,载贺长龄:《皇朝经世文编》卷四十八"户政二十三",上海:广百宋斋丁亥仲春校印,第11页下。
③ 张鹏翮:《不必海运》,见张鹏翮《治河全书》卷十九,康熙四十二年刊本,不署年月、页码。
④ 张鹏翮:《不必海运》,见张鹏翮《治河全书》卷十九,康熙四十二年刊本,不署年月、页码。
⑤ 张哲郎:《清代的漕运》,台北:台湾大学历史研究所,1969年,第55页。
⑥ 阮元:《海运考跋》,载贺长龄:《皇朝经世文编》卷四十八"户政二十三",上海:广百宋斋丁亥仲春校印,第1页上。

石。但此事终没有成行。

道光五年（1825），因运河阻绝，清廷决定海运苏州、松江、常州、镇江、太仓4府1州的漕粮。当时4府1州额征漕白正耗米145万余石，连同所节省的归仓候拨耗米近6万石、船耗米12万余石，共有漕粮163万余石。截至当年六月初五日（7月20日），"扫数斛交完竣"①。此次海运，即以向来办漕杂项充用，政府并未另拨经费。这笔经费包括4府1州每年拨给旗丁的运费近37万两，米41万余石（合银93万6千余两），两项共计银129万5千余两②。"所有常年河运，例应给丁漕项银米，除迭次拨解天津应用及调剂旗丁案内全支月粮外，尚有节省银十余万两，米十余万石。……又有节省耗米五万余石，搭运赴津，除拨给经纪耗米外，尚剩米四万余石归仓。是苏省办理海运，不但丝毫未费帑项，且较常年河运所省之数甚多"③。以往运送漕粮"通计公私所费，几数两而致一石"④。这次海运，所有各种帮船杂费一概支除，⑤直接节省的费用至少达银150万两。且海运漕米由于在船中存放时间极短，"视河运之粟莹洁过倍"⑥。可惜，这次海运漕粮虽然非常成功，但由于道光皇帝缺乏开拓精神而中止⑦。

---

① 陶澍：《恭报海运全竣折子》，《陶澍集》上册，长沙：岳麓书社，1998年，第112页。
② 魏源：《魏源集》上册，北京：中华书局，1976年，第413页。
③ 陶澍：《海运较河运所省甚多附片》，《陶澍集》上册，长沙：岳麓书社，1998年，第113页。
④ 魏源：《魏源集》上册，北京：中华书局，1976年，第413页。
⑤ 魏源：《魏源集》上册，北京：中华书局，1976年，第413页。
⑥ 魏源：《魏源集》上册，北京：中华书局，1976年，第416页。
⑦ 此说见倪玉平：《清代漕粮海运与社会变迁》，上海：上海书店出版社，2005年，第66—67页。

据日本学者松浦章的研究，道光六年以后，仍断续维持小规模的沙船海运，除了道光六年以后，海运漕粮的沙船数量均不过千艘。详见下表：

表1-2 清代后期海运实施情况表

年份	海运船舶	海运船舶数量	海运内容
1826年	沙船	1562只	道光五年江苏漕粮
1848年	沙船	851只	
1852年	沙船	72只	咸丰元年漕粮
1854年	沙船	982只	漕粮
1857年	沙船、洋船	925只	漕白粮
1858年	沙船	822只	咸丰七年漕粮
1868年	沙船	485只	江浙两省漕粮
1869年	沙船	595只	同治七年江浙江北漕粮
1870年	沙船	670只	同治八年江浙江北漕粮
1873年	沙船	604只	同治十一年江浙漕粮
1874年	沙船	529只	同治十二年江浙漕粮
1887年	沙船	272只	光绪十二年苏浙二省漕粮
1888年	沙船	266只	光绪一三年苏浙二省漕粮
1889年	沙船	254只	光绪十四年漕粮
1890年	沙船	265只	光绪十五年漕粮
1892年	沙船	217只	光绪十七年漕粮
1893年	沙船	215只	光绪十八年漕粮
1894年	沙船	200只	光绪十九年漕粮

续表

年份	海运船舶	海运船舶数量	海运内容
1896年	沙船、卫船	101只	光绪二十一年江浙漕粮、招商局轮船代运
1899年	沙船	208只	光绪二十四年漕粮

资料来源：松浦章：《清代上海沙船运业史の研究》，吹田市：关西大学东西学术研究所，2004年，第245页。本表删去了原表中的"河运"部分。

魏源指出：海运之利有三条："曰国计，曰民生，曰海商"，所不利者有三种人："曰海关税侩，曰通州仓胥，曰屯丁水手"[①]。从河运有着那么多的支持者来看，受益于河运的利益集团当远不止上述三种人。至少，征漕时，有漕8省的地方官吏，由于加收所谓的浮耗，人人得以利益均沾。河运中，一向有剥浅费、过闸费、过淮费、屯官费、催儹费、仓胥费，这些收费者理所当然是河运的直接受益者[②]。而各项费用，"一皆取足夫头，夫头浮其数以责之伍长，伍长益浮其数以科之散丁"。即使看上去无足轻重的伍长，也是"鲜衣怒马，酒楼歌馆，举百万金钱荡而化为灰烬"[③]。发足了漕运财。

漕运最大的间接受益群体是河务官员。对河员们而言，维持漕运的益处是可以不断地制造水灾，让中央政府每年投入百万计、乃至千万计的资金来治河，以便大肆中饱。

[①] 魏源：《魏源集》上册，北京：中华书局，1976年，第404页。
[②] 魏源：《魏源集》上册，北京：中华书局，1976年，第416页。
[③] 刘锦藻：《清朝续文献通考》（第1册）卷七十五，上海：商务印书馆，1936年，第8334页。

明代较早提罢海运且被朝廷采纳的是平江伯陈瑄。他曾"浚会通河南北饷道，疏清江浦以避淮险，设仪真、瓜洲坝，凿徐州、吕梁洪，筑沛阳南旺湖堤，开白塔河通江，筑高邮湖堤，自淮至临清建闸四十七，建徐淮临通仓以便转输"①。并且，仅在永乐十三年，"增造浅船三千余"②。如此众多的巨型工程，经管的帑金何啻百万，个人牟利的空间亦可想而知。

因此，对海运的仇视，尽管表面原因是闭关锁国的保守意识形态所致，但更直接的原因，则是利益集团从河运、河工中所获得的巨大收益。当年七次下西洋的郑和，其资料至今多湮没无闻，祸首就是修筑太行堤的刘大夏。据明人顾起元记载："成化中，中旨咨访下西洋故事。刘忠宣公大夏为郎中，取而焚之，意所载必多恢诡谲怪、辽绝耳目之表者，所征方物亦必不止于蒟酱、邛杖、蒲桃、塗林、大鸟卵之奇，而《星槎胜览》纪撰寂寥，莫可考验，使后世有爱奇如司马子长者，无复可纪，惜哉！"③从这里可以看出，刘大夏焚烧郑和下西洋资料的原因，竟是资料所载多为中国所稀见之事，这实在不是一个像样的理由。

其他明史资料出于美化这位"弘治三君子"之一的目的，把刘大夏焚烧资料写成藏匿，更把郑和下西洋说成淹死军民以万计的耸人听闻之事。一部明史载：成化帝"命一中贵至兵部查三保至西洋时水程。时项忠为兵部尚书，刘大夏为车驾司郎中，忠使一都吏于库中简旧案，大夏先入，简得之，藏匿他处。都吏简之不得，

---

① 沈国元：《皇明从信录》卷十七，明末刻本，第32页上。
② 郑晓：《澹泉笔述》卷五，台北图书馆复本，第11页上。
③ 顾起元：《客座赘语》卷一，万历四十六年刻本，第38页下。

忠笞责都吏，令复入简，如是者三日，水程终莫能得，大夏亦秘不言，……会科道连章谏，其事遂寝。后忠呼都吏诘曰：库中案卷焉得失去？大夏在傍，微笑曰：三保太监下西洋时，所费钱粮数十万，军民死者亦有万计，纵得珍宝，与国家何益？此一时弊事，大臣所当切谏者，旧案虽在，亦当毁之，以拔其根，尚足追究其有无哉？忠耸然降位，对大夏再揖而谢之，指其位曰：公阴德不细，此位不久当属公矣。后大夏果至兵部尚书"①。真正损害军民性命以万计、动辄耗费国帑以百万计的劳民伤财之事，恰恰是刘大夏之流千方百计维护的河运及为此而进行的治水工程。

是以魏源认为："河之患在国计，漕之患在民生。国家岁出数百万帑金以治河，官民岁出数百万帮费以办漕，河患即有时息，帮费终无时免。"②在魏源看来，海运于治河没有丝毫裨益，"而于治漕有丘山之益，较河运则有霄壤之殊。"③

综上所述，明清两代政府弃海运行河运，并非海运技术不成熟或是缺乏海运实践经验造成的。专行河运的结果，不但使得国家和民众付出沉重的不必要的经济代价，更牺牲了许多无辜百姓的性命。由于抛弃海运，使得中国在世界开始海上争霸之时，由航海强国突变为畏惧海洋的没落帝国，最终为海洋国家所征服。并把大量的商人百姓逼入海中为盗，形成明代中后期极为严峻的"倭寇"难题。

从经济成本和运输安全方面来考虑，河运远较海运浪费和危

---

① 陈建辑：《皇明通纪集要》卷二十二，崇祯间刻本，第15页下—16页下。
② 魏源：《魏源集》上册，北京：中华书局，1976年，第405页。
③ 魏源：《魏源集》上册，北京：中华书局，1976年，第406页。

险。这些负担转嫁到百姓身上后，长期形成国穷民困的局面。明清时代，海运技术已非常成熟，中国船员有着丰富的航海实践经验。即使在政府组织的远洋航运停止后，民间商人的沙船业也非常发达。

漕粮运输本来是可以通过市场手段，用较低的成本由商人来完成的。但政府缺乏市场意识、不尊重市场规律。漕运的话语权始终为利益集团所控制，给淮北造成了不可估量的灾难。专行河运事实上维持了漕、河等利益集团的私利，并造就了许多特权阶层，他们肆意违犯法制，加剧了社会冲突，破坏了社会的和谐。

三、被牺牲的"局部"

泗州城的沉没，是淮北生态衰变的一个缩影。冀朝鼎指出，在不同的历史阶段，不同的地区得到中央政府重视的程度是截然不同的。每一个因得到政府优惠而发展的地区，是以牺牲其他地区为代价的[1]。

在宏观决策方面，自金代始，中央政府向有"利河南行"之考虑[2]。而元、明、清三代统治者均担忧京师与江南核心经济区的距离，曾一而再地试图把海河流域发展成核心经济区，或是"江南第

---

[1] Ch'ao-ting Chi, *Key Economic Areas in Chinese History: As Revealed in the Development of Public Works for Water-Control.* New York: Paragon Book Reprint Corp. 1963 (First Published by George Allen & Unwin Ltd., 1936, London), p. 2.
[2] 郑肇经认为："金人利河南行，河始夺淮"（郑肇经：《中国水利史》，上海：商务印书馆，1939年，第136页）。岑仲勉则认为金人没有利河南行（见岑仲勉：《黄河变迁史》，北京：中华书局，2004年，第417—420页）。我们认为，金、元、明、清中央政府均有利河南行的思维。

二"①。淮北被牺牲成为势所必然之事。毕竟,黄河从南岸决口,有淮河阻挡,既不妨害漕运,更不会损害直隶地区的安全,至于百姓性命,在最高统治者的治国规划中,大部分时间仅占很轻的份量。

尽管1128年黄河即南决夺淮,但"自宋以前,河虽南,而北者自北,河分而势杀,故溃决犹少"②。明代前期,有人提出分黄河北流的倡议③,但明廷没有采纳。明中期以后,为了维护漕运的安全,反而人为地造成黄河水全部南流夺淮的局面。而有的学者认为:"明代的经济重心是在江淮流域"④,这一说法很令人怀疑。

明代中期的治河策略极为明确,当黄河水势高涨,河有溃决之虞时,明廷总是首先在河的北岸筑堤固守,有意把洪水引向黄河南部地区。

据明尚书吴桂芳所云,在黄河夺淮,历宋、元、明正德以来的近400年里,尽管黄河经淮河入海,但并未淤塞海口,这是因为黄河在河南即与淮河合流,"循颍、寿、凤、泗至清河,清以涤浊,泥滓得以不停,故数百载无患也"⑤。当时沿着颍州、寿县运行的

---

① 详见Ch'ao-ting Chi, *Key Economic Areas in Chinese History: As Revealed in the Development of Public Works for Water-Control.* New York: Paragon Book Reprint Corp. 1963 (First Published by George Allen & Unwin Ltd., 1936, London), pp. 10, 43-44, 143-146.
② 任源祥:《漕运议》,载贺长龄:《皇朝经世文编》卷四十六"户政二十一",上海:广百宋斋丁亥仲春校印,第1页上。
③ 分河北流的建议,详见郭涛《潘季驯治理黄河的思想与实践》,中国水利学会水利史研究会、黄河水利委员会黄河志编委会:《潘季驯治河理论与实践学术讨论会论文集》,南京:河海大学出版社,1996年,第7页。
④ 吴缉华:《明代海运及运河的研究》,台北"中研院"历史语言研究所,1961年,第199页。
⑤ 顾炎武:《天下郡国利病书》(二),黄坤等校点,上海:上海古籍出版社,2012年,第1103页。

黄、淮河水量约占其总水量的70%，而分流到徐州小浮桥的水量仅约占30%①。元至正十一年（1351），贾鲁筑塞黄陵冈，于汴渠之南开河。经砀山南、萧县北，出徐州小浮桥与泗水相合，此即"贾鲁河"。虽然黄河经常北决，侵入大清河，但"徐海之间不闻有水患"②。

弘治年间（1488—1505），黄河在张秋段决口，夺汶水、泗水以东行，当时决口处荆隆口随塞随溃，最后只得开掘孙家渡口、赵皮寨口，又凿通贾鲁河，"皆导河使东南行也。如此，则河势分杀而安流矣"③。次年，秋水涨发，北堤又遇危险，都御史徐恪建议从荆隆口至黄陵冈之北笃堤二道，各长200里，以保护北岸河堤。五年（1492）又大决。六年（1493），都御史刘大夏治河，筑黄河北岸太行堤。"起武陟沁河，止修武东之木栾店"④。

刘大夏称："黄河大势日渐东注，究其下流，俱妨运道。"而"筑塞东注河口，尽将河流疏导南去，使下徐、沛，由淮入海，……庶几漕河可保无虞。"⑤弘治七年（1494），堵张秋运河决口。八年（1495），堵黄陵冈等黄河口，"筑长堤一道，荆隆口东西各二百余里，黄陵冈东西各三百余里，起武陟詹家店，抵砀、沛千余里，名太行堤。夫阼城西南距武陟百七十里，徐州西经沛距

---

① 顾炎武：《天下郡国利病书》（二），黄坤等校点，上海：上海古籍出版社，2012年，第1103页。
② 武同举：《江苏淮北水道变迁史》，《两轩腾语》，1927年印本，本文第5页。
③ 顾炎武：《天下郡国利病书》（三），黄坤等校点，上海：上海古籍出版社，2012年，第1596页。
④ 储大文：《存砚楼文集》卷十，清代刊本，第29页上。
⑤ 刘大夏：《议疏黄河筑决口状》，刘乙燃辑：《刘忠宣公文集》卷一，光绪元年刻本，第8页上—下。

砀山百八十里，而堤益衍而长。此所以防大名、山东之患，迄至荆隆塞、黄陵冈，而张秋赐名安平镇者也"①。

弘治六年修筑的太行堤，实为黄河北堤，南流的黄河竟无南堤，基本是任其淹没。直到万历八年（1580），"又加筑南岸长堤，起虞城，止荥泽，"南北太行两堤共长1500余里②。此时修筑的南堤也仅限于河南境内一段，修筑南堤的根本目标仍是保护运道，因此，南堤筑成后，"而漕道遂安"③。

太行堤修成，黄河全流入淮，淮北生态雪上加霜。"水道之迁徙，此后益开其扁鑰，实自禹以来未有之变局也"④。太行堤造灾的范围，甚至比本书所定义的淮北的地域还要大。张居正指出："南自高邮，北至太行堤，延袤四千余里，两堤峥嵘，屹为巨防，必不至引水病漕。且其所费，皆取诸赎锾，不索水衡少府金钱，此皆万世之计。"⑤在这里，张居正只考虑漕运和财政支出，丝毫没有考虑这个地区百姓所承受的无妄之灾。

太行堤的修筑，"此又人力之强河以夺淮者也。……至明而堤其北，以全河赴淮，淮不足以当全河之怒，则溃决益多"⑥。《明史》称："迨塞沙湾、张秋闸，漕以安，则徐、沛间数被其

---

① 储大文：《存砚楼文集》卷十，清代刊本，第26页下—27页上。
② 储大文：《存砚楼文集》卷十，清代刊本，第29页上。
③ 徐宗幹修：《济宁直隶州志》卷二之六"山川志"，咸丰九年刻本，第15页上。
④ 武同举：《江苏淮北水道变迁史》，《两轩賸语》，1927年印本，本文第5页。
⑤ 张居正：《张太岳先生文集》卷四十七，万历四十年刻本，第41页上。
⑥ 任源祥：《漕运议》，载贺长龄：《皇朝经世文编》卷四十六"户政二十一"，上海：广百宋斋丁亥仲春校印，第1页上。

害。"①清代孙嘉淦论治河时指出:"自刘大夏筑大行堤二百余里,逼河南行,河遂全入于淮。逆水性而祸民生,亦可谓拙于谋矣。"②

太行堤对淮北的恶劣影响,尽管当事者刘大夏对其讳莫如深,但从后来潘季驯的奏疏中,明显可以寻踪觅迹。潘季驯在高家堰修成后,曾上《河患已除流民复业乞恩蠲租以广招徕疏》,此疏本意是夸耀高家堰的正面作用。疏中引用桃源县流民海其等,清河县流民郑效等人的诉求称:"隆庆年间崔镇等处口决,节遭渰没,寸草不生,民逃外方,趁食延命。"③又据山阳县被灾流民陈汉等告,陈在大义、安乐等乡数万顷田地,"尽沉水底,民庐飘荡,只得逃窜他方,佣身乞食"④。潘季驯显然夸大了隆庆年间(1567—1572)崔镇决口的危害,若不是黄河全流夺淮,远在淮河南岸山阳陈汉家的数万顷土地绝不会全部被淹。

1565年12月3日,嘉靖帝给总河潘季驯的敕中说:"今特命尔前去总理河道……其黄河北岸长堤并各该堤岸应修者,亦要着实用工,修筑高厚,以为无事预防之计。"⑤5年之后,这段话一字不易地出现在隆庆帝给潘季驯的敕中⑥。这段话在潘季驯劾命时被写

---

① 张廷玉等:《明史》卷八十四"黄河(下)",北京:中华书局,1974年,第2094页。
② 夏燮:《明通鉴》卷三十八,同治十二年刻本,第4页上。
③ 潘季驯:《两河经略》卷二,《钦定四库全书》(第430册)史部六"诏令奏议类二",台北:商务印书馆,1986年影印本,第23页下。
④ 潘季驯:《两河经略》卷二,《钦定四库全书》(第430册)史部六"诏令奏议类二",台北:商务印书馆,1986年影印本,第23页下。
⑤ 潘季驯:《河防一览》卷一,《钦定四库全书》(第576册)史部十一"地理类四",台北:商务印书馆,1986年影印本,第1页上。
⑥ 潘季驯:《河防一览》卷一,《钦定四库全书》(第576册)史部十一"地理类四",台北:商务印书馆,1986年影印本,第1页下—2页上。

成:"其黄河北岸长堤并各该堤岸应修筑者,俱要着实用工,修筑高厚,以为先事预防之计。"①一字之易,绝非笔误,"可知黄河两岸堤防,北边为尤重,故敕命者言之又峕言之,先事预防,正防其决入运河为漕患也"②。嘉靖皇帝被视为具有冷酷无情的个性,对臣民没有任何怜悯之心,他只注重炼丹术以达到长生不老以便尽情纵欲③。可以说,嘉靖帝的治河思路就是潘季驯的治河准则。

1578年,万历皇帝同样委任潘季驯为总河,他在敕中称:"徐邳以上地形,南昂北下,恐堤防一溃,势必奔流北徙,将为闸河之梗。"④他所担心的仍是北溃问题。1588年6月4日,万历帝给潘季驯的敕中称:"其南直隶淮扬、颍州、徐州,山东曹、濮、临清、沂州,河南睢、陈,北直隶大名、天津各该地方军务,亦听尔兼理,其各兵备道悉听节制,务要防护运道,永保无虞。"⑤万历帝的个性与乃祖极其相像。可以说,明代总的治河方略就是"逼河南行",以达"通漕保运"的目的,虽潘季驯也不例外。但有的著作中称:"潘季驯一心要治住黄河,解除老百姓的痛苦,使他们安居

---

① 朱鋐:《历代治河考》,见《河漕备考》卷三,雍正三年刊本,无页码。
② 朱鋐:《历代治河考》,见《河漕备考》卷三,雍正三年刊本,无页码。
③ Richard Shek, "Fictional and Real-Life Rulers: Journey to the West and Sixteenth-Century Chinese Monarchs". In OosephW. Esheric, Wen-hisn Yeh and Madeleine Zelin (eds.), *Empire, Nation, and Beyond: Chinese History in Late Imperial and Modern Times-a Feestschrift in Honor of Frederic Wakeman*. Berkeley: Institute of East Asian Studies, University of California 2006, pp. 41-43.
④ 潘季驯:《河防一览》卷一,《钦定四库全书》(第576册)史部十一"地理类四",台北:商务印书馆,1986年影印本,第3页上。
⑤ 潘季驯:《河防一览》卷一,《钦定四库全书》(第576册)史部十一"地理类四",台北:商务印书馆,1986年影印本,第4页下。

乐业。"①这未免把明代君臣太过理想化了。

自嘉靖中期以后,徐州小浮桥黄流经徐、吕二洪,经常淤涸,主持河务的潘季驯由于规划了束水攻沙方案,竟把全部黄河水逼迫到徐、邳,至清河才与淮河合流。这样一来,形成了"河势强而淮流弱,涤荡功微,故海口渐高,而泛滥之患岁亟矣"的局面②。有的学者指出,到明朝中期,黄河所经过的徐州、沛县、丰县、砀山一带,由于南面淤高,北有太行堤屏障,这里成了黄河水患极为集中的地区③。"所以淮、邳上下毒遭全河之害"④,更使徐邳地区害上加害。

绵延千余里的太行堤经常决堤,对所经过的地区亦造成一定的灾害。万历年间,"河天决单县苏家庄及曹县缕堤,又决沛县四铺口太行堤,灌昭阳湖入夏镇,横冲运道"⑤。明谢肇淛诗称:"黄河南下势如雷,十万官夫塞复开。一夜太行堤口决,只今白骨满鱼台。"⑥雍正四年,"山东曹县黄水冲决沿太行堤田地"⑦。

太行堤的维修工程及其巨大。崇祯六年,"北筑太行堤,西

---

① 岳麟编:《中国古代的水利和交通》,太原:山西教育出版社,1990年,第35页。
② 顾炎武:《天下郡国利病书》(二),黄坤等校点,上海:上海古籍出版社,2012年,第1103页。
③ 参见郭涛:《潘季驯治理黄河的思想与实践》,中国水利学会水利史研究会、黄河水利委员会黄河志编委会:《潘季驯治河理论与实践学术讨论会论文集》,南京:河海大学出版社,1996年,第8页。
④ 顾炎武:《天下郡国利病书》(三),黄坤等校点,上海:上海古籍出版社,2012年,第1597页。
⑤ 张廷玉等:《明史》卷八十四"黄河(下)",北京:中华书局,1974年,第2068页。
⑥ 谢肇淛:《小草斋集》卷二十七,万历年间刻本,第17页下。
⑦ 允禄等监修:《雍正朝大清会典》卷三十八,光绪朝刻本,第24页下。

起虞城界，东抵沛县"①。乾隆十七年，"修筑丰、沛境内太行堤"②。

长垣县的太行堤，"在长垣县南，黄河之北。自县西接河南仪封厅界，迤逦而东，历东明县南杜胜集，至纸坊集，仍属长垣，接河南仪封、山东曹州界，绵亘二百余里。自明以来相继修筑"③。清中后期，"长垣之太行堤，自乾隆五年以来并岁加增筑"④。新乡县太行堤，"亘七十里，连获嘉、延津、滑县境，旧名太行堤。本朝乾隆十六年动帑修筑，改称古堤"⑤。

鲁西南地区的太行堤，"在曹、单二县南。旧名南长堤，西自河南仪封县界入境，起芝麻庄东，至江苏徐州丰县界。在曹县境八十里，单县境七十七里。明宏（弘）治十年都御史刘大夏创筑，以防护河流，其后历年增修。每三里设一铺，夹堤植柳，远望如云山之势。本朝乾隆十七年重加修筑"⑥。

明臣指出："我朝黄河之役，比之汉唐以后不同，逆河之性，挽之东南行，以济漕运。故河患时时有之。自海运既罢，中泺运又罢，专出邗沟，入淮沂河，以达会通河，故河水不得如《禹贡》故道入北海。而河之东南行者，又分数道。盖自经汴以来，支流益演，南出二道，皆径入淮。……今数道皆塞，止存沛县一道。河流

---

① 《嘉庆重修一统志》卷一九三，清代刊本，第9页上。
② 《嘉庆重修一统志》卷一百一，清代刊本，第14页上。
③ 《嘉庆重修一统志》卷三十六，清代刊本，第3页下。
④ 《嘉庆重修一统志》卷三十五，清代刊本，第10页上。
⑤ 《嘉庆重修一统志》卷二百，清代刊本，第13页下—14页上。
⑥ 《嘉庆重修一统志》卷一八一，清代刊本，第25页上。

大而所受狭不能容,势必横溢而决。"①清代河臣靳辅坚持:"河决之害,北岸为大。"在他看来,仅开封北岸溃决,事态就非常严重,"近则注张秋,由盐河而入海,远则直趋东昌、德州,以赴溟渤。而济宁上下无运道矣"②。

对中央政府重北轻南的一贯政策,以保运为最高目标的河臣们是深明其意的。他们本来治河时就只能头痛医头,脚痛医脚,终于把治河客观上变成了害民之事。有人指出:"国事以民为本,今所治在运河,是不免以中原、徐、淮之地为壑,而诸臣之有事于漕运者,一堤之外皆邻国矣。……今即使运道通利,而徐、淮万姓之垫溺,中州千里之污莱,将听之耶?"③

因此,淮北的水患是人祸,而非天灾。刘尧诲写道:"淮扬多水患,而说者以为天数,岂非妄哉。愚尝周历于徐、淮、梁、宋之间,而以中原之地势测之,大抵河之南岸高于北岸,归德兰阳之间,又曹、单、徐、沛之上游也。"④谷应泰《河决论》中写道:"河之决必在河南,既决之后,不南浸全淮,即北冲齐鲁。冲全淮者,溃散于颍、亳、徐、宿,而在田庐民业;冲齐鲁者,横激于曹、濮、单、郓,而患在运道堤防。然淮近而身大,决入淮者,患小而治速。漕远而身小,决入漕者,患大而治难。"⑤这明确地说

---

① 傅泽洪等录:《行水金鉴》(第20册)卷一五八,上海:商务印书馆,1936年,第2285页。
② 《防河保运议》(录自《山东通志》),载贺长龄:《皇朝经世文编》卷一百四"工政十",上海:广百宋斋丁亥仲春校印,第36页下。
③ 顾炎武:《天下郡国利病书》(三),黄珅等校,上海:上海古籍出版社,2012年,第1599页。
④ 顾炎武:《天下郡国利病书》(三),黄珅等校,上海:上海古籍出版社,2012年,第1596页。
⑤ 朱鋐:《历代治河考》,见《河漕备考》卷三,雍正三年刊本,无页码。

明了徐、淮、海、凤、颍、泗等地区水患的根由。

隆庆末、万历初任总河的万恭多次明确地反对加固黄河南岸河堤，认为河水淹没黄河南岸地区仅是牺牲局部利益，是理性的选择。他写道："河南属河上源，地势南高北下，南岸多强，北岸多弱。夫水，趋其所下而攻其所弱。近有倡南堤之议者，是偪河使北也。北不能胜，必攻河南之铜瓦厢，则径决张秋；攻武家坝，则径决鱼台，此覆辙也！若南攻，不过溺民田一季耳。是偪之南决之祸小而北决之患深。"①在他看来，让黄河南徙是维护运道安全的保障，是国家之福："方今贡赋全给于江南，而又都燕，据上游以临南服。黄河南徙，则万艘度长江，穿淮、扬，入黄河，而直达于闸河，浮卫，贯白河，抵于京。且王会万国，其便若是。苟北徙，则徐、邳五百里运道绝矣。故曰：黄河南徙，国家之福也。"②他进一步写道："今则饷事大半仰给江南，而江南之舟，泛长江，历扬、淮而北，非河以济之，则五百四十里当陆运耳！京师若何？故治水者，必不可使北行由禹之故道，必约之使由徐、邳，以救五百四十里饷道之缺。是不徒去河之害，而又欲资河之利者也，不亦难乎！若不为饷道计，而徒欲去河之害，以复禹故道，则从河南铜瓦厢一决之，使东趋东海，而河南、徐、邳永绝河患，是居高建瓴水也，而可乎？故九河故道必不可复者，为饷道也，而非难复也。"③

值得注意的是，1855年黄河"自然"改道，就是从铜瓦厢决口

---

① 万恭：《治水筌蹄》，北京：水利电力出版社，1985年，第15页。
② 万恭：《治水筌蹄》，北京：水利电力出版社，1985年，第28页。
③ 万恭：《治水筌蹄》，北京：水利电力出版社，1985年，第37页。

的，这说明明代河臣非常清楚淮北水患的真正症结，但他们却不得不竭力予以维持淮北的灾患。也可以说，河南、徐、邳、海、沭地区的水患是朝廷有意强加的。

在黄河南北两岸的地区性利益权衡中，朝廷理所当然地牺牲了黄河南部地区；而在对黄河南部地区的利益权衡时，国家更多偏重淮南地区，牺牲淮北地区亦为司空见惯。因此，明以后的治河方略，使徐、淮、海、凤、颍、泗等地区面临无休止的水没之患。

有的学者从救济的角度得出结论，认为明代有非常广泛的救济措施，各级政府均有责成，救济为农民提供了必要的保障，并强化了政府在社会中的职能。明政府还不遗余力地提供一些社会福利[1]。就淮北地区而言，这种救济提供的社会福利与被政府牺牲的百姓利益相比，实在微不足道。

常三省痛责潘季驯在制定治河方略时，对不同的地区厚此薄彼，"其立言命意则重淮扬而薄凤泗，无一视同仁之意耳"。在常看来，只要对淮扬一苇有害的事，潘均坚决不为，而把危害让泗州等地区独自承担。如泗民杨明恕请求在高家堰南周家桥、单沟一带凿渠通湖。潘认为，这里如开凿成河，使淮水长流，淮扬地区将因此被害，尤为重要的是，清口则可能复淤。在常看来，为了使淮扬地区少受水患，潘让其水尽归泗州等地，"如是则水发之时，当直出泗城雉堞之上，非独贻害泗盱，虽寿、亳、临淮、五河诸地，亦必不免矣"。在常的内心，可能有着天真的想法，爱民如子的天

---

[1] Zhou Linong, "State Relief and Population Growth in Late Imperial China". A thesis submitted in total fulfillment of the requirements for the degree of Doctor of Philosophy, Department of Economic History, School of Economics and Commerce, La Trobe University (Bundoora), June 1990, pp. 39-40.

子,对各个地区的民瘼应无厚薄之分,因此,他理直气壮地写道:"夫淮与泗孰非朝廷田土,而其民亦孰非朝廷赤子?今潘公动以保护淮扬为名,而于泗则蔑视之,独何心哉?"①

常三省的指责,恰恰是在替潘季驯开脱。淮扬地区向来是国家财赋之区,在后来清代中央政府每年约4千万两的财政收入中,约有十分之一至六分之一来自两淮盐业。清代的谕折中,常称淮扬地区为"江南重地",大概并非全是因为这里曾与安徽一道被划归江南省的缘故,很大程度上,是因为此处的财经地位与江南地区一样重要。为了这一地区而牺牲其他地区的某些利益,这是明清两代中央各部门、各封疆大吏所心照不宣、甚至认为理所当然之事。常三省上书北京各衙门并移高、宝诸生,"责以壑邻",自然不能得到高、宝诸生的同情和支持,"高宝诸人已反唇相消"②。

后来由于"泗人积苦水患",不得已请开挖施家沟、疏浚周家桥,"顾高邮诸生犹争执不容此,意亦不过各为乡土耳"③。但常三省认为,如果连周家桥一带也堵塞,"则淮流一无出路,必大至腾涌溢滥,窃恐清口未见冲刷,吾泗已悉为鱼沼矣"④。事实上,常三省以较为空洞的封建道德来说服诸生,希望以此换取泗州的实际利益。他写道:"我泗与高宝比邻为最亲,亦何怨何仇,何功何利,而必欲障淮水以灌之也。同此溥天率土,顾忍自处于衽席,而

---

① 叶兰等纂修:《乾隆泗州志》卷十"人物志",中国地方志集成(30),南京:江苏古籍出版社,1998年,第313—314页。
② 叶兰等纂修:《乾隆泗州志》卷二"建置志",中国地方志集成(30),南京:江苏古籍出版社,1998年,第208页。
③ 方瑞兰监修:《安徽泗虹合志》卷十六"文一",光绪十三年刻本,第25页上—下。
④ 方瑞兰监修:《安徽泗虹合志》卷十六"文一",光绪十三年刻本,第26页上。

置人于沦胥？诸生行且登仕以长民，乃不豫养爱人利物之心，设有责以灾邻之义，规以一视之仁者，不知诸生将何以自解也？"这种咄咄逼人的语调，在策略上并不明智，很难为情绪愤激的高、宝诸生接受。他还进一步写道："诸生顾直欲灌泗人不少恤，恕施之道安在哉？……高邮名邦，诸生吾同体也，愚窃为惜此举矣。"①这种在名分上斤斤以某一地区利益作为终极目标而进行的诉求，在把维护皇权政治作为最高原则的社会中，是很难得到最高权力者的认同的。

当代学者孔飞力（Philip A. Kuhn）通过对特定"事件"的研究，认为中国属于官僚君主政体（bureaucratic monarchy），在这种政体下，与君主相对立的官僚们往往塑造"事件"，重新解释事件，甚至制造事件以帮助自己从这个制度中获得利益②。彭慕兰对修建充济铁路这一"事件"的解读，生动地再现了济宁地方精英重新解释事件的逻辑与动机，深化了对中国特定政治体制与社会背景的理解③。因此，尽管高、宝诸生反对疏浚周家桥的真正目的是担心洪水将进入高宝湖，该湖容积有限，最终淹没高宝地区，但他们却把其诉求与国家核心利益漕运联系在一起，"水满堤溃，漕涸运阻"④，这无疑更具说服力。1633年，黄淮交涨，总河朱光祚准备开高家堰三闸，淮扬籍官员吴甡、夏曰湖等合疏仍以惧妨运道等为

---

① 方瑞兰监修：《安徽泗虹合志》卷十六"文一"，光绪十三年刻本，第26页下。
② 详见Philip A. Kuhn, *Soulstealers: The Chinese Sorcery Scare of 1768*. Cambridge, Massachusetts: Harvard University Press, 1994, p. 221.
③ 详见Kenneth Pomeranz, *The Making of a Hinterland: State, Society, and Economy in Inland North China, 1853-1937*. Berkeley, Los Angeles, Oxford: California University press, pp. 146-150.
④ 方瑞兰监修：《安徽泗虹合志》卷十六"文一"，光绪十三年刻本，第26页上。

由反对,"事遂寝"①。

尤为重要的是,明清一直采用的"蓄清刷黄"一策,给淮北造成了灾难性的后果。"彼其时庙算非不周也,河臣非不明也,国帑非不足也,民力非不富也,疏源浚流非不毅且勤也,防微杜渐非不精且细也,而卒未能弭其患者。缘黄河日强,淤垫日高"②。

在明末,特别是清代,地方主义构成了与国家利益的冲突③。地方主义通常的表现,就是为本地区争取更多的利益,而把灾祸推给其他地区。地方主义的载体是具有领袖作用的绅士阶层,淮北地区几乎没有自为的绅士阶层,因此,在中央政府治水过程中,越是像淮北这样贫穷的地区,就越有可能成为行洪区,被国家所牺牲。

杨一魁曾提出把整个砀山县作为行洪区:"今若空砀山一邑之地,北导李吉口下浊河,南由徐溪口下符离,中在盂盆河下小浮桥,三河盖行南北,相去五十里,任水游荡,以不治治之,量蠲一邑千金之赋,可岁省修河万金之费,亦一时省事之策也。"④而1596年他主持的从桃源分流黄河水,至安东五港、灌口入海的工程,长达300余里,被专家们称为"淮北水利史一浩劫也"⑤。这次工程,减轻了泗州明祖陵的水患,但不久黄河漫溢,安东县大水,

---

① 武同举编纂:《江苏水利全书》第二编卷五,南京:水利实验处印行,1950年12月,第14页。
② 丁显:《复淮故道图说》,南京:中国水利工程学会,1936年12月刊印,第2页。
③ Frederic Wakeman, Jr., "Localism and Loyalism during the Ch'ing Conquest of Kiangnan: The Tragedy of Chiang-yin," in Frederic Wakeman, Jr. and Carolyn Grant (eds.), *Conflict and Control in Late Imperial China.* Berkeley, Los Angeles and London: University of California Press, 1975, p. 85.
④ 朱鋐:《历代治河考》,见《河漕备考》卷三,雍正三年刊本,无页码。
⑤ 武同举:《谈水笔尘》,《两轩賸语》,1927年印本,本文第31页。

涟河口阻塞，北岸居民被迫迁徙①。

万历年间，主持开挖泇河的河臣李化龙继承了这一设想，认为开通泇河后，只要北守太行堤，南守隋堤即可，至于中间萧县、砀山、丰县、沛县等官宇民田，则弃之不管，这样可以"任河游行，容与于其中，所省不赀也"②。

靳辅治河时，尽管经与两江总督会勘，否决了黄河由响水口入海的设想③，但他仍大分拦马河减坝的黄河水由沭阳、海州一带入海④。乾隆年间，黄河徐州以上，南岸设有毛城铺天然坝分泄水势，北岸则自华家楼至苏林山90里不设堤岸，以便让河身涨满之时听其平漫分泄。河员对这样的地段，视同放弃修治，甚至数年不予补筑⑤。

有的学者强调，清代的统治者没有牺牲中国其他地区来使京师富裕起来⑥。这一看法极不确切。清人设计的保运方案中，经常设想把洪水引向徐、沛以东的安东、海州、沭阳等地区。金安清振振有词地写道："清淮南北地狭民稠，安（东）、阜（宁）以下壤荒户寡，引为患之水，于无用之地，为归海之壑，孰轻孰重，一

---

① 武同举编纂：《江苏水利全书》附编一卷十，南京：水利实验处印行，1950年12月，第13页。
② 朱鋐：《历代治河考》，见《河漕备考》卷三，雍正三年刊本，无页码。
③ 唐仲冕等编纂：《嘉庆海州直隶州志》卷十二"山川"，嘉庆十六年刻本，第3页上。
④ 唐仲冕等编纂：《嘉庆海州直隶州志》卷十二"山川"，嘉庆十六年刻本，第2页下。
⑤ 戴逸、李文海主编：《清通鉴》第9册，太原：山西人民出版社，2005年，第3770页。
⑥ Lillian M. Li and Alison Dray-Novey, "Guarding Beijing's Food Security in the Qing Dynasty: State, Market, and Police," *The Journal of Asian Studies*, Vol. 58, No. 4 (November, 1999), p. 993.

言决之矣。"[1]而黄河北岸的清河、桃源、海州、沭阳等地,"本(清)朝二百年来,屡议改黄河于此"[2]。康熙中期,计划从马港口分黄,河臣董安国筑拦黄坝,为黄河改道做准备工作[3]。计划把黄河改由马港口入大潮河(即灌河),但工程规划有误,"河不顺命","淮北人以为天幸"[4]。嘉庆年间,此事竟一再被提起,这一方案计划以马港口为黄河河身,灌河为黄河入海口[5]。嘉庆十三年(1808)已着手实行。据淮安籍河务专家郭大昌言:这一计划如真的施行,"吾淮人类且当尽"[6]!包世臣直斥这一方案为祸民之"邪说"[7]。十六年(1811),刚修筑一年的马港口北岸新堤溃决,为了掩盖责任,南河总督陈凤翔与两江总督勒保竟上疏称,黄河入海口北岸地区荒无人烟,四面皆水,毋须立即堵塞决口,应待秋后水落,再相机办理。陈后来又奏称,清江浦王营减坝决口,应只修筑南岸大堤,而不必堵筑北岸决口[8]。任由北部地区的百姓遭受灭顶之灾。

相反,如果淹没"朝中有人"的淮南地区,河员所承担的后

---

[1] 武同举辑纂:《再续行水金鉴(淮河卷)》,武汉:湖北人民出版社,2004年,第499页。
[2] 武同举辑纂:《再续行水金鉴(淮河卷)》,武汉:湖北人民出版社,2004年,第499页。
[3] 武同举:《水鉴一斑》,《两轩賸语》,1927年印本,本文第2页。
[4] 武同举:《导淮罪言》,《两轩賸语》,1927年印本,本文第15页。
[5] 包世臣:《包世臣全集》"中衢一勺·艺舟双楫",合肥:黄山书社,1994年,第41页。
[6] 包世臣:《包世臣全集》"中衢一勺·艺舟双楫",合肥:黄山书社,1994年,第37页。
[7] 包世臣:《包世臣全集》"中衢一勺·艺舟双楫",合肥:黄山书社,1994年,第39页。
[8] 汪胡桢、吴慰祖编:《清代河臣传》卷三,南京:中国水利工程学会,1937年2月,第141页。

果将会严重得多。1825年,高家堰溃决,道光帝派大学士汪廷珍、尚书文孚到淮安查办。南河总督张文浩被责"厥咎尤重",这自然与张的错误决断有关,但其中同样牵涉到由地缘因素引发的个人成见。因为汪廷珍本为山阳人,"其祖茔亦被水漫,故衔之尤甚,殆欲置之(张文浩)死地,赖文公从中缓颊,以其父年逾八旬请,始从宽戍伊犁,逾十二年终未获赦"①。

这就不难理解,在清代,海沭地区的水灾,经常要比淮北其他地区更为严重。如1746年9月6日,刘统勋奏:"海州所属之赣榆、沭阳,为下游尾闾,被浸失收,而沭阳为尤甚。"②13日,高斌也奏称:"海州之沭阳被淹最先,灾伤亦较他处为重。"③1756年12月16日,漕运总督张师载奏:"臣经过之地方,徐、海府州属暨淮安府属之桃源、清河二县,秋间被水成灾,其中惟海州及所属之沭阳县较重。"④

1855年黄河北流后,有人更多次提出使黄河南归,而把六塘南、北两河及已涸的硕项湖作为黄河新的入海通道。"推其命意,亦以北岸之枯瘠,远逊南岸之膏腴,国家财赋之权衡,当计其全,不能以小不忍而窒大局也"⑤。赞成这一方案的官员,竟不在少数,官员们认为:"海、沭、安东各邑,……而斥卤不毛,腴瘠霄

---

① 欧阳兆熊、金安清:《水窗春呓》卷下,北京:中华书局,1984年,第50页。
② 水利电力部水管司、水利水电科学研究院编:《清代淮河流域洪涝档案史料》,北京:中华书局,1988年,第179页。
③ 水利电力部水管司、水利水电科学研究院编:《清代淮河流域洪涝档案史料》,北京:中华书局,1988年,第180页。
④ 水利电力部水管司、水利水电科学研究院编:《清代淮河流域洪涝档案史料》,北京:中华书局,1988年,第238页。
⑤ 武同举辑纂:《再续行水金鉴(淮河卷)》,武汉:湖北人民出版社,2004年,第499页。

壤。半湮未废之河道甚多,且有灌河、俞本套各海口。昔人多议改黄河于此。"① 这一方案最值得注意的理由,就是海沭地区比淮南地区贫瘠:"盖以里下河膏腴之地,与淮海附近两堤之处比较,则南肥而北瘠,以安东等处与山阜比较,则又此熟彼荒。故必就北道为泄淮之先路,至湖水大涨,与其启高邮四坝,而淹及下河,则又不如就滨黄之地,以出射阳,尚可保全七邑矣。新辟归海二道即越过下河膏腴之地,又避出旧河身淤垫之区,且弃置清口于不用,并无碍于六塘、盐河之去路。"②

　　清末民初,导淮成了淮北水利的最重要内容。对淮河由何处入海,人们提出了种种看法,山阳教职殷自芳提出,导淮经盐河、莞渎河,下大潮河,出灌河口入海。这一设想在当时得到的支持最多③。民国初年,柏文蔚在《导淮意见书》中,也主张把灌河口作为淮河入海口。④ 柏文蔚指出:"导淮一事,不难乎工程,亦不难乎筹款,而惟归定下游入海之途为最难。"⑤ 下游入海口之争,相当程度上是地区性利益之争,极大地影响了治淮决策的科学性。

　　后来无锡籍的资政院议员周廷弼再次提出这一议案,数年后,皖北测量局主任宗受于著书也持此说。宗设想以海清铁路(即现在的陇海铁路)作淮河的北堤⑥。如真的施行,不但这条河流所淹没

---

① 武同举辑纂:《再续行水金鉴(淮河卷)》,武汉:湖北人民出版社,2004年,第500页。原文标点错误甚多,已予改正。
② 武同举辑纂:《再续行水金鉴(淮河卷)》,武汉:湖北人民出版社,2004年,第500页。
③ 宗受于:《淮河地理与导淮问题》,南京:钟山书局,1933年,第105页。
④ 台北"中研院"近代史研究所档案馆藏档案:《导淮案》(七),馆藏号:08-21,宗号2-(1),第41页。
⑤ 宋希尚:《说淮》,南京:京华印书馆,1929年3月,第21页。
⑥ 宗受于:《淮河地理与导淮问题》,南京:钟山书局,1933年,第105页。

的地区将无以估量,以铁路路基所作的北堤随时都有溃决之患,且无法再在路基上再行增高。因此,这一设想的本质仍然是牺牲江苏的淮北地区。因此,"果决定牺牲淮北者,则此道为优"。一位水利专家诘问:"淮北苦水久矣。沂沭之祸,十年九灾。苦水而更加之水,虽童孺亦知其不可。……淮北面积较下河为大,有所牺牲而不忍于淮南,何独忍于淮北?"①直到民国前期,江南的大部分河道已得到了较好的治理,尽管人口远比苏北稠密,但自然生态的维持更是苏北地区所无法望其项背的。甚至经济发展总体水平远较江苏落后的鲁西南、皖北地区的河道已开始了整治,但苏北地区的治理却迟迟不能启动。由于苏北主要河流的中上游均在鲁、皖两省,鲁、皖这种自顾自的局部治理无疑使得苏北地区的主要河流中上游均较通畅,而下游却极为梗阻,更加重了苏北的灾情②。

　　张鸿烈在《请挑黄河两岸泄水支河疏》中写道:"台臣只知淮安以南七邑之害,而不知淮安以北八邑之害,其苦一也。只知七邑之民田昔受决口之水,今受滚坝之水,而不知八邑之民田在黄河两岸之内者,其苦尤甚七。"③张的叙述非常真切,因为张本人即是淮南人而非淮北人。他指出,由于潘季驯设有季、泰、徐、昇4坝,后又添设13坝以减黄水涨势。"黄水冬涸时,民田似属无恙,……由宿迁县至清河县,四顾平沙,若无水患,及至夏秋之间,黄水盛涨,傥水从坝上滚入,则势如建瓴,禾苴在地必尽付汪洋"④。

---

① 　武同举:《导淮入江入海刍议》,《两轩賸语》,1927年印本,本文第5页。
② 　武同举:《水鉴一斑》,《两轩賸语》,1927年印本,本文第19页。
③ 　段朝端等:《山阳艺文志》卷三,民国十年刻本,第64页上。
④ 　段朝端等:《山阳艺文志》卷三,民国十年刻本,第64页上—下。

治理像黄河这种世界性的灾河，划定一定的行洪区是可以理解的。关键是在划定这些行洪区时，官员们所表现出的人道缺失，甚至欺上瞒下以隐瞒人道灾难，使我们有理由把中国传统的治河方略看作带有赤裸裸的损贫（但不一定利富）意识。有些方案虽没有具体地实行，但各个朝代的治河者无不存有根深蒂固的类似想法，结果造成贫瘠的地方更加贫瘠，富裕的地区却未必更加富裕。也可以说，这些贫困地区与自然条件无关，相当程度上是人为因素造成的。

第三节　官场积习与水患世界的形成

大规模的治水活动、特别是为政治目的的治水，基本都要牺牲某个区域或多个区域，以维护朝廷视之为命脉的核心地区，从而造成不同地区之间的矛盾和冲突，成为长期无法释解的社会痼疾。

一、"蓄清刷黄"的固持

必须指出，潘季驯"蓄清刷黄"、以水攻沙的方略，就治黄本身而言，具有相当的科学道理。若水流真的能将黄河中的泥沙全部带走，河患无疑要少得多。但沙重水轻，在现实中，无论水流如何湍急，总会有一部分泥沙沉淀下来。

据统计，黄河的流量为每秒5000立方米，每秒带来的泥沙500立方米。如按1米厚度铺开，每年可覆盖2520万亩的面积。这些泥沙无论如何是不可能全部被冲刷入海的。即使清水的冲力极强，黄河也仍然不断地处于淤垫之中，使河底不断升高①。

万历五年冬，黄河南侵，流出徐州小浮桥故道，不久堙塞。潘季驯堵塞崔镇，厚筑堤岸，束水归槽。嗣后每逢发水，河臣多加高加厚河堤，使得河身日高。与运河大堤相似，正如督漕佥都御史杨一魁所说："年来堤上加堤，水高凌空，不啻过颡。滨河城郭，决水可灌。"②给事中王士性请复老黄河故道，大意为：自徐州以下，黄河河床越来越高，为了筑堤束水，使得黄河大堤与徐州城等高。黄河水并不以人的主观意志为消长，所担心的"根本"问题是祖陵，其次是江南的漕运，最后是运河东岸的百姓生命。"今黄强而淮益缩，不复合矣。黄骎而一启天妃、通济诸闸，则灌运河如建瓴。高、宝一梗，江南之运坐废。淮缩则退而侵泗。为祖陵计，不得不建石堤护之。堤增河益高，根本大可虞也。河至清河凡四折而后入海。淮安、高、宝、盐、兴数百万生灵之命托之一丸泥，决则尽成鱼虾矣。"③

治黄河之术既无法持久，更不能系统性解决问题。史载："（万历）六年，总理河漕都御史潘季驯筑高家堰，……岁久法弛，闸不封而黄水入。""季驯以高堰障洪泽，俾堰东四湖勿受淮侵，漕始无败。而河漕诸臣惧湖害，日夜常惴惴"④。

明清两代河臣最大的错误是把保运、治河等多重目标的实现集

---

① 朱偰：《中国运河史料选辑》，北京：中华书局，1962年，第85页。
② 张廷玉等：《明史》卷八十四"黄河（下）"，北京：中华书局，1974年，第2054页。
③ 张廷玉等：《明史》卷八十四"黄河（下）"，北京：中华书局，1974年，第2055页。
④ 张廷玉等：《明史》卷八十五'运河（上）"，北京：中华书局，1974年，第2094页。

中于清口一地，先天注定其治理工作如同西西弗斯（Sisyphus）的劳役那样繁而无功，没有尽头。史载："夫黄河南行，淮先受病，淮病而运亦病。由是治河、导淮、济运三策，群萃于淮安清口一隅，施工之勤，糜帑之钜，人民田庐之频岁受灾，未有甚于此者。盖清口一隅，意在蓄清敌黄。然淮强固可刷黄，而过盛则运堤莫保，淮弱未由济运，黄流又有倒灌之虞。"①

史称："淮自南阳平氏下达清浦，迤逦数千里，受七十二山河之水，汇聚于洪泽湖，源远流长，诚巨浸也。"而其去路，只有清口一线为会黄入海门户。"夫承纳若彼其广也，而吐泄乃如此其窄，是其性已屈郁不舒矣"。黄河水高涨，其水位高于洪泽湖水位，黄水倒灌入湖之事，极为常见②。

刷沙治河根本不可能长期见效。这样一来，湖水入黄越来越困难，反而常被黄水倒灌。惟有人为地提高湖水水位才能勉强地刷淤，就这样，潘季驯所筑的高家堰在一代又一代河臣们的努力下不断地加高加固③。

本来，即使蓄积全部清水已不可能把泥沙全部冲走，而有些河员对清水的分流，更加剧了泥沙的沉积。

万历二十一年（1593），洪泽湖大堤决口20余处，次年，洪泽湖水位急升，淹没了泗州和明祖陵。据左给事中张企程与工部

---

① 赵尔巽等：《清史稿》卷一二七"运河"，北京：中华书局，1977年，第3770页。
② 叶兰等纂修：《乾隆泗州志》卷九"名宦志"，中国地方志集成（30），南京：江苏古籍出版社，1998年，第299页。
③ Jiongxin Xu, "A Study of Long Term Environmental Effects of River Regulation on the Yellow River of China in Historical Perspective," *Geografiska Annaler. Series A, Physical Geography*, vol. 75, no. 3 (1993), p. 65.

尚书杨一魁等亲临祖陵勘察："果见长淮激湍，洪波汩流，寝殿沉沦，松楸溵枯。而下马桥以东、东闸以南，一望汪洋万顷。……回视泗州，若水上浮盂。而盂内之水又满，室庐漂荡，民人筏居。旧时桑田化作萑蒲，气象之惨淡，景物之萧条，且使庚夫视之，当必流涕。"①张企程等认为，"今日之役，以开周家桥、武家墩为急救祖陵第一义。其或有梗运道，随为区画；有伤民产，随议蠲赈；有损盐灶，随议减额"②。可见，为了保护祖陵，明臣连运道、民产、盐课也在所不惜了。

万历二十三年（1595），郎中詹在泮等修筑了武家墩泾河闸，并建高良涧、子婴沟、周家桥减水石闸，以疏泄淮水③。本意不外乎减少洪水对祖陵的威胁。"而周桥之开，遂为后世厉阶焉"④。由于明臣治水把护陵作为首要政治任务，无法对水灾进行综合整治，予人以头痛医头，脚痛医脚之感。这显然与潘季驯的治河思想相矛盾，由此造成明朝的治河实践极其紊乱。换句话说，开周家桥等减水坝，使得水流减缓，泥沙沉积加快，黄河河床迅速增高。以后为了维持运道，冲刷黄河淤垫，反过来又要提高洪泽湖的水位，使泗州被淹没的速度变快。因此，明祖陵的政治地位，使得明后期的治河思路前后脱节，矛盾重重。

---

① 张企程：《题议周家桥武家墩疏》，朱国盛编：《南河志》卷四，天启乙丑年刊本，第2页上。
② 张企程：《题议周家桥武家墩疏》，朱国盛编：《南河志》卷四，天启乙丑年刊本，第2页下。
③ 傅泽洪等录：《行水金鉴》（第9册）卷六十四，上海：商务印书馆，1936年，第950页。
④ 傅泽洪等录：《行水金鉴》（第9册）卷六十四，上海：商务印书馆，1936年，第950页。

因此，在明代，对潘季驯的治河方法加以更改的河臣，并非出于更科学、更合乎水文规律这一原则，而是出于对明祖陵这一政治制高点的考量。对淮北而言，这种朝行夕改的治水方法，没有最坏，只有更坏。

清代河臣基本继承了潘季驯的治黄方略①。当然，他们不再把保祖陵作为头等政治任务。

靳辅治水时，创建周家桥、高良涧、武家墩、唐埂及古沟东、西减水坝6座。后又于周家桥之南改建为唐埂3坝，茆家围2坝，夏家桥1坝，称为"高堰六坝"。康熙四十年（1701），堵闭高堰六坝，改为3座石坝。乾隆十六年（1751），高斌在高家堰添建2座石坝，与前三坝一道被定名为仁、义、礼、智、信五坝（又称"山盱五坝"或"上五坝"），每坝宽60丈，以减洪泽湖水势②。由于减水较快，运河各坝则显得泄水太慢。乾隆二十二年（1757）添建南关新坝，改建昭关坝，加上南关大坝、五里中坝、车逻坝，亦有5座石坝（又称"下五坝"），与高堰五坝遥遥对接③，以防运河暴涨。

1696年，河员再次大修高家堰。两年后，建清口东西钳口草坝，从此，清口成了洪泽湖水节宣的关键。1700年，大修高家堰，自小黄庄自古沟全部砌新石工，间段甃砌古沟至林家西新石工，

---

① 清代河臣对潘季驯治河思想的叙述，见Randall A. Dodgen, "Hydraulic Evolution and Dynastic Decline: The Yellow River Conservancy, 1796-1855," *Late Imperial China,* vol. 12, no. 2 (December 1991), pp. 36-63.
② 武同举：《江苏淮南水道变迁史》，《两轩賸语》，1927年印本，本文第7—8页。
③ 武同举：《江苏淮南水道变迁史》，《两轩賸语》，1927年印本，本文第8页。

并更新武家墩至小黄庄石工。此时,高家堰石工的长度已占全堤的80%至90%。康熙中后期,总河张鹏翮督修高家堰,同时堵闭六坝,建南、北、中滚水坝3座,筑运口拦湖新堤,修迤南旧堤至武家墩,加高武家墩至棠梨树子堤,并加高棠梨树至秦家冈一带堤工。自此高家堰土石工程益臻完固。1723年,重建清口东西坝,以御黄蓄清,后发帑百万,拆卸小黄庄至古沟旧石工,另行砮砌,使得高家堰更加坚固。1750年,江南总河高斌主持大修高家堰,帮宽以10丈为率,在山阳信坝以北,改建石工,信坝以南至蒋家坝,建石基砖工。后又大修武家墩至小黄庄及古沟以南石工。乾隆后期,因黄河水位越来越高,为了敌黄,对高家堰大堤全部用石加高,高于平地1丈7尺6寸[①]。

嘉庆十年(1805)两江总督铁保的言论基本上代表了清代中后期河臣对河务问题的认知:"河防之病,有谓海口不利者,有谓洪湖淤垫者,有谓河身高仰者。此三说皆可勿论。惟宜专力于清口,大修各闸坝,借湖水刷沙而河治。湖水有路入黄,不虞壅滞,而湖亦治。"[②]

嘉庆十八年(1813),山盱五坝损坏,总河黎世序建仁、义、礼三坝于蒋家坝,并挑引河,改设三河于此[③]。

嘉庆年间(1796—1820),高加堰被迭次加高,连大堤上的子堰也已加到5尺以上。1825年,高家堰再加高3次。至此,洪泽湖水

[①] 武同举编纂:《江苏水利全书》第二编卷五,南京:水利实验处印行,1950年12月,第1页。
[②] 赵尔巽等:《清史稿》卷一二六"黄河",北京:中华书局,1977年,第3733页。
[③] 武同举:《江苏淮南水道变迁史》,《两轩賸语》,1927年印本,本文第9页。

位常达2丈以上,但黄淮问题,已病入膏肓,无术施治①。蓄清刷黄之策实际已经走入了死胡同。

在人为的治理下,原来河道顺畅的淮河变成了驼峰状的河流。

张謇写道:"至明大筑高堰,而黄淮遂并而不复,为患益剧。陷泗州、浸虹县、废临淮、逼徙清河、邳州。时复旁溢徐海,下侵高宝。前清开国二百余年,几无宁岁。"②

清末有人把淮北作为其他地区的乱源,认为"盖合肥积废久矣,考古治乱总在淮徐。今之淮徐,系天下安危尤甚。盖在古淮徐,不过风气,今则风气而尤关利害。今之高堰,横截其下流,又失旧道,而上下两江,胥受荼毒"③。进而认为:"淮徐治乱,关系天下安危。而无识浅夫,张皇补苴于高仰之黄,为扬汤止沸之计,施一切倒塘筑堰小术。其技渐穷,其无形之祸已成,而仍执迷不悟,不思解弦而更张之,可为痛哭者此也。"④

二、河务习气

明及清初,政府对官员实行低薪制,"官员们的薪水是如此之低、如此不切实际,如果不特地去攫取非法收入,在某种程度上违

---

① 武同举编纂:《江苏水利全书》第二编卷五,南京:水利实验处印行,1950年12月,第1—2页。
② 台北"中研院"近代史研究所档案馆藏档案:《张謇上书陈关于水利意见》(1914年2—3月),馆藏号:09-21-00,宗号0008-05,第12页。
③ 武同举辑纂:《再续行水金鉴(淮河卷)》,武汉:湖北人民出版社,2004年,第492页。
④ 武同举辑纂:《再续行水金鉴(淮河卷)》,武汉:湖北人民出版社,2004年,第493页。

犯法纪，事实上是不可能的"①。官员的腐败向来缺乏制度性的约束，往往予人以无官不贪的形象，是以谚语中有"每个官员都有三只手"的说法②。这种体制被当代学者称为"结构性的伪善"③。河务中最能反映官场众生态的是贪污。就在潘季驯这样能臣的眼皮底下，贪污腐败层出不穷。甚至在明祖陵的工程中，"查得陵东，嘉靖二十一年所筑堤闸，坚好如故，而前岁接筑石堤，圮裂甚多，内无托石，外无钉笋，必系委管堤工员役侵扣钱粮所致"④。如此极具政治意义的形象工程也致贪污，大明王朝彻底烂透了！

到了清代，为了加强对官员和社会的控制，建立了基于信息搜集系统的密折报告制度。包括总督和巡抚在内的高级官员，他们对漕务（包括河务）负有责任。皇帝可以多渠道地获得河务和漕务信息⑤。即便如此，即使在吏治非常严厉的时期，河务腐败仍然非常严重。学者指出，传统的官员在许多重要方面更像是商人。如他们的正式官俸较少，他们要承担一部分衙门的费用。他们根本不像启蒙以后作为公仆意义的官员。他们通过出卖其服务、权力来寻求其

---

① Pierre-Etienne Will, "Official and Money in Late Imperial China: State Finances, Private Expectations, and the Problem of Corruption in a Changing Environment," in Emmanuel Kreike and William Chester Jordan (eds.), *Corrupt Histories.* New York: University of Rochester Press, 2004, p. 44.
② J. W. Robertson-Scott, *The People of China: Their Country, History, Life, Ideas, and Relations with the Foreigner.* London: Methuen & Co., 1900, p. 67.
③ Pierre-Etienne Will, "Official and Money in Late Imperial China: State Finances, Private Expectations, and the Problem of Corruption in a Changing Environment," in Emmanuel Kreike and William Chester Jordan (eds.), *Corrupt Histories.* New York: University of Rochester Press, 2004, p. 44.
④ 潘季驯：《河防一览》卷十，南京：中国水利工程学会，1936年，第247页。
⑤ Jane Kate Leonard, "Controlling from Afar: Open Communications and the Tao-Kuang Emperor's Control of Grand Canal-Grain Transport Management, 1824-26", *Modern Asian Studies,* vol. 22, no. 4 (1988), pp. 677-678.

利益最大化①。

康熙年间，治河专家靳辅指出，河务官员们，"在利于多事，希图乘机侵蚀。故薄者不填，而缺者不补，以致溃决废坏，不可收拾也"②。1684年12月5日，康熙皇帝在视察高家堰时说："朕前番差人出来看工，俱是瞎看，是看银子罢了。"③周馥解释说："星使勘工，多有受贿赂、变是非者，鲜获实济。"④可见，在盛世时，河员们同样明目张胆地在腐败。

1724年9月12日，云南布政使李卫奏称，因其家居河滨，对河务了解较多，所揭出的弊端实属骇人听闻。李卫说，赵世显任总河期间（1709—1722），贪财纳贿，卖官鬻爵，从不考虑国计民生。"而其所恃者，结纳廷臣，年送规例。故穷奢极欲，毫无忌惮"⑤。赵世显所用之人，多为其门客帮闲、光棍蠹吏，"是以卖官惟论经管钱粮之多寡，以定价值之高低，且题补多系赊账，止取印领一纸。补缺后，勾通开销，照领全楚，则为干员。再有美缺，复又题升。凡有才能而顾品行者，概不援引。所以数年之间，深悉河务之员，踪迹俱绝"⑥。

靳辅治河时，在沿河两岸专门划出官地，以植柳种草，到赵世

---

① Robert M. Marsh, "The Venality of Provincial Office in China and in Comparative Perspective," *Comparative Studies in Society and History,* Vol. 4, No. 4 (July, 1962), p. 456.
② 靳辅：《经理河工第八疏》，《治河方略》卷六，中国工程学会1937年，第242页。
③ 周馥：《治水述要》卷四，1922年秋浦周氏校刻本，第72页下。
④ 周馥：《治水述要》卷四，1922年秋浦周氏校刻本，第72页下。
⑤ 黎世序等辑：《续行水金鉴》（第1册）卷五，上海：商务印书馆，1936年，第128页。
⑥ 黎世序等辑：《续行水金鉴》（第1册）卷五，上海：商务印书馆，1936年，第128页。

显任总河时,全部被垦为农田,由河官们分肥纳租,而险工所用的物料,仍然分派给里民。"即所办工程,不过为河员打算开销,而后借称某处宜筑坝,某处宜挑河,然非讲明分头,即应做之工,亦不准行。及讲妥分润,则彼此掩饰,或报冲塌,或报沙塞,累万帑金,化为乌有"①。总河带头腐败,其他官员纷纷仿效,并援此为例。"又将运河八闸等处,有各州县地亩所出之募夫、捞浅夫,每年征比银钱,上下瓜分。致闸河之宽深丈尺,不能仍照旧制,而蓄水湖之围坝,俱成平地,迟运误漕"②。

最令人震惊的是,"其南河一带,每恐冲决,处分过重。故见水势既大,则暗令河官黑夜掘开,拣空处放水,希图借报漫溢,绝不顾一方百姓之田墓庐舍,尽付漂没。是以黄河上流及高宝一带乡民,知有此弊,但遇水长,皆黑夜防闲,恐河兵扒口放水,而私称河官为河贼,则民情之怨望可知。至每年开销帑金数十万,多归私囊为打点之资,于工程毫无裨益"③。

在清朝的各部门中,河务是贪污浪费最严重的部门之一。以至于"河务习气"成了铺张浪费、贪渎腐败的代名词。况且,在淮北

---

① 黎世序等辑:《续行水金鉴》(第1册)卷五,上海:商务印书馆,1936年,第128页。
② 黎世序等辑:《续行水金鉴》(第1册)卷五,上海:商务印书馆,1936年,第128页。
③ 黎世序等辑:《续行水金鉴》(第1册)卷五,上海:商务印书馆,1936年,第128页。

地区，有的河务要员的官职本来就是用金钱捐来的①，这些官员显然是觊觎河务方面的"肥肉"，而不是关注国计民生。这一习气，终清之世竟愈演愈烈。

1726年3月12日，总河齐苏勒向雍正帝奏称，从前河员领去帑银，而物料工程，大多无实据。等到被人揭发出来，亏空已达数十万两。"臣细察其由，无非指称办料名色，将领去帑银，营私肥己，兼以请银时，转详之道员，批发之总河，各扣十分之一二。致领银入手，已耗十分之五六，欲其办料足数，修工有据，不可得矣"②。若事情败露，上级官员"碍难参追，不得不任其开销，互相掩饰"③。

乾隆十八年七月初八（1753年8月6日），布政使、学习河务富勒赫密奏，河工"年年领银修工办料，及至水发，工料俱无。……

---

① 如嘉庆十九年（1814）任淮扬道的叶观潮，其官职即为其所捐复。后来在治河过程中被诏责为"误工糜帑"。同年任淮海道的张文浩，其布政司经历亦为"入资"所得（见汪胡桢、吴慰祖编次《清代河臣传》卷三，南京：中国水利工程学会1937年2月，第154页）。道光年间担任总河的严烺，早期的通判职位为"入资"所获（同上书，第158页），道光十五年，河东河道总督吴邦庆劾其收受红封盘费（同上书，第160页）。同治年间任兖沂曹道台的潘骏文，其刑部郎中职衔亦为"入资"所得（同上书，第165页）。

有的学者指出，19世纪中国地方官员的晋升对捐实官的依赖（特别是可捐纳的最高级别的职位），比对其他任何已知的单独因素的依赖更大。据对《同官录》中六种不同来历的1047名官员的分析，这些官员中，既没有资历，也没有家庭背景、晋阶之途和获得进士的年龄，在九品等级中，捐输是他们晋升的决定性因素〔Robert M. Marsh, "The Venality of Provincial Office in China and in Comparative Perspective," *Comparative Studies in Society and History*, vol. 4, no. 4 (July, 1962), p. 454〕。对清代捐纳制度的详细论述，见伍跃《清代のと捐纳制度候补制度について》，载岩井茂树编《中国近世社會の秩序形成》，京都：京都大学人文科学研究所，2004年，第361—439页。

② 黎世序等辑：《续行水金鉴》（第1册）卷五，上海：商务印书馆，1936年，第154—155页。

③ 黎世序等辑：《续行水金鉴》（第1册）卷五，上海：商务印书馆，1936年，第128页。

复加体察,始知各厅库贮俱有亏空,是以各将所领岁、抢修银两为补苴之计,并不办料修工,只图敷衍了事"①。史称:"自乾隆季年,河官习为奢侈,帑多中饱,寖至无岁不决。又以漕运牵掣,当其事者无不蹶败。"②学者指出,乾隆皇帝的统治强调人治,而不重视制度,认为制度即使很好,但其正确的功能却有赖于找出好人来行使它③。这完全颠倒了官场腐败的因果。1740年,在查处两江总督郝玉麟受贿案时,乾隆下旨,明确规定官员收受礼金不属于贪污违法④,正因为清廷不重视制度性的约束,河臣们前赴后继,不绝于书。乾隆当政的60年中,共有400名大小官员因贪污被弹劾⑤。韦庆远阐述的清帝"宰肥鸭"的抄家手法⑥,说明最高统治者非常看重抄家的经济收益。

毕竟,专制政体的最高原则是维护君位,但不是依靠程序化的政治体制和公平的法律制度来督官安民,而是运用谎言来神化政体、利用暴力来威慑民众。法律政治的施行者依靠大量秉法行事的专业人员,而非依靠更大特权的拥有者。专制政体只能通过给予特权和物质利益,来收买唯上是从,磨灭或隐藏是非观、正义感和法

---

① 戴逸、李文海主编:《清通鉴》第9册,太原:山西人民出版社,2005年,第3685页。
② 汪胡桢、吴慰祖编:《清代河臣传》卷三,南京:中国水利工程学会,1937年2月,第147页。
③ Albert Feuerwerker, *State and Society in Eighteenth-Century China: The Ch'ing Empire in Its Glory.* Ann Arbor: Center for Chinese Studies, The University of Michigan, 1976, p. 37.
④ Nancy E. Park, "Corruption in Eighteenth-Century China," *The Journal of Asian Studies,* vol. 56, no. 4 (November 1997), p. 982.
⑤ Nancy E. Park, "Corruption in Eighteenth-Century China," *The Journal of Asian Studies,* vol. 56, no. 4 (November 1997), p. 996.
⑥ 韦庆远:《档房论史文编》,福州:福建人民出版社,1984年,第12页。

治意识的官员操持谎言工具,控制暴力机器。由于君主居主导性的地位,作为臣仆的官员均入于体制之彀。随着权力金字塔的上升,官员所获得的各项利益也逐级增多;对各种利益的无止境追求,又使得官员成为自身欲望的奴仆,给自己套上了被君主所操控的绞索。可以说,官员们所贪污到自己腰包中的钱财只不过是替君主暂时保管而已,君主可以随时以反腐之名从他们那里取走,获得经济与政治上的双重收益。乾隆时期屡兴反腐大狱,平均两年就要殄杀一名二品以上的大员,但"奉旨"而非"奉律"进行的抄家,仅是选择性地消除贪腐的表象,而不是清除贪腐的本源——官员们的特权,表明抄家虽是反腐的极端举措,但充其量不过是君主驭官的重要手段①。

  由此看来,明清的腐败是绝对不可能消除的,在统治者眼中,也没有必要完全消除。清代查处的最大群体性贪腐案是乾隆四十六年的甘肃冒赈案,甘属总督、布政使、道、州、府、县各级官员肆意侵吞捐监银②。最后被赐死1人,正法57人,发遣56人,被抄家惩处的官员195人③。甘肃全省大小官员真是无官不贪。与此同时,山东国泰贪腐案涉及面不下于冒赈案,乾隆帝只能大事化了,无法再深追下去。乾隆帝聪慧过人,具有极强的个人能力和高超的统治手腕,自视恩泽普惠。谕曰:"朕自缵绪以来,益隆继述,凡泽民之

---

① 详见马俊亚:《奉旨抄家:乾隆后期的体制之彀与官场风习》,(澳门)《南国学术》2015年第3期,第123—139页。
② 台北故宫博物院藏清代清代宫中档与军机处折件:《管理陕甘总督李侍尧奏折》,箱号2715,统一编号403039258。
③ 屈春海编选:《乾隆朝甘肃冒赈案惩处官员一览表》,《历史档案》1996年第2期,第74—78页。

事,敷锡愈多,恩施愈溥。此不特胜国所无,即上溯三代,下讫宋元,亦复罕有伦比。"①在百年一遇的隆盛时代,在千古一帝的圣君治下,甘肃全省"竟无一人洁己奉公,庸中佼佼者"②。

乾隆皇帝非常形象地把冒领国家治河经费的河员比作给人看病必要开方赚钱的黑心医生。1752年8月6日,乾隆帝谕军机大臣:"从来河员,乐于工作,可图领帑开销。不讲则已,讲则非浚即筑,必有当兴之工。有如医者,有疾无疾,诊必有方。……河工似此无益之费,不知凡几。"③

嘉庆年间(1796—1820),淮河每岁都要决口数次,"一口辄费帑二三百万"。1808年冬至1810年春,运河在山阳二铺东堤及西堤小舟壮原墩处决口,接着又在宝应王家庄及白田铺东西岸溃决,"漂没民居以百万计"。由于黄河水倒灌,洪泽湖水流不出,只得放五坝以泄湖水,兴化、盐城、东台、甘泉民田成为"巨浸"。但河臣却另有打算:"以淮运溃决,处分轻于黄河,又得时时兴大工,每以无伤田庐入告。"至于各州县赈灾,"则以户册人数为应赈之数,而民多死亡不领赈,得以干没"④。

因人力治理不善而使黄河、淮河、洪泽湖、运河变得祸国殃民之时,从事治水事务的河臣及有关官员却因此而大饱私囊。

---

① 《清实录·高宗纯皇帝》(第26册)卷一三六七,北京:中华书局,1985年,第339页下。
② 《清实录·高宗纯皇帝》(第23册)卷一一四十,北京:中华书局,1985年,第256页上。
③ 黎世序等辑:《续行水金鉴》(第2册)卷十二,上海:商务印书馆,1936年,第286页。
④ 包世臣:《包世臣全集》'中衢一勺·艺舟双楫",合肥:黄山书社,1994年,第39页。

作为管理并直接支配动辄百万、千万两巨额治河经费的河务要员,在长期缺乏有效监督机制的环境中,其贪污腐败之种种劣行,已让人们视觉、听觉俱疲。有人写道:"不怀天下之大廉不可以治河。内帑金钱,岂容浪费?然在他项用之,尚有成绩可考,至于河工则以有限之金钱,填无涯之溪壑,何处稽查?何时底止?此而不廉,则冒销克减,国与民交受其困。故承是役者,出放数十万金钱,竹头、木屑,件件俱当料理。役使数十万人夫,日省月试,刻刻俱要钩稽。非其人之豁达大度,出纳无吝,不能振朝气而集乃事也。非其人之公尔忘私,一尘不染,不能塞漏卮而告厥成也。"①但千百年来,这类"公尔忘私,一尘不染",德才兼备的河臣毕竟少而又少。因此,任何寄希望于官员的自律和君主的恩威,而不是依靠制度性建设来防止腐败的想法均是极为幼稚的不经之论。如再把这种想法运用于实践,必将带来灾难性的后果。遗憾的是,这种荒谬已极之事,在中国的治水事务中却屡见不鲜,且又无法改正。

到清中后期,这些问题不但未见改善,反而成了痼疾。到19世纪,捐纳更为盛行。学者指出,捐纳作为一种个人晋升的制度,产生了大量的行政及其他恶果,并可作为腐败的一种形式来研究。到了晚清,许多正常的官僚制度,如考成、举荐、规避等,均由于捐纳而被弃之如弊屣。而一旦进入官场,捐纳而来的官员们便专注于"盘剥",并成为敛财高手,以获取对所投入金钱的回报。从低级职位搜刮的金钱又可用来购买更高级的官职。从事捐纳的官员涉及无数的渎职事件。各省督抚对捐纳官员们的优缺点疏于考核。许多

---

① 朱鋐:《河漕总论》,见《河漕备考》卷一,雍正三年刊本,无页码。

人借钱来购买品衔和官职①。而河务部门丰厚的利益吸引了大量有前途的官员,通过贿赂、政治压力和各种非法手段前来谋职。由于这种情况在各个层面均有,从总河以下,在职官员均需花费许多时间和精力来应付这类事情。河员们,特别是低级官员,通过送金珠玉玩取悦上司的办法,不是以此求取、就是以此来保全官位。那些通过这种手段获得官位的人,首要之事是榨取足够的金钱来弥补送贿的损失。理所当然的是,收取贿赂的人是绝不会干预河务中的利益分配的②。

由于政府在财务方面对表面文章的强调,在河务中出现了许多准官员,即"外工",他们特别擅长于作假账。各种法律和制度变得眼花缭乱,外工也成了热门职业。政府不断地制定规章制度,以此规范和约束河员的职能;而河员们则钻这些制度的空子,"合法"或"合理"地中饱,竭力提高其个人待遇③。"新的规章制度只能为腐败提供新的渠道。随着时间的推移,此类腐败变得更加司空见惯,到19世纪初,一方面,河务部门已成为政府失德的象征,另一方面,河务部门也是升官发财的一条快捷方式"④。

---

① Robert M. Marsh, "The Venality of Provincial Office in China and in Comparative Perspective," *Comparative Studies in Society and History,* Vol. 4, No. 4 (July, 1962), pp. 454-455.
② Ch'ang-tu Hu, "The Yellow River Administration in the Ch'ing Dynasty," *The Far Eastern Quarterly,* vol. 14, no. 4, Special Number on Chinese History and Society (August, 1955), pp. 510-511.
③ Ch'ang-tu Hu, "The Yellow River Administration in the Ch'ing Dynasty," *The Far Eastern Quarterly,* vol. 14, no. 4, Special Number on Chinese History and Society (August, 1955), p. 510.
④ Ch'ang-tu Hu, "The Yellow River Administration in the Ch'ing Dynasty," *The Far Eastern Quarterly,* vol. 14, no. 4, Special Number on Chinese History and Society (August, 1955), p. 510.

嘉庆年间，河务人员张楷建议修筑桃源关庄坝，"且谓遇盛涨必决口"，但河厅官员不予理睬。"楷争之益力，径呈徐道，厅怒揭之总河徐公，罢其职"①。张楷被免职8年之后，关庄大坝决口。按照律例，由于关庄所在大坝曾进行过大修，大修过的地区决口，承办河员负赔偿责任。为了逃避惩罚，河员们遂把决口处报为李家楼，而李家楼离决口处尚有30华里。当时两江总督百龄"廉知其事原委"，终也无可奈何，不敢道出真相②。

嘉庆末年有位泗州知州，以治水为名，"凡假帑至七万三千有奇"，每年摊入地丁银征纳，称为"河帑"。"泗民未享浚河之利，已受带征之累"③。

1812年9月3日，张百龄奏称，洪泽湖礼坝泄水时，官员们并不按上级要求堵塞口门，尤为令人惊讶的是，连泄水志椿的数据，也被看守官兵肆意篡改。使得下游农田大量被淹④。9月10日，嘉庆的上谕中称："南河文武官员，欺诈成风，冀图兴工糜帑，藉以渔利饱橐。积习相沿，牢不可破。试思河工设立官弁兵夫，岁给俸饷，原责其实力防守，俾河工安全无事。乃伊等视俸饷为故常，转冀大工屡兴，不但可以侵肥获利，并藉为升迁快捷方式。甚至援引亲友，滥邀官职，种种恶习，不可枚举。"⑤

---

① 张相文总纂：《泗阳县志》卷二十三"乡贤"，民国十五年刻本，第15页下。
② 张相文总纂：《泗阳县志》卷二十三"乡贤"，民国十五年刻本，第15页下。
③ 方瑞兰监修：《安徽泗虹合志》卷十"选举志"，光绪十三年刻本，第22页上。
④ 黎世序等辑：《续行水金鉴》（第13册）卷六十二，上海：商务印书馆，1936年，第1371页。
⑤ 黎世序等辑：《续行水金鉴》（第13册）卷六十二，上海：商务印书馆，1936年，第1372页。

1825年，耗资巨大，修筑不到一年的高家堰石坝被水冲决。1826年1月18日，山西道监察御史杨殿邦列举高家堰工程方面的积弊，共有10条：（1）筑堤取土时，河工贪省方价、船价，不肯远处取土，往往傍堤挖用，以堤根补堤顶。旧堤宽达10丈零8尺，新堤止剩5—7丈不等。（2）按标准，堤工最外一层为面石，第二层为里石。里石之后砌砖两层，称为"砖柜"，缝隙用灰浆灌足。高家堰新堤则灰浆太薄，不合标准。（3）砖柜后用细黄土与糯汁和石灰，悬硪筑实，称为"三合土"，胶粘融洽，历久弥坚。新堤则图省土价，将土质松散的黑泥，混合填入。（4）标准的石料、面石，须六面见方，砖料每块宽5寸，厚3寸3分。新堤的面石不能六面见方，有许多敧斜空隙，容易掣塌。砖料宽厚均不达标。（5）标准的砌石工应一丁一顺，左右排列之处，用一锭两锔扣住，使其互相衔压，内外钩连。新堤有的三顺一丁，有的匹顺一丁，有的锔不全，有的根本没有锭锔，用料任意偷减。（6）石工未砌之前，应用排桩筑实，然后加石砌平，使其根脚稳固，不致被水淘刷空虚。新堤为了减少使用木料，参用旧桩，使其脚基不牢。（7）石工砌成之后，按标准，其上下接榫处，要用铁片为栝，垫平后再用灰汁抿缝，使湖水无罅可入。新堤则以木片代替铁片，有的甚至连木片都未用。（8）石工后沿堤上工，应用碱非实。竣工时，验收人员要逐处签锥灌水，以验虚实。新堤验收时草率了事，任由兵夫混报①。（9）洪泽湖上的三河两坝，原为湖水大涨时以供排水之用。"今则每年启闭之时，无论工之大小，辄浮开过半"。

---

① 武同举辑纂：《再续行水金鉴（淮河卷）》，武汉：湖北人民出版社，2004年，第93—94页。

（10）"工员大率以有事为幸。一经派有工程，承领后无不穷奢极侈，视公帑如己有。及至办公之时，十已耗去五六，不得不敷衍从事，百计冒销，而工无实际"①。杨殿邦一针见血地指出："弊窦之多，莫过于石工。风气之坏，亦莫甚于河员。上下通同，相率为伪。不知一事失宜，则全工无益，一人侵利，则糜帑无穷。"②就在杨上奏约9个月后，高家堰新修石工塌至3000余丈，而旧工仅塌100余丈，"原估原修工员丧心昧良，于斯可见"③。

《麟庆私档》载徐仰庭《黄淮运条议十六则》云：高家堰山阳盱眙段大堤，须赶镶马鞍埽，但从前所建的马鞍埽极为敷衍了事，"徒肥工员之囊。"洪泽湖工程所用的碎石，约有一半购自盱眙采石场，"兵夫偷挖盗卖，捏报风掣，弊即丛生"④。"石后沟槽蛰陷，每遇风暴，处处皆有。旧工例估钱粮，新工一年之内，应由工员赔填，大约武汛包办者居多。该处皆船土，方价綦昂，故偷挖东坡者十有六七。坦有洼形，捏称塘风撞刷，即估贴坡工程。而所谓贴坡者，不但并无筐土上堤，竟将坡身照依洼形挖去一坯，略用碱扑，以饰外观。从此堤身日剥日薄，所挖之土，即积贮沿工为土牛，又得重价"⑤。

---

① 武同举辑纂：《再续行水金鉴（淮河卷）》，武汉：湖北人民出版社，2004年，第94页。
② 武同举辑纂：《再续行水金鉴（淮河卷）》，武汉：湖北人民出版社，2004年，第94页。
③ 武同举辑纂：《再续行水金鉴（淮河卷）》，武汉：湖北人民出版社，2004年，第146页。
④ 武同举辑纂：《再续行水金鉴（淮河卷）》，武汉：湖北人民出版社，2004年，第283页。
⑤ 武同举辑纂：《再续行水金鉴（淮河卷）》，武汉：湖北人民出版社，2004年，第283—284页。

道光帝对河员们的贪污腐败行为也窥知一二。他说:"向来河工积弊,厅汛员弁,总利于办工。即如黄河坐湾迎溜之处,时而镶作埽段,固有不得不然之势。然其间有不应镶而妄施工段者,尚不知其凡几。总不过开销钱粮地步。甚至溜随埽斜,对岸生险,险生而工费迄无已时。迨至失事,则又指为无工处所,冀图影射规避。纵有应行赔修工段,亦止先以帑项兴办,赔项终无缴期。"①

道光皇帝的训责,总算揭示了河务腐败冰山的一角。在河务中,欺上瞒下,贪赃枉法之事,俯拾即是。

由贪官所引发的洪水,其恶果只能由普通百姓来承受,权势较大的官员们早就为自己准备好了安全退路。1841年,河南巡抚牛鉴奏称,河南省城被水围困,情形万分危急。"所雇船只,一经运往省城,即被地方各员扣留,屡催不返。查系各员移往眷口,停泊城隅,又不载送上堤,俾资轮转。现在黄河以内,实已无船可觅"②。在次年的一场大水中,主持灾民救助事务的官员曾在城墙快要倾圮时偷偷地雇船把全家运到安全地带③。

官员们利用河工抢险等特殊情况进行敲诈勒索更是屡见不鲜。1735年2月4日,雍正帝的上谕中称:"朕闻河工官员,每于装运工料,差役封捉船只,而所差胥役,即藉端生事骚扰。及至三汛抢

---

① 武同举辑纂:《再续行水金鉴(黄河卷)》(1),武汉:湖北人民出版社,2004年,第439页。
② 武同举辑纂:《再续行水金鉴(黄河卷)》(2),武汉:湖北人民出版社,2004年,第825页。
③ Joseph W. Esherick, "Two Generations of a Chinese Family", in Joseph W. Esherick and Wen-hsin Yeh and Madeleine Zelin (eds.), *Empire, Nation, and Beyond: Chinese History in Late Imperial and Modern Times-A Festschrift in Honor of Frederic Wakeman.* Berkeley: Institute of East Asian Studies, University of California, 2006, p. 255.

工,则称装运紧急物料,百般需索,甚至将重载客船,勒令中途起货,致商船闻风藏匿,裹足不前。"①

河务官吏从不怕黄河、淮河等溃溢决塞,最怕的反而是这些灾河不为害,一旦水不为害,国家停止投入大量的治水资金,官吏们也就失去了生财的机会。周天爵《答汤海秋书》云:"弟在淮北日久,情形较熟。窃见民生利病,关乎国家大计,无过乎淮水无去路,而河臣反利此而务蓄之,以与黄河敌。此与扬汤止沸,又何异哉。"②周提出:"黄水北徙一堤之地,而北堤为其南障,北之老堤作为北岸,一转移间,而河有就下之势,何则河身淤高,移之平地,而反就下也。然浚淮之下流,莫若就南通州一路,直达于海,则下流维扬,上流凤颍治之,皆可措手。"③具有极大讽刺意味的是,当有人把这一建议反映给河官时,这位河官竟然说:"如公言,则我辈举饿死矣。"④魏源也指出:"仰食河工之人,惧河北徙,由地中行,则南河东河数十百万冗员,数百万冗费,数百年巢窟,一朝扫荡,故簧鼓箕张,恐喝挟制,使人口嗒而不敢议。"⑤

道光二十一年(1841)六月,黄河在河南祥符六堡处决口,清廷命王鼎指挥堵口,王鼎请派张亮基协助自己。当时"河工积习,

---

① 黎世序等辑:《续行水金鉴》(第2册)卷十,上海:商务印书馆,1936年,第213页。
② 武同举辑纂:《再续行水金鉴(淮河卷)》,武汉:湖北人民出版社,2004年,第491页。
③ 武同举辑纂:《再续行水金鉴(淮河卷)》,武汉:湖北人民出版社,2004年,第491页。
④ 武同举辑纂:《再续行水金鉴(淮河卷)》,武汉:湖北人民出版社,2004年,第491页。
⑤ 魏源:《魏源集》上册,北京:中华书局,1976年,第378—379页。

不欲合龙太骤,苟且盛行,殊可慨也"①。张亮基不愿同流合污,竟遭到了许多河务官员的忌恨②。

1842年1月5日,御史雷以諴奏:"河工各员,及书吏匠役,均利工程浩大。盖工大则差委必多,糜费必繁,邀请议叙于斯,侵销帑项亦于斯。若工小费俭,非惟不得遂其邀议贪肆之心,更恐工竣之后,裁撤河员,夺其利薮,同阻抑之术,倡者一而和者百矣。"③

道光二十八年(1848),有人参奏河南贾鲁河挑挖工程,先后派员三次挑挖,费资数百万,却没有下文。"内如施熙一员贪名素著,所至侵蚀钱粮",却并未受到查处④。

较大的河工,往往成为河员不断钓取国家资金的诱饵。道光十一年(1831),黄河在桃源于家湾一带遭人为决口。为了堵口,河员请帑60万两白银。宗人府丞潘锡恩奏称:"现闻请帑六十万两,未知即大工全举之资,抑将来为续请之计。以臣愚昧揣之,恐非一百四五十万两,不能奏功。加以治湖淤之费,挑运道之费,盘坝驳运之费,此臣之所虑,糜帑无穷也。"⑤到了这一年底,河员张井的奏折证实了潘的推测:"桃南于家湾筑堤挑河,糜帑已逾

---

① 武同举辑纂:《再续行水金鉴(黄河卷)》(2),武汉:湖北人民出版社,2004年,第830页。
② 武同举辑纂:《再续行水金鉴(黄河卷)》(2),武汉:湖北人民出版社,2004年,第830页。
③ 武同举辑纂:《再续行水金鉴(运河卷)》(2),武汉:湖北人民出版社,2004年,第789页。
④ 武同举辑纂:《再续行水金鉴(淮河卷)》,武汉:湖北人民出版社,2004年,第373页。
⑤ 武同举辑纂:《再续行水金鉴(淮河卷)》,武汉:湖北人民出版社,2004年,第247页。

百万"①。

道光年间御史成观宣奏,"河工要务,首慎修防,先去浮耗。全在总河大员,洁己奉公,正己率属,不时稽察在工厅弁,务须力革浮华,敦崇节俭"②。但在清代现实的治河事务中,却很少看到洁己奉公的河务要员,人们反而看到的是已经成为恶劣习尚的河务作风:"近日奢靡之风,河员为甚。往往私资不足,辄取给于公帑,竟有将河库发给岁修银两,填补私债这(之)事。以致草率办公,猝遇紧要工程,措手不及,实于河防大有关系。凡河员之车服饮食,宴会供应,无不穷奢极侈,踵事增华。至艺术之流,向皆仰食盐务,自淮鹾敝而浮费绌,近皆移害于河工。"③

事实上,河员的奢侈到了耸人听闻的地步。

康熙十六年(1677)南河大修之工用银250万两。乾隆十八年(1753),维修南河高邮、邵伯、车逻坝决口,拨银200万两。四十四年(1779),堵塞仪封黄河决口,拨银560万两。四十七年(1782),堵塞兰阳黄河决口,例需工料外,加价至9453000两。"大率兴一次大工,多者千余万,少亦数百万"。嘉庆中,衡工加价至730万两。十年至十五年(1805—1810),仅南河各工共用银4099万两,这还不包括马家港大工④。此时,南河每年耗费国帑已

---

① 武同举辑纂:《再续行水金鉴(淮河卷)》,武汉:湖北人民出版社,2004年,第257页。
② 武同举辑纂:《再续行水金鉴(黄河卷)》(2),武汉:湖北人民出版社,2004年,第655—656页
③ 武同举辑纂:《再续行水金鉴(黄河卷)》(2),武汉:湖北人民出版社,2004年,第656页
④ 赵尔巽等:《清史稿》卷一百二十五"食货志",北京:中华书局,1977年,第3710—3711页。

近千万两白银。

到清代中期，除常规治水经费外，仅南河每年另案费用至少150万两。1822年为2115500两、1823年1582100两，1824年1883100两，1825年由于"大修"更达4885852两[1]。

道光六年（1826），拨南河王营开坝及堰、盱大堤银，合为517万两。二十一年（1841），东河祥工拨银550万两。二十二年（1842），南河扬工拨银600万两。二十三年（1843），东河牟工拨518万两，后又有加。咸丰初，丰工拨银400万两以上。光绪十三年（1887），河南郑州大工拨银1200万两[2]。

1826年11月5日，道光帝的上谕中称："河工需费，为度支之大端。近年例拨岁修抢修银两外，复有另案工程名目，自道光元年以来，每年约需银五六百万两。昨南河请拨修堤建坝等项工需一百二十九万，又系另案外所添之另案。而前此高堰石工，以及黄河挑工，耗费又不下一千余万之多。"[3]让道光皇帝深感恼火的是，这些巨额的治河费用，并未收到些许成效，他说："果使河湖日有起色，岂复靳此帑金。惟常年所拨例项，原为修防抢险而设。若一切修治得宜，则不应险工新工，层见叠出。"[4]

即便如此，南河另案支出仍有增无减。1833年，署理江南河道

---

[1] 台北故宫博物院藏清代清代宫中档与军机处折件：《署理江南河道总督张井奏折》，箱号2747，文献编号054995。
[2] 赵尔巽等：《清史稿》卷一百二十五"食货志"，北京：中华书局，1977年，第3711页。
[3] 武同举辑纂：《再续行水金鉴（黄河卷）》（1），武汉：湖北人民出版社，2004年，第438—439页。
[4] 武同举辑纂：《再续行水金鉴（黄河卷）》（1），武汉：湖北人民出版社，2004年，第439页。

总督麟庆奏,1829年南河河工另案用银2509738两,1830年2628231两,1831年2401808两,1832年3482899两①。

各河员的起居、服食,仅有广东洋商、两淮盐商可与之相较。那些"春闱榜下之庶常及各省罢官之游士","皆以河工为金穴,视其势之显晦为得赆之多寡",有人只身南行,至东河、南河、扬州等处一游,便可获一二万两白银②。自乾隆末年,首厅均包养戏班,嘉庆年间尤甚,"有积资至百万者"③。嘉庆中期,距淮安30里的清江,"为河、漕、盐三处官商荟萃之所,冶游最盛"。有一熊某,"美丰姿,多文采,尤擅音律",一次酒会所获缠头"计其值殆万金"④。河厅购燕窝皆以箱计,一箱即值银数千两,他们所购的剑兰、牡丹亦在千两以上。每年霜降后,要花费数万两银子去苏州聘请名优演剧。即便是一文钱可购十多枝的柳木牙签,报销时则变为数千文。至于海参、鱼翅的开支更达万两之谱。招待客人的肴宴,自上午至夜半犹不罢止,菜肴通常达一百数十种。厨中有煤炉数十具,每一厨师专做一肴,做完后,"则飘然出而狎游矣"。河厅的皮裘,是每年夏秋间花费数万两银子从关外购回的全狐皮,"毛片颜色皆匀净无疵,虽京师大皮货店无其完美也"。衣服则是在苏杭绸缎商那里定做⑤。"其尤侈者,宅门以内,上房之中,无油灯,无布缕,盖上下皆秉烛,即缠足之帛亦不用布也。珠翠金玉

---

① 台北故宫博物院藏清代清代宫中档与军机处折件:《署理江南河道总督麟庆奏折》,箱号2743,文献编号068299。
② 欧阳兆熊、金安清:《水窗春呓》卷下,北京:中华书局,1984年,第34页。
③ 欧阳兆熊、金安清:《水窗春呓》卷下,北京:中华书局,1984年,第41页。
④ 欧阳兆熊、金安清:《水窗春呓》卷下,北京:中华书局,1984年,第37页。
⑤ 欧阳兆熊、金安清:《水窗春呓》卷下,北京:中华书局,1984年,第41页。

则更不可胜计,朝珠、带板、攀指动辄千金。若琪南珠,加以披霞挂件则必三千金,悬之胸间,香闻半里外,如入芝兰之室也"①。

道光皇帝对河务衙门的作风深恶痛绝,对这一恶劣习气的打击不可谓不力。有时仅"河务习气"就可成为有关人员丢官的根由。1831年,据穆彰阿、朱士彦奏,淮海道署河库道沈惇彝,"在河工最久,沾染习气最深。言语虚浮。"另外,原宿南通判、捐升道员范玉琨"声名本属平常"②。以此看来,这两人并无大的过错,在无过就是功的中国传统社会,即使穆彰阿所述是事实,这类"缩头橡子"通常是官场中的幸运儿。但决心有所作为的道光皇帝仍于10月10日谕内阁:"沈惇彝、范玉琨俱着勒令休致。范玉琨着不准仍在河工作幕。并着陶澍访查,倘敢在工逗留,即行严参惩办。"③实际上,范玉琨并非平庸之员。马棚湾决口,淮扬营薛朝英估报堵口需银130万两。范玉琨估计不出20万两,后以14万两竣事。而范竟以严核工款,得罪多位要员,终被参罢官④。

1832年,道光皇帝委任从未直接从事过治河工作的吴邦庆为东河总督。吴邦庆沥陈不谙河务,道光帝明确告诉他,他看中的就是吴的非河员经历。1832年4月25日,上谕中说:"朕因熟悉河务之员,深知属员弊窦,或意存瞻顾,不肯认真稽查。吴邦庆非河员

---

① 欧阳兆熊、金安清:《水窗春呓》卷下,北京:中华书局,1984年,第41—42页。
② 武同举辑纂:《再续行水金鉴(黄河卷)》(2),武汉:湖北人民出版社,2004年,第528页。
③ 武同举辑纂:《再续行水金鉴(黄河卷)》(2),武汉:湖北人民出版社,2004年,第528页。
④ 张含英:《明清治河概论》,北京:水利电力出版社,1986年,第187页。

出身，正可厘剔弊端，毋庸徇隐。"①可见，他对吴寄予了很大的希望。

三年以后，本来没有丝毫"河务习气"的吴邦庆同样令道光皇帝极其失望。

据言官对吴的攻击，吴邦庆接任东河总督后，主要有两大错误：一是当年即把其原属下河南候补同知黎淦、候补通判沈廉改调到河务部门，1833年把试用县丞龚国良、1834年又把河南候补通判罗杰、候补州同沈铺、候补府经历周畇改调为河务官员。"历年安澜保举不过十余员，上年（1834）保至二十五员之多，未免滥冒"②。二是有浪费行为。自道光元年至十年，东河多数年份动用正项钱粮在100万两以内，仅有三四年超过了100万两。在吴邦庆任内，道光十二、十三、十四年，用款均超过了110万两③。

1835年4月22日，道光帝寄谕山东巡抚锺祥、河南巡抚桂良，对吴进行查处。

显然，在传统官场中，道光皇帝希望用非河务官员来净化河务衙门习气的做法绝非明智之举。作为一个具有很深利益同盟性质的河务衙门，用一"外来者"来领导管理，势必使领导者处于极为孤立的地位。在此背景之下，一个领导者要么因循苟且，庸庸待毙，要么大肆提拔自己的人来做事。从道光皇帝所颁的上谕来看，吴

---

① 武同举辑纂：《再续行水金鉴（黄河卷）》（2），武汉：湖北人民出版社，2004年，第543页。
② 武同举辑纂：《再续行水金鉴（黄河卷）》（2），武汉：湖北人民出版社，2004年，第650页。
③ 武同举辑纂：《再续行水金鉴（黄河卷）》（2），武汉：湖北人民出版社，2004年，第651页。

邦庆"在任三年，河工安澜，办理尚妥"①。说明吴还是一个履行了其职责的官员，他之所以大量使用自己的旧属，实为迫不得已。道光皇帝想必对此心知肚明，这也是后来吴邦庆仅被降为编修的缘故。

可以说，河务官吏上下一体，早已形成了利益共同体。即使有个别不随波逐流的官员，也很难有好的结果。乾、嘉年间的河臣康基田，"驭下素严"，"性刚守洁"。由此造成了其下属对之恨之入骨的结局，1800年，"官吏积弊惧揭，阴纵火以掩其迹"，使得"坝工失火，积料尽焚"。作为河工总负责人的康基田咎责难逃，被革职留在治河工地效力②。嘉庆年间的河东河道总督王秉韬，"不以不急之工扰民"，"薪料如额采买，河员滥报辄驳斥。……于是浮冒者不便其所为，言官遽论劾"③。与之类似的是，被两江总督松筠的密奏称为"糜帑千万"，"且恐有浮冒之弊"，最终被革职留任的江南河道总督㮚端，实际上，"熟谙工作，苇柳积堤，一过测其多少"④。他不仅是一位精通业务的总河，尤为难能可贵的是，作为一名朝廷重臣，"与夫役同劳苦，廉不妄取"。对河工积弊极为了解，但"惮于轻发，欲入觐面陈而终不得，以至于

---

① 武同举辑纂：《再续行水金鉴（黄河卷）》（2），武汉：湖北人民出版社，2004年，第654页。
② 汪胡桢、吴慰祖编：《清代河臣传》卷三，南京：中国水利工程学会，1937年2月，第122页。
③ 汪胡桢、吴慰祖编：《清代河臣传》卷三，南京：中国水利工程学会，1937年2月，第127页。
④ 汪胡桢、吴慰祖编：《清代河臣传》卷三，南京：中国水利工程学会，1937年2月，第129页。

败"①。

在治河过程中，夸大困难，瞒报灾情，吹嘘官员们异乎常人、公而忘私、胼手胝足的表现，亦为通用伎俩。特别是大量举荐下属，可以在官场建立非常庞大的人脉网络，与大部分官员结成利益与共的关系，以共同面对可能出现的反对者。于官员而言，比贪污金钱更重要。

1593年，杨一魁等主持的工程竣工后，以工部名义所上的奏疏称"祖陵水患莫甚于今日，而治水之功亦莫大于今日。则懋赏劝功之典诚有不容已者"②。对相关、甚至无关官员的吹捧达到了无以复加的地步。奏疏中写道，首先，工程的成功归结于高级官员们的品德和才智。内阁辅臣赵、张、陈、沈，"一德一心，善谋善断，兼收群策，沛然归海之百川，参赞神谟允矣。擎天之八柱，坐致平成，伟绩益彰，燮理殊勋"③。其他大小官员，"祗承德意，备历艰辛"。总河、尚书杨一魁，"渊猷邃识，治河卓有全谋；殚虑竭忠，分黄又摅独见。率属而恩威兼尽，大小各效其劳，节财而盈缩有方，公私咸受其益"④。总漕、尚书褚鈇，"丹衷体国，石画匡时。建闸辟沙，长淮消壅遏之患；通江达海，下流成排决之功。役大众而加意拊绥，群工兢勤，理经费而多方节省，百蠹尽袪"。

---

① 汪胡桢、吴慰祖编：《清代河臣传》卷三，南京：中国水利工程学会，1937年2月，第129页。
② 《部复分黄导淮告成疏》，朱国盛编：《南河志》卷四，天启乙丑年刊本，第18页下。
③ 《部复分黄导淮告成疏》，朱国盛编：《南河志》卷四，天启乙丑年刊本，第18页下—19页上。
④ 《部复分黄导淮告成疏》，朱国盛编：《南河志》卷四，天启乙丑年刊本，第19页上。

勘河科臣张企程，"力排异议，集思广益。咨询下及于刍荛，履险乘危率作，不辞乎胼胝，始终允资宏略"。巡按御史蒋春芳，"培国家命脉于万年"，"奠淮泗生灵于百世"①。户部尚书杨俊民，"抱忧时致主之忠，定足囯裕民之计。请帑金而闾阎无加赋之扰，留漕粟而畚锸兴宿饱之歌"。原工科都给事中林熙春、杨应文，"披垣持议，计周悉于河防；殿陛摅忠，力主张乎国是"。巡盐御史杨光训、巡漕御史况上进，"秉宪持衡，纲纪肃清于郡国；分猷共念，勤劳茂著于河淮"。原都水司郎中徐准，"朗识鉴空，雄才刃解。分导赖其赞议，执持不惑浮言。补郡原属循资，酬功宜加宪职"。江北巡按御史高举，"条开武墩坝、高良涧，审水脉而灼有定裁"。巡按御史牛应元，"首建疏周家桥、辟清口沙，察河形而独倡宏议"②。山东巡抚张允济、巡按御史姚思仁、原河南巡抚都御史涂宗浚，"调夫众以供役，谊切同舟；发赎锾以犒工，心诚为国"。这份奏疏建议，"以上诸大臣，大有裨益河工，均应优加赏赉者也"③。

其次，奏疏要求赏赐六批具有突出贡献的中级官员。如中河郎中袁光宇、海口郎中樊兆程、南河郎中李元龄、清江厂员外包应登、右参政徐成位、曲迁乔、副使詹在泮等，"职有专司，各殚谋猷而集事；工期底绩，不辞栉沐以宣劳"。7名中层官员，"均

---

① 《部复分黄导淮告成疏》，朱国盛编：《南河志》卷四，天启乙丑年刊本，第19页下。
② 《部复分黄导淮告成疏》，朱国盛编：《南河志》卷四，天启乙丑年刊本，第20页上—下。
③ 《部复分黄导淮告成疏》，朱国盛编：《南河志》卷四，天启乙丑年刊本，第21页上。

宜优加叙赉"。北河郎中黄承玄等人，"心存共济，志切效忠。相度均有贤劳，告成乐观盛美。均应并赏者也"①。其直接分管官员，如运司同知罗大奎等28人，"或催办物料，或稽督工程，或查盘钱谷，或支放廪粮。心力之区画无遗，旦暮之奔趋靡息。均应优叙"。其提调官如副使张国玺等8名官员，"雅著循良之誉，已见通才；复襄疏瀹之勋，益征远略"②。知府卢学礼等67名官员，"派夫役而委曲调停，黎庶共趋于鼓舞；征赋饷而稽查输转，经费不漏于锱铢。均当并叙，同加赏赉"③。

最后，下级官员也应予以褒奖。其散委各官，如郭佑承等45人，"力亲浚凿，各效趋事之勤；躬历风涛，共赴急公之义。相应优等"④。其他被褒扬的官员还有多名，不一一列举。

但这次治河很快就被证明是彻头彻尾的失败工程。工程的主旨是分黄，是以开挖了桃源县黄家坝30里河道，下五港口入海。但黄河水根本不从河臣们所开挖的分黄河道流走，"数十万金钱置为乌有矣"⑤。次年，黄河水大涨，清口淤塞，淮水浸没了泗州明祖陵⑥。国家白白费帑，百姓平白遭难，惟有官员大获其利。

---

① 《部复分黄导淮告成疏》，朱国盛编：《南河志》卷四，天启乙丑年刊本，第21页上。
② 《部复分黄导淮告成疏》，朱国盛编：《南河志》卷四，天启乙丑年刊本，第22页上—下。
③ 《部复分黄导淮告成疏》，朱国盛编：《南河志》卷四，天启乙丑年刊本，第23页上。
④ 《部复分黄导淮告成疏》，朱国盛编：《南河志》卷四，天启乙丑年刊本，第23页下—24页上。
⑤ 傅泽洪等录：《行水金鉴》（第20册）卷一五六，上海：商务印书馆，1936年，第2357页。
⑥ 武同举编纂：《江苏水利全书》第二编卷五，南京：水利实验处印行，1950年12月，第13页。

明后期，河道危机四伏，"未有侵陵、侵漕、侵民之田亩庐舍如今日者。此通彼滞，前谕后淤，今岁甫以开决叙功，明岁又以疏排请饷。以游龙变幻之势为画圈域地之工，三方之人力，各省之协济，只以供河伯之鼓掌"①。官僚体制与水利系统一样处于残破不堪状态，因此，"一决塞，即以金钱数十万委之浤浤汩汩中"②。

万历三十六年（1608），江南大水，官员奏称为"二百年未有之灾"③。1826年7月30日，两江总督琦善奏洪泽湖水势称："此次河湖水势，同时骤涨。……臣检查嘉庆十一年以后卷案，洪湖水势，尚有大于此时者，而黄河部分至四丈以外，实为近年所未有"④。12月17日，琦善、张井、潘锡恩奏淮河水情："据正阳关具报：淮河至十月初三日，尚存长水一丈二尺，历查百十余年，皆所未有。"⑤"前所未有""百年一遇"等几成河员们报灾时的必用之词，其夸大事实，以减轻责任的心态昭然若揭。我们每次阅读明清洪灾中河员们所上的奏折，从不乏可歌可泣的抗灾故事、必定有奋不顾身的动人事迹，令人几乎忘了灾害的恶果和成因，几乎看不到受灾百姓的惨况，让人有坏事变成了好事之感。

由于治河事务本身就是官场政治的一部分，在河务中不顾大局，打击异己的现象并不鲜见。1688年5月17日，康熙以河工事，召满洲大臣、学士等。他在上谕中说：于成龙曾奏，靳辅开中河，

---

① 王在晋：《通漕类编》"序"，万历甲寅刻本，第7上—7页下。
② 王在晋：《通漕类编》"序"，万历甲寅刻本，第6页下。
③ 查继佐：《罪惟录》志三，杭州：浙江古籍出版社，1988年，第495页。
④ 武同举辑纂：《再续行水金鉴（淮河卷）》，武汉：湖北人民出版社，2004年，第126页。
⑤ 武同举辑纂：《再续行水金鉴（淮河卷）》，武汉：湖北人民出版社，2004年，第145页。

"无所裨益，其为累民，河道已为靳辅大坏"①。康熙令凯音布到中河查看，见过往商船络绎不绝。在此之前，康熙在乾清门前召集九卿会议，"皆畏惧于成龙，无人敢与辩难，悉顺于成龙之说，以河务尽为靳辅所坏矣"②。幸亏康熙曾亲自视察过河工，尚能洞悉官场的弊病③。无独有偶，协助靳辅治河的水利专家陈潢，曾被淮民传为"河伯降生"④，被康熙授以佥事道衔赞理河务，"不意因此议论纷起，部议革去职衔，而潢亦随病入膏肓矣"⑤。

据曾担任过漕运总督、江苏巡抚、直隶总督的陈夔龙所言，1901年冬，有人奏淮扬运河高、宝交界处马篷（棚）湾年年淤塞，应加疏凿。朝廷命陈酌办。扬州堤工局总办丁葆元熟习河工，被委派主持这项工程。次年，入秋水落，丁正在赶办筑坝放水，开河引河各事宜，"备夫购料，逐日兴工"。但这一年两江总督一缺换成了由张之洞署理。丁葆元得知此讯，"惊惧万状"。原来他曾率员查办过张之洞被劾事由，与张结下了怨隙⑥。后张之洞刚莅任，"果有严札前来，督责一般迎合者，又复布散谣言，谓观察（丁葆元）购料不实，用人不当。观察乃功名之士，利害切身，忧与劳

---

① 傅泽洪辑：《行水金鉴》（第18册）卷一三六，上海：商务印书馆，1936年，第1974页。
② 傅泽洪辑：《行水金鉴》（第18册）卷一三六，上海：商务印书馆，1936年，第1974页。
③ 傅泽洪辑：《行水金鉴》（第18册）卷一三六，上海：商务印书馆，1936年，第1974页。
④ 陈潢原论、张霭生编述：《河防述言》"杂志第十一"，《钦定四库全书》（第579册）"史部"，台北：商务印书馆，1986年影印本，第51页下。
⑤ 《靳大司马奏为义友竭忠王事尽瘁捐躯》，杨象济辑：《天一遗书》，咸丰甲寅（1854）刊本，第101页下—102页上。
⑥ 退庵居士：《梦蕉亭杂记》卷二，1925年刻本，第6页下。

积，身膺重病。此项要工几败垂成"①。

在治河事务中，把普通的争论上纲为对最高统治者的不满，是击垮对手的有效策略。潘季驯在与常三省的争辩中，巧妙地转移常的批评方向，把常的矛头说成是指向万历皇帝。他写道："陛下与庙堂诸臣，焦心劳思者数载，臣等胼手胝足者逾年，方成此工，今陛下且俯纳科臣之言，用石甃砌，以为亿万无疆之计矣。三省等遽欲毁之，忍乎哉？"②潘比任何人都知道，只要最高统治者对常反感，常纵是有千万条理由也无法撇清，潘便可稳操胜券。

此外，潘还竭力贬低常的动机，给常栽上莫须有的包庇私贩的罪名。他的疏中称："且其揭不行于高堰初议之时，而行于高堰久成之后，不行于淮水暴涨之日，而行于淮水消落之余，何哉？缘泗州巨商私贩，北自河南，南至瓜仪，势必假道清浦运河，而各闸不免稽留，分司不免税榷，人甚苦之。数年以来，皆从高堰直达，为利甚大。先任漕抚都御史王宗沐于万历元年筑堰断流，而泗人危言四起，卑薄不加，遂致中圮。侍郎吴桂芳亦知高堰当筑，几欲兴工，有泗州棍徒杨明恕者，造为飞语，多方煽惑。"③

尤为重要的是，在捍卫泗州时，保护明祖陵风水是常三省等人极为有利的政治资源，但在利用政治幌子方面，潘季驯更为老练。他写道："夫祖陵风水，全赖淮黄二河会合于后，风气完固，为亿万年无疆之基，地方乡乘，载吴桂芳语云，凤泗皇陵，全以黄淮合流入海，为水会天心，万水朝宗，真万世帝王风水。与赵卿前书所

---

① 退庵居士：《梦蕉亭杂记》卷二，1925年刻本，第7页上。
② 潘季驯：《河防一览》卷十，南京：中国水利工程学会，1936年，第249页。
③ 潘季驯：《河防一览》卷十，南京：中国水利工程学会，1936年，第252页。

云淮黄合流，为祖陵一大合襟，诚知言也。今若于高堰等处，从中劈画一路分之，使抱身之水，反挑而去，万一有误，谁执其咎？夫三省辈偶见淮水暴涨，则动辄以陵寝为言，至若分淮黄之流，以坏祖宗万年根本之地，则又悍然不顾。"①

潘常之争，反映了中国官场中的生存规则，官员们对待政治上的对手，从来都是无所不用其极。实则上的地缘性利益之争，被描绘成了官员个人的私益在作祟。作为国家所谓的最高原则的守护者，总要占据政治和道德的制高点，对捍卫地方利益的不同意见者，随时给予致命一击。

利用权势，肆意篡改测量资料，使得决策符合自己的意愿，也是中国官员乐用的手法。1906年，淮北地区发生重灾（被称为"丙午奇灾"）。张謇倡导复淮浚河，标本兼治，并力促两江总督端方施行。端方为了使工程不上马，密嘱淮扬道杨文鼎，把导淮局测量员实测的数据，在安东河底截面图中加高3丈，使这项工程从技术上变得无法施行②。

民国前期，江苏省政府曾进行大规模的导淮，这次导淮同样成了各级官吏贪污的契机。按照江苏省政府规定，10名民夫搭工棚1座，官方发材料费法币4元5角。由于乡保长的克扣，结果一棚住了二三十人。其拥挤程度，至不可插足。在正常天气里，民夫还可挤在一起避寒过夜，遇上风雨，就常常发生倒棚伤人事故③。民夫的

---

① 潘季驯：《河防一览》卷十，南京：中国水利工程学会，1936年，第252—253页。
② 武同举：《齐译美工程团勘淮报告书序》，《两轩賸语》，1927年印本，本文第2页。
③ 王乃扬：《民国时期涟水导淮工地纪实》，《涟水文史资料》第3辑，1984年9月出版，第11页。

饮食条件，低劣粗粝常常不得温饱。当时官府、豪绅的剥削，已经使农民十分穷困，被强征离家导淮，困难更大。民夫自备的粮食，多半是玉米面和山芋干之类。民夫因为累饿而致伤病以至死亡的事，屡屡发生[①]。当时，江苏省政府规定涟水征集民夫25000人。当时涟水11万余户，58万余人。因此，除去鳏寡孤独，以户计，大约每4户出1民夫即可。可是县里规定每户出夫1人，按星期轮流上工。这给乡保长造成贪污良机。多数乡保长改为连鳏寡孤独也要出夫。无工可出的，要出"黄河代金"4—8元。有夫可出而不愿出夫的，则要出代金12元，城镇工商业者出代金更多。所收"代金"本来主要用于另外雇人上工。有的保长，则连一工也不雇，而把任务全压在少数出工河夫身上[②]。

综上所述，淮北治水事务中的各种腐败层出不穷。许多巨灾或是官员们精心策划、或无意防范所致。维持淮北地区频繁的灾害，是河务官员向中央政府钓取巨额资金的主要手段。在传统的政治实践中，大规模的水利工程往往造成国家与百姓均受其害的结局，惟有河员们可以利用制度的缺陷得以大肆中饱。可以说，在旧的体制下，淮北的水患是必然而又合乎事理的。

三、壑邻之源

明后期至清时，洪泽湖昔淮蓄水刷黄。在皖人看来，"淮扬之人资其保障，而泗反病。"理所当然的是，皖人"遂归咎堰，纷纷

[①] 王乃扬：《民国时期涟水导淮工地纪实》，《涟水文史资料》第3辑，1984年9月出版，第12页。
[②] 王乃扬：《民国时期涟水导淮二地纪实》，《涟水文史资料》第3辑，1984年9月出版，第13页。

聚讼。至国（清）初，犹未已"。上游宿州、虹县、泗州、凤阳等地，年年遭遇水灾。但当时河臣均沿袭潘季驯的理论，对此否认，"谓洪湖盛涨，诸邑先被其灾，减洪泽，仍于上游无补"①。倒是乾隆皇帝在1751年的上谕中承认了这个非常简单的事实："自朕观之，涨减，则上游之漫溢者亦减大哉。"②

事实上，高家堰的加筑，不但极大增加了洪泽湖上游地区的水患，而且给堰东的淮、海、扬等地上空悬了一把随时下落、每年必落的利剑。谚云："决高堰，淮、扬不见面"；"倒蒋坝，淹天下"，均是形容大堤的高度危险性。赵秉节在《导淮辨》中指出："高堰石工，向系陡立，一经风浪，则撞击易于坍卸。"③这验证了淮海地区的民谚："日费斗金，不敌西风一浪。"④因此，高家堰不但没有给淮、海、扬等地区以安全保障，反而使这些地区与洪泽湖以西地区一样，随时遭受没顶之灾。并且，这种灾害来得比湖西地区更加突然，更难防范。

其实，洪泽湖、运河以东地区也没有安全保障。漕船过后或是运河河水超过一定限度，为了减小运河大堤的压力，往往要开启闸坝放水，运河以东的下河地区常年成为行洪区和淹没区。"上河之

---

① 叶兰等纂修：《乾隆泗州志》卷二"建置志"，中国地方志集成（30），南京：江苏古籍出版社，1998年，第199页。
② 叶兰等纂修：《乾隆泗州志》卷二"建置志"，中国地方志集成（30），南京：江苏古籍出版社，1998年，第199页。
③ 武同举辑纂：《再续行水金鉴（淮河卷）》，武汉：湖北人民出版社，2004年，第530页。
④ 陈潢原论、张霭生编述：《河防述言》"估计第三"，《钦定四库全书》（第579册）"史部"，台北：商务印书馆，1986年影印本，第21页下。

利,在开闸减水;下河之利又在上河之不开闸、不减水"①。丁显写道:"堰盱闸坝,为淮河漫溢之堤防,即为皖水宣泄之门户。是故三河未启,则皖省滨淮州县被其患;运堤既决,则广陵濒海州县被其害。"②

两江总督沈葆桢写道:"民田与运道,势不两立,兼旬不雨,民欲启涵洞以溉田,官必闭涵洞以养船;迨运河水溢,官又开闸坝以保堤,堤下民田,立成巨浸。"③

淮北生态变化的主因是南北大运河的贯通。水利专家武同举指出:"会通既辟,运道完成。河之夺淮自此始。于是运与淮有两不并立之势。然河淮合并,扬出云梯,江北水道,尚不至大坏。运河整理,虽代有变迁,亦不过顾全交通,尚非藉以行水。"④

在维持运道、保证漕运这一最高原则下,明、清两代的治河、治淮工作,永远是一种治标不治本的短期行为。而从长期来看,淮北水道越来越紊乱,水利系统处于崩溃的边缘。尤为严峻的是,这种治水方略注定要牺牲淮北地区的利益,以保证"全局利益"。

有清一代,高家堰以东地区,"黄水之屡决屡塞,犹议补苴。而淮水愈塞愈决,迄少乐岁"⑤。洪泽湖堤的溃决几成司空见惯之事,"一决于武家墩,再决于高良涧,三决于高家堰,四决于古

---

① 叶兰等纂修:《乾隆泗州志》卷九"名宦志",中国地方志集成(30),南京:江苏古籍出版社,1998年,第299页。
② 丁显:《复淮故道图说》,南京:中国水利工程学会,1936年12月刊印,第2页。
③ 朱偰:《中国运河史料选辑》,北京:中华书局,1962年,第142页。
④ 武同举:《江苏江北运河为水道统系论》,《两轩賸语》,1927年印本,本文第1页。
⑤ 丁显:《复淮故道图说》,南京:中国水利工程学会,1936年12月刊印,第2页。

沟坝，五决于余家坝，六决于十三堡"①。运河堤的溃决也屡见不鲜，"一决于露筋庙，再决于崇湾堤，三决于清水潭，四决于邵伯镇，五决于状元墩，六决于马棚湾，七决于荷花塘，八决于六安闸。即如一清水潭也，而一决于康熙九年，再决于康熙十一年，三决于康熙十二年，四决于康熙十五年，五决于康熙十九年"②。

任启运在《请安流民兴水利疏》中指出："伏见江南淮、徐、凤、颍地方，水患异常。"③晏斯盛同样认为："江北各州县，地方硗瘠。"④清代《灾赈全书》中特别提到："下江、淮北一带及上江凤颍等处多被水患，河南水灾较甚。"⑤

1855年，黄河北徙后，淮北水道日益淤塞。淮泗之水不能由云梯关入海，遂徙从三河注于宝应、邵伯地区。运河东南堤由清江至扬州，堤长336里，其间计24闸洞。"一经狂澜大作，堤洞溃决，民命无生"⑥。民国前期，下河地区平时来水量并不大，各河流脉络分明，"循环洄注，称为沃壤"⑦。然而，一旦淮、沂、泗并涨，车逻坝放水，由澄子河流向高邮、宝应各县，这一地区顿时"一片汪洋，几不复有河形可辨。旬日之间，荡然大壑，则真

---

① 丁显：《复淮故道图说》，南京：中国水利工程学会，1936年12月刊印，第2页。
② 丁显：《复淮故道图说》，南京：中国水利工程学会，1936年12月刊印，第2页。
③ 任启运：《请安流民兴水利疏》，载贺长龄：《皇朝经世文编》卷四十三"户政十八"，上海：广百宋斋丁亥仲春校印，第2页上。
④ 晏斯盛：《水利备旱疏》，载贺长龄：《皇朝经世文编》卷四十三"户政十八"，上海：广百宋斋丁亥仲春校印，第5页上。
⑤ 杨西明辑：《灾赈全书》卷二，道光三年（1823）也宜别墅刻本，第46页上。
⑥ 台北"中研院"近代史研究所档案馆藏档案：《江苏公民张镇南条陈治淮意见》（1919年9月至10月），馆藏号：09-21-00-011-09，第8页。
⑦ 武同举：《江苏江北运河为水道统系论》，《两轩賸语》，1927年印本，本文第8页。

下河人民之大不幸也"①。因此,车逻坝放水之争,"为上下河人民生死关头之所寄"②。下五坝对于下河居民而言,"开则必灾,决则必死"③。而高宝湖西居民"利害之关系,又极端相反"。结果,"争事既起,遂无是非之可言"④。每年启坝之时,下河地区"农民号呼,哭声震地,波涛万顷,秋禾一空"⑤。因此,靳辅的幕僚、治水专家陈潢在清江浦潜庵题写的诗中云:"东去只宜疏海口,西来切莫放周桥。若非盛德仁人力,百万生灵葬巨涛。"⑥

泗州知州张佩芳曾谴责"昔之治淮者","只求其出口迅利,足以刷黄济运而已,至其纵横糜烂于泗者,未暇计也"⑦。明代时造成的这一矛盾,尽管朝代与河员多次更易,却始终无法解决。

由于各个地区所修建的水利设施无不以保障本地区的安全为主,这样势必把洪水逼向邻境。徐州段黄河最窄,遇伏秋水涨,随时有冲决河堤之忧。而淮水北出清口,经常被这里的黄河水流挡住,达不到蓄清刷黄的目的。遇到淮河水位稍低,黄河水则乘虚内注洪泽湖。康熙年间,河臣靳辅制定"杀黄以济淮"一策,在黄河南岸砀山毛城铺、徐州王家山十八里屯、睢宁峰山、龙虎山等处设

---

① 武同举:《江苏江北运河为水道统系论》,《两轩賸语》,1927年印本,本文第8页。
② 武同举:《淮泗沂沭泄蓄谈》,《两轩賸语》,1927年印本,本文第3页。
③ 武同举:《水鉴一斑》,《两轩賸语》,1927年印本,本文第9页。
④ 武同举:《水鉴一斑》,《两轩賸语》,1927年印本,本文第9页。
⑤ 武同举辑纂:《再续行水金鉴(淮河卷)》,武汉:湖北人民出版社,2004年,第508页。
⑥ 包世臣:《包世臣全集》"中衢一勺·艺舟双楫",合肥:黄山书社,1994年,第45页。
⑦ 叶兰等纂修:《乾隆泗州志》卷二"建置志",中国地方志集成(30),南京:江苏古籍出版社,1998年,第362页。

减水闸坝9座①。乾隆八年（1743），陈世倌、高斌等奏："黄河北岸自石林口至苏家山数十里向无堤岸，盖因黄河自入徐州府境，南北两岸山势紧束，河面既窄，加以汛涨水盛，恐至下游受险。而徐州府治正当冲溜，尤为可虞。是以向来于北岸李家楼以下数十里听其漫滩过水。于南岸毛城铺设坝，下疏引河，分泄盛涨，以杀河势，俾徐郡城池得保无虞。"②这又是典型的以邻为壑思维。

毛城铺减水坝，因此处河堤窄狭，加上水势湍急，仍经常有冲决之害。从黄河减泄下来的黄流冲刷成多条支河，永城、萧县诸邑屡屡被灾③。由于毛城铺等处闸门泄水，"与淮湖之混合漫溢"，虹泗地区的水灾"几于无岁无之"④。对百姓自筑的防水堤堰，官府多强行拆毁。乾隆十一年（1746），漕运总督顾琮奏称："黄河北岸苏家山迤西一带民筑土堰请尽行拆去，以泄盛涨，免致徐州上下受险。"两江总督尹继善等议覆："郡城以上苏家山迤西一带九十余里向不设堤，以为减泄黄水，保护下游徐郡之计。"谕令"将土堰全行拆平，并查禁续行私筑。"⑤

原为防河涨、保徐城而建立的徐州附近的天然闸，由于黄河日益南趋，不入淮河则入洪泽湖，"故病泗者莫如湖，而淮次之。而病淮与湖者，尤莫如河"。加上天然闸的来水，湖水越涨，来水愈

---

① 贡震等修：《乾隆灵璧县志》"河防录"，中国地方志集成（30），南京：江苏古籍出版社，1998年，第100页。
② 《清实录·高宗纯皇帝》（第11册）卷一八五，北京：中华书局，1986年，第390页上。
③ 贡震等修：《乾隆灵璧县志》"河防录"，中国地方志集成（30），南京：江苏古籍出版社，1998年，第101页。
④ 方瑞兰监修：《安徽泗虹合志》卷五"食货志"，光绪十三年刻本，第8页上。
⑤ 《清实录·高宗纯皇帝》（第12册）卷二五七，北京：中华书局，1986年，第328页下。

多,"浸浸横溃四出,泗首受祸,而宿、灵也不免湛溺矣"。保徐州客观上祸害了泗州等地,有人不禁责问:"天然闸之设,然保徐而累及他郡,奚异剜肉医疮?"①。

在灵璧县北乡,睢河之害最为严重,因为河南、江苏徐州一带冈原陂泽的清水大量流入睢河,加上黄河南岸闸坝减泄的浊流,由宿州入境,下注虹泗。每年夏秋,大水无法宣泄,使得平地泛滥。在宿州睢河上筑有子堰上百里,灵璧境内却没有类似设施,"西来之水,势如出峡,此北乡百数十里所以年年被浸也"②。

据1896年2月11日两江总督张之洞奏:咸丰初年,由于黄河日益淤垫,江苏、安徽、河南各河流也逐段淤阻,春夏水发,无从宣泄,泛溢为害,"各属灾民荡析离居,不堪击目,而尤以永、砀、萧为尤甚"。为了自保,百姓纷纷筑堤,而政府此时与对待大多数社会事务一样,不进行统一部署,把份内之事视为与己无关。可想而知,各地区自行构筑的坝堰,本身就成了社会冲突的根由。据张之洞奏:"民不堪其患,则筑梗以邻为壑,械斗戕生,积年相寻,命案至不可枚举。"③这一简单的事件,由于政府管理缺位,竟演变成长期无法解决的区域矛盾。光绪三十四年(1908),安徽巡抚冯煦奏称:皖北宿州、灵璧、泗州、五河4州县最易遭受水灾,夏秋雨大,上游来水多,水流不畅,顶托漫溢,十岁五灾。但水利事

---

① 叶兰等纂修:《乾隆泗州志》卷二"建置志",中国地方志集成(30),南京:江苏古籍出版社,1998年,第362页。
② 贡震等修:《乾隆灵璧县志》卷四"蠲赈",中国地方志集成(30),南京:江苏古籍出版社,1998年,第94页。
③ 武同举辑纂:《再续行水金鉴(淮河卷)》,武汉:湖北人民出版社,2004年,第461页。

业却无法兴修，这是因为"上下游互有戒心。此县责彼县为邻壑，彼县亦责此县为曲防。争执评讼，积年不解"①。为了疏导睢河，萧县百姓多次提出要开河导水南趋，"宿民辄思设法以御之。争端之开，匪伊朝夕"②。冯煦对此感叹："伏思皖北自睢道堙塞后，百年昏垫，创巨痛深，只以防邻有戒心。至屡阻复睢之议，忍辛茹苦情实可矜。"③

清末以后，"淮之上游，贤愚一致主张导淮，而淮之下游，则不敢言淮之不当导，惟皆不欲令淮经其土以入海。夫淮无入海之路，则导之之术安施"④？民国初年，各界人士倡议导淮，学者指出："皖苏之间于导淮观念本未一致，故皖人疑忌尤多。"⑤南京国民政府时期，代表安徽利益的宗受于仍然认为："苏居下游，阻淮出海之路，致洪湖逐渐淤高，上游来水壅滞。皖、豫平原之沟渠河道，以流停沙积，数百年来悉皆填成平陆。昔之井田沃野，今则赤地千里。或则泛滥无涯，农民辍耕，流为兵匪。农利损失，不可亿计。故直接受淮之害惟皖豫，间接受淮之害为鲁南。而苏则除开坝溃堤之年，尚能保持其农利也。"⑥这种防邻戒心，实在不应归咎于人们不能顾全大局，而是由于政府对治水大业缺乏宏观统筹、

---

① 台北"中研院"近代史研究所档案馆藏档案：《安徽水利》（一），馆藏号：08-21-12，宗号1-（1），第29页。
② 武同举辑纂：《再续行水金鉴（淮河卷）》，武汉：湖北人民出版社，2004年，第476页。
③ 武同举辑纂：《再续行水金鉴（淮河卷）》，武汉：湖北人民出版社，2004年，第477页。
④ 心史：《治河治淮合议》（续），《申报》1929年2月4日，第10版。
⑤ 黄丽生：《淮河流域的水利事业：从公共工程看民初社会变迁之个案研究（1912—1937）》，台北：台湾师范大学历史研究所，1986年，第117页。
⑥ 宗受于：《淮河地理与导淮问题》，南京：钟山书局，1933年，第90—91页。

尤其是缺乏综合治理、长期非此即彼地牺牲某些穷困地区造成的。因此，因治水而造成的地区性冲突，在淮北地区俯拾即是。

清末将主管运河水政的机关从中央层级降为地方，对需作跨省区、跨流域全盘规划的淮河水利而言，无疑雪上加霜①。

即使在一省之内，县与县之间，乡与乡之间的冲突也极为寻常。1745年，在海沭地区，沭阳居民准备在马陵山凿冈开道。沭水本由马陵山向南，经沭阳县境东流入海，赣榆县就是凭恃马陵山抗御沭水。"此山一开，则势等建瓴，（赣榆县）治南十余镇将为泽国"②。结果在沭、赣民众间酿成一场巨大的冲突。次年，安东县人王琚等请开港河，以泄六塘河之水，但沭阳人周谧坚决反对，"呈称港河一开，利于宿、桃、清、安，大不利于沭"③。1869年，沭阳人王兆昌请开南、北六塘河谢口至侯口之间的扁担沟北横堤，六塘河下游滩内居民竭力反对，"屡酿讼端"。1870年，淮安知府王仪林疏浚清河县蒋家巷支河，一支流入包家河，另一支流入六塘河，安东、桃源百姓不惜以械斗进行阻止。1873年，沭阳县柴米河北岸居民添筑北堤，南岸居民深受其害，南、北两岸居民由此引发无数次的械斗。同年，丰县泡河北注，山东鱼台受灾严重，与丰县居民发生争斗。1874年，宿迁臧从品在沂水边筑堤护卫骆马湖上游湖田，与邳县居民发生争斗。1883年，萧县挑挖龙、岱二河，

---

① 详见黄丽生：《淮河流域的水利事业：从公共工程看民初社会变迁之个案研究（1912—1937）》，台北：台湾师范大学历史研究所，1986年，第349—350页。
② 唐仲冕等编：《嘉庆海州直隶州志》卷十二"山川"，嘉庆十六年刻本，第50页上。
③ 唐仲冕等编：《嘉庆海州直隶州志》卷十二"山川"，嘉庆十六年刻本，第60页上。

凿开宿州宋家庄土垄以达西流河,宿州知州何庆钊亲自出面,大加反对。1895年,沭阳发生水患,柴米河南岸居民聚众强行拆毁北堤,"酿成巨案"。后由官府出面,强行毁掉北堤,"河南之患息,而河北之患未已"。1896年,沭阳人王宾鸿请开北六塘河谢家口,分溜南泄,上游滩内居民拼死反对[1]。

清末,因由宿迁入洪泽湖约40里水道淤塞,这条河道正好从桃源经过,"每值春秋水涨之际,桃源(宿邻邑)之北乡农民,必因决水,与宿之南乡农民互斗,惨无人理。……其互斗时,死伤有数人及数十人不等"[2]。被对方抓获的乡民,则被吊在树上肢解。"哀号乞命之声,闻于数里,而官长从不究办。事后往往以两邑互有死伤之故,以和平之法解决之"[3]。民国前期,因疏导龙山河、奎河入睢河,铜山、萧县居民与宿县居民相争不已;因凿顾家泖引安河、淮水入成子洼,泗县与泗阳居民大起争端[4]。

民国时期,阜阳境内的润河,每到夏秋即泛滥成灾。两岸居民为筑堤问题,争执多年,始终无法解决。沈秉璜感慨地写道:"吾国水利不能根本改善,以致局部冲突,各执理由,岂徒润河为然哉?"[5]

除了地区性的冲突外,洪水的泄放时间对于不同的行业有着极大的影响。每当夏秋,海沭地区的洪水均要淹没农田,但盐商为

---

[1] 武同举:《江苏淮北水道变迁史》,《两轩賸语》,1927年印本,本文第16页。
[2] 《宿迁乡民行劫面厂余记》,《东方杂志》第7年第5期,宣统二年五月二十五日出版,"中国大事记补遗"第26页。
[3] 《宿迁乡民行劫面厂余记》,《东方杂志》第7年第5期,宣统二年五月二十五日出版,"中国大事记补遗"第26页。
[4] 武同举:《江苏淮北水道变迁史》,《两轩賸语》,1927年印本,本文第16页。
[5] 沈秉璜:《勘淮笔记》,1926年春印,第81页。

了维持运盐通道，往往拦河设坝，坚决不放水。玥人赵日昇在《板浦堰纪略》中指出："板浦堰既筑，潮害可免，奇灶通利。然蓄泄失宜，殊有隐忧。案关头等河七处，为运河通海之支流，尽塞之，则河溢必损于民；尽开之，则河涸必损于商。"①清人陈宣在《水利论》称：海州"西接大湖（即硕项湖——引者注），通沂、沭诸水，夏秋山水泛涨，民田淹漫殆尽。……自康熙六七年后，黄水溢溢，诸河故道半淤，而民田始患水矣。又兼纲贾运盐，将泄水诸河多筑塞，使水更无归，以致东南民田岁岁苦涝"②。海州东南地区，原有天然的泄洪通道，"东南之田，水大由此入海，民受其利"。但万历丁巳（1617）在此筑板浦堰，"北障海潮，南蓄河流，为商贾辐辏之所"。此堰虽便于盐船通行，却使洪水出路被堵，因此"只便于商，而州民之生计日削矣"③。

乾隆后期，海沭地区的五丈、龙沟诸坝，"闭则民田尽没，开则盐艘不行"④。道光元年（1821），孙玉庭、延丰等奏，沭阳南北六塘等河，因年久淤塞，西部水涨，不能畅流。加上运盐河淤浅，拦筑草坝，蓄水济运。"田地常年被水，群黎实形困苦"⑤。芒稻河原有东西两闸，一旦泄水，常危害盐河交通，当权者，

---

① 唐仲冕等编：《嘉庆海州直隶州志》卷十二"山川"，嘉庆十六年刻本，第39页下。
② 唐仲冕等编：《嘉庆海州直隶州志》卷十二"山川"，嘉庆十六年刻本，第30页下。
③ 唐仲冕等编：《嘉庆海州直隶州志》卷十二"山川"，嘉庆十六年刻本，第39页下。
④ 唐仲冕等编：《嘉庆海州直隶州志》卷十二"山川"，嘉庆十六年刻本，第24页下。
⑤ 武同举辑纂：《再续行水金鉴（运河卷）》（1），武汉：湖北人民出版社，2004年，第8页。

"大抵利商而害民",在商人的鼓动下,将旧闸改高,使之无泄水功能,官员们"惜诸商数日之濡滞,而遂忍千万姓之颠连而莫之顾"①。直到民国前期,由于整个海州地区北高南低,倾斜度较大,从鲁南建瓴而下的沂、泗诸水大量被商人所筑的盐坝拦截,以致上游沙石沉积,河槽与周围湖泊一一被填平。灌河等河入海口,由于海潮顶托,经常漫坝而过,致使海州地区不但普遍承受沂、泗等水患,而且也时常遭受海潮之患②。

这些水患的根源,多少与前期蓄清刷黄相关。张謇指出:"汝、颍、淝、涡、睢、浍之水不能泄,而皖之凤、寿、怀、宿、灵、五、泗灾;汶、沂、泗、沭之水不能泄,而苏之邳、桃、宿、沭、清、安、海灾。"③清初,泗州东部的中河、六塘河、砂礓河无不受其影响,桃源县的北境几乎支离破碎。又因借黄济运,在惠济闸(即天妃闸)口提高清水水位,使洪泽湖水充溢于成子河洼,桃源等县尽为泽国,"水日益多,土日益少"④。由于黄河下游,特别是入海处越淤越高,横截沂水、泗水,使之均不能进入清口。像沂河一遇山水暴涨,即挟沙石而下。而到了沂运交会之处,流速减缓,沙石遂停集成滩⑤。而南阳、昭阳、独山、微山等湖水又从韩庄闸奔流进入运河。夏秋盛汛。巨浪弥天,丰县、沛县、邳县、

---

① 武同举:《谈水笔尘》,《两轩滕语》,1927年印本,本文第23页。
② 宗受于:《淮河地理与导淮问题》,南京:钟山书局,1933年,第138页。
③ 台北"中研院"近代史研究所档案馆藏档案:《张謇上书陈关于水利意见》(1914年2—3月),馆藏号:09-21-00,宗号0008-05,第12页。
④ 张相文总纂:《泗阳县志》卷七,民国十五年刻本,第1页下。
⑤ 台北"中研院"近代史研究所档案馆藏档案:《导淮案》(五),馆藏号:08-21(2),宗号1-(6),第22页。

郯城、桃源、宿迁等地,悉成泽国[1]。

苏北地区的水患,事实上也是人为"治理"而成。徐州、海州地区原为淮、泗、沂、沭交汇之地,但河道通畅,水流井然有序,"亘古不闻有水患"[2]。后由于黄河、运河、淮河三条大河在此相交,中央政府每年都要大兴河工,进行"治理",造成了这里的水文环境严重恶化。"有明以降,浊河南夺,分汶导洳,截沂摈沭,阻滩遏淮。乃成今局。其流毒所及,决丰沛而微湖淤,决邳宿而骆马淤,决清安而硕项淤。害在河北,泗沂沭无所潴矣。其南岸则叠决于砀、萧、铜、睢、桃、清之间,而洪泽淤;又决阜宁,而射阳淤。淮无所潴矣。不宁惟是,河既自决而又以人工分之,分而北,则以王营减坝为最大;分而南,则以毛城天然峰山为最著。其余减水诸口,两岸如栉。凡黄水所至,悉摧崩破裂,淮、泗、沂、沭无完肤矣"[3]。

综上所述,在修建巨型工程高家堰并蓄水成湖时,政府享受了水之利,暂时维持了其核心利益;而把水之害推给了这一地区的百姓,并把淮北不同的亚区推向了你死我难活的争斗中。

小　结

马克思指出:"社会地控制自然力,从而节约地加以利用,用人力兴建大规模的工程占有或驯服自然力,——这种必要性在产

---

[1] 武同举辑纂:《再续行水金鉴(淮河卷)》,武汉:湖北人民出版社,2004年,第509—510页。
[2] 武同举:《江苏江北水道说》,《两轩賸语》,1927年印本,本文第4页。
[3] 武同举:《江苏江北水道说》,《两轩賸语》,1927年印本,本文第4页。

业史上起着最有决定性的作用。"[1]但在中国"溥天之下，莫非王土"，自然力控制在最高统治者而非社会手中，他们占有和驯服自然力是维持自己的专制统治，为了眼前的榨取而非长远的产业发展。从这里就不难理解淮北的衰落之因了。

水患是淮北衰落的根本原因。而水患的形成基本上是人为的结果。在唐以前，尽管淮北地区水道密布，但主河道均具通航、灌溉之利，维持着良性的生态循环。1128年杜充掘开黄河大堤，使得黄河夺淮，初步破坏了淮北的水利系统，但那时黄河南北分流，淮北地区的水灾并不严重。

运河是中国古代劳动人民智慧的结晶，体现了中国辉煌的文明和灿烂的文化，但也是封建统治者重大的决策失误。明中后期以后，由于维持运道的需要，代表中央政府的河臣们逼迫全部黄河水流向徐、邳地区，人为地把黄河中下游地区的灾患全部转移到淮北。加上明祖陵的政治地位，造成明代的治河方略经常前后不一，不得不牺牲周边地区来捍卫祖陵。潘季驯主持修筑的高家堰，虽然暂时解决了黄河的淤垫问题，但却在基本上没有什么落差、地势极为平坦、极不适合修建水库的淮河中游造就了一个庞大的人工湖泊洪泽湖，把堰西数千平方公里的乡村镇市变为鱼鳖乐园，并在堰东地区的上空悬了一把每年必定下落的利剑，实为淮北生态衰变史上的分水岭。在以后的近三百年里，一代又一代的河臣们不断地加筑高家堰，不断地扩大两淮地区的灾源，并把泗盱与高宝地区的百姓推向你死我不活的地区性斗争，成为明至民国前期无法释解的地缘性冲突与对立。

---

[1] 马克思：《资本论》第1卷，《马克思恩格斯文集》第5卷，北京：人民出版社，2009年，第587—588页。

到了清代，尽管最高统治者较为重视农业生产，但维持运道仍是国家的头等大事，在绝大部分时间里，拒不采用甚至多次被证明为效率极高、成本极低的海运。大部分河臣并不具备专业的水利知识，往往凭一己之智，通过揣摩最高统治者的意图，随意规划治河方案。当然，这些治河的宗旨多以牺牲淮北、特别是江苏的淮北地区为常见。加上治水事务中的各种腐败层出不穷，各种河务工程问题重重，劣质工程司空见惯。淮北的水患并没有从根本上得以治理。

相关的利益官员以算政治账为幌子，从不敢算经济账，以最大限度地骗取国家资金。清中期，仅维持运道和行漕两项支出达2000万两以上，远超国库总收入的一半。民命、生态方面的损失更无法计算。而海运漕粮安全系数较高，既不会造成生态破坏，每年直接费用仅需三四百万两白银。

明清河务利益集团以及为后来为河运辩护的学者，均宣扬海上风险较大，如同人间地狱。这在事实上否定了中华民族极其辉煌灿烂的航海文明和远洋成就。毕竟，河运开启、海运停废之时，郑和的庞大舰队仍然航行在太平洋、印度洋。至于利益集团同时还宣称不行海运是因为海上有盗贼一说，这与海上如地狱一说实质上是矛盾冲突的；既然"盗贼"们能航大海如平地，为何以国家力量维持的海运舰队会畏惧海洋呢？

民国前期，尽管像张謇、许鼎霖这样的两淮名士以导淮为己任，但国家的财政状况无力负担治淮的巨额开支，是以那时的治淮多流于计划而鲜于实践。已有的治理活动，或规模太小，或中途夭折。到1938年花园口决堤，又让淮北地区成为广漠的黄泛区。

归根结蒂,淮北是被传统专制权力牺牲的地区,维持空洞的政治象征与实质性的漕粮供应是国家的最高利益,淮北地区的生态畸变则被视为局部利益。在淮北内部的地区性斗争中,斗争的最终砝码仍然是每个地区权力拥有者们势力的大小。这种势力基本上与各个地区的富裕程度呈正比[①]。在淮北这一被国家牺牲的宏大区域中,各子区域为了减少各自的损失,只能把灾祸推向邻区,每个地区都不得不最大限度地运用本地区的权力资源来捍卫自己的利益。在明朝时,中央政府就被各种各样的派别所把持,到了清代,即使康、雍之世,以地域划分的派别仍然盛行,他们更倾向于代表私益而非公利[②]。那些官僚数量较多、乡谊联系紧密的地区,常能较好地维护本地区的利益,客观上把损失转嫁到邻近地区。这样做的结果,势必遭到邻区的抗衡,形成无法辨别是非的僵持局面,最终共同被牺牲掉。

---

① 明恩溥(Arthur Smith)在清末写道:"在中国,权力掌握在读书与富人手中"(Arthur Smith, *Village Life in China*. Boston: Little, Brown & Co., 1970, p. 94)。这一论断,被学者视为揭示了中国传统社会体系的本质(Myron L. Cohen, *Kinship, Contract, Community, and State: Anthropological Perspectives on China*. Stanford: Stanford University Press, 2005, p. 24)。而就其实际,中国的读书人与富人基本是重叠的。

② 康、雍之世的党争问题见Susan Naquin and Evelyn S. Rawski, *Chinese Society in the Eighteenth Century*. New Haven and London: Yale University Press, 1987, p. 51. 19世纪初官员中的派别问题参见Jonathan Porter, "The Culture of Patronage in Early Nineteenth-Century China: Ruan Yuan's Circle at Canton", in Joseph W. Esherick and Wen-hsin Yeh and Madeleine Zelin (eds.), *Empire, Nation, and Beyond: Chinese History in Late Imperial and Modern Times-A Festschrift in Honor of Frederic Wakeman*. Berkeley: Institute of East Asian Studies, University of California, 2006, pp. 213-230.

第二章　盐业政策下的利益分配

如果说淮北水利是明清中央财政支出之大宗，那么，淮北盐业则是明清至民国年间中央财政收入之最重要源泉。也就是说，淮北既是当时中央政府费帑最多之处，又是国家榨取最急之区；这两者均最容易形成腐败之薮。

两江总督陶澍认为："两淮盐课之重，比如两江之地丁。"① 但不论明清时代的官员抑或社会精英，对减免、整顿两江田税丁赋的呼吁不绝于朝；而对两淮盐课中由国家政策造成的积弊及盐民的苦难生活却关注甚少。

按清代盐法的规定，江苏淮安、徐州两府、海州直隶州为淮北食盐引地；安徽凤阳、庐州、颍州三府，六安、泗州二直隶州，滁州、来安、桐城三县，以及河南汝宁府、光州直隶州为淮北纲盐引地②。清中后期，淮北盐场主要包括板浦（康熙年间并入徐渎）、临兴（雍正年间由临洪、兴庄合并而成）、中正（乾隆年间建立，

---

① 陶澍：《再请复设两淮盐政折子》，《陶澍集》上册，长沙：岳麓书社，1998年，第285页。
② 王守基：《两淮盐法议》，刘锦藻撰：《清朝续文献通考》（第1册）卷三十六"征榷（八）"，上海：商务印书馆，1936年，第7896页。

且并入了原莞渎场）3个盐滩。由于淮南某些盐场设在了本书所划定的"淮北"地域，且两淮盐业的体制、管理、商人等在多方面均大同小异，因此，本书所述的淮北盐业，包含了部分淮南的内容。

第一节　国家机器的自利化

皇朝时代，作为统治阶层的国家机器，除进行社会控制外，主要目的是掠夺社会财富，垄断各种资源。垄断本质上是反市场化的，必然造成市场失灵，使得本来通过极为简单的市场手段即可以极低成本、非常便捷地解决的经济事务，变得行政成本和社会成本的耗费极其惊人、效率极其低下，最终造成民穷国破的后果。

一、皇族、官吏、公务人员

《史记》载："夫自淮北、沛、陈、汝南、南郡，此西楚也……通鱼盐之货"；"彭城以东，东海、吴广陵，此东楚也……东有海盐之饶"[①]。两汉时期，淮河流域即为中国著名的盐产地，在唐代，"淮河区域盐产甚旺，遂成为全国税收之源"[②]。清人指出："刘晏掌国计，天下之赋，盐居其半，盖全资此地也。"[③]

明朝时，中央政府的财政收入每年为银400万两左右，"其半

---

① 司马迁：《史记》卷一二九"货殖列传"，北京：中华书局，1963年，第3267页。
② 盖乐：《中国盐政史略》，财政部盐务署盐务稽核总所：《盐务汇刊》第8册，1932年12月15日出版，第50页。
③ 蒋廷锡等：《钦定古今图书集成》（第693册）"经济汇编·食货典"卷二一三"盐法部"，上海：中华书局，1934年，第6页下。

则取给于盐"①。两淮行盐引705180余道，每引载盐400斤，淮南每引征银1两3钱，淮北每引征银1两1钱，共征课银95万多两②。两淮盐课约占明朝财政收入的24%。

清朝产盐地主要有两淮、浙江、长芦、河东、云南、山东、四川、广东、陕西等地区，其中仍以两淮产盐最多，盐税也以两淮所占比重最大。清初以引重难于秤掣，将盐引剖一为二，两淮行引1410360余道，每引载盐200斤，淮南征银6钱7分，淮北征银5钱5分。后陆续增加的引数"几及正引之半，而斤重递增亦至于每引四百斤焉。"③

在清朝，"钱粮事务莫大于漕运、盐法"④。顺治二年（1645），行盐1716625引，征课银563310余两。次年，盐引增至300余万道，十六年（1659）达400余万道⑤。几乎每一代皇帝都对盐务的重要性作出了表述。

清人指出："惟今日之盐最得利多而济国有者，莫如两淮。盖两淮居两京之间，行盐地方比他运司为多，而皆民物繁庶之地。"⑥雍正十年（1732），两淮盐政高斌的奏疏称，两淮商人每

---

① 李汝华：《盐法疏》，见蒋廷锡等：《钦定古今图书集成》（第693册）"经济汇编·食货典"卷二一四"盐法部"，上海：中华书局，1934年，第14页上。
② 王守基：《两淮盐法议》，刘锦藻撰：《清朝续文献通考》（第1册）卷三十六"征榷（八）"，上海：商务印书馆，1936年，第7897页。
③ 王守基：《两淮盐法议》，刘锦藻撰：《清朝续文献通考》（第1册）卷三十六"征榷（八）"，上海：商务印书馆，1936年，第7897页。
④ 张廷玉等：《清朝文献通考》（第1册）卷二十八"征榷考（三）"，上海：商务印书馆，1936年，第5100页。
⑤ 张廷玉等：《清朝文献通考》（第1册）卷二十八"征榷考（三）"，上海：商务印书馆，1936年，第5097页。
⑥ 蒋廷锡等：《钦定古今图书集成》（第693册）"经济汇编·食货典"卷二一三"盐法部"，上海：中华书局，1934年，第6页下。

年负担的正杂课饷达250余万两①。道光年间,淮南盐课每引加至1两1钱7分,淮北加至1两5分,淮南派行139万余引,淮北派行29万余引,每年共征课银1869590余两。仅此已比明代增加一倍以上。另外,尚有织造、河工、铜脚等解部杂款达32万余两(解送织造银22万两以制办进贡物件、捐助河工银5万两、运铜进滇水脚5万两),其余杂支等项共计银106万两,外办经费约七八十万两,帑息50余万两,总计淮商输纳的款项达500万两左右②。

清初淮纲正课银,每引仅征银1两多,"迨后盐规匦费节省等项,多由陋规改为额款。于是淮纲正杂内外支款为数甚巨。每引科则乃增至六七两之多"③。道光十二年(1832),在淮北改行票盐,"实类于就场征税"④。道光二十一(1841)、二十二(1842)、二十五(1845)、二十九年(1849)全国盐课实征数分别为4917353、4981845、5074164、4985871两有零,全国直省实际收入分别为38597750、38715044、40612280、37010019银两有零⑤。盐课收入分别占全国财政实收的12.74%、12.87%、12.9%、12.49%、13.47%。庚子(1900年)以后,两淮税厘更增至千万两,

---

① 高斌:《商力并非困敝疏》(雍正十年),载贺长龄:《皇朝经世文编》卷五十"户政二十五",上海:广百宋斋丁亥仲春校印,第18页下。
② 王守基:《两淮盐法议》,刘锦藻撰《清朝续文献通考》第1册,上海:商务印书馆,1936年,卷三十六"征榷八",第7897页。
③ 曾国荃等督修、王定安等纂修:《两淮盐法志》卷九十三"征榷门·科则上",光绪三十一年刻本,第1页上。
④ 曾仰丰:《中国盐政史》,上海:商务印书馆,1937年,第118页。
⑤ 王庆云:《石渠余记》卷三,清光绪十六年龙璋刻本,第50页上。

"遇大灾赈，随时之捐一二百万不与焉。"①

清末，经两江总督端方奏准，札委江泳沂招商集资，在灌云丰乐镇附近筑滩建场，后又有淮商同德昌及张謇、徐静仁等建立大德、大阜、大源、公济、大有晋、裕通、庆日新等济南场7家股份公司。7家公司设在灌云陈家港，辖区跨灌云、涟水两县，面积1560平方里②。济南场加上板、临、中三场，共计3100余分，绵亘300余里③。

清末至民国，淮北盐产地位，远远超过了淮南地区，时人称："淮北盐产丰富，馈食遍六省，税课甲宇内，为吾国最重要之盐区。"④民国成立以来，盐务改革，首推淮北⑤。

据民国前期外国专家对盐税的调查，"中国财政大半仰给于此。"⑥清末民初，由于中国不少外债以盐税作担保，为了调查盐税的准确数字，外方债权人分派欧、日专家担任调查工作⑦，估计全国每年盐税收入在4800万至6400万两库平银之间，实际解交中

---

① 张謇：《卫国恤民化枭弭盗均宜变盐法议》，曹从坡等主编：《张謇全集》第2卷，南京：江苏古籍出版社，1994年，第21页。另有学者认为，税课绝对数量在17世纪中期为200万两白银，到19与20世纪之交增加到了4000万两。见Tao-chang Chiang, "The Production of Salt in China, 1644–1911," *Annals of the Association of American Geographers,* vol. 66, no. 4 (December, 1976), p. 516.
② 《淮南北盐场概况调查》，（北京）《盐政杂志》第61期，1935年8月15日出版，"调查"第13页。
③ 王间祜：《整理淮北盐场意见书》，财政部盐务署盐务稽核总所：《盐务汇刊》第5册，1932年10月31日出版，第32页。
④ 朱家宝：《淮北盐务概略》，财政部盐务署盐务稽核总所：《盐务汇刊》第19册，1933年5月31日出版，第70页。
⑤ 《取消淮北票权引权经过之情形》，财政部盐务署：《盐务公报》第26期，1931年2月出版，"特载"第209页。
⑥ 盖乐：《中国盐政史略》，财政部盐务署盐务稽核总所：《盐务汇刊》第8册，1932年12月15日出版，第49页。
⑦ 盖乐：《中国盐政史略》，财政部盐务署盐务稽核总所：《盐务汇刊》第8册，1932年12月15日出版，第48页。

央的盐税约为1300万两。"此数经各方面所认为可靠者也。"1919年以前，中国盐税均由各省征收，盐政由各省管理，清政府除厘定税率及颁布盐制规则外，其余不复过问。于是各省督抚纷纷假手盐运使监管省内一切盐政事务，除特别问题需奏请批准外，其余均自行全权办理。盐税由各省政府留存一部分为行政经费，各省的教育费、修堤费等亦由盐税内加征留省支用。故每年解交北京的盐税款仅为一小部分。"至各省所经收数目均无从稽考。"①

1931年，淮盐税收达5150万元（工业盐不计在内）②，约合3680万两。分别占全国盐税总收入和全国财政收入（不包括债款，坐拨征收费及退税除外）的35.7%和9.3%③。相当于清中期全国直省实收。1932年，淮盐年产额约800万担，其中济南场占58%，板、中、临3场占35%，淮北4场共占93%；淮南各场仅占7%。淮盐掣放数每年约600万担④。

除了正规的盐税、各种附捐外，清朝最高统治者还向商人收取类似贿金的报效。仅在1738—1804年，两淮盐商就向政府捐献（报

---

① 盖乐：《中国盐政史略》，财政部盐务署盐务稽核总所：《盐务汇刊》第8册，1932年12月15日出版，第49页。
② 曾仰丰：《淮盐产销情形及配酿改革报告书》（1931年10月1日），财政部盐务署盐务稽核总所：《盐务汇刊》第1册，1932年8月31日出版，第116页。
③ 1931年，全国盐税收入为14420万元，全国财政收入（不包括债款，坐拨征收费及退税除外）为55300万元（杨荫溥：《民国财政史》，北京：中国财经经济出版社，1985年，第46—47页）。
④ 曾仰丰：《淮盐产销情形及配酿改革报告书》（1931年10月1日），财政部盐务署盐务稽核总所：《盐务汇刊》第1册，1932年8月出版，第115—116页。淮北盐产远超淮南的主因，过去多认为是淮南海势东迁，卤气变淡所致。实际上，主要原因可能是产盐的成本不同造成的。淮北使用晒制的方法制盐，"晒盐"的成本，平均每公吨为10元。淮南则使用煎制的方法，"煎盐"的成本为30元/公吨（见"Salt in China and Elsewhere," *Chinese Economic Journal,* vol.4, no. 6, June 1929, p. 488）。

效）白银36370968两，这还不包括他们为乾隆南游所花费的467万两白银，也不包括为盐官们捐献的许多小额款项[①]。

另据景本白的统计，1733—1804年，盐商在助军、助赈方面的报效为2600万余两，详见下表：

表2-1 1733—1804报效情况

年份	报效人名	报效金额（万两）	报效事由
雍正十一年（1733）	黄光德	10	以佐军糈
乾隆三年（1738）	黄仁德	30	兴修淮扬水利，以佐大工
乾隆三年（1738）	众商、汪应庚	17	汤郡旱灾助赈
乾隆六年（1741）	黄仁德等	7	汤郡被灾助赈
乾隆七年（1742）	汪应庚	6	扬郡水灾助赈
乾隆七年（1742）	黄仁德等	24	扬郡水灾助赈
乾隆十一年（1746）	程可正等	20	河湖盛涨助赈
乾隆十三年（1748）	程可正等	80	以佐军糈
乾隆十三年（1748）	鄂岸商吴鼎和	20	以佐军糈
乾隆十四年（1749）	西岸商许安初	40	以佐军糈
乾隆十八年（1753）	众商	30	通泰淮水灾助赈
乾隆二十年（1755）	程可正等	100	伊犁荡平以备军需
乾隆二十三年（1758）	黄源德等	100	西北荡平
乾隆二十四年（1759）	扬州众商	1.7	挑河建闸

① Ping-ti Ho, *The Ladder of Success in Imperial China: Aspects of Social Mobility, 1368—1911*. New York and London: Columbia University Press 1962, p. 82.

续 表

年份	报效人名	报效金额（万两）	报效事由
乾隆三十八年（1773）	江广达等	400	以备金川军需之用
乾隆四十七年（1782）	江广达等	200	充山东工赈
乾隆五十三年（1788）	江广达等	100	荆州水灾以助工赈
乾隆五十三年（1788）	江广达等	200	进剿台湾以备军需
乾隆五十七年（1792）	洪箴远等	200	后藏奏凯以备赏需
乾隆六十年（1795）	洪箴远等	200	湖南苗匪滋扰凯旋赏需
嘉庆四年（1799）	洪箴远等	150	川陕匪扰以备善后之用
嘉庆五年（1800）	洪箴远等	50	川楚凯旋以备赏用
嘉庆五年（1800）	洪箴远等	50	邵家坝工需
嘉庆六年（1801）	洪箴远等	200	川楚匪平以备常恤
嘉庆七年（1802）	洪箴远等	10	湖北灾赈
嘉庆八年（1803）	洪箴远等	100	川陕军营告成公捐200万两，奉旨赏收100万两。
嘉庆八年（1803）	洪箴远等	110	以备卫家楼工需
嘉庆九年（1804）	洪箴远等	100	衡工合龙，以备善后
嘉庆九年（1804）	洪箴远等	20	苏皖水灾助赈
嘉庆九年（1804）	黄潆泰程俭德	40	以佐高堰工用
合计		2615	

资料来源：景本白：《票本问题》，载林振翰编：《淮盐纪要》，上海：商务印书馆，1928年，"专件"第18—20页。

通过捐献，许多盐商获得了官阶①。这种捐献实则上是向皇帝的合法行贿，因而在"盛世"时，这种捐献不胜枚举。盐商总是不放过任何"报效"的机会，如乾隆五十年（1785）二月举行千叟大宴，两淮总、散各商江广达等情愿恭进银100万两②。这印证了孟德斯鸠（Montesquieu, 1689-1755）的论述："专制的国家有一个习惯，就是无论对哪一位上级都不能不送礼物，就是对君王也不能例外。"③民国前期，有人写道："报效、报效，盐商罪恶皆借汝名而行。"④有的学者认为，乾隆所采取的不公正政策，源于其思想不是正统的儒家伦理⑤。我们认为，至少在盐务政策方面，其偏向性的政策，相当程度上是收取商贿的结果。

时人指出，清初，盐引每年由户部颁发，逐年更换，并不固定，但引商通过向最高统治者公开行贿，遂使引商变为世袭，"其所以成为世业者，亦自有故。引商往往乘国家有大征伐，以报效美名，纳贿于政府。既受其巨贿，势不能更换新商，于是互相利用，引商遂为骄子"⑥。

对普通百姓而言，报效带来的基本是负面的影响，"因报效而

---

① Ping-ti Ho, *The Ladder of Success in Imperial China: Aspects of Social Mobility, 1368–1911.* p. 83.
② 曾国荃等督修、王定安等纂修：《两淮盐法志》卷一三九"优恤门·恤商上"，光绪三十一年刻本，第22页下。
③ 孟德斯鸠：《论法的精神》上册，北京：商务印书馆，1997年，第67页。
④ 景学钤：《报效问题》，盐政杂志增刊：《盐政丛刊》，北京：盐政杂志社1931年11月初版，第41页。
⑤ Mark Elliot, *The Manchu Way: The Eight Banners and Ethnic Identity in Late Imperial China.* Stanford: Stanford University Press, 2001, "intruduction" and passim.
⑥ 景本白：《票本问题》，载林振翰编：《淮盐纪要》，上海：商务印书馆，1928年，"专件"第17—18页。

加价短秤、搀杂泥沙，其损失比较商人之报效，百倍不止。盖报效仅出一次，而人民之受害则子孙万世也"①。

民国前期，盐商则以缴纳"验票费"的名义向最高统治者行贿。第一次系在袁世凯实行帝制时，"引商拟报效千万，为大典筹备经费"，山东盐商已经缴纳，终因稽核总所外籍会办丁恩的反对而中止；第二次为曹锟贿选时期，"拟以验票费为大选之用"，两淮地区筹措了有关资金，后因两浙独立，淮商观望而中止；第三次为吴佩孚任八省联军统帅之时，"亦欲以验票费供军饷"，因国民革命军北伐而中止；第四次在国民政府建立后，"旧案重提"②。

如果说，在太平天国战争以前，两淮商人以报效为名进行的政治投资尚是出于自愿的话，太平天国战争发生后的"报效"，则基本是政府强迫进行的。史称："自粤寇横肆、外族侵侮，度支告匮，增榷算缁，海内耗弊，于是计臣仰屋愁叹，不得已而指派商捐，或百万或数十万，摊诸通纲，而众商推诿，或以食岸求免，或以下则减派，啧啧辨论，甚至以辗转移奖之法，为招徕商捐之地，百呼而后一应。是岂报效之忱今不古若哉？"③民国初年，北京政府仍沿用了强制"报效"这一做法。1915年5月25日，因国库空虚，经费无着，勒令全国盐商报效1000万元，如不遵照办理，则将其引权取

---

① 景本白：《票本问题》，载林振翰编《淮盐纪要》，上海：商务印书馆，1928年，"专件"第20页。
② 景本白：《验票与精盐》，（北京）《盐政杂志》第57期，1933年6月30日出版，"社论"（1）第1—2页。
③ 曾国荃等督修、王定安等纂修：《两淮盐法志》卷一四五"捐输门·助军"，光绪三十一年刻本，第1页上—下。

消①。

　　毕竟,"报效"还是能够换得政治利益的,而"帑息"则体现了最高统治者对盐业利益的肆意掠夺。据康熙四十九年(1710)二月巡盐御史曹寅奏:康熙四十二年(1703),两淮盐商向国库"借帑"100万两②,1706年开始,商人于5年内每年带还23万,于1710年清结③。此后,未闻再有类似的实际借款④。以后的"借款"实际上是出自商人自身的报效之类,而非真的借自国库。如乾隆五十年(1785)商人为千叟大宴所捐的款项中,"奉旨以六十万带完滞课,以四十万交商领借"⑤。这40万两借款不但本金出自商人,而且每年还要向清廷支付利息,尤其令人惊讶的是,这项帑息居然一直沿袭下来。据陶澍奏称,道光年间,两淮所借的"帑本"早已归还完毕,但其利息每年却仍要70多万两⑥。淮南各项盐课,以前仅有300多万两,每引负担2两多。自帑利等并入引课,再加各项杂费,每引负担的盐课达4两⑦。在这里,帑息已不是盐商付给最高统

---

① 南开大学经济研究所经济史研究室编:《中国近代盐务史资料选辑》第1册,天津:南开大学出版社,1985年,第211页。
② 曾国荃等督修、王定安等纂修:《两淮盐法志》卷一三九"优恤门·恤商上",光绪三十一年刻本,第7页下。
③ 曾国荃等督修、王定安等纂修:《两淮盐法志》卷一三九"优恤门·恤商上",光绪三十一年刻本,第8页上。
④ 康熙五十六年两淮商人曾请求再借皇帑120万两,利息12万两。康熙认为此事"万万行不得,再也不要说了"。见李煦:《两淮众商求题再借皇帑折》,《李煦奏折》,北京:中华书局,1976年,第220页。
⑤ 曾国荃等督修、王定安等纂修:《两淮盐法志》卷一三九"优恤门·恤商上",光绪三十一年刻本,第22页下。
⑥ 陶澍:《刘运使急公出缺请派大臣查办淮鹾折子》,《陶澍集》上册,长沙:岳麓书社,1998年,第299页。
⑦ 魏源:《筹鹾篇》,中华书局编辑部:《魏源集》下册,北京:中华书局,1976年,第432页。

治者借款的利息了，而是支付给皇权保护其垄断特权的贿金，九五之尊的天子倒像个收取保护费的黑社会头子。

道光九年（1829）三月升任署两淮盐运使的王凤生，上任后锐意改革，曾条陈18事，其中像收灶盐、节浮费、浚河道、增屯船、缉场私邻私之出入、禁江船漕船之夹带，以及清查库款、督运淮北等均得到了最高统治者的首肯；"惟求免帑利，而反借藩库、道库银三百万，则事所必不可行者"①。这类似于马克思所批评的英国高教会派，"宁愿饶恕对它的三十九条信纲中的三十八条信纲进行的攻击，而不饶恕对它的现金收入的三十九分之一进行的攻击。"②

在专商制度下，盐引即为食盐的生产计划与运、销许可证。有了盐引这一计划经济下的指标，就有了敛聚财富的保证。在传统社会里，盐引的获得具有明显的权力偏向，尤其是那些皇亲国戚最容易破坏法律，优先获得盐引。正如魏源所说："盐为利薮，官为盐蠹。"③明初曾禁止贵族以权谋引，使商人得到的实惠较多。顾炎武写道："诸监临势要令家仆行商中盐侵民利者，罪如律，盖法令严具如此。然于时商中盐者引输银八分，上所榷利甚微，而商利甚厚。"④但是，弘治中，"钦赏实多，又内外势要人奏讨奏买，

---

① 魏源：《两淮都转盐运使婺源王（凤生）君墓表》，中华书局编辑部：《魏源集》上册，北京：中华书局，1976年，第333页。
② 马克思：《资本论》第1卷，《马克思恩格斯文集》第5卷，北京：人民出版社，2009年，第10页。
③ 魏源：《筹鹾篇》，中华书局编辑部：《魏源集》下册，北京：中华书局，1976年，第435页。
④ 顾炎武：《天下郡国利病书》（三），黄珅等校，上海：上海古籍出版社，2012年，第1247页。

乃遂搀越支卖，夹带私贩，以至上损国课，下夺民财"①。至正德中，"用事者悉托名讨盐，径自奏中，增价发卖，不复遵旧制，而盐法决裂尽矣。"②贵族门通过垄断盐引这一销售指标，并不直接经手生产和运销，凭借权势就可获得暴利，盐务利益的分配基于权力的高低，其弊端与掌权者密切相关。据嘉靖中詹事霍韬疏：

> 法立奸生，利不归商贾之家，而顾以充豪猾之橐。闻之边人言，每岁户部开纳年例，方其文书未至，则内外权豪之家遍持书札，预托抚臣。抚臣畏势，而莫之敢逆。其势重者，与数千引，次者亦一二千引，其余多寡，各视其势之大小而为之差次，名为'买窝卖窝'。每占盐一引，则可不出大同之门，坐收六钱之息。至于鬻自转贩，真正商人，苟非买诸权豪之家丁、丐诸贵幸之仆隶，则一引半缗曾不得而自有。夫一引白得银六钱，积而千引，则可坐致六百金，万引则可得六千金。以游手游侠之人，不移跬步，而坐致千金之利。③

另外，盐引的获得还具有地区性偏向，由于京城中的人在信息来源、官场关系等方面具有无可比拟的优势，因而，获得盐引极为容易。明仁宗（1425）时，淮安府山阳县丞崔奎指出："比因

---

① 顾炎武：《天下郡国利病书》（三），黄珅等校，上海：上海古籍出版社，2012年，第1249页。
② 顾炎武：《天下郡国利病书》（三），黄珅等校，上海：上海古籍出版社，2012年，第1249页。
③ 蒋廷锡等：《钦定古今图书集成》（第693册）"经济汇编·食货典"卷二一三"盐法部"，上海：中华书局，1934年，第7页下。

钞法不通，召商中纳盐钞，然所中者率多京师之人，远方中纳者少。"①有人认为，由于势豪之家的垄断，使得边商被迫放弃在边关的经营活动，从而转向两淮这样的内地地区②。

清承明制，也继承了明朝政体的许多弊端。据王方中研究，清代同样有贵族垄断盐引的情况。如雍正四年（1726）将吉安一府盐引，全部赏给怡贤亲王，雍正八年（1730），该府盐引共51504道奉旨交淮商黄德办理，每引纳窝利银1两，每年春秋二季交纳到运库中，再转交给王府③。顺治十八年十二月二十五日（1662年2月13日）户部奉上谕："盐课钱粮关系军国急需，闻内外大小官员、势豪之家，多有贸易贩盐，倚势不纳课银。巡视盐课官员，不畏势力、不徇情面、尽心催征者，即能多得课银，其畏势徇情者，即致课银亏欠。"④雍正二年（1724）的上谕指出：盐务中的弊病"飞渡重照，贵卖夹带，弊在商者犹少；加派陋规，弊之在官者更多"；"官无论大小，职无论文武，皆视为利薮，照引分肥"⑤。由于官僚的介入，商人们很自然地转向于同官僚的合作，史载："迩年以来，奸商投托势要，每遇开中，尽数包占，转卖取利"⑥。

---

① 《明实录·仁宗昭皇帝》卷四（下），台北"中研院"历史语言研究所，1962年，第5—6页。
② Foon Ming Liew, *Tuntian Farming of the Ming Dynasty, 1368—1644.* Hamburg: Gesamtherstellung, 1984, p. 23.
③ 王方中：《清代前期的盐法、盐商与盐业生产》，载陈然等编：《中国盐业史论丛》，北京：中国社会科学出版社，1987年，第302页。
④ 王世球等纂修：《两淮盐法志》卷首"制诏"，乾隆十三年刻本，第2页下。
⑤ 张廷玉等：《清朝文献通考》（第1册）卷二十八"征榷考（三）"，上海：商务印书馆，1936年，第5104页。
⑥ 王方中：《清代前期的盐法、盐商与盐业生产》，载陈然等编：《中国盐业史论丛》，北京：中国社会科学出版社，1987年，第301页。

从最高统治者收取的"报效"和"帑利",到高官势要们倒卖盐引,均是运用各自的权力获取不当利益。这种做法势必造成盐务管理体系的混乱,成为各种腐败的源头。从康熙、乾隆两朝"盛世"的报效来看,最高权力拥有者的腐败,绝不是个人"不智"造成的,而是由于缺乏制度性的约束。因此,欲改变这种状态,是那些明君们所无能为力的。

二、国家机器职能的异化

由于盐业是一个高度垄断的行业,盐务部门的支出高得惊人。20世纪30年代前半期,全国每年平均盐税收入为1.4亿元,但盐务行政和税收管理的费用却高达2000万元以上[①]。在封建专制体制下,盐税的征收受中央政府的控制较多,显得相对节制。到了民国时期,地方权力膨胀,各种附加税名目繁多,盐税在成倍地增加。1909年,江苏、安徽两省,每担盐负税1.5元,到1928年,两省每担盐负税达6.3元,其中附税是正税的3倍[②]。

通过垄断中央政府的盐业指标,使用合法的外衣来谋利自肥,显然只有高官巨宦们才有这样的条件。而一般的掌权者或国家公务人员,却只能使用某些不合法的手段来谋利了。

最高统治者、高官巨宦们利用权力介入盐业的利益分配,为其他权力的滥用开了先河,并由此造成与盐有关的整个国家机器的腐败。1477年,成化皇帝在圣旨中指出:"近闻两京公差人

---

① 中国盐政讨论会编:《盐商侵占国税统计(公开部分)》,南京:中国盐政讨论会印,1935年11月,第1页。
② 涂星若:《新盐法与人民负担》,《新盐法通过后舆论界之平论》,南京:盐政讨论会印,1931年5月,第15页。

员，装载官物、应给官快等船，近有等玩法之徒，恃势多讨船只，受要各船小甲财物，纵容附搭私货，装载私盐，沿途索要人夫，揞取银两。……运粮官军仿效成风，回还船只，广载私盐，阻坏盐法。"①

明海州知州张峰在《盐课论》中写道："夫产盐之方，责令百姓买官盐而食，法已难行。私价本不及厘，而以二厘领官盐而卖，法似太峻。然比领商盐而十倍其费，轻重悬绝矣。……嗟呼，盐之为利害也。余理州事，见商人告负引盐者无虚日，知灶户之贫也；领卖官盐，价多赔偿，知铺户之累也；巡获私盐，月有定数，不足则以工食扣补，知官兵之苦也。"②至清时，知州、州同、州判、吏目、巡检，皆有巡役，分缉水陆要隘。海州、东海两营亦分派弁兵防缉，"每季限获私盐有常格，不及格则削其饩。其以私盐缉获者，案牍几满"③。

为了防止缉私人员的不作为，官方常给缉私警役设置定额。可想而知，这种方法必然会逼迫官警滥抓良善以充数，而在完成定额后置真正的私盐于不顾，如"徐、邳盐徒，动连什百，得利则行盐，失利则行劫，官府不能制；而挑贩小民，执之以充月数，又从而徒杖之，知民之为病也"④。难怪顾炎武要把这种政策称为"掩耳盗钟之政"。他写道："余少居昆山、常熟之间，为两浙行盐地，而民间多

---

① 朱国盛编：《南河志》卷一，天启乙丑年刊本，第9页上。
② 唐仲冕等编：《嘉庆海州直隶州志》卷十七"食货"，嘉庆十六年刻本，第11页上。
③ 唐仲冕等编：《嘉庆海州直隶州志》卷十七"食货"，嘉庆十六年刻本，第14页下—15页上。
④ 唐仲冕等编：《嘉庆海州直隶州志》卷十七"食货"，嘉庆十六年刻本，第11页上。

贩淮盐。……明知其不能禁，而设为巡捕之格，课以私盐之获，每季若干，为一定之额，此掩耳盗钟之政也。"①曹一士对此也提出了尖锐的批评："官从而立之程，曰：'岁捕私盐当若二，捕不及额者有罚。'……且夫上之人定其额而限之捕，是明知夫盐之所产之不尽于商引矣。"②

具有官方背景的漕船运丁夹带私盐也非常严重。康熙四十六年十二月初九日（1708年1月1日）上谕："漕船往来河道，运丁人等夹带私钱私盐，遇稽察员役，动辄抗拒伤人放火，诬赖沿途商民，船只悉被欺凌，种种不法之事甚多。"③雍正七年（1730）五月户部奉上谕：

> 运丁人等繁多，素有恶习，如偷盗米石，挂欠官粮，夹带私货，藐视法纪，此向来之通弊也。又如昔年浙江、湖广二省粮船，因私忿小怨，遂操刀持戈，杀伤多命。又从前偶值回空守冻，遂致纵容水手公然抢夺，扰害居民。此皆众所共知。是以数年以来，内外臣工条奏旗丁不法者，不下数百纸。前又奏称，贩卖私盐之弊在粮船为尤甚，有一种积棍巨蠹，名为风客，惯与粮船串通，搭载货物，运至淮扬，托与本地奸徒，令其卖货，买盐预屯水次，待至回空之时，一路装载，其所售之

---

① 顾炎武：《行盐》，载贺长龄：《皇朝经世文编》卷四十九"户政二十四"，上海：广百宋斋丁亥仲春校印，第1页下。
② 曹一士：《盐法论》，载贺长龄：《皇朝经世文编》卷四十九"户政二十四"，上海：广百宋斋丁亥仲春校印，第1页下。
③ 曾国荃等督修、王定安等纂修：《两淮盐法志》卷一"王制门·制诏一"，光绪三十一年刻本，第5页上。

价,彼此朋分。粮船贪风客之余利,风客恃粮船为护符。于是累万盈千,直达江广,私贩日多,而官引日滞等语。观此,则旗丁之作奸犯科,诚难以悉数也。①

据陶澍估计,回空漕船每年经运河从天津等地夹带到湖南、湖北和江西的私盐达1亿斤。当陶对运丁所夹带的私盐进行查禁时,甚至遭到了漕督的反对②。而有的学者关于水手走私和勒索仅发生在19世纪的看法③,显然是不妥的。

另外,淮北的私盐中,还有更为严重的军私、警私甚至官私等,常为学者所忽略④。

清朝建立之初,拥有各种权势的满洲军兵,公然载运私盐,甚至引起了最高统治者的震惊,并屡次下旨禁止。顺治四年六月十七日(1647年7月18日)户部奉上谕中称:"兴贩私盐,屡经禁约,近闻各处奸民指称投充满洲,率领东兵,车载驴驮,公然开店发

---

① 曾国荃等督修、王定安等纂修:《两淮盐法志》卷一"王制门·制诏一",光绪三十一年刻本,第11页下—12页上。
② Thomas A. Metzger, "The Organizational Capabilities of the Ch'ing State in the Field of Commerce: The Liang-huai Salt Monopoly, 1750-1880," in W. E. Wilimott (ed.), *Economic Organization in Chinese Society.* Stanford: Stanford University Press, 1972, p. 33.
③ David E. Kelley, "Temples and Tribute Fleets: The Luo Sect and Boatmen's Associations in the Eighteenth Century," *Modern China*, vol. 8, no. 3 (July 1982), p. 368.
④ 如佐伯富曾详细地研究了漕私、船私、枭私、商私等,却没有述及军私、警私和官私(见佐伯富:《清代盐政の研究》,京都大学:东洋史研究会刊,1962年,第130—202页)。刘常山列举过军私、官私,但极为简略(刘常山:《清代后期至民国初年盐务的变革(1830—1918)》,台北:文史哲出版社,2007年,第66页)。

卖，以致官盐壅滞。"①次年六月十六日（1648年8月4日）户部奉上谕："近闻地方土棍串同满兵，车牛成群，携带弓矢，公然贩卖私盐。"②

太平天国战争发生后，"票贩虽日形竭蹶，而尚能勉力从公，池商虽难免偷漏，而未敢任意售私。迨军营提盐抵课，变易旧规，营员日出于其途，商贩遂闻而却步"③。李世忠部下最为嚣张，赴坝领盐时经常百般恐吓。在栈盐不足时甚至下场自捆。风气一开，各军纷纷效仿。"护私夹私之弊，遂至不可穷诘"。在这种情况下，私贩乘机与军队勾结，"近来私枭勾串营弁，朋贩毛盐，结队横行，连樯闯越。堵之严，则营员出面包庇；缉之疏，则官引尽被占销"④。

太平天国战争结束后，张謇指出："湘淮军退伍军人，得饱初回，尚足自赡，不遽为枭，官亦尚足制枭"；到了清末，"则枭日进，官日退，盐遂减收"⑤。同治十二年（1873）十一月瓜栈道员薛书常奉札："兵燹以后，盐船船户多系湘楚各军营官哨官，大则提镇，小则参游。所用水手皆属百战之余，犷悍强暴，最难驾驭。夹江盐船荟萃，多至二千余只，少亦一千有零。船户水手不下

---

① 曾国荃等督修、王定安等纂修：《两淮盐法志》卷一"王制门·制诏一"，光绪三十一年刻本，第1页下。
② 曾国荃等督修、王定安等纂修：《两淮盐法志》卷一"王制门·制诏一"，光绪三十一年刻本，第2页上。
③ 曾国藩：《截留淮北饷盐并设法整理以复旧制折（同治三年八月二十七日）》，《曾国藩全集》"奏稿七"，长沙：岳麓书社，1994年，第4359—4360页。
④ 曾国藩：《截留淮北饷盐并设法整理以复旧制折（同治三年八月二十七日）》，《曾国藩全集》"奏稿七"，长沙：岳麓书社，1994年，第4360页。
⑤ 张謇：《盐业整顿改良被扼记》，曹从坡等主编：《张謇全集》第3卷，南京：江苏古籍出版社，1994年，第517页。

二三万人，一唱百和，动辄滋事。"①光绪四年（1878）正月海分司于宝之禀称：运河南岸黄家圩等处，开设私槽，每包私盐收费560文，其中由洪泽湖营每包提成160文，由该营头目周万清经收。"该都司邹光前难保无知情情弊"②。

各级政府把在稳定的前提下榨取最大的利益作为终极目标，而不是寻求基本的社会公正。因此，在盐务中，明显表现出"对人不对事，论权不论法"的潜规则。对卖私远胜于平民的军队、警员、缉私队等公职人员则多以纪律处分代替法律惩处。据统计，到19世纪初，清朝政府中的各种职员已超过150万人，其中约有半数是课税吏胥③。至少在盐税征收方面，这些吏胥与学者所说的"他们更接近于市民社会"④的观点不同，他们的腐败与传统官僚并无二致。

民国前期，淮北军队贩私极为寻常。"盐匪贩私尚畏官兵缉拿，陆军贩私则明目张胆，毫无顾忌"。军队分有组织的贩私和个人贩私两种。有组织的贩私，如在灌河口内关要设立军营，以退役人员为总管，并设立稽查处，自行委任稽查员。"名为严防匪类，稽查偷漏，实则为他等贩运私盐进灌河口时之保护处也"。该稽查

---

① 曾国荃等督修、王定安等纂修：《两淮盐法志》卷六十四"转运门·缉私六"，光绪三十一年刻本，第27页上。
② 曾国荃等督修、王定安等纂修：《两淮盐法志》卷六十二"转运门·缉私四"，光绪三十一年刻本，第21页下。
③ Marianne Bastid, "The Structure of the Financial Institutions of the State in the Late Qing," in S. R. Schram (ed), *The Scope of State Power in China*. Hong Kong: The Chinese University Press, 1985, p. 71.
④ Marianne Bastid, "The Structure of the Financial Institutions of the State in the Late Qing," in S. R. Schram (ed), *The Scope of State Power in China*. Hong Kong: The Chinese University Press, 1985, p. 72.

处有兵丁约20人，贩私、庇私是其专职。每当大宗私盐过境，即派兵丁至河边，以稽查为名，进行保护①。其稽查员本人即为陆军贩私团股东，其所贩运的私盐大都来自青岛，每次多则数万包，少则数千包，均用帆船装载，派军队持械押运，抵目的地后，公然配运各岸销售②。

个人贩私方面，以高官走私的数量为大，动用军队保护的事件也司空见惯。20世纪20年代，淮北私盐运入安徽的必经要道清江浦码头镇，同时也是私盐的集散地。一位调查私盐的扬州稽核分所人员写道：

> 凡贩私道经此地者，大多数为有势力之人。即势力最小者，亦必为退伍之连排长。至平民百姓不敢贩私，即或贩运私盐来此，仍须向缉私兵纳贿，每包洋一角。但遇有特殊势力之私贩，缉私兵即不敢过问。其贩私数十包或一二船者，尤为寻常数见不鲜之事。……在本年七月间有某大人声称有公事，令兵士出外封船三十余只，……至次日下午忽然运到盐二三千包，令各船装载，并有兵士押送。照例运大宗官盐到此，缉私兵须验票放行，此次不但不敢顾问，惟有互相私语，此为某大人之货物而已。③

---

① 扬州稽核分所：《追述昔日两淮私盐偷漏情形》（续五），财政部盐务署盐务稽核总所：《盐务汇刊》第21册，1933年6月30日出版，第78页。
② 扬州稽核分所：《追述昔日两淮私盐偷漏情形》（续五），财政部盐务署盐务稽核总所：《盐务汇刊》第21册，1933年6月30日出版，第79页。
③ 扬州稽核分所：《追述昔日两淮私盐偷漏情形》，财政部盐务署盐务稽核总所：《盐务汇刊》第13册，1933年2月28日出版，第46页。

至于收入较少的中下层军官进行贩私则更为普遍。淮北现役或退役的营、连、排长几乎无一不参与贩卖私盐。尽管这些人所贩的数量较少,但贩私人数非常之多,在两淮地区,人数以千计。曾有一名排长,令士兵10余人,将强索来的数十包盐,雇民船由新浦装运到西坝。遇有人查问,即称系海州镇守使白宝山送盐给督军齐燮元①。当然,最为常见的走私,"乃将淮南北当地食岸轻税之盐购运销至皖岸重税之地,一反手间,利市数倍"②。

至于兵士贩私、庇私,"无处不有,触目皆是"③。民国前期,贩私盐的陆军兵士以板浦场最多,驻在南城的马队兵士,"几无人不以贩私为获利快捷方式"④。这种贩私方式,自然到处通行无阻。即使东窗事发,盐政部门也往往无可奈何,只能作些官样文章。1932年,曾查获第九师炮兵独立营士兵私运硝斤,盐务署却下令"发交该管长官自行严办",不啻废话一则⑤。

1922年,海军舰队竟在十二圩公然截留盐税,引发了列强纷纷干预⑥。当然,军队常见的做法还有设关卡,乱收费。如驻河南

---

① 扬州稽核分所:《追述昔日两淮私盐偷漏情形》(续一),财政部盐务署盐务稽核总所:《盐务汇刊》第14册,1933年3月15日出版,第79页。
② 扬州稽核分所:《追述昔日两淮私盐偷漏情形》(续五),财政部盐务署盐务稽核总所:《盐务汇刊》第21册,1933年6月30日出版,第79页。
③ 扬州稽核分所:《追述昔日两淮私盐偷漏情形》(续五),财政部盐务署盐务稽核总所:《盐务汇刊》第21册,1933年6月30日出版,第79页。
④ 扬州稽核分所:《追述昔日两淮私盐偷漏情形》(续一),财政部盐务署盐务稽核总所:《盐务汇刊》第14册,1933年3月15日出版,第79页。
⑤ 《严禁军人私运硝磺暨第九师炮兵独立营士兵私运硝斤之照办理》,财政部盐务署盐务稽核总所:《盐务汇刊》第15册,1933年3月31日出版,第63页。
⑥ 台北"中研院"近代史研究所档案馆藏档案:《海军截留盐余拨充饷项事》(1922年1月),馆藏号:03-04-002,宗号02-002;台北"中研院"近代史研究所档案馆藏档案:《各国抗议海军舰队截留两淮盐税案》,馆藏号:03-04-009,宗号01-002,第7页。

省二十路军曾在信阳征收"剿匪"盐捐，每担5角；四十旅在正阳关征收入口捐每担3角、出口捐每担1角；三河尖驻军设立百货检查处，征收盐附捐每担6角①。

民国前期，对军队滥用权力乱收费、参与走私等榨取不当利益的作法，管理部门至多只能搬抄规条，发布文件，不痛不痒地"明令禁止"，能否禁得住，则非其能力所为了。至于查究责任人、追讨不当所得之事，更很少见到。这种做法使得违法者无须付出任何代价，只能进一步助长其违法的欲念。

民国以前，历届政府的盐政，首重缉私②。民国前期，仅盐务稽核所"每年所豢养之洋员、所耗国帑数字，实可惊人。"1932年，全国缉私官佐警达23959人，年耗经费六七百万元，但即使这样，这些缉私队连必要的枪械也配备不齐③。1933年度政府规定盐务署经费共12万元，但又下属的稽核所实际经费竟达732.1万元，盐务行政经费近370万元④。

1932年是缉私成绩较大的一年，与1930年相比，缉获的私盐数增加了50%。但即使如此，这一年由税警所缉获的私盐共计62400

---

① 《禁止河南驻军征收盐斤附捐》，财政部盐务署盐务稽核总所：《盐务汇刊》第9册，1932年12月31日出版，第7页。
② 陶澍：《再陈淮鹾积弊折子》，《陶澍集》上册，长沙：岳麓书社，1998年，第159页。
③ 曾仰丰：《民国二十一年走私情形之研究》，财政部盐务署盐务稽核总所：《盐务汇刊》第26册，1933年9月15日出版，第4页。
④ 《盐务稽核所年耗国帑数字惊人》，（北京）《盐政杂志》第59期，1934年12月30日出版，"盐务消息"第70页。

担①，合税款31.9万元②。仅相当于当年所耗缉私费用的1/20。

　　缉私兵、警贩私，更为盛行。嘉庆十年至道光二年（1805—1822），海州赣榆县盐快总头纵私收取规费，每年须按定额（25千文—50千文）上交州差，同时还要分出一部分给当地地保、海州营兵头目、当地监生。③此事震动了当时的最高统治者。到了民国前期，这种事如恒河沙数，几不入乡谈之资。而级别差堪相似的官员所得的不当收入，更让当年的赃官们自叹不如。1914年1月，丁恩巡视淮北时指出："所有淮北之盐务极属腐败，几无整顿之希望。"④此说丝毫没有夸张之嫌。此后，盐务机关的腐败，更如江河日下。1921年，淮北缉私队共设五营，归驻扎两淮缉私统领管辖。据盐务总视察曾仰丰调查，统领规定每营每月"报效"5000余元。各营长公开走私，非法所得无以估量，"报效统领后，尚有余润"⑤。

　　1931年以前，缉私营的腐败，"尽人皆知"，缉私人员，多系缉私官同籍人员，"于缉私任务，毫无认识，只以舞弊为最大目的"⑥。各地普遍存在着下述三种情形：（1）吃空额。当时缉私营实际人数仅能达到其编制的60%，其余则为空额，薪饷由官长们瓜分。（2）卖缺。高级官长卖中级缺，中级官长卖下级缺，下级官

---

① 曾仰丰：《民国二十一年走私情形之研究》，财政部盐务署盐务稽核总所：《盐务汇刊》第26册，1933年9月15日出版，第2页。
② 曾仰丰：《民国二十一年走私情形之研究》，财政部盐务署盐务稽核总所：《盐务汇刊》第26册，1933年9月15日出版，第3页。
③ 《朱批奏折》财政类盐务项，道光三年十月十八日，两江总督孙玉庭。转录张小也《清代私盐问题研究》，北京：社会科学文献出版社，2001年，第254—255页。
④ 林振翰编：《淮盐纪要》，上海：商务印书馆，1928年，"附件"第42页。
⑤ 曾仰丰：《榷蹉回顾录》（民国二十二年十二月），（北京）《盐政杂志》第58期，1934年7月15日出版，"专件"第5—6页。
⑥ 曾仰丰：《治盐浅说》，1942年刊印，第64页。

长卖士兵缺,"无论长官士兵,既由买缺补入,毫无保障,自唯日图放私舞弊以偿之,何能责以缉私"①。(3)放私。由于缉私营普遍放私,遂有"缉私即放私"之说。若高级官长准许放私10担,结果至少放私百担,这是由于"层层分配,各自渔利,甚至不惜以栽赃陷害无辜"②。

清末,两淮地区"缉私所领之枪药,废置不用,以易盐也"③。至于两淮缉私兵警从事贩私活动,为民国前期公开之事。据国民政府盐务署扬州稽核分所的调查,缉私营官兵衡量某地差缺之"肥瘠",其标准就是所驻扎地区可以贩运私盐的数量。贩私的方法与军队大致相似,有的系个人行为,有的系警官合股。盐城、阜宁的各缉私营均自备船只,从私盐集散地八滩把私盐贩运至阜宁上冈、盐城伍佑等地销售。这些人进行贩私,"各有指定防地",不能侵入他人防地销售。据阜宁上冈秤放局报告,1923年1月,上冈、伍佑、庙湾及南北洋岸等繁华市镇数十万人口,1个月官盐销数仅3包多。当时,"凡属驻扎缉私营防地境内,官盐销路行将绝迹矣。"最令人叹为观止的是,因淮北的缉私队事实上成为专业的贩私势力,竟使官盐的最大产地板浦、新浦、海州、青口等地购不到官盐,就连缉私统领分所的经理、协理、运副,甚至连海州镇守使等均被迫购食私盐④!

---

① 曾仰丰:《治盐浅说》,1942年刊印,第64页。
② 曾仰丰:《治盐浅说》,1942年刊印,第65页。
③ 张謇:《变通通九场盐法议略》,曹从坡等主编:《张謇全集》第2卷,南京:江苏古籍出版社,1994年,第30页。
④ 扬州稽核分所:《追述昔日两淮私盐偷漏情形》(续五),财政部盐务署盐务稽核总所:《盐务汇刊》第21册,1933年6月30日出版,第79页。

在民国前期，这类事情绝非仅见，"各地缉私之腐败，如出一辙"。海州青口的缉私营竟然明目张胆地禁止买卖官盐；江苏五属的缉私统领，甚至动用缉私轮船包运鸦片。"他如克扣军饷，敲诈良民，几为司空见惯，不足为奇矣"①。

正因为如此，盐业中的弊病均是政体问题，而不是国家机器够不够强大的问题。1932年曾发生过阜宁县白沙镇公安分局长孟鹏飞私抽盐税，唆匪拒捕事件②。一些执法者，平时多狐假虎威，凌驾于普通民众之上。1934年9月2日，驻阜宁游缉大队小队长刘建成率警到盐城西移乡以查私盐的名义滥捕壮丁，当晚枪杀煎民5人，重伤7人③。1935年，在盐城上冈镇，有三名税警骑自行车时撞翻了一货摊，路人及岗警进行排解时，税警班竟开枪示威，击中了复元店主左腿及该店店员脚部，并击中一名10岁女孩，致其重伤④。

民国早期，新浦已建立了新式盐坨，"盐坨形如一岛"，东屏潮河，西隔运河，南北两端均驻有缉私队，其缜密的守卫，可谓固若金汤，"盐坨上自可绝对无走私之弊"。但就是在这里，食盐却屡遭偷运。而主持偷私者即是这里的缉私连连长俞瑄。1922年，俞瑄命所属兵士在3个月内由该坨偷私及卖放私盐18次，获得了巨额的赃款，但对兵士却分文不给。致使士兵日久生怨，聚众相

---

① 曾仰丰：《榷鹾回顾录》（民国二十二年十二月），（北京）《盐政杂志》第58期，1934年7月15日出版，"专件"第43页。
② 《撤惩阜宁白沙镇公安分局长》，财政部盐务署盐务稽核总所：《盐务汇刊》第1册，1932年8月31日出版，第36页。
③ 南开大学经济研究所经济史研究室编：《中国近代盐务史资料选辑》第2册，天津：南开大学出版社，1991年，第324页。
④ 中国盐政讨论会编：《为食盐牺牲人民生命之一斑》，南京：中国盐政讨论会编印，1935年9月刊印，第49页。

抗，并收集人证，向统领营长呈控①。当然，监守自盗的行为在任何社会都有可能发生，缉私军官偷私也不值得大惊小怪，关键在于这样的越法者能否得到法律的公正惩罚。但此案的处理结果，却出乎人们的料想。"神通广大"的俞瑄，"以金钱为万能，大施其运动手段。"1922年12月20日，俞的上司第九营营长竟用欺骗手段，召集士兵，不准携带枪支，同时派亲信兵士数十名到营房，收取枪械，将控告俞瑄的兵士实弹包围，把"为首"的10余人送到海州押办，附和者则"棍责开革"。俞瑄仍担任缉私连长，不承担任何责任②。

执法者利用权力除了获取不正当的经济利益外，还用于猎取其他不当利益。民国前期，在淮盐运销地十二圩，沿河桥垛等处一向是堆存官盐的处所，一些女贩，借扫毛盐的名义，肆意偷窃，每日至少可获利四五元。虽有税警排站岗守望，但"因女贩年轻貌美者多，税警查缉时，恒以奸情关系，不加干涉"③。其他地区更有一些盐警在查盐时，一遇妇女，便借名搜查，"迫令解衣脱裤，尽情轻薄"。有的孕妇不肯脱裤，盐警即用枪柄痛打，堕胎而死④。

我们由此看到，在专制社会中，政治权力从来都与经济利益相一致，如果不能从合法途径来获得权、利的平衡的话，必然通过非

---

① 扬州稽核分所：《追述昔日两淮私盐偷漏情形》（续一），财政部盐务署盐务稽核总所：《盐务汇刊》第14册，1933年3月15日出版，第77—78页。
② 扬州稽核分所：《追述昔日两淮私盐偷漏情形》（续一），财政部盐务署盐务稽核总所：《盐务汇刊》第14册，1933年3月15日出版，第78页。
③ 《淮南盐区缉私内幕》，（北京）《盐政杂志》第59期，1934年12月30日出版，"盐务消息"第63页。
④ 中国盐政讨论会编：《为食盐牺牲人民生命之一斑》，南京：中国盐政讨论会编印，1935年9月刊印，第1页。

法的途径来实现。淮北作为国家的财赋重地,是最高统治者厉行控制的地区。过度的控制只能依赖国家机器所握有的过度的权力,而一旦这种权力形成以后,就如同出了瓶子的魔鬼,让最高统治者无法控制,并与最高统治者的权力展开角力,使自己获得更多的经济利益。

三、盐业中的官场政治

清朝盐制,"大都沿明之旧"。学者指出:"清代盐业的停滞不仅归结于无能、低效和腐败的官僚体制,也归结于人们把盐作为必需品而非制造业的原料来使用。帝国政府把盐业当作了收税的工具,它缺乏使之改进的经济竞争。不论是清政府还是盐商,从未把盐业视为一种经济企业;从未作出过任何努力来改善生产技术或提高运销效率。这个行业的现代化被扼杀了。"[①]

清朝因走私而受处罚的高官并不多。《中国盐业史(古代编)》的作者仅搜罗到两名"省级"以上大员的案例:一是云南布政使张霖,另一为抚远大将军年羹尧[②]。

其实,高级盐务官员的主要问题绝不可能是走私。走私既要有巨额的资金保证,更要有严密的人员组织,尤为重要的是,走私往往是跨地域的,还会超出官员自己的管辖范围,具有许多不可操控的因素。而在中国传统社会中,盐官是最"肥"的差职之一。康熙年间,李煦巡视两淮盐务不贪不腐,每年正常得"余银"五十

---

① Tao-chang Chiang, "The Salt Trade in Ch'ing China," *Modern Asian Studies*, vol. 12, no. 2 (1983), p. 219.
② 郭正忠主编:《中国盐业史(古代编)》,北京:人民出版社,1997年,第773页。

多万两。①据户部奏销册所载,在正常年景,两淮所收盐课仅有半数(约200万两)被交到了户部,其余部分大多作为"外支外销"用于两淮行政支出或是许多与两淮相关的衙门②。因此,"盐务盛时,盐政一年数十万,运司亦一二十万"③。若盐官们运用其他敛财手段,所得显然无法统计。

乾隆十一至三十三年(1746—1768)发生的两淮预提引案,涉案金额近2000万两,两淮盐务官员伙同盐商侵吞的公款达1000多万两④。应该说,历任运使朱续晫、舒隆安、郭一裕、何煟、吴嗣爵、卢见曾、赵之璧及各任两江总督、江苏巡抚等均有不可推卸的责任。但处理结果却令人惊讶,高级官员中仅有盐政高恒、普福、运使卢见曾受到严处。就是上述被查处的三人中,有人还是因为人际关系("政府亦有中伤之者"⑤)问题、而非贪污本身的问题才罹罪的。不少高级官员,包括翰林院侍读学士纪昀(卢见曾之孙为纪昀长婿)在内,曾向腐败分子通风报信⑥。此案持续20余年,结果是重罪轻罚,完全是最高统治者对官员的表现重政治、轻经济的结果。

前文叙述了河员的贪腐与奢侈,而清代盐政在这方面的劣行与

---

① 李煦:《请再派盐差以补亏空折》,故宫博物院明清档案部编:《李煦奏折》,北京:中华书局,1976年,第159页。
② Thomas A. Metzger, "The Organizational Capabilities of the Ch'ing State in the Field of Commerce: The Liang-huai Salt Monopoly, 1750-1880," in W. E. Wilimott (ed.), *Economic Organization in Chinese Society*. Stanford: Stanford University Press, 1972, p. 31.
③ 欧阳兆熊、金安清:《水窗春呓》卷下,北京:中华书局,1984年,第76页。
④ 方浚师:《蕉轩随录(续录)》,北京:中华书局,1997年,第310—314页。
⑤ 方浚师:《蕉轩随录(续录)》,北京:中华书局,1997年,第311页。
⑥ 戴逸、李文海主编:《清通鉴》第9册,太原:山西人民出版社,2005年,第4050页。

河员无分伯仲。嘉道年间,任职两淮盐政十余年的阿克当阿,被人称为"阿财神"。他拥有的书籍字画价值白银30多万两,金玉珠玩价值二三十万两,花卉食器几案近10万两,衣裘车马超过20万两,僮仆以百计,幕友数十人,除国忌日外,几乎每日均要观剧。仅其使用的鼻烟壶,即达二三百只,每只最低价亦在百两银子以上。宋、元团扇多至3000多把,每把四五两银子。饮食更是异常豪奢。鲥鱼上市时,他自派船只数艘到长江中捕捉,船上置备薪釜,捕得活鱼后立即投入釜中,然后快速送至扬州,供其食用[①]。

作为一项极不公平的政策,需要大量的官吏去进行实施。正如孟德斯鸠所指出的那样:"一个政府,如果没有做不正义的事情的爪牙,便不致成为一个不正义的政府。但要这些爪牙不给自己捞一把是不可能的。因此,在专制的国家里,贪污便是当然的现象。"[②]从中国的实际情形来看,盐务官员们最普遍、最安全、最容易的做法也是贪污、勒索、放私。

康熙四十七年(1708)三月李煦的奏折中称:"商盐运赴湖广、江西口岸,地方官每借名盘查,勒索陋例。"[③]由于此时是"盛世",中央集权基本上没有受到挑战,所以这些弊病处于隐蔽状态。到了晚清,各种弊病更甚。光绪二十八年(1902)河南道监察御史陈恒庆劾各省官场积弊的奏折称:"今则销数疲滞,私贩充斥,实由各场大使暗地卖放,以饱私橐,不问分销州县赔累之苦,不恤认销商人转运之艰,仍肆索规费,不肯稍减。运司受其蒙笼,

---

① 欧阳兆熊、金安清:《水窗春呓》卷下,北京:中华书局,1984年,第63页。
② 孟德斯鸠:《论法的精神》上册,北京:商务印书馆,1997年,第65页。
③ 李煦:《盐法紧要事宜三款折》,故宫博物院明清档案部编:《李煦奏折》,北京:中华书局,1976年,第46页。

置若罔闻，坐使无穷之利，散漫难收，诚可惜也。"①连运司也无可奈何，表明这些弊病已经成为半公开的了。

民国前期，各种盐务弊病基本上转为公开。据盐务总视察曾仰丰回忆："见余承乏盐务十三年，无时不与贪污奋斗，故其营私舞弊之方，知之甚审。"这些弊端大致可归纳如下：（1）运用各种刁难手段以收受陋规；（2）扣留盐务经费的成数；（3）在政府改革时，与商人串通而谋取自己的利益；（4）满足商人的要求以自利；（5）收取"手续费"；（6）减少公家向商人借款的成数以此为利；（7）多给借款利息，收取回扣；（8）泄漏加税消息，以获回报；（9）虚报淹消数目，因以为利；（10）与商人朋分不正当利益；（11）卖缺、放私、吃空额；（12）敲诈商人；（13）将税款存放钱庄生息；（14）虚报兵火损失以饱私囊②。许多盐务官员"亦非不知贪污为可耻。其所以甘于贪污者，要在于职位之无保障也。因其存五日京兆之心，则不得不及时营利，以备赋闲之需。且明知在上者之任免无常，不能不多方酬应，以资结纳。又达官显宦，所推荐之人，无论贤愚多予破格录用。此辈既挟势而来，则其作为自毫无忌惮。……即平时束身自好者，处此亦无术应变，相率而同流合污矣"③。

1921年4月，据曾仰丰在食盐走私中心淮阴西坝的观察："行

---

① 《河南道监察御史陈恒庆奏冬省官场积弊太深请严加惩戒折》，载中国第一历史档案馆、北京师范大学历史系编选：《辛亥革命前十年间民变档案史料》上册，北京：中华书局，1985年，第147页。
② 曾仰丰：《榷醝回顾录》（民国二十二年十二月），（北京）《盐政杂志》第58期，1934年7月15日出版，"专件"第48—49页。
③ 曾仰丰：《榷醝回顾录》（民国二十二年十二月），（北京）《盐政杂志》第58期，1934年7月15日出版，"专件"第49页。

政方面之稽查局长，稽核方面之秤放员，皆衣食丰腴，举止豪侈。而月薪所入，均仅百元以内，心颇疑之。"待他抵达板浦，随意在盐河两岸散步，偶尔与船户交谈，"始知盐船到坝，稽查、秤放两方，俱有收受陋规之事。……复查悉行政方面之稽查局不特对于官盐收受陋规，对于私盐，亦可买放"①。本来用来堆储官盐的各盐栈，"无不为私盐集中之地"。曾仰丰见官员放私如此猖獗，遂拟订了一些管理西坝盐栈的章程。谁知西坝的警察局、盐运署的稽查局、缉私营、运商②、栈商等，"多倚私盐为业，一闻改革，无不惊惶相告协谋对付"③。并鼓动盐栈工人，聚众围攻稽察官办事处，要求释放盐犯、以后不得查验盐船等。缉私营等军警坐视不理，以致闹事者差点烧了稽察官办事处④。

1929年3月19日至11月15日，淮北运副杨辅仁任职期间，亏空5425.75元。这样的事本不奇怪，奇怪的是，杨辅仁易名杨养陶，易地为官，又到安徽当上了舒城烟酒税分局局长⑤。1932年2月26日至5月26日，蚌埠皖北盐斤附捐征收局刘紫铭在职仅3个月，收得附捐186367.8元，未向财政厅报解分文，而是报效给了安徽省主席陈调元⑥。

---

① 曾仰丰：《榷蹉回顾录》（民国二十二年十二月），（北京）《盐政杂志》第58期，1934年7月15日出版，"专件"第7—8页。
② "运商"系指按规定到盐运司衙门纳课领引，获得合法贩卖食盐权利的商人。
③ 曾仰丰：《榷蹉回顾录》（民国二十二年十二月），（北京）《盐政杂志》第58期，1934年7月15日出版，"专件"第8页。
④ 曾仰丰：《榷蹉回顾录》（民国二十二年十二月），（北京）《盐政杂志》第58期，1934年7月15日出版，"专件"第9页。
⑤ 《前淮北运副杨辅仁亏款逃匿之查传》，财政部盐务署盐务稽核总所：《盐务汇刊》第16册，1933年4月15日出版，第23页。
⑥ 《令饬蚌埠商会调查经盐务查验局查出为数甚巨》，财政部盐务署盐务稽核总所：《盐务汇刊》第4册，1932年10月15日出版，第76页。

一个盐业界，犹如一个大观园，仅有盐政衙门口的石狮子是干净的。有人写道："地方官尚有廉吏，盐务中必无清官。"①作为一个人人均被染脏的染缸，盐政就不再是单纯的"经济"问题，而是复杂的社会、政治问题。既然各个地区都或多或少地存在着这样或那样的与盐相关的腐败问题，各个地区的官员们也就有着数不清、甚至连自己也察不着的易被别人拿捏的把柄。从官场政治的角度来看，盐政是皇帝控制臣属②、上级官员控制下级、不同职能的官员相互控制、巨商控制小商、豪绅劣吏控制平民百姓的工具；从国体的本质来看，盐业是那些拥有各种权势的利益集团有意识地维持不公正的社会制度，再运用各自的权势进行博弈，从而分润制度性暴利的舞台。简单地说，明清盐政就是国家把民众生活必需品加以控制，使之产生垄断暴利，作为皇恩君宠赏赐给利益集团。因

---

① 景学钤：《改革问题》，盐政杂志增刊：《盐政丛刊》，北京：盐政杂志社1931年11月初版，第44页。

② 在清朝，与盐相关的高级官员，如户部尚书、两江总督、盐运使、盐法道均受皇帝心腹的严密监视，甚至一言一行都会被密折奏上。见李煦：《原任户部尚书王鸿绪等探听宫禁之事摇惑人心折》《王鸿绪等乱言目下东宫虽已复位将来难定折》《地方官员情形及设法补完库欠折》《张伯行意有不平折》《查得运使张应诏操守算好才具平常折》《察明两淮盐务情形并访盐官张应诏操守如旧折》《巡盐张应诏居官情形折》，故宫博物院明清档案部编：《李煦奏折》，北京：中华书局，1976年，第77—78、80—81、96、107—108、220、263、283—284页。对李煦的研究见Silas H. L. Wu, *Communications and Imperial Control in China: Evolution of the Palace Memorial System, 1693-1735.* Cambridge: Harvard University Press, 1970, pp. 38, 43, 45, 56, 142。

　　另据该学者对清代密折制度的研究，在康熙中期建立了一种新的沟通方法，这就是奏折制度。见Silas H. L. Wu, *Communications and Imperial Control in China: Evolution of the Palace Memorial System, 1693-1735.* Cambridge: Harvard University Press, 1970, esp. chapter V and VII。

此,盐业既是国家财政的支柱,又是把握官场政治的工具[①]。

即如上述的年羹尧案,路人尽知的是,年的"私盐"罪名,显然不是单纯的"经济问题"。据河南巡抚田文镜列举年的罪名,一是雍正二年闰四月二十三日(1724年5月15日)查获卢氏县商人李乾胜以8道盐引,多贩食盐800斤。另一宗事件是灵宝县的盐秤有缺斤少两之嫌。对这两起案件年羹尧均未及时严行查办。因此,田文镜得出的结论是"年羹尧倚势黩货,利尽锱珠,紊乱国家定制,捏情条奏,便适己私。又于盐场遍置私人,……祖护奸商,肆行无忌,以致私盐充斥,官引难销,流毒豫省,沿为积弊"[②]。这种欲加之罪的盐务案件,只能归结为"政治问题"[③]。

值得注意的是,道光年间两淮盐政中的平一愚案,反映了清廷对地方官场的警惕态度。

道光七年(1827),有人参奏江苏著名"劣幕"平一愚(平衡),曾于嘉庆年间在两江督署,因受贿被驱逐,后又在两淮盐政幕中营私舞弊,被总督孙玉庭押逐回籍。至道光年间,其人在总商黄潆泰家办理商务。盐政曾燠对其言听计从,其继任者张青选到任后"又加信任","所有引销事宜及一切奏折俱系该劣幕在黄潆泰

[①] 康熙皇帝曾深刻地意识到其权力在中国官僚体系中的限度,对曹寅打击两淮盐业中的贪污行为进行劝阻,害怕引起整个官僚体系的反弹和抵制。见Susan Naquin and Evelyn S. Rawski, *Chinese Society in the Eighteenth Century.* New Haven and London: Yale University Press, 1987, pp. 10-11.
[②] 田文镜:《题为备陈私盐私茶之积弊请祈敕部定例以杜奸商以裕国课(题私盐私茶之积弊)》,《抚豫宣化录》卷二,郑州:中州古籍出版社,1995年,第52页。
[③] 清朝官场中的"政治罪"问题,见Philip A. Kuhn, *Soulstealers: The Chinese Slrcery Scare of 1768.* Cambridge, Massachusetts: Harvard University Press, 1994, pp. 213-214.

家中主办"。总商等更听其指挥,"每年帮送万金"。其侄平翰以佐杂候补,不数年升任知县,其子亦援例报捐①。这样的一个人,若从法治的角度来看,似乎并无太大的违法行为,相反,更可能成为法治社会市场经济中的"能人",绝不会引起最高统治者的注目和震动。对付这样的人,甚至无需总督之类大员的"牛刀"。毕竟,在清代官场中,"两江总督参一道员,若摧枯拉朽"②,更别说一幕僚了。但在清廷的官场政治中,这种谙于权术的人,不但会搞乱统治者视为"禁脔"的人事组织规则,而且有窥破最高统治者驭官之道的危险,是以道光帝直接下达严旨:"该劣幕平一愚……不可不严行查禁。"③这应验了孟德斯鸠所说的,在专制社会中,"知识招致危险"④。

同样发生在道光年间的黄玉林案,则从另一角度反映了盐务方面的官场政治。

道光初年,在淮盐监掣场所仪征老虎颈码头,"舟航栉比,常时不下十数万众"。"无食之游民"黄玉林常与回俦各匪争占码头,"商伙、商厮多与往还,故其名较著"⑤。后见以署两淮运使王凤生发布的告示,内有"贩私之人准其自首免罪"的规定,黄玉林随同伍步云等带着私船、私盐等自首,自愿协同官方捉拿枭犯

---

① 曾国荃等督修、王定安等纂修:《两淮盐法志》卷三"王制门·制诏三",光绪三十一年刻本,第33页上。
② 庸庵居士:《梦蕉亭杂记》卷二,1925年刻本,第7页上。
③ 曾国荃等督修、王定安等纂修:《两淮盐法志》卷三"王制门·制诏三",光绪三十一年刻本,第33上—33下页。
④ 孟德斯鸠:《论法的精神》上册,北京:商务印书馆,1997年,第33页。
⑤ 陶澍:《复奏筹办巨枭黄玉林等大概情形折子》,《陶澍集》上册,长沙:岳麓书社,1998年,第157页。

赎罪，并帮助官府抓获了"巨枭"贺三虎，枭犯李玉良、李乔周、散正标、王庭帼、张二、顾大、徐正明、王三、张政远、薛得富、廖习顺、黄兴鳌等。由于其"悔罪之念已久，……并无结党拒捕之案，照例仅止改发充军"，加上有自首立功情节，更为重要的是他"多识枭徒，于贩私路径较熟，以枭捕枭，足资引线"①；他的自首还在社会上造成了巨大的正面影响，"自该犯投首后，陆续多有闻风投首之人，在运司处听候指使"。这些自首者中有业者达170名，无业者243名。两江总督陶澍准备"择其足资缉私者酌留盐务充巡，其余分别编入营伍保甲，其各自谋生，愿回原籍者听"②。这样的处理方式，无论是从大清律法③、还是从两江总督的权限来看，显然都没有不妥之处。事实上，办理黄玉林案的前任两江总督蒋攸铦，嘉庆中期任两广总督时，对于盗魁匪首"自首者许自新"的做法，曾获得了嘉庆皇帝"特诏褒奖"④。

但自道光十年闰四月至十月，道光皇帝连番下旨，追查并直接干预黄玉林一案，最后导致黄玉林被处死，前任两江总督蒋攸铦被

---

① 陶澍：《复奏安置投首巨枭黄玉林等情形并准蹉弊端不止私贩一节折子》，《陶澍集》上册，长沙：岳麓书社，1998年，第151—152页。
② 详见陶澍：《复奏安置投首巨枭黄玉林等情形并准蹉弊端不止私贩一节折子》，《陶澍集》上册，长沙：岳麓书社，1998年，第152页；曾国荃等督修、王定安等纂修：《两淮盐法志》卷三"王制门·制诏三"，光绪三十一年刻本，第31上—页下。
③ 1397年颁布的《明令》中，就以盗捕盗的明文规定，对那些捕获3名以上劫犯或4名以上盗犯的劫盗，准予清除其刺字。1646年颁布的清律，更强制性地作了以盗捕盗的具体规定（详见Fu-mei Chang Chen., "Local Control of Convicted Thieves in Eighteenth-Century China," in Frederic Wakeman, Jr. and Carolyn Grant (eds.), *Conflict and Control in Late Imperial China.* Berkeley, Los Angeles and London: University of California Press, 1975, pp. 122-128）。
④ 汪胡桢、吴慰祖编次：《清代河臣传》卷三，南京：中国水利工程学会，1937年2月，第142页。

"严谴"、其继任者陶澍被训责,署两淮盐运使王凤生和盐政福森均被降调①。

为什么一个"缉私眼线之人"②、充其量也就是一个地痞式的人物会引起皇帝如此大动干戈呢?时人魏源认为,这是由于"无识者妄议"造成的,"玉林实无能为,皆州县吏张大其势","或谓两淮从此永无私枭,或又谓将酿东南大患"③。如果说,言官们确实有言过其实的地方,但绝不是主因。毕竟,两任两江总督、两位盐政大员均可直接向皇帝上奏,有什么事实不能澄清呢?况且,清朝的最高统治者在正常的官僚体制之外,还有其专门安插的亲信向其提供密报,以补充其常规渠道的信息来源④。

究其实际,我们认为,黄案的处理仍与清廷的官场潜规则密切相关。据传黄玉林拥有沙船,载数千石,"三两连樯,由海入江",猫船则"百十成帮",甚至每次劫掠官盐达数百引⑤。各地巡缉人员均被其收买,"明目张胆,任其往来,资本既多,党与

---

① 魏源:《两淮都转盐运使婺源王(凤生)君墓表》,中华书局编辑部:《魏源集》上册,北京:中华书局,1976年,第333页。
② 陶澍:《复奏仪征绅士信称掣盐夫役因闻课归场灶之议纠众赴县哀求折子》,《陶澍集》上册,长沙:岳麓书社,1998年,第174页。
③ 魏源:《两淮都转盐运使婺源王(凤生)君墓表》,中华书局编辑部:《魏源集》上册,北京:中华书局,1976年,第333页。
④ Susan Naquin and Evelyn S. Rawski, *Chinese Society in the Eighteenth Century.* New Haven and London: Yale University Press, 1987, p. 10.
⑤ 曾国荃等督修、王定安等纂修:《两淮盐法志》卷三"王制门·制诏三",光绪三十一年刻本,第29页下。对这一夸张的叙述,许多学者均深信不疑。如Thomas A. Metzger, "The Organizational Capabilities of the Ch'ing State in the Field of Commerce: The Liang-huai Salt Monopoly, 1750-1880," in W. E. Wilimott (ed.), *Economic Organization in Chinese Society.* Stanford: Stanford University Press, 1972, p. 33.

益众"①。这已经够最高统治者担心的了②。道光帝在上谕中称:"且闻该犯于大小衙门俱有勾结耳目,凡有举动,无不先知。上官为属员朦蔽,或陷于不知,下僚以畏葸苟安相期于苟免,且恐酿成事端,反蹈办理不善之咎,以致上下相蒙,惟恐多事。……江南为腹心重地,此等巨枭,肆行无忌,地方官竟毫无闻见,若恐查拿激变,不及早剪除,相率容隐,是不第为害鹾务。"③

如果道光皇帝真的相信有这样一位"大小衙门俱有勾结耳目"之人潜伏在朝廷的"腹心重地",大概足以让其如刺在背了④。让道光皇帝更觉危险的是,他所得到的密报中称黄玉林"公然立有约束,于贩私之外,不许有劫盗客商等事,以为要结人心之计"⑤。这已具有相当的号召力和社会动员能量了。在严行社会控制的传统社会中,成熟而又敏感的统治者总是防社会动乱于未然,把维持

---

① 曾国荃等督修、王定安等纂修:《两淮盐法志》卷三"王制门·制诏三",光绪三十一年刻本,第30页上。
② 孔飞力认为武力是清朝国家机器对地方社会控制的关键保证(Philip A. Kuhn, *Rebellion and its Enemies in Late Imperial China: Militarization and Social Structure, 1796-1864.* London: Oxford University Press, 1970, p. 9)。
③ 曾国荃等督修、王定安等纂修:《两淮盐法志》卷三"王制门·制诏三",光绪三十一年刻本,第30上一页下。
④ 清朝最高统治者对"江南问题"的隐忧,见吴秀良的研究,他认为在康熙皇帝的全部控制体系中,江南地区占有特殊地位,清代的档案中常称之为"南方"。康熙在这个地区试行新的信息搜集制度,意义重大。从政治上看,这里是一个危险的地区:17世纪90年代,反叛的潜力极大。扬州人还清楚地记得几十年前的那场大屠杀。从文化上看,南方是清代官僚体系的人才库。从经济上看,南方是漕米的供应地(见Silas H. L. Wu, *Communications and Imperial Control in China: Evolution of the Palace Memorial System, 1693-1735.* Cambridge: Harvard University Press, 1970, pp. 35-36)。

  Philip A. Kuhn对此问题也从不同角度进行过论述,见Philip A. Kuhn, *Soulstealers: The Chinese Sorcery Scare of 1768.* Cambridge, Massachusetts: Harvard University Press, 1994, pp. 70-72.
⑤ 曾国荃等督修、王定安等纂修:《两淮盐法志》卷三"王制门·制诏三",光绪三十一年刻本,第30页上。

稳定的统治秩序视为重中之重。在他们看来,任何具有号召力和动员能量的人,都有可能成为颠覆皇位的根源,是其必欲除之而后快的。因此,黄案无需什么真凭实据,即使那些传言是"莫须有",其结局也被中国传统政体所决定,而绝不仅仅是"无识者妄议"、上下信息不畅造成的。

可以说,两位总督之一的陶澍是清代数百年来盐务改革最有成就的官员。前任总督蒋攸铦更为乾、嘉、道三朝名宰,史称蒋"勇于任事,不唯阿。尤长于察吏,荐贤如不及,所举后多以事功名节著"[①]。王凤生在盐务、水利方面均颇具才干。他们遭到了处罚,完全是由于他们缺乏政治敏感造成的。

对于最高统治者的内心世界,普通百姓非常明了[②],是以淮北真正的巨枭总是小心翼翼地避免触动最高统治者十分敏感的神经,以最大程度地博取经济利益,不去沾染政治是非。他们深知,走私贩私等经济方面的违法行为,至多被统治者视为"癣疥"之祸,而一旦被上升到政治的高度,则成了统治者心腹之患。据包世臣言,淮北以新坝、龙苴城为下马头,以钱家集、古寨为二马头,枭徒们"大伙常五六百人,小亦二三百为辈,皆强很(横)有技能",巨

---

① 汪胡桢、吴慰祖编:《清代河臣传》卷三,南京:中国水利工程学会,1937年2月,第145页。
② 《聊斋志异》中以峄县王肖吾为原型的"九山王"的故事,很能说明普通百姓对最高统治者内心世界的把握。当时如对一普通人说其具备天子之相,闻者"未有不骇而走者",因为这足以引起灭族之祸。顺治年间,山东曹州有位李某,把租其房屋的"狐族"杀灭殆尽,仅一老狐幸存。为了报复,老狐设计让李相信自己有"真主"之命,并使其成为山中群盗的首领,屡败官军,不断张扬其声势。终于,山东巡抚派出数千精兵进剿,李某遂遭灭族之刑。载蒲松龄:《聊斋志异》卷二,长春:春风文艺出版社,1998年,上册,第120—122页。

枭们筑土开壕,壕堡四周设有炮位,各种火器、刀枪等无不具备,"然相约不拒捕。非力不足也,知拒捕则官兵必伤败,恐成大狱,阻坏生计耳"①。

出于同样的考虑,在清朝政治方面,出于大局或最高统治者认为更重要的事务的考虑,对私盐方面的犯罪,常会予以通融。素以治吏严格的雍正皇帝,面对猖獗的漕运走私者,既恐激起事端,又恐妨碍漕运大计,曾不得不对走私者作出让步。雍正二年(1724)八月上谕中称:"漕船回空,夹带私盐,固宜严禁,但仍照例,在运河口内地方派官搜查,查出私盐,必究明根窝、场灶,照例治罪。若船至大江,不可拦阻搜查,致生事端,有误漕运。"②毕竟,在最高统治者看来,这些走私者充其量仅是远离"腹心"地区的经济犯罪,如延误了漕运,则有可能会损害京师重地的稳定局面。

到了清末和民初,盐业中的利益之争,还充分体现了中央与地方的权力矛盾与斗争。据刘佛丁的研究,宣统元年(1909),中央设立督办盐政处,派度支部尚书载泽兼任督办盐政大臣,负责统辖全国盐务官吏,总理全国盐政事宜。各省督抚均被委以会办盐政大臣的头衔,协助督办盐政大臣工作。载泽上任后,草拟督办盐政章程35条,以便将盐务管理的基本权力集中于盐政处,并划分中央和地方的权力和责任,企图通过这些规定统一全国盐务管理,去除地方分权的某些弊病。这仅仅是削减了各省督抚的一部分权力,

---

① 包世臣:《淮盐三策》,载贺长龄:《皇朝经世文编》卷四十九"户政二十四",上海:广百宋斋丁亥仲春校印,第4页下。
② 曾国荃等督修、王定安等纂修:《两淮盐法志》卷一"王制门·制诏一",光绪三十一年刻本,第9页上。

并非建立在中央政府管辖下的独立盐政系统，乃是一种以中央管理为主、地方管理为辅，上下共同负责的混合型管理体制。至于各省下属盐务机关办事机构重叠、事权不一、人浮于事、勒索规费、贪污腐败等种种问题，则没有触动。但就是这样一个不彻底的改革方案，也遭到各省督抚的一致反对。关键的问题在于这一规定剥夺了他们任用私人和随意支用盐税收入的权力。各省督抚联名上奏，要求与督办大臣重新议定章程。在遭到批驳以后，采取处处作梗和推卸责任的办法进行抵制。中央和地方的矛盾不但没有解决，反而更趋尖锐化。各省自立盐税名目一仍过去，盐政处拟将正杂课款、厘捐、加价等项目归并的命令也未能贯彻执行[①]。

淮北票盐，一向以运销安徽、河南为主。民国成立后，票贩虽未撤销，票岸却已开放。1912年，河南都督将淮北引岸汝宁、光州等14县，呈准改为官办，在山西、河东、长芦三类食盐中，择廉购运，每一盐引，照纳国课银6两，所得余利，拨归河南省政府支用。1914年，河南由官办改归商办，核准芦、淮盐并销，招豫丰厚商号承运。后来淮商永和祥、万镜余等也购运淮盐输入河南。1913年，安徽效法河南，都督兼民政长倪嗣冲，请求将安徽食盐改为官运官销，招商组织公司，择购奉、东、芦三省盐斤，先运皖北各属销售，仍照章完纳盐税。于是，淮北票岸全部开放[②]。表面上看，似乎是地方政府因地制宜，推动了盐业的市场化。实际上，这仍是中央与地方利用各自的权力在角逐。

① 刘佛丁：《论中国盐务管理的近代化》，彭泽益等主编：《中国盐业史国际学术讨论会论文集》，成都：四川人民出版社，1991年，第145—146页。
② 《取消淮北票权引权经过之情形》，财政部盐务署：《盐务公报》第26期，1931年2月出版，"特载"第214—215页。

在传统社会，厉行社会控制、尤其注重对官员的控制，本身并没有错。但这种做法对像淮北地区的社会发展来说，并不是福音。最高统治者过分地关注官员们的政治表现，往往会忽略其经济才干和经济业绩。为了迎合最高统治者的心态，地方官员势必千方百计地提高政治嗅觉，热衷于那些表现其"忠诚"的、泛意识形态化的无用事务，而不是踏踏实实地去做那些消除积弊、有益于地方发展的事业。尽管除弊可以兴利，包括有利于除弊者的升迁，但除弊肯定会使拥有各种权势的既得利益者蒙受经济损失，这些既得利益者们很擅于掀起各种波澜，如指责除弊者破坏了社会稳定等，避实就虚，从政治上把对手扼杀。

第二节　商人寻求租金的最大化

皇权时代，商人往往通过向政府寻租以获取更多的经济利益、乃至政治权利，造成无数的经济怪象、政治弊病，并最终成为社会乱源。这种后果的主要责任者看似由商人引发，本质上源于不公正的皇朝政体。

一、商人及其经济权力

从清帝一次次对民间疾苦关心的谕旨来看，清政府很难说是某一特定的阶层或"阶级"（如地主阶级或商人阶层）利益的代表，但像盐商这样拥有巨大经济势力的集团则可以运用自身的优势，造成国家基本政策的偏向，以获取更大的利益。

在中国传统社会中，盐业向来是最大的经济垄断部门，并且是最具暴利的行业。清中期，官方认为盐业利润，"值丰旺，能获三倍之利也"①。道光年间，据两江总督兼盐政陶澍奏称，两淮场盐每斤一般卖制钱一二文、三四文不等。②至于淮盐的零售价格，19世纪上半叶在河南汝宁、光州及所属县，"价每斤银三分三厘至四分一二厘不等"，折合制钱在六十文左右③。据陶澍在道光十年（1830）奏，淮盐销售的第一口岸汉口，盐价每斤需钱四五十文，若分运到其他地区销售，较近的地区为六七十文，较远的地区需八九十文④；又据他在道光十三年（1833）二月奏称：皖、豫两省盐价，"每斤需钱六七十文"⑤。大体说来，陶澍的说法比较准确，淮盐的市场售价高于场价的数十倍⑥。

以乾隆六年（1741）的标准，把窝价（窝价银也是归引商或运商所得）、包装费、运费、商伙工薪、正杂课银、官吏的勒索等等全部计算到销售成本□，运到湖广的淮盐"成本"每斤也只有0.156—0.168钱银子，折合制钱24文左右，如每斤零售价格为60文，则其余30多文都落入了商人手中⑦。在18世纪后半期，估计运

---

① 王守基：《两淮盐法议》，刘锦藻撰：《清朝续文献通考》（第1册）卷三十六"征榷（八）"，上海：商务印书馆，1936年，第7897页。
② 陶澍：《会同钦差拟定盐务章程折子》，《陶澍集》上册，长沙：岳麓书社，1998年，第165页。
③ 王方中：《清代前期的盐法、盐商与盐业生产》，陈然等编《中国盐业史论丛》，北京：中国社会科学出版社，1987年，第311页。
④ 陶澍：《敬陈两淮盐务积弊附片》，《陶澍集》上册，长沙：岳麓书社，1998年，第153页。
⑤ 曾国荃等督修、王定安等纂修：《两淮盐法志》卷五十二"转运门·淮北改票"，光绪三十一年刻本，第13页下。
⑥ 陶澍：《敬陈两淮盐务积弊陈片》，《陶澍集》上册，长沙：岳麓书社，1998年，第153页。
⑦ 王方中：《清代前期的盐法、盐商与盐业生产》，陈然等编：《中国盐业史论丛》，北京：中国社会科学出版社，1987年，第311—312页。

商每年获得的利润为500万两白银。在上述半个世纪中，盐商所获利润的总额达2.5亿两①。30名场商②每年获得的利润为150万—200万两③。

民国前期，灶民卖出的场盐为每斤2文，盐商卖到消费者手中一般为50多文④。场价与岸价基本未变。盐价有时会高得离谱，1927年，河南盐价曾达每斤700多文⑤。

据研究，在封建政权的支持下，盐商拥有许多行政权力。江淮、两浙盐商，一向有管理上场、下河等伙计的职责⑥。运商还拥有包括使用武力在内的对一般私贩和私盐进行查禁的特权。两淮总商历来有缉私的义务。乾隆元年（1736）江浙总督嵇曾筠在《疏陈盐务六条》中提出："将商人私设商捕，报明地方官造入册簿，以便约束。"这就给了"商捕"以合法地位⑦。1746年，场商获得了更大的权力，他们可以直接逮捕灶丁。另外，税收、救济、户口登

---

① Ping-ti Ho, "The Sale Merchants of Yang-chou: A Study of Commercial Capitalism in Eighteenth-Century China," *Harvard Journal of Asiatic Studies,* vol. 17, no. 1-2 (June, 1954), p. 149.
② 场商：具备合法手续，在盐场向盐民收购食盐，将盐卖与运商的商人。他们往往是盐场的所有者。因此，习惯上以兼有场产的购盐商人为"场商"，而没有场产仅从事收盐的商人为"垣商"。实际上，清代盐务公牍中并未作严格的区分。
③ Ping-ti Ho, "The Sale Merchants of Yang-chou: A Study of Commercial Capitalism in Eighteenth-Century China," *Harvard Journal of Asiatic Studies,* vol. 17, no. 1-2 (June, 1954), p. 152.
④ 《灶民的生活》，（北京）《盐政杂志》第59期，1934年12月30日出版，"盐务消息"第86页。
⑤ 《战后之豫民》，《大公报》1927年4月14日，第2版。
⑥ 徐文弼：《缉私盐》，载贺长龄：《皇朝经世文编》卷五十"户政二十五"，上海：广百宋斋丁亥仲春校印，第15页上。
⑦ 王方中：《清代前期的盐法、盐商与盐业生产》，陈然等编：《中国盐业史论丛》，北京：中国社会科学出版社，1987年，第307页。

记和保甲事务均归场商管理①。学者指出，作为国家和运商之间的中间人，总商扩大了行政的责任，包括处置两淮的某些收入。他们掌握了非同寻常的权力，不但凌驾于运商之上，而且被置于官僚体系之内②。由于商人缉私具有合法地位，其没收的"私盐"便"依法"为商人所得，成为合法的私盐。包世臣写道："又有各口岸商巡捕获私盐入店，名曰功盐，作官售卖，而不遵例按斤配引输课者，功私也。"③

实际上，这种做法，偷漏国课倒在其次，更为严重的是，商人为了牟利，不断设下诈局，故意诱钓、坑骗普通百姓，公开制造冤案、假案。蒲松龄写道："土商随在设肆，各限疆域。不惟此邑之民，不得去之彼邑；即此肆之民，不得去之彼肆。而肆中则潜设饵以钓他邑之民。而又设逻于道，使境内之人，皆不得逃吾网。其有境内冒他邑以来者，法不宥。彼此之相钓，而越肆假冒之愚民益多。一被逻获，则先以刀杖残其胫股，而后送诸官，官则桎梏之，是名'私盐'。呜呼！冤哉！"④

南京国民政府建立以后，"盐商肄（肆）虐，变本加厉，竟俨

---

① Thomas A. Metzger, "The Organizational Capabilities of the Ch'ing State in the Field of Commerce: The Liang-huai Salt Monopoly, 1750-1880," in W. E. Wilimott (ed.), *Economic Organization in Chinese Society.* Stanford: Stanford University Press, 1972, p. 28.
② Thomas A. Metzger, "The Organizational Capabilities of the Ch'ing State in the Field of Commerce: The Liang-huai Salt Monopoly, 1750-1880," in W. E. Wilimott (ed.), *Economic Organization in Chinese Society.* Stanford: Stanford University Press, 1972, p. 25.
③ 包世臣：《淮盐三策》，载贺长龄：《皇朝经世文编》卷四十九"户政二十四"，上海：广百宋斋丁亥仲春校印，第4页下。
④ 蒲松龄：《聊斋志异》卷十一，长春：春风文艺出版社，1998年，下册，第801—802页。

然如专制时代之帝王，于其权力所支配下之岸区，可以自设巡兵，检查行人，任意加捐，剥夺民财，限制民食，垄断市场"①。

1930年，景本白发表文章指出："现在中国并无真正之军阀、财阀，可称为'阀'者，惟一盐阀。无论国可亡，朝可易，而引商子孙万世，传之无穷。帝制时代然，军阀时代然，即青天白日之时代，亦何独不然？"②他认为，引制有千余年历史，不但得到了数十万盐商、盐伙的拥护，而且上自帝王、军阀、官吏、政客、伟人、名流、土豪、劣绅，下及营弁、胥役、流氓、土匪，"无一不虱处其中，为盐之蠹"③。1931年，同样有人写道，"引商则几成盐阀"④，盐商被称为中国"七十一行中第一富于金钱且向有组织者"⑤。

1935年，领有官盐总店分牌照的江苏徐州杂货铺主胡凤林，按规定购领官盐1元，回家零售。铜山县商巡队强诬其为私盐，将其吊打了整整一夜后，才被交款保释⑥。同在该县的锺守典、锺成斌父子的遭遇则更惨。因家中屋漏，所购食盐经雨淋变色，父子俩

---

① 愚夫：《中国社会之怪现象》，（北京）《盐政杂志》第63期，1936年2月15日出版，"杂录"第2页。
② 景本白：《答某君改革盐政书》，（北京）《盐政杂志》第49期，1930年3月15日出版，"代论"第2页。
③ 景本白：《答某君改革盐政书》，（北京）《盐政杂志》第49期，1930年3月15日出版，"代论"第1—2页。
④ 1931年4月29日《大公报》第4版，转引自王方中：《1927—1937年间的中国盐务与盐法改革的流产》，彭泽益等主编《中国盐业史国际学术讨论会论文集》，成都：四川人民出版社，1991年，第178页。
⑤ 《改革盐法有暂缓趋向：张弧奉召到京备咨询盐税，盐商在沪集议维持旧引案办法》，《大公报》1931年3月15日，北京：人民出版社1982年影印本，第4版。
⑥ 南开大学经济研究所经济史研究室编：《中国近代盐务史资料选辑》第2册，天津：南开大学出版社，1991年，第147页。

遂被商巡队诬为购食私盐,被反复毒打殴辱。锺守典之女惊吓成病,不到3天即病死。锺家最后被罚款,并被罚买官盐①。同年3月15日下午,徐州盐商组建的商巡队一行16人,在萧县可老山山口埋伏,发现有村民贩盐,盐巡喝令检查时,村民们未作任何反抗,仅是"蜂拥奔逃"。盐巡们当即开枪打死4人,重伤2人。当时贩盐村民达30余人,所贩食盐共数百斤,每人所贩数量当在10斤左右。盐巡们仅把抓获的"盐贩"及所获私盐呈解徐州盐务总局,"至击毙四人,及重伤二人情节,公文内一字未提"②。有人写道:"不问现代政治经济演进至何阶段,自由平等之意识,高唱至如何程度,而盐商土皇帝之权威,封建式之采地,仍可在党国民生主义揭橥之下,滋长繁盛,岂非中国社会之一大矛盾怪现象?"③

墨子刻(Thomas A. Metzger)把盐商权力的兴起归结为纯粹的"经济技术原因"④,似乎难以令人信服。我们认为,盐商权力的兴起更应归结于社会与政治因素,即政体问题。

自康熙末年,盐政已然败坏。雍正元年(1723)的上谕中称:"迩年盐法弊窦丛生,正项每多亏欠。一由上下各官需索,商人巧立名色,诛求无已,穷商力竭,不得不挪新补旧。上亏国课,高抬

---

① 南开大学经济研究所经济史研究室编:《中国近代盐务史资料选辑》第2册,天津:南开大学出版社,1991年,第148页。
② 中国盐政讨论会编:《为食盐牺牲人民生命之一斑》,南京:中国盐政讨论会编印,1935年9月刊印,第53页。
③ 愚夫:《中国社会之怪现象》,(北京)《盐政杂志》第63期,1936年2月15日出版,"杂录"第2页。
④ Thomas A. Metzger, "The Organizational Capabilities of the Ch'ing State in the Field of Commerce: The Liang-huai Salt Monopoly, 1750-1880," in W. E. Wilimott (ed.), *Economic Organization in Chinese Society.* Stanford: Stanford University Press, 1972, p. 25.

盐价，下累小民。一由商人用度奢靡，相仍陋俗，不知节俭，致欠额征。"①自乾隆时代起，"报效既多，商力疲敝，各省盐务皆有不可收拾之势"②。

商人并不满足盐业本身的合法利润，而是普遍地利用官商勾结的关系，大肆走私，造成自清中期以来，淮北官盐严重积压难销的局面。陶澍指出："私盐充斥固应首重缉私，然岸销之滞不尽关枭贩，其商运官引之重斤与装盐江船之夹带，实为淮纲腹心之蠹。"③

从许多盐业行话中，可以看出商人走私之盛行。江船装盐，每捆夹带私盐，称之为"买砠"；一般说来，每船装官盐达半数左右，其余则是私盐，称之为"跑风"；装盐时，将一船盐分为三四船，若有一船失事，即捏报全引"淹销"，将未失事的盐船同样申请补盐，既可照例免课，又获得了通纲津贴，到达销岸之后还可提前先卖，称之为"淹销补运"；淮盐运到销岸，商人抬价居奇，停船挨卖，称之为"整轮"；在盐船排队等候时，先将盐转卖给私贩，再买私盐补填，称之为"过笼蒸糕"；甚至盐已卖尽，而将船故意凿沉以消灭贩卖私盐的证据，并可申报淹销，称之为"放生"④。

清代，人们认为："商之私数十倍于贩，以豪富为此，比之穷

---

① 张廷玉等：《清朝文献通考》（第1册）卷二十八"征榷考（三）"，上海：商务印书馆，1936年，第5103页。
② 曾仰丰：《中国盐政史》，上海：商务印书馆，1937年，第117页。
③ 陶澍：《再陈淮鹾积弊折子》，《陶澍集》上册，长沙：岳麓书社，1998年，第159—160页。
④ 陶澍：《再陈淮鹾积弊折子》，《陶澍集》上册，长沙：岳麓书社，1998年，第160页。

民肩挑背负贸食者,情罪相百。"①

清天津道郑祖琛指出:

> 弊莫甚于盐法。而盐法之弊,由于引目之不能流通,价直之不能平减。故其弊在商而不在民……推原立法之初,计口以授盐,故按地以给引。而又恐民之淡食也,设商转运,俾民无匮乏之虞。此法之至善者也。行之既久,户口有滋生之不同,道路有开辟之不一,而商之世其业者,遂专其利以病民,百弊为之丛集。出之于场灶,则偷漏有弊,夹带有弊;验之于监掣,则掌称有弊,捆包有弊;运之于中途,则换驳有弊,改包有弊;行之于口岸,则加卤耗有弊,加三带有弊;售之于水贩,则搀和有弊,轻称有弊。甚至船户、商厮,交相句串,江湖险阻,捏报淹消。故盐法之弊,始于场商,成于运商。②

商人于"正盐"之外本有"耗卤"等合法的无税盐斤。在民国前期,淮南每票盐原定4000担,实际达4524担(其中480担为"耗盐",两淮运使"恩给加耗"44担)。仅淮南四岸的无税耗盐每年即达73万余担,盐商多获利730余万元③。1936年以前,盐商以"给

---

① 包世臣:《张琴航传》,载《包世臣全集》"齐民四术·管情三义",合肥:黄山书社,1997年,第349页。
② 郑祖琛:《更盐法》,载贺长龄:《皇朝经世文编》卷四十九"户政二十四",上海:广百宋斋丁亥仲春校印,第3页上。
③ 景本白:《答某君改革盐政书》,(北京)《盐政杂志》第29期,1930年3月15日出版,"代论"第5—6页。

耗加皮"名义，每年合法逃税达1180万元①。对此，盐商却并不满足。运盐时，大量夹带非法的"包内""包外"私盐。在运盐时，商人往往少给或不给船户运费，而是以私盐抵充，由于走私利润巨大，"下至商宅之婢役亦月有馈费"②。

作为高度垄断性、并以严刑峻法予以保证的行业，普通消费者别无选择，为商人掺杂造假打开了方便之门。有人写道，盐商"因系专商，可以任意搀和泥沙杂物"③。道光年间，营销到扬子四岸的淮盐，"搀和污泥、杂入皂荚、蛤灰等弊，盐质更差。以致江广之民，膏血尽竭于盐，贫家小户，往往有兼旬弥月，坚忍淡食，不知盐味者"④。

据光绪四年（1878）三月盐政沈葆桢札：淮北太平、中、富场所产的食盐，色白粒大，但由于场商的垄断，当盐贩下场捆盐时，在应得盐价、驳价之外，还要另行勒索，被称为"贴色"。如不遂意，常常把低劣盐卖给贩户，以致"盐色花杂，出售较难"⑤。张謇更明白地指出："至于食岸之民，则所食皆泥沙秽恶杂糅而黑暗之盐，终身未见霜凝雪皑之盐也。被践既久，成为习惯。"⑥

---

① 中国盐政讨论会编：《盐商侵占国税统计（公开部分）》，南京：中国盐政讨论会印，1935年11月，第3页。
② 陶澍：《再陈淮鹾积弊折子》，《陶澍集》上册，长沙：岳麓书社，1998年，第160页。
③ 景本白：《答某君改革盐政书》，（北京）《盐政杂志》第49期，1930年3月15日出版，"代论"第7页。
④ 陶澍：《敬陈两淮盐务积弊附片》，《陶澍集》上册，长沙：岳麓书社，1998年，第153页。
⑤ 曾国荃等督修、王定安等纂修：《两淮盐法志》卷三十四"场灶门·盐色下"，光绪三十一年刻本，第30页下。
⑥ 张謇：《卫国恤民化枭弭盗均宜变盐法议》，曹从坡等主编：《张謇全集》第2卷，南京：江苏古籍出版社，1994年，第22页。

据有人化验，民国前期，专商所卖的食盐纯盐质仅为80%，"苦卤泥沙，至少当占百分之十五"[1]。有时拌入泥沙的比重，竟占全部食盐重量的40%。[2]民国前期，每年销到湘鄂皖赣四省的食盐为600万担，但"盐商所搀和之泥砂杂质，至少当有一百五十万担"[3]。更有狡商，为掩人耳目，大量拌入不易被发现的石膏、面汤、白灰、硝土盐及其他杂物，甚至使用剩余的农业和工业用盐，而不管其毒性如何[4]。1933年山东齐河县盐商李仲侯被控经常派其爪牙购买硝盐，掺和到官盐中，并"混合泥土，公共卫生置诸不顾"[5]。

专商贩卖毒盐的事例也并不罕见。1934年5月，南京汉西门外，发现中毒居民50余人，下关也发现同样中毒症状，中毒者前后达87人。经卫生事务所实地调查，中毒主因在盐[6]。居民所食的盐中含有大量的亚硝酸盐类[7]。售卖毒盐的福德隆店主杨德山、泰茂恒店主张锦章各被法院判处罚金100元。"杨等不服，申请更审"。8月19日，法院改判杨德山、张锦章各处罚金每人30元，

---

[1] 景本白：《答某君改革盐政书》，（北京）《盐政杂志》第49期，1930年3月15日出版，"代论"第7页。
[2] 中国盐政讨论会编：《蜕化期中的新盐法·续集》，南京，1936年3月刊印，第61页。
[3] 左树珍：《敬告鄂湘赣皖四省父老书》，林振翰编：《淮盐纪要》，上海：商务印书馆，1928年，"附件"第28页。
[4] 中国盐政讨论会编：《蜕化期中的新盐法·续集》，南京，1936年3月刊印，第62页。
[5] 南开大学经济研究所经济史研究室编：《中国近代盐务史资料选辑》第2册，天津：南开大学出版社，1991年，第142页。
[6] 心印：《由南京毒盐想到食盐根本问题》，（北京）《盐政杂志》第58期，1934年7月15日出版，"社论"（1）第1页。
[7] 《卫生署化验证明食盐有毒质》，原载《救国日报》5月15日，转引自（北京）《盐政杂志》第58期，1934年7月15日出版，"盐务消息"第3页。

"至犯罪部分，则行撤销云"①。

南京毒盐案，典型地反映了国民政府食盐检验的虚假。1931年，盐务署开始对食盐进行检定，就检定员、复查员而言，"凡忠勇正直之士，盐商视为仇雠，必设法施计以去之；或聚众要挟恐吓，以徇其所欲。署方既无保障，时复曲徇盐商。"就食盐检定的实际成效而言，"盐署对于不及格之盐斤，又往往不照章查禁，滥行通融，准其营销市面。至于临时营销之际，盐商再行搀水和砂，及其他之毒质杂物，盐务署虽明知而不过问。即过问亦无法使其有效"②。而像齐河盐商李仲侯等，每月馈赠县政府140银元，账册月报中均列有此项开支③。

南京是当时国民政府的首都，各项检验措施非常严密，检验人员配备齐全，"而竟有食盐中毒事件发生，可见此中弊窦之深"。于是，人们不禁要问："若以全国之广，县市乡村之多，则盐商大售其毒盐劣盐，又岂政府当局所能周知、所能查禁哉？"④事实上，在南京以外的地区，每年中盐毒而死者，"更不知几千、万人"。湖北数县百姓被迫食用石膏盐，许多人因此患上甲状腺肿；河北密云县则因引商以硝盐搀入食盐，甲状腺肿也成了当地的流

---

① 中国盐政讨论会编：《为食盐牺牲人民生命之一斑》，南京，中国盐政讨论会编印，1935年9月刊印，第10页。
② 心印：《由南京毒盐想到食盐根本问题》，（北京）《盐政杂志》第58期，1934年7月15日出版，"社论"（1）第3页。
③ 南开大学经济研究所经济史研究室编：《中国近代盐务史资料选辑》第2册，天津：南开大学出版社，1991年，第143页。
④ 心印：《由南京毒盐想到食盐根本问题》，（北京）《盐政杂志》第58期，1934年7月15日出版，"社论"（1）第4页。

行病。[1]

  毒盐案的判决结果,印证了人们的猜测,这种事是"盐商运用其金钱之神通"所造成的[2]。毒盐事件表明,在经济范畴,商业资本的特征是其流动性。在社会范畴,商业资本的特质在于其可变性:在完善的政体下,可以成为社会秩序的建设力量;而在不完善的体制下,则会成为社会秩序的破坏力量。一个金钱大行其道的社会,说明那里已无社会秩序和社会公正,这就是为什么在中国近代社会中,人们总是看到执法者对像毒盐案这类主角往往表现得非常仁慈和宽厚,而对广大的受害者则极度冷漠。归根到底,金钱也可成为一种权力。其影响在完全专制政体或民主政体下要小得多,若在清朝"盛世"时,毒盐案的主犯是有可能被绞死的;而在1949年以前这样专制政体与市场经济并行的社会中,则金钱的"权力"非常之大,有时甚至具有主导性的力量。

二、稳固的利益集团

  在江苏南通、无锡等地,先行致富的社会精英(如张謇、荣德生等)往往利用自己所掌握的强大的经济资源,带动一个地区共同富裕。正如荣德生自己所写的那样:"一人为倡,而影响一乡,由一乡而影响一县,由一县而影响一省,以至全国。"[3]

---

[1] 心印:《由南京毒盐想到食盐根本问题》,(北京)《盐政杂志》第58期,1934年7月15日出版,"社论"(1)第6页。
[2] 心印:《由南京毒盐想到食盐根本问题》,(北京)《盐政杂志》第58期,1934年7月15日出版,"社论"(1)第2—3页。
[3] 上海大学、江南大学《乐农史料选编》整理研究小组:《荣德生文集》,上海:上海古籍出版社,2002年,第190页。

在淮北先行致富的盐商们为什么不能像无锡等地的精英们那样带动大家共同致富呢？这其中可能有着一些地籍因素的影响。如淮北盐商多是陕、晋、徽地区的人，对淮北缺乏乡土感情[1]。但这不会是主要因素，因为即使对其各自的故乡，盐商也远没有成为那里的致富领头人。

安东篱认为，政府对盐业的垄断，使两淮盐业根本无益于整个苏北地区，仅有利于少数盐商；且盐商仅聚集于扬州，其财富没有分布到淮北；从清初开始，盐场的所有权被委托给了盐商，使之对生产的控制越来越严，这就意味着外来者而不是淮北的本地人享受越来越多的零售和趸售之利[2]。我们认为，尤为重要的是，盐商不能成为淮北经济发展的领头人的主要原因，是先行致富的盐商为了维持自己的垄断利益，不得不把大量的经济资源用在交换政治支持方面，从而保持对灶户和其他平民的超经济剥夺。也就是说，尽管这个集团"既有钱又有文化知识"，但它不是"与整个社会混为一体并且被看作和被认为是社会的总代表"，这个集团本身的要求和权利不可能成为"社会本身的权利和要求"，它不是"社会理性和社会的心脏"[3]。西方早期的工业家，也拥有特权，但这种特权

---

[1] 冀朝鼎认为，中国商业的发展，从来没有达到消除农业社会的地方主义和狭隘的排外性。见 Key Economic Areas in Chinese History: As Revealed in the Development of Public Works for Water-Control. New York: Paragon Book Reprint Corp. 1963 (First Published by George Allen & Unwin Ltd., 1936, London), p. 4.

[2] Antonia Finnane, "The Origins of Prejudice: The Malintegration of Subei in Late Imperial China," Comparative Studies in Society and History, Vol. 35, No. 2 (April, 1993), p. 220.

[3] 引号中的内容见马克思：《〈黑格尔法哲学批判〉导言》，《马克思恩格斯文集》第1卷，北京：人民出版社，2009年，第14页。

"主要是用来对付国外的竞争"①。

在计划经济体制下维持一个众人尽知的暴利行业的运营,最关键的保证,一是经营者自身要有足够的政治资源,二是获得各级官员们的支持。

事实上,作为暴利行业的经营者,盐商也积累了足够的资本来交换政治资源。学者指出,在清代,当地方性的腐败达到新的高度时,商人的财富可以直接用来购买官衔或官职。官僚身份的价值是可以估算的,部分原因是因为它保护其家庭财富免受官僚的掠夺②。前文所述的商人"踊跃报效",其用意大概路人尽知。"从牛身上榨油,从人身上榨钱",锱铢必较的商人,绝不会轻易地一掷数百万金。也许就商业而言,任何人都不能保证其投资一定会有较好的回报,但他们对皇帝的报效,其政治收益远远超出了商业利润。1751年3月6日,乾隆的上谕中称:"朕巡幸江南,两淮商人踊跃急公捐输报效,地方官一应公务,俱于此取给。可信其无丝毫扰累闾阎。"③那些报效的商人"各按其本身职衔,加顶戴一级"④。1757年3月21日,他发布上谕,再次对两淮商人予以嘉奖,对原有职衔,已达三品的商人,均赏给奉宸苑卿衔;未至三品的商人,各

---

① 马克思、恩格斯:《费尔巴哈》,《马克思恩格斯文集》第1卷,北京:人民出版社,2009年,第563页。
② Victor D. Lippit, "The Development of Underdevelopment in China". In Philip C. C. Huang (ed.), *The Development of Underdevelopment in China: A Symposium*. New York: M. E. Sharpe, Inc. 1980, p. 37.
③ 曾国荃等督修、王定安等纂修:《两淮盐法志》卷六"王制门·德音上",光绪三十一年刻本,第23页下。
④ 曾国荃等督修、王定安等纂修:《两淮盐法志》卷六"王制门·德音上",光绪三十一年刻本,第24页上。

加顶带一级①。

还有,商人既看重官衔,也重视实际利润。次日,再发布上谕,"着再加恩,自丁丑纲(1757年)为始,纲盐食盐,每引加赏十斤,不在原定成本之内,以二年为限"②。仅此,就使商人获得了数千万斤的无税之盐。乾隆二十七年二月十四日(1762年3月9日)对两淮巨商进行了更大的奖赏,已加奉宸苑卿衔的黄履暹、洪征治、江春、吴禧祖,再加一级;已加按察使衔的徐士业、汪立德、王勋,加奉宸苑卿衔;李志勋、汪秉德、毕本恕、汪焘,各加按察使衔;另外,赏程征启六品职衔,并给程扬宗、程玓、吴由玉、汪长馨各加一级③。

有的学者认为,清代前期,巨商和富商极大地受到了儒家思想的影响和规范,他们的社会作用直到19世纪后期才显现出来,那时政治和社会环境的变革,提高了商人的社会声誉,且给了他们社会名望和地方权力④。这一看法显然忽略了盐商在清初的社会地位和社会影响。

实际上,盐商的报效根本不是掏自私人的腰包,而是先由运库垫付,然后加以拖赖。道光年间,两淮盐商拖欠不下数千万两⑤。

---

① 曾国荃等督修、王定安等纂修:《两淮盐法志》卷六"王制门·德音上",光绪三十一年刻本,第27页上。
② 曾国荃等督修、王定安等纂修:《两淮盐法志》卷六"王制门·德音上",光绪三十一年刻本,第27页下。
③ 曾国荃等督修、王定安等纂修:《两淮盐法志》卷六"王制门·德音上",光绪三十一年刻本,第30页下。
④ M. C. Wright (ed), *China in Revolution : The First Phase, 1900-1913*. New Haven and London: Yale University Press, 1968, pp. 229-295. Adam Yuen-Chung Lui, *Ch'ing Institutions and Society, 1644-1795*. Hong Kong: Centre of Asian Studies, University of Hong Kong, 1990, p. 80.
⑤ 曾国荃等督修、王定安等纂修:《两淮盐法志》卷一三九"优恤门·恤商上",光绪三十一年刻本,第1页上。

正如陶澍奏称的那样："至于报效一款,原系因公抒诚得沾议叙,自应各出己资,乃亦先由运库垫解,分年带缴,积欠累累,是库存正款徒为商人骗取议叙之用,而商捐之名,适足为消耗之目而已。"[①]用公款来报效皇帝,以表忠顺之心,形成政府花钱替商人买爵位的怪现象,并造成了国家资产的大量流失。

有的学者认为,满洲贵族建立的清朝政府,并没有反对商业的传统。相反,其主要政策是以承认商业的主导作用为前提的[②]。这种看法忽略了商人在政府政策形成过程中所做的大量诱导工作,把中央政府想象成一个与世隔绝、不食人烟火的象牙塔。实际上,我们已经看到,清朝许多政策的制定者和执行者,与商人有着广泛的联系、甚至是交易,包括皇帝在内的统治阶层常沾满了铜臭味。

除了让国家来负担报效银款外,普通百姓更蒙受了极大的损失。毕竟,获得政治利益的仅是少数巨商和某些高官,而大部分普通商人是得不到皇帝的嘉奖的,他们在拖欠正误外,就是抬高盐价。曹一士写道:"向来积弊,每有众商公捐之举,其实皆非出之商人本心。缘为大吏者,每遇一事,必传商纲授意,遂尔勒派众商,勉强从事。究之所捐在此,而所欠在彼。于国家实无裨益。并有奸商藉端高抬盐价,以致闾阎并受其累。所在官司,以其方行输捐,遂任彼所为,置之不问。是公捐之举,商人显居其名,而百姓

---

① 陶澍:《再陈淮鹾积弊折子》,《陶澍集》上册,长沙:岳麓书社,1998年,第160—161页。
② Helen Dunstan, *State or Merchant? Political Economy and Political Process in 1740s China.* Cambridge (Massachusetts) and London: Harvard University Asia Center, 2006, p. 3.

隐被其害。"[1]

　　由于拥有强大的政治资源，盐商的利润主要来自超经济强制，魏源写道："东南大计，无如漕、盐，二百载来，文法委曲烦重，致利不归下，不归上，而尽归中饱。"[2]在有着共同利益的官员们的庇护下，"不肖奸商巧立名目，藉端开销，以致库本全空，课项日绌，竟有积重难返之势"。商人办运，所有引课、场价、运脚、使费，统统算作成本。其中的"根窝"，每引取票银1两，每年即须银169万余两，全部落入"底商"手中，未交国课先饱私囊[3]。从这里可以看出，高度垄断的盐业，绝不可能像高度市场化的近代棉纺业等产业那样，成为一项利国家、利厂商、利民生的事业，它注定要牺牲一方或多方的利益，使少数集团得益。理所当然的是，最可能被公开牺牲的永远是缺乏经济、政治资源的平民阶层。而国家利益，则不断地被隐秘地侵蚀。

　　对苏南的棉纺织厂商而言，成败的关键在于国家法治化程度的提高，对市场的把握、企业内部的经营管理等方面，尽管"自动工厂一出现就表现出一些绝非慈善的行为"[4]，但其利益的获得，可以增加就业、税收、并使农业等相关产业得到发展，从而增加社会公平程度；对盐商而言，其成败的关键则在于能否维持其极端自利

---

[1] 曹一士：《请停商捐并申盐禁疏》，载贺长龄：《皇朝经世文编》卷五十"户政二十五"，上海：广百宋斋丁亥仲春校印，第15页下。
[2] 魏源：《太子太保两江总督陶文毅公神道碑铭》，中华书局编辑部：《魏源集》上册，北京：中华书局，1976年，第328页。
[3] 陶澍：《敬陈两淮盐务积弊附片》，《陶澍集》上册，长沙：岳麓书社，1998年，第153页。
[4] 马克思：《政治经济学的形而上学》，《马克思恩格斯文集》第1卷，北京：人民出版社，2009年，第627页。

的垄断特权，其前提就是越来越扩大社会不公平程度。因此，盐商不可能带动其他阶层共同致富，使盐业成为淮北经济发展的龙头。较为典型的是新浦镇的发展，在盐商经营的数千年时间里，海州基本上没有改变其一穷二白的面貌，这里一直是"淮北盐圩余滩，居民仅看滩数户而已"①。但自清末许鼎霖创办海丰面粉厂、赣丰豆油公司后，"商业日渐繁盛"②，在陇海铁路通车后，新浦很快成为淮北最重要的城市之一。

盐商不但不能成为当地的致富领头人，反而使得当地更加贫困。如淮北大多数地区自耕农较为普遍，但盐产最多的灌云、海州等地却正好相反，到民国前期，"农田多属大地主所有，自耕农了了无几，以是贫民特多，转徙四方者，为数颇众，而流为盗匪者，亦不在少"③。这正是盐商运用强大的经济、政治权力进行大肆剥夺、造成富者土地集中、平民失去土地的结果。

学者指出，通过常见的贿赂和勒索为积累提供基础，商人的成功取决于与官僚的结合④。至于收买政府官员们作为自己的利益代言人，则更加司空见惯。当然，暴利本身同样是官员们追逐的目标。把各级官员变成盐务利益的分润者，是官商"双赢"的事

---

① 柳肇嘉：《江苏人文地理》，上海：大东书局，1930年，第125页。
② 柳肇嘉：《江苏人文地理》，上海：大东书局，1930年，第126页。
③ 江苏省民政厅编：《江苏省各县概况一览》下册，镇江：新民印刷工业社，1931年，第490页。
④ Victor D. Lippit, The Development of Underdevelopment in China. In Philip C. C. Huang (ed.), *The Development of Underdevelopment in China. A Symposium,* New York: M. E. Sharpe, Inc. 1980, p. 37.

情①。何炳棣写道："在清代，官和富商之间的社会界线比中国历史上任何时候都要模糊"②。更何况，在清代更为普遍的是官商以种种形式勾结，有的互相通婚，有的换帖结拜，更多的是官员在盐务活动中参股，再利用权力为盐商的非法活动行方便之门。陶澍奏称："盐务之官志在饱暖，从无甄别，不遵体制。或与商人联姻换帖，或与商人伙本行盐，最为劣习。"③郑祖琛写道："而商之借官行私者，以为官引之滞销，皆民之私有以害之，结纳地方文武，自郡县以至营弁佐贰，无不为其所使。"④

由淮南总商樊振基经手，自乾隆三十七年起，甘肃冒赈案的祸首王亶望在两淮购买了19000余盐引，价值120585两⑤。乾隆四十六年，盐商归还王亶望本利银104483两余⑥。乾隆四十一年，兰州知州蒋全迪在扬州行盐本银达42000余两；乾隆四十六年行盐3028引⑦。河东盐运使程国表有淮南盐根窝900引、淮北盐根窝10224

---

① 许多研究淮北盐务的学者，常忽略这个问题（如佐伯富：《清代塩政の研究》，京都大学：东洋史研究会刊，1962年；刘常山：《清代后期至民国初年盐务的变革（1830—1918）》，台北：文史哲出版社，2007年），没有看到商人作为一个利益集团对国家决策的操纵能力。
② Ping-ti Ho, *The Ladder of Success in Imperial China: Aspects of Social Mobility, 1368-1911.* p. 82.
③ 陶澍：《会同钦差拟定盐务章程折子》，《陶澍集》上册，长沙：岳麓书社，1998年，第172页。
④ 天津道郑祖琛：《更盐法》，载贺长龄：《皇朝经世文编》卷四十九"户政二十四"，上海：广百宋斋丁亥仲春校印，第3页上。
⑤ 台北故宫博物院藏清代清代宫中档与军机处折件：《图明阿奏折》，乾隆四十六年九月二十五日，箱号2715，统一编号403039362；《图明阿奏折》，乾隆四十六年九月九日，箱号2715，统一编号403039210。
⑥ 台北故宫博物院藏清代清代宫中档与军机处折件：《图明阿奏折》，乾隆四十六年九月二十五日，箱号2715，统一编号403039361。
⑦ 中国第一历史档案馆编：《乾隆惩办贪污档案选编》第2册，北京：中华书局，1994年，第1287页。

引①。西宁道刘光昱有历城丰裕盐号，本银2万两。京城西安门外盐铺1座，值银12000余两②。杭嘉湖道王遂家人有灶地82引多（每引计地9.69亩）③。

由于商人各结交一方官员，在互争不当得利时，难免会发生冲突，于是地方保护主义盛行起来④。"故其始也，商与民争利，其继也商与商争利，地方长吏又各为其私而护持之，而其弊可胜言哉？"⑤

对盐商来说，重中之重的事情是密切关注任何触动其利益的改革，以便把损害其特权的举措扼杀，维持其高额垄断利润。当然，改革的发起者基本上是政府官员，作为一个单独的利益集团，商人永远无法与官僚集团抗衡。因此，为了阻止少数官员的正当改革，最有效的手段是与其他官员建立同盟关系，只有用官员来制衡官员，才有可能取得斗争的最终胜利，或至少让这场斗争成为马拉松式的对抗。这就是为什么在中国的实际经济生活中，对盐务的改革往往会触动各级官员们的利益，常常遭到官商们的联合攻击。

---

① 台北故宫博物院藏清代清代宫中档与军机处折件：《江苏巡抚闵鹗元奏为查抄程国表在籍资财家产折》，乾隆四十六年八月二十一日，箱号2715，统一编号403039089。
② 台北故宫博物院藏清代清代宫中档与军机处折件：《直隶总督袁守侗奏查抄甘当西宁道刘光昱折（附片）》，乾隆四十六年九月二十日，箱号2715，统一编号403039620。
③ 台北故宫博物院藏清代清代宫中档与军机处折件：《萨载等奏查抄王遂原籍家产折》，箱号2705，统一编号029870。
④ 有的学者认为商人得到地方势力的支持，主要是他们的活动局限于当地的市场（见Adam Yuen-Chung Lui, *Ch'ing Institutions and Society, 1644-1795*. Hong Kong: Centre of Asian Studies, University of Hong Kong, 1990, pp. 80-81）。这样的看法显得过于笼统。
⑤ 郑祖琛：《更盐法》，载贺长龄：《皇朝经世文编》卷四十九"户政二十四"，上海：广百宋斋丁亥仲春校印，第3页下。

雍正十年（1732），两淮盐政高斌在奏折中写道："淮扬风俗腥膻，人言啧啧，无端之诽谤讥谈，每生意外。"①两淮盐务中的许多弊端就像包世臣所说的那样："知者以为言，即获咎于商，而为大吏所不容。"②以改革著称的陶澍，"议裁蹉费，则窝商、蠹吏挠之；……议改票盐，则坝夫、岸吏挠之；群议沸腾，奏牍盈尺。"③1831年陶剥夺了一名总商的职位，当时朝中有位御史是这名总商的近亲，他很快对陶进行了弹劾④。

据陶澍自述：自其管理盐政，"始因裁革浮费，既为众怨所归，近则以臣驳议太悬，难免藉端报复。浮言所至，有骇传闻。商情观望，应办事宜不免又有阻滞。"甚至有人"绘桃伐树，以寓咒诅"⑤。对手们是如此急切地寻隙利用他的缺点⑥。清末，张謇主张就场征税，"偶以语人，则非笑之者大半，业盐者尤仇视之，蜚语横腾，至谓謇意在破坏盐法。"⑦

---

① 高斌：《商力并非困敝疏》（雍正十年），载贺长龄：《皇朝经世文编》卷五十"户政二十五"，上海：广百宋斋丁亥仲春校印，第18页下。
② 包世臣：《淮盐三策》，载贺长龄：《皇朝经世文编》卷四十九"户政二十四"，上海：广百宋斋丁亥仲春校印，第5页上。
③ 魏源：《太子太保两江总督陶文毅公神道碑铭》，中华书局编辑部：《魏源集》上册，北京：中华书局，1976年，第329—330页。
④ Thomas A. Metzger, "The Organizational Capabilities of the Ch'ing State in the Field of Commerce: The Liang-huai Salt Monopoly, 1750-1880," in W. E. Wilimott (ed.), *Economic Organization in Chinese Society.* Stanford: Stanford University Press, 1972, p. 33.
⑤ 陶澍：《缕陈历年办理两淮蹉务实在情形折子》，《陶澍集》上册，长沙：岳麓书社，1998年，第259页。
⑥ Thomas A. Metzger, "The Organizational Capabilities of the Ch'ing State in the Field of Commerce: The Liang-huai Salt Monopoly, 1750-1880," in W. E. Wilimott (ed.), *Economic Organization in Chinese Society.* Stanford: Stanford University Press, 1972, p. 33.
⑦ 张謇：《为盐业致两江周督函》，曹从坡等主编：《张謇全集》第3卷，南京：江苏古籍出版社，1994年，第521页。

由于整个盐务环境已然败坏，在商人的操纵下，盐务官员的声誉往往与其作为相颠倒。有人指出："从前盐院运使，得贿动辄数十万，未闻有人举发。"[①]即使有人弹劾，商人必多方为之讳饰，使其政敌找不到根据。因此，别的官吏，一旦受贿，往往会承受恶名，而盐务官吏中的不受贿者却往往遭受恶名。因为不受贿的官员遇事认真负责，商人无从渔利，于是"谤声日至，反不如得贿者之名利双收，数百年来积习成风"[②]。

而一些改革往往事与愿违，以剥夺盐商的特权开始，而以盐商增加特权收场。是以作为既得利益者的盐商与盐官一样，并不惧怕任何"改革"，反而怕的是高层不改革，那样他们就无法以冠冕堂皇的理由谋取更多的私利。有人指出："自清以来，每一次改革，盐商即辇金运动，其结果无非盐官与盐商领袖，各饱其欲，出钱者乃散商，而实在受害者，仍在小百姓身上，加倍以取偿。"[③]张謇深有感触地说："余不欲言改革，无非使官商发财，人民受害，此历次改革之经过，有事实证明，不可讳也。"[④]直到20世纪30年代，有人呼吁："假改革之改革不如不改革，盖盐务之弊已千余年，若不彻底澄清，愈改愈弊，其害反不如维持。"[⑤]

---

① 景学钤：《改革问题》，盐政杂志增刊：《盐政丛刊》，北京：盐政杂志社1931年11月初版，第44页。
② 景学钤：《改革问题》，盐政杂志增刊：《盐政丛刊》，北京：盐政杂志社1931年11月初版，第44页。
③ 景本白：《新盐法施行之暗礁》，《新盐法通过后舆论界之评论》，南京：盐政讨论会，1931年5月印，第55页。
④ 景本白：《新盐法施行之暗礁》，《新盐法通过后舆论界之评论》，南京：盐政讨论会，1931年5月印，第55页。
⑤ 景学钤：《改革问题》，盐政杂志增刊：《盐政丛刊》，北京：盐政杂志社，1931年11月，第45页。

在民国前期，取消引权，实行自由贸易的呼声，已成为普罗大众的共识，并得到了主持中国盐务的外籍人员的赞同。1913年12月11日，盐务会办丁恩发表意见，极力主张将商人的引权一律取消，改行自由贸易制①。1914年6月9日丁恩在公函中写道："执事所处地位，一方面有政府及人民，一方面又有一小团体之专利商人。但盐质愈良，盐价愈贱，则销数愈多；政府与人民两方面方能获益。"②1915年4月，丁恩发表意见："废除专卖办法，改行真正自由贸易，确可使政府之税源大为增进。但对于享有专卖引权之人显须给以极重之代价。然就直、豫、皖三省已往之事观之，即使将此商之权利取消，予以恤金，吾恐他项利权将立时发生。"③

由于盐商已形成了强大的利益集团，利用他们所掌握的经济、政治资源展开了声势浩大的特权护卫战。"其时，盐商等亦四出运动，一面上呈财政部及大总统，一面筹集巨款保护引权。"④其利益代言人更是纷纷登场。盐务处长齐耀珊认为：自由贸易"万难办到"，"因中国之海岸线过长也"⑤。民国初年，周学熙任财政总长，"周固两淮之巨商，当然为盐商谋久远"。为保全票商计，既"乃利用善后借款合同，特载引票由洋员签字一语，以为抵制，

---

① 南开大学经济研究所经济史研究室编：《中国近代盐务史资料选辑》第1册，天津：南开大学出版社，1985年，第222页。
② 南开大学经济研究所经济史研究室编：《中国近代盐务史资料选辑》第1册，天津：南开大学出版社，1985年，第233页。
③ 南开大学经济研究所经济史研究室编：《中国近代盐务史资料选辑》第1册，天津：南开大学出版社，1985年，第209页。
④ 南开大学经济研究所经济史研究室编：《中国近代盐务史资料选辑》第1册，天津：南开大学出版社，1985年，第223页。
⑤ 南开大学经济研究所经济史研究室编：《中国近代盐务史资料选辑》第1册，天津：南开大学出版社，1985年，第209页。

其用心甚苦,设计甚毒",致使中国盐政主权落于外人掌握,"推究其故,无非盐政当局欲保全引票之私念,有以致之也"①。有人愤然写道:"变更引制,必须给予公允之代价一语,不出于盐商之口,而出于盐政当局之口,不出于维持盐商之旧官僚,而出于自命改革派之新官僚,且不仅为口头上主张,居然形诸公牍,此真民国盐政史上之怪剧也。"②

1922年1月,财政次长兼盐务署长张弧与外籍人员讨论盐务改革方案。外籍人员主张实行就场征税、自由贸易等。张则力持先偿还引商损失,再实行自由贸易。最后拟定条款,第一条即规定,如果将来变更引制,必须先按公平原则偿还商人损失。"就此条文而论,不独无改革之希望,实不啻永远为盐商加一重损失赔偿之保障"③。

两淮盐商更是通电力争。1922年3月24日四岸运商总会董事会呈财政部:"窃维淮盐引岸广至湘鄂西皖四省,盐法推行六十余年,国税收入一千七八百万元,商人票本二千余万元,运盐资本三千数百万元,实为全国中最重最大之实业,数百万人之身家财产所倚为利害者也。"④一语道破了盐业中的垄断特权已成为盐商这一利益集团命脉所系。"四岸商人群情愤激,纷拟要求钧部呈请更

---

① 景本白:《引票代价驳议》,盐政讨论会编:《引票问题之研究》,南京,1931年6月刊印,第15页。
② 景本白:《引票代价驳议》,盐政讨论会编:《引票问题之研究》,南京,1931年6月刊印,第15页。
③ 南开大学经济研究所经济史研究室编:《中国近代盐务史资料选辑》第1册,天津:南开大学出版社,1985年,第213页。
④ 南开大学经济研究所经济史研究室编:《中国近代盐务史资料选辑》第1册,天津:南开大学出版社,1985年,第217页。

正大纲，宣布天下，以释疑虑，以维现状"①。江苏、陕西省主席也致电中央代商请命。"最奇者，向不与中央通声气，隶属于南方护法旗帜下之赵恒惕、刘湘及四川第三军军长刘成勋等亦纷纷通电反对"②。

1931年，盐法草案刚出笼，盐商就以验票费要挟国民政府，公开发表文告："近亦征其验票之费，使于监督稽核之中，藉以补裕国课，并保障其营业之权，使久于其事，以宏其经验。"③《盐法》通过后，盐商使用了种种方式加以对抗，"第一在收买新闻界，极力抨击新盐法"④。一班据为世业的盐商，认为盐法的制定系"打破金饭碗之举动"，以浙东运商兼场商周庆云（号湘舲）、王绶珊为首，长芦、山东、两淮、两浙盐商群起响应，各自派出代表在上海开会，商讨阻挠事宜⑤。周庆云等多次组织盐商到南京请愿，要求新盐法在训政以后实行⑥。

上海湘鄂西皖四岸运商总会公开发表反对盐法的"商榷"，强调："故国家必规定引岸，俾产地销场得相支配，无论一方为维持交通不便地点之民食，一方为维持成本较高盐场之民生，引岸之

---

① 南开大学经济研究所经济史研究室编：《中国近代盐务史资料选辑》第1册，天津：南开大学出版社，1985年，第218页。
② 南开大学经济研究所经济史研究室编：《中国近代盐务史资料选辑》第1册，天津：南开大学出版社，1985年，第213—214页。
③ 《上海湘鄂西皖四岸运商总会公表盐法之商榷》，《大公报》1931年4月12日，北京：人民出版社，1982年影印本，第1版。
④ 涂星若：《国民会议与新盐法》，《新盐法通过后舆论界之评论》，南京：盐政讨论会，1931年5月印，第3页。
⑤ 《改革盐法有暂缓趋向：张弧奉召到京备咨询盐税，盐商在沪集议维持旧引案办法》，《大公报》1931年3月15日，北京：人民出版社，1982年影印本，第4版。
⑥ 《新盐法今日初步讨论，盐商运动缓行》，《大公报》1931年3月16日，北京：人民出版社，1982年影印本，第3版。

设，自有其深意存也。"①

时人已明白地看出了盐政改革困难的根本原因，是利益集团收买了具有话语权的"改革家"为其利益服务："中国盐政，千余年来，弊习相沿。未之或改，考其沿革，源出于宋。弊起于明，而极于清。清以满族入主中国，一切制度文物，皆沿明旧，盐制未加改革。故盐政亦循用引制，招商认运。其间朝野非无主张改革之人，卒为盐商金钱所屈。终清之世，未之能改。辛亥革命，全国光复，凡清代弊政，莫不因时制宜，改弦更张，而独于盐法一项，迄未能改。此何以故？则缘盐为利薮，贪官奸商，倚为弊窟，不肯改耳。"②一些文学作品也反映了这一社会现实。独幕剧《变节》③刻划了一位"吃了引商的俸禄"的前国务总理的形象，其人坚执"祖宗成法"，反对销售精盐，主张国民"吃渥泥盐"。

开放自由贸易对传统盐业管理制度的挑战较之其他改革更为彻底。北洋政府主管盐务的各级官吏有的过去在官卖食盐部门任职，营私自肥，有的出身于盐商、或得盐商之厚赠，故对食盐运销制度的改革多持反对态度，由于这些人的阻挠以及各地盐商的抵制，运销体制的改革进展缓慢，成绩有限④。

到抗战爆发，新盐法一直未能施行。曾仰丰认为，"其最大原因，即为专商暗中阻挠。倘自由贸易彻底推行，专商将失其世业，

---

① 《上海湘鄂西皖四岸运商总会公表盐法之商榷》，《大公报》1931年4月12日，北京：人民出版社，1982年影印本，第1版。
② 薛培暄：《国难中之新盐法》，（北京）《盐政杂志》第54期，1932年1月31日出版，"社论（一）"第2页。
③ （北京）《盐政杂志》第61期，1935年8月15日出版，"杂录"第18—22页。
④ 刘佛丁：《论中国盐务管理的近代化》，彭泽益等主编：《中国盐业史国际学术讨论会论文集》，成都：四川人民出版社，1991年，第152页。

其千方百计,从中反对。……民对之既无法作有力之攻击,而政府以其不直接影响税收,投鼠忌器,亦予姑容"[1]。

毕竟,商人在运盐、售盐时,要承受一定的市场风险。据包世臣计算,官船早期载盐,大船可载3000引,小船可载1000余引。每引水脚银1两,1年可运盐二三次,船户根本不需要作弊偷私就可盈利。至了清后期,需一年半才能运盐一次,大船载盐七八百引,小船仅三四百引,水脚却丝毫未减。各埠头的"抽分",更比以前增加了4倍。船户的利润,还不够支付商伙、商厮的工银。而造一艘船,需银达万两,每年须付船主官利银2000两。每船雇用舵手、水手40人,饮食开支,加上篷缆油索,每年又需2000两。因此,每一年半行盐一次至少要盈利6000两,才不至于亏本。因此,盐商为了填补亏空,唯一的办法就是卖私。"官商夹带加斤,十已浮六,益以船私,比水程所载引数,不啻三倍"[2]。

除了承受一定的市场风险外,商人还随时面临着三方面的不利影响。

其一,官吏对商人是双刃剑。官既可充当其保护伞,也可成为其严重的经济负担。时人指出:"逐利者,商也;主持商利者,官也。使官于商人成本,如秦人视越人肥瘠,漠然无所关心。今日摊一捐,明日派一征,则商力日削。"[3]

兵部尚书卢询写道:

---

[1] 曾仰丰:《治盐浅说》,1942年刊印,第57页。
[2] 包世臣:《淮盐三策》,载贺长龄:《皇朝经世文编》卷四十九"户政二十四",上海:广百宋斋丁亥仲春校印,第5页上。
[3] 曾国荃等督修、王定安等纂修:《两淮盐法志》卷九十九"征榷门·成本上",光绪三十一年刻本,第1页上。

而各衙门额规，千头万绪，盐院、盐道等官，固其本管官，额规决不可缺。而行盐地方，文官自督抚以至州县杂职，下及胥役，武官自提镇以至千把，下及兵丁，莫不皆有额规。而额外交际诛求，又复不可计算。各项费用，总皆增加于盐价之上耳。夫商人亦非必尽出于至愚，其宁亏国课为身家子孙之累，而决不敢缺少额规者。因盐引之盐，原不敷用，亦各赖引外行盐，以济其引盐之不足。夫引外之盐即私盐也，彼虽官盐，既卖私盐，则安得不为地方官吏之所挟制，而多出于无穷之费用乎？[①]

两淮场课一向无法照额征足，多的时候仅征七八成，少只五六成。而据调查，"纳课之户，无不十足缴清，所谓征不及额之成数皆为经征胥吏所中饱。至于各场征课之鱼鳞册，为按户稽征之根据，乃历来多为书差所把持，收藏私家，场署无案可稽，吞没侵蚀任所欲为"[②]。

最为关键的是，由于商人行盐地区受到严格控制，他们无法通过对市场的准确判断、高瞻远瞩的预测、勤勤恳恳的努力来赢得竞争优势。只能通过与官相勾结，以不正当贸易来补充正当贸易，由此造成了国家利益与商人利益的冲突：要么商人"诚实地"按国家计划交足盐课和各级官吏的规费，自己承受巨大的损失；要么"奸诈地"走私偷漏，自己盈利，让国家亏蚀。两者无法调和。当然，

---

① 卢询：《商盐加引减价疏》，载贺长龄：《皇朝经世文编》卷四十九"户政二十四"，上海：广百宋斋丁亥仲春校印，第10页下。
② 《整顿淮浙场课》，财政部盐务署盐务稽核总所：《盐务汇刊》第2册，1932年9月15日出版，第25页。

商人与国家斗争的结果,平时是商赢国亏;而国家财政危机时则往往将巨商罗罪,财富全部没收。因此,有人精辟地指出:"盐畅而引滞,商赢而课绌。然官引到岸,先卖商私,而船私则卖于中途。又在商私之前。"①但国课亏蚀,官员们是不会掏自己腰包来填补的,"课既甚绌,盐官不能不诛求于商,赢者终归于绌,畅者终归于滞,病势相因,莫洞其源"②。最后板子还是落在商人身上,形成了盐业无法解开的死结。

其二,中小商人承受总商等盘剥。清中前期,两淮有所谓"四大总商""十二小总商",其他商人必须由总商具保才能行盐。但总商中以"棍商"居多,有的根本不行盐,"专靠侵蚀库款,剥削众商,以为肥家之计者"③。盐务"专任总商",其财政收支,竟无人稽核,常常造成数千万的积欠④。总商以"办公"名义的开销,则取之散商,"盈千累万,任意摊派"⑤。总商每年的办公费额定70万两,但实支往往达百余万两,"岸费"达一百数十万两,仅这两项费用即达200多万两,"与正课相等",这些资金"皆用于总商之手,无账目可查,诡混开销,每由库内垫支而摊之于众商";"他如月折一项,每年豢养乏商子孙,按月折取银,亦用至

---

① 包世臣:《淮盐三策》,载贺长龄:《皇朝经世文编》卷四十九"户政二十四",上海:广百宋斋丁亥仲春校印,第5页上。
② 包世臣:《淮盐三策》,载贺长龄:《皇朝经世文编》卷四十九"户政二十四",上海:广百宋斋丁亥仲春校印,第5页上。
③ 中国第一历史档案馆:《道光九年两淮盐务史料》,《历史档案》1997年第4期,第14页。
④ 陶澍:《再请复设两淮盐政折子》,《陶澍集》上册,长沙:岳麓书社,1998年,第285页。
⑤ 陶澍:《敬陈两淮盐务积弊附片》,《陶澍集》上册,长沙:岳麓书社,1998年,第153页。

十余万两,且续添未已,此项闻亦无甚实济,多入总商之手";盐务衙门每年花费3万两包养德音、春台两个戏班,"仅供商人家宴"①。

民国前期,淮阴西坝有运商公所及岸商②公会两团体。运商公所虽名义上是运商的代表团体,实际上,其成员中许多人是投机者,根本不运盐。公所的经费来源由盐包内抽收附捐,徒然增加了运商的成本。岸商公会更加腐败。公会既代运商售盐,又代皖、豫商人及湖贩购盐,购销双方不能直接交易,任由岸商公会居间把持操纵。同时,还要抽取盐捐作公会经费。而平时,这个公会则债务累累,亏空甚巨。该会曾被查出挪用发行二五库券和关税库券资金7400元,冒用公款4800余元③。这些被查处的腐败显然仅是冰山一角。

其三,受到各种积弊的危害。郑祖琛写道:"而四方游客,下逮佣夫贩竖,人人觊觎于盐商。于是为商者,操行同于贱隶,服用拟于公侯,匿费磨单,公销私用,巡船卡栅,朝改暮更。"④以淮阴西坝一地而论,其积弊大致如下:(1)运商由板浦运盐至西坝每包津贴船户卤耗2.5斤。船户则借口卤耗,沿途洒卖,使商人蒙受损失。(2)岸商把持买卖。盐斤到坝不论先后,与岸商有关系者,方得从速脱售,否则,盐斤虽先到坝,亦不能售出。(3)运

---

① 陶澍:《请删减盐务浮费及摊派等款附片》,《陶澍集》上册,长沙:岳麓书社,1998年,第162页。
② "岸商"系指在食盐销售区或负责从运商处把食盐运到官府指定的专卖店。岸商与运商往往合二为一,运商把海盐运到销售目的地(引岸)后,大部分由自己销售。
③ 《视察西坝坝工盐务情形暨改革计划报告书》,财政部盐务署盐务稽核总所:《盐务汇刊》第4册,1932年10月15日出版,第49—50页。
④ 郑祖琛:《更盐法》,载贺长龄:《皇朝经世文编》卷四十九"户政二十四",上海:广百宋斋丁亥仲春校印,第3页上。

商为便于管理盐斤及易于销售起见,在各盐栈中设立盐局,在盐栈收取栈租时,局内的执役要扣收"下费回厘",加以瓜分。(4)经手制度。经手人平时代客买盐,习惯上买方仅支付一半的现金,另一半款项归经手人负责。极易造成拖欠;经手人代客买盐,每包收费银1钱6分,栈房费用每包收回扣1厘,秤钱1分。(5)币制紊乱。运、岸、栈各商所有进出款项,使用银元,但栈费、栈租及经手费等例用银两,且平色、名称甚多,极其混乱[①]。(6)门(看门人)、廪(管廪人)、循环(栈内开票人员)各费。此种人员虽由栈房雇用,每当卖盐时,即勒索规费。(7)开除费。每当盐栈放盐,西坝查验局的书差按例索取此费。(8)化验费。六岸盐斤在板浦业经化验合格运至西坝后,西坝盐务复查所私自收化验费,每包2厘5毫[②]。

最为关键的因素,是商人早就成了一个荣宠与共、具有广泛联系的利益集团,他们不但拥有强大的经济资源,而且具有自己的政治组织和政治代表。与平民阶层相比,他们是一个非常成熟的利益集团,能非常娴熟地操控国家的各种权力为自己服务。因此,中国的"重本""重农",往往会流于形式或官场套话,商人则在现实中成为官场的宠儿,政策上的得益者,从而造成国家意识形态与社会实际生活的严重脱节,极大地降低了国家在普通民众心目中的神圣性。

盐商作为暴利行业的把持者和直接得利者,确实是值得谴责的

---

① 《视察西坝坝工盐务情形暨改革计划报告书》,财政部盐务署盐务稽核总所:《盐务汇刊》第4册,1932年10月15日出版,第51页。
② 《视察西坝坝工盐务情形暨改革计划报告书》,财政部盐务署盐务稽核总所:《盐务汇刊》第4册,1932年10月15日出版,第52页。

对象，但却不是社会不公的根源。正如陶澍所说的那样："弊起于商而利不在商。"①而把由体制造成的积弊归结于某一富裕集团，从来就是中国封建中央政府的常用策略，也是转移大众注意力、分散社会压力最有效的手段。这样做，掩盖了矛盾的本质，无助于完善国体，无法从根本上扶持社会弱势群体，从而建设一个和谐的社会，实现长治久安。

三、市场化浪潮与利益再分配

由于行业垄断所造成的弊端随处可见，不断有人提出取消专商制、打破垄断，实行就场征税的自由竞争制度。明清时，李雯、顾炎武、顾成天、郑祖琛、魏源、包世臣、张謇等均主张就场征税②。

道光时，两江总督兼盐政陶澍，深切认识到纲运窝商的弊病。他写道："臣频年在苏，已闻其疲敝情形日甚一日，但不料山穷水尽，竟至如是之极！……而商人习惯淫侈，率多醉生梦死之徒，不知自行经理，惟任商伙、商厮编摆作弄，朦混侵吞，以致日形竭蹶。其岸引所以滞销者，一由成本积渐成多，一由借官行私过甚。"③各

---

① 陶澍：《再陈淮鹾积弊折子》，《陶澍集》上册，长沙：岳麓书社，1998年，第161页。
② 顾炎武：《行盐》，载贺长龄：《皇朝经世文编》卷四十九"户政二十四"，上海：广百宋斋丁亥仲春校印，第1上一页下；魏源：《淮北票盐志叙》《筹鹾篇》，中华书局编辑部：《魏源集》下册，北京：中华书局，1976年，第439、431—438页；天津道郑祖琛：《更盐法》，载贺长龄：《皇朝经世文编》卷四十九"户政二十四"，第3上—4页下；包世臣：《淮盐三策》，载贺长龄：《皇朝经世文编》卷四十九"户政二十四"，第4下—5页下。张謇：《卫国恤民化枭弭盗均宜变盐法议》，曹从坡等主编：《张謇全集》第2卷，南京：江苏古籍出版社，1994年，第22页。
③ 陶澍：《再陈淮鹾积弊折子》，《陶澍集》上册，长沙：岳麓书社，1998年，第159页。

种名目的乱收费更是花样百出,极大地加重了盐运成本:"查成本之输于官者为科,则有正项、杂项、外支、带款等名目;用于商者,有引窝、盐价、捆坝、运费、辛工、火足等名目。此外应征杂支各款尚多,而外销、活支、月折、岸费等款,皆总商私立名目,假公济私,诡混开销,种种浮费,倍蓰正课,统名为成本,归于盐价,以致本重价悬,销售无术,转运愈滞,积引愈多。"①

对此,他提出废纲改票,"无论何人,先行缴足课税,即准领票运盐"②。道光十二年(1832),试行于淮北。结果,"成效大著。积滞之盐,贩运一空,税课溢于原额"③。尤为重要的是,通过两年的试行,食盐运、销俱畅,不但以往的亏课被补上,而且还有溢余。"在皖、豫各境,既乐于食贱,而海州斥卤之民,衣食有资,渐收化枭为良之效"④。

为什么非常简单的票盐制能解决淮北数百年的许多积弊呢?魏源认为,其原因在于"纲利尽分于中饱蠹弊之人,坝工、捆夫去其二,湖枭、岸私去其二,场、岸官费去其二,厮伙、浮冒去其二,计利之入商者,什不能一。票盐特尽革中饱蠹弊之利,以归于纳课请运之商,故价减其半而利尚权其赢也。且向日仰食于弊之人,即

---

① 陶澍:《再陈淮鹾积弊折子》,《陶澍集》上册,长沙:岳麓书社,1998年,第159页。
② 《取消淮北票权引权经过之情形》,财政部盐务署:《盐务公报》第26期,1931年2月出版,"特载"第209页。
③ 《取消淮北票权引权经过之情形》,财政部盐务署:《盐务公报》第26期,1931年2月出版,"特载"第209页。
④ 陶澍:《缕陈历年办理两淮鹾务实在情形折子》,《陶澍集》上册,长沙:岳麓书社,1998年,第259页。

今日仰食于利之人，昔之利私而今之利公"①。

魏的看法只能说是表面结果，并没有触及票盐和纲盐的本质区别。纲盐的本质是按权势分配盐业利益。由于没有权势，真正从事盐务的各种产销人员既被排除在分利者行列之外，甚至没有公平的谋利机遇。而票盐则弱化了按权分配的规则，并给真正的营销者提供了一定的谋利机会，使其能按最低限度的市场规律操作自己的事务。

尽管票盐制从盐税管理上看，已相当完善②，但并没有从根本上清除按权分配的规则。1834年票盐制最鼎盛之时，淮北盐业之弊的根源仍在于"势豪之侵夺不息"，而"小贩不得盐而无可告"③。到了太平天国以后，按规定，安徽的每个票商每年需销盐24000斤，而湖北、湖南和江西的票商每年每人则要销10万斤，在这种情况下，也只有巨商才有此资本从事盐业运销④。至此，小商小贩已不可能再有得票贩盐的机会。

况且，票盐之类的纯经济方面的改革带有强烈的人治色彩。孟德斯鸠指出："常常有立法者，打算要纠正一个个弊端，便只想到纠正这一点；他的眼睛只对这个目标是睁着的，而对于一切弊害则

---

① 魏源：《淮北票盐志叙》，中华书局编辑部：《魏源集》下册，北京：中华书局，1976年，第439页。
② 丁恩认为："两淮盐务，办法最善。以税收上而论，实为中国盐务中之最重要者也。于当日着手整顿时，其一切行政事宜，皆仍系按照前清两江总督曾国藩（应为陶澍——引者注）在一千八百三十年所定之办法办理。"见《丁恩改革中国盐务报告书》，盐务署盐务稽核总所编：《中国盐改实录》（民国二十二年）（四），台北：近代中国史料丛刊三编第88辑，第165页。
③ 包世臣：《上陶宫保书〔甲午〕》，《包世臣全集》"中衢一勺·艺舟双楫"，合肥：黄山书社，1994年，第176页。
④ Tao-chang Chiang, "The Salt Trade in Ch'ing China," *Modern Asian Studies*, vol. 12, no. 2 (1983), p. 203.

第二章　盐业政策下的利益分配

是闭着的。"①即便像陶澍这样的"循吏",也无法洞彻和改革系统性的盐务体制之弊。并且,"设使运司不得其人,或信任家人,或假手书吏,或惑于浮言怂恿,无难藉端耗费,库贮仍亏"②。

归根到底,票盐的命运完全系于一二位要员(如两江总督)的权力的运用。同治初年,两江总督兼盐政曾国藩重整票法,截停军队饷盐,辅以官运提倡,并设局督销,制订规章保护。很快,远近商贩争先赶到淮北贩运,形成引少商多的局面③。这样一来,那些拥有较大行政权力或经济权力的钱商、官、绅、营弁,最容易获得盐票,而一经得票,即可倒卖票号,凭空渔利,造成得票者皆不办运,而实际办运者,反而不能得票的局面④。徒然增加了商民的负担。

继任的两江总督兼盐政马新贻商请曾国藩同意,决定停止验资,根据旧纲运商的花名册,准其承运新纲,这自然于巨商十分有利,是以深受其拥护。不久,户部要求按照道光二十七年(1847)丁未纲成案,令票贩于开纲时,先缴纳全纲两年课额,再分派盐引。"其预完来年课款,即永远存储运库,嗣后逢纲验照,循环转运,只令先课后盐,无须再验资本"⑤。未能交纳两年课款的票贩,仍须逢纲验资,不在循环转运之例。这实际上是运用行政手段

---

① 孟德斯鸠:《论法的精神》上册,北京:商务印书馆,1997年,第86页。
② 陶澍:《再请复设两淮盐政折子》,《陶澍集》上册,长沙:岳麓书社,1998年,第286页。
③ 《取消淮北票权引权经过之情形》,财政部盐务署:《盐务公报》第26期,1931年2月出版,"特载"第209—210页。
④ 《取消淮北票权引权经过之情形》,财政部盐务署:《盐务公报》第26期,1931年2月出版,"特载"第210页。
⑤ 《取消淮北票权引权经过之情形》,财政部盐务署:《盐务公报》第26期,1931年2月出版,"特载"第210页。

把票权永远赠送给了经济权力巨大的商人。因此,那些实力雄厚的票贩声明,愿于开纲时按照印收花名承运引数,从己巳纲(1869年)起,将全纲正课先行缴纳。同治十二年(1873),经两江总督兼盐政李宗羲批准奏明定案,为"循环给运"的开始。至此,票权仍归专商,"与昔之窝根无异,非复道光时之票贩矣"①。

1873年以后的票盐与以前引盐不同之处在于,1873年以前,盐引在过去每年由户部公开招商承办,至少所有商人在理论上具有平等的权利,引票也不被视为有价证券。明末清初,私盐盛行,官盐无法销售,商人赔累甚巨,苦不堪言,却不能向政府缴还盐引,有人竟把引票弃扔在路上,待见到有人捡拾,即指其为盐商,令其接替自己负责纳课。那时对于引票"国家可以自由取消,商人不能自由缴还。"②而盐票则垄断在巨商手中,成了具有世袭性质的特权,标价之高,前已述及,甚至到了国民政府时代,国家仍不能任意取消。可见,在没有彻底打破权力不平等的情况下,简单地进行盐业市场化,并不能真正地推动或带来社会公正,反而使社会更加不公正。

1895年以后,全国上下以重商为急务,新式工厂、股份公司成了强国、救国的物质保障,被视为消除中国许多经济积弊的灵丹妙药。在此背景下,股份公司被用来作为解决淮北盐务困境的必然选择,也就成了势所必然之事。

张謇创办的盐业公司遍及两淮盐产地。但他的改革同样无法打

---

① 《取消淮北票权引权经过之情形》,财政部盐务署:《盐务公报》第26期,1931年2月出版,"特载"第210页。
② 景本白:《引票废止问题》,盐政讨论会编:《引票问题之研究》,南京,1931年6月刊印,第7页。

破权力的不平等,更为困难的是,张謇不像陶澍那样本身就掌握较大的行政权力,并受到最高统治者的支持。他所创办的公司在开始阶段竟深受道员级别的运司之害。张謇创办吕四同仁泰盐业公司前后,市场上的草价为每石300至700文,场例草价仍遵同治年间的标准,每石204文。吕四所属的草场产草量,超过了该场实际消耗量的4倍,但该场草料运往他场,却被视为走私,运司予以严禁,而强行给予草户远低于市价的价格。市场上"私"盐的价格每斤为8至13文,但运司给公司所产的盐定价仅5.2文。为了解决官价与市价的悬殊,张謇请求将草价每石增加36文,并请增加桶价。"于是叠请于运司,又叠陈盐院行司,议加牌价,以递加草价、桶价。运司不可,始谓运商中有权要人,继谓众运商不愿,然于众场商不愿不顾也"[1]。更令人惊讶的是,南通掘港草场草产量较大,其他盐场均可到这里购草,惟独吕四场被严禁。这是因为吕四场与通海垦牧公司颇有渊源,运司的本意就是为了搞垮垦牧公司。

吕四场出盐后,销路更成问题。吕四场出产的改良盐,1906年在意大利国际博览会上,"各国评议为色味俱佳,得最优等奖牌"[2]。采用日本技术所产的食盐每斤成本达27文;用板晒法制盐,每斤成本为13文多;煎盐每斤成本则需22文以上。但当时的牌价,每斤仅为11文7毫,这样人为的压价,势必使公司处于严重的

---

[1] 张謇:《盐业整顿改良被扼记》,曹从坡等主编:《张謇全集》第3卷,南京:江苏古籍出版社,1994年,第517页。
[2] 张謇:《为盐业事致两淮运司函》,曹从坡等主编:《张謇全集》第3卷,南京:江苏古籍出版社,1994年,第540页。

亏蚀中①。张謇曾想出许多办法,希望按市场价格销盐,"运司则一切束缚之,欲以低价压买贵盐,使新盐夷于旧例"②。张謇曾请求减价运改良盐60引到湖北销售,运司竟一年多不予回复,"屡催则答已忘之",又请求运盐到缺盐的江西建昌配销,"运司复阻之"。③更令人愤慨的是,"仇者尚多方扼阻,运动户部为之出头,久乃若置吕四于化外,而又若置吕四于圈中,事事龃龉,时时压制。"④

同仁泰盐业公司的际遇说明,在行政权力没有受到程序化约束的前提下,市场化之路将更多地受到行政权力的干预。由于张謇无法与行政权力抗衡,吕四盐场既要承受市场经济的不利影响(如在购买原料、劳动力等生产要素时,受市场波动的影响),又要承受专制权力的肆意压制。

张謇所代表的平民群体又不可能像商人集团支持其利益代言人那样,给予张謇以有力的支持。清末民初,与张謇齐名的周学熙(时称"南张北周"),由于代表了盐商的利益,与张謇的处境形成了鲜明的对比。周氏第二次任财政总长时,适逢袁世凯欲复辟帝制,遂"授意"盐商向袁报效千万元,盐商们对此一呼百应⑤。而

---

① 张謇:《盐业整顿改良被扼记》,曹从坡等主编:《张謇全集》第3卷,南京:江苏古籍出版社,1994年,第520页。
② 张謇:《同仁泰盐业公司丁未年说略账略》,曹从坡等主编:《张謇全集》第3卷,南京:江苏古籍出版社,1994年,第572页。
③ 张謇:《同仁泰盐业公司丁未年说略账略》,曹从坡等主编:《张謇全集》第3卷,南京:江苏古籍出版社,1994年,第572页。
④ 张謇:《为盐业致两江周督函》,曹从坡等主编:《张謇全集》第3卷,南京:江苏古籍出版社,1994年,第522页。
⑤ 景本白:《引票代价驳议》,盐政讨论会编:《引票问题之研究》,南京,1931年6月刊印,第16页。

张謇从未得到过下层民众差堪相似的支持。

因而,同仁泰的最终成败取决于行政权力的运用,而张謇个人纵有再好的经营管理素质也难有用武之地。正如张謇所说的那样:"前商以不恤丁而败,今恤而亦败;谓前商以不认真而败,今认真而亦败。"①后通过张謇的个人关系,呈控农工商部度支部与盐政部,方允许张謇增加牌价,开通如海食岸。张謇自己对此深有感慨:"此亦在专制官下死中逃生之事也。"②

淮北济南场七公司则表现出在行政权力压制下委曲求全的另一种生存困境。

淮北济南场七公司也是在与同仁泰类似的背景下设立的。与旧式垣商相比,七公司资本雄厚,规模较大,对盐圩的管理有统一的组织③。

但股份制使得产权分散,公司的管理者,有的是雇佣性质,影响了对公司的长远规划,对公司盈亏无直接利害关系,个人生活均非常阔绰。他们中还有"扬州经理"与"圩下经理"之别,常常意见不一,推诿扯皮④。

最关键的危害则是来自官员们的掣肘。以张謇声望之崇,在创办盐业公司过程中,处处受到盐官们的刁难,深刻体会到:"运司

---

① 张謇:《垣改聚煎呈移盐院运司文》,曹从坡等主编:《张謇全集》第3卷,南京:江苏古籍出版社,1994年,第525页。
② 张謇:《同仁泰盐业公司丁未年说略账略》,曹从坡等主编:《张謇全集》第3卷,南京:江苏古籍出版社,1994年,第572页。
③ 王间祜:《整理淮北盐场意见书》,财政部盐务署盐务稽核总所:《盐务汇刊》第5册,1932年10月31日出版,第34页。
④ 王间祜:《整理淮北盐场意见书》,财政部盐务署盐务稽核总所:《盐务汇刊》第5册,1932年10月31日出版,第34—35页。

者，其势力可以制商之命，而破商之产者也。"①他愤而以公司名义谴责运司："若所为乃专制官毒害人民之手段也。"②

各公司采用大规模经营的方式，产量甚丰，但各公司产量虽大，而销额却不能任意增加；相互之间，各按滩配运，不能任意竞争③。

为了避免掌权者的刁难，各公司不得不花费大量的人力、财力于与官员们的应酬方面。张謇指出："各盐垦公司之开支也，脱胎于盐。盐以习惯而奢"④。本来，在张謇亲自经营的同仁泰盐业公司中，每年的"福食"常常要超过1000银元（或银两），对自号"啬庵"，始终强调勤俭节约的张謇来说，无疑是笔不菲的数目。但与其他公司相比，这笔支出确实是非常俭省的了。1921年，正是淮北七公司营业鼎盛之际，曾仰丰到这里视察，随便查看大源公司的账册，发现其开支中，"有酬应盐官打牌、代官出账者，有挂名职员支薪不到者"⑤。20世纪30年代初，七家公司无一不受累于巨额的招待费，大部面临破产的窘境。

1919年由张謇创办的大丰盐垦公司到20年代末负债累累。该公司账册中"福食"一项非常令人注目。现将1918—1927年该公司每年的"福食"列举如下（年份后括号中的经费数即是"福食"

---

① 张謇：《致吕四同仁泰盐业公司各股东公启》，曹从坡等主编：《张謇全集》第3卷，南京：江苏古籍出版社，1994年，第594页。
② 张謇：《盐业整顿改良被扼记》，曹从坡等主编：《张謇全集》第3卷，南京：江苏古籍出版社，1994年，第521页。
③ 胡焕庸：《两淮水利盐垦实录》，南京：中央大学1934年12月刊印，第149页。
④ 张謇：《整理盐垦公司刍议》，曹从坡等主编：《张謇全集》第3卷，南京：江苏古籍出版社，1994年，第634页。
⑤ 曾仰丰：《榷蹉回顾录》（民国二十二年十二月），（北京）《盐政杂志》第58期，1934年7月15日出版，"专件"第12页。

开支）：1918年（8153元），1919年（20687元），1920年（32300元），1921年（23750元），1922年（19656元），1923年（11301元），1924年（9889元），1925年（12016元），1926年（17344元），1927年（19854元），以上共计174950元①。该公司雇有著名厨师专做"盛筵细点"，公司股本共200万元，"十年之中消耗于吃喝一项几占股本十分之一"②。据当代学者的研究，大丰县境内的通济、遂济、通遂、泰和、裕华，加上最早成立的大丰，6家公司直接用于生产的资金，一般仅有10%左右，而非生产性支出却占90%，其中相当部分又是用于与军警的"送往迎来，挥霍浪费"③。

此外，这些现代公司同样继承了盐业中的积弊。许多官员视公司为肥肉，不断地安插亲朋好友，使得七公司中冗员充斥，机构叠床架屋。公司的生产区域均在涟水、灌云地区，公司总部却设在扬州，另外在板浦、上海、十二圩等处均设分支机关。许多人凭借官员的后台，其权力更无法被有效地制约，他们可以随意采取损公利私的行为④。公司场盐晒扫，仅凭管圩浮报，表面存盐甚多，实际寥寥无几，数年亏欠达百万石。庚戌（1910）潮灾时，乘机夸大损失数字，以抹平以前每年浮报的虚数。在公司建设中则大量虚报工

---

① 《江北盐垦视察概况》，财政部盐务署盐务稽核总所：《盐务汇刊》第10册，1933年1月15日出版，第85—86页。
② 《江北盐垦视察概况》，财政部盐务署盐务稽核总所：《盐务汇刊》第10册，1933年1月15日出版，第86页。
③ 姚恩荣、邹迎曦：《盐垦公司和废灶兴垦》，《大丰文史资料》第7辑（盐垦史专辑），大丰县政协1987年6月刊印，第91页。
④ 《彻底改革淮北济南场盐务》，财政部盐务署盐务稽核总所：《盐务汇刊》第11册，1933年1月30日出版，第100页。

款①。裕通公司修理盐圩实际开支不到8万元,却上报20余万元。至于挪用公司款项的事更屡见不鲜,大源公司历任要员均有挪借公款的行为,数量从数万到十多万元不等。形成典型的"庙穷方丈富"的现象。据调查:"公司虽已负债累累,无法支持,而个人则皆积资甚巨,俨然富翁。"②大丰公司首任经理王已劲贪污挪用公款达19万元,末任经理朱警辞贪污舞弊已是路人皆知之事,遭到股东和佃农的控告。大丰6家公司的办事人员,特别是高级职员"都发了横财","不少人都变成了农业资本家或租地农场主或地主"③。

从公司的外部环境来看,由于许多权力不受约束,同样给公司业务造成沉重的打击。如淮北庆日新公司接近李家圩子,该地保卫团团长唐小老在1917年庆日新公司成立时,见其规模宏大,便想从中谋一职位,被庆日新公司拒绝,从此怀恨在心,不断挑起事端,向庆日新公司发难。最严重的是唐小老鼓动的阜宁、涟水两县争界案,令庆日新公司涉讼数载。公司出盐后,唐招集一班私枭,专以偷盐为生,其中又尤以偷庆日新公司为最。庆日新公司虽驻有缉私兵4棚,但"对于缉务毫无实力"。唐的保卫团达40余人,枪械齐全,各枪手射术精准,陈家港及庆日新公司的缉私兵,"不敢与之对敌"。使得唐小老在此如鱼得水。该公司盐滩四周达20余里,除西边与裕通公司接壤,偷私较少外,其余东、南、北三面,"在青

---

① 《彻底改革淮北济南场盐务》,财政部盐务署盐务稽核总所:《盐务汇刊》第11册,1933年1月30日出版,第99页。
② 《彻底改革淮北济南场盐务》,财政部盐务署盐务稽核总所:《盐务汇刊》第11册,1933年1月30日出版,第100页。
③ 姚恩荣、邹迎曦:《盐垦公司和废灶兴垦》,《大丰文史资料》第7辑(盐垦史专辑),大丰县政协1987年6月刊印,第90页。

天白日，亦有成群结队来偷盐者"。以致李家圩子当时"在两淮私盐巢穴中为首屈一指"[①]。

无独有偶，济南场靠近东堆的几家公司，却被迫聘请土匪出身的私枭首领孙秀璋为"保险人"，每月薪水一二百票（每票85铜元），但孙仍以偷私为生。济南各公司中，大德受其害最大，大有晋、公济等公司次之。唐小老与孙秀璋还有分工，李家圩子的私枭专偷灌河以东各公司的盐，东堆则偷灌河以西各公司的盐[②]。

这些股份公司自己设有1连缉私军队，军饷由公司分担，但领导权属于淮北缉私统领。公司设立连队主要是因为政府缉私军队不力且沦为走私主力。但各公司除按月发饷外，其他一概无权过问。管辖连队的军官无一不虚报空额，以冒领军饷[③]。1922年11月29日，盐务调查人员魏承櫺到达大德公司。第二天，各公司缉私队无一不打电话查询魏的行踪，魏"此处回答未已，彼处又来询问"。无奈之下，魏承櫺只得假言由大德公司动身，先往大阜公司，再至公济公司，而不言明其调查大有晋公司的真实意图。次日，魏先至大阜，缉私队列队欢迎，人数一个不少。离开大阜后，魏遂即变更行程，前往大有晋公司。"该连之排长一闻此言，顿时面红耳赤，不知所措"。魏到达大有晋后，发现这里原应为14名的缉私兵仅剩6名，有些人被抽到大阜列队顶替，尚未来得及赶回。

[①] 扬州稽核分所：《追述昔日两淮私盐偷漏情形》（续四），财政部盐务署盐务稽核总所：《盐务汇刊》第20册，1933年6月15日出版，第87—88页。
[②] 扬州稽核分所：《追述昔日两淮私盐偷漏情形》（续四），财政部盐务署盐务稽核总所：《盐务汇刊》第20册，1933年6月15日出版，第88—89页。
[③] 扬州稽核分所：《追述昔日两淮私盐偷漏情形》（续一），财政部盐务署盐务稽核总所：《盐务汇刊》第14册，1933年3月15日出版，第75页。

各股份公司对于公司的军队均有握蛇骑虎之势,这些军队既不受它们指挥,稍不如意,反受其凌辱。各公司除分任月饷外,尚有津贴、水草费等名目。连长每月12票,排长9票,司书6票,正目2票,兵士1票半。虽然给了水草费,军队的饮水,烧草,仍须由公司供给。每年端午、中秋、旧历年终,尚另有犒赏。此外,如有匪警等事,公司须出特别保护费,其数目更大。公司花费了巨款后,这些军队庇私、偷私、贩私一仍如前[①]。

据1931年盐务署调查,济南场每担盐的成本中,商巡月饷服装费2分8厘,缉私营水草费6厘[②]。以年产500万担计,仅此两项,七公司即每年支出17万元。但这些人员形同虚设,1930年,淮北"几皆沦为匪域"。各公司损失尤重,华成、合德,损失均以数十万计,大丰、大豫各公司则被匪焚劫,损失惨重[③]。

与票盐制一样,这些股份公司虽然较传统场灶有了明显的进步,但绝不能从根本上解决淮北盐务中的主要症结。公司不但在官员、军队等传统的权力拥有者们身上耗费巨资,而且要为新兴的权力拥有者如经理们的种种腐败付出代价。从这里仍然可以看出,在各种权力不能有效地受到程序化约束的情况下,股份公司充其量是治标而已。

---

① 扬州稽核分所:《追述昔日两淮私盐偷漏情形》(续一),财政部盐务署盐务稽核总所:《盐务汇刊》第14册,1933年3月15日出版,第75—76页。
② 胡焕庸:《两淮水利盐垦实录》,南京:中央大学,1934年12月刊印,第172页。
③ 胡焕庸:《两淮水利盐垦实录》,南京:中央大学,1934年12月刊印,第241页。

第三节　生产者的贫困化

在封建专制社会，由于市场被扭曲，与官僚集团结成利益同盟的商人群体通过超经济强制所获取的暴利，是以剥夺直接的生产者为代价的。直接生产者的贫困化是专制体制下的社会常态。

一、贫困阶层

从事私盐的主力从来都是具有官方背景的这样或那样的有权者。但明清政府却对灶户施行严刑峻法，于查禁私盐而言，实际上是本末倒置。据道光二年（1832）七月两淮盐政曾燠奏称："见在商运竭蹶，场课不资，总由于口岸滞销，而滞销之故，实由邻私充斥。湖广有川私、粤私、潞私，江西有粤私、浙私、闽私，皆数倍于场灶透漏之弊。更有回空粮船，自长芦起，沿途夹带，约计亦不下数十万引。纲地全侵，销引日绌，若不堵截邻私，而只严场灶，究于淮鹾无裨。"[①]

包世臣更列出11类走私类别，令人信服说明私盐主要是官商腐败造成的。他写道：

> 然私有十一种，枭私特其一二，而为数至少。正引额三百四十斤，而淮南捆至五百余斤，淮北且及倍，此官商夹带之私也；官盐船户自带私盐，沿途销售者，船私也；灌安、

---

① 曾国荃等督修、王定安等纂修：《两淮盐法志》卷三十一"场灶门·火伏"，光绪三十一年刻本，第11页下—12页上。

襄、荆、郧者，潞私也；灌宜昌者，川私也；灌永宝者，粤、西私也；灌南赣者，粤、东与闽私也；灌归、陈者，芦私也；灌饶州、宁国者，浙私也；回空粮艘夹带，以灌江广腹内者，漕私也；又有各口岸商巡捕获私盐入店，名曰功盐，作官售卖，而不遵例按斤配引输课者，功私也。其潞、芦、粤、东、西、闽、浙之私，皆邻境官商转卖越境之盐，漕私亦买自天津公口岸及淮南之江甘总，唯潞私有枭贩夹集其中。①

灶户所产的盐，每斤售价通常为二三文。就是这点远低于其劳动产品价值的盐价，还被各级掌握权势者视为可肆意掠夺、勒索和榨取的财源。

清廷所设的管理盐务的职役，由于缺乏由下而上的监督和程序上的制约，多演变成盘剥、压榨灶丁的为所欲为之徒。总巡和巡役的职位，"原为查缉私盐，积久则奉官查缉之人，即为串通卖放之人。总巡岁取煎丁每灶二千文，巡役半之，而临时之挟制需索不与焉"②。商人在收盐时，一方面利用其垄断地位，以盐色不白、成色不纯等种种借口，强行压价，另一方面则在称量器材上大做手脚，据陶澍奏称："查收盐桶秤旧有定制，近来场商每以大桶重秤任意浮收勒掯，致灶户以交官盐为累。"③而商人在售盐时则又改

---

① 包世臣：《淮盐三策》，载贺长龄：《皇朝经世文编》卷四一九"户政二十四"，上海：广百宋斋丁亥仲春校刊，第4页下。
② 张謇：《整顿垣章禀场立案文》，曹从坡等主编：《张謇全集》第3卷，南京：江苏古籍出版社，1994年，第484页。
③ 陶澍：《会同钦差拟定盐务章程折子》，《陶澍集》上册，长沙：岳麓书社，1998年，第170页。

用轻秤。民国前期,扬子各岸商人售盐时由于使用轻秤,每年至少有322000担的余斤(这项余斤中已除去路耗、仓耗及转运耗盐的最大数目),仅国家损失税款即达330万元。反过来,商人又用这些款项来向官吏们行贿①,从而获取更大的利益,同时,也使灶户与普通消费者蒙受更多的损失。

即使处于同一社会阶层的人,也往往利用手中的极微小的权力或优势,对灶丁进行盘剥或勒索。如盐场中的忙工在商垣收盐、发盐,就是这点权力也足以成为自肥的途径。这些忙工们"收盐则以盐斗抽板迟速伸缩盐数,为猎取煎丁规费之计;发盐则以盐捆虚实伸缩盐斤,为猎取运船规费之计。而以取诸煎丁者,为尤无制而尤害事。"②

像其他领域经常有少量的富裕奴隶一样,煎丁中同样存在着少量的富裕灶户。这部分极少数灶户尽管属于灶籍,实际身份是投资商人。佐伯富认为,富灶对贫灶的兼并与剥削,使得贫灶沦为富灶的雇用劳动者,不得不向富灶贷借生产资料③。淮盐各场的一般煎丁,"专以煎晒盐斤为业,每因盐斤不能接济,向各灶户重利借贷,以资日用,生计甚为拮据"④。他们是普通百姓中的最贫困者,"煎丁受雇于灶户,栖止海滩,风雨不蔽,烟薰日炙,无间暑

---

① 曾仰丰:《淮盐产销情形及酝酿改革报告书》(1931年10月1日),财政部盐务署盐务稽核总所:《盐务汇刊》第1册,1932年8月31日出版,第119页。
② 张謇:《整顿垣章禀场立案文》,曹从坡等主编:《张謇全集》第3卷,南京:江苏古籍出版社,1994年,第484页。
③ 佐伯富:《清代盐政の研究》,京都大学:东洋史研究会刊,1962年,第59页。
④ 中国第一历史档案馆编:《乾隆朝上谕档(乾隆九年至二一年)》第2册,桂林:广西师大出版社,2008年,第533页上。

寒，其苦百倍于穷黎"①。

《盐城县志》描述煎丁的生存状态为：

> 煎盐灶丁饮咸水而食脱粟，老幼男妇终岁胼胝，出入于尘土煤臭之中。鹑衣百结，面黑如墨，地居中土之极东。当穷冬沍寒，朔风暴作，一无障蔽，其寒彻骨。迨三伏炎烝，正淋漓旺产之时，矮檐灶屋中，烧灼熏蒸如惔如焚。屋以外赤日炎炎，而煎丁烦热难支之顷，每趋投赤日中，以为清凉世界。日未衔山，蚊蚋成市，煎丁无帷帐，则以泥涂其身；或蹲其身泥淖中，以避毒喙。而主是垣者，则收之以大桶，给之以贱价，赶之以陋例。桶盐入垣，不能易斗米而归。赴垣预借，则重科子息。不得已而私售，则巡丁场役，群勒诈之，一牒入官，箠楚立至。或久旱卤气不旺，或荡草蝗噬殆尽，或淫雨盐场积潦，欲煎不得，即无盐易谷。槁项黄馘，仰屋待毙。而灶头、灶长方且仰承意旨，罪以惰煎，取沟瘠而敲扑之。壬辰，岁非大饥，而严冬风雪大作，灶丁以冻馁毙者，比比皆是。②

从上文可知，煎丁仅靠制盐以换取微薄的生活资料，无法维持最低限度的生存需要，常冻饿致死。

民国前期，淮北农民即以贫困著称，但与农民相比，灶户则更加贫穷。"淮北不少农民衣食住三者皆胜于灶户"。就居住条件而言，灶民一家无论多少口人，通常只住1间茅屋。即与淮南相比，

---

① 陶澍：《陶文毅公全集》卷十四，道光二十年刻本，第39页下。
② 刘崇照修：《盐城县志》卷四"食货"，光绪二十一年刻本，第42页上。

淮北也显得更贫穷，直到20世纪30年代，调查者在这里竟没有找到拥有2间茅屋的灶户①。

饮食而言，灶户以玉蜀黍为主食，极少能吃上小麦。垣商每月给每户灶粮一石（也有8斗或1石2斗）。"按月照给，苦已不堪"，一旦不能及时发粮，灶户均无以为食。连资本雄厚的济南七公司也曾发生这样的问题，小垣商则更无保障。至于服装，"灶民每衣破秽之衣"，"俨然丐也"②。

他们工作条件之恶劣、劳动生活之艰辛，"简直教你不相信这是二十世纪的人类所能忍得下的"。灶民们"在顶热的夏天，大地像熔炉燃烧着，臭水池塘里蒸起了细泡，海边的砂热得要跳起来。一切的草都闷弯了腰。那太阳马上要跑到地球来似的。灶民在这时候烧着盐，但在烧着，不断的烧着。虽然外面已超过华氏表百度以上，但他们不能停息，因为稍微一停，盐马上便起块子。他们的肉身靠着火，灸得烫烫地，快要烤熟了。他们没有汗，汗一出就干了。他要昏了。他的妻子才从热昏中苏醒，又来轮着烧。他们跑到我们以为热得要命的太阳下喘一口气，'真凉快呵'"③！

灶民们付出了超负荷的劳动，却无法获得相当于其劳动力价值的收入，徒为官、商创造惊人的暴利。正如张謇指出的那样："终岁率妻子劳筋骨、暴肌肉于咸风烈日之中，仅免于饥寒，而利其利

---

① 王间祜：《整理淮北盐场意见书》，财政部盐务署盐务稽核总所：《盐务汇刊》第5册，1932年10月31日出版，第35页。
② 王间祜：《整理淮北盐场意见书》，财政部盐务署盐务稽核总所：《盐务汇刊》第5册，1932年10月31日出版，第35页。
③ 《灶民的生活》，（北京）《盐政杂志》第59期，1934年12月30日出版，"盐务消息"第85—86页。

以骄奢淫佚酣嬉醉饱者，商耳官耳，民何与焉？"①

加上灶民生活的环境皆为湿地，所饮皆碱水。"眼中所见，除盐及盐滩之外无别物，往来亦只有同样灶户，人生至此，生趣都绝，以与农民较相差不知几许"②。由于灶户的盐均要缴纳给专商，自己反而要买食高出其售价多倍的市场盐。③

在籍灶民的生活如此之难，至于那些没有灶籍的灶民，连盐都吃不上。在黄海海滨尚未开垦的新涨地区，因泥土含有盐质，许多贫民设灶烧盐，以此维持生计。所出货品，"非常纯洁"，售价极低，从不销往外埠。由于这些盐属于"私盐"，官厅严令取缔，盐灶全被铲除④。

灶民们流离失所，无处为生。且只能按规定买食市场上的官盐，这种盐质量既差，价格也较他们生产的盐贵3倍以上。乡民们只得汲取碱水烧菜。有位住在海畔的乡民，连碱水也汲不到，只好收取海滩上泛白的碱泥，沥取碱水以代盐用。不料被税警发现，指控其人偷烧私盐，有碍国税。随即将这位乡民捉走⑤。

1935年，两淮运使描述淮北私盐泛滥的情形是："一般乡民，或刮碱土，或泸蒿灰，或引海取潮，或凿井汲水，私制杂盐，滥充食用，既不纳税，所获实多，颇胜各种农作物品。渐至家仿户效，

---

① 张謇：《卫国恤民化枭弭盗尤宜变盐法议》，曹从坡等主编：《张謇全集》第2卷，南京：江苏古籍出版社，1994年，第22页。
② 王间祜：《整理淮北盐汤意见书》，财政部盐务署盐务稽核总所：《盐务汇刊》第5册，1932年10月31日出版，第35页。
③ （北京）《盐政杂志》第59期，1934年12月30日出版，"盐务消息"第65页。
④ 《乡民吃盐难》，（北京）《盐政杂志》第59期，1934年12月30日出版，"盐务消息"，第82页。
⑤ 《乡民吃盐难》，（北京）《盐政杂志》第59期，1934年12月30日出版，"盐务消息"，第82—83页。

相习成风,视为惟一副业。"①农民刮碱土淋咸水,竟被视为制作私盐。可见,民国年间的缉私实在是本末倒置。

民国前期的盐区民谣,很好地反映了盐民们的生活。

> 挑盐贩,庄户汉,谷贱既病农,年年伤匪患。十室九告空,破产又国难。衣食何处觅?冒死挑盐担。性命不直〔值〕钱,抛却园与田。溜过岗警线,来到盐岭前。交欢晒池户,花洋一二元。换得盐一担,荷之转家园。谁知财与命相连,一眼偏被税警见。喝声止勿走,接连枪弹射。一弹贯胸脑,死去无赊欠。倘若穿臂腿,展转人间恋。十人死四五,血肉相模糊。啼笑不可得,盐为血色污。幸而得不死,钱以命换之。尚有未到盐岭边,盐无四两包半片。一枪响去应声倒,冤哉形似命真贱。一夜未归天大明,闻说圩下死几人。内有妾夫儿的父,大小空号不敢去。可怜谷贱又盐禁,人民逃死无途径。为何当事重物质,不重农村穷民命。②

在连云市(今连云港)未建港以前,该地区的百姓,"和陇陕一带穴居穷民差不多",陇海铁路建成、连云建市,使得该地区的土地迅速升值10倍以上,但普通百姓却并未享受社会发展所带来的益处。因为这个地区大多数百姓为盐民和渔民,他们没有土地,土

---

① 中国第二历史档案馆藏南京国民政府财政部盐务署档案:《两淮盐区地方区乡镇保甲协助查禁私制食盐奖惩办法》(民国二十四年八月),全宗号266,卷号8937,无页码。
② 《盐区民谣》,(北京)《盐政杂志》第59期,1934年12月30日出版,"盐务消息",第81页。

地增值的利益，尽归于少数大土地所有者，而盐灶和渔民却成了被都市发展所牺牲的群体①。

淮北的平民阶层尽管人数众多，他们的生活条件相同，但是彼此间并没有发生多种多样的关系。他们的生产方式不是使他们互相交往，而是互相隔离。他们所进行的生产，通常是一家一户的小生产，没有分工，因而也就没有丰富的社会关系。他们之间只存在地域方面的联系，尽管他们有着相同的利益，但他们之间没有因此形成任何的共同关系，甚至形成任何全国性的联系。他们不能代表自己，他们的代表一定要是不受限制的政府权力，'这种权力保护他们不受其他阶级侵犯，并从上面赐给他们雨水和阳光"。

马克思指出："无论在不同社会阶段上分配方式如何不同，总是可以像在生产中那样提出一些共同的规定来，可以把一切历史差别混合和融化在一般人类规律之中。例如，奴隶、农奴、雇佣工人都得到一定量的食物，使他们能够作为奴隶、农奴和雇佣工人来生存。靠贡赋生活的征服者、靠税收生活的官吏……都得到一份社会产品，而决定这一份产品的规律不同于决定奴隶等等那一份产品的规律。"②皇帝、贵族、官僚是盐业利益分配规则的制定者，军、警等公务人员是这项规则的执行者，商人集团与灶民则是盐业利益分配的竞争者。但在实际生活中，规则的制定者、执行者与商人集团一道成为盐业利益瓜分的参与者，"合法"地获得盐业的不当利益，他们与灶民和其他平民阶层成了竞争者。加上身份制的限制，

---

① 《连云市及市政处筹备》，江苏省第六区党务指导员办事处编辑：《淮海》第5期，1935年10月1日出刊，第42—43页。
② 马克思：《〈政治经济学批判〉导言》，《马克思恩格斯文集》第8卷，北京：人民出版社，2009年，第11页。

盐民在社会产品的分配中,等同于奴隶的处境。

马克思曾非常重视戴维·乌尔卡尔特(D. Urquhart)的论述:"你们把人民分成两个敌对的阵营:粗笨的农民和娇弱的侏儒。天啊!一个按农业利益和商业利益分裂开来的民族,不仅无视这种惊人的不自然的划分,而且正是因为这种划分,自称为健康的,甚至自命为开化的和文明的民族。"[①]这大概也就是中国社会问题之所在。

二、奴隶制

19世纪以前,无论是世界发达国家如美国,还是传统型国家中国,存在奴隶劳动的现象并不鲜见。判断奴隶身份的最重要标准是马克思、恩格斯阐述的劳动者拥有发展自由个性的条件以及作为人的自由发展程度。淮地煎丁受缚于国家法律,从事直接的强制劳动,承受官府、盐商的超经济剥削。他们没有改变身份、职业的自由,且世代相袭;同时,他们没有自己的主要生产资料,没有迁徙的自由,没有生产和支配自己劳动产品的自由,甚至婚姻都要靠官府的恩赐,是事实上的国家生产奴隶。他们的生存状态和自由程度远不如两淮的小农,更无法与美洲种植园的黑人奴隶相比。

在许多史学论著和教科书中,奴隶制多与鞭打、人殉联系在一起[②]。中村哲写道:"提到奴隶制,一般使人联想到许多奴隶被

---

① 马克思:《资本论》第1卷,《马克思恩格斯文集》第5卷,北京:人民出版社,2009年,第579页(注324)。
② 如,史星:《奴隶社会》,上海:上海人民出版社,1973年,第6页;张景贤:《中国奴隶社会》,北京:中华书局,1974年,第18页;东北师大、华东师大、河南师大、安徽大学、广西师院、辽宁大学、内蒙师院、曲阜师院历史系合编:《简明中国古代史》,福州:福建人民出版社,1982年,第26—27页;北京市工农教育研究室编:《中国古代史》,北京:北京出版社,1984年,第16—17页。

皮鞭驱使、进行集体劳动的奴隶制大经营。例如，19世纪南北战争前夕美国南部栽培棉花的黑人奴隶制，17、18世纪古巴等西印度群岛上所见典型的蔗糖种植园的黑人奴隶制等，这是近代奴隶制的形象，它塑造了希腊、罗马等古代奴隶制的形象。"[1]另外，人殉也不是奴隶身份的确证。胡厚宣通过对甲骨文中131次人祭的考证，确认这些人牲"至少当有一部分系战争所获之俘虏"[2]。岛邦男评论学者对商代人殉的研究："诸家所谓的'人牲'说，实际上是从字释角度派生的臆说，而未从卜辞用法上得以确证。……在殷代无用人牲的确证。"[3]真正的明代皇家人殉之制，直到天顺八年（1464）才由明英宗下诏废除[4]。19世纪印度同样盛行妇女殉夫，每年殉夫者大约800人；直到20世纪70年代还不断有类似之事[5]。这些血淋淋的习俗显然不是生产奴隶的本质属性

蒲立本指出："以任何有意义的认知来衡量，很难证明人殉是奴隶制的惯例。在历史上，伴随主人进入坟墓被视为极高的荣耀。用战俘作祭祀也很难与奴隶制等同起来。"[6]这一观点近来得到

---

[1] 中村哲：《奴隶制与农奴制的理论——马克思恩格斯历史理论的重构》，冻国栋等译，武汉：武汉大学出版社，1994年，第52页。
[2] 胡厚宣：《殷非奴隶社会论》，载《甲骨学商史论丛初集》（民国丛书第一编第82种），上海：上海书店出版社，1989年，第7页。
[3] 岛邦男：《殷墟卜辞研究》，濮茅左等译，上海：上海古籍出版社，2006年，第644页。
[4] 《明实录·英宗睿皇帝》卷三六一，台北"中研院"历史语言研究所刊本，1962年，第3页下。
[5] 习达民、习达桢：《现代人与鬼神》，北京：燕山出版社，1993年，第197页。
[6] E. G. Pulleyblank, "The Origins and Nature of Chattel Slavery in China", *Journal of the Economic and Social History of the Orient*, vol. 1, no. 2 (April 1958), p. 186.

不少学者的认同。①

因此,皮鞭、毒打和人殉并不是奴隶制的本质特征。甚至在典型的奴隶社会中,奴隶主也无权随意杀死奴隶。古巴比伦《汉穆拉比法典》规定:"被执行人因殴打或虐待致死亡于执行人之家时,其尊长应向商人问罪。被执行人为……奴隶时,赔偿银三分之一名那;商人应丧失其应受领之物。"②恩格斯指出:"公开的而近来是隐蔽的奴隶制始终伴随着文明时代。"③这些隐蔽的奴隶制多不具备前述的血腥性。

在欧洲大陆的主体地区,尽管生产奴隶在公元1000年前后已趋于消失④,但其后的数百年、乃至800余年里,世界其他地区仍然盛行奴隶劳动。马克思、恩格斯多次强调:"美国棉花生产是以奴隶制为基础的。"⑤安东尼·E·凯耶(Anthony E. Kaye)写道:"在19世纪,奴隶制的扩张,不但使美国南部、而且使整个美国的政治经济发生了转型。"⑥由此可见奴隶制在美国影响之大。以至于虽然迟至1865年12月18日美国才从法律上废除奴隶制,但仍引发了规

---

① 如陈淳:《社会进化模式与中国早期国家的社会性质》,《复旦学报》(社会科学版)2006年第6期,127—128页;陈民镇:《奴隶社会之辩——重审中国奴隶社会阶段论争》,《历史研究》2017年第1期,第159—178页。
② 爱德华滋:《汉穆拉比法典》,沈大銈译,曾尔恕勘校,北京:中国政法大学出版社,2005年,第41—42页。
③ 恩格斯:《家庭、私有制和国家的起源》,《马克思恩格斯文集》第4卷,北京:人民出版社,2009年,第195页。
④ M. M. Postan (ed.), *The Cambridge Economic History of Europe.* Cambridge: Cambridge University Press,1966, Vol. 1, p. 250.
⑤ 马克思、恩格斯:《国际述评》(三),《马克思恩格斯全集》第7卷,北京:人民出版社,1959年,第504页。
⑥ Anthony E. Kaye, "The Second Slavery: Modernity in the Nineteenth-Century South and the Atlantic World", *The Journal of Southern History,* vol. 75, no. 3 (August 2009), p. 627.

模巨大的南北战争。19世纪初,拉丁美洲独立战争后,拉美各国相继宣布废除奴隶制度,不过,巴西的奴隶制却延续至1888年①。这就毫不奇怪,屈顺夫认为中国华南地区直到19世纪末20世纪初存在着基于财产关系的奴隶制②。在马克思看来:"因为奴隶制是一个经济范畴,所以它总是列入各民族的社会制度中。现代各民族只是在本国内把奴隶制掩饰一下,而在新大陆却赤裸裸地公开推行奴隶制。"③因此,19世纪以前,奴隶劳动是普遍存在的;并且,新大陆的生产奴隶仅是其中的一种而已。

通过对近代华南地区世仆的研究,屈顺夫认为:"与初级生产没有直接联系、相对严酷的奴隶制确实可以出现且繁荣。因而,中国的证据显示,种族的差异并不总是动产奴隶制发展的关键因素。"④

中国传统社会的食盐生产采用奴隶劳动的形式,远早于美国种植园制度。在清代,"盐政、织造、关差皆系内府世仆"。这些世仆可向皇帝"进衣服食物",以博皇帝欢心⑤。学者指出,像伊斯兰世界的精英奴隶、拜占廷和中国的宫廷太监,不论他们拥有多大

---

① 周世秀:《巴西奴隶制长期延续和最终废除的原因》,《拉丁美洲丛刊》1984年第6期,第47—51页。
② James L. Watson, "Chattel Slavery in Chinese Peasant Society: A Comparative Analysis", Ethnology, vol. 15, no. 4 (October, 1976), pp. 361-375.
③ 马克思:《哲学的贫困》,《马克思恩格斯全集》第4卷,北京:人民出版社,1972年,第146页。
④ James L. Watson, "Chattel Slavery in Chinese Peasant Society: A Comparative Analysis", Ethnology, vol. 15, no. 4 (October, 1976), p. 372.
⑤ 郑沄修:《乾隆杭州府志》首卷(六)"巡幸",乾隆四十九年刻本,第56页上。祁美琴等认为:"准确地说,'包衣'是努尔哈赤家族的旗籍'世仆',或曰'家臣''内臣'。"见祁美琴、崔灿:《包衣身份再辨》,《清史研究》2013年第1期,第127页。

的特权和权势,"不过是出于主人的一时之念、黯弱或设计"①。尽管他们的权势绝非一般平民、甚至官员所可比拟,但用马克思的话来说:"吃穿好一些,待遇高一些,特有财产多一些,不会消除奴隶的从属关系"②。而这些世仆管辖下的淮盐煎丁无论在身份、还是境遇等方面,都远低于一般平民。

仅淮南通泰地区20个盐场,在清代,"垣商、煎丁以及钩扛捆忙人等、不下数百万户"③。

考诸明清法律,煎丁没有改变身份的自由,清代甚至没有当私家奴仆的自由。

不同于拉博伊斯所主张的"自愿奴隶"④,中国古代,煎丁多来自罪徒;从事盐业后,在许多方面仍被视为犯人。西汉初年,吴王刘濞"召致天下亡命者铸钱,煮海水为盐"⑤。此后虽朝代屡易,但煎丁的罪徒身份却未发生根本性的改变。

明律规定:"民人有犯私盐徒罪以上者,俱补充灶丁。"⑥洪武十四年(1381),"命刑部更定徒罪煎盐炒铁例,凡徒罪煎盐者,

---

① Orlando Patterson, *Slavery and Social Death: A Comparative Study.* Massachusetts: Cambridge University Press, p. 307.
② 马克思:《资本论》第1卷(节选),《马克思恩格斯选集》第2卷,北京:人民出版社,2012年,第276页。
③ 葛士濬辑:《皇朝经世文续编》卷四十四,上海久敬斋光绪二十七年刊本,第7页下。
④ Ф. КОГАН-БЕРНШТЕЙН, "ТРАКТАТ ЛА БОЭСИ О ДОБРОВОЛЬНОМ РАБСТВЕ", *Вопросы истории,* № 2-3, Март 1946, С. 106-117.
⑤ 司马迁:《史记》卷一百六"吴王濞列传",北京:中华书局,1963年,第2822页。
⑥ 杨选、陈暹修,史起蛰、张榘撰:《嘉靖两淮盐法志》,荀德麟等点校,北京:方志出版社,2010年,第234页。

福建、广西之人发两淮、河南、山东"①。正统十三年（1448）谕："坐杂犯死罪者，罚役五年。流以下递减年月，俱于本井上工，日煎盐三斤，仍令煎办常课。"②明律另规定："于高邮、通、泰、兴化、如皋等州县及浮居寄住之民，见在地方迷失乡贯自愿投灶者，许于就近募补。"但是，据盐运使郑漳称："近据前项各州县民人及浮居寄住、迷失乡贯人氏，每有投告充灶者。……而今勘合到司已经六个月之上，文移之行如石投水，并无一名回报，乃知各州县各子其民，断不肯以民充灶。"③非但如此，就是被迫充当煎丁者，"或雇直为人佣工，或乞养为人男仆，或往产盐场分为人煎办。如高邮、通、泰等州，如兴化、如皋、海门、盐城等县，如富安、安丰、东台、梁垛、何垛等场，固逃灶之渊薮窟宅也"④。"男仆"就是私家奴隶。这些宁愿当私家奴隶也不愿当煎丁的现象，很能说明煎丁的真实地位。

由法律关系所规定的榨取剩余劳动的形式，是判断奴隶劳动的重要根据。马克思指出："使各种经济的社会形态例如奴隶社会和雇佣劳动的社会区别开来的，只是从直接生产者身上，劳动者身上，榨取这种剩余劳动的形式。"⑤这一形式就是直接的强制劳

---

① 《明实录·太祖高皇帝》卷一三五，台北"中研院"历史语言研究所刊本，1962年，第5页下。
② 《明实录·英宗睿皇帝》卷一六八，台北"中研院"历史语言研究所刊本，1962年，第4页下。
③ 杨选、陈暹修，史起蛰、张榘撰：《嘉靖两淮盐法志》，荀德麟等点校，北京：方志出版社，2010年，第234页。
④ 杨选、陈暹修，史起蛰、张榘撰：《嘉靖两淮盐法志》，荀德麟等点校，北京：方志出版社，2010年，第234页。
⑤ 马克思：《资本论》第1卷（节选），《马克思恩格斯选集》第2卷，北京：人民出版社，2012年，第188页。

动与间接的强制劳动的区别。马克思指出:"奴隶和奴隶主之间的关系的连续性,是通过直接强制来保持奴隶的一种关系。"①在马克思看来,"直接的强制劳动即奴隶制","与直接的强制劳动相对立的财富不是资本,而是统治关系"②。马克思引用詹·斯图亚特《政治经济学原理研究》系统地分析:"在古代,只有靠奴隶制才能迫使人们超过自己的需要进行劳动……如果不强制人们进行劳动,他们就会只为自己劳动……那时人们被迫从事劳动,因为他们是别人的奴隶。"③

在专制政体下,用法律规定来对一部分人行使直接的强制劳动显然是国家和少部分人攫取超额利润的有效方法,但这是以剥夺他人的人身自由为代价的。明代被官府定为灶籍的民人,家人甚至视其与被判死刑相同:"民与灶户杂居,黠者欲凌愚弱,辄以灶籍讼之运司。运司悬隔数百里外,一经勾摄,亲戚哭别,如赴市曹。既至私幽之僻处,进无对簿之期,退乏饔飧之资,动延岁月,多缧绁以死者。"④

三、生产奴隶

按清朝律法规定,户籍分为军、民、驿、灶等,严禁百姓变动

---

① 马克思:《〈政治经济学批判(1861—1863年手稿)〉摘选》,《马克思恩格斯选集》第2卷,北京:人民出版社,2012年,第832页。
② 马克思:《〈政治经济学批判(1857—1858年)手稿〉摘选》,《马克思恩格斯文集》第8卷,北京:人民出版社,2009年,第70页。
③ 马克思:《〈政治经济学批判(1861—1863年手稿)〉摘选》,《马克思恩格斯选集》第2卷,北京:人民出版社,2012年,第837页。
④ 上海市地方志办公室、上海市嘉定区地方志办公室编:《上海府县旧志丛书(嘉定县卷)》(一),上海:上海古籍出版社,2012年,第163页。

户籍①。顺治二年（1645），废除明代的官、民、军、医、匠、驿各籍，"其后民籍之外，惟灶丁为世业"。煎丁的子孙世袭灶籍，仍无法改变职业，也就无法改变身份，事实上世袭了人身不自由。雍正后，清政府废除了一些贱籍，规定灶户为四民之一，"四民为良"，在名义上，地位高于奴仆、皂隶、马快、步快、小马、禁卒、门子、弓兵、仵作、粮差及巡捕营番役等贱役②。但在实际生活中，灶户远比上述从事贱役者的身份为低，并不允许改变身份，从事这些官府"贱役"。顺治十七年（1660）"题准灶丁不许充当衙役"③，表明煎丁的身份甚至不如刑徒。

同时，灶户与平民不同，清律明确禁止其充当私家奴隶。清初，"人奴之多，吴中为甚"④。一般平民可以卖身为奴。对官员而言，"赡妻子，蓄奴仆"已为生活常态⑤。康熙十八年（1679）题准，"凡旗人买民，用印衙门呈送户部，转行该抚，令地方官晓谕里甲"⑥。康熙二十二年（1683），"又题准本年十月以前有白契卖身之人，审系情愿，中证明白者，仍断与买主。"⑦署两江总督周馥奏称，清代对买卖人口，"然仍准立契买卖，本源未塞"⑧。但清代法律明确规定，不允许灶户充当私家奴仆。康熙三十九年（1700）题准："盐灶户卖身旗下者，事发后将卖身之人

---

① 阿桂等纂：《大清律例》卷八"户律户役"，北京：中华书局，2015年，第57页。
② 托津等编纂：《嘉庆朝大清会典》卷十一"户部"，光绪年间刻本，第4页下。
③ 伊桑阿纂修：《康熙朝大清会典》卷三十三"户口"，光绪年间刊本，第23页上。
④ 顾炎武：《日知录校释》上册，张京华校释，长沙：岳麓书社，2011年，第587页。
⑤ 邓显鹤：《南村草堂文钞》卷十，咸丰元年刻本，第20页上。
⑥ 允禄等监修：《雍正朝大清会典》卷三十"户口"，光绪年间刻本，第52页上。
⑦ 允禄等监修：《雍正朝大清会典》卷三十"户口"，光绪年间刻本，第53页上。
⑧ 沈家本：《寄簃文存》卷一，民国年间刻本，第15页上。

枷号三个月,责四十板;引进保人枷号两个月,责四十板,仍行文该地方官,追取身价交还原主。如不能偿,令引进保人代还。"① 两淮盐场"在清初时间有蓄奴之证",后"其风久绝"②。两淮盐场的"奴"显然是私奴,灶丁不能卖身成为私奴,不是他们获得解放的标志,而是他们被剥夺了出卖自己的权利和改变职业的自由。

清代大部分时间禁止买卖煎丁为奴。一方面,说明私家奴仆的生活境遇远比煎丁要好,煎丁为奴的现象比较普遍,因此需要国家立法禁止。另一方面,禁买煎丁为奴,恰恰不是煎丁身份高于一般平民的表现,而是煎丁本身就是国家和垄断商人的奴隶的明证,其实际身份要低于私家奴隶③。有学者认为亚洲奴隶制的典型就是国家和家庭奴隶。远在夏、商两代,国家控制的奴隶就不用于出售。李亚农写道:"殷人买卖奴隶的证据,这也是我们在经籍和卜辞中找不到的。"④束世澂指出:夏代和商代"还没有发现购买的奴隶和债务奴隶的确实史料"⑤。

明清煎丁即使不被出卖,也不影响其奴隶身份的判断;况且,他们附着于盐场,随着盐场被出卖而出卖给了不同的主人。当然,被主人随意买卖不是奴隶的必备条件。苏珊娜·迈耶斯(Suzanne Miers)指出:"奴隶可以通过强制获得和拥有,并被完全支配,但

---

① 允禄等监修:《雍正朝大清会典》卷三十"户口",光绪年间刻本,第53页上—下。
② 吴应庚纂:《续修盐城县志稿》卷三"户口",民国二十五年铅印本,第12页下。
③ В. А. РУБИН, "ПРОБЛЕМЫ РАБОВЛАДЕЛЬЧЕСКОЙ ФОРМАЦИИ В ДРЕВНЕМ КИТАЕ В ОСВЕЩЕНИИ СОВРЕМЕННЫХ КИТАЙСКИХ УЧЕНЫХ", *Вопросы истории,* № 4, Апрель 1957, С. 195.
④ 李亚农:《殷代社会生活》,上海:上海人民出版社,1955年,第62页。
⑤ 束世澂:《夏代和商代的奴隶制》,《历史研究》1956年第1期,第44页。

不可出卖；或者他（或她）可能具有一定的公认的权力，但仍然被人拥有和出售。"①

煎丁进盐场以后，就失去了人身自由。每天上工由小师傅（工头的帮手）带领出盐场、下盐滩。顶风雨，冒烈日，受工头的监视，并常受到辱骂或鞭子的抽打。每天很晚才收工，由小师傅押送回场，挤进黑暗潮湿的小屋。为防止煎丁逃跑，小屋的门上加锁。煎丁们大小便都在宿舍，"如同囚犯一样"②。

煎丁通过逃亡以改变职业，但这样往往累及亲属。直到民国年间，张謇指出："淮南商亭场分煎丁著籍，或自前明官定压制之法，迫作苦工。令场商以贱价收，令运商以贵价卖，因而重征商税以为利。商又放桶量、抬钱价以苦之。丁如不服，笞杖、枷锁之刑，立随其后。如或逃亡，则罚其子而役之，无子则役其孙，无子孙则役其女之夫与外孙，非亲属尽绝不已。"③

明清入灶籍者可以参加科举应试。如明代泰州学派的奠立者王艮，即为安丰场灶民④。明内阁浙人张璁（孚敬），"亦灶籍也"⑤。乾隆四十四年（1779）二月礼部议复江苏巡抚杨魁等奏请："泰州、通州等处沿海灶户，因业煎盐，前设灶籍学额六。此

---

① Suzanne Miers, "Contemporary Forms of Slavery", *Canadian Journal of African Studies / Revue Canadienne des Études Africaines,* vol. 34, no. 3 (2000), Special Issue: On Slavery and Islam in African History: A Tribute to Martin Klein, pp. 715.
② 《淮安盐业志》编撰委员会编：《淮安盐业志》，北京：方志出版社，2013年，第477页。
③ 张謇：《改革全国盐法意见书》，李明勋、尤世玮主编：《张謇全集》第4册，上海：上海辞书出版社，2012年，第201页。
④ 周古篆：《东台县志》卷二十四"儒林"，嘉庆二十二年刊本，第1页上。
　　吴甡写道："（王）艮，泰州安丰场人。……而艮孝出性。"见周古篆：《东台县志》卷三十六，嘉庆二十二年刻本，第10页下。
⑤ 李清馥：《闽中理学渊源考》卷六十一，清代刻本，第8页下。

等灶户，与土著无异，请裁归本州县应试。"① 但这种规定，对于几乎没有任何教育的一般煎丁来说，也就没有身份解放的意义。

王艮曾"同里人商贩东鲁间"②，严格说来，他应是安丰场较贫穷的商人，因孝行受地方官多次举荐。吴甡举荐王艮时写道："泰州安丰场……俗故业盐，无宿学者。"③ 明确说明一般煎丁中无读书较多之人，王艮充其量算一特例。并且，我们知道，明清法律的许多规条在实际生活中并不被执行。尤为重要的是，科举制的种种细则，实际上把一般的灶丁拒在门外。直到晚清，淮南人张謇，仅是因祖上三代没有功名，就被列入"冷籍"，后通过"冒籍"才得以参加县试、州试。晚清盐业人士回忆，煎丁的政治地位，"在当时与娼、优、隶、卒，同被视为'贱民'。在科举取士制度下，煎丁子弟，纵可读书，不得报名应试"④。在现实社会中，一般煎丁的地位与法律规定判若两途，与平民有着明显的差别。

恩格斯指出："在奴隶制下，只能有单个人不经过过渡状态而立即获得释放……而中世纪的农奴实际上却作为阶级而逐渐实现了自己的解放。"⑤ 纵使通过科举，个别煎丁获得了自由，这与古代罗马、希腊的奴隶通过个人功业而被获准为自由人的意义相同，无

---

① 《清实录·高宗纯皇帝》（第22册）卷一千七十六，北京：中华书局，1986年，第438页下。
② 周古纂：《东台县志》卷三十七"碑记"，嘉庆二十二年刊本，第29页下。
③ 周古纂：《东台县志》卷三十六"奏疏"，嘉庆二十二年刻本，第10页下。
④ 刘涵叔述：《有关新兴场所盐灶的见闻》，中国人民政治协商会议盐城市郊区委员会文史资料委员会：《盐城文史资料》第1—2辑，1984年1月，第137页。
⑤ 恩格斯：《家族、私有制和国家的起源》，《马克思恩格斯文集》第4卷，北京：人民出版社，2009年，第176页。

法从整体上改变煎丁的奴隶地位，无法与可以作为阶级解放的农奴相比。宫崎市定认为，中国古代的"宰""相""傅"等均是君主身边的奴隶，随着权力的上升而成为高级臣属[1]。这种个人政治地位上升的情况对于整个奴隶阶层的属性不具备普遍意义。因此，煎丁的地位要低于中世纪的农奴。

官府常以施恩的方式对淮地煎丁赐婚。如成化五年（1469），"咸宁大司徒雍公泰巡盐两淮，见灶丁贫而鳏者几二千人，比及二年，俱与完室既去"[2]。弘治十三年（1500），徐淮任淮南仪征县令，"民贫不能娶者，即为召女，以所蓄鸡酒送归夫家"[3]。这种大规模恩赐式的婚姻充分体现了煎丁的人身依附程度以及官府的主人身份。

马克思认为："在古代世界，商业的影响和商人资本的发展，总是以奴隶经济为其结果；不过由于出发点不同，有时只是使家长制的、以生产直接生存资料为目的的奴隶制度，转化为以生产剩余价值为目的的奴隶制度。"[4]在中国的盐业体制下，正是因为商业的影响和商人资本的发展，煎丁不是家内生产生活资料的奴隶，而是属于国家所有的奴隶。他们始终被束缚在盐场等生产资料上，从事直接的强制劳动。随着盐场等生产资料被交易，他们也被出售给了不同的生产资料所有者，且身份世代相袭，子子孙孙均是为国家

---

[1] 宫崎市定：《宫崎市定全集》（1），东京：岩波书店，1993年，第93—94页。
[2] 陈弘谋编：《从政遗规》卷下，清代刻本，第67页上。
[3] 尹会一等纂：《扬州府志》卷二十七"名宦（下）"，雍正十一年刻本，第18页上。
[4] 马克思：《资本论》第3卷，《马克思恩格斯文集》第7卷，北京：人民出版社，2009年，第370页。

和盐商生产剩余价值的奴隶。

盐业作为传统社会中的暴利行业，煎丁是创造基本价值的人，但不占有盐场、土地等；一句话，他们没有自己的主要生产资料。

明清时代，制盐所使用的土地明确归官府所有，名义上煎丁有使用权。洪武年间，"每丁给有盔盐以资摊晒，有草场以供樵采。草场所收之值，岁可抵一盐丁课之半"。尽管灶丁开始时在法律上可使用草场，但由于恶劣的制度设计，灶丁的草场很快被剥夺，"后草场归豪右，而于各灶丁征收全课，至卖妻鬻子以偿"①。

景泰元年（1450）诏曰："各运司、提举司及所属盐课司原有在场滩荡，供采柴薪者，不许诸人侵占。"②清代两淮盐运司有草荡、沙荡、沙地、仓基5916825余亩。③"各场灶滩所以刮土淋卤，草场所以刈草煎盐，寸土尺地皆属之官，不得开耕变卖"④。其他不管商亭、灶亭，土地同样为官府所有⑤。

康熙十八年题准，"复禁私煎，令商置锅，召募灶户煎盐配引"⑥。产盐的垣地、锅鉴皆归盐商所有。盘鉴的铸造须官府批准备案。这些控制煎丁的律条得到了最严格的执行。在实际生活中，绝大多数煎丁既没有盐场土地的使用权，也没有其他生产资料，

---

① 《明实录·神宗显皇帝》卷五七五，台北"中研院"历史语言研究所刊本，1962年，第7页下。
② 莽鹄立等：《山东盐法志》卷一，雍正年间刻本，第15页下。
③ 托津等编纂：《嘉庆朝大清会典》卷十三"户部"，光绪年间刻本，第15页下。
④ 黄掌纶等纂：《长芦盐法志》，刘洪升点校，北京：科学出版社，2009年，第520页。
⑤ 中国人民政治协商会议大丰县委员会文史资料研究委员会：《大丰县文史资料》第7辑（盐垦史专辑），1987年，第40页。
⑥ 允禄监修：《雍正朝大清会典》卷四十九"户部"，光绪年间刊本，第3页下。

"煎丁向来亭舍、灰场、卤桶、煎草一切取给予垣"①。

恩格斯指出："在亚细亚古代和古典古代，阶级压迫的主要形式是奴隶制，也就是说，群众不仅被剥夺了土地，甚至连他们的人身也被占有。"②土地、工具和劳动本身不归自己所有，"这种形式实质上是奴隶制和农奴制的公式"③。

马克思更明确指出奴隶的本质特征："奴隶要用别人的生产条件从事劳动，并且不是独立的。"奴隶身份的本质是人身不自由。"所以这里必须有人身的依附关系，必须有不管什么程度的人身不自由和人作为土地的附属物对土地的依附，必须有本来意义的依附制度。"马克思明确说明对"土地"不可作机械的理解。显然，对煎丁而言，对其他生产条件、而不是对土地的依附更加明显；在马克思看来，"这些生产条件和土地是一回事"。并非只有血淋淋的严酷场面才是奴隶制度。马克思指出，在亚洲那些"既作为土地所有者同时又作为主权者的国家"，"对于依附关系来说，无论从政治上或经济上说，除了面对这种国家的一切臣属关系所共有的形式以外，不需要更严酷的形式"④。

在马克思看来，不占有劳动条件，是奴隶身份的重要特征。他指出：

---

① 曹从坡等主编：《张謇全集》第3卷，南京：江苏古籍出版社，1994年，第526页。
② 恩格斯：《美国工人运动》，《马克思恩格斯文集》第4卷，北京：人民出版社，2009年，第319—320页。
③ 马克思：《〈政治经济学批判（1857—1858年手稿）〉摘选》，《马克思恩格斯选集》第2卷，北京：人民出版社，2012年，第754页。
④ 马克思：《资本论》第3卷，《马克思恩格斯文集》第7卷，北京：人民出版社，2009年，第893—894页。

劳动者对他的生产资料的私有权是小生产的基础，而小生产又是发展社会生产和劳动者本人的自由个性的必要条件。诚然，这种生产方式在奴隶制度、农奴制度以及其他从属关系中也是存在的。但是，只有在劳动者是自己使用的劳动条件的自由私有者，农民是自己耕种的土地的自由私有者，手工业者是自己运用自如的工具的自由私有者的地方，它才得到充分发展，才显示出它的全部力量，才获得适当的典型的形式。①

淮地煎丁被剥夺了土地、其他生产条件和人身自由，完全符合马克思、恩格斯对奴隶的定义。当代数理经济学家拉格洛夫（Nils-Petter Lagerlöf）"通过对从狩猎-采集至近期长时段人口统计和制度发展的某些广泛特征的粹取，推导出一种统一的增长模型"，事实上证明了马克思和恩格斯的论断。拉格洛夫写道："从公共财产权的平等状态的经济内在地过渡到专制的奴隶社会，其精英拥有人民和土地。其后，这种制度会内在地过渡到自由劳动社会，其精英拥有土地，但人民获得自由"②。

"人的自由发展"，是马克思衡量社会发展的基本原则。很显然，与近代中国一般小农相比，小农是耕种自己土地的自由私有者，而煎丁不具备"自己运用自如的工具的自由私有者"的条件；也就说，煎丁自由发展的程度远不能与小农相比。

由于没有主要的生产资料，煎丁也就无法生产自己的生活资

---

① 马克思：《资本论》第1卷（节选），《马克思恩格斯选集》第2卷，北京：人民出版社，2012年，第298页。
② Nils-Petter Lagerlöf, "Slavery and Other Property Rights", *The Review of Economic Studies,* vol. 76, no. 1 (January, 2009), p. 338.

料；更为重要的是，他们无法发展作为劳动者本人的自由个性。

清代尽管不像梭伦时代的雅典那样明确规定"公民的权利与财产状况有关"①，并且，极度贫穷以及被剥削的残酷都不是生产奴隶的特有属性，其法律地位和社会生活中的实际地位才是衡定他们身份的关键标准。但煎丁对生产资料的占有状况无疑是其身份地位的标尺。

民国初年，两淮盐垦公司的创办，原有解放煎丁的构想，只是由于旧制度的残余，煎丁的生产奴隶地位并无根本性的改变。"泰和、大佑两公司亦购地于伍佑滨海之区，兼取得场商地位，由是公司再为灶民之桎梏。凡灶欲报废者，必责以清偿宿欠，百端龃龉之。自号于众曰垦，而锢人以煎，于边区圈地兴垦，而于腹地存灶留煎，盖与淮南废煎、南道办垦之初旨，适得其反焉"②。

大多数煎丁本人、甚至全家多依附于占有生产资料的盐商。在马克思看来："在古代，每一个民族都由于物质关系和物质利益（如各个部落的敌视等等）而团结在一起，并且由于生产力太低，每个人不是做奴隶，就是拥有奴隶。"③据清律，灶户归场商养赡，康熙四十六年（1707）覆准："场商无力养赡灶户，令各州县自募土著殷实之家承充。"④清末《申报》载："灶丁为商等雇工。雇一灶丁，而灶丁全家皆商养活，按月付口粮外，生养死葬无

---

① 参见廖学盛：《从古希腊罗马史看奴隶占有制社会的若干问题》，《历史研究》1995年第5期，第139页。
② 吴应庚纂：《续修盐城县志》卷四"物产"，民国二十五年铅印本，第7页下。
③ 《马克思恩格斯全集》第3卷，北京：人民出版社，1965年，第169页。
④ 允禄监修：《雍正朝大清会典》卷五十"盐法"，光绪年间刊本，第25页上—下。

不周恤。……商困则灶无依,灶困惟商是赖。"①这种境遇,极大地强化了煎丁对盐商的人身依附,使其人身没有自由。这非常符合马克思的论断:"奴隶以实物形式(它无论在形式上或在数量上都是固定的),以使用价值的形式来获得维持自己生存所必需的生活资料。自由工人则是以货币的形式,以交换价值的形式,以财富的抽象社会形式取得维持自己生存所必需的生活资料。"②

综上所述,劳动者发展自由个性的条件、自由发展的程度是衡定其实际身份最本质的依据。明清律法的规定,使制盐煎丁无法拥有自己的生产资料,煎丁们不得不依附于盐商生活,极大地限制了他们的人身自由,锢化了人身依附关系,降低了他们的社会地位。

马克思认为:"一个除自己的劳动力以外没有任何其他财产的人,在任何社会的和文化的状态中,都不得不为另一些已经成了劳动的物质条件的所有者的人做奴隶。他只有得到他们的允许才能劳动,因而只有得到他们的允许才能生存。"③除了没有人身自由外,煎丁还没有生产自由。煎丁使用的土地,不能用于农业生产,"民之不能为盐,犹灶之不能为五谷也"④。

即使从事盐业,煎丁也无权自主地投入劳动,通过发展生产的途径来获得更大的劳动收益,只能按官府指定的数量来生产。中国传统统治者有一奇怪的理论:"凡论生财之道,皆以开源节流为要

---

① 《淮北借款恤商之计划》,《申报》宣统元年六月二十日(1909年8月5日),第12版。
② 马克思:《〈政治经济学批判(1861—1863年手稿)〉摘选》,《马克思恩格斯选集》第2卷,北京:人民出版社,2012年,第833页。
③ 马克思:《哥达纲领批判》,《马克思恩格斯文集》第3卷,北京:人民出版社,2009年,第428页。
④ 沈明臣纂:《通州志》卷四"物土志",万历年间刻本,第15页下—16页上。

义。独鹾务则宜节源而开流，源苟不节，生者众，食者寡，势必壅阏不行。灶户坐困，而垣商亦病矣。"①对煎丁的生产实施严格控制，目的是维护官商的垄断利润。乾隆以后，这种控制已臻化境：

> 国朝雍正五年巡盐御史噶尔泰有题请举行火伏之法，乾隆二十九年盐政高恒有奏立稽查火伏之规，自是日增严密，诚稽煎之良法也。其法设灶头、灶长，专司火伏。每煎丁起煎，先赴灶长报明时刻，领取火伏旗牌，悬于灶门，历十二时属一伏火。每伏例得盐一桶一二分至三四分，所谓额马是也。火既止，灶头核其时刻缴旗牌，灶长既以起止日时填注长单，照火伏额马检点盐数，填注三联印票给煎丁装运入垣。②

两淮盐政伊龄阿奏《筹备老少余盐酌定章程》："至火伏与盘鉴相为表里，每场每岁俱有定额。一火伏出盐若干，亦有定数。应将稽查之灶头、灶长甄别，拣选充当，由运使给发循环印簿，令场官将煎出盐数按日登记，分上下半月送核。则火伏日期与盘鉴册数，可以层层比较，永杜私煎。"③显然，最严密的劳动监督是生产奴隶常见的工作待遇。最令人浩叹的是，统治者宁愿花费巨额代价，严密监督以减少生产，也不愿削减、解放多余的煎丁，充分说明煎丁是国家奴隶的身份。

---

① 曾国荃等督修、王定安等纂修：《两淮盐法志》卷三十一，光绪三十一年刻本，第1页上。
② 周古纂：《东台县志》卷十八"盐法"，嘉庆二十二年刊本，第26页下—27页上。
③ 《清实录·高宗纯皇帝》（第22册）卷一千六十，北京：中华书局，1986年，第170页上—下。

除没有生产自由外,淮盐煎丁也没有支配自己的劳动产品的自由。

清代盐法规定:煎丁自行出售其产品,被定为私盐,各盐场均按保甲法编制,互相稽查、严防重惩。"各场灶丁除正额盐外,将余盐夹带出场及私煎货卖者,绞!两邻知私煎而不首者,杖一百、充军"①。"一有私贩,许即据实首明,将私盐变价,分别赏给"②。私盐甚至罪逾私铸钱币。1746年,清律规定,盐商可以直接逮捕煎丁。另外,税收、救济、户口登记和保甲事务等均归盐商管理③。民国年间,两淮盐运使继续厉行保甲制,规定地方官协助盐务,除按照奖惩条例规定办理外,阜宁、盐城、涟水、淮安、灌云、东海、赣榆、沭阳等县及皖北的涡阳、亳县一带,"区乡镇保甲长均各连带负有协助查禁所辖境内私制食盐责任"④。

在严刑峻法之下,清廷所设管理盐务的职役,多演变成盘剥、压榨煎丁的为所欲为之徒,成为事实上的奴隶监工⑤。

恩格斯阐述过这样一个历史事实:"最坏的美国种植场里的奴

---

① 伊桑阿纂修:《康熙朝大清会典》卷三十三"盐法",光绪年间刊本,第13页下—第14页上。
② 曾国荃等督修、王定安等纂修:《两淮盐法志》卷三十一,光绪三十一年刻本,第2页上—下。
③ Thomas A. Metzger, "The Organizational Capabilities of the Ch'ing State in the Field of Commerce: The Liang-huai Salt Monopoly, 1750-1880," in W. E. Wilimott (ed.), *Economic Organization in Chinese Society.* Stanford: Stanford University Press, 1972, p. 28.
④ 南京中国第二历史档案馆藏南京国民政府财政部盐务署档案:《两淮盐区地方区乡镇保甲协助查禁私制食盐奖惩办法》(民国二十四年八月),全宗号266,卷号8937,无页码。
⑤ 张謇:《整顿垣章禀场立案文》,曹从坡等主编:《张謇全集》第3卷,南京:江苏古籍出版社,1994年,第484页。

隶的命运比起当时英国二人的命运也还是幸福的。"① 但煎丁远没有"幸运到""享受"资本主义剥削的地步，也不能享受到封建地主剥削的利益，更无法与美国种植园中的同类相比。他们非常符合恩格斯的断言："奴隶必须做的劳动，比以生活资料的形式所还给他们的劳动，要多得多。"②

从生产资料、生活资料，到产品产量、产品价格，均由官府通过垄断商人支配，这显然支配了煎丁的人身自由，进一步促成了煎丁的奴隶地位。在正常情况下，"灶晒之户，专以煎晒为业，其辛苦甚于农民。岁产盐斤，归官商收买，例价除工本外，赢余甚少，不能养赡"③。

恩格斯写道："只有通过对物的支配……对奴隶的生活资料和劳动资料的支配，才能获得对人的支配。"④时人说得非常明白："盐民与社会其他阶级无直接关系，其牛马生活之酿成，当然由于引商之剥削。……盐民所制之盐，只能卖给定商，不容任意出售，反是者即以私论坐罪，盐商握此特权，故恣意压迫操纵，为所欲为，大秤秤进，贬抑盐价，故意停收，擅行折扣。"⑤

清代江苏巡抚陶澍指出："灶户煎丁，滨海穷民，最为艰

---

① 恩格斯：《英国的10小时工作制法案》，《马克思恩格斯全集》第7卷，北京：人民出版社，1959年，第277页。
② 恩格斯：《卡·马克思〈资本论〉第一卷书评——为〈民主周报〉作》，《马克思恩格斯选集》第2卷，北京：人民出版社，2012年，第74页。
③ 孙玉庭：《盐法隅说》，载贺长龄：《皇朝经世文编》卷五十"户政二十五"，上海：广百宋斋丁亥仲春校印，第31页上。
④ 恩格斯：《反杜林论》，《马克思恩格斯文集》第9卷，北京：人民出版社，2009年，第194页。
⑤ 中国盐政讨论会编：《蜕化期中的新盐法·续集》，南京，1936年3月刊印，第56页。

苦。"①有人写道:"盐民生计,受引商世代朘削,久已沦为奴役。"②还有人写道,传统盐业体制"将整个的国家领土,划分为无数盐商的封邑,更使这些封邑以内的人民,变为盐商的盐奴"③。煎丁成为盐商的盐奴,表面上是商人的役使,根源是国家的体制。

清末,张謇在致署两江总督周馥的函中直言不讳地指出:"盐法者,专制中最无情理之事,而国家今日利不敌害之政。"④可见,淮盐生产中的奴隶制并不具有进步意义。

马克思和恩格斯指出,人"只有在现实的世界中并使用现实的手段才能实现真正的解放;没有蒸汽机和珍妮走锭精纺机就不能消灭奴隶制;……当人们不能使自己的吃喝住穿在质和量方面得到充分保证的时候,人们就根本不能获得解放"⑤。拉格洛夫同样证实:"一种消除奴隶制结果的途径是假定保护奴隶的成本与技术水平共同增长;如果人口和/或技术持续增长,那么奴隶制势必消失。"⑥淮盐煎丁的奴隶身份正是通过大机器工业的发展,各类工商企业和农业公司的创办,使其大量成为自由的工业工人和农业工

---

① 国家图书馆藏历史档案文献丛刊:《盐务档案》(2),北京:全国图书馆文献缩微复制中心,2004年,第356页。
② 中国盐政讨论会编:《蜕化期中的新盐法·续集》,南京,1936年3月刊印,第77页。
③ 中国盐政讨论会编:《蜕化期中的新盐法·续集》,南京,1936年3月刊印,第92页。
④ 张謇:《为盐业致两江周督函》,曹从坡等主编:《张謇全集》第3卷,南京:江苏古籍出版社,1994年,第521页。
⑤ 马克思、恩格斯:《德意志意识形态》,《马克思恩格斯文集》第1卷,北京:人民出版社,2009年,第527页。
⑥ Nils-Petter Lagerlöf, "Slavery and Other Property Rights", *The Review of Economic Studies,* vol. 76, no. 1 (January, 2009), p. 338.

人,从而获得了真正的解放。

按照马克思的分析可以看出,以法律规定的直接的强制劳动是衡定生产奴隶最本质的依据。生产奴隶无权改变职业、更无法改变身份;他们个别地可能会获得解放,但无法像农奴那样作为阶级实现解放;他们没有自己主要的生产资料,无法像小农那样发展本人的自由个性,或是像工人阶级那样"自由得一无所有";他们没有生产的自由,在生产中往往处于严酷的监督之下,并且无权支配自己的劳动产品,无法保证其实现劳动力的再生产。

淮盐煎丁奴隶地位的形成与锢化,是专制统治者对公民自由的剥夺,对平民权利的侵害,体现了马克思所论述的行政权力统治社会的一般规律,体现了中国的奴隶劳动的一般本质属性,即马克思所言"面对这种国家的一切臣属关系所共有的形式以外,不需要更严酷的形式"。

明至近代,中国具有人类文明时代三大时期的所有特征。恩格斯指出:"奴隶制是古希腊罗马时代世界所固有的第一个剥削形式;继之而来的是中世纪的农奴制和近代的雇佣劳动制。这就是文明时代的三大时期所特有的三大奴役形式;公开的而近来是隐蔽的奴隶制始终伴随着文明时代。"[①]尽管马克思、恩格斯在不同地方对社会形态有着不同论述,但其核心依据是人的自由程度,即奴隶是不自由的劳动者,农奴是半自由劳动者,而工人则自由得一无所有。这三种形式在中国并不是按时间顺序更替的,往往同时并存,你中有我,我中有你。煎丁本质上是传统体制的牺牲品,是由国家

---

① 恩格斯:《家庭、私有制和国家的起源》,《马克思恩格斯文集》第4卷,北京:人民出版社,2009年,第195页。

制度所强制的生产奴隶。

淮盐的生产以奴隶劳动为基础。拥有生产资料的盐商,依靠国家法律的支持,操控着煎丁的人身自由;他们享受了煎丁们不可能享受到的科举等待遇。煎丁作为生产剩余价值的人,没有迁徙、改变职业的自由,也没有生产、出售自己产品的权力,所得的生活资料远不敷其维持劳动力再生产的需要,他们的境遇远劣于同时代美洲种植园的奴隶。

奴隶制在历史上曾起着非常进步的作用,创造了灿烂的古希腊和古罗马文明,但淮盐中的生产奴隶制没有丝毫的进步性,其目的是运用国家暴力强制维护朝廷和少量盐商的垄断利益,基本排除了市场关系,阻滞了社会生产的发展和劳动力的社会流动以及人身依附关系的解除。

第四节 社会的边缘化

明清时代,表面上全能的专制政体,在剥夺普通民众方面最具效率,但它是通过对社会进行超强度的控制、对人性进行无底线的扭曲为前提的,最终必将造成社会的全面溃败。

一、私盐世界的形成

在中央权威强固的康、雍、乾三朝,淮北盐课基本得以保证,但灶户等下层民众如同拴在绳子上的木偶被剥夺了一切自由,盐政是在高威压、高垄断条件下得以维持的。另外,清初,盐税相对较轻,每斤不过数文,官盐与私盐价格相埒,地方文武官吏及团保捕丁均有缉私之责，并列入考成。私贩向灶丁购盐，价格往往高于盐商收买之价；而兵丁捕役，又须贿通，使得贩私成本甚至高于盐税①。在私盐抬头时，官盐在价格上有极大的余地以减价敌私。

嘉庆以后，中央权威逐渐被侵蚀。每斤盐所摊负的正附税达数十文，官盐与私盐的价格相去甚远。而且，"官吏之考成，兵捕之追比，团保之连坐，皆有名无实"②。每贩私盐百斤，往往可得数元之利。淮北私盐成了燎原之势。到这时根本没有减价敌私的可能，但官商仍不断请求减价敌私，"无非盐商藉此冀减税加耗，官吏藉此以图卸责耳"③。

由于各利益集团的不断腐蚀和博弈，中央权威存在不断地丧失与重建的过程。在中央权威丧失的时候，其影响呈金字塔形。即越是在下层社会中，造成的后果越严重。在淮北盐业中，我们看到，中央政府的灰色收入是盐务大员和巨商们舞弊行为的根源；而盐务要员与巨商的不法行为，则直接导致了中下层官吏极其猖狂的作奸犯科之事。当各级官吏的违法犯法成为司空见惯之时，整个社会处于严重失控状态，淮北成了一个私盐世界。"对盐及其经济上的利润的控制，时常成为革命者、反叛者、土匪和其他有组织的不满者的直接靶子"④。

---

① 景学钤：《治私问题》，盐政杂志增刊：《盐政丛刊》，北京：盐政杂志社1931年11月初版，第29—30页。
② 景学钤：《治私问题》，盐政杂志增刊：《盐政丛刊》，北京：盐政杂志社1931年11月初版，第30页。
③ 景学钤：《治私问题》，盐政杂志增刊：《盐政丛刊》，北京：盐政杂志社1931年11月初版，第30页。
④ Tao-chang Chiang, "The Salt Trade in Ch'ing China," *Modern Asian Studies,* vol. 12, no. 2 (1983), p. 197.

由于像装在袋中的马铃薯一样，灶民们不能成为一个阶级，甚至不能结成一个利害与共的利益集团，更没有强大的经济政治资源，淮盐的生产者成了最底层的弱势群体，无法充分表达自己的痛苦和愿望。如以盐政与厘金相比，"厘金之受勒索者不过一部分商贩，间接受害者亦仅用户而已。而盐引之害，则贫富贵贱老弱妇孺，自断乳迄老死，几无一人能自外"[1]。"厘金之害者在商人，而商人有商会之团体，报纸之鼓吹，大众之请愿，加以洋商之援助，政府不得不重视。……反观盐引则不然，受害者在人民，人民向无团体，自治未成立，国会未开会，虽欲请愿，亦呼吁无门"[2]。

在两淮盐业中，官商集团因为拥有强大的政治和经济资源而占有一切；对灶民来说，只有一无所有，才不致失掉一切。在传统政体下，他们不如农奴。他们为了获得最低的生存资料，只能个别地运用不合法的方法，即破坏官、商强加的利益分配规则。如果说，官、商们参与盐业利益竞争的优势是合法的权力的话，平民参与竞争的本钱则是非法的暴力。

在两淮盐场中，"由于煎丁太苦，不能不借卖私以自活。……近十余年枭焰日张，放价收买，煎丁内束缚于积弊之丛，外而歆于厚价之诱，益相勾结，为奸图利，而商益困。商困则资本日蹙，而

---

[1] 南开大学经济研究所经济史研究室编：《中国近代盐务史资料选辑》第2册，天津：南开大学出版社，1991年，第100页。
[2] 景本白：《废引与裁厘》，《盐政杂志》第51期，1931年3月，转引自王方中《1927—1937年间的中国盐务与盐法改革的流产》，彭泽益等主编：《中国盐业史国际学术讨论会论文集》，成都：四川人民出版社，1991年，第181页。

税课之短绌，官商并受其害。欲清其源，须先除困丁之弊"①。邱嘉穗写道："穷民之所以贩盐而冒死不顾者，非徒以供滋味之需而已，彼实以家无宿储，专恃营运，荷担而往，易米而归，而一家之妇子所资以为命者也。"②这种看法基本是清代有识之士的共识。道光元年（1821），两江总督孙玉庭称："灶丁以盐为业，日夕辛勤，仅敷口食。盐交商垣，已不若售私之价。近年商运渐少，场盐堆积，盐商无力收买，灶户有盐莫售，断不肯枵腹守法。是以从前官盐畅销，尚可稽禁透漏，今则垣虑灶户滋事，欲禁不能，而枭徒乘机收买分运。"③

在"盛世"之时，统治者出于平民生计的考虑，对私盐的标准定得要宽松一些，以便使最底层的平民能分享微末的盐利。乾隆元年（1736）五月总理事务大臣奉上谕："据两广总督鄂弥达奏称，本年二月内钦奉上谕，凡行盐地方大伙私贩自宜严加缉究，其贫穷老少男妇挑负四十斤以下者，不许禁捕，所有商人私雇盐捕及巡盐船只帮捕汛兵，悉行停止。"④而当"乱世"之时，私盐的标准会相对更严。20世纪30年代初，豫西七里店附近各村，因年荒岁歉，百姓生计艰难，一些贫民每人拟由涧口运盐1元，到豫境以外销

---

① 张謇：《整顿垣章禀场立契文》，曹从坡等主编：《张謇全集》第3卷，南京：江苏古籍出版社，1994年，第484页。
② 邱嘉穗：《广盐屯》，载贺长龄：《皇朝经世文编》卷四一九"户政二十四"，上海：广百宋斋丁亥仲春校印，第15页下。
③ 国家图书馆藏历史档案文献丛刊：《盐务档案》（1），北京：全国图书馆文献缩微复制中心，2004年，第12—13页。
④ 曾国荃等督修、王定安等纂修：《两淮盐法志》卷一"王制门·制诏一"，光绪三十一年刻本，第17页上。

售,请求通融免税。盐政部门却"谕该穷民等毋得运盐抗税"①。

张謇指出:"昔之立法者,知夫产盐州县之民不可淡食,私不能尽绝也,乃定筹盐之法,许穷老之人及妇女,领筹于场,挑贩食盐。筹四十斤,资以度日,亦济民食。其盈船满载成群结伙而贩者,谓之私枭,兵乃缉之。犹有权衡之意,消息之用也。今之缉私,乃一概攘而夺之,且刑虐焉。民生嚣嚣以愁,睊睊而疾,终必有得反之一日,不惜丧身陨家以快心者。"②

清朝小说家蒲松龄评论道:

> 律中"盐法"最严,而独于贫难军民,背负易食者,不之禁。今则一切不禁,而专杀此贫难军民!且夫贫难军民,妻子嗷嗷,上守法而不盗,下知耻而不倡;不得已,而揭十母而求一子。使邑尽此民,即"夜不闭户"可也。非天下之良民乎哉!……而官于春秋节,受其斯须之润,遂以三尺法助使杀吾良民。然则为贫民计,莫若为盗及私铸耳:盗者白昼劫人,而官若聋;铸者炉火亘天,而官若瞽。③

直到民国前期,如人民购买了"私"盐,一经查出,"即身禁囹圄",若带私盐,"往往倾家荡产,立遭杀戮",当时"私盐治

---

① 《豫西七里店穷民运盐抗税之查禁》,财政部盐务署盐务稽核总所:《盐务汇刊》第13册,1933年2月28日出版,第4页。
② 张謇:《卫国恤民化枭弭盗均宜变盐法议》,曹从坡等主编:《张謇全集》第2卷,南京:江苏古籍出版社,1994年,第22—23页。
③ 蒲松龄:《聊斋志异》卷十一,长春:春风文艺出版社,1998年,下册,第802页。改正了标点错误。

罪，刑律之酷，倍过于盗匪。"①

在中国传统社会中，大概以对盐法的违抗最为普遍，政府的执法成本也远远高于其他刑律。远在北宋时，其盐法远较明清宽松得多，但据苏轼所言，那时仅两浙地区触犯盐法的人数，每年达17000人②。我们尚不知道清至民国前期，淮北每年触犯盐法的人数。但我们肯定，这个数字是极其惊人的。道光十三年（1833）二月盐政陶澍奏："其皖、豫各省，向多缺盐之患，官文上下络绎督催，商运仍然不前，甚至闭门逃避，百姓淡食。不得已而买食私盐，地方官亦不得已而佯为不知，督销有同具文。"③

魏源曾精辟地指出："强人之所不能，法必不立；禁人之所必犯，法必不行。"④可是，统治者却总是不敢面对这一现实。

实际上，中国的盐与私，如影随形。20世纪30年代，有人根据各地人口数量、盐税税率及每人所食盐的最低数量，经"科学"估计全国盐税总收入应为40960多万元。当时每年盐税收入的最高额为一亿六七千万元。漏税数量达24000余万元⑤。这一数字可能偏高。据稽核总所对1932年私盐的保守估计，该年国内销盐总量（除掣放永利制盐公司的工业盐外），为3237.3万担，根据各销岸人口

---

① 愚夫：《中国社会之怪现象》，（北京）《盐政杂志》第63期，1936年2月15日出版，"杂录"第1—2页。
② 苏轼：《上文侍中论榷盐书》，见蒋廷锡等：《钦定古今图书集成》（第693册）"经济汇编·食货典"卷二一三"盐法部"，上海：中华书局，1934年，第9页上。
③ 曾国荃等督修、王定安等纂修：《两淮盐法志》卷五十二"转运门·淮北改票"，光绪三十一年刻本，第14页上。
④ 中华书局编辑部：《魏源集》上册"默觚下·治篇三"，北京：中华书局，1976年，第45页。
⑤ 德龄：《论盐税》，（北京）《盐政杂志》第59期，1934年12月30日出版，"社论（二）"第1页。

数,以每人每年用盐10斤估计,当年应销盐45544.1万担,应销数与实销数二者相差约1300万担,这一差额即是理论上每年食盐走私总数。按平均税率每担4.68元计算,约损失税款6084万元[①]。把理论上走私数量按八成计算,则每年所销私盐数达1050万担,约占全年销盐总量的24%,其中除土盐及其他私漏外,由盐场走漏的私盐约为750万担,占全年产盐总量的15%[②]。

作为全国最重要的盐产地,淮北的私盐尤为盛行。光绪年间,安徽的官盐无法抵挡私盐的侵销。据皖岸督销局候补道刘秉厚禀称:"皖岸官引滞销,已非一日。大约北岸患北私之侵溢,南岸患浙私之越销。食私侵灌于下游,船私洒卖于江岸,皆为皖引之大害。节经严饬委员认真巡缉,而各该员或以地广未遑兼顾,或以勇单未便分巡,屡有择要布置之请。迩闻各私跌价抢销,较之官价贵践(贱)悬殊。枭徒渔利贩私,日侵日广,若不亟筹堵截,诚恐腹地所行官引,从兹大坏。"[③]

据民国前期的详细调查,淮南、淮北交界废黄河流域一带,东至东海,西至淮安,南至益林、东沟、阜宁、射阳河口,北至济南场、杨家集,南北150余里,东西270余里,跨阜宁、灌云、涟水、淮阴、淮安5县,居民150余万均食私盐(每年至少食私盐15万

[①] 曾仰丰:《民国二十一年走私情形之研究》,财政部盐务署盐务稽核总所:《盐务汇刊》第26册,1933年9月15日出版,第1页。
[②] 曾仰丰:《民国二十一年走私情形之研究》,财政部盐务署盐务稽核总所:《盐务汇刊》第26册,1933年9月15日出版,第2页。
[③] 曾国荃等督修、王定安等纂修:《两淮盐法志》卷六十二"转运门·缉私四",光绪三十一年刻本,第13页上一下。

石)①。

淮北五岸(沭阳、东海、灌云、涟水、赣榆)的集镇如时家码头、新安镇、大伊山、杨家集、响水口、涟水县城、板浦、海州、新浦、青口等地,"不能求得一粒官盐"。"五岸人民所食之盐,完全为私盐矣"②。

据官方统计,沭阳等淮北五岸1922年仅11个月的官盐销数较1921年多4万余担。而这些官盐中又以接近盐滩三岸的轻税区(税率为1.25元/担)销盐为多(近21万担)。而税率为每担1.5元的两岸重税区,1920年仅销盐130担,1921年为100担,1922年的11个月中销179担。表面上看,三岸官盐能销近21万担,实属不少。实际上,五岸所报领的官盐全部运入盐税更高的安徽地区(税率为3元/担),而五岸所食之盐全系私盐。食盐从盐滩三区运入皖岸,使政府既损失五岸盐税26万余元,又损失了皖岸盐税约40万元,政府共损失66万余元③。

淮北六岸(宿迁、睢宁、邳县、泗阳、淮阴、淮安)的走私情形与淮北五岸极其相似。一些怪现象更令人诧异。1922年六岸所销食官盐不到1919年的半数。人口数十万的泗阳县在1922年11个月仅销官盐20包。"若非六岸人民迁居多半及泗阳人民全体移居至安徽省内,则食盐万无减少之理。必以私盐代替官盐,毫无疑义"。六

---

① 扬州稽核分所:《追述昔日两淮私盐偷漏情形》(续六),财政部盐务署盐务稽核总所:《盐务汇刊》第22册,1933年7月15日出版,第65页。
② 扬州稽核分所:《追述昔日两淮私盐偷漏情形》(续六),财政部盐务署盐务稽核总所:《盐务汇刊》第22册,1933年7月15日出版,第68页。
③ 扬州稽核分所:《追述昔日两淮私盐偷漏情形》(续六),财政部盐务署盐务稽核总所:《盐务汇刊》第22册,1933年7月15日出版,第68页。

岸额定销数为18万包，除实销69260包外，其余110740包为私盐。以税率每担1.5元计算，每年漏税达16.5万余元。实际上，就是六岸所销的6万多包官盐中，"皆以六岸为名，其实皆侵销皖岸。而六岸所食之十八万包完全为私盐"①。

据保守的估计，民国前期，每年由废黄河、灌河等各路私盐巢穴入侵皖岸、豫岸的私盐，最少为80万担，国家损失盐税至少达240万元②。由两淮运入湘、鄂、赣三岸的私盐，至少达10万担，国家损失盐税至少为45万元③。

即使灶民们走私仅是为了在不公平的分配原则下，"只是想自由地发展他们已有的生存条件并让它们发挥作用"④，但这种行为经常会演化成暴力。在最高统治者看来，这与官、商们的违法行为有极大的区别。因此，中央政府对其体制内的集团所瓜分的不当利益要宽容得多，而对体制外的集团要严厉得多。对平民卖私往往称为"枭""匪"，是各级官府首要的打击对象，执法者对这些人不但可以当场杀死，而且被抓获后，常控以重罪。

在明末，就有人责疑："惟盐课条例云，凡灶丁除正额盐外，将煎到余盐夹带出场及私盐货卖者，绞。然则耕民纳赋租外，

---

① 扬州稽核分所：《追述昔日两淮私盐偷漏情形》（续六），财政部盐务署盐务稽核总所：《盐务汇刊》第22册，1933年7月15日出版，第69页。
② 扬州稽核分所：《追述昔日两淮私盐偷漏情形》（续六），财政部盐务署盐务稽核总所：《盐务汇刊》第22册，1933年7月15日出版，第70页。
③ 扬州稽核分所：《追述昔日两淮私盐偷漏情形》（续六），财政部盐务署盐务稽核总所：《盐务汇刊》第22册，1933年7月15日出版，第70页。
④ 马克思：《德意志意识形态》，《马克思恩格斯文集》第1卷，北京：人民出版社，2009年，第573页。

将余粟货卖者,绞可乎?"①当时两淮盐课,正额仅有70万引,此外还产盐300多万引。正统二年(1437)颁布条令:"贫难灶丁,除正额盐照旧收纳,其余盐收贮本场,每二百斤官给米麦二斗"。十三年(1448)改为:"每余盐二百斤,灶丁实行米一石,乃私卖盐,即绞死可也"②。这种条令等同具文,因为官府根本无法筹米易盐,"官司徒挟此令以征取余盐,实不能必行此令以给民米麦"。贫弱灶丁不得已,向富室借贷米、麦之类的实物高利贷,然后加倍偿盐。形成盐禁越严,贫灶越多的现象③。

贩私的规模和影响与人的权势密切相关。盐业中向来存在这样一种惯例:"贫民卖私盐,人即捕获;富室卖私盐,官亦容隐。"④小说家蒲松龄对清代盐务的缉私状况评论道:"漏数万之税非私,而负升斗之盐则私之"⑤。清天津道郑祖琛写道:"假巡缉之名,逻骑四出,舍大伙私枭于不问,而日取步贩、肩挑以为鱼肉,卒之经费愈多,则成本愈重。官直昂于私直之半。虽驱天下之穷民,而尽入于囹圄,其势终不能止。持竿执挺,甚且为盗贼

---

① 霍韬:《盐政利弊议》,见蒋廷锡等:《钦定古今图书集成》(第693册)"经济汇编·食货典"卷二一四"盐法部",上海:中华书局,1934年,第11页下。
② 霍韬:《盐政利弊议》,见蒋廷锡等:《钦定古今图书集成》(第693册)"经济汇编·食货典"卷二一四"盐法部",上海:中华书局,1934年,第11页下。
③ 霍韬:《盐政利弊议》,见蒋廷锡等:《钦定古今图书集成》(第693册)"经济汇编·食货典"卷二一四"盐法部",上海:中华书局,1934年,第11页下。
④ 霍韬:《盐政利弊议》,见蒋廷锡等:《钦定古今图书集成》(第693册)"经济汇编·食货典"卷二一四"盐法部",上海:中华书局,1934年,第11页下。
⑤ 蒲松龄:《聊斋志异》卷十一,长春:春风文艺出版社,1998年,下册,第802页。

之原。"[1]

作为贫民领袖的豪绅,贩私远较贫民猖獗。徐邳一带,"富商大贾因缘为奸利,阳奉济食之名,阴行垄断之实。遇脱销则抑称以减斤,偶停滞则沿门而勒派,有时夹带私盐,规避正课"[2]。

据包世臣言,淮北凤、颍、泗一带,私枭的首领,称为"大仗头",副首领称为"副仗头",下面设有秤手、书手,统称为"当青皮";各站码头,私盐通过时均"输钱",这些地方被称为"盐关";为私贩过秤,主持交易,被称为"盐行";为了争夺码头,枭贩们"打仗过于战陈(阵)";乘夜率众偷袭对手,称为"放黑刀";探听消息,称为"把沟"。当时淮北一带,"巨枭必防黑刀,是以常聚集数百人,筑土开壕,四面设炮位、鸟枪、长矛、大刀、鞭锤之器毕具"[3]。

清人徐文弼写道:"有大伙盐徒,南方撑驾大船,北地多驴驮负。弓刀炮火,白昼公行。庄村任其经过,捕壮不敢稽拦。"[4]洪亮吉诗注:"昨宿州盐枭戕官滋事,江苏巡抚亦领兵至徐州防守。"[5]嘉庆二十二年(1817),曹州、徐州盐枭千余人攻袭安东,逼近沭阳,与祁永和率领的团练在前六塘河堤相持达3月之

---

[1] 郑祖琛:《更盐法》,载贺长龄:《皇朝经世文编》卷四十九"户政二十四",上海:广百宋斋丁亥仲春校印,第3上—3页下。
[2] 庄思缄订、冯煦鉴定:《邳志补》卷八"田赋",民国癸亥年(1923)刻本,第20页下。
[3] 包世臣:《淮盐三策》,载贺长龄:《皇朝经世文编》卷四十九"户政二十四",上海:广百宋斋丁亥仲春校印,第4页下。
[4] 徐文弼:《缉私盐》,载贺长龄:《皇朝经世文编》卷五十"户政二十五",上海:广百宋斋丁亥仲春校印,第15页上。
[5] 洪亮吉:《洪江北诗文集·更生斋诗》卷六,清代刊本,第11页上。

久[1]。道光年间,署海州事、沭阳知县王梦龄,海州营参将德本率兵在海州穆家墩发现盐船数只,遂分头截拿,贩私者有许多人乘坐划船,以枪拒捕[2]。光绪十二年(1886)淮北督销局缉私官兵在上蔡芦村缉获大股私盐,护送枭犯100余人,持有鸟火器械,双方相持1时之久,缉获私盐14500斤[3]。可见这类私贩绝非一般平民,而是豪绅。

民国前期,"绅董贩私在淮南北交界之处为最多"。废黄河两岸的六合庄、大淤尖、正兴集、八滩、东坎、豫顺集、六套、北沙、佃户、羊寨等处极为盛行。这些地区"完全为私盐区域",人们均把贩私"视为一种正当营业"。其贩私情形虽各地不同,大致可分为二类:一为直接指挥贩私,二为向过境贩私者征税。由于各地均设有保卫团,绅董多为保卫团团长。保卫团的兵士既保护自己所贩的私盐,又能向过境私盐强制征"税"。"有保卫团兵士抢(持)枪之举,即保护私盐之表示也"。对过境的私盐,一般每包征收铜元2—5枚。若以车、担计算者,每月每条扁担征收1—2元,每月每辆小车征3—4元。所收之款,半入绅董私囊、半作维持当地保卫团的费用。各处每年征收私盐税的总数当在5万元以上[4]。

在盐区和沿海一带,有不少人专门以贩私为生,而尤以淮北济南、中正各场附近及废黄河一带最多,淮南庙湾、新兴等场次之。

---

[1] 钱崇威总纂:《重修沭阳县志》卷五,民国年间刊本,第12页上。
[2] 陶澍:《拿获私枭匪犯惩办附片》,《陶澍集》上册,长沙:岳麓书社,1998年,第415页。
[3] 曾国荃等督修、王定安等纂修:《两淮盐法志》卷九十"督销门·整理汝岸",光绪三十一年刻本,第14页上。
[4] 扬州稽核分所:《追述昔日两淮私盐偷漏情形》(续五),财政部盐务署盐务稽核总所:《盐务汇刊》第21册,1933年6月30日出版,第81页。

这种人的总数约在2万以上。贩盐时，成群结队，每人均有快枪，即使遇到官兵或缉私兵，他们也毫不畏惧，常常公然抵御。"其贩私之法，有计划，有组织。所经之地点，有接洽，有眼线"。如某人对于八滩、东坎情形最熟，即担任运送八滩至东坎一段，"声气相通，布置周密，故被破获者实居少数"[①]。

在清中后期，淮北缉私官警对于真正的私枭一般不予查缉，而是达成协议或默契。淮北下马头新坝、龙苴，上马头钱家集、古寨等地，兵警已非私枭对手。私枭每年按例给官警送贿，而官警在缉捕时则装模作样，"利规贿缉，捕不尽力"。只有在严催紧逼之下，才会与私枭协商，让其找一两个小喽罗应付一下。正如包世臣所写的那样，"上司催促甚，则商之仗头，取其役使数人，以盐数百千斤解交，名曰'送功'"[②]。

至于无权势的一般平民贩私，基本上靠肩挑筐负，以当地老弱贫民居多，他们直接向产盐区偷窃或向灶户购盐，然后走镇串乡，沿途卖售。这些私贩，每月向当地缉私军队缴保护费数元。"所以常见街市中私盐充塞，缉私军队毫不干涉者，有由来也"[③]。利用农闲时间贩私的农民，东至黄河口，西至淮安，南至益林、东沟，北至陈家港，"比比皆是，相习成风，恬不为怪"。他们贩私时大都以肩挑、小车为多；间亦有小船直接向灶户购买，或由私盐巢穴

---

① 扬州稽核分所：《追述昔日两淮私盐偷漏情形》（续五），财政部盐务署盐务稽核总所：《盐务汇刊》第21册，1933年6月30日出版，第78页。
② 包世臣：《淮盐三策》，载贺长龄：《皇朝经世文编》卷四十九"户政二十四"，上海：广百宋斋丁亥仲春校印，第4下—5页上。
③ 扬州稽核分所：《追述昔日两淮私盐偷漏情形》（续五），财政部盐务署盐务稽核总所：《盐务汇刊》第21册，1933年6月30日出版，第80页。

转贩①。

当然,并不是农村地区就肯定比都市地区无法无天②。1922年11月16日,私盐调查人员魏承橹在清江浦所寓居的旅馆附近随便走走,"见大街小巷中手提肩挑之零星卖盐者,比比皆是,淮阴县署一带尤足令人注目。甚至菜蔬担中亦多夹杂卖盐"。其价格每斤在38—40文之间。据魏的计算,当时淮阴为淮北六岸之一,税率每担1.5元。每担盐由淮北盐区运至西坝,盐价及运费两项至少1元多,在西坝盐价每担成本至少2.5元以上。照清江浦银元市价每元1820文计,每斤盐在西坝或清江浦至少为45文以上。而这里的盐价竟低于每斤40文,足以说明:"凡在清江浦所售之盐,尽是私盐。乃当地之缉私队视若无睹,不加干涉。其中有无隐情,可不待言而知矣。"③

这类贩私者颇类似于《聊斋志异》中阎王所说的那些私贩:"私盐者,上漏国税,下蠹民生者也。若世之暴官奸商所指为私盐者,皆天下之良民。贫人揭锱铢之本,求斗斗之息,何为私哉!"④

---

① 扬州稽核分所:《追述昔日两淮私盐偷漏情形》(续五),财政部盐务署盐务稽核总所:《盐务汇刊》第21册,1933年6月30日出版,第82页。
② Thomas A. Metzger, "The Organizational Capabilities of the Ch'ing State in the Field of Commerce: The Liang-huai Salt Monopoly, 1750-1880," in W. E. Wilimott (ed.), *Economic Organization in Chinese Society*. Stanford: Stanford University Press, 1972, p. 32.
③ 扬州稽核分所:《追述昔日两淮私盐偷漏情形》,财政部盐务署盐务稽核总所:《盐务汇刊》第13册,1933年2月28日出版,第44页。
④ 蒲松龄:《聊斋志异》卷十一,长春:春风文艺出版社,1998年,下册,第801页。

二、枭匪乐园

就地理而言，淮北缉私确有不便之处。据顺治十七年（1660）四月巡盐御史李赞元疏称："淮北板浦场离惠泽巡司八十里，乃淮北引盐出场门户。私盐借沭阳食盐为影射，载囤高家沟湖泊之中，踵越清河、桃、宿，羼入庐凤池地，不可数计。故淮北私盐，从安东、海州而出，四通八达。……如徐渎、临洪二场，私盐出没，首在海州。板浦以南新坝、新安等镇，皆私盐往来必由之地，其责在安东县。"① 雍正元年（1723）十二月上谕，海州、盐城一带为长江沿岸自京口（镇江）至湖广、江西等省的大伙盐枭聚集地②。乾隆二十三年（1758）十月，经运司卢见曾详查，洪泽湖一带走私处所，以老子山为要道，以刘家嘴与临淮口为其另一条道路③。

淮北的流氓、土匪、水寇、地痞、邪教、刀会等社会边缘人物或绑架、勒索、抢劫、凶杀、群殴、奸拐、包娼违法之事，多与盐业有关。正如道光年间两江总督孙玉庭所指出的那样："枭徒盛而拒捕多也。夫拒捕杀人，罪在必诛，因而亡命，何事不为？陆路之巨匪，海洋之群盗，此类实多。是盐法不得其理，私枭为害之外，又有强盗之患。岂但民食之不充，国课之不裕已哉？"④

---

① 曾国荃等督修、王定安等纂修：《两淮盐法志》卷五十九"转运门·缉私一"，光绪三十一年刻本，第3页上。
② 曾国荃等督修、王定安等纂修：《两淮盐法志》卷五十九"转运门·缉私一"，光绪三十一年刻本，第6页下。
③ 曾国荃等督修、王定安等纂修：《两淮盐法志》卷五十九"转运门·缉私一"，光绪三十一年刻本，第29页上。
④ 孙玉庭：《盐法隅说》，载贺长龄：《皇朝经世文编》卷五十"户政二十五"，上海：广百宋斋丁亥仲春校印，第28页下。

道光元年，山东臬司童槐访闻，海州、宿迁、邳州一带私枭联结竟有千余人之多，分作24拨，每隔数十里安设一拨。均系刘三毛为首，明目张胆打着"替天行道"旗号①。

徐、邳、淮、海一带，与皖、豫、鲁等省犬牙交错，一向为枭匪出没之所，逃凶、逃盗，潜匿隐伏，此拿彼窜，难以缉捕。道光中期，据对海州捕获的100余名犯人的审查，他们"或系结伙贩私，或系开巢护送"。均备有刀枪、火器、车船、私盐等物②。

道光三至十六年（1823—1836），打死4人、致残1人、绑架勒索多人的吴当运强盗团伙，之所以横行宿迁、邳州、睢宁、海州等地多年，与淮北的私盐环境密切相关。道光三年，吴当运在宿迁首次抢劫并强奸妇女后，遂投入睢宁县韩景芳等盐巢作帮伙。其骨干成员魏大汉、张一滩等者是私盐贩子。魏于道光二年（1822）在宿迁截抢私盐，十二年（1832）又因贩私罪发配宝应县。张曾因贩私被拿获拟充军，遇赦释放回家。道光十年（1830）八月吴当运纠集赵大世、赵贵、曹贤、方瑞、曾亮、高二、王五、李宗、李乾、陈二、杨起、锺步青等，在海州龙苴开设盐巢，护私抽润。十三年（1833）十一月纠集余文汉、徐公和、张宽、徐根、徐老汉、赵老汉、赵小柱子、吴二麻等9人，在睢宁县木社店抢动票盐。十六年（1836）四月，吴又与徐可宗、魏大汉、张一滩等在邳州磁湾开设盐巢，设专人收钱管账，并置备抬枪、火枪、长枪、挡镰。吴当运

---

① 《清实录·宣宗成皇帝》（第33册）卷十三，北京：中华书局，1986年，第249页下。
② 陶澍：《饬属严拿匪犯惩办片》，《陶澍集》上册，长沙：岳麓书社，1998年，第393页。

曾一次收买私盐三四千斤,贩至安徽灵璧县销售①。可以说,私盐不仅为吴当运团伙提供了强大的经济支柱,而且使其不断获得人员和装备补充。

安徽省颍州府霍丘县、庐州府、凤阳府、泗州,河南省汝宁府、光州、陈州府,山东省兖州、沂州、曹州,江苏省淮安府、徐州府、海州,是红胡、捻等出没地区②。每捻从数十人至数百人不等,河南息县、光山等地的头目王妮子,安徽的李东山、马大振等,每人手下约有千人,劫财劫色,无所不为。他们拥有当时极为先进的双人抬枪,一发可伤十多人,地方官不敢明拿。红胡之所以嚣张,就是依靠保护私盐而获得发展壮大。皖、豫一带的淮盐每斤值钱四五十文,但长芦每斤私盐的价格不到淮盐的半数,"是以居民利食私盐"。造成私贩、盐枭充斥,红胡则专门护送私盐,每车收费200文,每日私盐车上百辆,在盐车较少时,则进行劫抢③。

以洪泽湖为中心的江苏、安徽交界,纳汝、颍、淮、沘、涡、浉、濉、泗、睢、浍大小十多条河流,周围五六百里,四通八达。一向是苏、皖各处棍徒,以及山东沂、郯等处回匪出没之地。主要因为这里是盐商民船往来要道,"匪徒出没湖中,往往有乘机纠抢之案"④。

---

① 林则徐:《吴当运审明正法并将案内各犯分别定拟折》,中山大学历史系中国近代现代史教研组、研究室编:《林则徐集(奏稿)》上册,北京:中华书局,1985年,第379—381页。
② 陶澍:《复奏票盐抢案现在查办不致累地方折子》,《陶澍集》上册,长沙:岳麓书社,1998年,第273页。
③ 陶澍:《条陈缉捕皖豫等省红胡匪徒折子》,《陶澍集》上册,长沙:岳麓书社,1998年,第382—384页。
④ 陶澍:《洪泽湖移设都司折子》,《陶澍集》上册,长沙:岳麓书社,1998年,第357页。

道光七年九月给事中杨殿邦奏称，安徽凤阳、定远等处"私枭充斥，霸占口岸，滋扰地方。凤阳之溪河、小溪，定远之三河集，盱眙之明光集为回民贩私口岸。有里外口之分，互争界限，聚众械斗。非贩私侵灌纲引，即劫盗为害闾阎"①。仅道光十七年（1837），苏、皖两省共捕获枭犯793名，私盐846666斤②。

由于淮北盐场盐滩水洼遍地，沟渠纵横，对于私贩，即使尽职的缉私队也往往无可奈何，"咫尺之间，盈盈一水，便无可为力。如遇大宗私枭，欲调队包围，绕越河滩，甫经齐集，私枭早已四散"③。相比而言，济南场七公司的盐滩较为整齐，但大德公司杨桥西侧的三十分滩，远隔一方，大源公司河西的三十二分滩与该公司其他各滩亦不相联。盐滩过于零散，极不易于管理，使走私极为方便。临兴场青三疃，有小滩470余分，南滩与北滩相距约60余里，近者数里，远者20余里，与农田相互交错④。

就盐利而言，"法愈严，则私愈大"⑤。淮北素以民风强悍著称。早在明朝时，"淮安顽民数千万家，荒弃农庄，专贩私盐，挟

---

① 王锡元等修：《盱眙县志稿》卷九"人物"，光绪十七年刻本，第60页下—61页上。
② 陶澍：《江安两省文武员弁拿获犯盐数目折子》，《陶澍集》上册，长沙：岳麓书社，1998年，第422页。
③ 王间祜：《整理淮北盐场意见书》，财政部盐务署盐务稽核总所：《盐务汇刊》第5册，1932年10月31日出版，第33页。
④ 王间祜：《整理淮北盐场意见书》，财政部盐务署盐务稽核总所：《盐务汇刊》第5册，1932年10月31日出版，第32页。
⑤ 霍韬：《盐政利弊议》，见蒋廷锡等：《钦定古今图书集成》（第693册）"经济汇编·食货典"卷二一上"盐法部"，上海：中华书局，1934年，第11页下。

负弩刃,官不敢问"①。民国前期,"因备匪之故,几户置一枪,人习射击。时局平定,皆良民也。稍有事故,或夏季青纱幛起,良民立可变为匪徒,况贩卖私盐久已视为正当营业"②。地方官畏惧匪焰,以为贩私者增多,有助于减少匪患③。因而,"匪与民几不可辨,官府又从而隐袒"。于是,私盐之禁,往往成为具文。"大致盐产所在,即匪踪所在,小则灶户与匪通气,或被劫持,共同走私;大则匪人强占盐滩,公然晒制私盐,垣商因畏匪之故,不敢控之官府"④。

济南场产盐量为两淮各场之冠,并设有商巡队,但由于地面辽阔,盐堆太多且相距过远,各公司照顾不周,极易为走私者所利用。当然,走私泛滥更出于缉私不力。七公司中,以庆日新及洋桥以西大德公司的一、二、三、四圩为最,因庆日新南部有著名私盐巢穴李家圩子;其他如大源、公济、裕通等公司次之⑤。

新式公司往往是土匪抢劫的目标。1930年,阜宁高湾场华成盐垦公司遭到匪劫,多名职员被绑架,损失51000余元。废黄河北部的新农、新通、新南三个垦殖公司,前后遭匪劫十余次,损失更

---

① 霍韬:《盐政利弊议》,见蒋廷锡等:《钦定古今图书集成》(第693册)"经济汇编·食货典"卷二一四"盐法部",上海:中华书局,1934年,第11页下。
② 王间祜:《整理淮北盐场意见书》,财政部盐务署盐务稽核总所:《盐务汇刊》第5册,1932年10月31日出版,第32页。
③ 王间祜:《整理淮北盐场意见书》,财政部盐务署盐务稽核总所:《盐务汇刊》第5册,1932年10月31日出版,第32页。
④ 王间祜:《整理淮北盐场意见书》,财政部盐务署盐务稽核总所:《盐务汇刊》第5册,1932年10月31日出版,第34页。
⑤ 扬州稽核分所:《追述昔日两淮私盐偷漏情形》(续三),财政部盐务署盐务稽核总所:《盐务汇刊》第18册,1933年5月15日出版,第96页。

大①。

　　板、中、大新垣商均自产自营，每商滩分不多，管理较易，但势散力薄，难有较大的发展。青三疃的唐生疃盐滩与大新圩相似。兴庄疃垣商，多数每商一滩，亦有二人共有一滩，或雇工晒盐，或自滩自晒，滩基极小，获利较少，仅勉强维持生计。柘汪疃的垣商，实际上是盐工，他们的盐滩最小，生活最艰苦，"种种不法之事可虑者亦愈多"②。

　　由于中正场各场商大都是零星散户，既缺乏大资本，且未设驻滩专员监视管理（当然，即使设了，也未必有用），仅靠滩户自行照料，使得这里走私最易。东陬山南方洋一带，由于接近海边，便于贩私帆船停泊，故走私最猖獗，且该处私枭之强悍为淮北各场所仅见，多持有枪械，以武力抗拒缉私。不但强迫滩户给盐，而且强迫滩户为之代运，直到袭入船中为止。其他如徐圩、东方圩，接近洋桥，小板艐、南方圩、张艐接近潮河，后张圩、老朱圩、小丁圩、老孙圩接近海岸，皆为盐枭公开出没的场所③。

　　临兴场与板浦场也是私盐来源地。临兴场水、陆交通均极便利，大兴圩更是无人管理。私盐从这里或由水路从临洪口运入内地，或由陆路往西南运至沭阳、宿迁④。

---

① 《江北垦殖概况调查》，财政部盐务署盐务稽核总所：《盐务汇刊》第9册，1932年12月31日出版，第74页。
② 王间祜：《整理淮北盐场意见书》，财政部盐务署盐务稽核总所：《盐务汇刊》第5册，1932年10月31日出版，第35页。
③ 扬州稽核分所：《追述昔日两淮私盐偷漏情形》（续三），财政部盐务稽核总所：《盐务汇刊》第18册，1933年5月15日出版，第96—97页。
④ 扬州稽核分所：《追述昔日两淮私盐偷漏情形》（续三），财政部盐务署盐务稽核总所：《盐务汇刊》第18册，1933年5月15日出版，第97页。

第二章　盐业政策下的利益分配

把一些官员的奏折中所反映的问题综合起来，可以明显地看出，私盐的直接原因是国家机器的腐败与地方豪强对盐利的争夺。乾隆五十三年（1788）四月两江总督书麟奏称："查江苏省淮安、扬州、通州、海州四属，地接场灶，私盐最易透漏。安徽太平、和州、泗州等属与江苏接壤，水陆易达，尤为私枭出没之区。各该州县，向俱设有巡役，会同营员派拨弁兵，水陆分镇巡缉。复于扼要处所，经臣衙门，专委标弁驻扎协巡，棋布星罗，本属周密，只缘文武各员并不实力缉拿，其或得规纵放，以致枭贩不能净绝。"① 道光十二年（1832）五月两江总督兼管盐政陶澍奏："向来水陆私路如安东、清河、山阳、盱眙、泗州、怀远、沭阳、桃源、宿迁、睢宁、邳州等处地界，均由地棍土豪私立盐关索费包送。"② 正因为如此，凡淮北水陆交通要道之处往往是私盐巢穴。

经详细调查，在20世纪20年代初，私盐集散地具体如下：

（1）李家圩子

李家圩子在淮北济南场庆日新公司南部，距庆日新公司约七八里、废黄河北岸约40里，离阜宁县属东坎、八滩约70里、响水口50余里。该处户口约百余家，设有保卫团，团长即是著名私贩唐小老，以致李家圩子当时"在两淮私盐巢穴中为首屈一指"。唐小老指挥的偷私者将济南场的盐偷运到李家圩子存储，然后售于贩私者。贩私者以李家圩子为起点，将私盐南运至东坎、八滩、羊寨、白沙等处，再运至淮南、直至安徽境内。该处私盐常屯积二三千

---

① 曾国荃等督修、王定安等纂修：《两淮盐法志》卷六十"转运门·缉私二"，光绪三十一年刻本，第11页上。
② 曾国荃等督修、王定安等纂修：《两淮盐法志》卷五十二"转运门·淮北改票"，光绪三十一年刻本，第10页上。

包,价格稳定,每担约售铜元百枚。司秤、记账、收款一应俱全,更有保卫团武装守卫,日夜站岗,俨若盐栈,公然出售①。

(2)东堆

东堆在济南场大德盐公司的南部,距洋桥约10里。东堆的私盐均经潮河西行出大柴市、武障河、龙沟等处,入盐河,至西坝,或过盐河至南岗镇、钱家集,至沭阳、宿迁、泗阳等处售卖②。

(3)八滩

八滩位于阜宁县,处废黄河南岸,居民数百户。"向为匪类潜踪之处,又为私盐会聚之区"。通常北由李家圩子、东北由废黄河口六合庄和大淤尖等处向此处运来私盐,八滩与李家圩子等处均需一日路程。私盐运至该处后,以转运淮南及西运者最多。每逢阴历三、六、九集期,贩私者触目皆是,而盐城、阜宁一带的水陆缉私军队更不时从这里贩运大量私盐,分销到其他地区③。

(4)大淤尖、六合庄

大淤尖和六合庄分处废黄河口的南、北两岸,相距20余里,向为运送私盐的要道。凡由青岛、淮北济南场经海道运来的私盐,基本上都要经过这两个地区。运输私盐的大帆船终年络绎不绝,"营此业者,非有势力之人即为大帮枭匪,每有大宗私盐由此转运,必有成群结队、类似军队者持枪护送。究竟此辈为盐枭欤?抑官军

---

① 扬州稽核分所:《追述昔日两淮私盐偷漏情形》(续四),财政部盐务署盐务稽核总所:《盐务汇刊》第20册,1933年6月15日出版,第87—88页。
② 扬州稽核分所:《追述昔日两淮私盐偷漏情形》(续四),财政部盐务署盐务稽核总所:《盐务汇刊》第20册,1933年6月15日出版,第88—89页。
③ 扬州稽核分所:《追述昔日两淮私盐偷漏情形》(续四),财政部盐务署盐务稽核总所:《盐务汇刊》第20册,1933年6月15日出版,第89页。

欤？无从分别"[①]。

（5）响水口

响水口为灌河流域内贩运私盐的目的地，"淮北屯积私盐之中心点"。淮北的大宗私盐均要通过灌河运输。而经过灌河，就必定经过响水口，一是因为灌河水深，可通行大帆船，由海路直至响水口；二是"该处有特别情形及特别势力可与保护私枭"。经灌河贩运的私盐，以来自青岛为最多，济南、中正场次之。由响水口向南、向西的水陆交通，均四通八达。私盐屯积最多之时，达万包以上。私贩们车转船运，均明目张胆[②]。

（6）南岗镇

南岗镇在淮北盐运河的西侧，距大伊山20余里，为最大私盐巢穴之一。该处最著名的私枭张开立，势力极大，党徒众多，枪械也非常完备，是专业贩私者。该处驻有陆军一个排，但对贩私，从不干预，"致外间传说有勾通立（之）嫌"。私贩的盐堆，与盐垣非常相似。凡来到这里的贩私者，均受到特别保护，每担征税二至三角。若贩私者无现钱纳税，可以盐斤抵税款，"并闻该处所收之税款，某有势力方面及某缉私营均规定应分之成数云"[③]。

（7）钱家集

钱家集地处淮北盐运河西侧、南岗镇西南部、西坝北部、宿

[①] 扬州稽核分所：《追述昔日两淮私盐偷漏情形》（续四），财政部盐务署盐务稽核总所：《盐务汇刊》第20册，1933年6月15日出版，第89页。
[②] 扬州稽核分所：《追述昔日两淮私盐偷漏情形》（续四），财政部盐务署盐务稽核总所：《盐务汇刊》第20册，1933年6月15日出版，第89—90页。
[③] 扬州稽核分所：《追述昔日两淮私盐偷漏情形》（续四），财政部盐务署盐务稽核总所：《盐务汇刊》第20册，1933年6月15日出版，第90页。

迁东部、泗阳东北部。钱家集与上述地区均相距一日路程，因此成为大宗私盐转运的必经之路。在道光年间，据陶澍奏称："淮北之钱家集、古寨及新坝、龙苴城等处，向为枭徒盘踞马头。盐务中虽有缉捕经费之名，而汛名巡役往往得规庇纵。"[1]民国前期，这里"足称淮北私盐转运处也"。私盐一般由南岗镇或由武障河、龙沟、新安镇，经前、后六塘河运到这里，因为武障河、龙沟运送的私盐，本可以沿盐运河直达西坝，但盐运河一带，缉私兵警密布，所需贿金较多，不如由六塘河运经该地较为简便。从这里向西直达宿迁，西南直达泗阳，入洪泽湖，南至西坝、清江浦，为贩私盐的又一要道。运私最盛之时，日过数百车。该地有陆军驻扎，但"向无干涉举动，其中亦有黑幕在焉"[2]。

（8）西坝

西坝为淮北官盐的最大转运地，同时也是淮北私盐的最大转运之处。"往来船只凡运官盐者，必附带运有私盐；而运私盐者，未必有官盐。西坝盐栈，凡堆有官盐者，亦必附带堆有私盐；而堆私盐者，未必有官盐"。从各盐场运来的私盐，均以此为"中心要道"，这里成了私盐贩的"聚会之处"。"倘缉私不庇护，陆军不抵抗，眼线得力，不露风声，挨户查抄，一日之中，至少可缉五千包。凡在西坝之人与盐务无关系者甚少，与私盐无关系者为尤少。"1921年，淮北盐政管理部门革除西坝一违法的查验员，并准备对到坝盐船实行稽查，竟造成数千人聚众抵抗，他们殴打盐政人

---

[1] 陶澍：《会同钦差拟定盐务章程折子》，《陶澍集》上册，长沙：岳麓书社，1998年，第167页。原文标点有误，已予更正。
[2] 扬州稽核分所：《追述昔日两淮私盐偷漏情形》（续四），财政部盐务署盐务稽核总所：《盐务汇刊》第20册，1933年6月15日出版，第90页。

员,烧毁盐政办事机构,"缉私旁观而不救,绅商坐视而不理"[1]。

（9）水灵山

青岛在德国人管理时代即不征收盐税。青岛创设盐滩后,盐产量很快超过两淮各场。日本人取代德国人控制青岛后,一仍旧制,在南万、东口、大石头等处陆续增加盐滩,使得产量更大,销路更广。民国中期,每年由青岛运出的无税盐达3179039担[2]。各处私贩纷纷到青岛采购无税之盐,盐价最低时,每吨仅3.5元。且对购盐者不加任何限制[3]。水灵山则是青岛口外的一个小岛,距青岛20余里,孤悬海中,形势险要,方圆约五六里。山中有石屋数十间,从外面无法窥其内部。是理想的杀人越货场所。海盗据此多年,抢劫过往船只。日商控制青岛后,海盗们把这里作为私盐的囤聚地,大量储积私盐,陆续分运至淮北及其他地区销售[4]。

淮北的主要贩私道路如下：

（1）废黄河口至淮安码头镇

来自淮北、青岛进入废黄河口的私盐,从北岸六合庄、南岸大淤尖向西,经八滩、东坎、羊寨、周门等地,至淮安过运河,直达码头镇后进入洪泽湖,便可进入安徽境内。这条线路是废黄河流域的贩私干道。其支线有二,一是由八滩或东坎运往淮南各县,也可

---

[1] 扬州稽核分所：《追述昔日两淮私盐偷漏情形》（续四）,财政部盐务署盐务稽核总所：《盐务汇刊》第20册,1933年6月15日出版,第91页。
[2] "Salt in China and Elsewhere," *Chinese Economic Journal*, vol.4, no. 6, June 1929, p. 485.
[3] 扬州稽核分所：《追述昔日两淮私盐偷漏情形》（续三）,财政部盐务署盐务稽核总所：《盐务汇刊》第18册,1933年5月15日出版,第97页。
[4] 扬州稽核分所：《追述昔日两淮私盐偷漏情形》（续四）,财政部盐务署盐务稽核总所：《盐务汇刊》第20册,1933年6月15日出版,第91—92页。

由羊寨经益林、东沟至大纵湖分运各地，或由北沙的北佃湖经涟水至时家码头达西坝；二是由陆路经泗阳进入安徽[①]。

（2）灌河流域

势力较大、资本雄厚的私贩，由青岛等处运来的大宗私盐均由灌河口输入内地。灌河口外的开山岛北面是其聚集地，盐船至此停泊，候风候潮。从这里经燕尾堆港、陈家港达响水口，仅需半天时间。抵达响水口后，私盐被分运至杨家集、大伊山、武障河、龙沟、新安镇等处。然后再分两路，一路进入盐运河，至西坝，经清江浦直达码头镇，或经泗阳进入洪泽湖。一路往西至沭阳、宿迁进入安徽境内；也可往西南由六塘河经钱家集至泗阳，进入洪泽湖。这里的私盐船只动以百计，走私者均有"特殊势力"[②]。

（3）埒子口

由青岛及中正场运出的小宗私盐，大都由埒子口运入内地。这是由于埒子口河面较狭，不能航行大帆船。从这里经洋桥向西南进入潮河至大柴市，再转水陆二路分运。水路由运河至西坝，进入洪泽湖；陆路至南岗镇，运往沭阳、宿迁，再进入安徽。洋侨东部及大德公司以南一带，也是私盐出没区域。这里的私盐多从大德公司偷出，大半运至东堆，再分运各地[③]。

[①] 扬州稽核分所：《追述昔日两淮私盐偷漏情形》（续三），财政部盐务署盐务稽核总所：《盐务汇刊》第18册，1933年5月15日出版，第93页。
[②] 扬州稽核分所：《追述昔日两淮私盐偷漏情形》（续三），财政部盐务署盐务稽核总所：《盐务汇刊》第18册，1933年5月15日出版，第93—99页。
[③] 扬州稽核分所：《追述昔日两淮私盐偷漏情形》（续三），财政部盐务署盐务稽核总所：《盐务汇刊》第18册，1933年5月15日出版，第99页。

(4)临洪口

临洪口东为板浦场,西为临兴场的大兴圩,两处私盐均以临洪口为必经之路。因大兴圩一带接近临圩小河极多,随处均可偷漏。偶尔也有来自青岛柘旺的私盐,经临洪口往南转为两路:一路进入大沙河,经小东官向西至山东沂州、郯城等县;一路至新浦后,再分为水陆两路,水路沿盐河至西坝,陆路经海州房山至沭阳、宿迁进入安徽境内[①]。

由于政治权力的拥有者们制定的是不公平的分配规则,"合法"意味着被掠夺,"公平"意味着非法,本该并行不悖的原则在这里竟如同冰火。其结果只能是非此即彼,无论如何也无法两全齐美。在严峻的盐法的威胁下,淮北变成了一个走私者的汪洋大海。官僚、商人运用其政治和经济权力,合法地对淮北的平民进行超经济掠夺;民众则运用非法的手段,合理地捍卫自己的经济权益。

平民通过走私、甚至暴力对盐业利益分配规则的破坏,并不表明他们能够优化分配规则,提高社会的公平程度,恰恰相反,它使另外的守法平民既要承受不合理的现行规则的盘剥,而又承受不合法的无规则状态的侵害,蒙受更不公平的待遇。从社会生态变迁的角度来看,它无法使淮北社会生态向良性循环,只能使之变得更加恶化。

小 结

盐税是恶税!盐税设计之恶毒,一是不论哪个朝代,人们均要

---

① 扬州稽核分所:《追述昔日两淮私盐偷漏情形》(续三),财政部盐务署盐务稽核总所:《盐务汇刊》第18册,1933年5月15日出版,第99页。

吃盐，盐税因此被视为人头税；二是由于贫、富阶层每人每年食盐的数量相差不大，这就使得穷人与富人所负担的盐税大体均等；三是盐税是用控制人类生活和生存的必需品的方法来征税，而不是向人们非必需的奢侈品征税，盐税等同于赤裸裸的谋财害命。从盐税的征收与生产者被剥夺的程度来看，淮北再次被国家作为局部利益牺牲掉了。

清中后期以后，政府以种种名目，肆意加征盐税，加上盐商非同寻常的垄断，造成食岸盐价高出灶场成本数十倍。在国家传统财政中占据极其重要地位的盐业，本应成为其生产地区经济发展的"龙头"，但由于清廷基本政策的掠夺性，导致盐业成为产区贫困的主要根源。

与盐相关的场商、运商、岸商、总商、私贩、盐枭、缉私者、盐务官吏等，形成了不同的利益集团，进而发展成社会不同的阶层。掌握政府核心权力的高官乃至皇帝，成为盐务的最大受益者，他们依靠制定政策、操纵国家宏观决策，达到最大程度的自利目标。巨商们则不断地利用其巨大的经济优势，或对政府权力进行直接渗透，或最大程度地接近核心权力，或收买其利益代言人，掌握着社会的话语权，以影响国家的大政方针，坐享政策偏差带来的巨大益处，从而获取更大的经济利益，形成螺旋状的政治-经济利益交替向上循环的态势；这个集团居于食盐流通领域金字塔的最顶端，但不是流通领域的中坚力量，而是官场政治不可或缺的重要角色。他们甚至在淮盐由专商改为票盐，走向市场化之后，仍能利用自身的势力，重新夺回垄断权。

先行致富的盐商不是市场化的结果，而是官权在经济部门的最具体的延伸，或是官权的变体。他们为了维持自己的垄断利益，不得不把大量的经济资源用来回馈政治权力，从而保持对灶户和其他平民的超经济剥夺，因此，他们不可能带动其他阶层共同致富，使盐业成为淮北经济发展的龙头。也就是说，尽管这个集团"既有钱又有教育"，但它不是"社会的普遍代表"，这个集团本身的要求和权利不可能成为"社会本身的权利和要求"，它不是"社会理性和社会的心脏"。

与政治权力保持联系，但距政治权力稍远的一般行商坐贾，既能分享垄断带来的优厚利润，又常常承受各种社会不稳及市场规律造成的风险，这是一个流动性较大、容易致富上升到上层集团的阶层，他们还常常培养出自己的利益代言人，使自己不公的处境被纳入到决策者或社会舆论的视野。

与政治权力没有联系的直接从事食盐生产的灶丁、盐民，由于国家政策造成的超经济强制和身份制的限制，无法分润盐务的任何利益，无法接近核心权力或找到自己的利益代言人，尤为重要的是，这些生产者无法通过发展生产来改善自己的境遇，任何时候他们都是当然的被牺牲者，是几乎没有流动机遇的最稳定的极贫阶层，是事实上的生产奴隶。

与盐务相关各阶层的形成，不是基于同等机遇的社会同一起跑线，而是基于与国家核心权力的亲疏远近的关系。与核心权力越接近的集团，分润的利益也就越多，盐务利益的分配完全取决于权力的高低。由于权力掌握在相对稳定的不同集团手中，所以，淮北社会的食盐生产和流通，无法通过生产的发展和市场规律的调节，引起经济利益的重新分配，从而造成社会各阶层的分化和流动。

从官场政治的角度来看，盐业中充满着皇帝与臣属、各级官员之间、巨商与小商、豪绅劣吏与官府之间的相互斗争；从国体的本质来看，盐业是那些拥有各种权势的利益集团有意识地维持不公正的社会制度，从而分润制度性暴利的舞台。因此，盐业可以成为国家财政的支柱、官场政治的工具，但无法成为淮北经济起飞的龙头。进言之，盐业的产销只能把人们束缚于天然首长的形形色色的封建和奴隶羁绊，使人和人之间除了"现金交易"外，还要更注重对权力的联系，它使生产方式无以变革，一切社会关系处于固定不变的状态。

盐商作为暴利行业的把持者和直接得利者，确实是值得谴责的对象，但却不是社会不公的根源，他们不过是官权公然掠夺民众的工具而已。正如陶澍所说的那样："弊起于商而利不在商。"而把由体制造成的积弊归结于某一富裕集团，从来就是中国封建统治者的常用策略，也是转移大众注意力、分散社会压力最有效的手段。这样做，掩盖了矛盾的本质，无助于完善国体，无法从根本上扶持社会弱势群体，从而建设一个和谐的社会，实现长治久安。

依靠貌似无所不能的行政、军警权力，以严酷的惩罚和恐吓来防治食盐走私，即便在极权体制运转良好的"盛世"，也天然地无法根治掌控这类权力的体制内势力所组织的走私活动。在极权体制衰微的"末世"，因盐业垄断所造成的差价过于离谱，严控时期所郁积的各种反体制力量势必随着体制内力量一起，如溃堤之水一般加入到走私贩私中去。任何世代，极权统治者对社会的过分严控，从来都不可能做到收放裕如，只会加剧社会崩溃。对盐业的垄断，使淮北成了极权统治者社会严控的牺牲品。

第三章 从沃土到瘠壤

唐以前,淮北素有"沃土"之称,是中国最重要的经济区,在唐以后逐渐衰落。民谚"江淮熟,天下足",在宋以后变成了"苏湖熟,天下足"。原来指称淮北的"鱼盐之邦""鱼米沃壤""鱼米之乡",明清后被"穷山恶水"所替代。"鱼米之乡"成了江南的别称。这些问题均与淮北水文环境和农业生态的变迁密切相关。

第一节 治水与农业生态的破坏

明清政府在淮北的治水,首要目的不是防灾减患。这种治水方式严重地破坏了淮北的水文和生态环境,使水资源极为丰富的淮北成为一个工程性缺水、水质性缺水,甚至季节性被淹与季节性缺水并行的地区。

一、水文环境的改变

恩格斯指出:"如果说我们需要经过几千年的劳动才多少学会估计我们的生产行为在自然方面的较远的影响,那么我们想学会预见这些行为在社会方面的较远的影响就更加困难得多了。……但是要实行这种调节，仅仅有认识还是不够的，为此需要对我们直到目前为止的生产计划，以及同这种生产计划一起对我们的现今的整个社会制度实行完全的变革。"① 解释淮北农业生态的演变，必须从社会制度变革来寻找原因。

中国是个以农为本的国家，中国也是个治水大国，但明清以后，中央政府的治水却很少为淮北的农业生产服务，充其量，淮北农业是治水者顺带考虑的边缘性事务。有人写道："我国自古以农立国，妇孺咸知讲求水利避免水患，为农业上根本要图，故与农业有关之防水工役，每能群策群力，不令而行。"② 有人还认为，"由于中国经济是基于精耕细作的农业，治水不是为了积极的灌溉目的，就是为了消极地防止水患。"③ 如果说，这种说法在魏晋以前还说得通的话，在明清两代，则无论如何都令人不敢苟同了。

前文所述，在大部分时间里，明清中央政府治水的首要目的是为了维持运河的畅通，保证漕运的安全（明末则以保祖陵、运道为主要目的）。由于漕运是把东南财赋输送到京师，可以说，国家治

---

① 恩格斯：《自然辩证法》，《马克思恩格斯文集》第9卷，北京：人民出版社，2009年，第561页。
② 卢仰清：《论水利与农工商业之关系》，《水利委员会汇刊》第8辑，1942年4月，第2页。
③ Ch'ang-tu Hu, "The Yellow River Administration in the Ch'ing Dynasty," *The Far Eastern Quarterly,* vol. 14, no. 4, Special Number on Chinese History and Society (August, 1955), p. 505.

水的主要目的是为了更好地榨取,而不是为了发展生产①。

清代的治水开支约占其财政总收入的四分之一,在淮北地区兴建了许多工程,但这些工程基本上以保运为首要目标②。除了像康乾之世及少数时期以外,中央政府在淮北进行的治水活动,对以农业生产为主要经济活动的当地百姓而言,并不是福音,而多是灾源③。

清朝顺治至雍正3代共92年中,仅在江苏的淮北地区,中运河的河道变迁达10次,沂水河道变迁6次,睢水河道变迁2次,沭水河道变迁1次。黄河主河道虽无大的改迁,但减水道变迁达6次。靳辅治河之后,"溢决变为分减,亦淮北人民一痛史也。"④到乾隆时代,黄河河道向北迁徙,向北岸溃溢8次,南岸溃溢12次⑤。每一次河道变动、甚至河道决堤,都是数以万计、乃至百万计的民众家破人亡、产尽财穷的触目惊心、惨绝人寰的悲剧。

---

① 学者认为,在以开发水利为主要目的的湖北、湖南及江南太湖地区的治水事务中,国家也承担了很少的责任。见Pierre-Etienne Will, "State Intervention in the Administration of a Hydraulic Infrastructure: The Example of Hubei Province in Late Imperial Times," in S. R. Schram (ed), *The Scope of State Power in China.* Hong Kong: The Chinese University Press, 1985, pp. 295-347.
② Susan Naquin和Evelyn S. Rawski认为淮北的水利工程在17世纪后期促进了这里的经济复兴。见 *Chinese Society in the Eighteenth Century.* New Haven and London: Yale University Press, 1987, p. 24.
③ 明代嘉靖、隆庆、万历皇帝,均被认为抛弃了农耕,他们的荒淫无度,给中国政治体制带来了灾难性的损害。见Richard Shek, "Fictional and Real-Life Rulers: Journey to the West and Sixteenth-Century Chinese Monarchs". In OosephW. Esheric, Wen-hisn Yeh and Madeleine Zelin (eds.), *Empire, Nation, and Beyond: Chinese History in Late Imperial and Modern Times-a Feestschrift in Honor of Frederic Wakeman.* Berkeley: Institute of East Asian Studies, University of California 2006, p. 48.
④ 武同举:《江苏淮北水道变迁史》,《两轩賸语》,1927年印本,本文第9页。
⑤ 武同举:《江苏淮北水道变迁史》,《两轩賸语》,1927年印本,本文第13页。

明清两代高家堰的修筑和不断地加筑，使洪泽湖水库成为毁灭淮北生态环境的巨型人工设施。洪泽湖所在地本属古淮浦县，昔为洪泽镇、洪泽馆、洪泽村、洪泽桥，"地连三郡"。史称："洪泽镇在清河南大河北岸，一曰洪泽驿。唐咸通九年，郭厚本率淮南军救泗州，至洪泽镇不敢进，即此。"[1]唐人皇甫冉《洪泽馆壁见故礼部尚书题诗》云："底事洪泽壁，空留黄绢词。年年淮水上，行客不胜悲。"[2]宋代在此设置馆驿，乃士大夫停骖、商贾辐辏之所。[3]直到元朝时，其地仍设屯田万户府[4]。《水经注》上纪蒗荡渠（即鸿沟），下纪射阳湖，却没有言及洪泽湖，说明那时尚无此湖。宋代马仲甫凿龟山以通漕，主要规避淮水之险而不避湖险，表明宋代洪泽湖的规模并不大。康熙五年（1666），黄河在宿迁归仁堤一带决口，黄水经桃源、清河南入泗州。其时，洪泽湖周围已达300余里[5]。1855年黄河北徙前，洪泽湖的面积已扩大到3000平方公里[6]。洪泽湖中既沉有泗州城，被淹沉的其他镇、市、乡、村则更不计其数。"洪泽一湖，日系民田，自黄河南徙，淮水停蓄，膏腴之产，俱付洪流。"[7]

---

[1] 马冠群：《江苏地略》，王锡祺等辑：《小方壶斋舆地丛钞》第17册"小方壶斋舆地丛钞再补"，杭州：杭州古籍书店，1985年，"江苏地略"第5页下。
[2] 彭定求等编：《全唐诗》卷二五〇，北京：中华书局，1960年，第2833页。
[3] 麟庆：《前明嘉靖年河口图说》，《黄运河口古今图说》，道光二十年刊本，无页码。
[4] 沈秉璜：《勘淮笔记》，1926年春印，第137页。
[5] 叶兰等纂修：《乾隆泗州志》卷二"建置志"，中国地方志集成（30），南京：江苏古籍出版社，1998年，第211页。
[6] 张义丰：《淮河流域两大湖荠的兴衰与黄河夺淮的关系》，张义丰等主编：《淮河地理研究》，北京：测绘出版社，1993年，第176页。
[7] 武同举辑录：《再续行水金鉴（淮河卷）》，武汉：湖北人民出版社，2004年，第511页。

嘉、道年间，"黄河迭为患，王营减坝尤易掣动大溜。又淮不刷黄，大河日垫"①。由于黄河河床处于不断淤高之中，为了保持湖水水位始终高于黄河水位以冲刷黄河泥沙，势必不断地加高洪泽湖大堤，使洪泽湖不断吞噬周边城乡镇市，扩大其面积。有人认为："由于蓄清刷黄从根本上解决不了河口的淤积延伸，而河口的淤积抬高又直接影响到洪泽湖，所以蓄清刷黄的过程实质就是不断抬高湖堤，提高洪泽水位的过程。"②

加高洪泽湖大堤高家堰对淮北的影响，可参见浮山堰的军事目的和恶劣后果。南朝梁武帝（502—549）时，北魏降人王足向梁廷献计，建议在淮河下游筑堰，以水代兵，淹灌当时魏军据守的军事重镇寿阳。王足引用北方的童谣称："荆山为上格，浮山为下格，潼沱为激沟，并灌钜野泽。"③

如不考虑百姓性命与生态等因素，从地形与地势来看，筑堰淹寿阳的方案是可以考虑的。浮山在寿阳下游约220公里处，地势相差8—10米④。因而梁武帝接受了这个方案，派水利专家陈承伯、材官将军祖暅察看地形。两位专家均认为浮山一带沙土漂轻，虚松不实，大堰很难建成。但梁武帝不听，下令在徐州、扬州地区按每20户征5名丁男的比例征发百姓筑堰，并任命康居人后裔康绚都督淮上军事，保护大堰，康率领的役夫及士卒达20万人。他们在钟离南

---

① 武同举：《江苏淮北水道变迁史》，《两轩腾语》，1927年印本，本文第15页。
② 张义丰：《洪泽湖的演变与水利开发的影响》，张义丰等主编：《淮河地理研究》，北京：测绘出版社，1993年，第184页。
③ 姚思廉：《梁书》卷十八"康绚传"，北京：中华书局，1973年，第291页。
④ 张卫东：《浮山堰》，《中国水利》1985年第11期，第36页。

起浮山,北抵巉石山,依岸筑土,合脊于淮河中流①。

公元516年春,大堰终于建成。堰长9里,下宽140丈,上宽45丈,高20丈,堰西水深19.5丈。大堰修有夹堤,堰身遍植杞柳,上面有军人布守。修建此堰,可谓举淮地全域之精壮民力,倾南朝全境之物质精华。天监十四年(515),大堰将合龙时,淮水来量极大,大堰多次被冲溃。有人认为江、淮蛟龙较多,"能乘风雨决坏崖岸",但蛟龙畏铁,康绚随即把东冶、西冶的铁器数千万斤,"大则釜鬵,小则锸锄",沉入堰下,仍无法合龙。又大肆砍伐淮水两岸树木作为井干,填以巨石,再在上面加上泥土以填缺口②。

20世纪50年代修淮北大堤时,曾在此处取土,挖出过铁块、砖头等物,当地人还挖出过许多古代箭头等。在距浮山20公里的下草湾发现与正史记载类似的木笼③。这种筑堤方法,"缘淮数百里内,冈陵木石,无巨细必尽"。役夫们辛苦备尝,许多人肩被磨穿。"夏日疾疫,死者相枕,蝇虫昼夜声相合"。那年冬天又特别寒冷,淮水、泗水皆结坚冰,"士卒死者十七八"④。

浮山堰对淮北生灵而言是灾难性的。大堰直接造成"水之所及,夹淮方数百里地。魏寿阳城隔戍稍徙顿于八公山,此南居人散就冈垄"⑤。《水经注》称该堰"逆天地之心,乖民神之望"⑥。这包含非常朴素的生态观。公元516年秋,淮水暴长,仅存在了4个月

---

① 姚思廉:《梁书》卷十八"康绚传",北京:中华书局,1973年,第291页。
② 姚思廉:《梁书》卷十八"康绚传",北京:中华书局,1973年,第291页。
③ 张卫东:《浮山堰》,《中国水利》1985年第11期,第36页。
④ 姚思廉:《梁书》卷十八"康绚传",北京:中华书局,1973年,第291—292页。
⑤ 姚思廉:《梁书》卷十八"康绚传",北京:中华书局,1973年,第292页。
⑥ 郦道元著,王国维校;袁英光,刘寅生整理:《水经注校》卷三十,上海:上海人民出版社,1984年,第974页。

的大堰溃决①。"淮堰坏,死者十余万口"②。

据初步估算,浮山堰形成的水域面积约为6700多平方公里,积水覆盖了今五河、泗县、凤阳、蚌埠、灵璧、固镇、凤台、寿县以及颍上、霍丘等县市的大部或一部分,总蓄水量在100亿立方米以上。浮山堰主副坝填方约达1300多万立方米③。

要知道,浮山堰在高家堰西部五河地区,此处淮河河底低于洪泽湖湖底7尺有余④。浮山堰蓄水几淹没了寿县城,洪泽湖蓄水时真实的淹水面积显然也能淹没到大部分皖北的淮域地区。

淮河进入安徽省,从洪河口到洪泽湖,通称为中游,流域面积13万平方公里,长490公里。以安徽西部的山地丘陵为中游起点,落差仅为16米,比降为0.03‰⑤。实际上,淮河中游许多河段是倒比降。据民国初年江淮水利测量局测量,淮河中游安徽灵璧、泗县、五河等县,地势均低于下游江苏徐属各县⑥。据1914年全国水利局总裁张謇报告:"淮扼于洪泽湖。近年迭测,洪泽湖与张福河底高于废黄河底三尺余,高于五河上下淮河底六尺余。"⑦到了20世纪20年代,经测量,颍口淮河河底高于上游三河尖将近1丈,而三河

---

① 姚思廉:《梁书》卷十八"康绚传",北京:中华书局,1973年,第292页。
② 郦道元著,王国维校;袁英光,刘寅生整理:《水经注校》卷三十,上海:上海人民出版社,1984年,第974页。
③ 张卫东:《浮山堰》,《中国水利》1985年第11期,第37页。
④ 苏民生、武同举:《促进导淮商榷书(民国十二年十一月)》,《江苏水利协会杂志》1923年第16期,"论坛"第3页。
⑤ 水利部治淮委员会淮河水利简史编写组:《淮河水利简史》,北京:水利电力出版社,1990年,第2页。
⑥ 台北"中研院"近代史研究所档案馆藏档案:《导淮案》(二),馆藏号:08-21,宗号1-(3),第45页。
⑦ 台北"中研院"近代史研究所档案馆藏档案:《张謇上书陈关于水利意见》(1914年2—3月),馆藏号:09-21-00,宗号0008-05,第13页。

尖下游的蚌埠又高于三河尖，洪泽湖底高于淮河中部河底达1丈数尺[①]。据1923年实测："计杨庄旧黄河底高于海平面十米突；……洪泽湖底真高亦十米突。与杨庄旧黄河底相等。……洪湖底，乃高于上游盱眙淮底二尺许，盱眙淮底又高于上游五河淮底五尺许，由五河至寿县一带三四百里间之淮底，几无倾斜。"[②]

洪泽湖底的海拔一般已达到10米多，最低凹的部分也在8.5米上下。湖底东部的一带洼地，海拔为六七米。苏北平原最低洼的里下河地区，海拔只有3米左右，比湖底低6米多[③]。根据后来设立的水位标志推算，潘季驯修筑的高家堰顶高程在12.2米左右；康熙十七年靳辅大修高家堰，堰顶高程加筑到约14米；后来逐渐加至19.0—19.5米之间[④]。

嘉庆年间任南河总督的黎世序《议海口建长堤状》中写道："上年洪湖蓄水一丈七尺，尚不能畅出刷黄。"[⑤]道光初年，更要蓄到一丈八九尺[⑥]；甚至"非蓄水二丈不功"[⑦]。后蓄水2丈仍嫌水位太低。道光十四年（1834）开始担任江南河道总督的麟庆，批评蓄清刷黄之危害，指出："蓄清刷黄，治河通义。特今之黄河，底

[①] 沈秉璜：《勘淮笔记》，1926年春印，"序"第3页。
[②] 苏民生、武同举：《促进寻淮商榷书（民国十二年十一月）》，《江苏水利协会杂志》1923年第16期，"论坛"第3页。
[③] 鞠继武编：《洪泽湖》，北京：中国青年出版社，1963年，第18页。
[④] 简培龙、简丹：《洪泽湖大堤历史演变研究》，《中国水利》2017年第9期，第53—56页。
[⑤] 魏源全集编辑委员会编校：《魏源全集》第18册，长沙：岳麓书社，2004年，第382页。
[⑥] 武同举辑纂：《再续行水金鉴（运河卷）》（1），武汉：湖北人民出版社，2004年，第250页。
[⑦] 武同举辑纂：《再续行水金鉴（淮河卷）》，武汉：湖北人民出版社，2004年，第114页。

已淤高，故湖水昔存九尺而畅出，今则二丈而不敌。"[1]

也就是说，以洪泽湖底海拔10米、蓄水2丈（6.4米）计，即淹没高家堰以西皖北地区海拔16.4米以下的地区。而洪泽湖数以百亿立方米的湖水水位要高于东部苏北平原10米左右。

由于洪泽湖水位不断提高，在淮河中游形成了一系列新的湖泊群。淮河各支流来水无法顺利汇入淮河，这些来水就在支流与淮河交汇地带、或在附近的一些低洼地带潴水成湖。其中较大的有焦冈湖、黄湖、殷家湖、沱湖、天井湖、城西湖、城东湖、瓦埠湖、高唐湖、花园湖、女山湖、涧溪湖等。这些湖泊的形成年代大都在18世纪前中期[2]。

康熙年间，分布在运河西堤以西的湖泊有氾光湖、白马湖、甓社湖、邵伯湖等17个湖泊[3]。运西诸湖的形成主要是运河大堤阻拦了淮水入海去路，洪泽湖难以容蓄，迫使湖水向南泛流而形成的[4]。尽管在宋以前，运西地区就分布着一些零星的小湖泊，直到明初陈瑄开筑运道，运西地区才形成广袤的大湖群。到万历初期，"高、宝诸湖周遭数百里，……每湖浅一尺则加堤一尺，岁月既久，湖水捧起，而高、宝为盂城矣"[5]。高邮湖老堤为陈瑄所建。

---

[1] 麟庆：《洪泽归帆》，麟庆著文、汪春泉等绘图：《鸿雪因缘图记》第2集下，扬州刻本，道光丁未秋。
[2] 张义丰：《淮河流域两大湖群的兴衰与黄河夺淮的关系》，张义丰等主编：《淮河地理研究》，北京：测绘出版社，1993年，第176页。
[3] 靳辅：《下河形势纪》，《治河奏续书》卷四，《钦定四库全书》（第579册）"史部十一"，台北：商务印书馆，1986年影印本，第39页上。
[4] 张义丰：《淮河流域两大湖群的兴衰与黄河夺淮的关系》，张义丰等主编：《淮河地理研究》，北京：测绘出版社，1993年，第175页。
[5] 张廷玉等：《明史》卷八十五"运河（上）"，北京：中华书局，1974年，第2091页。

后白昂开月河，距湖数里，其中堤之西，老堤之东，民田数万亩，被称为"圈子田"。"河湖相去太远，老堤缺坏不修，遂至水入圈田，又成一湖"①。

加筑高家堰后，淮水被阻而南下，直至高邮，导致诸湖不断增大，南北联属，面积广袤。16世纪末到17世纪初，运西湖群中以宝应湖面积最大。17世纪后，由于"借黄济运"的影响，黄淮内灌，运河成为行水之河，靠近淮河的北部淤积严重，把一直向北倾斜的地势变成向南倾斜②。分布在运河以东的有射阳湖、广洋湖、喜雀湖、渌洋湖、淤溪等36个湖泊③。

这些湖泊在过去大都是田庐密布的乡村市镇。据靳辅所奏：宋元以前，下河地区原无水患，高邮、宝应诸湖多属田亩。至明朝初年，始被大水漫潴成湖。靳辅于康熙十七八（1678、1679）等年堵筑清水潭时，在茇堤之中挑出洪武（1368—1398）、永乐（1403—1424）、洪熙（1425）以及宋元旧钱，并发现许多日用器皿、砖井、石砌街道等遗迹④。靳辅认为："夫以清水潭为高邮最注最险之处尚系民居，则高宝诸湖等处更可知矣。此被水漫潴之明验也。"⑤祸因则是明中期"（黄河）向北之流尽绝，始全徙而

---

① 张廷玉等：《明史》卷八十五"运河（上）"，北京：中华书局，1974年，第2093页。
② 张义丰：《淮河流域两大湖群的兴衰与黄河夺淮的关系》，张义丰等主编：《淮河地理研究》，北京：测绘出版社，1993年，第177页。
③ 靳辅：《下河形势纪》，《治河奏续书》卷四，《钦定四库全书》（第579册）"史部十一"，台北：商务印书馆，1986年影印本，第39页上。
④ 靳辅：《治河题稿》，《文襄奏疏》卷六，《钦定四库全书》（第430册）"史部六"，台北：商务印书馆，1986年影印本，第1页下—2页下。
⑤ 靳辅：《治河题稿》，《文襄奏疏》卷六，《钦定四库全书》（第430册）"史部六"，台北：商务印书馆，1986年影印本，第2页上。

南"①。陶澍奏称：凤阳花源湖、寿州城西湖、凤台焦冈湖，"此三湖皆周围数十里，本系民田，久淹成浸。"②因洪泽湖"必藉淮源旺盛，方资收蓄敌黄"，上述三湖被用来作为洪泽湖水的补充水源③。

运河所经过的鲁西南地区，同样承受着深重的人为灾祸。明永乐九年（1411），宋礼重开会通河时，昭阳湖周围不过10余里，作了80多年的水柜后，便扩大了7倍。弘治十六年，巡抚徐源言："济宁地最高，必引上源洸水以济，其口在堽城石濑之上。元时治闸作堰，使水尽入南旺，分济南北运。成化间，易土以石。夫土堰之利，水小则遏以入洸，水大则闭闸以防沙壅，听其漫堰东流。自石堰成，水遂横溢，石堰既坏，民田亦冲。"④到1604年泇河通航后，微山、昭阳、独山、南阳4湖都成了水柜⑤。而从地质结构上，微山等湖并不适合作水柜。首先，运河进入山东后，河床突然升高，在济宁城附近达到最高点。从济宁向北后，又开始下降⑥。其次，雍正年间，经岳浚等人测量，微山湖地势要低于运河地势。由于这一致命缺陷，形成了微山湖"进水易，而出水难"的特点，

---

① 靳辅：《治河题稿》，《文襄奏疏》卷六，《钦定四库全书》（第430册）"史部六"，台北：商务印书馆，1986年影印本，第2页下。
② 武同举等编校：《再续行水金鉴（淮水一）》卷三十五，南京：水利委员会，1942年，第933页。
③ 武同举等编校：《再续行水金鉴（淮水一）》卷三十五，南京：水利委员会，1942年，第933页。
④ 张廷玉等：《明史》卷八十五"运河（上）"，北京：中华书局，1974年，第2084页。
⑤ 曹瑞民：《微山湖的形成》，见济宁市政协文史资料委员会、微山县政协文史资料委员会编：《微山湖：微山湖资料专辑》，1990年12月刊印，第2—3页。
⑥ Harold C. Hinton, "The Grain Tribute System of the Ch'ing Dynasty," *The Far Eastern Quarterly*, vol. 11, no. 3 (May, 1952), p. 344.

"非甚泛滥,不能放水入运。若湖水涨发,则运河亦已湔满,无需增益"①。相反,"当(运)河水浅涩之时,湖水先已耗竭,涓滴不能济运"②。但有清一代,中央政府竟坚不放弃已被证明为毫无用处的蓄水济运方略,致使微山湖蓄水越来越多,面积越来越大,被淹的农田也越来越广。

1721年夏,康熙帝谕九卿等:"山东运河,全赖众泉蓄泄微山湖,以济漕运。今山东多开稻田,截湖水上流之泉,以资灌溉。上流既截,湖水自然无所蓄潴,安能济运?……地方官未知水之源流,一任民间截水灌田,以为爱恤百姓。不知漕运实由此而误也。若不许民间偷截泉水,则湖水易足;湖水既足,不难济运矣。"③康熙的这一最高指示,长期为地方官们不加条件地严格奉行。乾隆年间,微山湖的面积竟达2055平方公里④。像峄县县丞,滕县、沛县主簿⑤,均以在微山湖"蓄水之多少,为该职之称否"⑥。魏源指出:"山东微山诸湖为济运水柜,例蓄水丈有一尺,后加至丈有四尺,河员惟恐误运,复例外蓄至丈有六七尺,于是环湖诸州县尽为泽国。而遇旱需水之年,则又尽括七十二泉源,涓滴不容灌溉。是以山东之水,惟许害民,不许利民,旱则益旱,涝则益涝,人事实

---

① 岳浚:《请停设安山湖水柜疏》,载贺长龄:《皇朝经世文编》卷一百四"工政十",上海:广百宋斋丁亥仲春校印,第42页上。
② 岳浚:《请停设安山湖水柜疏》,载贺长龄:《皇朝经世文编》卷一百四"工政十",上海:广百宋斋丁亥仲春校印,第42页上一下。
③ 朱偰:《中国运河史料选辑》,北京:中华书局,1962年,第118页。
④ 曹瑞民:《微山湖的形成》,见济宁市政协文史资料委员会、微山县政协文史资料委员会编:《微山湖:微山湖资料专辑》,1990年12月刊印,第7页注2。
⑤ 张伯行:《居济一得》卷一,上海:商务印书馆,1936年,第2、5、6页。
⑥ 张伯行:《居济一得》卷一,上海:商务印书馆,1936年,第7页。

然,天则何咎?"①

嘉、道年间曾长期担任南河总督的黎世序抨击道:掌管微山湖蓄水事宜的迦河厅,总是不断抬高水位,层层加码,"但求蓄水之多,而不顾地方被淹之苦"。这些掌管蓄水事宜的官员,实则操扼周围百姓的性命,"名为惜水如金,实则有心操切。名为留余以备不足,实则但顾运而不顾民。至湖水长至一丈七八尺,数州县田没水底,该河员故作咨嗟可悯之语,实则乃深喜之"②。

河员张伯行以其亲身经历,记述道:"利运闸一开,而蜀山湖、南阳湖与运河一派汪洋,湖河莫辨。由是,济宁南乡及鱼台、沛县、徐州数百万顷良田,悉化为湖荡。"③利运闸虽然如此害农,却并不利运。据张伯行多次考察,利运闸开启,对南运河没有什么妨碍,但对北运河却妨害甚大。此闸一开,"南方多此一水,止多一淹民田之水,而北方少此一水,遂少一送粮船之水矣"④。而真正到了漕船经过此地,运河最需水之时,掌管水柜的官员,却经常不愿放水。1839年农历三月,漕船已渡过黄河,江南河道总督麟庆特委副将秦攀蕚亲赴迦河厅驻所,请求放水济运。"讵迦河厅惜水如金,放不符志。又值雨泽愆期,源枯流细,凡江境泉水从石罅泥穴中尺疏寸导,历半月余,河水终未增益"⑤。

尽管在意识形态领域坚持以农为本,但各级政府对民众实行严

---

① 魏源:《魏源集》上册,北京:中华书局,1976年,第408页。
② 黎世序:《论微湖蓄水过多书》,载贺长龄:《皇朝经世文编》卷一百四"工政十",上海:广百宋斋丁亥仲春校印,第44页下。
③ 张伯行:《居济一得》卷一,上海:商务印书馆,1936年,第11页。
④ 张伯行:《居济一得》卷二,上海:商务印书馆,1936年,第26页。
⑤ 麟庆:《皂河喜雨》,麟庆著文、汪春泉等绘图:《鸿雪因缘图记》第2集下,扬州刻本,道光丁未秋七月。

格的信息封锁，使得屡遭淹没的4州之民，"并不知为人事所致，反归咎于天灾之流行"①。可以说，微山湖之所以形成祸害百姓的局面，完全是人为之过。尤令人扼腕的是，政府即使把灾祸推给毫无抵御能力的平民百姓，但自己却并未得到什么益处，实为损民不利己。

微山湖每年均需挑浚维修，"劳民伤财，遂贻数百年无穷之害"②。在南旺湖以南，鱼台与沛县之间，"因泗水全注于南，一派汪洋，甚至济宁以南，尽被淳没"。而南旺湖以北，东昌一带，"仍苦水小，每有胶舟之患"③。

在微山湖形成前，湖址地区有114个自然村，仅东岸地区就有留城、马家桥、大王庙、西柳庄、恩树庄、吕蒙、姚村、谢楼、白庙、华辛店、张家宅、陈家宅、伯冢桥、东仓、兰陵等许多村庄。至明末，留城已被微山湖淹没。微山湖内的其他村庄，除北部与昭阳湖交界处地面较高的刘楼村，其余的村庄如微山岛的沟北、沟南、墓前、谢楼、吕蒙、姚村、吕庄、万庄、小万庄，韩庄镇的前朱姬庄、后朱姬庄、石庄、华桥、前性义、后性义，塘湖乡的刘敖、张庄、西张阿、里张阿，彭口闸乡的蒋集、南坝、黄埠庄，夏镇的马楼、前村、西寨等村均是迁移而来④。据墓前村谱记载："姚氏于明初自山西迁居留城附近之恩树庄，明后期因湖水上涨迁

---

① 张伯行：《居济一得》卷一，上海：商务印书馆，1936年，第11页。
② 张伯行：《运河源委》，载贺长龄：《皇朝经世文编》卷一〇五"工政十一"，上海：广百宋斋丁亥仲春校印，第6页下。
③ 张伯行：《运河源委》，载贺长龄：《皇朝经世文编》卷一〇五"工政十一"，上海：广百宋斋丁亥仲春校印，第6页下。
④ 胡文骏：《渔湖民居住史》，见济宁市政协文史资料委员会、微山县政协文史资料委员会编：《微山湖：微山湖资料专辑》，1990年12月刊印，第27页。

张良墓前定居。"吕蒙村谱记载:"殷氏于明后期因湖水涨由留城东北之吕孟集迁来建村。"沟北村子孙庙碑记载:"明朝后期湖水上涨,马家桥等地居民迁来定居。"万庄赵家林碑记载:"因失留城迁居微山。"微山岛上现有的15个自然村都有湖水上涨、村庄被迫迁徙的历史[①]。

道光三年(1823),山东滕县衍圣公启事官李印辅以微山湖蓄水过深,不能宣泄,致粮田长期被淹没为由,赴都察院具控。同时赴都察院呈控的还有江苏沛县捐职从九品郝彩,呈控的事由也是滨湖村庄被淹。此案被移交严烺、琦善查处。据严烺等奏,微山湖上承南阳、昭阳二湖的湖水,并蓄积了曹州、单县、金乡、鱼台等州县河流和泉水,"为南路济运最大水柜"。山东韩庄以下8座水闸及江苏邳州、宿迁一带的运河,全靠微山湖水接济。乾隆前期,微山湖蓄水的标准为1丈深。乾隆五十二年(1787)增加到1丈2尺。后由于黄河水的两次侵灌,加上引黄入湖的影响,微山湖底淤高了3尺。嘉庆二十一年(1816)之后,经钦差大臣吴璥奏明,蓄水可高于原来的规定标准,常达1丈4尺以上。由于微山湖周围达180里,底窄面宽,"水面逾志数寸,民田即多淹数里"[②]。再有,由于下游伊家河淤垫已久,十五孔桥多年未修,难以泄水。使得山东省滕、峄,江苏丰、沛等县,滨湖土地屡被水淹。

李印辅呈请将蓄水高度减低2尺,郝彩也呈请在伊家河、蔺家

---

① 以上包括引文均见胡文骏:《渔湖民居住史》,见济宁市政协文史资料委员会、微山县政协文史资料委员会编:《微山湖:微山湖资料专辑》,1990年12月刊印,第28页。
② 武同举辑纂:《再续行水金鉴(运河卷)》(1),武汉:湖北人民出版社,2004年,第100页。

坝二处建立滚水坝1丈2尺，实际上与李印辅的请求相同。这种要求尽管合情合理，但在严烺等看来，鲁、苏两省的民田毕竟无法与漕运大业相比，牺牲这些民田无关宏旨，更无关自己的官运。是以他在奏折中称："如果酌减水志，无误南漕，臣等自当量为变通，何敢稍事拘泥。惟天时之旱潦无定，湖水之盈绌靡常。在雨多水大之年，固属泛滥为患。设遇天气亢旱，亦复短绌堪虞。……其事虽非常见，其患不可不防。李印辅等呈请减水二尺，实属窒碍难行。"①

到民国前期，湖水南行之路伊家河、不牢河、韩庄运河等相继淤塞，"洪水时期入湖支流每受顶托，沿岸泛滥，为害农田"②。又因为湖与湖之间丘陵埂阻，荷草丛生，水流不畅，临湖数千顷良田终年沉于水底③。

上述湖泊中，以洪泽湖与微山湖的治理最难，对淮北的危害也最大。有人写道："微山湖，鲁苏之限也；洪泽湖，皖苏之限也。微山之水不得下，则鲁水无治法；洪泽之水不得下，则皖水无治法。"④

如果说洪泽湖是悬在淮扬地区上空的利剑，那么，微山湖则是悬在徐海地区上空的利剑。每逢上游水发，下游徐海地区许多

---

① 武同举辑纂：《再续行水金鉴（运河卷）》（1），武汉：湖北人民出版社，2004年，第100—101页。
② 台北"中研院"近代史研究所档案馆藏档案：《山东运河工程局微山湖洪水排泄意见书》，馆藏号：26-00-02，宗号4-1，第3页。
③ 台北"中研院"近代史研究所档案馆藏档案：《山东运河工程局微山湖洪水排泄意见书》，馆藏号：26-00-02，宗号4-1，第3页。
④ 武同举：《江苏江北运河为水道统系论》，《两轩賸语》，1927年印本，本文第10页。

地方尽为泽国。如1935年夏秋，微山湖黄水向苏北各河大肆倾泻，宿迁、邳县、铜山、丰县、沭阳、灌云、东海等地，"万顷茫茫，（运河）沿岸房屋，咸为水覆，柴草家具，随水漂浮，居民多在高处搭棚，暂避灾难，孺啼子哭，厥状极惨"①。这时，山东地区的居民，为了减少本地区的灾患，竟掘开王胜大堤，邳县数十个村庄，瞬间被冲没无影②。致使苏北2000平方公里、90万人口受灾。当时有位政府官员指出："这次苏北水灾之由来，究竟谁应负其责任？我们要知道，这并不是江苏政府预防不努力，而是由山东黄河决口，水势太大，政府方面虽用尽力量，也不能完全免除黄水的灾害。……而这次苏北的人民，也能与政府打成一片。"③在中央统一威权丧失的情况下，这种跨地域的水利设施很难得到统筹管理，往往成为地区性的灾源。

"黄寖夺淮，乃先夺沂、泗，此为沂、泗祸淮北之主因"④。苏北宿迁、沭阳边境的骆马湖，原系民田。明朝时黄河屡决，河底垫高，常有漫溢之水流入较低的田地，形成湖泊。清朝前期，运船经常从湖中行走，后另开皂河，运船仅经过湖口，不再进入湖中行驶⑤。

海沭地区桑墟湖等湖的形成，是因地势低洼形成的溢洪区潴

---

① 《苏北最近水情视察记》，江苏省第六区党务指导员办事处编辑：《淮海》第5期，1935年10月1日出刊，第36页。
② 《苏北最近水情视察记》，江苏省第六区党务指导员办事处编辑：《淮海》第5期，1935年10月1日出刊，第36页。
③ 周绍成讲：《如何救济苏北水灾》，江苏省第六区党务指导员办事处编辑：《淮海》第6期，1935年11月1日出刊，第3页。
④ 武同举：《水鉴一斑》，《两轩賸语》，1927年印本，本文第10页。
⑤ 朱鋐：《淮北漕河考》，见《河漕备考》卷一，雍正三年刊本，无页码。

溢而成。沭阳东北原来还有面积巨大的硕项湖，这两湖原在黄河泥沙和沂沭河冲积物填积下，形成低洼平原。黄河夺淮、夺泗以后，淮、沂、沭、泗水系交错混乱，大量泥沙淤垫，失去潴水作用，洪水自行流动，形成新的溢洪区桑墟湖和青伊湖。

清朝中叶，由于涟水、蔷薇河的淤塞，每当雨季，众水汇集，青伊湖经常泛滥成灾。夏日水涨，一日间洪峰从郯城即可到达青伊湖，沭河两岸诸乡村，连年受灾[①]。如1949年，山东洪水下注，沂、沭、运诸水三次猛涨，决口数十处，苏北区共先后被淹农田1770余万亩。虽经大力抢救，全部失收的仍达700余万亩，损失粮食十亿斤以上，灾民达400万人[②]。

二、墟里沧桑

潘季驯时代，黄河在河南省境内的河道往往宽达二三十里（合3600—5400丈），但到徐州附近，为了束水攻沙，宽度被缩窄到仅有80余丈[③]。这些地方的黄河两岸，并无钢骨砖石建成的大堤，而是土性较松的黄土。这就是这里的黄河为什么特别容易溃决的原因。

作为湖底海拔平均高于东部地面五六米的洪泽湖、鲁南段河底海拔高于江苏段四五十米的运河，同样易决易溃。洪泽湖因蓄水济

---

① 刘子平：《浅谈沭阳三湖》，《沭阳文史资料》第1辑，1984年10月1日出版，第92—93页。
② 南京：江苏省档案馆藏中国共产党苏北区办公厅档案：《苏北一年来生产救灾工作的初步总结》，第1页，见中国共产党苏北区办公厅《中共苏北区第一次党代表会议的开幕词、报告、发言、总结、决议、闭幕词》（1950年3月），全宗号301，卷号：永久-9，第42页。
③ 岑仲勉：《黄河变迁史》，北京：中华书局，2004年，第528页。

运和冲淤,在湖水逾志或是漕船过淮后,往往挖开减水坝泄水。就淹没百姓的效果而言,掘坝减水与河道湖堤溃决几无二致。

此塞彼圮、星罗棋布般的大面积溃决,使淮北广大乡村常年被淹没浸渍。明人游记中描述的徐淮海地区景观,实乃明清时的常见情形:"村落仅存高阜之十一,余皆巨浸波涛,舟航无岸可傍,停于水中。官民舍宇,尽皆没溺,一望渺然,惟数峰巅而已。"[1]康熙五年(1666),靳辅大肆加筑高家堰前,泗州等地已因高家堰阻拦,"泗东半沉水内"。乾隆乙亥(1755)夏,凤阳宿、灵、虹大水,居民争赴汴堤避灾。有人用长诗对当时的惨景作了描写:"濠州属县地沮洳,今年入夏雨倾注。淮流黄流奔突来,白浪滔滔没烟树。禾苗沉水底,庐舍半倾圮。……可怜我民十岁九不登,户无储蓄饥其恒。捞取菰米杂藜藿,柴生草湿炊不着。饥肠宛转作雷鸣,呼号莫救泪空落。挈妻儿,肩釜甑,濡首狂奔觅高境。平原广陌尽苍茫,投足何方堪续命?东西汴堤数百里,迁播往来无定止。"[2]

邳州地区南濒黄河,经常遭受河患,而西北金乡、鱼台十多县之水汇入微山湖,微山湖容纳不下,湖水南溢侵入邳州境内。靳辅指出,"盖自明迄今,称泽国者二百年矣"[3]。

在海州地区,无休止的溃决,造成的生态破坏可谓触目惊心。如顺治十五(1658)、十六年,沭阳大水。十七、十八年,淮、沭

---

[1] 张瀚:《松窗梦语》卷二"北游纪",北京:中华书局,1997年,第30页。
[2] 贡震等修:《乾隆灵璧县志》卷四"杂志",中国地方志集成(30),南京:江苏古籍出版社,1998年,第93页。
[3] 靳辅:《邳州水患》,《治河奏续书》卷四,《钦定四库全书》(第579册)"史部十一",台北:商务印书馆,1986年影印本,第41页上。

并涨①。有人作《河决诗》云:"西北山崇水势陡,飞涛决向沧溟走。怪蛟鼓鬣啮平津,万顷桑麻成泽薮。溃流白昼尚可防,中宵突至难施手。稚啼老哭急逃生,如鸟集木蚁缘阜。风柱雾处雨无衣,仰天蹐地声齐吼。"②地方官员对海州情景的描写:"别开行馆在伊山,地瘠民贫抚字艰";"哀鸿中夜悉无宛,蒿目经年恨未删"③;"菜色半怜形似鹄,草根已食地无毛";④"满眼疮痍难补救,输将两岁畏开赈"⑤。清代漕臣杨锡绂《新安镇舟夜》一诗中,称海州新安镇:"此邦岁苦涝,十室九敝凋。"⑥

由于水患极其严重,田地被长期浸淹,百姓几忘了"田"与"湖"的区别,是以明以后,淮北绝大多数地区百姓称田为"湖"。明人张瀚写道:"自淮入河,为害桃源、宿迁、邳州。嘉靖初年,黄河之水澎湃横流,尚畏深险。数年后,河道顿异,流沙涌塞,仅存支派,浮舟甚难,行人抠衣可涉。时方命疏浚,殊劳民伤财,竟不能挽黄河之故道也。惟五月以后,河流冲突,从旁决开,行民间田野中,荡为江湖,舟人亦称曰湖中。"⑦

---

① 唐仲冕等编纂:《嘉庆海州直隶州志》卷三十一"拾遗",嘉庆十六年刻本,第31页上。
② 唐仲冕等编纂:《嘉庆海州直隶州志》卷三十一"拾遗",嘉庆十六年刻本,第74页上—下。
③ 唐仲冕等编纂:《嘉庆海州直隶州志》卷二十一"良吏",嘉庆十六年刻本,第39页上。
④ 唐仲冕等编纂:《嘉庆海州直隶州志》卷二十一"良吏",嘉庆十六年刻本,第39页下。
⑤ 唐仲冕等编纂:《嘉庆海州直隶州志》卷二十一"良吏",嘉庆十六年刻本,第39页下。
⑥ 唐仲冕等编纂:《嘉庆海州直隶州志》卷十二"山川考",嘉庆十六年刻本,第19页上。
⑦ 张瀚:《松窗梦语》卷二"北游纪",北京:中华书局,1997年,第30页。

沛地，嘉靖二年（1523）秋，黄河决堤，引发大水。"堤堰崩圮，冲坏庐舍，平野中清碧接天，民多流亡"。八年（1529），"水盛溢，舟入市。乡邑漂没，民皆筏居"①。

吴桂《治水条议》称，为了济运，河官们事实上蓄水于民田，而非仅蓄水于湖。微山湖、马场湖附近，"每见湖水泛滥，田、湖莫辨"②。据民国前期地方官员称："睢宁当明清之交，本属泽国，旧称五湖七港，至今农人赴田耕作，名为'下湖'"③。海沭地区的方言中是没有"田""地"之类的词汇的，当地人把农田称作"湖""荡""洼"等；尤以"湖"最普遍。

甚至有着外堤和城墙护卫的县城、州治乃至府衙都难逃被淹圮的命运。

从地名学上即可以窥见淮北所受水患的一斑。如泗州在沉没前即已屡屡被淹。泗州旧志中有徐城、下相、娄林等县名，至乾隆时，"皆不可考"。泗州的村落多以城名，如川城、城子湖之类，"意皆古县镇也"④。当年的洪泽湖底淹没的何止是两座泗州城！

整个淮北地区的城市乡村，在明以后，均经历着与泗州相同的命运。

梁城，"在凤阳府西南。一曰南梁城，晋太元中侨置南梁郡于

---

① 王治等修：《沛县志》卷九"杂志"，嘉靖年间刻本，第55页上—下。
② 徐宗幹修：《济宁直隶州志》卷二之五"山川"，咸丰九年刻本，第22页下。
③ 南京：江苏省档案馆藏南京国民政府江苏省社会处档案：《睢宁县长朱伯鸿、参议会议长姚云帆致江苏省水灾急赈委员会》（1948年4月6日），全宗号1009，卷号：乙-1918，缩微胶卷第000292片。
④ 叶兰等纂修：《乾隆泗州志》卷二"建置志"，中国地方志集成（30），南京：江苏古籍出版社，1998年，第192页。

淮南。……今淮河中有梁城滩，东至洛河口二十五里"①。羊城，"相传古虹州城，陷为湖，在州西北四十里"；香城，"相传徐偃王夫人祷祀处。旁有梳妆楼或曰田家集，有香城遗址，今为村落云"；义城，"在陡湖，旧志云晋置县"②；淮平县，"金元置州附郭，未详所在"③；雁门关，"徐王建国，关口代设巡司，今没于水"④。由于洪水的蹂躏与毁坏，这些古代城池均堙没无闻，唯有泥墙草顶的乡间小村落，还继承着古代城市的名称。

经常遭遇水患的安徽灵璧县，万历十八年（1590），水积城中逾年，曾准备迁城。史志称该县"市集不足志也"⑤。睢河北岸的三村集、陵子集、孟山集、潼郡集，"元明间号称繁华"。到乾隆时代"所存者，颓垣破屋，居民逃亡殆尽，即生聚亦复难言也"⑥。明人曾以诗纪被淹城池："旧迹名犹在，城根尚蜿蜒。路碑残月日，屋瓦旧人烟。涛雨留神树，耕田得古舷。"⑦

蒙城，嘉靖二十三年（1544），"黄河水溢，冲塌北城，众欲迁城以避水患"⑧；崇祯十五年（1642），"黄河决溢，城多倾坏"；顺治四年（1647），"大雨连月，城崩陷"⑨。怀远县城，

---

① 马冠群：《安徽地略》，王锡祺等辑《小方壶斋舆地丛钞》第17册"小方壶斋舆地丛钞再补"，杭州：杭州古籍书店，1985年，"安徽地略"第4页上。
② 方瑞兰监修：《安徽泗虹合志》卷二"建置志"，光绪十三年刻本，第28页下。
③ 方瑞兰监修：《安徽泗虹合志》卷二"建置志"，光绪十三年刻本，第29页上。
④ 方瑞兰监修：《安徽泗虹合志》卷二"建置志"，光绪十三年刻本，第29页下。
⑤ 贡震等修：《乾隆灵璧县志》卷一"舆地"，中国地方志集成（30），南京：江苏古籍出版社，1998年，第23页。
⑥ 贡震等修：《乾隆灵璧县志》卷一"舆地"，中国地方志集成（30），南京：江苏古籍出版社，1998年，第23页。
⑦ 方瑞兰监修：《安徽泗虹合志》卷十八"诗"，光绪十三年刻本，第12页下。
⑧ 赵裔昌等修：《蒙城县志》卷四"营建志"，康熙十五年刻本，第4页下。
⑨ 汪篪等修：《重修蒙城县志》卷二"建置志"，民国四年刊本，第4页上。

南面临淮，"沉灾迭见"，"故于旧城之西，复筑新城"[①]。涡阳县城北庄子台，"没于水"[②]。息县长陵集，在唐时为长陵县，19世纪中期距淮河达1.5里，60年后已逼近河滨，"长此迁移，该集之沦陷为河实意中事。"[③]

20世纪早年的朱店，"居民寥落，……附近多瓦砾"[④]。经勘测人员向当地人询问，才知此处原来是临淮故城，过去有临淮寺，当时已湮没无迹。在扁担河入淮处有百间庙，"崩塌日甚"，庙屋原有100间，1918年仅剩1间，"余均倾圮矣"[⑤]。闻一多描写民国时期的百姓被迫逃光的临淮关梁园镇："他们都上那（哪）里去了？怎么虾蟆蹲在甑上，水瓢里开白莲；桌椅板凳在田里堰里漂着；蜘蛛的绳桥从东屋往西屋牵？门框里嵌着棺材，窗棂里镶石块！"[⑥]

鲁西南的曹州，于1368和1369年因河患迁徙州城二次；1371年因河水湮没，户口减少，被降为县。金乡县在明初有33个里，嘉靖年间减为12个里[⑦]。钜野县署本在城北，"因水患徙治东，正德四年重建"[⑧]。鱼台县，"乾隆二十一年河决入城，徙今治"[⑨]。徙治不到30年，"又陷于水"[⑩]。

---

① 沈秉璜：《勘淮笔记》，1926年春印，第107页。
② 王敛福等编纂：《颍州府志》卷二"建置志"，乾隆十七年刻本，第65页下。
③ 沈秉璜：《勘淮笔记》，1926年春印，第60页。
④ 沈秉璜：《勘淮笔记》，1926年春印，第39页。
⑤ 沈秉璜：《勘淮笔记》，1926年春印，第40页。
⑥ 姜玉峰、孟庆国编：《凤阳歌》，合肥：安徽文艺出版社，1989年，第39页。
⑦ 蔡泰彬：《晚明黄河水患与潘季驯之治河》，台北：乐学书局有限公司，1998年，第22—23页。
⑧ 黄维翰总纂：《钜野县志》卷五"建置"，道光二十六年刻本，第4页上。
⑨ 徐宗幹修：《济宁直隶州志》卷二之二"方舆志"，咸丰九年刻本，第18页下。
⑩ 徐宗幹修：《济宁直隶州志》卷末"志原"，咸丰九年刻本，第27页上。

在两汉极一时之盛的徐州，直到唐中叶，"汇淮漕运、商贾咸出于徐"①。唐人韩翃《送王诞渤海使赴李太守行营》诗称："行人去指徐州近，饮马回看泗水深。"②由于徐州当泗水、黄河等河流交汇之地，"金河夺泗，而泗堙。元河夺汴，而汴绝。浊流奔注，汩没千里。留圯于水，吕沦于沙，城郭径术，渺不可辨"③。

明末以后，几乎年年溃决的黄河徐州段地区被洪水淹没的城池堪与泗州相比。如铜山县城"明季城没于水，官署因之俱圯"④。在铜山县城西南的徐州道署，初建于洪武十一年（1378），"为巡按御史莅事之所，万历末避水患迁城东大察院，寻圯于水"⑤。徐州府署，"天启四年（1624）圯于水，迁州治于云龙山"⑥。铜沛同知署，明正德（1506—1521）中为南公馆，万历元年（1573）知州刘顺之改为南察院，二十二年（1594）改为徐属河务同知署，"天启四年没于水"⑦。户部分司署，"正德间圯于水"⑧。皇华亭，"嘉靖中没于水"⑨。演武厅，"旧在城北九里山，前明万历初，因水迁城南凤凰山南"⑩。永福仓，"旧在州左，明初知州文景宗建。隆庆中改为学，户部主事朱光宇、知州章世祯即旧学地建

---

① 吴世熊等总修：《同治徐州府志》卷十"舆地"，同治甲戌年刻本，第9页上。
② 彭定求等编：《全唐诗》卷二四五，北京：中华书局，1960年，第2751页。
③ 吴世熊等总修：《同治徐州府志》卷十"舆地"，同治甲戌年刻本，第9页下。
④ 王家诜纂修：《铜山县志》卷十一，民国十五年刻本，第1页上。
⑤ 王家诜纂修：《铜山县志》卷十一，民国十五年刻本，第1页下。
⑥ 王家诜纂修：《铜山县志》卷十一，民国十五年刻本，第2页下。
⑦ 王家诜纂修：《铜山县志》卷十一，民国十五年刻本，第3页下。
⑧ 王家诜纂修：《铜山县志》卷十一，民国十五年刻本，第6页下。
⑨ 王家诜纂修：《铜山县志》卷十一，民国十五年刻本，第8页下。
⑩ 王家诜纂修：《铜山县志》卷十一，民国十五年刻本，第8页上。

仓，后没于水"①。预备仓，"没于水"②。常平仓，"在城北三里，后移南关堤内，又没于水"③。

嘉靖五年（1526），黄河在沛县决口，灌入昭阳湖，"水没丰县城，徙治避之"④。万历四年（1576），黄河丰县、曹县段长堤决口，丰县、沛县、徐州、睢宁，"田庐漂没无算"，河水吞没了宿迁城。万历帝批准了督漕侍郎吴桂芳的请求，同意迁移宿迁县治⑤。万历五年（1577），黄河水冲垮了萧县县城，知县伍维翰迁县治于三台山之南⑥。天启四年（1624），黄河徐州段魁山堤决口，徐州城中水深达1丈3尺，"民苦淹溺，议集资迁城"。最后，迁州治于云龙山之东。同年，睢宁县城被水淹尽圮，总河李若星迁移县治⑦。刘向墓，在徐州城西北2里，道光二年（1822）"圮于河"⑧。砀山县城，"嘉靖肆拾壹年水没，迁治小神集，……万历贰拾陆年水没"⑨。

这类情形在淮安府也极为常见，如桃源有名叫"陆城""吴

---

① 王家诜纂修：《铜山县志》卷十一，民国十五年刻本，第9页下。
② 王家诜纂修：《铜山县志》卷十一，民国十五年刻本，第9页下。
③ 王家诜纂修：《铜山县志》卷十一，民国十五年刻本，第10页上。
④ 吴世熊等总修：《同治徐州府志》卷十三上"河防考"，同治甲戌年刻本，第8页下。
⑤ 吴世熊等总修：《同治徐州府志》卷十三上"河防考"，同治甲戌年刻本，第12页下。
⑥ 吴世熊等总修：《同治徐州府志》卷十三上"河防考"，同治甲戌年刻本，第13页上。
⑦ 吴世熊等总修：《同治徐州府志》卷十三上"河防考"，同治甲戌年刻本，第16页上。
⑧ 王家诜纂修：《铜山县志》卷十九"古迹考（下）"，民国十五年刻本，第16页上。
⑨ 刘芳等修：《砀山县志》前卷"沿革"，崇祯十二年刻本，第42页上。

城"等村庄，而这些村庄"为鱼鳖所占者过半"①。桃源县大王庙，"康熙三十五年没于水"②。清河县治于崇祯末迁治甘罗城，"康熙中屡圮于水"③。程晋芳《重修勺湖草堂记》载，乾隆甲午年（1774）秋八月，"黄河决老坝口，灌淮城，草堂没于水"④。涟水县，经民国前期实测，旧黄河北堤堤顶，高于城墙2公尺多，高于城内地面7公尺多，"黄河若不北徙，该城迟早为泗州之续矣"⑤。

民国前期，皖北百姓仅治理了濉河，就使700万多亩农田的产量增加了一倍⑥。美国红十字会工程团的导淮计划书中估计，通过导淮，可以涸出231万多亩农田，受益田亩1230万多亩⑦。有人认为，导淮后，江北可以避免洪水为患之地不下5000万亩，而其900公里航路，"亦为苏、皖、鲁三省民命所系，休戚相关"⑧。

1911年淮河中下游地区水灾过后，在中国政府的安排下，美国红十字会派出了一个由西伯特上校（Colonel William L. Sibert）为首的工程师团对淮河进行调查。据他们的报告估计，水灾造成了皖北10470平方英里、苏北2300平方英里的土地被淹没。在皖、苏两省中，类似1911年的水灾，大约每隔6—7年发生一次；较小的水灾，

---

① 吴卓信：《书桃源县志后》，载贺长龄：《皇朝经世文编》卷二十三"吏政九"，上海：广百宋斋丁亥仲春校印，第35页下。
② 张相文总纂：《泗阳县志》卷二十二"名宦"，民国十五年刻本，第12页下。
③ 胡裕燕修：《清河县志》卷二"建置"，光绪二年刊本，第3页下。
④ 段朝端纂：《续纂山阳县志》卷四"漕运"，民国十年刻本，第64页上。
⑤ 沈秉璜：《勘淮笔记》，1926年春印，第145页。
⑥ 宋希尚：《说淮》，南京：京华印书馆，1929年3月，第10页。
⑦ 宋希尚：《说淮》，南京：京华印书馆，1929年3月，第14—15、145—146页。
⑧ 《垦殖江北计划》，财政部盐务署盐务稽核总所：《盐务汇刊》第11册，1933年1月30日出版，第104页。

每3—4年一次。这片远较比利时为大的淮北地区,拥有全中国最好的农田①。按正常的每公顷产稻2000磅计,一场大水灾损失的稻米为160亿磅;考虑到有时洪水较小,大约每年有30亿磅的稻米被洪水吞噬。这些损失的稻米足够养活600万个成年人,如果加上儿童,则可以养活700万人口。加上洪泽湖等低洼区由于高水位的淹没,大约有60万公顷的土地不能垦种,这意味着每年又损失了12亿磅的稻米,少养活了300万人口②。总的说来,淮河造成的灾害,每年大约夺走了1000万人的口粮③。

据华洋义赈会代表费吴生报告,以1922年为例,苏皖两省被灾面积共6292万亩,每亩人工肥料等损失以3元计,共18876万余元;米粮产额,每亩以1担半、每担以6元计,共47190万余元;居民房屋等损失约为4719万余元。以上共为61347万余元④。若在把明祖陵的安全视为至高无上事务的明朝、在仍视运道为生命线的清朝,每年的损失数字无疑要大得多,再加上鲁南与豫东南的损失,因水灾给淮北农业造成的损失更为惊人。

据统计,在有史以来的水灾总数中,1550—1950年这400年所发生的水灾次数在其5000年水灾总数中的比重为:盐城88.9%、淮安71.5%、涟水占95.6%⑤。由此可见,明清的治水是以牺牲整个淮

---

① Walter H. Mallory, *China: Land of Famine*. New York: American Geographical Society, 1926, p. 49.
② Walter H. Mallory, *China: Land of Famine*. New York: American Geographical Society, 1926, p. 50.
③ Walter H. Mallory, *China: Land of Famine*. New York: American Geographical Society, 1926, p. 51.
④ 宋希尚:《说淮》,南京:京华印书馆,1929年3月,第128页。
⑤ 吴必虎:《历史时期苏北平原地理系统研究》,上海:华东师范大学出版社,1996年,第161页。

北地区的社会生态为代价的。

三、"官之害甚于水"

崇祯初年,桃源县生员韩应春、王用中等人走北京上书,最终通过同乡的帮助,上了一封奏疏。

疏中首先说明他们之所以要向最高统治者反映实情,是因当时官场万马齐喑,已经没有官员敢于说真话了:"塞处穷乡以极冲、极疲之地方,当极灾、极困之时日。司牧者,目击民艰,苦于功令森严,不敢入告。"他们对桃源的现状,"患切剥肤",只得"冒死陈情",桃源县属沙碛之地,"河决之患,无岁不然",旱潦、蝗蝻踵至迭见。百姓本已无以为生,不料朝廷不加抚恤,反而因十三湖荡干旱暂时涸出,遂于万历五年(1577),议加漕米,从3000石加至9600石。后十三湖荡地区再次没入水中,漕米却一成不减,"铢铢粒粒,莫非割肉敲髓而得之者"。加上桃源地处通衢要道,往来官长与承舍各役,因黄河水势凶险,多改乘舟楫为乘轿马,其轿马差役,则由桃源百姓负担。"应付之苦,叫号盈途,络绎不绝,无不卖子鬻女,荡产倾家,不至于死而不止者。"原来规定海州与盐城县在桃源各设夫厂,分担桃源的差役,后改为协济,由于上述两地与桃源同属极贫州县,自然无款可协。崇祯年间又加派辽饷,"民不堪命,催督益严,雪上加霜"[①]。

在韩应春上书前的40多年里,桃源有14名县官因未能完成搜括任务而被累斥降,"代庖袪累者不与焉"。至于吏胥里役,"血比

---

① 张相文总纂:《泗阳县志》卷二十三"乡贤",民国十五年刻本,第9页下—10页下。

淋漓，披枷带锁，毙于杖、毙于狱、投河自尽、削发披缁，百千万计"①。吏胥被责如此惨重，一般百姓被吏胥所责之惨显然无已复加了。从这里可以看出胥吏为什么对百姓那么凶狠了。直到清末新政时期，江苏巡抚丁日昌称江北吏治，"真属暗无天日"。桃源县衙役因催征勒索而殴毙民命，县令不惜串通作伪，替其弥缝②。

据桃源县知县眭文焕称，该县居民"困苦已甚，灾祲之频降难堪，……朝廷需赋税，百计莫完。官吏事催输，千筹无措。以致逃荒者累见，宁甘轻去其乡，抑且自缢者频闻。"③因此，即使像韩应春、王用中这类有功名的人，"皆出万死而得一生者也"。不少百姓，纷纷投入到反叛队伍中，"焚劫官舍，杀掠士民，愁惨满目，不忍见闻"④。由于这些上书者系来自乡村底层的士绅，他们"不敢有一字之虚，以蹈欺罔不赦之罪"⑤。

这封疏文多少为我们提供了一点桃源百姓生活的实态。如果说，明末是乱世造就了桃源如此凄惨的局面的话，那么，清代"盛世"时整个淮北地区的凋败就更令人惊悚了。

在清代，尽管最高统治者的信息来源极广，但民间的某些民生实情仍很难真实地传递到最高层，抑或传递到了也视若无闻。明末加派的"三饷"，清朝曾下旨革除，但宿迁县却未能及时申报，"遂为永例"。康熙年间，失额丁银3200余两，编入地内带征；另

---

① 张相文总纂：《泗阳县志》卷二十三"乡贤"，民国十五年刻本，第10页下。
② 丁日昌：《抚吴公牍》，南洋官书局石印，宣统元年，卷十六第1页上一下，卷十七第1页上，卷十八第1页上。
③ 眭文焕：《再版桃源县志》卷十，民国六年刻本，第25页下。
④ 张相文总纂：《泗阳县志》卷二十三"乡贤"，民国十五年刻本，第10页下。
⑤ 张相文总纂：《泗阳县志》卷二十三"乡贤"，民国十五年刻本，第10页下—11页上。

有河滨坍塌田地166958庄未能得到豁免[①]。廪生张忭目睹宿迁民众的痛苦，准备去京师上书，为民请命。1684年康熙南巡经过宿迁，两江总督王新命传檄各地，严令禁止民众上书。淮安知府高成美，张示引用法律条文警告诸生："闯入仗内拦驾叫喊，妄有陈奏者，杖一百，流三千里。所告无论虚实不行"[②]。张忭"谋之里民，亦怵于官府之恐喝，无敢应"[③]。

在官府一再恐吓下，张忭仍与族弟张士弘冒险上书。在康熙一行经过时，把所上之书顶在头上，跪于道旁。康熙见到后，"马行甚疾，顾见士弘所载本，问是何物，言未竟而过"。他们再次捧本上进，未到门口，"总河靳辅以他语乱之"，又未能成功。直到十一月康熙回銮时，陆尔谧等人才上书成功[④]。户部令江苏巡抚汤斌核查，汤令宿迁县令邹令埫造报登答清册，"府县以奏请蠲免非所利，惮于详覆"。只是见汤巡抚请蠲心切，不得已才上报此事。但淮安府经管此事的经承则公开索贿，邹派人与之约定，答应事成之后给予白银40两。经过司吏之手时，司吏又来索贿，张忭作为一名穷生，无法满足其要求[⑤]。司吏回复抚院时，竟称："加饷缺丁二款，各郡皆然，不便宿邑独蠲，致开各属援免之端。"督抚专门委派淮徐道就近查勘，查勘结果移交司吏，司吏仍索贿，只得许以事成之后给予其白银2400两。至此，户部方覆准蠲除宿迁缺丁、坍

---

① 严型总修：《宿迁县志》卷二十"杂记"，民国二十四年刻本，第10页下—11页上。
② 严型总修：《宿迁县志》卷二十"杂记"，民国二十四年刻本，第11页上。
③ 严型总修：《宿迁县志》卷二十"杂记"，民国二十四年刻本，第11页上。
④ 严型总修：《宿迁县志》卷二十"杂记"，民国二十四年刻本，第11页下。
⑤ 严型总修：《宿迁县志》卷二十"杂记"，民国二十四年刻本，第12页上。

地、旷土三项课银9129两余，米麦3057石多，比原先的赋额减轻了三分之一①。

明代盱眙"善行"类人物有：吉端，"赴阙奏免添设驿传苦差"；魏河，"奏免种马苦累"；蒋东莱，"诣台陈免驿传苦差"；刘国宾，"赴阙奏免马价赔累"②。

在传统中国，上书、叩阍被视为申雪冤狱的终极手段。正史多记载了叩阍的完美结局，戏曲则把叩阍作为悲情的喜剧加以渲染。清前期，在强化专制体制的前提下，顺治、康熙、雍正均在一定程度上把叩阍作为对官员的监督手段之一，建立了某种意义上具有清初特色的督察体系。但由于政治凌驾于法律，官僚集团不是坚定公正的法律执行者，而是通权达变的政治追随者，叩阍的监督作用有着较大的局限性。与官员相比，平民与最高统治者的关系极为隔膜和疏远，却想当然地认为他们是其利益同盟者，从而热衷于下情上达式的叩阍。乾隆中后期，视平民叩阍为政府负担，予以强力打压，弱化了对官僚利益集团的监督，降低了清朝的合法性，削弱了统治者的执政能力。因此，叩阍体现了清前期执政思路前后脱节、政治与法律错位、民情与君意背离等一系列错综复杂的矛盾和冲突③。

在专制政体下，那些上书、上访者多是忠良驯顺之士。他们即使目睹官贪吏暴，民不聊生，仍对最高统治者寄予无比的信任，希望最高统治者能了解民间实情，作出相应的对策，解决百姓一些生

---

① 严型总修：《宿迁县志》卷二十"杂记"，民国二十四年刻本，第12页上。
② 郭起元等修：《盱眙县志》卷十九"善行"，乾隆十二年刻本，第5页下。
③ 马俊亚：《清前期的皇权政治与诉讼实践》，《历史研究》2012年第4期，第85—102页。

死存亡的问题,从而使社会更加和谐和稳定。但地方官员却对他们进行无情的打击,像张忭,"旋以触忤邑豪,文致成狱,竟以民本使费为名,褫衿拟罪"①。地方官员不遗余力地打击上书者,无非是为了向最高统治者提供失真的信息,从而使自己获得更多的不当利益。从这里也可以看出,在专制政体下,不论最高统治者动用多少亲信来为其搜集情报,通常只能得到其本人喜欢听到的信息,往往导致误己误国的决策。

一个经常通过圣谕、而不是法制才能解决基层问题的社会,注定要产生大量的上书者。这再次验证了马克思所说的:农民不能代表自己,一定要由高高在上的政治权力来代表他们。一个客观上不断制造上书者的社会,却又动用行政权力来打击上书者,权力拥有者们维持不公正社会秩序的本性昭然若揭。最高统治者不接受上书者,说明他们不是农民的代表。在少数当权者的垄断、操纵下,本应代表最广大人民利益的政府往往异化为代表少数精英的利益。在明清两代,凡是严厉打击上书者的朝代,均是乱世之兆,而非盛世之相。

康熙、乾隆均多次视察过淮北地区,他们所见到的无疑都是经过地方官精心装饰过的盛世景色,但他们的御制诗中仍在一定程度上反映了淮北地区恶劣的生态环境。如《堤上四首》中有"淮北由来本瘠土"②之语。《过宿迁县》一诗中描写该地百姓的形象是"鸠形或伶仃,露肘多蓝缕"③。《过宿迁命借给民籽种》中有:

---

① 严型总修:《宿迁县志》卷二十"杂记",民国二十四年刻本,第12页下。
② 严型总修:《宿迁县志》卷一"宸翰志",民国二十四年刻本,第12页下。
③ 严型总修:《宿迁县志》卷一"宸翰志",民国二十四年刻本,第5页下。

"宿预地卑湿,十岁九逢灾。……矧此瘠郡民,艰状忆向来。"①《堤上偶成》有"宿迁迤逦接桃源,泽国观民鲜饱温"②。《命疏浚六塘下游诗以志事》中有"大河迤北洼,宿桃清沭海。……岁久或淤滞,暴涨屡致殆。所以三度临,民瘼曾未改"③。《降旨免宿迁等四县本年正赋十分之五诗以志事》写道:"忆我三番曾过此,满目民艰恫瘝视。蠲租加赈不少靳,究亦无能疮痍起。"④

对于淮北百姓来说,仅治河的负担即已不堪忍受。冀朝鼎指出,大规模的公共工程需要大量的劳动力动员。在缺乏发达的货币经济和自由劳动力市场的情况下,这就意味着运用国家权力来强制劳动者进行集结并维持纪律。在这种情况下,不使用残暴手段是根本不行的,而残暴的程度与所做的工程大小成正比⑤。

据隆庆六年十一月丙申(1572年12月18日),河道侍郎万恭奏称,二洪闸溜浅夫的工食,山东东、兖二府共12700名,需银153000余两。江北淮、扬、徐三府州额5300余名,需银64000余两。这些银两中尚不包括各椿草银等,它们全部由沿河州县负担。对此,连万恭都觉不公平,指出:"漕粮朝廷之命脉,漕河朝廷之咽喉,当以朝廷之力治漕,不当以濒河之民力治漕。今运道工役,十倍于前,民力凋敝;十倍于旧,竭疲民以事弊河,亟宜改

---

① 严型总修:《宿迁县志》卷一"宸翰志",民国二十四年刻本,第9页上。
② 严型总修:《宿迁县志》卷一"宸翰志",民国二十四年刻本,第9页下。
③ 严型总修:《宿迁县志》卷一"宸翰志",民国二十四年刻本,第11页上。
④ 严型总修:《宿迁县志》卷一"宸翰志",民国二十四年刻本,第13页上。
⑤ Ch'ao-ting Chi, *Key Economic Areas in Chinese History: As Revealed in the Development of Public Works for Water-Control.* New York: Paragon Book Reprint Corp. 1963 (First Published by George Allen & Unwin Ltd., 1936, London), p. 123.

辙"①。万历三十五年二月癸卯（1607年3月4日），为了漕河的安全，在萧县、砀山之间兴工，自杨村集以下，黄堌口以上，用夫20万人，金钱80万缗②。

潘季驯治河时，负担不公平的现象并没有改观。他写道："淮扬河患频仍，民遭昏垫。称最苦者，如淮安所属山阳、清河、桃源、宿迁、睢宁、安东、盐城，凤阳所属泗州，扬州所属兴化、宝应，徐州所属萧县十一州县者，一望沮洳，寸草不长，凋敝极矣。"③越是这样贫瘠的地区，负担居然越重。如治河济运，事关河南、山东、南直隶三省直地方，但自黄河水流被逼全部入淮后，山东运河险情大大减少，河南省有黄河但无运河，南直隶则自徐州至淮安500余里，以黄河为运河，自淮安至扬州400余里，以湖泊为运道。显然，南直隶地区的河务远非山东、河南可比。但"今山东、河南则供以全省之力，在直隶则仅取足于四郡积灾之民"。即使敲骨吸髓，也不可能筹足修治经费，"无怪其岁修岁圮，而于淤决之患终不免也"④。这些河道连年坍圮，再次修治时仍由当地百姓出资，从而形成恶性循环。

靳辅任总河时，修治黄河的负担分摊到整个江苏、安徽两省，但这些工程极其浩大，负担更加沉重。如他初次主持的河工，按规划，清河县至安东云梯关两岸之堤用土5495040方，用夫21980160

---

① 傅泽洪等录：《行水金鉴》（第16册）卷一一九，上海：商务印书馆，1936年，第1735页。
② 傅泽洪等录：《行水金鉴》（第17册）卷一二九，上海：商务印书馆，1936年，第1867页。
③ 潘季驯：《两河经略》卷一，《钦定四库全书》（第430册）史部六"诏令奏议类二"，台北：商务印书馆，1986年影印本，第22页下。
④ 潘季驯：《河防一览》卷十，南京：中国水利工程学会，1936年，第269页。

工。云梯关至海堤长160里（28800丈），每丈用土24方，计用土691200方，用夫2764800工。以上二项共需银989798多两，需用工夫2470余万[①]。这次大工，拟于凤阳府属募夫15000名，江宁府属募夫10000名，苏、常二府属各募夫8000名，镇、太二府州属各募夫4000名，徐州府属募夫5000名，滁、和二州并属各募夫2000名，山东兖州府属募夫14000名，济南府属募夫8000名。所缺的11700余名夫役，于淮安府属的邳州、海州、睢宁、宿迁、赣榆、沭阳6州县地方召募。民夫要求在20岁以上、40岁以下的"精壮强健之夫"，不许以老弱塞责，也不许更换。并辅以细致的奖罚条例[②]。

各种夫役之害，不亚于战争时的拉丁。清代山阳诗人胡介《派夫行》中写道："楼船峨峨乘涨急，府帖传呼夜如织。派夫逾万备牵挽，长年胥吏逞胸臆。前驱丁壮已倾城，去住存亡无信息。间左那更有余丁，吁嗟欲诉口如塞。吏呼转怒一何骄，晓事里人承颜色。比户竞输常例钱，殷勤犹恐生反侧。上户买脱中户随，寂寥穷巷悲何极。籍少差繁按册呼，拘系空房恐逃匿。母饷子兮妻饷夫，可怜十日不再食。大纛高牙头站来，肆言夫少恣掊克。驱人无异犬与羊，欲生不生死不得。官长犹遭怒骂威，小民血肉岂堪惜？老胥见势且逡巡，慎莫近前逢怒嗔。归来宿逋未偿得，他日摊夫再向人。"[③]

为了筹办河工用料，沿河各县均赔累不堪。明宣德五年，淮

[①] 靳辅：《经理河工第一疏》，《治河方略》卷六，南京：中国工程学会，1937年，第221—222页。
[②] 靳辅：《经理河工第一疏》，《治河方略》卷六，南京：中国工程学会，1937年，第222页。
[③] 段朝端等：《山阳艺文志》卷七，民国十年刻本，第71页上—下。

安知府杨理即指出"淮安役重差烦"①。康熙中期,淮安"有民欠至十数年以上者,奉部着追,民心皇皇"②。康熙三年胡宗鼎任宿迁令,他叙述进入宿迁县境时称:"但见满目衰草黄沙,一望并无熟地,亦少人烟。间有茅屋数椽,竟无鸡犬之声,并无耕作之影,止有十数鹄面鸠形者环道而迎。叩马而泣曰:某等不幸而生斯土也,田地硗薄,岁遇凶荒,赋役繁兴,民皆逃窜。某等虽因故土难忘,不忍舍去,终不免为沟壑之鬼矣。'卑职闻之涕泪,见之心酸。"胡宗鼎认为,"宿地多荒,有以熟包荒之苦;宿民多逃,有以现包逃之累。且驿遽繁难,夫差重困"③。康熙四年(1665)凤阳巡抚张尚贤奏称:"臣于去岁巡历淮徐,经临清(江)、桃(源)、宿(迁)、睢(宁)等处,皆被黄水冲决淹没。累岁民逃户窜,庐舍多存空壁,田野四顾荒芜。各令历诉其荼苦,有不胜痛哭滴涕者。"④砀山,"北去黄河止数里,第差重民贫,兵荒交加,苦极难支"⑤。

无休止的夫役,加上官府繁重的苛捐杂税,使得农民根本无力负担,不得不抛弃家园。百姓大量逃亡,桃源县"一户之逃,累及一族,一族之逃,致累一甲,而累及一里"⑥。该县共48里,在明

---

① 吴昆田等总纂:《淮安府志》卷二十七"仕迹",光绪十年甲申刻本,第25页上。
② 吴昆田等总纂:《淮安府志》卷二十七"仕迹",光绪十年甲申刻本,第65页上。
③ 吴世熊等总纂:《同治徐州府志》卷二十一(下)"宦绩传",同治甲戌冬刻本,第44页下—45页上。
④ 侯绍瀛修:《睢宁县志稿》卷十三"田赋志",光绪十二年刻本,第2页上。
⑤ 刘芳等修:《砀山县志》前卷"沿革",崇祯十二年刻本,第31页下。
⑥ 张相文总纂:《泗阳县志》卷二十三"乡贤",民国十五年刻本,第10页上—下。

末逃得一户不剩的达20余里。即使素称最富饶的地区,也因赔累,逃亡户口达十分之二三。"通县计之,无一全里、全甲。此皆编审册籍可考,难逃抚按道府之查核"①。

清代,桃源县仍屡遭黄河冲溃,百姓自筑遥、缕二堤,人民生活稍稍得到了一些保障,但"沃者多濒河,有例,许植官柳,柳已无算。硗者悉沉沙泥中"②。其余地区皆为湖荡,只能盛产茂草。每到夏秋季节,"波涛撼及床席,人皆拘巢而居"。由于地方过于贫瘠,"民不能自养,土不能养人,物不能为养"。最奇的是,这样的地方居然逼出了许多清官,"居官者,性虽好贪,亦无可贪。性即好廉,亦邑能成之也"③。最为惨重的是,百姓以十分计,"水灾去其七,蝗灾去其二。仅得遗民一分"④。而所剩的人口中,"岁修夫又去一分之三。衙门廿余,皆有役,又去一分之一二。送银鞘解逃人、曳拨兵船牵,又去一分之四五"⑤。

整个淮北地区与桃源地区差堪相似,桃源也绝非淮北逃亡最严重的地区。

沭阳县除田赋外,有漕粮、递马、解银3项差役。"是三者,所在州县皆然,而沭为最"。沭阳在淮河之北,本不产米,也没有运河经过,县里让里民充当厫头,需要到他县交粮。"交运一

---

① 张相文总纂:《泗阳县志》卷二十三"乡贤",民国十五年刻本,第10页下。
② 吴卓信:《书桃源县志后》,载贺长龄:《皇朝经世文编》卷二十三"吏政九",上海:广百宋斋丁亥仲春校印,第35页下。
③ 吴卓信:《书桃源县志后》,载贺长龄:《皇朝经世文编》卷二十三"吏政九",上海:广百宋斋丁亥仲春校印,第35页下。
④ 吴卓信:《书桃源县志后》,载贺长龄:《皇朝经世文编》卷二十三"吏政九",上海:广百宋斋丁亥仲春校印,第35页上。
⑤ 吴卓信:《书桃源县志后》,载贺长龄:《皇朝经世文编》卷二十三"吏政九",上海:广百宋斋丁亥仲春校印,第35页上。

竣，民其为鱼矣"。该县与桃源一样，同属交通要冲，"使差日络绎至，应给繁多，民欲不疲于奔命，得乎？"白里民充当的收税"柜头"，"则倾销竟耗之费，同民之身家而归于尽"①。张峰在《田赋论》中分析了地方的利病，指出："夫淮北数州县，地广人稀，耕者不能尽其力，故田遍污莱；官府不能稽其弊，故多偏累。豪富之粮常少，而贫穷之粮独多；瘠土之粮独多，而沃土之粮常少。""夫淮北民多逃亡，固赋役繁重所致"②。

嘉靖年间的海州，"频年蝗孽相仍，赋役重，流移日甚。州治如无人之境，野多奥草。城市亦尠人踪，可以驰驱"③。有人考察海州诸镇，发现各镇"兼葭芦荻遍野，而可食之地不能三之一。荒村墟里往往如是。指以问父老，云：逃户产也。而上供之籍犹在，民倚耕种，无山泽工作以资生殖。土地平衍，无陂塘沟渠以资灌溉。雨旸弗时，则诸谷病矣。上供之数必取盈也，夫安得不逃？"④清代，"海州有以下田而输上则者"⑤。即使在清盛世之时，海州原额人丁为46398人，逃亡人丁竟达41460人，逃亡者几占人丁总数的90%⑥。康熙年间，张奇抱《丁赋论》中描写沭阳县的

---

① 唐仲冕等编纂：《嘉庆海州直隶州志》卷二十一"良吏"，嘉庆十六年刻本，第34页上—下。
② 唐仲冕等编纂：《嘉庆海州直隶州志》卷十五"食货"，嘉庆十六年刻本，第8页上。
③ 唐仲冕等编纂：《嘉庆海州直隶州志》卷十二"山川"，嘉庆十六年刻本，第10页上。
④ 唐仲冕等编纂：《嘉庆海州直隶州志》卷十四"建置"，嘉庆十六年刻本，第31页下。
⑤ 唐仲冕等编纂：《嘉庆海州直隶州志》卷十五"食货"，嘉庆十六年刻本，第3页上。
⑥ 唐仲冕等编纂：《嘉庆海州直隶州志》卷十五"食货"，嘉庆十六年刻本，第1页上。

情形为:"旧额邑共八十一里……里甲科索,欺愚懦以肆侵肥。民半流亡,大率坐是。后虽归并为十七里,值灾诊频仍,哀鸿满野。有一里止存一二甲者,而全里之额派如故;有一甲存一二丁者,而全甲之额派如故。无惑乎赋重并繁,民日益少也。"①

清末,江苏巡抚丁日昌指出:"江北州县,本多瘠苦。兼之差使络绎,一身皮骨仅存。"②

洪泽湖大堤截去了整个淮河下游,使得原来的中游地区变成了淮河三角洲,常年壅滞的河水使得皖北地区年年成灾,但赋役和税课却令人瞠目。灵璧知县马骕写道:"查得灵邑,凋残之区,地瘠民贫。卑职自去秋履任,目击土田荒芜,居民寥落。"③尽管该县水灾频仍,正项税课与他县相埒,但"灵邑之大弊,莫甚于杂项也"。杂项名目甚多,有的沿自明代,有的系历年增设,而一旦增设,即成为历史遗留问题(成例),再也没有废除的可能。"日复一日,奸弊丛滋"。上级官员"以居官为传舍,未肯留心民瘼";猾吏奸胥,"又利于多事,不曰成规不可废,则曰悬项无可偿,掣肘蒙蔽,以至莫可究诘"。征催里役,"科诈无休,前项未清,后项复起。百姓终岁烦苦,无有宁息之日"。百姓甚至情愿于鞭银一两外,贴杂项银三四钱④。马啸任知县时,相继革除的杂项即有:"一、去认旱之害。一、去保歇之害。一、去岁修夫之害。一、去

---

① 唐仲冕等编纂:《嘉庆海州直隶州志》卷十五"食货",嘉庆十六年刻本,第6页上—下。
② 丁日昌:《抚吴公牍》卷六,南洋官书局石印,宣统元年,第2页上。
③ 马骕:《痛革杂项申文》,载贡震等修:《乾隆灵璧县志》卷三"名宦",中国地方志集成(30),南京:江苏古籍出版社,1998年,第51页。
④ 贡震等修:《乾隆灵璧县志》卷三"名宦",中国地方志集成(30),南京:江苏古籍出版社,1998年,第51页。

乡勇之害。一、去驿马之害。一、去县马及马夫之害。一、去轻齐外派之害。一、去颜料外派之害。一、去匠班滥派之害。一、去商税滥派之害。一、去奏销钱粮、倒比循环、刊刻由单、司批红簿一切杂派之害。"另外,每年征发河工夫役时,土棍包揽科索,每年从中诈取民财千余两。春秋祭祀,差役集派,骚扰勒索,不一而足①。方志中写道:"衙门书役多蠢蠢不晓事,疲玩成风,猝难振作。其黠者,趋利如鹜。"②这实际上是淮北书役的共性。

安徽灵璧县中、北两乡,"岁岁逃亡,十不存五。洼地积水,经年不涸。已涸者,亦半属荒芜,无人耕种。仅存之氓,率皆屋无户,爨无灶,食无案,卧无床席,冬无被,夏无帐,日用无器皿"③。

清人袁象乾在《申请蠲豁荒沉田粮公移》称,凤阳府泗州,"灾黎日就逃亡"④。该州户口旧额共34211丁,⑤逃亡达12067丁。⑥虹县原额有22860丁,顺治五年与康熙七年编审,故绝逃亡达19521丁,实存3339丁⑦。

宿迁县,明景泰年间,有6848户、人口58069人;正德七年,增为7663户,人口更增为154363人。至万历间,"以河患频仍,民不安生故"⑧,户口剧减。其后,河患更烈,"群盗如毛,明社屋

---

① 贡震等修:《乾隆灵璧县志》卷三"名宦",中国地方志集成(30),南京:江苏古籍出版社,1998年,第51—52页。
② 贡震等修:《乾隆灵璧县志》卷四"风俗",中国地方志集成(30),南京:江苏古籍出版社,1998年,第75页。
③ 贡震等修:《乾隆灵璧县志》卷四"风俗",中国地方志集成(30),南京:江苏古籍出版社,1998年,第93页。
④ 方瑞兰监修:《安徽泗虹合志》卷十七"文二",光绪十三年刻本,第1页下。
⑤ 方瑞兰监修:《安徽泗虹合志》卷十七"文二",光绪十三年刻本,第2页下。
⑥ 方瑞兰监修:《安徽泗虹合志》卷十七"文二",光绪十三年刻本,第4页上。
⑦ 方瑞兰监修:《安徽泗虹合志》卷五"食货志",光绪十三年刻本,第2页上。
⑧ 严型总修:《宿迁县志》卷六"民赋志",民国二十四年刻本,第1页下。

矣"。顺治七年，宿迁仅存8160丁。经康乾之世，户口猛增。乾隆六十年，增为320767丁，咸丰十年丁口数达1268017名，其中男丁760810[①]。光绪以后，"灾祲迭告，户口日耗"。宣统二年，丁口数仅存589233名，不及咸丰时的半数[②]。

由于河务大员缺乏专业素养，徒劳无益的工程比比皆是。万历二十一年（1593），黄河在汶上、鱼台、济宁、巨野、邳州决堤，泗州"几成鱼鳖之乡"，为了祖陵的安全，河臣开桃源县黄家坝30里下五港口入海，没有丝毫效果。后挑三山台赵家圈，半途而废，"数十万金钱又置乌有矣"。河臣刘东星忧死。万历皇帝再派河臣李颐前往，李随即忧劳病死[③]。总河力主开王家口下达李吉口，经唐家口小浮桥入徐、邳、宿迁，其间应挑、筑、塞河堤达400多里，工夫埽料约银140万两，派夫12万余名。但王家口与黄河水面相比，有的地方高出1丈多，最低处也高于黄河河面五六尺。由于新河高、旧河低，黄河水根本引不进新河。且所开的新河，宽只有20来丈，深不过1.5丈。新口小而旧口大。"引之而流不来，刷之而冲不去。凿者不胜淤，筑者不胜溃，开河而实无河也"[④]。

海州地区，由于沭水从西南而来，与安东、大富、硕项湖诸水合流，成为涟水，新坝镇地居沭涟二水之冲，百姓的田庐经常被河水淹没。对此，百姓不得已，只得"携畚捍御，以复其业"，官府

---

① 严型总修：《宿迁县志》卷六"民赋志"，民国二十四年刻本，第2页上。
② 严型总修：《宿迁县志》卷六"民赋志"，民国二十四年刻本，第2页下。
③ 傅泽洪等录：《行水金鉴》（第20册）卷一五六，上海：商务印书馆，1936年，第2357—2258页。
④ 傅泽洪等录：《行水金鉴》（第20册）卷一五六，上海：商务印书馆，1936年，第2258—2259页。

不但不予支持，对河流加以整治，"而在位者遂指为官地，从而租税之，又久而贪廉异人，有因税而加税者，有加税而岁以为常者，有一岁而倍数岁税者。税随官加，民因地累，含痛无纪，为民首害"①。连海州知州也不得不感慨："水析民田有时，而官税民田无已，是官之害又甚于水也。"②

第二节　稻作农业的变迁

淮北在唐代以前是公认的鱼米之乡，明清时代衰变成低产粗粮的产地。常规性的大规模治水活动，耗尽了淮北的林薪，使这里变成了"穷山恶水"之地。

一、天然的沃土

史念海指出："古代的黄河中下游各地湖泊罗列，不仅见于文字的记载，有的遗迹还可约略探溯出来。这样的现象的存在当非一朝一夕的事情。石器时期可能就是如此。当地气（候）温和湿润，适于农作物的生长，对于农业还是有利的。"③自远古至唐朝，鲁

---

① 唐仲冕等编纂：《嘉庆海州直隶州志》卷十九"祀典"，嘉庆十六年刻本，第17页下。
② 唐仲冕等编纂：《嘉庆海州直隶州志》卷十九"祀典"，嘉庆十六年刻本，第17页下。
③ 史念海：《中国历史人口地理和历史经济地理》，台北：台湾学生书局，1991年11月，第108页。

南、豫南、皖北、苏北均为中国经济相对发达的地区[①]。这里土地肥沃,极适于农耕,有利于稻、桑、麻的种植,是比较富饶的地区。宋代民谚中有"走千走万,比不上淮河两岸"之说[②],宋词有"千里秋风淮浦"之语,是当时经济生活的真实写照。苏辙:"淮南鱼米年年贱,直便归休无俸钱。"[③]任瑗《与李太守书》称:淮安"财赋殷繁,鱼米沃壤"[④]。明代以前的旧志称盐城:"士惇礼让之风,民乐鱼盐之利。"[⑤]明代州志称海州为"鱼盐之邦"[⑥]。

有人指出,黄河下游地区的发展史,就是随着人工修筑黄河堤坝而开始的。春秋以前,这个地区尚没有什么城镇和文化遗迹;到战国时,这个地区出现了许多城镇和文化遗迹,这恰恰与堤坝的建筑相吻合[⑦]。

[①] 根据丁文江的研究,中国早期文明最重要的发祥地在北纬31—40度、东经113—118度之间;这个区域包括了山西省、河南省,以及冀南、鲁西、苏北和皖北的部分地区。见 V. K .Ting, "Prof. Granet's 'La Civilization Chinoise,'" *The Chinese Social and Political Science Review,* vol. xv, no. 2, July 1931, pp. 268-269.这个区域包含了本书所研究的整个"淮北"地区。冀朝鼎认为,在汉代,淮北地区灌溉发达,已取代关中成为中国核心经济区。Ch'ao-ting Chi, *Key Economic Areas in Chinese History: As Revealed in the Development of Public Works for Water-Control.* New York: Paragon Book Reprint Corp. 1963 (First Published by George Allen & Unwin Ltd., 1936, London), pp. 86-87, 94-95.郑学檬认为,南朝时期,江南经济仍属于开发阶段,至唐时,其发展水平仍不及北方(郑学檬:《中国古代经济重心南移和唐宋江南经济研究》,长沙:岳麓书社,2003,第11、14页)。
[②] 胡焕庸、张善余:《中国人口地理》(下),上海:华东师范大学出版社,1986年,第149页。
[③] 苏辙:《栾城集》卷十四,上海:商务印书馆,1936年,第210页。
[④] 段朝端纂:《续纂山阳县志》卷四"漕运",民国十年刻本,第39页上。
[⑤] 杨瑞云等修:《盐城县志》卷一"风俗",万历年间刻本,第12页上。
[⑥] 张峰纂修:《海州志》卷二"土产",隆庆年间刻本,第14页下。
[⑦] Jiongxin Xu, "A Study of Long Term Environmental Effects of River Regulation on the Yellow River of China in Historical Perspective," *Geografiska Annaler. Series A, Physical Geography*, vol. 75, no. 3 (1993), p. 63.

《尚书》云:"导淮自桐柏、东会于泗沂,东入于海。"[1]说明淮河在远古时代是畅通入海的。淮河流域有着良好的生态环境,尤其适宜于人类的农耕活动[2]。史载舜即是在淮河流域的历山(今淮南)从事农耕活动[3]。是以《尚书》称淮北的中心"徐州"地域:"海岱及淮惟徐州。……厥田惟上中,厥赋中中。"[4]除雍州以外,这里是九州中最肥沃的地区[5]。淮北大部分地区是富饶的鱼米之乡。

《尚书·禹贡》云:"蒙、羽其艺。"一般认为蒙山和羽山在鲁南和苏北地区,在远古时代,这一地区也是中国开发较早的地区。"鲁南古邹鲁诸邦,素饶井田之利"[6]。据《禹贡锥指》,蒙山即龟山,"其北有沃壤"[7]。《史记》称:"洛阳东贾齐鲁,南贾梁楚。故泰山之阳则鲁,其阴则齐。齐带山海,膏壤千里,宜桑麻,人民多文采、布帛、鱼盐。"[8]

据《战国策·客谓燕王》,战国(前475—前221)时,主要处

---

[1] 曾运乾:《尚书正读》,北京:中华书局,1964年,第81页。
[2] 据史念海先生的研究,历史时期,黄土高原的东南部属森林地带(史念海:《历史时期黄河中游的森林》,载《河山集》第2集,北京:三联书店,1981年,第232页)。
[3] 参见应岳林、巴兆祥:《江淮地区开发探源》,南昌:江西教育出版社,1997年,第69页。
[4] 曾运乾:《尚书正读》,北京:中华书局,1964年,第57—58页。
[5] 据《尚书·禹贡》:冀州"厥赋惟上上错,厥田为中中";兖州"厥田惟中下,厥赋贞";青州"厥田惟上下,厥赋中上";扬州"厥田惟下下,厥赋下上、上错";荆州"厥田惟下中,厥赋上下";豫州"厥田惟中上,厥赋错上中";梁州"厥田惟下上,厥赋上中、三错";雍州"厥土田惟上上,厥赋中下"。由此看来,古徐州应属于沃土之地。
[6] 宗受于:《淮河地理与导淮问题》,南京:钟山书局,1933年,第135页。
[7] 胡渭:《禹贡锥指》卷五,《钦定四库全书》(第67册)"经部",台北:商务印书馆,1986年影印本,第10页上。
[8] 司马迁:《史记》卷一二九"货殖列传",北京:中华书局,1963年,第3265页。

于淮北地区的宋国,乃"中国膏腴之地,邻民之所处也",其土地比燕国富裕10倍。据楚国春申君黄歇云,留(今江苏沛县东南)、方舆(今山东鱼台西)、铚(今安徽宿县西南)、胡陵(今山东鱼台县东南)、砀(今河南夏邑县东南)、萧(今安徽萧县北)、相(今安徽濉溪县西北)以及泗水以北等地区,"皆平原四达膏腴之地也"。齐国因"以泗为境,东负海,北依河……天下之国莫强于齐"①。

史念海总结说:齐国的富庶是可以和关中等量齐观的,"泰山以南,则是鲁国(治鲁,山东曲阜)的地方。鲁国的情形并不弱于齐国,沂河和泗河流域同样是一个宜于五谷、桑麻、六畜的富庶地区。据说这个地方是地小人众,可见当地的富饶了。由鲁国往西,是现在的山东西南部,它和现在河南东北部在汉朝初年是同属于梁国(治睢阳,今河南商丘县)的。梁国也是相当的富庶,据说为天下的膏腴地"②。具体地说,西起济水、鸿沟和黄河分流之处,而东至东海之滨。北边达到现在的山东北部,西南至于现在的河南东部,就是原来鸿沟系统中汳水、睢水以及蒗荡渠流经的区域,是极为富庶的地区,"平原沃野,膏壤千里"。这一区域比泾渭平原更广阔③。

从西汉武帝(前140—前87)时,豫南和皖西地区修建了大量

---

① 《战国策》卷六"秦四·顷襄王二十年";地名解释见张清常、王延栋:《〈战国策〉笺注》,天津:南开大学出版社,1994年,第177页。
② 史念海:《中国历史人口地理和历史经济地理》,台北:台湾学生书局,1991年11月,第128页。
③ 史念海:《中国历史人口地理和历史经济地理》,台北:台湾学生书局,1991年11月,第128页。

的陂塘用于农田灌溉①。我们今天可以普遍见到的淮北汉画像石，牛耕总是其表现的重要内容。如淮北市白渎山出土的"田畴与耕牛"，其场面是柏树上拴着一头犍牛，牛的远处是一望无际的田畴②。在同样地点出土的"耕牛"图中，耕牛被拴在桑树上③。在睢宁双沟发现的东汉《牛耕图》，内容为双牛牵一犁，一农夫扶犁呵牛。这与汉代流行的"月耦犁，二牛三人"耕作制度相比，《牛耕图》中的耕作方式是一大进步④。

东汉初平癸酉（193），"京雒遭董卓之乱，民流移东出，多依徐土"⑤。当时徐境应是相对安宁和富饶的地区。南北朝（420—580）时，泰山以南，南至下邳，"左沭右沂，日良野沃，西阻兰陵，北厄大岘，四塞之内，其号险固。民性重迁，闇于图始"⑥。富饶的土地养育了富饶的人民，仅从耕牛的拥有量来说，"计千家之资，不下五伯耦牛，为车五伯辆"⑦。这样看来，当时每户人家平均至少拥有1头耕牛，即使在今天的农村也属是比较殷实的。隋文帝(581—604)时，沂、泗合流泛滥，兖州刺史薛胄建石堰，使水流西注，"陂泽尽为良田，又通转运，利尽淮海，百姓赖之"⑧。

---

① Ch'ao-ting Chi, *Key Economic Areas in Chinese History: As Revealed in the Development of Public Works for Water-Control*. New York: Paragon Book Reprint Corp. 1963 (First Published by George Allen & Unwin Ltd., 1936, London), pp. 89-90.
② 高书林：《淮北汉画像石》，天津：天津人民美术出版社，2002年，第77页。
③ 高书林：《淮北汉画像石》，天津：天津人民美术出版社，2002年，第78页。
④ 田忠恩等：《睢宁汉画像石》，济南：山东美术出版社，1998年，第62—63、101—102页。
⑤ 方瑞兰监修：《安徽泗虹合志》卷七"武备志"，光绪十三年刻本，第6页下。
⑥ 沈约：《宋书》卷六十四"何承天传"，北京：中华书局，1974年，第1708页。
⑦ 沈约：《宋书》卷六十四"何承天传"，北京：中华书局，1974年，第1708页。
⑧ 武同举：《淮系年表》卷三"两晋南北朝及隋"，1926年春刊印，第22页。

唐代以前，淮北地区无论是政治上、还是经济上，均是中国的"核心"地区[①]。唐代辖境包括江苏淮北、皖北、鲁南、河南省的河南道，是当时全国最重要的产粮区域，这个区域内的荥阳、梁郡、谯郡、济阴、襄城、颍川、淮阳、汝阴等地区（即现在的郑州、商丘、临汝、许昌、汝南、淮阳、菏泽、阜阳）以及徐、兖一带，甚至连现在的江苏涟水一带都有大量的剩余粮食[②]。开元、天宝年间（713—756），全国各道正仓中，以河南道储粮最多，达580余万石，储粮居第二位的河东道仅有350余万石；义仓所储，超过千万石的仅河北、河南两道[③]。

　　在唐以前，有"江淮熟，天下足"之谚，淮河流域实际上比长江流域更富裕。祖咏《泗上冯使君南楼作》称："井邑连淮泗。"[④]张籍《泗水行》称："泗水流急石纂纂，鲤鱼上下红尾短。……城边鱼市人早行，水烟漠漠多棹声。"[⑤]卢纶《送吉中孚校书归楚州旧山》云："渔村绕水田，澹澹隔晴烟。"[⑥]宋刘子寰《醉蓬莱》甚至称："淮海维阳，物华天产，未觉输京洛。"[⑦]

[①] "核心"与"边缘"地区及下文的"大区"（macroregion）概念，参考了施坚雅教授的定义。详见G. William. Skinner, "Cities and the Hierarchy of Local Systems," in G. William Skinner (ed.), *City in Late Imperial China*. Stanford: Stanford University Press 1977, pp. 275-351.淮河流域在唐代的政治地位，参见中砂明德《后期唐朝の江淮支配》，京都大学文学部：《东洋史研究》第47卷第1号，昭和63年（1988）6月发行，第30—53页。
[②] 史念海：《开皇天宝之间黄河流域及其附近地区农业的发展》，载《河山集》，北京：三联书店，1978年，第214页。
[③] 史念海：《开皇天宝之间黄河流域及其附近地区农业的发展》，载《河山集》，北京：三联书店，1978年，第217页。
[④] 孙建军等主编：《全唐诗选注》第4册，北京：线装书局，2002年，第971页。
[⑤] 孙建军等主编：《全唐诗选注》第10册，北京：线装书局，2002年，第2945页。
[⑥] 彭定求等编：《全唐诗》卷二七六，北京：中华书局，1960年，第2125页。
[⑦] 唐圭璋编纂：《全宋词》第4册，北京：中华书局，1999年，第3441页。

良好的水利设施是稻米生产的最重要保障。菲律宾农学家柯拔兰（Edwin Bingham Copland）指出："在理论上和大部分在实践上，米之水的供给是由生产者本人施行和调节的。灌溉是种稻的技术……而灌溉不仅是应用于气候和米的种类，并且它的应用对于米还有这样的作用，就是它可以改变气候本身。"①

有人根据文字训诂，认为水稻为秦之先人大费在7800年前于鲁南、苏北和山东、河南、河北三省的交界地区首先培育而成②。李江浙写道："大费族人居住的鲁西南、苏北及其附近地区，由于自然条件比其他地区优越，所以这里很早就有大量的野生稻繁殖生长，成为我国野生稻的故乡。……大费生活在野生稻遍地生长的环境中，由于频繁地接触与经常地观察，不但首先把野生稻从许多难以名状的其他植物区分出来，而且最早地把它驯化为人工稻，是理所当然的。"③

学者们根据淮河流域贾湖遗址与湖南彭头山遗址出土的古稻谷（米）及其生产与生活用具的比较研究，提出了长江—淮河上游最有可能是中国稻作发祥地的观点④。贾湖遗址距今7000—8000年，在远古时代，这里具备满足水稻产生与繁衍的条件⑤。在该遗址出

---

① Edwin Bingham Copland, Rice. London: Macmillan, 1924, p. 17. 转引自马扎亚尔著《中国农村经济研究》，陈代青、彭桂秋合译，上海：神州国光社，1934年8月，第53页。
② 李江浙：《大费育稻考》，《农业考古》1986年第2期，第232页。
③ 李江浙：《大费育稻考》，《农业考古》1986年第2期，第244页。
④ 王象坤：《中国栽培稻的起源与演化研究取得的最新进展》，王象坤、孙传清主编：《中国栽培稻起源与演化研究专集》，北京：中国农业大学出版社，1996年，第1页。
⑤ 王象坤：《中国栽培稻的起源与演化研究取得的最新进展》，王象坤、孙传清主编：《中国栽培稻起源与演化研究专集》，北京：中国农业大学出版社，1996年，第3页。

土的约500粒及其中197粒较完善的炭化稻米所作的形态学分析表明，80%以上的炭化米已与野生稻发生了显著变化，而与现代栽培稻非常相似。可以肯定贾湖稻已被驯化为栽培稻。而贾湖遗址出土的新石器时代的生产工具，既有翻地播种、中耕及收获用途，也有把稻谷加工成米的磨盘、磨棒，这也是栽培稻的重要佐证[1]。

近年来，在江苏赣榆盐仓城龙山文化遗址等地也发现了栽培稻的遗迹[2]。学者指出，豫东、苏北、皖北、山东等地都是东夷部族的传统聚居区，文化传统的一致非常便于栽培稻技术的学习与传播[3]。总之，在距今7000年之后，淮河流域已普遍掌握了稻作栽培技术[4]。

有的学者根据考古和甲骨文推断，商代时河南安阳等地也大量种植稻米[5]。而有的学者则认为，公元前1000—500年时（周代），以淮河为界，淮河以北为稻麦夹种区，淮河以南为纯稻区。在公元前300年—公元300年（秦汉时期），徐淮地区的稻作水平要高于苏南地区[6]。汉以后的文献中，述及野生稻的地点，包括徐州、宿

---

[1] 王象坤、张居中、陈报章、周海鹰：《中国稻作起源研究上的新发现》，王象坤、孙传清主编：《中国栽培稻起源与演化研究专集》，北京：中国农业大学出版社，1996年，第11页。
[2] 李洪甫：《连云港地区农业考古概述》，《农业考古》1985年第2期。
[3] 王象坤、张居中、陈报章、周海鹰：《中国稻作起源研究上的新发现》，王象坤、孙传清主编：《中国栽培稻起源与演化研究专集》，北京：中国农业大学出版社，1996年，第18页。
[4] 王象坤、张居中、陈报章、周海鹰：《中国稻作起源研究上的新发现》，王象坤、孙传清主编：《中国栽培稻起源与演化研究专集》，北京：中国农业大学出版社，1996年，第19页。
[5] 天野元之助：《中国農業史研究》（增补版），东京：御茶の水书房，1989年，第128—138页。
[6] 闵宗殿：《江苏稻史》，《农业考古》1986年第1期，第254—255页。

州、蒙城等处①。

东汉（25—219）时，汝南地区的陂塘灌溉事业有着长足的发展，众多的陂塘散布在汝、淮之间，浸润着沃土良田②。东汉建武十八年（42），汝南太守邓晨兴修鸿郄陂数千顷田，"汝土以殷，鱼稻之饶，流衍它郡"③。张衡的《南都赋》描述南阳的情形"其水则开窦洒流，浸彼稻田，沟浍脉连，堤塍相輑。朝云不兴，而横潦独臻，决渫则暵，为溉为陆，冬稌夏穱，随时代熟"。学者指出，这俨然是一派江南水乡的绚丽景色。说明南阳地区在东汉时期存在着"冬稌夏穱"的稻麦轮作的两熟制④。

建安（196—219）初，陈登为徐州典农校尉，"尽凿溉之利，秔稻丰饶，遂成沃土"⑤。与此同时，夏侯惇领陈留（今河南陈留）、济阴（今山东定陶）太守，"断太寿水作陂，身自负土，率将士劝种稻，民赖其利"⑥。郑浑为下蔡长、邵陵令时，"课使耕桑，又兼开稻田"⑦。魏文帝（220—226）时，郑浑为阳平、沛郡太守，在萧县、相（今安徽宿县西北）两县边界，"兴陂遏，开稻田，……比年大收，顷亩岁增，租入倍常，民赖其利，刻石颂之，号曰郑陂"。郑调任山阳（今山东金乡县西北）、魏郡（今河南临

---

① 张德慈：《早期稻作历史》，载沈宗瀚、赵雅书等编：《中华农业史——论集》，台北：商务印书馆，1979年，第54页。
② 参见汪家伦、张芳编著：《中国农田水利史》，北京：农业出版社，1990年，第111页。
③ 范晔：《后汉书》卷十五"邓晨传"，北京：中华书局，1973年，第584页。
④ 参见汪家伦、张芳编著：《中国农田水利史》，北京：农业出版社，1990年，第111页。
⑤ 武同举：《淮系年表》卷二"汉魏"，1926年春刊印，第11页。
⑥ 陈寿：《三国志》卷九"夏侯惇传"，北京：中华书局，1964年，第266页。
⑦ 陈寿：《三国志》卷十六"郑浑传"，北京：中华书局，1964年，第509页。

漳）太守后，"其治仿此"①。曹操与袁绍相争时，沛国相人刘馥任扬州刺史，兴治芍陂、茹陂、七门、吴塘诸竭，"以溉稻田，官民有畜"②。《水经注》引《地理志》云：汝南郡有富陂县。再引《十三州志》曰：这里"多陂塘以溉稻，故曰富陂县也"③。在汝南、颍川长大的魏将邓艾，成年后做过稻田守丛草吏④。宣帝（240—253）时，为了"省许昌左右诸稻田"，邓艾北临淮水，自锺离而南，横石以西，尽沘水400余里，置营佃守。并兼修广淮阳、百尺二渠，上引河流，下通淮颍，大治诸陂于颍南、颍北，穿渠300余里，溉田2万顷，淮南、淮北连成一片，"自寿春到京师，农官兵田，鸡犬之声，阡陌相属"⑤。

晋惠帝（290—306）时，石崇镇下邳，开崇河，"运盐米，溉农田"⑥。山阳郡太守"其治仿此"⑦。宋文帝元嘉二十一年（444）的诏中有"徐豫土多稻田"之语⑧。梁天监二年（503），潼阳（今沭阳）张高等500余人，开凿沭水，引水溉田200余顷，俗名"红花水"。魏太和四年（480），薛虎子任徐州刺史，上言"徐州沃壤，清汴通流，足盈灌溉。其中良田十余万顷，若市牛分卒，兴力公田，必当大获粟稻"。这个建议被孝文帝所采纳⑨。楚

---

① 陈寿：《三国志》卷十六"郑浑传"，北京：中华书局，1964年，第511页。
② 陈寿：《三国志》卷十五"刘馥传"，北京：中华书局，1964年，第463页。
③ 郦道元：《水经注》卷三十"淮水"，长春：时代文艺出版社，2001年，第232页。
④ 陈寿：《三国志》卷二十八"邓艾传"，北京：中华书局，1964年，第775页。
⑤ 房玄龄等：《晋书》卷二十六"食货志"，北京：中华书局，1974年，第785页。
⑥ 武同举：《淮系年表》卷三"两晋南北朝及隋"，1926年春刊印，第3页。
⑦ 武同举：《淮系年表》卷二"汉魏"，1926年春刊印，第13页。
⑧ 沈约：《宋书》卷五"文帝本纪"，北京：中华书局，1974年，第92页。
⑨ 武同举：《江苏淮北水道变迁史》，《两轩賸语》，1927年印本，本文第3页；
  武同举：《淮系年表》卷三"两晋南北朝及隋"，1926年春刊印，第13页。

州白水塘（今洪泽湖）的石鳖城，"田稻丰饶"[1]。

大体说来，在有陂塘的地方就可以种稻。南北朝时，淮北地区汝水之右有广成陂、黄陂、湛陂、叶陂、叶西陂、马仁陂、慎阳南北二陂、鲖陂、窖陂、土壁陂、太陂、燋陂、上慎陂、中慎陂、下慎陂、鸿郤陂、马城陂、绸陂、墙陂、壁陂、青陂、申陂。其左有鲁公陂、龙陂（即广陵陂）、黄陵陂、蔡陂、葛陂、鲖陂（俗名三丈陵）、横塘陂、清陂、富陂、高塘陂、塘陂、鲖陂、焦陵陂、汝阴陂。颖水之右有钧台陂、靡陂、青陵陂、狼陂、汾陂、平乡诸陂；其左有罡台北陂、陶枢陂、次塘细陂、大漅陂、江陂。溮水有玉女陂、皇陂、狐成陂、狼陂、宣梁陂、陶陂。洧水有僞陵陂、鸭子陂、涝陂。渠水（即蒗荡渠）之右有逢陂（即百尺陵）、野兔陂、白雁陂、染工陂、蔡泽陂、庞官陂、阳都陂、高陂；其左则有圣女陂。西肥水之东、沙汭之西有高陂、天淙陂、鸡陂、黄陂、茅陂。涡水下游有瑕陂。涣睢间有白汀陂、解塘潼陂、徐陂。睢汴间有奸梁陂、白羊陂、逢洪陂、砀水陂、郑陂、梧桐陂、安陂、浑陂。泗水之右有黄沟之大齐陂，左有武原水的注陂。沂沭间有温泉陂、葛陂[2]。这些陂塘，大的可灌田数十万亩，如白水陂、芍陂、大业陂、阳泉陂，在当时非常著名[3]。

农学家认为："在有良好的灌溉存在时，米便是世界上主要

---

[1] 武同举：《淮系年表》卷三"两晋南北朝及隋"，1926年春刊印，第14页。
[2] 武同举：《淮系年表》卷三"两晋南北朝及隋"，1926年春刊印，第18—19页。
[3] 宗受于：《淮河地理与导淮问题》，南京：钟山书局，1933年，第48页。

食用植物中的最可靠的农田植物。"①他们还认为，如果有了充足的可调控的水资源，水稻可以在多种土壤和许多气候下生长，这比单纯的水稻土壤更重要②。隋唐以前，黄淮之间的许多水利区富有秔稻之利。唐代河南道农田灌溉工程的全面修治，为稻作农业的恢复带来美好的前景。开元年间（713—741），张九龄任河南开稻田使，"于许、豫、陈、亳等州置水屯"，广开稻田，便是当时河南稻作农业发展的具体反映③。淮北忠武节度使赵翙根据邓艾故迹，决翟王渠，"溉稻利农"④。

唐人涉及淮地的诗，稻是其经常描写的风物之一。朱庆馀《送淮阴丁明府》："鸟声淮浪静，雨色稻苗深。"⑤刘禹锡《送李中丞赴楚州》："万顷水田连郭秀，四时烟月映淮清。"⑥白居易《早发楚城驿》："荷塘翻露气，稻垄泻泉声。"⑦李嘉祐《白田西忆楚州使君弟》："鱼网平铺荷叶，鹭鸶闲步稻苗。"⑧许浑《淮阴阻风寄呈楚州韦中丞》："刘伶台下稻花晚，韩信庙前枫叶秋。"⑨

---

① Edwin Bingham Copland, *Rice*. London: Macmillan, 1924, p. 17. 转引自马扎亚尔著《中国农村经济研究》，陈代青、彭桂秋合译，上海：神州国光社，1934年8月，第54页。
② D. H. Grist, *Rice*. London: Longmans, Green and Co. LTD, 1965, p. 32.
③ 参见汪家伦、张芳编著：《中国农田水利史》，北京：农业出版社，1990年，第222页。
④ 武同举：《淮系年表》卷四"唐及五季"，1926年春刊印，第22页。
⑤ 彭定求等编：《全唐诗》卷五一四，北京：中华书局，1960年，第5867页。
⑥ 彭定求等编：《全唐诗》卷三五九，北京：中华书局，1960年，第4047页。
⑦ 白居易：《白居易集》卷十六，"早发楚城驿"，长沙：岳麓书社，1992年，第264页。
⑧ 彭定求等编：《全唐诗》卷二〇七，北京：中华书局，1960年，第2167页。
⑨ 彭定求等编：《全唐诗》卷五三四，北京：中华书局，1960年，第6095页。

就唐诗描写的稻作而言，淮北其他地区情况差堪相似。王建《汴路水驿》："蛙鸣蒲叶下，鱼入稻花中。"①

直到宋时，仍有人称颍州，"土沃民伙，有鱼稻之饶"②。苏轼在《再过泗上二首》'其一'中称泗地："黄柑紫蟹见江海，红稻白鱼饱儿女。"③

据《禹贡锥指》载："沂州东南芙蓉山下，有湖溉田数千顷，香粳亩钟，古称琅邪之稻。"④"承县界（汉时属东海郡）有陂十三所，今沂峄二州，仞沏承二水溉田。青徐水利，莫与为匹，皆十三陂之遗迹。则蒙羽为沃壤可知"⑤。"泗水以北，宜五谷、桑麻、六畜，地小人众"⑥。《灵璧县志》称，该县"于禹贡属徐州，于职方属青州。禹贡言厥土赤埴坟，厥田惟上中。职方言谷宜稻麦，然则三代盛时，此地称沃土矣"⑦。《太平寰宇记》称凤阳府"其食秔稻，其衣絁布"⑧。《管子》："黑埴宜稻"。海沭地区，"晓市多鱼蟹，村庄足稻粱"⑨。

而今日的鱼米之乡江南地区在唐以前，根本无法与淮北相比。

---

① 孙建军等主编：《全唐诗选注》第8册，北京：线装书局，2002年，第2520页。
② 王敛福等编纂：《颍州府志》卷一"舆地志"，乾隆十七年刻本，第69页上。
③ 毛德富等主编：《苏东坡全集》卷二十六，北京：燕山出版社，1998年，第1431页。
④ 胡渭：《禹贡锥指》卷五，《钦定四库全书》（第67册）"经部"，台北：商务印书馆1986年影印本，第14页下。
⑤ 胡渭：《禹贡锥指》卷五，《钦定四库全书》（第67册）"经部"，台北：商务印书馆1986年影印本，第14页下—15页上。
⑥ 司马迁：《史记》卷一二九"货殖列传"，北京：中华书局，1963年，第3270页。
⑦ 贡震等修：《乾隆灵璧县志》卷四"风俗"，中国地方志集成（30），南京：江苏古籍出版社，1998年，第21页。
⑧ 于万培纂修：《凤阳县续志》卷四"风俗"，光绪十三年刻本，第1页上。
⑨ 钱崇威总纂：《重修沭阳县志》卷十四"诗征"，民国年间刊本，第121页下—122页上。

河道总督靳辅指出:"江南之苏、松、常、镇,浙江之杭、嘉、湖等府,在唐汉以前,不过一泽国耳。"①三国时徐淮地区的稻作已极为发达,但淮南乃至苏南地区的稻作技术却相当粗放,还处在不耕而种的发展阶段。东汉时代在沛县一带广泛种植的糯米,直到南北朝时苏南地区尚未种植②。

淮北成为旱作物生产区,是在明代以后,缺乏对中国历史长时段观察的学者,很难明白这一点。林语堂写道:"历代创业帝王,几从无出自大江以南者。相传食米之南人,无福拱登龙座,只有让那啖馍的北方人来享受,……这个开业帝王的产生地带,倘以陇海铁路为中心点,它的幅径距离不难测知。汉高祖起于沛县,即现在之徐州……明太祖朱洪武出生于安徽之凤阳。"③这显然把民国时代淮北的社会经济与明以前混为了一谈,没有看到两者翻天覆地式的变化。其实,在高家堰修筑以前,淮北大部分地区生产水稻。也就是说,即使是淮北籍的最后一位开业帝王朱元璋,也是有条件吃上大米的。从稻米生产的变迁就可以管窥整个淮北社会经济的逆向转型,以及社会发展的另一种模式:社会衰退。

淮北稻米业发达的地区,与当时蚕桑业地区基本重叠。一般来说,凡是稻米、蚕桑业发达的地区,多为中国古代富庶的地区,农家耕织结合,使劳动力资源与自然资源达到优化配置,百姓在和平年代至少可以维持不饥不寒的生活水平。

---

① 靳辅:《生财裕饷第一疏(开水田)》,《文襄奏疏》卷七,《钦定四库全书》(第430册)"史部",台北:商务印书馆1986年影印本,第40页下—41页上。
② 闵宗殿:《江苏稻史》,《农业考古》1986年第1期,第255页。
③ 林语堂:《吾国吾民》,长沙:岳麓书社,2000年,第17—18页。

二、人为的瘠壤

人类所兴修的水利工程,在为淮北地区提供利便的同时,往往也潜伏着许多害处。

汉魏时期所修的陂塘,无疑尽了一时之利。但淮北地区地势低平,以蓄水为主要功能的陂塘,既淹没大量的土地,也阻滞了河水的流通。在三国(220—264)时代,淮北由于战乱,"徐、泗、江、淮之地,不居者各数百里。"[1]有大片的荒地任水淹没,这些陂塘的负面功能尚不明显。到西晋(265—316)初,随着人口的增加,当陂塘蓄水变多,淹没周边田地时,人们必然会筑堰护田,陂塘的负面作用也越来越彰显。西晋咸宁三年(277),霖雨成灾,颍川、兖州、豫州等地无法播种,"非但五稼不收,居业并损,下田所在停污,高地皆多硗埆"[2]。杜预认为士大夫们往往偏重水之利,而忘了水之害:"诸欲修水田者,皆以火耕水耨为便。非不尔也,然此事施于新田草莱,与百姓居相绝离者耳。往者东南草创人稀,故得火田之利。自顷户口日增,而陂埸岁决,良田变生蒲苇,人居沮泽之际,水陆失宜,放牧绝种,树木立枯,皆陂之害也。陂多则土薄水浅,潦不下润。故每有水雨,辄复横流,延及陆田。"[3]杜预认为解决兖、豫等地灾害的办法就是要让水流畅通,"今者宜大坏兖、豫州东界诸陂,随其所归而倡导之。……水去之后,填淤之田,亩收数钟。至春大种五谷,五谷必丰。"[4]

---

[1] 陈寿:《三国志》卷五十一"孙韶传",北京:中华书局,1964年,第1216页。
[2] 房玄龄等:《晋书》卷二十六"食货志",北京:中华书局,1974年,第787页。
[3] 房玄龄等:《晋书》卷二十六"食货志",北京:中华书局,1974年,第788页。
[4] 房玄龄等:《晋书》卷二十六"食货志",北京:中华书局,1974年,第787页。

以开发水利为目的、规模较小的陂塘都有如此负面作用。自宋以后，淮北的自然生态与农业条件发生了天翻地覆的变化，明清以来，为政治服务的大规模水利工程，特别是平地、乃至高地蓄水工程对淮北的危害实在令人触目惊心。原来的良田沃壤成了年年吞没成千上万百姓生命的恶土。有人写道："淮河流域居中国之腹，以黄淮时并时分，地形变迁，农业破坏，影响于中国最大。欲改善中国地政者，当首及之。"①黄、淮各河泛滥，对淮北的土壤影响极大。许多地区"利捕鱼而宜稻、麦，土性固然。洪水之后，变埴为沙卤，其所产者亦变。"②如颍上、阜阳"南境诸水，古饶农利。或且引纳淮流，潴为陂塘，以资灌溉，今则沃壤均变潦区矣"③。是以有人写道："至于修防，别立专官，疏浚不关守土。彼决溢以为利，此湛溺而成灾。遂使鱼米之乡，化为泽国。"④

　　1909年翰林侍读学士恽毓鼎奏："窃维淮水导源桐柏，历河南、安徽、江南以入海，长逾千里。自魏晋以来，类皆开渠以施灌溉。滨淮田亩悉成膏腴，历史著为美谈，案迹至今未泯。"⑤民国前期，以陂塘而闻名的淮北地区，"陂利久不可考矣"，像芍陂，"陂废而淠、肥之水亦与芍陂通，寿县之灾，恒较他处为甚。"白水陂则沉于洪泽湖中，大业陂的漴湖也变利为害，至此，"淮北平原数十万方里古代沟洫之制，荡然无存，河渠尽塞。水至则泛滥无

---

① 宗受于：《淮河地理与导淮问题》，南京：钟山书局，1933年，第1页。
② 汪之藻等：《清河县志》卷二"物产"，康熙三十四年（1695）刻本，第59页。
③ 宗受于：《淮河地理与导淮问题》，南京：钟山书局，1933年，第9页。
④ 高树敏等修：《三续高邮州志》卷六"艺文志（上）"，民国十一年刻本，第38页上。
⑤ 武同举辑纂：《再续行水金鉴（淮河卷）》，武汉：湖北人民出版社，2004年，第478页。引者对本引文作了多处校正。

涯，水去则赤地千里"①。这种惨状的形成，相当程度上是人为造成的。正如宗受于所指出的那样："论者惟归咎于黄河之破坏，而其实半由人事也。"②

由于水利设施的毁坏和不合时宜，农民只能靠天吃饭。冬春洪水较少，夏秋往往泛滥。如，沛县，嘉靖八年（1529），黄河决堤，后"平地沙淤丈深"③。砀山县"地势洼仰低下，屡经水患，地多淤沙浮土。虽屡浚當成河，然一经水涨，率易淤塞。故河渠之名，变迁不常，缘是以为民病，日益滋焉"④。盱眙，"黄河夺淮，自是沿淮州县岁有水患，盱邑半山半湖。山田遇旱又苦水泉告竭，自宋元明至今，其为水旱蝗饥者十之八九"⑤。邳县境"夏秋多水患，有多数地方，仅能种麦一次，麦甫收成，水即淹至，及冬始退尽"⑥。因此，农民只能种植一季越冬的旱作物。

这样一来，淮北的稻田越来越少。明、清乃至民国时代，中外学者共认淮河为水田和旱田的天然分界线。昔日鱼米之乡的淮北成了黍、麦的低产地。胡焕庸指出："淮安以南为水田，淮安以北即为旱田，界限非常清晰。"⑦一部地理学著作开宗明义地指出："淮北是杂粮分布地，江南北是米的分布地"⑧。美国地理学家克里斯义(George Babcock Cressey)也认为："水稻是突出的农产品，

---

① 宗受于：《淮河地理与导淮问题》，南京：钟山书局，1933年，第48页。
② 宗受于：《淮河地理与导淮问题》，南京：钟山书局，1933年，第48页。
③ 王治等修：《沛县志》卷九"杂志"，嘉靖年间刻本，第55页上一下。
④ 王梃等修：《徐州志》卷四"地理志（上）"，嘉靖年间刻本，第49页上。
⑤ 郭起元等修：《盱眙县志》卷十四"赈恤"，乾隆十二年刻本，第15页下。
⑥ 江苏省长公署第四科：《江苏省实业视察报告书》，上海：商务印书馆，1919年12月，第230页。
⑦ 胡焕庸：《两淮水利盐垦实录》，南京：中央大学，1934年12月刊印，第7页。
⑧ 李长傅：《江苏》，上海：中华书局，1936年11月，"序"第1页。

占中国南部地区人民食物的绝大部分。尽管水稻可以种植到极北的符拉迪沃斯托克（Vladivostok，即海参崴——引者注），但在秦岭和淮河以北地区仅有极少量种植。苏北的清江浦和淮安是大片水稻区的极限。"①

民食专家陆精治把中国稻米的产地划在北纬31度以南。②而淮北最南的凤阳南端也在北纬32°37′。民国早期的教科书中，列举江苏省稻米的产区有二：一为江南区，如宜兴、无锡、常熟、吴江、青浦、松江、武进、吴县、太仓等县，另一个为里下河区，自清江浦向南，中经高邮、宝应，至扬州、镇江。其中尤以江南吴县、常熟、吴江等县产米最多。全省稻田约52400多平方里，年产额为五六千万石。全省有四大米市，分布在江都的仙女庙、无锡的北塘、吴江的同里、上海的南市，无一在淮北③。据日本有关机构在1943年的调查，凡在淮河以南的江苏江北各县，均出产稻谷，而处于淮河以北的县份（如淮阴）则无稻米出产④。安徽的情况与江苏如出一辙。学者指出："安徽南半属于水稻生产区。此区以北至淮河一带，为水稻小麦区，稻麦轮种，两者皆有生产；淮河以北，方以小麦生产为主。"⑤

考各地方志，明清以来，淮北地区要么根本无稻，要么仅有极

---

① George Babcock Cressey, *China's Geographic Foundations: A Survey of the Land and Its People*. New York and London: McGraw-Hill Book Company, Inc. 1934, p. 101.
② 陆精治：《中国民食论》，上海：启智书局，1931年，第253页。
③ 詹念祖编：《江苏省一瞥》，上海：商务印书馆，1931年9月，第15页。
④ 大東亜省：《蘇北地区総合調査報告》，昭和十八年（1943）9月，第179—180页。
⑤ 谢国兴：《中国现代化的区域研究：安徽省（1860—1937）》，台北"中研院"近代史研究所，1991年，第33页。

少量种植。徐州府，"谷宜麦菽、麻，其黍稷八谷，繁殖如他郡，惟稻种最罕"①。直到民国前期，稻田因"铜山水利未兴，不能播种"②。萧县"旧不种此"③。沛县等与山东接壤的微山湖沿岸，"土性宜稻，惟夏秋水潦，泛溢可虞"。因此，种稻之事，只能流于纸面，"若仿江南办法，先筑圩堤，试办种稻，则足以护水而收成效"④。睢宁，"壤土瘠薄，非有膏腴薮泽之饶。夏麦秋禾，亩无沟遂，不宜稻产。近虽物植繁多，而贱质凡材，莫疗贫困"⑤。睢宁仅有的稻，"旱产，百无一二"⑥。宿迁县，"土宜麦、宜秫、宜豆，下隰之稻，百不及一。黍稷胡麻，亦时树焉。农人以甘薯为旨蓄"⑦。沛县"少稻"，注曰："旱田不宜于稻，洼区间有种者。《府志》引《说文》，'沛国谓稻曰稬。'或古昔独盛欤？"⑧"稬"即"糯"，可见这里曾是糯米的产地。

宿迁、沭阳、赣榆等地，清初漕粮尚征粳米。至靳辅治河时，"为黄河漫溢，田地皆成沙土，止产粟米"。清廷被迫在这里改为征粟⑨。太和县，"无水田"，稻"昔曾多有种者"⑩。桃源等地后

---

① 吴世熊等总修：《同治徐州府志》卷十"舆地考（上）"，同治甲戌冬刻本，第13页上。
② 江苏省长公署第四科：《江苏省实业视察报告书》，上海：商务印书馆，1919年12月，第220页。
③ 潘熔纂修：《萧县志》卷五"物产"，嘉庆二十年刻本，第1页上。
④ 江苏省长公署第四科：《江苏省实业视察报告书》，上海：商务印书馆，1919年12月，第225页。
⑤ 丁显总采：《光绪睢宁县志稿》卷三"疆域志"，光绪十二年刻本，第5页上。
⑥ 丁显总采：《光绪睢宁县志稿》卷三"疆域志"，光绪十二年刻本，第8页上。
⑦ 严型总修：《宿迁县志》卷二"疆域志"，民国二十四年刻本，第9页下。
⑧ 于书云纂修：《沛县志》卷三"疆域志"，民国九年刻本，第7页上。
⑨ 《清实录·圣祖仁皇帝》（第4册）卷八十五，北京：中华书局，1985年，第1082页上。
⑩ 丁炳烺主修：《太和县志》卷四"户口"，民国十三年刻本，第31页上。

来也相继改折。乾隆年间,署江苏巡抚萨载奏:"淮安府属之阜宁县,每年额征漕南等米麦九千五百五十石零。该县滨临湖海,地土沙潴,产米本属无多。……历年粮户完漕,全系买自县邑,赴淮交纳,恒多未便。"①

民国前期,《申报》的报道中指出:"淮北出产,米最少,以麦、豆、高粱、玉蜀黍为多。"②沭阳县年产稻4万石,③而沭阳的平地面积达3457500亩④。在对淮海各县农产品的调查中,涟水、赣榆两县根本不产稻⑤。淮阴县的一部方志称该县产稻,但特别注明:"秋季老子山有籼稻,称南河米,他处无之。"这里更多的是种植小麦,"大河南北种者什七,为民食大宗,秸可葺屋"⑥。对该县物产进行的详细调查,发现"全县田亩均为旱谷之田,不产米稻"⑦。1921年,东亚同文会对江苏米产的调查报告,产地中根本未列淮安、徐州二府和海州⑧。

鲁西南的沂州、滕县、嘉祥等地,据说在明代时尚产优质稻

---

① 台北故宫博物院藏清代宫中档与军机处折件:《署江苏巡抚萨载奏折》,箱号2771,文献编号014430。
② 君左:《徐州通讯:火车中之一瞥》,《申报》1927年7月9日,第9版。
③ 虞龙江:《沭阳农村鸟瞰》(上),江苏省第六区党务指导员办事处编辑:《淮海》第4期,1935年9月1日出刊,第27页。
④ 虞龙江:《沭阳农村鸟瞰》(上),江苏省第六区党务指导员办事处编辑:《淮海》第4期,1935年9月1日出刊,第25页。
⑤ 《淮海各县著名产品产销状况调查》(一),江苏省第六区党务指导员办事处编辑:《淮海》第4期,1935年9月1日出刊,第37—45页。
⑥ 徐钟令采访:《淮阴志征访稿》卷二"物产",民国刊本,第23页上。
⑦ 《淮海各县著名产品产销状况调查》(二),江苏省第六区党务指导员办事处编辑:《淮海》第5期,1935年10月1日出刊,第30页。
⑧ 毂光隆编:《東亜同文書院大運河調査報告書》,爱知县:爱知大学刊,1992年,第628—629页。

米①。但据1920年的调查，山东济宁、韩庄、临城、夏镇②、金乡、嘉祥、鱼台、单县、滕县，也无一出产稻米③。

安徽灵璧，"市集贸易菽麦而外，惟布常有。农具与果蔬鱼肉之类，或有或无，其他悉无有也"④。宋以前，颍州府"清淑之气，蜿蜒磅礴千余里，土壤沃饶，风雨和会"。但宋以后，却一落千丈，有人不禁发出质问："何昔之颍为乐郊，而今之颍为旷土耶？"⑤

明清以后，淮北仅有的稻米也多为旱稻。从社会学方面来看，旱稻与水稻最大的区别不是其产量或口味，而是其在农家经济中的角色。柯拔兰指出："一切商用的米都是灌溉米，旱田米则几乎完全是为着农民自身的需用而生产的。"⑥在淮北农家经济中，旱米如果不是被富裕农家用于自己消费，即是被贫困家庭用于"粜精籴粗"，纵使这样，其交换价值也极小。

1935年举行的江苏区乡镇长训练时，在江南大多吃糯性极好的大米，在镇江只能吃到粗米，而到江北却没米吃了⑦。至于一般居

---

① 李令福：《明清山东农业地理》，台北：五南图书出版有限公司，2000年，第247页。
② 毅光隆编：《東亞同文書院大運河調査報告書》，爱知县：爱知大学刊，1992年，第276、332—333页。
③ 毅光隆编：《東亞同文書院大運河調査報告書》，爱知县：爱知大学刊，1992年，第347—349页。
④ 贡震等修：《乾隆灵璧县志》卷四"风俗"，中国地方志集成（30），南京：江苏古籍出版社，1998年，第75页。
⑤ 王敛福等编纂：《颍州府志》卷一"舆地志"，乾隆十七年刻本，第72页上。
⑥ Edwin Bingham Copland. *Rice*. London: Macmillan, 1924, p. 17. 转引自马扎亚尔著《中国农村经济研究》，陈代青、彭桂秋合译，上海：神州国光社，1934年8月，第56页。
⑦ 《淮海面面观》，江苏省第六区党务指导员办事处编辑：《淮海》第5期，1935年10月1日出刊，第1页。

民，条件显然无法与乡镇长们相比，"在江北能够吃米的人家，根本很少，而且就是有的，往往都备着请客时才用，平常的食粮就是玉蜀黍，山芋，干黑的面包，有的穷苦人家，还吃粗糠同面拌食，为的是可以减少消费的关系"①。据同时代的人调查，"在江北，一般的生活水平比江南要低得多，就是繁荣著称的靖江而论，要买一磅干饼，固然非常困难；甚至要买上白的饭米，都非奔到临江的江阴不可"②。一位外国学者写道："中国北部地区有数以千万计的人每年吃不上一两顿米饭。在南部地区，情况则截然不同，因为米饭基本上每顿都能吃到。"③

过去有人认为这是因为："淤土带沙，风高寒早，不宜艺稻，如橘渡淮而枳，物性然也。"④还有的学者把淮北泛泛地划入华北旱地作物区，认为淮北不能种植水稻主要是因为这里水资源缺乏所造成的⑤。

近年来，学者通过对淮北地区光热、降雨等气象资料的分析，认为淮河流域水稻兴衰与历史上物候的波动没有什么关系，而是水

---

① 《淮海面面观》，江苏省第六区党务指导员办事处编辑：《淮海》第5期，1935年10月1日出刊，第1页。
② 罗琼：《江苏北部农村中的劳动妇女》，（上海）《东方杂志》第32卷第14号，1935年7月16日发行，第108页。
③ George Babcock Cressey, *China's Geographic Foundations: A Survey of the Land and Its People*. New York and London: McGraw-Hill Book Company, Inc. 1934, p. 102.
④ 眭文焕纂辑：《重修桃源县志》卷四"物产"，1917年刻本，第11页下。
⑤ Susan Naquin and Evelyn S. Rawski, *Chinese Society in the Eighteenth Century*. New Haven and London: Yale University Press, 1987, p. 98.
但早在1934年出版的地理学著作中，美国学者就认为："北方缺乏水稻，部分原因是沙土和缺少灌溉用水，同时也由于气候的因素"。见George Babcock Cressey, *China's Geographic Foundations: A Survey of the Land and Its People*. New York and London: McGraw-Hill Book Company, Inc. 1934, p. 101.

患所造成的①。也就说,淮北地区无法种植水稻主要是因水资源无法利用、而非水资源不足。

农学家认为:"水的不足,对于米比较总合其他一切灾害,给与更大的损害。但是,和水的不足一起及在他之后,水的过多令米受到的损害也甚于一切。而且十分确凿的,在东方水灾和暴风雨所摧残的米是多过意大利和美国两国米的总收获。"②20世纪50年代,农学家K. Ramiah指出,降雨量与水稻生产之间并无关联,像埃及、意大利、澳大利亚等,是比较典型的降雨较少的国家,但有着灌溉设施。而巴基斯坦东部地区、缅甸、泰国、柬埔寨、越南和其他许多国家,在种稻季节雨水太多。由于排水不畅,水稻种植被推迟,并在深水中使用已长过了的秧苗。水稻在生长最旺盛阶段却承受着不利的生长条件及泛滥的洪水③。因此,学者认为,在许多地区,控水比供水更成问题④。在水利普遍失修的情况下,对灌溉条件要求不高、产量较大的番薯类作物很容易替代水稻成为农家偏好的种植对象⑤。

不但稻米无法种植,就是其他物产也几毁灭。徐州地区"盖自河水荡决,黄沙无垠。徐下邑多被其患,向所称诸物产,或荒淤不

---

① 冯超:《淮河流域农业气候资源与夏茬水稻旱种的气候条件分析》,张义丰等主编:《淮河地理研究》,北京:测绘出版社,1993年,第90页。
② Edwin Bingham Copland, *Rice*. London: Macmillan, 1924, p. 17. 转引自马扎亚尔著《中国农村经济研究》,陈代青、彭桂秋合译,上海:神州国光社,1934年8月,第54页。
③ K. Ramiah, "Factors Affecting Rice Production". *FAO Agricultural Development Paper* No. 45. 转引自D. H. Grist, *Rice*. London: Longmans, Green and Co. LTD, 1965, p. 32.
④ D. H. Grist, *Rice*. London: Longmans, Green and Co. LTD, 1965, p. 32.
⑤ Susan Naquin and Evelyn S. Rawski, *Chinese Society in the Eighteenth Century*. New Haven and London: Yale University Press, 1987, p. 23.

第三章 从沃土到瘠壤 405

复。生民赖贸迁为用，而川渠不常达，陆运艰阻。河既北徙，内产告匮，外物罕通，徐之民益贫困"①。

不少学者认为，淮北从高产的水稻生产演化为低产粗粮产区，是由于明末出现了所谓的"小冰期"；在明末出现粮荒时，美洲传入的玉米、番薯正好缓解了这次危机。

考诸史籍，淮北水稻种植大面积转向其他旱作物生产，在"小冰期"出现以前的明中期即已开始。并且，在所谓的"小冰期"以前，以及在"小冰期"中间，官府在海河流域地区植稻的事实不绝于书。

东汉时，渔阳太守张堪于狐奴（今昌平）开稻田8000余顷，劝民耕种，"以致殷富"。百姓歌曰："桑无附枝，麦穗两歧。张君为政，乐不可支。"②北魏，范阳郡有旧督亢（即涿州）渠，长达50里；渔阳燕郡有故戾陵等堰，广袤30里，均废弃多年。裴延儁为幽州刺史时，决定对这些废弃的水利设施进行整修，他"躬自履行，相度水形，随力分督，未几而就，溉田百万余亩，为利十倍"③。

宋代，淳化二年，"诏六宅使何承矩等督戍兵万八千人，自霸州界引滹沱水灌稻为屯田"④。河北一带有西塘泊，自保州西合鸡距泉、尚泉为稻田、方田，范围10里左右，深五尺至三尺。何承矩委任黄懋为判官，在此屯田，筑堤储水，其后范围越来越大。像滹

---

① 吴世熊等总修：《同治徐州府志》卷十"舆地考（上）"，同治甲戌冬刻本，第14页下。
② 范晔：《后汉书》卷三十一"张堪传"，北京：中华书局，1973年，第1100页。
③ 魏收：《魏书》卷六十九"裴延儁传"，北京：中华书局，1974年，第1529页。
④ 脱脱等：《宋史》卷九十五"河渠五"，北京：中华书局，1977年，第2364页。

沱、胡卢、永济等河，皆汇集塘中[①]。

明朝万历时期，汪应蛟任天津巡抚，见葛沽、白塘等处田多荒污，遂募民垦田5000亩，水田占十之四，每亩产粮四五石。汪上疏称："天津屯兵四千，费饷六万，俱敛诸民间。留兵则民告病，恤民则军不给，计惟屯田可以足食。今荒土连封，蒿莱弥望，若开渠置堰，规以为田，可七千顷，顷得谷三百石。近镇年例，可以兼资，非独天津之饷足取给也。"这个建议获得了批准[②]。

天津城南5里有水田200余顷，号曰"蓝田"，为康熙年间总兵蓝理所开浚，河渠圩岸，面积达数十里。蓝理曾聘请闽、浙农民传授技术，当地人称这里为"小江南"[③]。

清前期，李光地任直隶巡抚时，请求兴修河间水田，认为涿州水占之地，每亩售钱二百文，尚无人肯购。一旦开辟成水田，每亩值银10两。乾隆年间，直隶总督高斌请开永定河灌田，"查勘所至，众情欣悦"。霸州知州朱一蜚，在乾隆九年二三月间劝民开井2000余口，用于灌田[④]。

一些民间士绅也常自行在北京周边地区种植水稻。石景山有位修姓庄头，"家道殷实，能自引浑河灌田，比常农亩收数倍，旱潦不致为灾"。蠡县有位富民自行凿井灌田，"愈逢旱岁，其利益

[①] 脱脱等：《宋史》卷九十五"河渠五"，北京：中华书局，1977年，第2359页。
[②] 张廷玉等：《明史》卷二四一"汪应蛟传"，北京：中华书局，1974年，第6266页。
[③] 徐珂编：《清稗类钞》第1册，北京：中华书局，1986年，第74—75页。
[④] 《清实录·高宗纯皇帝》（第11册）卷二一六，北京：中华书局，1986年，第779页上。

饶"①。

乾隆九年（1744）山西道御史柴潮生奏："查河间、天津二郡，经流之大河三：曰卫河、曰滹沱河、曰漳河，其余河间府分水之支河十有二，潴水之淀泊十有七，蓄水之渠三。天津府分水之支河十有三，潴水之淀泊十有四，受水之沽六。是水道之至多，莫如此二处，故河间号为瀛海，山东之水，于此而委输。天津名曰直沽，畿辅之水于是而奔汇。若蓄泄有方，即逢旱岁，灌溉之功，可救一半。即不然，而平日之蓄积，亦可撑支数月。"②"臣窃以为徒费之于赈恤，不若大发帑金，遣大臣将畿辅水利，尽行经理，既可接济赈民，又可潜消旱潦，而且转贫乏之区为富饶，一举两得，转败为功。直隶为禹贡冀州之域，田称中中，今日土壤，乃至瘠薄。东南农民，家有五十亩，十口不饥。此间虽拥数顷之地，常虑不给，可怪之甚也。虽其土燥人惰，风气异宜，亦不应悬殊至此"③。

他建议请特遣大臣一员，由国家拨款数十万两，在河间、天津二府，督同道府牧令，除运河滹沱河外，其余河渠淀泊，凡有故迹可寻者，均重新疏浚。在河渠淀泊之旁，各开凿小河。小河之旁，各开设大沟。依次建立水门，递相灌注。旱则引水入沟以溉田，潦则放闸归河以泄水。离水较远之处，每一顷田，掘井一口。十顷田，则掘大塘一口，以供灌溉。并请另派大臣一员，到直隶其他

---

① 《清实录·高宗纯皇帝》（第11册）卷二一六，北京：中华书局，1986年，第779页上。
② 《清实录·高宗纯皇帝》（第11册）卷二一六，北京：中华书局，1986年，第778页上。
③ 《清实录·高宗纯皇帝》（第11册）卷二一六，北京：中华书局，1986年，第778页下。

府州，按河间、天津二庶的方法办理。他认为，"九土之种异宜，未闻稻非冀州之产。现今玉田、丰润秔稻油油，且今第为兴水利耳，固不必强之为水田也，或疏或浚，则用官资，可稻可禾，听从民便"。他特别强调："今日生齿日繁，民食渐绌，苟舍此不为经理，其余皆为末节。臣愚以为尽兴西北之水田，尽辟东南之禁地，则米价自然平减，闾右立致丰盈，但其事体至大，请先就直隶为端。俟行之有效，次第举行。"①

既然所谓的"小冰期"时期，并不影响海河流域稻米生产，那么就淮北稻米种植业的演变而言，"小冰期"绝不会是主因。另外，国家大力投入到对海河流域的开发，势必愈加轻视淮北地区。

在淮北地区农家种植结构发生变化的同时，淮北农家的经济也出现了明显的衰落。仅就耕牛一项，无论是纵向还是横向比较，明清以来的淮北地区都显得非常贫困。每逢荒岁，耕牛无疑是百姓苟延自身生命的最后一道保障。正如这个地区的一首歌谣所说的那样，灾荒到来时，农民们"杀牛食其肉，牛尽人亦逃"②。道光年间的一首歌谣中写道："卖耕牛，耕牛鸣何哀。原头草尽不得食，牵牛跐躅屠门来。牛不能言但呜咽，屠人磨刀向牛说：有田可耕汝当活，农夫死尽汝命绝。旁观老子方幅巾，戒人食牛人怒嗔：不见前村人食人。"③

频繁的灾荒，使得耕牛已成淮北农家的珍罕之物，如灵璧百姓"居皆茅屋，衣皆疏布，食则麦豆杂粮。虽丰年犹和以草木根叶，

---

① 《清实录·高宗纯皇帝》（第11册）卷二一六，北京：中华书局，1986年，第779页下—780页下。
② 钱崇威总纂：《重修沭阳县志》卷十四"诗征"，民国年间刊本，第6页上。
③ 钱崇威总纂：《重修沭阳县志》卷十四"诗征"，民国年间刊本，第115页下。

家有牛具什器者，十不得一"①。泗州地区，"当种稻之际，不惟无所得种，亦且无以为耕，其有耕牛一二犋者，辄称有力，而耕牛卖矣。或无耕牛则卖及田屋与妻儿矣"②。1876年冬，海州分司于宝之禀称："以江北本年亢旱歉收，所蓄耕牛势将私卖屠宰，来年必误春耕。"于奉淮扬道台札，要求海州分司设法设局收养耕牛，但其最低费用需钱五六万串，而海分司仅能筹集1万串③。大部分耕牛的命运也就可想而知了。赛珍珠（Pearl S. Buck）的小说，曾描述了王龙在荒年无奈地让妻子杀牛的情景④。

1936年前后，在沿京沪路一带，苏南各县每年购宰牛只不下20万头。以丹阳、镇江、江宁等处为较大的集中市场，"此项牛只，来自河南、山东、安徽等省固多"。大量宰杀耕牛，"于农业上更受莫大影响"⑤。而农民亦因灾荒频仍，"无由图存，故不得不忍痛一时，将其赖以种植之耕牛，于冬季农闲而钱紧之时贬售得值，以免于饥寒。复于来春农忙之时，高价购回，一转移之间，在市场之价格比较，竟有超出百分之六十以上。诚不啻变像（相）之重利盘剥也"⑥。

据调查，1934年，江苏49个县中，共有水牛830000头；1935

---

① 贡震等修：《乾隆灵璧县志》卷四"风俗"，中国地方志集成（30），南京：江苏古籍出版社，1998年，第75页。
② 方瑞兰监修：《安徽泗虹合志》卷十六"文一"，光绪十三年刻本，第45页下。
③ 曾国荃等督修、王定安等纂修：《两淮盐法志》卷一四六"捐输门·助赈上"，光绪三十一年刻本，第11页上一下。
④ 赛珍珠：《大地》，台北：远景出版事业公司，1981年，第56—57页。
⑤ 台北"中研院"近代史研究所档案馆藏档案：《中央畜种场救济农村耕牛试办计划书》，馆藏号：17-27，宗号226-（1），第4页。
⑥ 台北"中研院"近代史研究所档案馆藏档案：《中央畜种场救济农村耕牛试办计划书》，馆藏号：17-27，宗号226-（1），第5页。

年降为799000头①。以总人口2000万计，江苏平均约25人饲养一头水牛。民国前期的海沭地区，中等人家，往往四五家共享1头牛，十数家合用1辆大车，三四家合用1柄犁。至于贫苦农户，连共享的车、牛都没有，"惟有以自己血汗先助人家工作以后借用"②。我们在东海县房山乡调查时，曾听老人们绘声绘色地讲述民国前期一群土匪因抢劫1头耕牛而打死十多条人命的故事。在那时，无论是其价值，还是其使用价值，耕牛都比人命宝贵③。1914年5月，土匪抢劫涡阳刘乾元庄。据参与者赵谷供："共去三十余人同去抢的。"④所抢财物中，有一头骡子是最有价值的⑤。为此，土匪杀死事主家9人之多⑥。豫皖边境的孟昭贵匪股："有一回去抢郑家庄，有二十多个人，打死两个失主才进去，抢一匹马，几捆衣裳。"⑦泗县张玉喜、张保元等20多名股匪抢劫石姓人家时，得牛驴6头，

---

① 兴亚院华中连络部：《中支那畜产资源牲畜ニ関スル调查报告书》，华中调查资料第148号，1942年7月出版，第17页。
② 虞龙江：《沭阳农村鸟瞰》（上），江苏省第六区党务指导员办事处编辑：《淮海》第4期，1935年9月1日出刊，第26页。
③ 1996年11月，笔者在苏北地区的调查。
④ 中国第二历史档案馆藏中华民国北京政府陆军部军法司档案：《皖北镇守使倪毓棻呈报民国三年五月判决死刑案犯供折》，全宗号1011，卷号2573，无页码。
⑤ 中国第二历史档案馆藏中华民国北京政府陆军部军法司档案：《皖北镇守使倪毓棻呈报民国三年五月判决死刑案犯供折》，全宗号1011，卷号2573，无页码。
⑥ 中国第二历史档案馆藏中华民国北京政府陆军部军法司档案：《安武将军行署谨将民国二年八月起至三年六月止依军法办理各案罪犯姓名年龄籍贯职业案由罪名刑名判决地点行监禁日期造具清册》，全宗号1011，卷号2572，第11页。
⑦ 中国第二历史档案馆藏中华民国北京政府陆军部军法司档案：《皖北镇守使倪毓棻呈报民国三年五月判决死刑案犯供折》，全宗号1011，卷号2573，无页码。

杀死18人①。

1950年，沭阳县桑墟区桑墟乡有春田2200亩，仅有牛10头，若以牛力耕种，需时50天②。1951年，安徽省金寨县燕河区叶铺乡45户拥有土地306亩，有耕畜15头③。燕河区土岑乡108户拥有土地1959亩，有38头耕畜④。1951年，怀远县人口、牛只、耕地等各项数据详如下表：

表3-1 怀远县土地人口耕牛统计表（1951年10月10日）

区别	乡数	村数	人口	牛（头）	耕地（亩）
朱町区	15	152	53917	1264	170998.4
沙沟区	15	160	55196	2119	180992
平阿区	13	144	45255	2452	199364.9
包集区	16	138	53472	2918	289026
淝河区		146	51192	2205	217359
新马桥区	15	136	48543	1750	291719
龙亢区	15	118	49090	3028	222736
河溜区	13	121	46291	2204	186641

---

① 中国第二历史档案馆藏中华民国北京政府陆军部军法司档案：《安武将军行署谨将民国二年八月起至三年六月止依军法办理各案罪犯姓名年龄籍贯职业案由罪名刑名判决地点行监禁日期造具清册》，全宗号1011，卷号2572，第20页。
② 江苏省档案馆藏中国共产党苏北区委员会档案：中国共产党苏北区委员会农村工作委员会《本委关于农业生产、土改后农村土地关系变化情况的报告、意见及各种统计表》（1951年），全宗号301，卷号：永久-85，第9—10页。
③ 安徽省档案馆藏皖北人民行政公署档案：《金寨县所属燕子河流波白大三区老根据地农村生产力衰退情况调查表》，全宗21，目录2，案卷号272，件号1—3，第1页。
④ 安徽省档案馆藏皖北人民行政公署档案：《金寨县所属燕子河流波白大三区老根据地农村生产力衰退情况调查表》，全宗21，目录2，案卷号272，件号1—3，第7页。

续表

区别	乡数	村数	人口	牛（头）	耕地（亩）
双桥区	13	131	42693	3027	207519
梅桥区	14	153	59359	2411	210344
芦滩区	15	146	51043	1841	204541.3
城关区	7	13	20490	51	5256
合计	166	1558	576541	25270	2386497

资料来源：安徽省档案馆藏皖北人民行政公署档案：《皖北地区行政概况调查》，全宗21，目录1，案卷号168，件号1—4，第122页。

据上表计算，平均每村有牛16头，平均每23人、94亩土地拥有1头牛。这与南北朝时淮北户均至少1头耕牛相比，不可同日而语。

而在清末，中国南方大部分地区的牛耕较为普遍[1]。有位外国学者在20世纪20年代写道："稻田的耕种由灰色的水牛来承担，水牛遍及整个东南亚和印度南部地区。尽管从灌渠向田中提水通常由农民通过踏车来进行，但水牛也被用于从事这项劳动。"[2]没有耕牛的农家显然很难承担稻田的繁重劳动。因此，像皖南的农家，其耕牛占有量就远远超过淮北地区。据1950年6月的调查，歙县潜口区西山村共有人口567人、占地1329.3亩，拥有耕牛129头[3]。平均每4人、10亩地拥有一头耕牛。

---

[1] J. W. Robertson-Scott, *The People of China: Their Country, History, Life, Ideas, and Relations with the Foreigner*. London: Methuen & Co., 1900, p. 5.

[2] J. B. Tayler, *Farm and Factory in China: Aspects of the Industrial Revolution*. London: Student Christian Movement, 1928, p. 24.

[3] 华东军政委员会土地改革委员会编：《安徽省农村调查》（内部资料），1952年刊印，第197页。

一水之隔的淮南，水稻种植情况亦与淮北大不一样，在淮北已很少见到水稻的情况下，水稻竟成了淮南地区的主要农作物。晚清时期，"淮扬下河为高、宝、江、甘、兴、泰、东台、山阳、盐、阜十州县之地，厥土涂泥，其谷宜稻，灌溉之源在于运河，运河又上承洪泽湖之水，递相轮灌，水腴而土沃，亩收数钟。秋稔所获，民食既饶，且可槩济邻省。其东为泰属各盐场，牢盆所产，济五省之淡食，运源所注，支分络系，商贩如纤，百货萃焉。丁漕盐课，商税之赢甲于江北"①。民国中期，据对淮安、宝应、高邮、江都4县10个典型区的调查，淮安县岔河区小麦、水稻两项占作物亩数的71.2%。宝应县渔沟区，小麦、水稻和大豆三项占98.6%，射阳区水稻占夏季作物的90.8%，仁和区的小麦、大豆、绿豆和水稻四项占作物亩数的87.2%。高邮县一沟区，冬作物中几全为小麦，夏季作物则几全为稻，两项占作物面积的98.9%，菱塘桥区，小麦、水稻两项占作物亩数70.2%。江都县邵伯区、李典区，夏季作物基本上全部为稻②。

在淮北很少植稻、淮南大量植稻的情况下，苏南地区的种植业结构同样发生了较大的转型。"自钱镠窃据，南宋偏安，民聚而地辟，遂为财赋之薮"③。值得注意的是，民谚"江淮熟，天下足"，自宋以后演变成了"苏湖熟，天下足"，从中可以窥见中国经济核心地区的变迁。

有人认为："中国与欧洲的工业经济有几点明显的不同。存在

---

① 段朝端等：《山阳艺文志》卷六，民国十年刻本，第47页上一下。
② 导淮委员会编：《高宝湖区土地经济调查报告》，1933年10月刊行，第24—25页。
③ 靳辅：《生财裕饷第一疏（开水田）》，《文襄奏疏》卷七，《钦定四库全书》（第430册）"史部"，台北：商务印书馆，1986年影印本，第40页下—41页上。

于习惯性和文化框架内的中国经济显然不同于西方社会的前工业经济。例如，仅是基于广泛使用水的稻米经济的单一事实，就具有影响土地和劳动力、人口的稠密性、以及村庄形式、家庭和亲属组织关系的深远意义。这些文化和习惯性的差异影响了中国经济来改变自己进行变革、增长和工业化的能力。"①明清以后，以区域言，江南地区的种植业结构得到了进一步优化，人力资源与自然资源的配置更为合理。淮南大部分地区基本上维持着稻米生产，种植业结构既未优化，也未明显恶化。淮北地区的种植业结构则普遍恶化，以至于无法维持农家极为喜好的高产的稻米种植。

三、匮乏的林薪

陈嵘认为：混沌之世，草昧未辟，中国土地大多为森林覆盖。自有巢氏构木为巢，森林才逐渐开发②。恩格斯指出，这是人类的低级阶段。"这是人类的童年。人还住在自己最初居住的地方，即住在热带的或亚热带的森林中。他们至少是部分地住在树上，只有这样才可以说明，为什么他们在大猛兽中间还能生存。他们以果实、坚果、根作为食物"。这一状态大概延续了好几千年③。

约5000年以前，即使现在极为干燥的甘肃、陕西、山西，其森

---

① John K. Fairbank, Alexander Eckstein, "Economic Change in Early Modern China", in Alexander Eckstein (ed.), *China's Economic Development: The Interplay of Scarcity and Ideology*. Ann Arbor: The University of Michigan Press, 1975, p. 91.
② 陈嵘：《中国森林史料》，北京：中国林业出版社，1983年，第3页。
③ 恩格斯：《家庭、私有制和国家的起源》，《马克思恩格斯文集》第4卷，北京：人民出版社，2009年，第33页。

林覆盖率也分别为77%、45%和63%①。周初以前，中国大陆除冰川、荒漠、草原外，绝大部分地区被原始森林覆盖。约3000年前，森林和草原面积十分广阔，约占国土总面积的70%—80%。其中森林约占全国总面积的50%②。

《庄子》借盗跖之口称："古者禽兽多而人少，于是民皆巢居以避之。昼拾橡栗，暮栖木上，故命之曰'有巢氏之民'。古者民不知衣服，夏多积薪，冬则炀之。"③尧、舜之时，草木茂盛，五谷不登，禽兽逼人，故欲驱除禽兽，保全人类，必须伐木焚林，是人力摧毁森林的开始④。《商君书》云："昔者昊英之世，以伐木杀兽，人民少而木兽多。"⑤巢居生活，条件艰苦，人类只能转向更为稳定舒适的种植业。《淮南子》："古者民茹草饮水，采树木之实，食蠃蜯之肉，时多疾病毒伤之害。于是，神农乃始教民播种五谷。"⑥

尽管很早就开始了农耕，但由于人口增长较缓，在汉以前，人对自然的破坏也相对较慢。史念海指出："历史时期的早期，黄土高原到处是青山绿水，山清水秀，和现在完全不同，至少离现在

---

① 凌大燮：《我国森林资源的变迁》，《中国农史》1983年第2期；王玉德、张全明等：《中华五千年生态文化》（下），武昌：华中师范大学出版社，1999年，第745页。
② 中国科学院《中国自然地理》编委会：《中国自然地理·历史自然地理》，北京：科学出版社，1982年，第24—25页。王玉德、张全明等著：《中华五千年生态文化》（上），武昌：华中师范大学出版社，1999年，第744页。
③ 沙少海注：《庄子集注》，贵阳：贵州人民出版社，1987年，第313页。
④ 陈嵘：《中国森林史料》，北京：中国林业出版社，1983年，第4页。
⑤ 山东大学《商君书》注释组：《商君书新注》，济南：山东人民出版社，1976年，第132页。
⑥ 高诱注：《淮南子》，上海：上海书店，1992年，第331页。

2000年左右，还没有多大改变。"①淮河流域的生态要远远好于黄土高原。

良好的森林等原始生态系统的广泛分布，是象、虎等大型动物生活的必要条件。黄河中下游地区野象分布极广。野象的生活区，显然以广袤的森林居多。

史载："应龙攻蚩尤战，虎、豹、熊、罴四兽之力。"②此处的四兽，可能是以虎、豹、熊、罴猛兽为图腾的四个部落。《尚书》中有朱虎、熊罴二臣。远古时代，黄河中下游、淮河流域地区野象分布极广。③殷商时期，人工驯养野象。殷墟中不但有大量的大象的骨头，且甲骨文常见到"获象""来象"的记载。罗振玉指出："象为南越大兽，此后世事。古代则黄河南北亦有之。"学者共认《吕氏春秋·古乐篇》所载"商人服象，为虐于东夷，周公以帅逐之，至于江南"。"此殷代有象之确证矣"④。河南省的简称"豫"，意为"象之大者"⑤。徐中舒指出："《禹贡》豫州、徐州二地，字均从邑。其命名之义，徐为国名，豫当以产象得名，与秦时之象郡以产象得名者相同。此又为古代河南产象之一证"⑥。"為"字即为人"牵象之形"。舜为姚姓，"姚"字从"為"，显

---

① 史念海：《论历史时期黄土高原生态平衡的失调及其影响》，《黄土高原历史地理研究》，郑州：黄河永利出版社，2002年，第297页。
② 沈约注：《竹书纪年》卷上，上海涵芬楼复本，第1页上。
③ Mark Elvin, *The Retreat of the Elephants: An Environmental History of China*. New Haven: Yale University Press, 2004.
④ 转引自徐中舒：《殷人服象及象之南迁》，《中央研究院历史语言研究所集刊》第2本第1分，1930年5月，第62页。
⑤ 《汉语大字典》编辑委员会：《汉语大字典》（缩印本），成都：四川辞书出版社、武汉：湖北辞书出版社，1993年，第1506页。
⑥ 徐中舒：《殷人服象及象之南迁》，《中央研究院历史语言研究所集刊》第2本第1分，1930年5月，第64页。

为服象之民族,传说中多有象为舜耕之事。殷人文字仍把"為"写成牵象形,青铜器及石鼓文中均予以继承①。

周代淮夷所献象齿,说明这里仍然盛产大象。而淮北人李耳所著的《老子》还记载了犀牛②。楚昭王十年(公元前506),吴王阖闾和伍子胥等率军伐楚,大败楚军于柏举,攻至楚都郢,楚昭王逃离郢都到达睢水。"针尹固与王同舟,王使执燧象以奔吴师"③。在战争中使用了象战。至战国时,野象数量急剧下降,平时已难得为人所见。韩非子曾云:"人希见生象也,而得死象之骨,案其图以想其生也,故诸人之所以意想者皆谓之象也。"④

商代苏北地区曾是东夷飞虎部族的活动地域。今天的邳州城标就是虎形辟邪。《易》曰:"云从龙,风从虎。"⑤大量描写淮北地理生态的《山海经·大荒东经》称靖人(小人国)"人面兽身";蔿国和白民之国,均"黍食,使四鸟,虎、豹、熊、罴"。据郭璞注君子国"亦使虎豹";高诱称:"国人衣冠带剑食兽,使二文虎也。"⑥

春秋时,与淮北相关的宋、鲁、楚等国在战争中,经常以虎皮蒙战马,以收意外之效果。鲁庄公十年(公元前684)夏六月,齐、宋联军与鲁开战。鲁大夫公子偃"蒙皋比而先犯之",大败宋

---

① 徐中舒:《殷人服象及象之南迁》,《中央研究院历史语言研究所集刊》第2本第1分,1930年5月,第65—66页。
② 徐中舒:《殷人服象及象之南迁》,《中央研究院历史语言研究所集刊》第2本第1分,1930年5月,第70—71页。
③ 杨伯峻编著:《春秋左传注》(4),北京:中华书局,2009年,第1545页。
④ 陈奇猷校注:《韩非子集释》卷六,上海:上海人民出版社,1974年,第368页。
⑤ 王弼等注:《周易》卷一,上海涵芬楼复本,第3页下。
⑥ 郭璞注、毕沅校:《山海经》卷十四,上海:上海古籍出版社,1990年,第105页。

师于乘丘（今山东兖州西北）①。鲁僖公二十八年(公元前632)，城濮之战中，"胥臣蒙马以虎皮，先犯陈、蔡。陈、蔡奔，楚右师溃"②。

秦末，"有白虎见于东海"③。《水经注》称：王莽时代的阴陆（即西汉时的阴陵，今皖北定远县西北），"时多虎灾，百姓苦之"④。

东汉以后，淮河流域的农田水利事业得到了极大的发展，这里成了全国最重要的粮产地。农业的发展，肇因于对原始生态的大规模开发，造成了与虎争林、与虎争地的局面，是以史籍中大量记载了虎与人类的冲突。

东汉显宗永平年间（57—75），宗均为九江太守（治寿春），"常募设槛阱，而犹多伤害"。时人认为："夫江、淮之有猛兽，犹北土之有鸡豚也。"⑤由此可见当时淮河流域虎的普遍存在。汉章帝元和三年（86），"白虎见彭城"⑥。魏明帝曾于宣武场上断虎爪，纵百姓观看⑦。南朝宋初，彭城驾山下老虎多次肇灾，"村人遇害日有一两"。河北僧人释昙称自愿舍身饲虎，"尔后，虎灾遂息"⑧。梁元帝承圣元年（552），"淮南有野象数百，坏人室

---

① 杨伯峻编著：《春秋左传注》（1），北京：中华书局，2009年，第184页。
② 杨伯峻编著：《春秋左传注》（1），北京：中华书局，2009年，第461页。
③ 葛洪撰，周天游校注：《西京杂记》卷三，西安：三秦出版社，2005年，第120页。
④ 郦道元注：《水经注疏》卷三十，南京：江苏古籍出版社，1989年，第2530页。
⑤ 《资治通鉴》卷四十五，北京：古籍出版社，1956年，第1446页。
⑥ 王楫等修：《徐州志》卷三"天文志"，嘉靖年间刊本，第5页上。
⑦ 陈继儒：《虎荟》卷四，宝颜堂新刻本，第3页下。
⑧ 大藏经刊行会编：《大正新修大藏经·高僧传》卷十二，台北：新文丰出版公司，1983年，第404页上。

第三章 从沃土到瘠壤　419

庐"①。南朝宋后废帝元徽三年（475）二月，"白虎见郁州"②。

唐时，李嘉祐登楚州城，望驿路十余里，"山村竹林相次交映"，遂赋诗："十里山村道，千峰栎树林。霜浓竹枝亚，岁晚获花深。草市多樵客，渔家足水禽。"③此时淮北仍多林地，但史书中人虎冲突的记载，从侧面说明林地在减少。

唐德宗贞元十四年（798），"多虎暴，白昼噬人"。时淮上阻兵，武将王征任申州刺史，"大修擒虎具，兵仗坑阱，靡不备设。又重悬购，得一虎而酬十缣焉"④。李绅任滁寿二州刺史时，"霍山多虎。绅至，虎尽去"⑤。唐小说《原化记》：一中朝子弟，依附于亳州永城舅氏，倾慕舅女才色。后此子入京求得功名，回到舅氏所居附近，竟误宿虎穴，杀虎子数头，并意外救下了被虎衔来的舅女，遂成婚姻⑥。

由于宋金对峙造成土地荒芜，黄淮之间多有虎迹。海州地区，"宋有农往耕，夜宿于野，虎至，欲噉农者。牛在侧，护之。虎扑，牛触，如是者数，虎始退。农觉，反鞭牛之骇跃为惊。又睡，虎复至，牛护农如初。及明视之，虎败走，牛已夃矣"⑦。金末元初，北至洛阳，南至淮河一带，常现虎迹。元好问31岁时

---

① 郑樵：《通志·纪》卷十三，台北：台湾商务印书馆，1987年，第255页下。
② 王豫熙修：《赣榆县志》卷十七"杂记"，光绪十四年刊本，第1页上。
③ 彭定求等编：《全唐诗》卷二百六，北京：中华书局，1960年，第2156页。
④ 孙家洲主编：《中华野史》第1卷"先秦至隋朝卷"，济南：泰山出版社，2000年，第888页。
⑤ 刘广生修：《常州府志》卷十四"人物"，万历四十六年刻本，第106页上。
⑥ 钱振民编纂：《古代短篇小说金库》（7）《精怪世界》（1），合肥：黄山书社，2000年，第360—361页。
⑦ 陈复亨纂修：《海州志》卷八"杂志"，隆庆年间刻本，第12页上。

（1221），洛阳玉华谷发生虎灾[1]。元好问赋《虎害》诗："北山虎有穴，南山虎为群。目光如电声如雷，倚荡起犬山之垠。百人一饱不留骨，败衣坠絮徒纷纷。空谷绝樵声，长路无行尘。呀呀垂涎口，眈眈阚城闉。"[2]别的因被元世祖任命为寿颍二州屯田府达鲁花赤，"时二州地多荒芜，有虎食民妻。"别的因乃立槛设机，缚羔羊于槛中作为诱饵，将虎射死，"自是虎害顿息"[3]。至元（1264—1294）中，"盐城丁溪场有二虎为害"[4]。

洪武（1368—1398）初，随赟为六安州英山县知县，常有虎食人之事。随赟移文于城隍神，"虎遂死于民被害所。乃斩其首，悬之城隍庙门。虎患遂息"[5]。据天长县群牧监奏：民人戴某妻在野外牧牛，其犬被虎所食。虎见戴妻，转而攻人。戴家所饲之牛，舍命护主，与虎相搏。"不逾时，而虎负牛胜，人难消矣"[6]。徐州有义虎桥的传说[7]。

维持一只野生虎的生存，通常需要数以百计的平方公里的林地。野生虎的存在，说明当时淮北有着大面积的原始林地。

淮北自然生态的衰变，治河时伐木树栅，被淹州县的营建，对林地破坏极大。苏辙赋诗描写苏轼修筑徐州城："河吞巨野入长淮，城

---

[1] 姚奠中主编：《元好问全集》卷五十五，太原：山西人民出版社，1990年，第528页。
[2] 姚奠中主编：《元好问全集》卷五，太原：山西人民出版社，第118页。
[3] 宋濂等：《元史》卷一二一"别的因传"，北京：中华书局，1976年，第2994页。
[4] 郭大纶修：《淮安府志》卷八"祥异志"，万历年间刻本，第5页上。
[5] 《明实录·太祖高皇帝》卷一二五，台北："中研院"历史语言研究所，1966年，第1998页。
[6] 朱元璋：《明太祖集》卷十五，合肥：黄山书社，1991年，第328页。
[7] 余家谟修：《铜山县志》卷七十二"志余（上）"，民国十五年刊本，第28页上—下。

没黄流只三版。明年筑城城似山,伐木为堤堤更坚。"①除了黄河、运河、洪泽湖等巨堤的维修外,淮北绝大多数州县有被水淹、甚至被洪水淹沉的历史,迁城徙镇几为常态,对林木的需求可想而知。

乾隆年间巡抚佟凤彩奏称:"夫豫省沿河地方,虽云产柳,然除堤柳园柳外,余俱系民间纳粮地土栽种,以供采办。且生之者有限,用之者无穷。自康熙七年以来,如桃源、宿迁、牛车屯以及七里沟等处,共计河南协济之柳已二百七十余万矣。又加之本省之黄河岁修,不下百余万。即去岁开封府属阳武县之潭口寺,工险事迫,无柳可用,将民间之果木,无论桃、李、杏、梨等树,尽行砍伐堵塞,方得无虞。"②光绪戊寅六月初,在治水过程中,"各夫下乡,无论坟内门前,榆柳槐杨,任意砍伐。即桃杏果木,凭其摧折,毫无顾忌"③。

对木材的需求极大,以致民间长期视木材为珍稀之物,甚至护堤树木也常被盗伐。明代宋礼修筑的阻截汶水入海、使之汇入南旺湖的戴村坝,对运河非常重要。"漕河之有戴村,譬人之一身,此其咽喉"。官府每年"增土以培之,植柳以护之"。即便如此,到明代后期,"而原植护柳枯死盗伐十无一二存焉"④。乾隆十年洪水,"金乡城咸洼,见城郭树木形,逾时而没"⑤。邳县的山脉,"大者无岩壑之奇,小者无林木之美。物产不饶,而人材衰

---

① 苏辙:《栾城集》卷八,上海:商务印书馆,1936年,第117页。
② 转引自焦国标《中国林业史》,台北:编译馆,1999年,第241页。
③ 贾汉复:《严厘河工积弊檄》,贺长龄:《皇朝经世文编》卷一百三"工政",上海:广百宋斋丁亥仲春校印,第28页下。
④ 包大爟纂修:《兖州府志》卷二十"戴村坝",万历元年刻本,第31页下。
⑤ 徐宗幹修:《济宁直隶州志》《济宁》卷一之二"五行志",咸丰九年刻本,第9页下。

竭"①。凤台县鲁村湾闸上夹树杨柳,"居民盗伐,树皆尽,今遂无一株存者"②。

即使政府大力保护的黄河河堤上的柳树,在北洋政府时期,"大多任其天然生长,从未加以修理。枝叶横生及病老枯朽者触目皆是。"③1913年10月,马玉仁部在阜宁战败,"窜入马家荡,刊沿荡林木及民舍桁条,编为巨筏,堵通荡港口"④。20世纪30年代初,西北军为了就地筹饷,任意砍伐黄河大堤上的树木。其军饷虽经百姓分摊,但树木最终仍被砍伐⑤。

清代中期以后,淮北显然已是中国沿海或近海森林最少的地区之一。据尹会一疏云:"夫三代而后,筹划足民,田时难制,惟有树畜可以讲求。今之州县,非不奉行,但种树百难,成树为难。"⑥

被台湾列为大学用书的《中国林业史》,列举中国森林破坏的原因有农垦、营建宫室、狩猎和战争⑦。早在1941年,日本学者就指出黄河中上游地区,因经济生活而造成对森林的滥伐⑧。而烧制石灰、砖瓦、陶器,以及作为锅灶和取暖的燃料,均对森林进行无

---

① 庄思缄订、冯煦鉴定:《邳志补》卷一"山",民国癸亥年刻本,第27页下。
② 李兆洛纂:《凤台县志》卷四"沟洫",嘉庆十九年刻本,第3页下。
③ 河南省政府:《整理豫河方案》,1931年刻本,第18页二。
④ 庞友兰总纂:《阜宁县新志》卷八"兵事",民国二十三年刻本,第16页下。
⑤ 方华:《灾荒中的河南农村》,《新创造》第2卷第1、2期,1932年7月出版,第232页。
⑥ 尹会一:《敬抒草野见闻疏》,张受长编:《尹少宰奏议》(旧刻本)卷五,未署刊刻时间,第2页下。
⑦ 焦国标:《中国林业史》,台北:编译馆,1999年,第9—126页。
⑧ 伊藤武夫:《黄河治水の经济的重要性》,东京:东亚研究所,1941年,第9—10页。

情的砍伐①。淮北也是叛乱多发地区，据林业专家研究，叛乱往往对森林具有毁灭性的打击②。为了剿匪，官府经常要毁林，以使盗匪无藏身屏障之地。

但在淮北地区，森林被破坏的主要原因则是水灾、治水、燃料危机和民生日用。种树易、成树难的主因则是盗伐。"取用者既不待其滋长，而盗窃又复公行，剪伐无时，必至尽耗其利而后已"③。外国学者很早就认识到，由于生活在许多世纪都没有森林的国度，人们可能全都缺乏对森林的认知。那些真正了解树木的价值并植树的人，大多会非常沮丧。树木总是会被邻居盗走或是被士兵作为木柴烧掉；主人经济上的困境必然会在树木长到一定的规模、带来经济上最大的收益前将其牺牲掉④。毕竟，粮食作物多在成熟时才面临盗窃危险，而树木从小到大随时面临盗伐之厄。

在本书所研究的时段，淮北的燃料如同彭慕兰所研究的黄运地区一样，非常紧缺。在彭著中，我们看到，20世纪的中国，有的地区得到了发展，有的地区已经"退步"了。在发生退步的地区，下层劳动者的生活资料严重短缺，已经根本无法"将就"下去。在黄运，燃料短缺不但使负责拾柴和烧饭的妇女儿童花费了不计其数的额外劳动，并且还引发了无数的社会冲突。为了节约燃料，人们在

---

① W. C. Lowdermilk, "Forestry in Denuded China," *Annals of the American Academy of Political and Social Science*, Vol. 152, China (November, 1930), p. 130.
② W. C. Lowdermilk, "Forestry in Denuded China," *Annals of the American Academy of Political and Social Science*, Vol. 152, China (November, 1930), p. 128.
③ 尹会一：《敬抒草野见闻疏》，张受长编：《尹少宰奏议》（旧刻本）卷五，未署刊刻时间，第2页下。
④ Walter H. Mallory, *China: Land of Famine*. New York: American Geographical Society, 1926, pp. 28-29.

寒冷的日子里也舍不得生火、经常不离开炕、少吃熟食①。燃料危机造成的损害并非直接的痛苦；人们长期绝望的反应恶化了环境问题。由于农民们不但很快就用完了木材，而且很快用完了谷皮、杂草，他们被迫燃烧畜粪（这原是作为肥料使用的。被用作燃料后，严重地影响了土地的肥力）。因为农民们极度缺乏秸秆，甚至那些不烧粪便的人也越来越多地失去粪便的某些利益。华北与施肥和混合肥有关的最大问题是缺乏有机质，无法吸收在把料堆积中释放的氮。作为屋顶材料的麦秸和稻草变得极其珍贵，舍不得用在混合肥中。黄运已经衰竭的土壤在整个20世纪早期逐步恶化下去②。

在国家不能重新增加服务的情况下，这种恶性循环只能一直持续下去。尽管淮北苇荡众多，但这些苇荡通常为官有或大户人家占有，普通百姓不能随便刈用。数百万亩的苇荡营本是治水芦苇的供应地，但由于管营官将与地方豪绅勾结，营地大量被私占私垦，产量经常不敷所需。治水时，官府仍要向民间索取用料，役吏乘机勒索，秸料、芦席折银是其敲诈中饱的良机。20世纪二三十年代，中国大部分地区的居民都在艰难地寻找燃料。凡是能够取火的东西都拾回家，以作为灶下烧火之用。除了在山区，在中国是没有私人的木材堆的，这是由于没有人拥有足够的木材，并且木材是一种非常宝贵的物品，是不能堆在外面的，如果那样，一些木棒就会遭窃③。

淮北土地同样越来越不堪重负，人们对环境的利用越来越体现

---

① Kenneth Pomeranz, *The Making of a Hinterland: State, Society, and Economy in Inland North China, 1853-1937*. California University Press, 1993, p. 125.
② Kenneth Pomeranz, *The Making of a Hinterland: State, Society, and Economy in Inland North China, 1853-1937*. California University Press, p. 136.
③ Carl Crow, *My Friends, the Chinese*. London: Hamish Hamilton, 1938, pp. 40-41.

出掠夺性。燃料危机时有体现。清代中期,一首诗中写道:"撤屋作薪,雪霰纷纷。三间老屋昏无灯,朝撤暮撤屋尽破,灶下湿烟寒不温。大儿祖,小儿羸,余草布地与包裹。明日思量无一可,尚有门扉堪取火。"① 民国前期,人们在淮北观察到,这里的农田很少见到麦根芦梗之类,说明这里的燃料处于极度短缺之中②。

即使在平原农作地区,树木多寡也与居民贫富有着极大关系,"大抵村落之中,一望平芜,率多穷困,林木葱翳,定多富饶,此固显而易见者"③。20世纪20年代,据记者在火车上观察,徐州附近,"间有小山,亦童山濯濯,森林之利,可谓绝无"④。华洋义赈会干事马罗立(Walter H. Mallory)写道:"贫瘠的被侵蚀的山岗和一望无际的平原,其千篇一律的景象偶尔被村庄用来遮阴或作为死者墓地标记的几丛树木分割开来,倾诉着一个肝肠寸断的人类短视无知的故事。"⑤

由于缺乏树林和贫穷,与江南地区厚葬亲属不同的是,淮北许多地区多行槁葬,元末朱元璋祖父即是被槁葬。明末至民国时期,槁葬更为普遍。且有弃而不葬者,"即此足以召水旱疠疫之灾"。⑥ 从而进一步恶化生态环境。灵璧百姓的生活情形在淮北具有普遍性:"盖邑介河淮之间,土瘠民贫,生理鲜少。加以频年被

---

① 钱崇威总纂:《重修沭阳县志》卷十四"诗征",民国年间刊本,第116页下。
② 君左:《徐州通讯:火车中之一瞥》,《申报》1927年7月9日,第9版。
③ 尹会一:《敬抒草野见闻疏》,张受长编:《尹少宰奏议》(旧刻本)卷五,未署刊刻时间,第2页下。
④ 君左:《徐州通讯:火车中之一瞥》,《申报》1927年7月9日,第9版。
⑤ Walter H. Mallory, *China: Land of Famine*. New York: American Geographical Society, 1926, p. 28.
⑥ 贡震等修:《乾隆灵璧县志》卷四"杂志",中国地方志集成(30),南京:江苏古籍出版社,1998年,第75页。

水,日就凋残,邑无城垣,野无道路,田无沟洫,钱粮无仓库,士无学舍,养济无院,育婴无堂,地亩无鳞册,赋役无全书,掌故无志乘,旧案无卷宗,街巷无栅关,救火无器具。吏兹土者,率一岁再更。查灾办赈,日不暇给,无复能为地方计及久远。……而尤有不忍言者,丧葬无衾棺。"①

清末,西方人就已发现,在中国的中产家庭中,几乎毫无例外地在活得尚好时就开始准备棺材②。咸丰年间,桃源训导王步云等人死难,人们"以板扉为棺殡公及公配张孺人,余束苇席埋之"③。父母或夫殁,存者"募棺以葬"被视为最高道德④。在较贫穷的人家,一口好棺材被视为是孝顺和尽职的儿子送给父母的最好礼物。据我们调查,1950年以前的沭阳、东海、灌云等地一具厚板松木棺材的价钱与一头水牛的价钱相当,足够一个五口之家全年的开支。20世纪80年代,苏北地区基层政府强行平坟造田,在挖开的坟茔中,我们发现清代中后期的坟墓,甚少使用棺材下葬,而极普遍的使用芦席裹尸掩埋。甚至在20世纪80年代,棺材在有些老人心目中仍有极为高贵的价值。在苏北推行火葬初期,有些地方政府强行没收老人自备的棺材,有的老人索性自杀,不惜以生命保护棺材。直到现在,在苏

---

① 贡震等修:《乾隆灵璧县志》卷四"杂志",中国地方志集成(30),南京:江苏古籍出版社,1998年,第93页。
② Alexis Krausse, *China in Decay: The Story of a Disappearing Empire*. London: George Bell & Sons, 1900, p. 38.
③ 张相文总纂:《泗阳县志》卷二十二"名宦",民国十五年刻本,第19页上。
④ 如,铜山周文运妻刘氏,"夫卒无殓具,乃剪发截二指,募棺葬毕,遂自缢"(吴世熊等总修:《同治徐州府志》卷二十三(中)"列女传",同治甲戌冬刻本,第55页上);桃源尤氏,"夫死募棺以葬"(张相文总纂:《泗阳县志》卷二十五"节烈",民国十五年刻本,第11页下);颍上县生员马柏妻郭氏,"夫死募棺以葬"(郏宠锡等主修:《颍上县志》卷十"列女",光绪四年刻本,第6页上)。

北某些地区,不论儿子如何不孝,但葬父母时若能买上一口上等棺材,其亲友通常会原谅其劣行;相反,一个人不论对父母如何孝顺,若在其下葬时使用下等棺材,则通常会被亲友视为不孝或看不起。

由于木材极为珍贵,不但公地上的树木成为众人偷伐的对象,就连淮北河工上的木材也经常被盗。洪泽湖高良涧等处大堤上的木桩,经常被湖内小船及水滁灾民乘夜盗锯,直到靳辅查看时,许多椿木锯痕犹在①。

尤令人震撼的是,淮北的盗墓贼与其他地区不同,他们盗墓通常只是为了偷盗坟茔中那些半腐的棺木。道光年间山阳岁贡汪桂的《伐冢行》中写道:"长淮之滨古山阳,墓田大半城东乡。可怜棺椁已掘去,空坟累累犹低昂。往岁曾经告官府,不理徒烦呼吁苦。遂使奸氓无忌惮,守坟户户凶如虎。荒原月黑风飕飕,啾啾唧唧鬼语愁。松柏萧骚狐兔窜,穿林绕圹磷火幽。是时相约荷锹镢,旧垄新茔任剽括。先揭棺盖次棺腔,拆开块块肩可扛。金椎控尔颐,铁斧触尔肉。岂有玉敛与珠含?但利尔棺六寸七寸之厚木!掩骸填坎留坟形,事已竣矣东方明。东方既明匿茅舍,村径人闻锯凿声。造水车,作犁箭,木屑恒于爨下见。……贫儿棺换富儿棺,富鬼宅为贫鬼宅。"②

森林稀缺的最严重后果是加剧了水灾。黄河长期泛滥带来的黄土,极不耐风蚀雨淋,更不耐水流冲激。没有林草覆盖的河堤即使年年疏浚也很快会坍陷到河床中,而整个流域的水土流失,更使河床的高度与日俱增。20世纪20年代,关注中国水灾的人把毁林作为

---

① 靳辅:《经理河工第八疏》,《治河方略》卷六,南京:中国工程学会,1937年,第243页。
② 段朝端等:《山阳艺文志》卷八,民国十年刻本,第18页上—下。

水灾发生的主要原因①。

第三节　农家手工经济结构的演变

近来的考古发现，在新石器时代，淮北就有大量的纺织证据；北宋以前，淮北是典型的男耕女织地区。明清的治水活动几造成了林薪绝迹，使得桑林很难在淮北普遍生长，丝业因此衰败。由于棉花成熟持续时间较长，需要较强的武力在田看管，盗匪横行的淮北显然无法提供棉花生长的社会条件。

一、从桑麻之境到不蚕之土

中国农村传统的和谐家庭与和谐社会的模式就是男耕女织，以至于每年春天天子要象征性操一次犁，后妃则要摘一把桑叶饲一次蚕②。此礼概出自《礼记》所载。据《礼记·月令》，季春之月，"命野虞毋伐桑柘。鸣鸠拂其羽，戴胜降于桑。具曲、植、蘧、筐。后妃齐戒亲东向躬桑。禁妇女毋观，省妇使，以劝蚕事。蚕事既登，分茧称丝效功，以共郊庙之服，毋有敢惰"③。

我国古代传说："神农之世，男耕而食，妇织而衣。"④大汶口文化中晚期的男子，不仅是渔猎业中的主要劳动者，而且也是农

---

① Hon. M. T. Liang, "Combatting the Famine Dragon," *News Bulletin* (Institute of Pacific Relations), April 1928, p. 8.
② J. W. Robertson-Scott, *The People of China: Their Country, History, Life, Ideas, and Relations with the Foreigner*. London: Methuen & Co., 1900, p. 67.
③ 朱彬：《礼记训纂》卷六"月令"，北京：中华书局，1996年，第236—237页。
④ 商鞅等：《商君书》卷四"画策篇"，上海：上海人民出版社，1974年，第57页。

业、家畜饲养业以及许多手工业生产中的主人,他们制造、使用并拥有这些生产工具和产品,而妇女则转为男子的辅助劳力,主要在家中从事纺织、缝纫等。邳县刘林墓地男性墓中普遍随葬石斧、石锛、石凿等生产工具,女性墓中一般随葬纺轮,很少随葬石斧[1]。这表明,新石器时代淮北已开启男耕女织经济。

据史籍所载,商周以前,我国丝织业最发达的地区是济水与黄河之间的山东部分。《尚书·禹贡》:兖州"桑土既蚕,是降丘宅土"[2]。有的学者把《禹贡》与《诗经》进行对比,属于兖州的"墉""卫"国的诗篇中,言桑事最多[3]。证实了《禹贡》的正确性。

《史记·韩安国传》:"强弩之极,矢不能穿鲁缟。"许慎注曰:"鲁之缟尤薄。"赤壁之战前,诸葛亮在吴主孙权前同样引用了这句话,而东吴属境基本包括了后来中国丝织业最为发达的苏州、杭州以及太湖沿岸地区,说明鲁地的丝织品是那时包括东吴人在内的中国人所共认的顶级丝织物。李白《五月东鲁行答汶上翁》一诗称:"鲁人重织作,机杼鸣帘栊。"[4]

从明朝人辑录的农书中,可知一些纺织器械多是兖州的工具或以北方的为先进。如"络车,方言。曰河济之间络谓之给。……此北方络丝车也。南人但习掉籰取丝,不若络车安且速也"[5]。"纬

---

[1] 江苏省社会科学院《江苏史纲》课题组:《江苏史纲(古代卷)》,南京:江苏古籍出版社,1993年,第9—10页。
[2] 曾运乾:《尚书正读》,北京:中华书局,1964年,第54页。
[3] 史念海:《春秋战国时代农工业的发展及其地区的分布》,载《河山集》,北京:三联书店,1978年,第103页。
[4] 李白:《李太白集》卷十九,上海:上海书店影印本,1988年,第423页。
[5] 徐光启:《农政全书》卷三十四,《钦定四库全书》(第731册)"子部三十七·农家类",台北:商务印书馆,1986年影印本,第13页下。

车，方言。曰赵魏之间谓之历鹿车，东齐海岱之间谓之道执"①。

事实上，商周时期，整个淮河中下游地区的桑蚕业均极为发达，但这个地区是长期与周王室为敌的淮夷所居。按《周礼》的规制："孟春之月，悬法布令，采诗观俗。"②显然，周室派遣采诗观俗的辂轩使无法到达淮夷所控地域③，《诗经》中也就无法体现淮北真正的桑蚕盛况。即便如此，一些史籍仍留下淮域蚕业的记载。《禹贡》载："淮夷蠙珠暨鱼、厥篚玄纤缟。"④西周王朝把淮水南北的淮夷视为周人的"布帛之臣"，当时周王室在淮夷设有专门管理丝麻纺织生产的工官⑤。《史记》称："邹鲁滨洙泗，……颇有桑麻之业。"⑥春秋末年，"吴之边邑卑梁与楚边邑钟离小童争桑，两家交怒相攻，灭卑梁人"⑦。并最终导致吴楚两国交兵。充分说明在春秋时代，蚕桑业在这个地区的农家经济结构中具有重要的地位。按：钟离国在凤阳东北临淮关，而卑梁则在天长县西北，明清时代两地俱属凤泗地区。

秦末，其先人由河南荥阳迁入沛地的周勃，"以织薄曲为生"，说明这里的男子很早就参与了纺织业的辅助活动。在汉代的官营作坊中，男女纺织工匠均有，男子纺织的现象非常普遍。

---

① 徐光启：《农政全书》卷三十四，《钦定四库全书》（第731册）"子部三十七·农家类"，台北：商务印书馆1986年影印，第16页下。
② 董诰等编：《全唐文》卷四一四，北京：中华书局，1983年，第4239页上。
③ 周、秦之时，常在每年八月派遣辂轩使，"采异代方言之，还奏籍之，藏于秘室。"见应劭撰：《风俗通义》"序"，王利器校注，北京：中华书局，1981年，第11页。
④ 曾运乾：《尚书正读》，北京：中华书局，1964年，第58页。
⑤ 江苏省社会科学院《江苏史纲》课题组：《江苏史纲（古代卷）》，南京：江苏古籍出版社，1993年，第27页。
⑥ 司马迁：《史记》卷一二九"货殖列传"，北京：中华书局，1963年，第3266页。
⑦ 司马迁：《史记》卷四十"楚世家"，北京：中华书局，1963年，第1714页。

汉代以前,"庶人耋老而后衣丝,其余则麻枲而已,故命曰布衣。及其后,则丝里枲表,直领无袆,袍合不缘。夫罗纨文绣者,人君后妃之服也。茧绌缣练者,婚姻之嘉饰也。是以文缯薄织,不鬻于市"。经过西汉前期数十年的治理,社会生产有了极大发展,优质丝织品的使用远较前代普及。到西汉前中期,"今富者缛绣罗纨,中者素绨冰锦。常民而被后妃之服,亵人而居婚姻之饰。夫纨素之贾倍缣,缣之用倍纨也"①。

汉代淮北的丝织物交易已成常俗。《风俗通》载,临淮有一人持一缣到市上售卖,丞相薛宣一见便知其价:"缣直数百钱!"②

汉代淮北地区的画像石,反映了当时的纺织情景。铜山县洪楼汉墓出土的画像石表现了一个家庭中的纺织情景,"有的纺纱、有的络纱,有的摇纬,有的织布"③;青山泉出土的一块汉画像石中,共刻4位妇女,"有的在纺线、有的在织布"④;沛县出土的一块画像石,则是一幅完整的纺织图,"画面左方刻一织机,有一织女坐机上,中立一人抱一婴儿递给织女;右方刻一纺车,车前坐一妇女,画面上方刻一亭,旁边挂有一篗(络丝的用具)等"⑤;邳

---

① 王利器校注:《盐铁论校注》卷六"散不足",北京:中华书局,1992年,第350页。
② 应劭:《风俗通义》"佚文",王利器校注,北京:中华书局,1981年,第589页。
③ 徐州市博物馆编:《徐州汉画象石》,南京:江苏美术出版社,1985年,图77和"图版说明"第5页。
④ 徐州市博物馆编:《徐州汉画象石》,南京:江苏美术出版社,1985年,图168和"图版说明"第9页。
⑤ 徐州市博物馆编:《徐州汉画象石》,南京:江苏美术出版社,1985年,图226和"图版说明"第11页。

县出土的一块画像石，刻有一幅纺织图，有织机、纺车等[1]。曹庄的纺织图上，织工面前有一突起的横木，可能是幅撑装置或卷布帛轴；图上的空心梭子与满管纡子并存，另外还有竹筘打纬[2]。据统计，我国目前已经发现的带有纺织内容的汉画像石15块，全部在江苏、山东境内，而苏北徐州和鲁南滕州地区占11块[3]。

连云港等地的一些汉墓中，发现了随葬的衣物卷，载明当时随葬衣物的质料有绮、绢、绫、锦、缣等丝织品，花色有白、皂、黄、绿、青、红等色[4]。

《颖州府志》引《宋志》云："汝阴之俗不事末作，男勤耕桑，女勤织纴。"[5]

在唐代，河南道，"厥赋：绢、絁、绵、布。厥贡：丝布、葛、席、埏埴盎缶"[6]。妇女纺织既要维持家庭的需要，更要供给官府的索求。杜甫《牵牛织女》云："嗟汝未嫁女，秉心郁忡忡。防身动如律，竭力机杼中。虽无姑舅事，敢昧织作功。"[7]孟郊《织妇辞》："夫是田中郎，妾是田中女。当年嫁得君，为君秉机

---

[1] 徐州市博物馆编：《徐州汉画象石》，南京：江苏美术出版社，1985年，图270和"图版说明"第12页。
[2] 《泗洪县曹庄发现一批汉画像石》，《文物》1975年第3期。
[3] 李国华：《汉代纺织图像的神祈意义》，徐州市两汉文化研究会编《两汉文化研究——徐州首届两汉文化学术讨论会论文集》，北京：文化艺术出版社，1996年，第193页。
[4] 江苏省社会科学院《江苏史纲》课题组著：《江苏史纲（古代卷）》，南京：江苏古籍出版社，1993年，第185页。
[5] 王敛福等编纂：《颖州府志》卷一"舆地志"，乾隆十七年刻本，第69页上。
[6] 欧阳修、宋祁：《新唐书》卷三十八"地理志二"，北京，中华书局，1975年，第982页。
[7] 杜甫：《杜甫全集》卷六，上海：上海古籍出版社，1997年，第76页。

杼。……官家榜村路,更索栽桑树。"①元稹《织妇词》:"织妇何太忙,蚕经三卧行欲老。蚕神女圣早成丝,今年丝税抽征早。早征非是官人恶,去岁官家事戎索。……东家头白双女儿,为解挑纹嫁不得。"②柳宗元《田家三首》诗称:"蚕丝尽输税,机杼空倚壁。"③白居易的《朱陈村》一诗,描绘了徐州附近的纺织盛况:"徐州古丰县,有村曰朱陈。去县百余里,桑麻青氛氲。机梭声札札,牛驴走纷纷。"④清人胡裕世在《阴平旧邑》一诗中称海州沭阳:"曾闻名邑遍桑麻。"⑤

唐代陈州淮阳郡土贡绢,亳州谯郡、宿州土贡的主要物品均为绢,蔡州汝南郡的土贡以绫为主要物品,徐州彭城郡贡双丝绫、绢、绵绸、布等,泗州临淮郡贡锦、资布,濠州锺离郡贡絁、绵、丝布等,海州东海郡贡绫、楚布等⑥。据载:"淮安自唐以来,即以棉存布、苎布入土产。"⑦邳县在中古时期,其物产有丝、绫、绢、绸、布等⑧。《元和郡县图志》云:"海州开元贡楚布,赋绢、绵。"⑨

---

① 孙建军等主编:《全唐诗选注》第10册,北京:线装书局,2002年,第2888页。
② 孙建军等主编:《全唐诗选注》第10册,北京:线装书局,2002年,第3143页。
③ 彭定求等:《全唐诗》卷三五三,北京:中华书局,1960年,第3954页。
④ 白居易:《白居易集》卷十"感伤二",长沙:岳麓书社,1992年,第138页。
⑤ 唐仲冕等编纂:《嘉庆海州直隶州志》卷十三"古迹",嘉庆十六年刻本,第30页上。
⑥ 欧阳修、宋祁:《新唐书》卷三十八"地理志二",北京,中华书局,1975年,第988—991页。
⑦ 吴昆田等总纂:《淮安府志》卷二"疆域",光绪十年甲申刻本,第5页下。
⑧ 庄思缄订、冯煦鉴定:《邳志补》卷二十四"物产",民国癸亥年(1923)刻本,第17页下。
⑨ 唐仲冕等编纂:《嘉庆海州直隶州志》卷十六"杂征",嘉庆十六年刻本,第30页上。

史念海指出，在唐代，全国所产的绢共分八等，一等、二等绢皆出自河南道，其余各等则分布在河南、河北两道①。翁俊雄认为，唐代的丝绸之路，就源起于今河南、河北、山东和苏北徐州一带②。

自宋以后，淮北的手织业开始凋落③。如果说自然经济的特征是男耕女织的话④，在宋至19世纪以前的相当长的时间里，淮北的农家经济已退化到与自然经济的水平相距极远的地步。淮北徐州、淮安、海州地区与附近的皖北、河南、鲁西南，在宋代以后，农家经济从男耕女织型演变成了单一的男耕型。

检各地方志，明朝以后，淮北等地已基本上见不到手织业了。鲁西南、河南的经济变迁与之相似。清朝中期，河南省"家有机杼者百不得一"⑤。到了近代，正如包世臣所指出的那样："且如古兖州，

---

① 史念海：《黄河流域蚕桑事业盛衰的变迁》，载《河山集》，北京：三联书店，1978年，第268页。
② 翁俊雄：《丝绸之路的源头在河南、河北、山东》，翁俊雄：《唐代人口与区域经济》，台北：新文丰出版股份有限公司，1995年，第406页。
③ 史念海先生早就注意到了历史上黄河流域家庭手织业的衰变，他认为，自北宋以后，黄河流域丝织品的质量和数量均在衰落（史念海：《黄河流域蚕桑事业盛衰的变迁》，载《河山集》，北京：三联书店，1978年，第267页）。而到了明代，山东、陕西省已不负担夏税绢，负担夏税绢数的重心地区转到了长江流域及其以南地区（史念海：《黄河流域蚕桑事业盛衰的变迁》，载《河山集》，北京：三联书店，1978年，第271页）。汪汉忠注意到了苏北"自然经济"内部的纺织业"过早地"衰退甚至消失这一现象（汪汉忠：《灾害、社会与现代化：以苏北民国时期为中心的考察》，南京大学2003年度博士学位论文，第51—54页）。但他把种现象视为自然经济的"苏北模式"，则值得商榷。下文将要述及，这种演变形式是鲁南（特别是鲁西南）、河南省等地共同的变化模式。
④ 学术界一般认为："小农业和农民家庭手工业的密切结合，是我国农村自然经济的一个突出的特点。农民家庭手工业……最重要的是棉、麻、丝等手纺织业，因而常把'男耕女织'或耕织结合作为自然经济的代称。"见许涤新、吴承明主编：《中国资本主义发展史》第2卷，北京：人民出版社，2003年，第265页。
⑤ 尹会一：《请陈农桑四事疏》，张受长编《尹少宰奏议》卷三，未署刊刻时间，第14页上。

古称桑土,今至莫识蚕丝,青齐女红甲天下,今至莫能操针线。"①
　　徐州府睢宁县在光绪以前,"农人畜牛耕耨,习以为常,农妇割草饲牛,无暇纺织,故篝灯之火,初未见于村庄,所穿布缕,向皆购自外来,倘他处棉花失收,价即昂贵。在地贫民,号寒如绿毛么凤"②。淮安府盐城县,"物产无多,稼穑而外,捕鱼治蘸采薪织蒲,聊以谋生,往昔布帛未兴,专尚节俭"③。光绪年间,有人指出,盐城不是一个"耕织并重"的地区,"盐邑则田勤女窳,不任纺织,寸缣尺布皆购于市,即缝纫所资,亦必至临用时,始捻棉为线,以手而不器,准其所用而止"④。邻境的兴化县(属扬州府)直到1837年以前还没有手织业,时人写道:"兴邑妇女好闲游,喜入庙烧香,且乡间相率而途闹者,所在皆然,求其故,则向无妇功也。"⑤淮安府清河县,"有桑而不蚕"⑥。海州府沭阳县,县令袁枚在咏该县的诗中写道:"女子绝无当户织"⑦。清代《沭阳县志》载:"妇女不登山入庙,不事纺织。"⑧赣榆县,"妇女无蚕织之事"⑨。张謇《清河至赣榆道中十首》称这一地区:"不

---

① 包世臣:《安吴四种》卷第二十六"齐民四术"卷二"农二", 光绪十四年(1888)刻本,第2页上—下。
② (未署撰者)《河上纬萧》,《益闻录》第15册,第1294号,1893年8月16日出版,第369页上。
③ 刘崇照修:《盐城县志》卷二"舆地",光绪二十一年刻本,第25页下。
④ 刘崇照修:《盐城县志》卷二"舆地",光绪二十一年刻本,第29下—30页上。
⑤ 周石藩:《一瞬录》"丁酉年",道光十九年(1839)家荫堂刻本,第63页下。
⑥ 鲁一同纂修:《江苏省清河县志》卷二,民国八年(1919)补刊本,第8页下。
⑦ 袁枚:《小仓山房诗集》卷三,见王英志主编《袁枚全集》第1册,南京:江苏古籍出版社,1993年,第40页。
⑧ 钱崇威总纂:《重修沭阳县志》卷一"疆域",民国年间刊本,第9页上。
⑨ 王豫熙修:《赣榆县志》卷二"疆域",光绪十四年刻本,第6页上。

蚕不织不晨梳，村妇村娃日坐娱。谁复长官林大浦（前海州知州林达泉），木棉种绝女桑枯。"①

安徽凤阳府灵璧县，"男无工贾，女无纺织"②。处于涡河与淮河交界的怀远县，"妇女或葺麦秸为笠，岂尽游惰哉？顾不蚕织，与不稼穑等"③。

20世纪20年代，来华的美国人曾对中国人最常见的节俭习俗深感惊讶：一个家庭通常只买一副鞋底，先供父亲穿，将要穿破时，再改小一点供大孩子穿，依次直到无法再改④。每个家庭平均拥有4个孩子，还可能有祖父母和其他亲属。拥有十多个孩子的家庭也并不鲜见⑤。赛珍珠以皖北为背景的作品中的主角王龙，仅有一件长衫，"全年统计不过十天光景的节日才上身的"⑥。

民国前期，因为缺乏手织业，"在江南街市上还可以看到穿丝织品衣服的人，但是淮海一般农民，不但是穿不起绸缎，就是能穿一件完完整整的青布衣服的，也不多见，大都穿着东破西补的衣服"⑦。多数农家置不起被褥，"到了冬天多脱得光光，拿裤铺垫

---

① 曹从坡等主编：《张謇全集》第5卷"艺文下"，南京：江苏古籍出版社，1994年，第80页。
② 贡震等修：《乾隆灵璧县志》卷四"风俗"，中国地方志集成（30），南京：江苏古籍出版社，1998年，第95页。
③ 《附怀远县志蚕织说略》，载贺长龄：《皇朝经世文编》卷三十七"户政十二"，上海：广百宋斋丁亥仲春校印，第24页下。
④ Walter H. Mallory, China: Land of Famine. New York: American Geographical Society, 1926, p. 92.
⑤ George Babcock Cressey, China's Geographic Foundations: A Survey of the Land and Its People. New York and London: McGraw-Hill Book Company, Inc. 1934, p. 172.
⑥ 赛珍珠：《大地》，台北：远景出版事业公司，1981年，第4页。
⑦ 《淮海面面观》，江苏省第六区党务指导员办事处编辑：《淮海》第5期，1935年10月1日出刊，第1页。

衣作被，睡的时候，蜷伏抱肩，好像猴子吃桃子一样"①。

缺乏棉花的农家习惯于用芦花来作替代品。由于湖、荡、洼、塘、坑以及废弃河沟极多，芦花在淮北极为常见。唐诗中有"芦花千里雪漫漫""梦扫芦花絮客衣""芦花飞处秋风起"等语句。山阳高士魁《南城芦苇歌》写道："晨兴出门气骚屑，城中八月即飞雪。细看乃是芦苇花，白点蒙戎洒城阙。城阙荒凉野戍同，居人迁徙如飘蓬。"②

当年孔门弟子闵子骞受继母虐待时才穿着芦花做成的冬衣。明代丰县丞李琼诗称："多少丰中待哺者，芦花大半制为衣。"③阜宁沿射阳河两岸向来盛产芦苇，"农户收藏以后，每织席、折芦花鞋、芦花毯之类，售数甚伙"④。在1949年以前，淮北农家普遍用芦花做成毛窝子（草鞋，也称"茅窝子"）、芦花毯，并用来代替棉花作棉衣内胆。只要气温不是非常寒冷，孩子一般都赤着脚，只有在冬天才会拥有一双毛窝子。如淮阴一带，"御寒之具，门有芦帘，地有火盆，覆首有毡帽，温足有茅窝子，四事具备，可以御冬矣"⑤。但淮北土壤，粘土与沙土交混。若粘土遇湿，"路滑如油，失足常陷尺许，举足又若千钧"⑥。茅窝更易沾泥，一旦遇雨或冰开，穿茅窝实为极痛苦之事。

到了灾荒年月，芦花更是农家过冬的重要物品。据灌云县农

---

① 《淮海面面观》，江苏省第六区党务指导员办事处编辑：《淮海》第5期，1935年10月1日出刊，第2页。
② 段朝端等：《山阳艺文志》卷八，民国十年刻本，第16页下。
③ 姚鸿杰纂修：《丰县志》卷十三"艺文志"，光绪二十年刊本，第12页下。
④ 庞友兰总纂：《阜宁县新志》卷十三"工业志"，民国二十三年刻本，第2页上。
⑤ 张煦侯：《淮阴风土记》上册，1936年，第158页。
⑥ 张煦侯：《淮阴风土记》下册，1936年，第175页。

会称,1948年灾荒时,灾民们"晚间归来,无衣可卧,多以芦花作被,以御天寒"①。

手织业不仅供农家衣着之需,通常也是农家较有保障的现金收入之源泉。淮北手织业从发达到衰落以至消失,非常清楚地反映了这个地区整个经济的倒退与衰变。

二、"沉舟侧畔千帆过"

明清以来,淮北地区已基本见不到家庭织布手工业。这里的农家经济如沉没之舟,枯萎之树,与其他某些地区形成强烈反差。原来手织业并不发达的地区,在《禹贡》中被描绘为"厥土惟涂泥,厥田惟下下","厥贡惟金三品、瑶琨、筱簜、齿、革、羽、毛惟木"②的江南地区,却发展成了手织业极为发达的地区。仅从淮北、江南纺织业的不同命途,就可以看出淮北地区经济的严重衰退。

明清以来,苏南大多数地区家庭手织业比较发达。鸦片战争前,人们公认:"江南苏、松两郡最为繁庶,而贫乏之民得以俯仰有资者,不在丝而在布。"③18世纪以后,松江府、太仓直隶州等地的家庭手织业已超越了自给自足的自然经济阶段,大部分产品为市场而生产。由于棉纺织手工业的发展,"松江成为早期近代中国

---

① 江苏省档案馆藏南京国民政府江苏省社会处档案:《灌云县农会致苏北水灾急赈委员会电》(1948年3月25日),全宗号1009,卷号:乙-1918,缩微胶卷第000287片。
② 曾运乾:《尚书正读》,北京:中华书局,1964年,第60页。
③ 尹会一:《请陈农桑四事疏》,张受长编《尹少宰奏议》卷三,未署刊刻时间,第13页下。

第三章 从沃土到瘠壤 439

的兰开厦"①。民间一向有"买不尽松江布"之说。

包世臣指出:"东南地窄,则弃农业工商。"②松江、太仓地区手织副业的收入比重逐步上升,作为主业的农业生产的空间不断被挤缩,最终导致手织副业成为农家生产的主业③,而农业生产则成了真正的"副业"。

据估计,1860年松江府的总人口数为300万人④,年产土布

---

① Ping-ti Ho, *Studies on the Population of China*. Cambridge, Massachusetts: Harvard University Press 1959, p. 201.
② 包世臣:《安吴四种》卷二十六"齐民四术"卷二"农二",光绪十四年(1888)刻本,第2页上。
③ 苏南地区早就出现了粮食生产"副业"化、织布生产主业化的现象。乾隆初年,《嘉定县志》的编者精辟地指出:"男耕得食,女织得衣,普天所同。而嘉邑之男以棉花为生,嘉邑之女以棉布为务。植花以始之,成布以终之。然后贸易钱米,以资食用。……昔时男女,冬夏罔闲,宵昼兼营。"〔程国栋纂修《嘉定县志》卷十二"风俗",乾隆七年(1742)刻本,第7页上〕。棉花棉布的兴盛,甚至完全替代了稻米的生产。时人写道:"国家下数十万艘以转漕江南,惟嘉定得免。盖其地无一粒之产"〔转引自张承先纂、程攸熙订正《南翔镇志》卷十二"杂志/纪事","中国地方志集成·乡镇志专辑"(3),上海书店1992年影印,第524页。除特别注明外,以下"中国地方志集成·乡镇志专辑"皆为上海书店1992年影印,不另注〕。据瞿仲仁之云:宝山县农家对织布业的依赖程度极深,该县"濒海亢瘠,版籍虽存米额,其实专种木棉。……小人之依全在花布织作"(梁蒲贵主修《宝山县志》卷三"考赋",学海书院光绪壬午年刻本,第3页下)。
这里需要特别说明的是,方行等学者已明确提出"副业主业化"的观点,他们指出:"苏松地区,原是我国人口密度最大的地区,也是赋税最重的地区,田亩有限,不足以供民食和征课,这也是该地区纺织业特别发达的原因之一。在这种情况下,有一部分农家纺织业由副业变为主业,那是很自然的。"见许涤新、吴承明主编《中国资本主义发展史》第1卷,北京:人民出版社,2003年,第401—402页。
最近,有人通过对太湖周边地区的研究后认为,19世纪中期,无锡与太湖南部地区农家收入的一半来自务工或织布。见James. C. Shih, *Chinese Rural Society in Transition: A Case Study of the Lake Tai Area, 1368-1800*. Berkeley: University of California, 1992, pp. 126-127。
黄宗智持不同观点,他认为:"长江三角洲的农村手工业实际上从未成为一种耕作之外的替代性选择,而始终是作为耕作的补充的'副业'活动"(黄宗智:《发展还是内卷?十八世纪英国与中国》,《历史研究》2002年4期,第162页)。
④ 徐新吾主编:《江南土布史》,上海:上海社会科学院出版社,1992年,第211页。

30420560匹，共需182523360个劳动日①。以每家5口、每户2名主劳力计，这项工作需要松江所有家庭每年工作152.1天②。这是其他任何行业（包括农耕）无法与之比拟的。应该说，织布是这一时期松江农家名符其实的主业。

织业主业化还从以下三个方面明显地表现出来：

首先，在农家收入的构成中，许多地区手织业的收入比重远远超过了农业或其他收入。

明朝时，棉花"其种乃遍布于天下。地无南北皆宜之，人无贫富皆赖之。其利视丝枲盖百倍焉"③。在这些夸张性的描述背后，我们至少可以看出，棉布已成为家庭中超过其他产业的利源。一般说来，松、太地区，"女子七八岁以上，即能纺絮，十二三岁即能织布。一日之经营，尽足以供一人之用度而有余"④。一些学者认为，江南一个农妇的纺织收入，应该高于一个长工的收入，有的农妇既要养家，还要供子孙读书，有的还因此致富⑤。织布在不少地

---

① 徐新吾主编：《江南土布史》，上海：上海社会科学院出版社，1992年，第215页。
② 徐新吾先生估计松江每户从事纺织的人数为1.5人，每户纺织的天数为265天。考虑到老人和孩子均可从事这项工作，本书把每个家庭参与织布的人口增加到2人。实际参与人口可能更高，如把这一因素包括进去，则从事织布的家庭的平均工作日会减少。但松江还有10%左右的不织布家庭以及城市人口，把这些因素考虑在内，则又会增加织布家庭的平均工作日数。
③ 徐光启：《农政全书》卷三十五，《钦定四库全书》（第731册）"子部三十七·农家类"，台北：商务印书馆，1986年影印本，第13页上。
④ 尹会一：《请陈农桑四事疏》，张受长编《尹少宰奏议》卷三，第13页下。
⑤ 详见Li Bozhong, *Agricultural Development in Jiangnan, 1620-1850*. New York: St. Martin's Press 1998, pp. 150-151；李伯重：《多视角看江南经济史（1250—1850年）》，北京：三联书店，2003年，第304页。彭慕兰也持相同看法，详见Kenneth Pomeranz, *The Great Divergence: Europe, China and the Making of the Modern World Economy*, pp. 101-103.

区成了农家的主收入,家中各项开支均有赖于此①。在有些地区,一人织一天布甚至可以养活一个八口之家②。

其次,为了满足纺织业的需求,松太地区的粮田比重普遍小于棉田的比重。

不难想见,为了满足土布生产的需要,农家极大地增加了棉花的种植比重。在太仓州,"统计州县地不下八千余顷,大率种木棉者十之七,种稻者十之二,豆菽杂粮十之一"③。嘉定县胶东地区,棉"为本区农产品之主要作物,旧占农田三分之二,即前所谓棉七稻三是也"④。"棉七稻三"的种植比重,在20世纪初以前,曾维持了数百年之久⑤,

---

① 明朝时,嘉定县"邑之民业首藉绵布,纺织之勤,比户相属,家之租庸、服食、器用、交际、养生、送死之费,胥从此出"〔韩浚等修:《嘉定县志》卷六"物产",明万历三十三年(1605)刻本,第36页上〕。青浦县"民无生计,日织此一布,易斗米备晨炊,户以为常。布一日不售,子妇有枵腹"(屠隆:《由拳集》卷十六,《四库全书存目丛书》"集部"第180册,济南:齐鲁书社1997年影印,第595页)。到清朝时,许多地区"计口受田不及一亩,即竭终岁之耕不足供二三月费。故居常蔽衣藿食,朝夕拮据,寒暑不辍,纱布为务,勉措夏税秋粮"〔萧鱼会、赵稷思纂《石冈广福合志》卷一"疆域考·风俗","中国地方志集成·乡镇志专辑"(3),第544页〕。
② 据载:上海诸翟镇紫堤村,"乡民多恃布为生,往时各省布商先发银于庄而徐收其布,故布价贵,贫民竭一日之力赡八口而有余"〔汪永安原纂、侯承庆续纂、沈葵增补《紫堤村志》卷二"风俗","中国地方志集成·乡镇志专辑"(1),第239页〕。松江干山(今天马山)地区,"土人以纺织为业,竭一日之力,可赡八口"〔周厚地纂《干山志》卷三"土产/风俗","中国地方志集成·乡镇志专辑"(1),第587页〕。

彭慕兰认为,18世纪中叶,一个妇女每年从织布业中可挣12两银子(合7.2石稻米),足以养活1名成年妇女和5个孩子。见Kenneth Pomeranz, *The Great Divergence: Europe, China and the Making of the Modern World Economy*, p. 102。
③ 王祖畬总纂:《太仓州镇洋县志》卷三"风土",民国八年刻本,第22页下。
④ 吕舜祥修、武嘏纯纂:《嘉定胶东志》,1948年云庐油印本,第26页。
⑤ 据《崇祯太仓州志》卷十五云:"州地宜稻者亦十之六七,皆弃稻袭花。"转引自洪焕椿主编:《明清苏州农村经济资料》,南京:江苏古籍出版社,1988年,第196页。

并且是松江府等地区的常规比重①。像宝山地区，"棉为出产大宗，约占全邑面积十之六七"②。盛桥镇，"棉居其七，稻居其三"③。江湾一带，"禾居十之三，棉居十之七"④。在嘉定，"成熟之田，二年种棉，一年种稻，稻较棉少。故农家恃棉为生，以种植瓜菜及喂养猪鸡为副产"⑤。奉贤县在光绪初年时，"东乡地高仰，只宜花豆，种稻殊鲜。……两乡之间，尤赖纺织鱼盐以助生计"⑥。上海杨思乡，'约计植棉地积占十之七'⑦。

在南翔地区，棉花的种植更为盛行，"仅种木棉一色，以棉织布，以布易银，以银籴米，以米充兑"⑧。时人诗中有"东去吴淞路不赊，人家尽种木棉花"之句⑨。有的地区在棉花连年歉收后才增加稻田的比重，但即使这样，稻作在农家经济中的地位仍无法与棉花相比。如上海七宝镇，平常时节"种稻者十不得一"⑩。"自道光以来，棉花连岁歉收，种稻者几有十之二焉"⑪。

---

① 黄宗智先生的估计较低，他认为，18世纪时松江府植棉土地大约占半数。见黄宗智《发展还是内卷？一八世纪英国与中国》，《历史研究》2002年4期，第155页。
② 钱淦总纂：《宝山县续志》卷六"农业"，民国十年刻本，第1页下。
③ 赵同福修、杨逢时纂：《盛桥里志》卷三"实业志"，"中国地方志集成·乡镇志专辑"（4），第560页。
④ 钱淦纂：《江湾里志》卷五"实业志"，民国十三年刻本，第1页上。
⑤ 黄世祚总纂：《嘉定县续志》卷五"风土志"，民国十九年刻本，第1页下。
⑥ 张文虎总纂：《重修奉贤县志》卷十九"风土志"，光绪四年（1878）刻本，第1页下。
⑦ 原颂周：《一个最有希望的农村》，《申报·星期增刊》1921年4月3日，第3版。
⑧ 徐新吾主编：《江南土布史》，上海：上海社会科学院出版社，1992年，第30页。
⑨ 王树棻修、潘履祥纂：《罗店镇志》卷一"风俗"，清光绪十五年（1889）刻本，第6页上。
⑩ 顾传金纂：《七宝镇小志》卷一"风俗"，"中国地方志集成·乡镇志专辑"（1），第350页。
⑪ 顾传金纂：《七宝镇小志》卷一"风俗"，"中国地方志集成·乡镇志专辑"（1），第353页。

第三章 从沃土到瘠壤

江南地区植棉如此之盛，商品经济空前发达，民食大量依赖市场，某些视农为本业的官员甚至开始担心江南的粮食问题。乾隆四十年（1775）两江总督高晋的奏折中说得非常明白："窃照大江以南江宁、镇江、常州、苏州府属地方，土多沃壤，民习耕种，且能手艺营生，衣食足资利赖。惟松江府、太仓州、海门厅、通州并所属之各县，逼近海滨，率以水涨之地宜种棉花，是以种花者多，而种稻者少。每年口食全赖客商贩运，以致粮价常贵，无所底止。……究其种棉而不种稻之故，并非沙土不宜于稻，盖缘种棉费力少而获利多，种稻工本重而获利轻。小民惟利是图，积染成风，官吏视为常，亦皆习而不察。以现在各厅州县农田计之，每村庄知务本种稻者不过十分之二三，图利种花者则有十分之七八。"①

最后，许多地区形成了以纺织而非耕田为主题的社会生活。

松、太地区土隘人稠，到乾隆时，"一夫所耕，不过十亩"②。自明朝以来，松、太农家租赋负担极重③，松江府的各项税

---

① 高晋：《奏清海疆禾棉兼种疏（乾隆四十年）》，琴川居士编《皇清奏议》卷六十一，见《续修四库全书》第473册，上海：上海古籍出版社，2002年影印，第514页。
② 赵宏恩等编修：《江南通志》卷六十八"田赋"，乾隆年间刊本，第16页上。
　　李伯重教授对"户耕十亩"作了系统的研究，认为1620年前后，大约户耕14.5亩，1850年约户耕8.5亩，就清代中期的情形来说，"户耕十亩"大致成立（李伯重：《多视角看江南经济史（1250—1850年）》，第249页）。另据统计，1850年全国人口数为414493899人，1887年全国各类田地面积共847760554亩（李文治编《中国近代农业史资料》第1辑，北京：三联书店，1957年，第8、63页），在19世纪80年代，即使人口与1850年相同，全国人均田地仅2.05亩，以每户5人计，则每户耕地10.25亩。
③ 关于15世纪前半期国家对太湖周边地区农民的榨取，详见森正夫《十五世纪前半太湖周边地帯における國家と農民》，载森正夫《明清社會經濟史舊稿選》（私家版），爱知县：未来舍1983年3月发行，第59—64页。

费比宋朝时高10倍①。如依靠田地作为主要收入,任何农家均无法维持,只能依恃土布作为主要收入。

在松江府,"俗务纺织,他技不多"②。手织业成了城乡内外绝大多数家庭日常生活的主要内容③。女子理所当然地从事手织业,乡村中的织布能手总是许多家庭托媒求亲的目标④。为了把女儿留在家中,上海农村中不少父母要求女婿入赘。婚后所生子女一半随父姓,一半随母姓⑤。

据《江苏省通志稿·列女传》,依靠纺织供养亲属及自己而被旌表为"贞孝"的女性中,太仓州最多,有20位⑥,其次为松江

---

① 这一数字据徐光启以下的叙述:"尝考宋绍兴中,松郡税粮十八万石耳,今平米九十七万石。会计加编征收耗、剩、起解、铺垫诸色役费,当复称是,是十倍宋也。壤地广袤,不过百里而遥。农亩之入,非能有加于他郡邑也。所籴供百万之赋,三百年而尚存视息者,全赖此一机一杼而已。"见徐光启《农政全书》卷三十五,《钦定四库全书》(第731册)"子部三十七·农家类",台北:商务印书馆,1986年影印,第13页上—下。
② 顾清等:《松江府志》卷四"风俗",正德年间刻本(上海:上海书店1990年影印),第11页上—下。
③ 以下对松江手织业与家庭日常生活之间的关系的叙述,经常为学者所采用,应该说,这生动反映了当时的现实:"纺织不止乡落,虽城中亦然。里媪晨抱纱入市,易木棉以归,明旦复抱纱以出,无顷刻闲。织率日成一匹,有通宵不寐者。田家收获输官、偿息外,未卒岁,室庐已空,其衣食全赖此。"见顾清等《松江府志》卷四"风俗",第11页下。
④ 据织户高朱氏、徐陈氏等人在1962年5月的叙述:"由于纺织是家庭生活的重要来源,家长对晚辈学纺织都管教很严,社会舆论也非常重视,形成一种压力。在浦东三林塘,如某家姑娘工艺精巧,织出来的布质量较好可卖顶价(当地布庄愿出最高价收购),即被誉为'顶价姑娘'(已婚者称为'顶价娘子'),因此媒人盈门,身价十倍,家长亦引以为荣。其他不少地区均有类似情况。"见徐新吾主编《江南土布史》,上海:上海社会科学院出版社,1992年,第241页。
⑤ H. D. Lamson, "The Effect of Industrialization upon Village Livelihood," *Chinese Economic Journal*, vol. ix, no. 4, October 1931, pp. 1058-1059.
⑥ 缪荃孙、冯煦、庄蕴宽、吴廷燮等纂修:《江苏省通志稿》第11册,南京:江苏古籍出版社,2002年,第590—602页。

府，有10位①。这从另外一个角度说明手织业是这些地区许多家庭的惟一收入来源。

在工业化之前，松、太地区的棉织业被誉为"衣被天下"。此说并非全系夸张。松江棉布不但畅销国内市场，而且在国外市场也有巨大的销量。明朝时，就有中国土布输往日本②。令人惊讶的是，英国这个以棉纺织业兴国的"世界工厂"，直到19世纪早期还大量地购用中国土布（主要是松江土布）③。美国商人到中国贩运货物，也以土布为首要贩取对象，他们不仅把土布销到美国去，而且也运销到中、南美乃至西欧去④。因此，工业化以前松太地区的家庭手织

---

① 缪荃孙、冯煦、庄蕴宽、吴廷燮等纂修：《江苏省通志稿》第11册，南京：江苏古籍出版社，2002年，第544—552页。
② 小叶田淳：《中世日支通交贸易史の研究》，东京：刀江书院，昭和十七年（1942），第445页。
③ 英国东印度公司在18世纪30年代贩运中国土布，指定要南京土布。到80年代，公司每年贩运土布2万匹到英国本土。到19世纪初，被贩卖到英国的土布达20多万匹。据严中平的研究："真正的所谓南京土布，……大约即江南苏松一带所织的一种紫花布。这种土布在英国曾风行一时，如今人们还可以在伦敦博物院里看到十九世纪三十年代英国绅士的时髦服装，正是中国的杭绸衬衫和紫花布的裤子"（严中平：《中国棉纺织史稿》，北京：科学出版社，1955年，第32页）。当时，"南京布"在颜色与质地方面均优于英国棉布（*The Chinese Repository*, vol. Ⅱ, no. 10, February 1883, p. 465. 转引自李仁溥《中国古代纺织史稿》，长沙：岳麓书社，1983年，第269页）。
  根据英国东印度公司档案所能查出的英、美、丹麦、荷兰、瑞典、法国和西班牙等国在19世纪前30多年间从广州运出的土布，最多的一年（1819）曾经达330多万匹，价值100多万元；长期来看，几乎每年平均都在100万元以上。见严中平《中国棉纺织史稿》，北京：科学出版社，1955年，第32页。
④ 严中平：《中国棉纺织史稿》，北京：科学出版社，1955年，第31页。
  据统计，1792年，美国从广州出口的商品中，土布的数量达27400匹，价值达13700银两〔姚贤镐编《中国近代对外贸易史资料（1840—1895）》第1册，北京：中华书局，1962年，第292页〕。1804—1828年，从广州出口到美国的土布，共计31612714匹，年均出口土布1317196.4匹〔据姚贤镐编《中国近代对外贸易史资料（1840—1895）》第1册，北京：中华书局，1962年，第294—295页资料计算〕。

业是市场经济的有机构成部分,而非自然经济的组成部分。

明清时代的江南与淮北地区,其农家经济结构方面的极端差异,使得许多有江南阅历的淮北地方官员甚感惊讶。清代淮安府山阳县令金秉祚对该县缺乏"女织"的情形印象尤深,他写道:"乾隆七年(1742)冬,奉调山邑。每因公放赈,遍历蔀屋,从未见一机具,听一织声,始知纺织一事竟未讲求。即补缝所资,亦必至临用时,妇女始知以手捻线,准其所用而止。女红尽废,骎骎成风,欲如他处之抱布粟,绝响无闻。夫民间财源所出,惟仗布粟,今淮民已缺其一,安得不贫且困邪?"①

明清时代,地方政府在淮北地区曾采取了许多措施来推广织布,但无任何效果。

在徐州府,明嘉靖年间中州牧马京曾在邳县教种木棉。为此,马京还作长诗《劝邳氏种木棉歌》,诗中写道:"人家种花不种棉,花不结子何为尔?葛可为绤枲可麻,用之卒岁终无裨。农人种棉满山腰,秋老垂垂结青子。……摘来摘去携满筐,轧轧向晚机声起。村中织妇苦无眼,焚膏深夜还相语。九月授衣翁姑寒,织成匹布一家喜。仓庾有粮囊有衣,免使翁姑饥寒死。我劝邳民种棉莫种花,种花无益徒劳矣。"②尽管地方官言之谆谆,但邳地"民种否,不可知"③。而从该县长期"乏纺纱织布者"④的记载来看,答

---

① 吴昆田等总纂:《淮安府志》卷二"疆域",光绪十年甲申刻本,第6页上。
② 《江苏文史资料》第83辑《历代诗人咏邳州》,南京:江苏文史资料编辑部,1998年,第153页。
③ 庄思缄订、冯煦鉴定:《邳志补》卷二十四"物产",民国癸亥年刻本,第17页下。
④ 庄思缄订、冯煦鉴定:《邳志补》卷二十四"物产",民国癸亥年刻本,第20页上。

案显然是否定的。

顾炎武曾建议:"今当每州县发纺织之具一副,令有司依式造成,散给里下,募外郡能织者为师。即以民之勤惰工拙,为有司之殿最。"① 明朝时泗州知州汪应轸,"慈惠正直,可方古人。泗土瘠民惰,不知农桑,应轸劝之耕,买桑植之,募江南女工教以蚕缫"。② 但泗州在清代同样未闻有蚕织的农户,史载:"城内之民不商,……女子不解纺织。"③ 清人袁枚在《沭阳杂兴》中,有"买将桑种贻蚕妇"之语④。安徽灵璧县,前令有以南方耕织之法教之者,人皆畏难而不肯学。……此致穷之本也。⑤

在淮安府,乾隆年间,"山阳令金秉祚、知府赵酉皆尝劝谕土人以植桑、种棉、习纺织为务"⑥。聘请教师时,认为"纺纱织布,大江以南,惟松太二处、东乡一带居民,讲求至精。……请于彼处选募谙练者二十名,到淮悉心教授,其辛力饭食,每名应给银二十两"⑦。这一举措得到了许多方面的支持,"淮关监督高恒闻即捐款,于板闸添设一局,各道厅于清河添设一局;绅衿耆庶亦皆

---

① 顾炎武:《纺织之利》,载贺长龄:《皇朝经世文编》卷三十七"户政十二",上海:广百宋斋丁亥仲春校印,第1页上。
② 叶兰等纂修:《乾隆泗州志》卷十"人物志",中国地方志集成(30),南京:江苏古籍出版社,1998年,第296页。
③ 方瑞兰监修:《安徽泗虹合志》卷一"舆地志",光绪十三年刻本,第30页下。
④ 唐仲冕等编纂:《嘉庆海州直隶州志》卷十三"古迹",嘉庆十六年刻本,第32页上。
⑤ 贡震等修:《乾隆灵璧县志》卷四"风俗",中国地方志集成(30),南京:江苏古籍出版社,1998年,第75—76页。
⑥ 吴昆田等总纂:《淮安府志》卷二"疆域",光绪十年甲申刻本,第5页下—6页上。
⑦ 吴昆田等总纂:《淮安府志》卷二,光绪十年甲申刻本,"疆域"第6页上—下。

鼓舞"①。时江苏巡抚迳令徐、海各州县均推广淮安经验②。道光年间周际华任兴化县令时,"设为纺局",从丹徒、常州等聘请左尚桂等女子来兴教习。在陈公祠设局捐机床2架、纺车30架及棉花等物。凡到局学习的女童,"本县捐给饭食,先教之纺,后教之织"③。

然而,淮安农家对这场由政府发起的振兴"女织"的举措却无人响应④。

直到19世纪六七十年代,"江北惟通海知纺织耳,然地斥卤,谷少,民艰食。淮扬之间,民耳不闻蚕桑之宜,目不睹纺织之勤,妇子终日遨嬉,仰一人而食"⑤。这种情形令当时人也深感费解:"以织获利者,苏松之殷富已有明征矣,何以此邦妇女竟计不及此?"⑥

近来有的学者强调15至19世纪中国发展的"奇迹",认为当时中国具有较高的生活水平和发达的市场体系⑦。这种说法基本符合松太的实际,但与淮北的实际情况却大相径庭。

---

① 陈振汉等编:《清实录经济史资料》"农业编"第2分册,北京:北京大学出版社,1989年,第448页。
② 陈振汉等编:《清实录经济史资料》"农业编"第2分册,北京:北京大学出版社,1989年,第448页。
③ 彭泽益编:《中国近代手工业史资料》第1卷,北京:中华书局,1962年,第224页。
④ 吴昆田等总纂:《淮安府志》卷二"疆域",光绪十年甲申刻本,第6页上。
⑤ 薛福保:《江北本政论》,《青萍轩文录》卷一,光绪八年刻本,第7页下。
⑥ 周石藩:《劝纺织》,《海陵从政录》,道光十九年家荫堂刻本,第26页下—27页上。
⑦ 如Sugihara Kaoru, "Agriculture and Industrialization: The Japanese Experience," in Peter Mathias and John Davis (eds.), *Agriculture and Economic Growth*. Oxford: Blackwell Publishers 1997, pp. 148-166.

以往人们曾把手织业不兴的因素归咎于气候。有的农书中写道："近来北方多吉贝，而不便纺织者，以北土风气高燥，绵毳断续不得成缕，纵能作布，亦虚疏不堪用耳。……南方卑湿，故作缕紧细，布亦坚实。"①淮北向来被称为"洪水走廊"，所谓"风气高燥"之说根本不存在。近来彭慕兰对鲁西南的研究表明，仅仅是种植棉花这样的事情，就涉及到当地精英的"开放性"和社会结构的"可渗透性"的问题。②前近代的淮北与鲁西南曾同属一个"大区"——河南道，社会结构看上去也极其相似，棉花既无法种植，织布也就无从发展。但这样的解释终究太空泛。尤为重要的是，前述淮安府在奖劝"女织"的过程中，始终得到了地方精英的响应，他们表现出来的恰恰是"开放性"的特点。

在松太地区普遍实行"棉七稻三"耕作制度的时候，徐、淮、海地区中，棉花的种植竟如凤毛麟角。检乾隆年间成书的《江南通志》，徐、海两府的物产中根本未列棉花、棉布，③淮安府的物产中列有"木棉"，但特别注明"产于淮南"④。另据《淮安府志》记载："棉则国（清）初多植之，其后浸微。"⑤甚至在20世纪20年代，海州个别地区的农民还未曾试种过棉花⑥。

---

① 徐光启：《农政全书》卷三十五，《钦定阁四库全书》（第731册）"子部三十七·农家类"，台北：商务印书馆，1986年影印，第14页上一下。
② 详见Kenneth Pomeranz, *The Making of a Hinterland: State, Society, and Economy in Inland North China, 1853-1937*. Berkeley, Los Angeles, Oxford: University of California Press, 1993, pp. 114-119.
③ 赵宏恩等编修：《江南通志》卷八十六"食货志"，乾隆年间刊本，第1—52页。
④ 赵宏恩等编修：《江南通志》卷八十六"食货志"，乾隆年间刊本，第17页下。
⑤ 吴昆田等总纂：《淮安府志》卷二"疆域"，光绪十年甲木刻本，第5页下。
⑥ （未署撰者），"Tenancy and Farming at Kwanyun, Northern Kiangsu", *Chinese Economic Journal*, vol. 1, no. 4, April 1927, p. 372.

衣物全靠购买,而平时又要"枭精籴粗"的农家①,家庭经济"商品化"的程度要远远高于自给率极高的苏南等地。卜凯组织的调查显示,许多边缘地区经济的商业化程度要高于核心地区②。因此,我们把淮北这种经济称之为"残缺型的商品经济"。

在松太地区的织布能手们成为"顶价姑娘"或"顶价娘子"的时候,因不能在家庭经济中撑起另外"半边天"③的淮北女性,地位极其低下。史称:"蚕织之政未修,妇女无以自给,则其自视也轻。一失所依,求死不暇。"④盐城妇女,"弗勤则匮,冻馁随之,乃或不能自持,沦于污贱。较之康熙府志所谓女不蚕织,俯仰无资者,抑又甚焉。"⑤兴化,"妇女半属宽闲,或倚门观望,徒耗日时,或甘学清音,竟忘羞耻。……朝夕不给,甚至流为娼妓而不悔也"⑥。作家戴厚英的小说中,描写故乡颍上县一位40来岁的俊俏寡妇,因与许多男人关系暧昧,被人称为"半开门"⑦。赛珍珠以皖北为背景的小说所描写的王龙,幻想有了女人后,就可整天

---

① 据笔者1995年对东海、灌云等地的调查,20世纪70年代以前的长时期里,农家普遍卖出小麦、稻米,而购入玉米、山芋、山芋干等为主食。即使在小麦收获季节,农家也多食用不去麸皮的煎饼或糊饼。亦可参见刘兆元《海州民俗志》,南京:江苏文艺出版社,1991年,第231—232、243—244页;片冈芝子:《明末清初の華北における農家経営》,《社会経済史學》第25卷第2、3号(1959年),第77—100页。
② 1921—1925年,属于苏南"核心"地区的武进县,农家生活资料中自给部分占72.0%,购买部分仅为28.0%;而处于淮北"边缘"地区的安徽宿县农家生活资料中自给部分却仅为59.9%,购买部分占40.1%。据卜凯《中国农家经济》,张履鸾译,上海:商务印书馆,1936年,上册第275、下册第525页综合。
③ 苏南女性在家庭经济中的"半边天"角色,详见李伯重《多视角看江南经济史(1250—1850年)》,第295—304页
④ 刘崇照修:《盐城县志》卷二"舆地",光绪二十一年刻本,第25页下。
⑤ 刘崇照修:《盐城县志》卷二"舆地",光绪二十一年刻本,第30页上。
⑥ 周石藩:《劝民十约》,《海陵从政录》,第8下—9页上。
⑦ 戴厚英:《流泪的淮河》,合肥:安徽文艺出版社,1999年,第50页。

躺在床上等候女人的服侍①。

前近代松江、苏州等地的妇女凭借纺织自立被收入"列女传"的故事司空见惯,同样的事迹在徐、淮、海地区却闻所未闻。据对《江苏省通志稿·列女传》的统计,徐、淮、海地区被旌表为"贞孝"的女性,占首位的事迹竟是"刲股"疗亲,其中淮安府16人(被旌者45人)②,海州为13人(被旌者29人)③,徐州府8人(被旌者28人)④。无一靠纺织而自立者。

20世纪40年代,日本学者西嶋定生根据松江等地的棉纺织手工业的发展,否认中国停滞的看法⑤。这是没有区分地区的结果。有的学者研究中国饥荒时,更把过于密集的人口作为主要原因之一⑥。据统计,20世纪初,江浙水稻区人口密度为每平方英里980—6880人,而北方小麦区则为550—2010人⑦。淮北地区的人口密度自然比江南低得多,但农家的收入水平,无法与手织业发达的江南地区相比。如1915年,原来手织发达的南汇县农家拥有的户均资产

---

① 赛珍珠:《大地》,台北:远景出版事业公司,1981年,第2页。
② 缪荃孙、冯煦、庄蕴宽、吴廷燮等纂修:《江苏省通志稿》第11册,第570—574页。
③ 缪荃孙、冯煦、庄蕴宽、吴廷燮等纂修:《江苏省通志稿》第11册,第602—605页。
④ 缪荃孙、冯煦、庄蕴宽、吴廷燮等纂修:《江苏省通志稿》第11册,第587—590页。
⑤ Nishijima Sadao, "The Formation of the Early Chinese Cotton Industry," in Linda Grove and Christian Daniels (eds.), *State and Society in China: Japanese Perspectives on Ming-Qing Social and Economic History*. Tokyo: University of Tokyo Press, 1984, p. 69.
⑥ Walter H. Mallory, *China: Land of Famine*. New York: American Geographical Society, 1926, p. 15.
⑦ Walter H. Mallory, *China: Land of Famine*. New York: American Geographical Society, 1926, p. 15.

总值（2408元）占全省首位，竟相当于沛县的14.6倍、灌云的30.9倍①。

三、工业化的差异

1895年以后，中央政府解除了限止普通百姓创办现代工业的禁令，苏南地区进入工业主业化的时代，而淮北地区在苏南大工业及有识之士的推动下，方才重现织布现象。

与苏北相邻的鲁西南地区，具有较大影响力的地方士绅认为棉花的种植可能会使农民与纱厂等"外来者"发生更多的联系，从而削弱其影响力②。但苏北的地方士绅却从南通工业化的模式中认识到开发地方利源会增加其影响力，尤为重要的是，现代工业和交通业的发展，为家庭手织业的重新兴起提供了物质保证。

清末，阜宁因工业资本家张謇等在这里创办了一批盐垦公司，"罗致通海佃农，经营棉田产额颇巨"③。民国初年，铜山县年产棉花160万斤，价值16万银元④；萧县年产棉花79000担，价值96万银元⑤。淮阴渔沟，"讲求桑棉者甚伙"；五市，"兼之种桑植棉。"⑥1920年成立的淮北劝棉场，"鸠工购械，竭力经营，适年

---

① 中国第二历史档案馆编：《中华民国史档案资料汇编》第3辑"农商（1）"，南京：江苏古籍出版社，1991年，第248—251页调查资料。
② 详见Kenneth Pomeranz, *The Making of a Hinterland: State, Society, and Economy in Inland North China, 1853-1937*, pp. 101-113.
③ 庞友兰总纂：《阜宁县新志》卷十二"农业志"，民国二十三年刻本，第1页下。
④ 唐绍垚：《徐海道区铜山县实业视察报告书》，《江苏实业月刊》第9期，1919年12月出版，"调查"第3页。
⑤ 唐绍垚：《徐海道区萧县实业视察报告书》，《江苏实业月刊》第9期，1919年12月出版，"调查"第19页。
⑥ 范冕：《民国江苏淮阴县纪事录》，民国十一年刊本（台北市淮阴同乡会影印），第149页。

荒歉，不惜重资向通泰各埠购办美种，救弊补偏，不取分文，对于植棉新法，有选种、下种、施肥、中耕、防治、收花各宗手续，约采访金陵东南大学科经验较深、学术素著之植棉家言，编为简章，期于改良普及"[1]。为淮北地区推广植棉事业作出了较大的贡献。1924年，江苏省立麦作试验场在徐州地区推广美棉，经3年试验，培育出新棉品种"甲99号"，可纺42支细纱[2]。1924—1933年，该场在铜山推广美棉2985.8亩、砀山1417.8亩、萧县868.5亩、丰县1467.5亩、沛县127亩、宿迁336.5亩、睢宁182亩。1934—1936年，植棉户从1346家增至23184家，美棉种植面积从6147亩增加到111207亩[3]。与粮食作物相比，种植棉花的风险较大[4]。为此，江苏省农民银行和上海商业储蓄银行在1936年为徐州地区的棉农贷款222412元[5]。1937年淮北棉田面积达1788684亩，年产额达309747

---

[1] 范冕：《民国江苏淮阴县近事录》，民国十一年刊本（台北市淮阴同乡会影印），第155—156页。

[2] 尹聘三：《江苏省立麦作试验场三年来脱字棉推广概况》，《棉业月刊》第1卷第4期，1937年4月出版，第570页。

[3] 尹聘三：《江苏省立麦作试验场三年来脱字棉推广概况》，《棉业月刊》第1卷第4期，1937年4月出版，第571—572页。

[4] 关于植棉的风险（详见Ramon H. Myers, *The Chinese Peasant Economy: Agricultural Development in Hopei and Shantung, 1890-1949*, p. 201; Philip C. C. Huang, *The Peasant Economy and Social Change in North China*. Stanford: Stanford University Press 1985, pp. 107-108）。发达的手工业必须有发达的借贷市场以资保障。在江南地区，"缫丝设备均借自典当"〔详见Tanaka Masatoshi, "Rural Handicraft in Jiangnan in the Sixteenth and Seventeenth Centuries," in Linda Grove and Christian Daniels (eds.), *State and Society in China: Japanese Perspectives on Ming-Qing Social and Economic History*. Tokyo: University of Tokyo Press, 1984, pp.89-92〕。所以，银行这类现代借贷机构的参与，对苏北的土布业有着极大的推动作用。

[5] 《徐州棉联社二十五年业务概况》，《棉运合作》第1卷第8期，1936年8月1日出版，第5日。

担①。1935—1937年，整个淮北棉花种植面积与产量均处于快速的增长之中②。只是到了1938年，由于战争、尤其是花园口黄河决口给淮北棉花种植和生产造成了沉重的打击。

据日本华北联络部的调查，到20世纪30年代，苏北地区以阜宁为中心的旧黄河、射阳河一带、西部陇海铁路沿线一带及中南部旧黄河流域等地区均成了重要的棉花产地。这些区域包括苏北东南部的阜宁、淮阴、淮安、涟水，西部的丰县、铜山、萧县、沛县、砀山等地③。该报告指出："若不是宿迁、泗阳、邳县的栽培面积较小，苏北将成为棉花的主产地。"④

从分县统计来看，苏北种棉各县的棉花面积与产量也处于不断增长之中。见下表：

表3-2　苏北棉花主要产地的种植面积及产额

产地	1935		1936		1937	
	面积（亩）	产量（担）	面积（亩）	产量（担）	面积（亩）	产量（担）
阜宁	750000	207500	756000	181395	142819	173856

① 〔日〕华北联络部：《江苏省苏北地方绵花调查》，大东亚省兴亚院：《调查月报》第11卷，昭和十六年（1941）1月出版，第300页。
② 详见华北联络部：《江苏省苏北地方绵花调查》，大东亚省兴亚院：《调查月报》第11卷，昭和十六年（1941）1月出版，第300页。
③ 详见华北联络部：《江苏省苏北地方绵花调查》，大东亚省兴亚院：《调查月报》第二章第二节"棉花的生产地"，昭和十六年（1941）1月出版，第299页。
④ 华北联络部：《江苏省苏北地方绵花調査》第二章第二节"棉花の生产地"，大东亚省兴亚院：《调查月报》第11卷，昭和十六年（1941）1月出版，第299页。

续 表

产地	1935 面积（亩）	1935 产量（担）	1936 面积（亩）	1936 产量（担）	1937 面积（亩）	1937 产量（担）
丰县	58870	15807	49950	15761	74496	22003
萧县	66480	15874	76591	30198	215142	46966
睢宁			35640	7599	97000	24929
铜山	6435	1498	35300	11653	60471	11465
沛县	800	136	2200	348	39500	6805
砀山					53670	6315
邳县			6300	1858	2154	333
宿迁					12298	2401
泗阳			4950	725	12060	3242
涟水					73039	10050
淮阴					1263	92
淮安					3422	925

资料来源：详见〔日〕华北联络部：《江苏省苏北地方绵花调查》，〔日〕大东亚省兴亚院：《調査月報》第11卷，昭和16年（1941）1月出版，第301—302页。

自机纱输入中国后，淮北农家开始以之织土布，此项洋货很快成为淮北地区进口的大宗商品。1891年，据淮北进出口商品的主要商埠镇江海关的观察，"洋货入内地之价值，比去年绌十九万二千余两。原洋布减销十五万五千余匹，而印度棉纱……均与进口同一畅旺"①。次年，棉纱进一步热销。海关税务司认为："本口北方各

---

① 镇江关税务司劳偲呈报：《光绪十七年镇江口华洋贸易情形论略》，《光绪十七年通商各关华洋贸易总册》（英译汉第33册），中国海关总税务司光绪十八年（1892）二月印，第66页上。

处之人,俱购洋棉纱自织,其织成布匹较市中所售,价廉而坚。……独本口北方各境尤觉棉纱销场兴旺。去年此货进口仅二万七千担,今年进口有八万五千担,比去年计多三倍。窃恐通商各口未必有多至三倍者。第以棉纱由本口转运各处而论,计运至徐州五万二千担,……可见新旧黄河腹内各府州县,系购纱自织明矣。"①

当时徐州有运河通往淮安,运往徐州的棉纱可方便地转运到淮安各属县;后陇海铁路东段建成,徐州与海州的交通也极为便捷。1902年,镇江进口的印度棉纱价值450万海关两,占该口进口货物总值的30%。这些棉纱"大都运往江苏省之徐州府、山东省之济宁州、河南省之陈州府,当为此三处销行为最。内地民人以之织布,较之外国用此纱织成之洋布,尤为合用"②。次年,据镇江海关观察,在此前的10年中,印纱进口"历年递增","只就本年较之前十年之时,已增至四倍之多"③。1905年"中国自纺之纱,颇有销路,印度纱销场较滞"④。

此后,国产机纱大量取代洋纱,但棉纱市场仍在扩大。与棉纱的销路相反,从19世纪90年代至20世纪20年代,除极少数年份外,洋布在淮北的销路与年递减。镇江海关报告认为:"推原其故,系

---

① 镇江关税务司夏德呈报:《光绪十八年镇江口华洋贸易情形论略》,《光绪十八年通商各关华洋贸易总册》(英译汉第34册),第64页上。
② 镇江关税务司雷乐石呈报:《光绪二十八年镇江口华洋贸易情形论略》,《光绪二十八年通商各关华洋贸易总册》下卷(英译汉第44册),中国海关总税务司光绪二十九年(1903)元月印,第47页上。
③ 镇江关税务司雷乐石呈报:《光绪二十九年镇江口华洋贸易情形论略》,《光绪二十九年通商各关华洋贸易总册》下卷(英译汉第45册),中国海关总税务司光绪三十年(1904)十月印,第48页上。
④ 镇江关税务司义理迩呈报:《光绪三十一年镇江口华洋贸易情形论略》,《光绪三十一年通商各关华洋贸易论略》下卷(英译汉第47册),中国海关总税务司光绪三十二年(1906)八月印,第49页下。

因外洋布价昂贵，内地乡民均皆自行织布。惟织布自盛，用纱必多，本口棉纱短缺，悉由汉口运来。"①20年代以后，镇江进口的洋布已了了无几。

应该说，镇江海关的报告极其准确。费维恺指出，在清末最后40年中，棉纱的成功进口对中国的手工棉纺织结构产生了决定性的影响，并间接地成为棉布进口的主要障碍②。

淮北各县的实际情形也证实了镇江海关的报告。阜宁县在有关人士的推动下，在清末开始纺纱织布，民国时期，私人方面除以土机织站纱外，还用织袜机织造纱线毛冷等物品。光绪年间，阜宁县城顾鼎之与丹徒人田登科创开原纺织局，"本少而费多，又布色暗淡，销路不广，数年收歇"。徐小尖、徐淦成也于光绪年间设织布厂，不到一年闭歇，"其受病同于本城顾局也"。1928年，戴鸣创设毛巾织造厂，"出品甚牢，而色白不及江南，故销路不旺，未几收歇"③。在开始时，工厂总要招收乡村妇女进行培训，由于织布技术简单易学，织布机价格较廉，适于在家庭生产。因此，这些织布厂的女工一旦学成后，多辞职回家自己织布。她们的产品对织布厂构成了强大的竞争，织布厂的倒闭也就在情理之中了。这些倒闭的棉织厂一般均是乡村手织者的培训地。

在清中期以前，屡经倡导而始终无人问津的家庭手织业，到了

---

① 镇江关税务司雷乐石呈报：《光绪三十年镇江口华洋贸易情形论略》，《光绪三十年通商各关华洋贸易总册》下卷（英译汉第46册），中国海关总税务司光绪三十一年（1905）五月印，第44页上。
② Albert Feuerwerker, "Handicraft and Manufacture Cotton Textiles in China, 1871-1910," *The Journal of Economic History*, vol.30, no.2, June 1970, p. 343.
③ 庞友兰总纂：《阜宁县新志》卷十三"工业志"，民国二十三年刻本，第1页下。

清末在淮安府很快兴盛起来。光绪年间，淮扬道沈瑜庆在清江北圩外太平庄购民田180余亩，设立江北蚕桑试验场，后改成织布厂①。1913年成立的淮阴省立第四工场中，所织布匹有丝绵布、呢彩、丝花布、丝条布、蓝白格被面、线毯、桌毯。"自工场成立以来，毕业工徒，挟一艺之长，转相授受，实业之流传推广，效果为不细矣"②。淮扬公立贫民工厂，"议定规则，以纺纱织布为正业"③。1920年，淮阴马玉仁、三宝槐等人，"有见于舶来棉织品价额步涨，内地土产品窳败不良，……为挽回地方利权计，慨出钜资，凑合基本金银洋以万数。窃念振兴实业为江北之首图，提创棉品尤为农工商三界中之要着"④。

在淮阴王家营，"初，镇民拙于工技。……光绪二十四年(1898)，候补知县邓贤辅，为南洋广机利公司于王营，始大募齐鲁流民，教之纺织。经画未久，所业衰歇，然艺事有成者，多克自树立。于是王营始有机房，其始犹三数家，光复以后，厂乃逾百。"⑤。这些家庭织布"厂"实为真正的家庭手织户，据载："王营产布最多，设厂者皆齐鲁人，有小布、长头、丝光格、条子诸种。"⑥据1928年统计，该镇东街有机房40户，南街41户，西

---

① 范冕：《民国江苏淮阴县近事录》，民国十一年刊本（台北：淮阴同乡会影印），第150页。
② 范冕：《民国江苏淮阴县近事录》，民国十一年刊本（台北：淮阴同乡会影印），第158页。
③ 范冕：《民国江苏淮阴县近事录》，民国十一年刊本（台北：淮阴同乡会影印），第160页。
④ 范冕：《民国江苏淮阴县近事录》，民国十一年刊本（台北：淮阴同乡会影印），第155页。
⑤ 张震南纂：《王家营志》卷三"职业五"，民国二十二年铅印本，第2页上。
⑥ 徐钟令：《民国淮阴志征访稿》卷二"制造第十二"，民国元年刊本，第27页下。

街28户,北街2户①。毛巾业也在淮阴兴盛起来,据载:毛巾"清(江)各工厂皆产之。洋袜,以机织成,近年开厂者亦多。"②民国初期,淮阴徐家湖,"城厢内外,居民近数年多纺纱织布,置机器代缝纫,以头绳组织各对象"③。

安东县直到近代以来才"稍稍知兴棉利"。由于棉花的种植,"女工取以织作,精良逊南布,顾坚重可历久"④。泗阳,"植棉饲蚕风气潮开,此农业之进步也"⑤。

徐州府睢宁县,洋纱的涌入,使这个地区的织布业很快兴起,19世纪90年代初,"遏来洋纱盛行,村人均有抱布之乐,户户织锦(棉),轧轧机声,谓每尺布可省钱十余文,诚无衣者之乐事也"⑥。民国初年,睢宁年产土布38000匹,价值95000元⑦。宿迁县,"今则遍树木棉,间习纺织矣"⑧。铜山县,"城乡各纺织木机,每家三四张,或一二张,所在多有"⑨。丰县,"土布为本地出,织户在昭勇、强毅二区"⑩。萧县,"城内织布者尚有四五

---

① 张震南纂:《王家营志》卷三"职业五",民国二十二年(1933)铅印本,第2页上。
② 徐钟令采访:《民国淮阴志征访稿》卷二"制造第十二",民国元年刊本,第27页下。
③ 范冕:《民国江苏淮阴县近事录》,民国十一年刊本(台北:淮阴同乡会影印),第148页。
④ 吴昆田总纂:《安东县志》卷一"疆域",光绪元年刻本,第5页下。
⑤ 张相文总纂:《泗阳县志》卷七"地理",民国十五年刻本,第7页下。
⑥ 《河上纬萧》,《益闻录》第15册,第1294号,1893年8月16日出版,第369页上。
⑦ 俞训渊:《徐海道区睢宁县实业视察报告书》,《江苏实业月刊》第10期,1920年1月出版,"调查"第10页。
⑧ 严型总修:《宿迁县志》卷二"疆域志",民国二十四年刊本,第10页上。
⑨ 唐绍垚:《徐海道区铜山县实业视察报告书》,《江苏实业月刊》第9期,1919年12月出版,"调查"第5页。
⑩ 唐绍垚:《徐海道区丰县实业视察报告书》,《江苏实业月刊》第9期,1919年12月出版,"调查"第11页。

家,其布机三四张至七八张不等。乡间则多用旧机,能织之家甚多,然原料来自他处。织成售诸本地"①。邳县年产白大布14万匹,价值22万元②。到了20世纪30年代,铜山居民大都以手工业为生,普遍织布匹、毛巾、线球、洋袜③。

民国初年,在海州灌云县,曾由盐商公捐资本数千元,办理利民织布工厂1所,招集艺徒数十人④。沭阳县年产土布5000匹,毛巾2000条,"均系家自为造,未具工厂形式,亦无牌号商标"⑤。据1937年出版的《中国工业调查报告》,东海县棉织厂达66家,资本总数达21000元,工人总数为336人,年产布匹48000匹,用纱18200包,织机210台,产品总值为120000元,100%满足当地需要⑥。这些平均资本仅300来元、平均织工数5人、平均织机数为3台的棉织厂,实际上多是家庭工场,工人进出几无限制,事实上培训了大量的乡村手织者。

到20世纪30年代,淮阴、徐州地区已成为与苏南一些地区并列的土布产区⑦。据调查,"自纱厂在通商口岸设立后,农民纷纷采用洋纱,而农村织布业遂亦有变迁。……即淮阴、涟水、宿迁方

---

① 唐绍垚:《徐海道区萧县实业视察报告书》,《江苏实业月刊》第9期,1919年12月出版,"调查"第20页。
② 唐绍垚:《徐海道区邳县实业视察报告书》,《江苏实业月刊》第9期,"调查"第29页。
③ 江苏省民政厅编:《江苏省各县概况一览》下册,镇江:新民印刷工业社,1931年,第420页。
④ 彭泽益编:《中国近代手工业史资料》第2卷,北京:中华书局,1962年,第367页。
⑤ 俞训渊:《徐海道区沭阳县实业视察报告书》,《江苏实业月刊》第10期,"调查"第33页。
⑥ 南京图书馆特藏部等:《江苏省工业调查统计资料(1927-1937)》,南京:南京工学院出版社,1987年,第557—558页。
⑦ 《沪市商会提倡土布》,《纺织时报》第95号,1933年1月12日出版,第2077页。

面，亦以运河之交通得采办沪锡棉纱，机织土布；……其余泗阳、睢宁、萧县、邳县、砀山等处其有织布副业之存在，皆仰赖徐州为纱布进出之门户"①。20世纪80年代，中日学者对山东巨野调查时，村民们均证实，民国时期，村中大量织布；但织布者仅限于女性，男性尚未参加这项副业劳动②。

  在现代工业的促动与有识之士的推动下，淮北地区的农家经济终于演变成了真正的男耕女织型经济。这种从残缺型商品经济向自给型经济的过渡，与现代工业的发展密切相关，但却未必进一步推动商品市场的扩大。尽管棉纱绝大部分靠市场供应，但织出的布匹却以自用为主，农民从向市场购买布匹转变为向市场购买棉纱，同样无法看出"自然经济"瓦解、商品经济扩大的迹象。据对近代早期的棉纱、棉布购销情形分析："徐州等处棉纱贸易之畅，洋布贸易之减焉。"③尽管铜山等县也有土布输出，但这里农家所织的土布大部分是为自给、而非为市场生产。镇江海关报告中称："惟未闻此等自织布匹运至本口求售。"④民国前期的丰县，"男耕女织"，"技艺不值钱"⑤。据1942年调查，淮北著名的盐运河附

---

① 实业部国际贸易局：《中国实业志（江苏省）》第2编，上海：民光印刷公司，1933年2月印，第68—69页。
② 佐佐木卫编：《近代中國の社會と民眾文化——日中共同研究・華北農村社會調查資料集》，东京：株式会社东方书店，1992年2月，第90页。
③ 镇江关税务司夏德呈报：《光绪十八年镇江口华洋贸易情形论略》，《光绪十八年通商各关华洋贸易总册》（英译汉第34册），第64页上。
④ 镇江关税务司夏德呈报：《光绪十八年镇江口华洋贸易情形论略》，《光绪十八年通商各关华洋贸易总册》（英译汉第34册），第64页上。
⑤ 蒋念明：《我丰刻苦坚忍守法务实之民性》，《丰县文献》，台北：新文丰出版股份有限公司，1978年，第163页。

近地区,尚无土布输出①。同时代的调查还显示,属于淮北的县份(如盐城)均无土布厂②。

这种发展水平,既远远落后于苏南地区,也落后于同属江北的通海地区。

在淮北地区织布进入农民家庭的时候,苏南地区的土布业却成了夕阳产业。以至于学者们多认为,苏南土布业的衰落是由于廉价的工业品竞争的结果,工业品市场越来越大,土布市场越来越萎缩,农家经济也随之衰落。这种看法极具表面性。

苏南许多地区手织业的衰落,并非洋布市场竞争的结果。即使就市场竞争而言,洋布对土布的竞争也远没有土布对土布的竞争激烈。在我们随机选择的4个年份中,1875、1905、1919和1931年,土布(以平方码计)在国内棉布市场上的比重分别为78.1%、78.7%、65.5%和61.6%③。也就是说,直到1931年,国内的棉布市场,大部分仍是土布的天下④。据1933年海关报告:"比岁以还,进口棉货,每况愈下。查四年以前,所有进口棉货总值,(棉纱在内棉花除外)尚居各项进口洋货之首席;迨及民国二十年,则退居

---

① 华中连络部:《塩運河調査書》,大東亜省興亜院:《調査月報》第26卷,昭和十七年(1942)5—6月出版,第66—67页。
② 大東亜省:《蘇北地区総合調査報告》,昭和十八年(1943)9月刊行,第252页。
③ 据Bruce Lloyd Reynolds, "The impact of Trade and Foreign Investment on Industrialization: Chinese Textiles, 1875-1931". A Dissertation Submitted in Partial Fulfillment of the Requirements for the Degree of Doctor of Philosophy (Economics) in the University of Michigan 1975,第57页资料统计。
④ 苏南以外地区土布业的发展详见吴知《乡村织布工业的一个研究》,上海:商务印书馆,1936年;严中平:《中国棉纺织史稿》,第254—304页;赵冈、陈锺毅:《中国棉业史》,第213—221页。

第二;洎乎上年则降为第三;本年则一跌而为第六矣。"①

就江苏本省的布匹市场而言,甚至自清末起就是土、洋布在相互竞争,而非仅仅是洋布排挤土布。据镇江海关对光绪十八年(1892)布匹市场的观察:"洋布减销尤甚,……从前如江北内地各州县,均用洋布,近则用土布者渐多。"②"近数年间进口各布匹年少一年矣,……若绒布,递年亏绌,并无他项进口货为之酌盈剂虚。由来土布盛行,盖缘其质粗厚,堪与绒布相颉颃,便于服用"③。

实际上,苏南土布衰落的主要原因是劳动力转移的结果,而非洋布竞争的结果。20世纪以后,苏南迅速成为中国现代工业最发达的地区。随着工业化的发展,许多地区原来织土布的妇女大量进厂做工。时人指出:"商市展拓所及,建筑盛则农田少,耕夫织妇弃其本业而趋工场,必然之势也。"④这证实了彭慕兰的假设:如果中国设立工厂,会有许多妇女打破习俗,进厂挣钱⑤。

由于大工业提供了比织土布更高的收入,使原来织土布的主力军被吸纳到工业中来。苏南许多地区逐步从"副业主业化"过渡到了"工业主业化"。换言之,苏南的发展始终走在中国经济发展的前列,而在苏南进行大规模工业化之时,苏北才重新完善该区1000

---

① 上海总税务司署统计科:《民国二十二年海关中外贸易统计年刊》卷一"贸易报告",1934年,"洋货进口情形"第71页。
② 镇江关税务司夏德呈报:《光绪十八年镇江口华洋贸易情形论略》,《光绪十八年通商各关华洋贸易总册》(英译汉第34册),中国海关总税务司光绪十九年(1893)二月印,第65页上。
③ 镇江关税务司夏德呈报:《光绪十八年镇江口华洋贸易情形论略》,《光绪十八年通商各关华洋贸易总册》(英译汉第34册),第64页下。
④ 吴馨等修:《上海县续志》卷一"疆域",上海:南园戊午年(1918)夏五月刻本,第10页上。
⑤ Kenneth Pomeranz, *The Great Divergence: Europe, China and the Making of the Modern World Economy*, p. 103.

多年前即已盛行的男耕女织模式。苏南地区这一变迁表现在以下三个方面：

首先，上海作为全国最发达的劳动力市场，吸引了苏南农村地区的大量劳动力。

上海附近的农村人口改变职业成为工业工人的现象非常突出。在上海纱厂中，工人主要来自：（1）当地乡民。农村青年妇女大多在纱厂细纱间和经纱间工作，年老的妇女则在粗纱间工作。许多不满16岁的少年也在厂中从事相对轻便的工作①。据对上海杨树浦附近村庄的调查，现代工业兴起后，受其影响，"拥有土地的家庭，喜欢把土地出租一部分给别人，以便腾出时间，到都市工作"②。（2）他县乡民。"因有亲戚邻里，在沪上做生意得其援引而来的"③，这部分工人主要以上海邻县的农民为主。20世纪30年代的无锡，"迩岁强壮农民，颇多抛离乡村，群趋城市或上海，舍农就工"④。据对无锡荣巷、开原两乡外出做工人口的调查，其中82.5%的人前往上海⑤。上海公共租界中，1900年，江苏人口为141855人，1930年增加到500576人⑥。以无锡人为例，在上海的人

---

① 李次山：《上海劳动状况》，《新青年》第7卷第6号，1920年5月1日出版，本文第9页。
② H. D. Lamson, "The Effect of Industrialization upon Village Livelihood," *Chinese Economic Journal*, vol. ix, no. 4, October 1931, p. 1066.
③ 李次山：《上海劳动状况》，《新青年》第7卷第6号，1920年5月1日出版，本文第8页。
④ 无锡县政府编：《无锡概览》，无锡：文新印刷所1935年印，"农业"第1页。
⑤ 南满洲铁道株式会社调查部：《江苏省無锡县农村实态调查报告书》，上海：大陆新报社营业印刷局，昭和十六年（1941）3月印行，第39页。
⑥ 徐雪筠等编译：《上海近代社会经济发展概况》，上海：上海社会科学院出版社，1985年，第311页。

口中，做职工、店员的占75%以上[①]。

现将1929年对上海附近农家工资收入者的调查情况列如下表：

表3-3 上海农村工资收入者在农家的比重

收入组别（元）	家庭数量	每家平均收入（元）	每家平均人口	工资收入者总数	平均每家工资收入者人数
200—399	8	323.98	3	11	1.37
400—599	15	476.46	4.27	28	1.87
600—799	14	732.86	5.78	37	2.64
800—999	10	881.91	6.2	24	2.4
1000—1400	3	1175.01	8	10	3.33
总计	50	646.86	5.1	110	2.2

资料来源：H. D. Lamson, "The Effect of Industrialization upon Village Livelihood," *Chinese Economic Journal*, vol. ix, no. 4, October 1931, p. 1031.

据上表，工业收入相当于农业收入的2.83倍，相当于手工业等收入之和的2.55倍，相当于农业与手工业等收入总和的1.34倍。在家庭收入中，工业收入已居主导性地位。

家庭、婚姻关系和女性地位等，随之发生了巨大的变化。前文所述，在织布主业化的时代，织布能手总是一般家庭乐于求亲的对象。而在工业主业化的时代，能工作的妇女更显著地提高了在家庭中的地位[②]。上海农村有位母亲说："现在女儿即使不比男孩更

---

① 南满洲铁道株式会社调查部：《江蘇省無錫県农村実態調査報告書》，第100页。
② 参见Susan Mann, "Women's Work in the Ningbo Area, 1900-1936," in Thomas G. Rawski and Lillian M. Li (eds.), *Chinese History in Economic Perspective*. Berkeley/ Los Angeles/ Oxford: University of California Press, 1992, p.245.

有用，也和男孩一样。我的两个女儿在厂里都有份好工作，而我读过书的儿子却在村里无所事事。"①在厂里做工的女孩子们则说："现在男人们没有什么了不起的，因为我们能自己谋生，不再像以前的妇女那样依附他们了。"②有人领养孩子时，宁愿抚养女孩，而不愿抚养男孩③。晚婚、晚育的女子越来越多。有些女工选择独身，她们说："如果我们能够自立，我们为什么结婚呢？我们多自由自在呀！"④20世纪30年代，苏南在厂中工作的妇女在大庭广众之下可以责骂忘记为其送伞的丈夫⑤；有位犯了过去被视为万恶之首——"淫乱"过错的妇女，其夫家也因其可以到村中丝厂务工，而"待她与从前一样"⑥。

同时代的淮北海沭地区，"一般妇女仍受旧礼教之束缚，其思想之腐旧，仍似多少世纪以前之人，生活亦皆在水平（原文如此——引者注）以下"⑦。女孩在家中无任何地位可言，年幼时，"即受父母卑视"，被视为"赔钱货"；定婚后，仍由"父母之命""媒妁之言"所支配，遵从"三从四德"的古训。婚后，"简

---

① H. D. Lamson, "The Effect of Industrialization upon Village Livelihood," *Chinese Economic Journal*, vol. ix, no. 4, October 1931, p. 1071.
② H. D. Lamson, "The Effect of Industrialization upon Village Livelihood," *Chinese Economic Journal*, vol. ix, no. 4, October 1931, p. 1074.
③ H. D. Lamson, "The Effect of Industrialization upon Village Livelihood," *Chinese Economic Journal*, vol. ix, no. 4, October 1931, p. 1074.
④ H. D. Lamson, "The Effect of Industrialization upon Village Livelihood," *Chinese Economic Journal*, vol. ix, no. 4, October 1931, p. 1073.
⑤ Hsiao-tung Fei, *Peasant Life in China: A Field Study of Country Life in the Yangtze Valley*, p.233.
⑥ Hsiao-tung Fei, *Peasant Life in China: A Field Study of Country Life in the Yangtze Valley*, p.235.
⑦ 虞龙江：《沭阳妇女生活状况调查》，江苏省第六区党务指导员办事处编辑：《淮海》第8期，1936年1月1日出刊，第13页。

直度着牛马奴隶之生活",受着婆婆的欺辱①。许多出来做工的妇女,"竟至有求日食不求工资者"②。

在土布占据布匹市场绝大部分份额、而苏南土布又逐渐退出市场的时候,淮北地区的土布并没有利用这样的机会大量地进入市场,并进入织布主业化的时代。这样的机会却被通海地区所把握,并发展到织布主业化的时代。

在清代中期以前,南通农家所产的土布主要用于自给,而不用于出售,故称为"家机布"。那些质地较优的布匹则是富裕之家雇工定织自用,并非流通商品③。高等衣料,除富裕家庭定织外,均购自苏南地区。史载:"富豪之家,谓罗绮不足珍,求远方吴绸、宋锦、云锦、缣、驼褐,价高而美丽者,以为衣,下逮裤袜,亦皆纯采。向所谓羊肠葛、本色布,皆不鬻于市。"④一般的平民家庭,则衣着简陋,"皋之旧俗,崇尚简质,服用室庐,止从俭素,四乡之人专务农耕,市中所鬻,不过常品"⑤。通海沿江居民种棉较多,但"所为布颇粗,……俗谓沙布"⑥。这种布显然无法在市场上与一江之隔的松江土布相竞争。

工业化开始前,通海地区土布的商品化程度远较苏南为低。棉

---

① 虞龙江:《沭阳妇女生活状况调查》,江苏省第六区党务指导员办事处编辑:《淮海》第8期,1936年1月1日出刊,第13页。
② 虞龙江:《沭阳妇女生活状况调查》,江苏省第六区党务指导员办事处编辑:《淮海》第8期,1936年1月1日出刊,第14页。
③ 林举百:《近代南通土布史》,第152页。
④ 王继祖修、夏之蓉纂:《直隶通州志》卷十六"风土志",乾隆二十年(1755)刻本(台湾学生书局,1968年影印),第7页上一下。
⑤ 王继祖修、夏之蓉纂:《直隶通州志》卷十六"风土志",乾隆二十年(1755)刻本(台湾学生书局,1968年影印),第18页下。
⑥ 王继祖修、夏之蓉纂:《直隶通州志》卷十六"风土志",乾隆二十年(1755)刻本(台湾学生书局,1968年影印),第3页下。

布的商品性生产，仅存在于极少数乡镇中①。直到19世纪七八十年代，才有宿迁人到二甲镇、金余镇、候油榨一带收买南通土布，其后又有一些里下河米商和山东骑骡客到金沙、兴仁镇一带收布②。《宿迁县志》也称，"布匹咸仰通州"③。宿迁地区依赖通州地区的土布，有地理上的原因，因宿迁与通州距离较近。也说明了宿迁地区的农家经济条件较差，无力购买质量更好、价格也更高的松江土布，毕竟，松江土布在当时"方舟鹜之北"，连东北地区、长城内外都可购买松江布。

1884年，洋纱开始进入通海地区④。至1899年的15年间，由于上海等地洋纱的涌入，通海地区的大尺布有所发展⑤。时人写道："棉花为通属出产一大宗，大布之名，尤驰四远。自昔商旅联樯，南北辏凑，岁售银百数十万。咸同以来，增开五口，互市通利，西人又购我华棉，与美棉压棉搀用，出布甚佳。而吾通之花市日益盛，岁会棉值增至数百万。"⑥1893年，通州农家的织布机总数约有四五千架，"所出各色土布甚多"，"又有一种新出之布，系用印纱与土纱并织，其坚缜温暖，虽稍逊土布，然颇动目，甚为合

---

① 如海门兴仁镇，"值播迁转徙之余，尚能自食其力，家有机杼，户多篝火，一手所制，若布、若带、若巾帨易粟，足活三口，三手事事则八口无虞。"见王继祖修、夏之蓉纂《直隶通州志》卷十六"风土志"，第8页下。
② 余仪孔：《解放前南通商业发展简史》，《南通文史选辑》第2辑，1984年出版，第34—35页。
③ 严型总修：《宿迁县志》卷二"疆域志"，民国二十四年刊本，第10页上。
④ Kathy Le Mons Walker, *Chinese Modernity and the Peasant path: Semicolonialism in the Northern Yangzi Delta*, pp. 18, 94-95.
⑤ 林举百：《近代南通土布史》，第145页。
⑥ 朱祖荣述：《通属种棉述略》，《农学报》第17册，光绪二十三年（1897），本文第1页上。

用，……价亦较廉①。1899年，大生纱厂开车，开始时日产机纱45件，其中90%为12支纱，全部售作通海关庄布的原料，通海销往东北的大尺布，遂由10万件很快增加到15万件②。关庄布的质量也有了极大提高，从而产生了更多的大、中各牌高档大尺布③。1923年大生纺织企业系统大力扩充后，大尺布的出数又增加了一倍④。

在现代工业的推动下，土布副业逐渐成为通海地区农家的主业，农民虽未离村，但大量地离开农业。

20世纪30年代初，通、海两县依靠土布为生的人数约有60余万人⑤。南通一地的土布，年销售值达2600多万元。东北沦陷后，1933年销售值达1700万元。南通一地乡村织布区，人口约50余万人，纯粹以织布为生的人口占总人口的38%，半恃织布为生的人口占54%，不织布的人口仅占8%。这些手织户所用的原料，80%以上为通纱，由大生纱厂供应，此外为申新、利泰、大通、富安等纱厂的产品⑥。

据1941年刊印的满铁调查资料，南通县金沙镇头总村94户农家中，其中46户从事土布生产。其次有12户从事手纺纱的贩卖、7户从事搬运业。其余拉人力车、务工、挖野菜、皮棉、制造手纺纱工

---

① 镇江关税务司雷乐石呈报：《光绪十九年镇江口华洋贸易情形论略》，《光绪十九年通商各关华洋贸易总册》（英译汉第35册），中国海关总税务司光绪二十年（1894）四月印，第65页上。
② 林举百：《近代南通土布史》，第145页。
③ 徐新吾主编：《江南土布史》，上海：上海社会科学院出版社，1992年，第622—623页。
④ 林举百：《近代南通土布史》，第145页。
⑤ 《东北国产纱布销路减少》，《工商半月刊》第4卷第11号，1932年6月1日出版，"国内经济"第4页。
⑥ 童润夫：《南通土布产销调查》，《棉业月刊》第1卷第2期，1936年印行，第221页。

具各1户，土布行商2户，中介业3户①。在上述从事副业的农户中，直接从事织土布户数在各种副业中占压倒性的优势。另外，与织土布直接相关的手纺纱的贩卖、手纺纱工具制造、土布行商等达16户。与土布业有间接关系的搬运业、中介业达10户。这一地区农家经济结构中，"织布主业化"的倾向非常明显。

在农家收入构成中，从事土布的收入均占了家庭总收入的绝大部分。现将满铁对南通县金沙镇头总村农家收入的调查，整理成下表：

表3-4 20世纪30年代末40年代初南通农家各业收入比重

项 目	甲		乙	
	金额（元）	比率（%）	金额（元）	比率（%）
现金存余	4	2.28	20	5.38
农产品出售	63.75	36.27	16	4.3
做工收入	0	0	15.9	4.28
土布出售	108	61.45	320	86.04
农业外收入	0	0	0	0
借贷	0	0	0	0
共计	175.75	100	371.9	100

资料来源：〔日〕南满洲铁道株式会社调查部：《江苏省南通县农村实态调查报告书》，第124页。

据上表，在农家收入的构成中，甲类农家土布业的收入占家庭总收入的61.45%，乙类农家的土布业收入则更占总收入的86.04%。

根据上述两表，土布业在南通农家经济中居主业的地位一目

---

① 南满洲铁道株式会社调查部：《江苏省南通县农村实态调查报告书》，上海：大陆新报社营业印刷局，1941年，第118—119页。

了然。

在苏南地区认为织布收入降低（相对于现代工业），许多家庭放弃了织布之时，织布业却为南通农家带来了远高于土地方面的收入。南通占地较多的地主，因无余力从事副业，收入远不及土地较少、但有余力从事副业的其他阶层。现将南通各阶层的农副业收入列如下表：

表3-5　20世纪30年代末40年代初南通各阶层农家收入表

种类	农业收入		副业收入	
	实数（元）	比率（%）	实数（元）	比率（%）
地主兼自耕	635.00	100.00	0	0
自耕农	234.75	22.5	808.00	77.5
小自耕农	142.70	12.3	733.20	83.7

资料来源：〔日〕南满洲铁道株式会社调查部：《江苏省南通县农村实态调查报告书》，第133页。

据上表，南通农户中，地主兼自耕农的阶层，尽管从土地获得的收入相当于自耕农的2.7倍、小自耕农的4.4倍，但由于自耕农与小自耕农有余力从事副业劳动，其实际总收入要高得多。在总收入的对比方面，自耕农的总收入相当于地主的1.6倍，小自耕农的总收入相当于地主的1.4倍。

在淮北农家经济衰败之时，江南的农家经济却如顺风顺水之轻舟，引领中国经济发展之潮流；甚至连僻处海隅的通海地区也远远地领先了淮北。苏南地区织布主业化的现象是前近代社会商品经济自然发展的结果，在现代工业的推动下，这个地区进而过渡到了工业主业化的时代，农家织布业与种植业均由商品性生产大量地转向自给性生产；而同在现代工业的推动下，通海地区从男耕女织的自给自足经济过渡到了织布主业化的商品经济时代，农家织布业与商品市场获得了共同发展。淮北地区仅是把织布发展成为农业的补充，大抵相当于通海地区在工业化兴起前的水平。它们之间的差异是结构性的。可见，由于社会生态变迁所造成的积淀，淮北地区在近代社会里仍然没有获得与其他地区相同的发展机遇，归根结蒂，这些地区并不处于同一起跑线上。

小　结

在历史上，水利设施对淮北的影响至深至巨。即使在魏晋时代，单纯为农业生产服务的水利工程也并不能永恒地为利。它们的正、负作用随着人地比重的变化而改变。在人均占地极多之时，正面作用巨大的水利工程，到了人均占地变少时代，其负面作用就会彰显出来。水利工程也绝不可能使所有地区都获利，往往一个地区享受水利之时，另一个地区却正在承受水害。

到了明清以后，以保漕保运为主旨的治水对淮北整个大区的危害就更大了。在不适宜筑造水库的地方，形成了洪泽湖、微山湖等数十个巨泊，这些湖泊的功能大多被严格限制为服务运道，而不是服务农业生产。包括淮河、泗水、沂水等数十条重要河流，有的被截去一半，有的被胡乱拼接，有的干脆堙塞无踪。原来的沃壤竟成了每年吞噬成千上万平民生命的恶土。农业生态的衰变更是无以复加。

在自然环境没有被人为破坏的中古与远古时代，淮北为富庶的鱼米之乡，是国家最重要的经济区。农作物中，稻米的种植极为普遍，并广泛地使用耕牛。手工纺织业非常发达，女子纺织技能在全国首屈一指。在和平年代，一般农家均能达到温饱乃至小康水平。

宋以后，特别是明清以来，由于人为的破坏，淮北自然生态遭到严重摧残。尽管有着极为丰富的水资源和广袤的平原，却无法提供水稻所需的基本条件，致使水稻种植区南移到淮河以南地区。原来鱼米之乡的美誉演变成了"穷山恶水"之名。清人指出："今江北之困，非独其地瘠也，人力亦未尽也。往时江南无尺寸隙地，民力田佃十五亩以上者称上农，家饶给矣，次仅五六亩或三数亩，佐以杂作，非凶岁亦可无饥。何者？男子力耕于外，妇人蚕织于内，五口之家，人人自食其力，不仰给于一人也。"①

需要说明的是，淮北从稻作生产演变为玉米、高粱、番薯类等粗粮种植，与不少学者所说的"小冰期"并无实质性的关联。就在明代淮北稻作消失殆尽之时，与淮北一河之隔的淮南地区的水稻种植仍然非常普遍，清代前期甚至在黄河以北的海河流域进行稻米生产。更令人惊讶的是，明代辽东地区也试种了稻米。显然，"小冰期"不会单单跟淮北过不去。淮北的农作变迁是人祸，不应归咎于天公。

淮北在隋唐时的经济地位，到明清时已完全被江南所取代。江南不但成了公认的鱼米之乡，并且，农家经济结构从男耕女织发展到了高度商品化的副业主业化时代。而淮北地区却从原来的男耕女

---

① 薛福保：《江北本政论》，《青萍轩文录》卷一，光绪八年刻本，第7页上。

织结构演变成了单一男耕的残缺型商品经济。在江南地区进入工业社会时，淮北才勉强完善了男耕女织结构。如果在农业社会，消除了水患的淮北地区，应该很快（至少部分地区）能赶上江南地区，毕竟，中国农业的发展是非常滞缓的，落后地区与发达地区的差距并不太大；但在工业社会，由于落后地区与发达地区的差距呈一日千里之势，更为重要的是，产业结构的调整基本上由中央政府来规划，淮北地区多被动地接受江南等发达地区淘汰的产业，是以淮北地区尽管消除了水患，仍难赶上江南。

在以农立国的"古代"，中央政府为了维持漕运的需要，不得不把灾害推向淮北，从而使淮北极为优良的农业生态破败不堪，使淮北长期失去了发展农业生产的契机。到了"近代"，漕运停止后，中央政府毋须再牺牲淮北，尽管政府不能提供应有的服务来恢复这里的生态，但毕竟使这里生态的压力得以减轻。只是近代中央政府的主旨已不再是以农立国，而是在列强强迫和推动下的以"商战""富强"等相号召的工商立国。这样，统治者对农民有了新的索求，包括要求农民提供越来越多的财政收入及在农村地区有着更加强硬的政府。[1]为了超常规地发展工商业，加上不良制度造成的浪费，在中国这样低积累的国度里，只能依靠长期牺牲农业和农村这一剜肉补疮式的办法来进行，淮北再次被国家所牺牲。

---

[1] Elizabeth J. Perry, "Collective Violence in China, 1880-1980," *Theory and Society*, Vol. 13, No. 3, Special Issue on China (May, 1984), p. 430.

第四章　粮食短缺与生存困境

理论上，近代淮北粮食总产即使全部用于人食，也不敷所需。淮北虽然极其乏粮，但劳动力无法大量投入到耕作中，只能弃耕或粗放种植。淮北不是苦于内卷化，而是苦于无法内卷化。淮北缺粮的主因，是军政官员的变体——强势群体对社会资源的全面垄断，他们既没有传统士绅的社会责任感，更没有近代意义的管理和服务意识。他们通过操控粮食的生产和流通，实现对社会的全面控制。失去国家保护的弱势平民应对危机的各种举措，多成为强势群体扩张其经济势力和强化其统制能力的条件。权力没有边界的强势群体或沉湎于肉欲享受，或运用淮北的社会资源争夺最高权力，而不愿承担生产性和公益型建设。他们对社会多方位的垄断，阻绝了削减其利益和权势的变革之路，造成社会全面崩溃。

第一节　粮食生产与人食所需

学界一般把缺粮与灾荒联在一起。20世纪20年代，马罗立对淮北灾荒与缺粮作过客观的描述[1]。邓云特在1937年系统研究了中国历史上的灾荒，把缺粮视为灾荒的结果[2]。但本书所述的缺粮，是指正常年景粮食不敷人食，涉及乡村生产方式、社会结构和不同利益群体之间的博弈，范围比较广泛。黄宗智阐述的中国农民经济"内卷化"[3]，赵冈所述的地主边缘化[4]，小山正明主张的佃户越来越脱离地主的控制[5]，森正夫对"田主赈佃户论"的研究[6]，北村敬直将地主的土地所有制理解为从"中世封建的社会构成"向"近代资本主义的社会构成"[7]，俄国学者所述的清末民国私人地产的占有情况[8]，均是本节讨论的基础。李明珠提出的"国家与社会结构是如何影响饥荒的"[9]正是本书要解答的核心问题。

---

[1] Walter H. Mallory, *China: Land of Famine*. New York: American Geographical Society, 1926.
[2] 邓云特：《中国救荒史》，上海：商务印书馆，1937年。
[3] 详见黄宗智：《华北的小农经济与社会变迁》，北京：中华书局，2000年；《长江三角洲的小农家庭与乡村发展》，北京：中华书局，1992年。
[4] Kang Chao, "New Data on Land Ownership Patterns in Ming-Ch'ing China-A Research Note", *The Journal of Asian Studies*, Vol. 40, No. 4 (Aug. 1981), pp. 719-734；赵冈：《试论地主的主导力》，《中国社会经济史研究》2003年第2期，第1—6页。
[5] 小山正明：《明末清初の大土地所有》《明代の大土地所有と奴僕》，见小山正明：《明清社會經濟史研究》，东京：东京大学出版会，1992年，第255—314、315—364页。
[6] 森正夫：《十六至十八世纪における荒政と地主佃户关系》，《东洋史研究》27卷4号，1969年3月，第69—111页。
[7] 北村敬直：《明末·清初における地主について》，《历史学研究》第140号，1949年，第13—25页。
[8] A. Mugruzin, Аграрные отношения в Китае в 20-40 годах XX века. Moscow: Наука; Глав. ред. восточной лит-ры, 1970, p. 36.
[9] Lillian M. Li, "Introduction: Food, Famine, and the Chinese State", *The Journal of Asian Studies*, Vol. 41, No. 4 (Aug. 1982), p. 688.

一、粮食总供需

中国历史上农村最突出的问题是民食的匮乏，近代淮北的民食问题尤其严重。据实业部1932年调查，作为唐代以前的鱼米之乡，苏北淮阴、宿迁、沭阳、铜山、砀山、沛县、泗阳、睢宁、萧县、丰县、邳县、涟水12县的稻产总量仅为7100石，相当于苏南江阴一县产量的0.15%[1]。而这一年是苏北的丰年[2]。

明至民国，淮北的粮产主要为麦类、玉米、高粱、豆类等。

1932年，苏北铜山、灌云、涟水、东海、泗阳、邳县、宿迁、萧县、沭阳、淮阴、睢宁、赣榆、沛县、丰县、砀山15县三麦产量13291219石、豆类4802172石、玉米3654000石、高粱5238200石[3]。皖北阜阳、颖上、涡阳、蒙城、凤台、太和、亳县、寿县、霍邱、宿县、灵璧、凤阳、泗县、怀远、五河15县小麦1621665千斤、籼稻828767千斤、大豆945927千斤、大麦352003千斤、高粱645898千斤[4]。淮北30县共产稻类897251千斤、麦类3568614千斤、豆类1522188千斤、高粱1274482千斤、玉米438480千斤，总重量770102

---

[1] 实业部国际贸易局编：《中国实业志（江苏省）》第5编，上海：民光印刷公司，1933年，第14—15页。
[2] 主要粮产见甲1800部队、兴亚院华北连络部：《昭和16年度第2次北支農產物收穫高豫想調查報告》，昭和十七年，第5—6页；大東亞省：《蘇北地區総合調査報告》，铅印本，昭和十八年，第179—188页等。
[3] 分见实业部国际贸易局编：《中国实业志（江苏省）》第5编，上海：民光印刷公司，1933年，第56—57、93、107—108、113页。
[4] 《作物平常年之面积及产量分表·安徽》，《统计月报》第1—2期，1932年2月，第39页。

万斤①。相当于1185504657.1万大卡热量②。

同时代淮北30县男8486561人、女6998847人,总人口15485408③人。据此,该年度淮北每人日均拥有粮食1.36斤、合2097大卡的热量。

淮北日均占有粮食或热量与以不同标准所计算的淮北所需的民食比较如下:

表4-1 1932年淮北30县粮食总量相当于民食所需的比重

每人每日消费粮食或热量	调查者	采样地	粮食总产占民食所需之比	资料来源
3517大卡	卜凯	定远	60%	卜凯:《中国农家经济》下册,上海:商务印书馆,1935年,第488页
2斤	怀远商会	怀远	68%	吴德麟:《怀远县地方概况》,国民经济研究所编:《安徽省地方概况报告》,1936年打印本,本文第2页

① 皖北15县粮产据《作物平常年之面积及产量分表·安徽》,《统计月报》第1—2期,1932年2月,第39页计算;苏北15县粮产见实业部国际贸易局:《中国实业志(江苏省)》第5编,上海:民光印刷公司,1933年,第14—15、56—57、93、107—108、113页数据计算。
② 每100克米的热量按346大卡、高粱351大卡、玉米106大卡、麦类按312大卡(小麦317大卡、大麦307大卡)、豆类按黄豆359大卡计算(粮食热量资料据杨月欣:《中国食物成分表2002》,北京:北京大学医学出版社,2002年,第24—31页)。
③ 皖北15县人口据毕士林:《安徽省人口统计及其分析》,《内政统计季刊》第2期,1937年1月,第34页计算;苏北15县人口见实业部国际贸易局编:《中国实业志(江苏省)》第1编,上海:民光印刷公司,1933年,第14—16页。

续 表

每人每日消费粮食或热量	调查者	采样地	粮食总产占民食所需之比	资料来源
2斤	吴德麟	涡阳	68%	吴德麟：《涡阳县地方概况》，《安徽省地方概况报告》，第4页
2362大卡①	张心一	江苏	89%	张心一：《中国粮食问题》，南京：中国太平洋国际学会丛书，1932年，第22页
男3200大卡，女2600大卡，童1600大卡②	李庆麐	中国	84%	李庆麐：《中国粮食与土地问题》，《土地月刊》1936年第4卷第4、5期合刊，第16页
2600大卡③		日本	81%	田克勤：《食品营养与卫生》，大连：东北财经大学出版社，2007年，第11—111页

说明：①据张心一详细调查，农村男、女人均每日需米分别为23.31和20.38两（16两=1斤）。以此估计男女每日平均相当于消耗热量2362大卡。②以卜凯标准，每1单位总人口消费的粮食数，折算为0.78单位的成年男子消费的数量（卜凯：《中国农家经济》下册，上海：商务印书馆，1936年，第490页）。③此为现代日本人热量消耗标准，日本人消耗的食物热量是公认较低的。

据表4-1，淮北30县所产的全部粮食仅敷当地人食用需求的60%—89%。不论以当时或现代的标准，不考虑任何种粮成本（包括缴纳公粮、商品性销售、各种损耗和酿造、动物消费，甚至必留的种子等），全部粮食竟不够食用。

1935年，安徽省建设厅以远低于其他地区农民的食用标准来估计皖北的粮食需求，即使如此，皖北各县无不缺粮，临泉缺粮

22498石、泗县2066石、寿县467400石、亳县527523石①。这些数字显然远低于真实的缺粮数据。

卜凯正确地指出："半自耕农和佃农的地主，对于田场的主要支出，为种子、地税和肥料。"②实际上，在淮北农家支出中，除了地税是所有家庭必须承担的支出外，其他所有支出均非每个家庭所共有，像怀远一般村庄用现金购买肥料的农家仅占农家总数的8.1%，而商业中心符离集购买肥料的农家也仅为20.6%③。在淮北农家，肥料主要是人畜禽类粪便；在他们必须支出的项目中，我们暂不考虑用于肥料的现金支出。

民国年间，中国曾进口不少外国小麦，这些小麦及其制成的面粉基本上不会销售到淮北乡村；淮北乡民食用小麦是舍不得丢弃麸皮的。由于苏南粉厂集中，面粉大量出口。如1920和1921年，上海出口的面粉分别占全国面粉出口量的83.71%和70.32%④。严重缺粮的淮北小麦多被销售到上海等大都市。如铜山、淮阴、沛县销往上

---

① 安徽省建设厅估计（安徽省建设厅：《安徽一年来之农村救济及调查》，1936年2月印，第24—25页），1935年皖北临泉、泗县、寿县、亳县各需粮1728680、1707966、1319000、1386865石；据毕士林：《安徽省人口统计及其分析》（《内政统计季刊》第2期，1937年1月，第33—34页）和刘焕东编：《临泉县志略·人口》（民国二十五石印本）第4页上的人口数计算，前述各县年人均需粮分别为329、341、232、322斤，远低于同样资料计算的南陵（622斤）、太湖（641斤）、泾县（596斤）、歙县（557斤）的人均食用数量。
② 卜凯：《中国农家经济》二册，张履鸾译，上海：商务印书馆，1936年，第95页。
③ 卜凯：《中国农家经济》上册，张履鸾译，上海：商务印书馆，1936年，第108页。
④ 上海市粮食局等：《中国近代面粉工业史》，北京：中华书局，1987年，第119页。

海的小麦占外销总数的50—55%[①]。淮北地区成了常规性的粮食输出区。上海交易所自成立后至抗战前,几乎每日均有怀远、颍上等地的小麦、大豆牌价。1936年以前,阜阳每年输出小麦12万石、高粱17万石、黄豆1000石[②]。亳县每年运往蚌埠的黄豆和芝麻分别为3万石和1万石[③]。每年经寿县正阳关输出的颍上黄豆、各地小麦、六安和霍邱的米达45万石,另输出颍上蚕豆3万石、六安和霍邱碗豆5万石[④]。霍邱县每年输往蚌埠、南京的小麦10万石[⑤]。泗县"民船多数以运麦、豆、高粱、瓜子、芝麻至临淮、盱眙"。蒙城"仅以贩卖杂货、粮食及洋纱业者较多"[⑥]。泗县粮行计72家,县城内、青阳镇、双沟镇三处,为杂粮出口之要地,每年粮食售价约200万元,"堪为各业之冠"[⑦]。

在淮北,粮食是农家换取现金的主要物资,但小麦、黄豆、籼稻主要销往上海、南京、无锡等淮北以外的区域,而高粱、玉米、大麦、黍等则以在淮北区域内销售为主。根据详尽的调查资料计算,1932年,苏北铜山、灌云、涟水、东海、泗阳、邳县、宿迁、萧县、沭阳、淮阴、睢宁、赣榆、沛县、丰县、砀山15县等销

[①] 实业部国际贸易局编:《中国实业志(江苏省)》第1编,上海:民光印刷股份有限公司,1933年,第66—67页。
[②] 吴德麟:《安徽省阜阳县地方概况》,国民经济研究所编:《安徽省地方概况报告》,1936年打印本,本文第5页。
[③] 吴德麟:《安徽省亳县地方概况》,国民经济研究所编:《安徽省地方概况报告》,本文第2页。
[④] 吴德麟:《安徽省寿县地方概况》,国民经济研究所编:《安徽省地方概况报告》,本文第2页。
[⑤] 《安徽各县物产调查》,《工商半月刊》第6卷第15期,1934年8月1日,第90页。
[⑥] 龚光朗、曹觉生:《安徽各县工商概况》,《安徽建设月刊》第3卷第27期,1931年3月,第23、26、28页。
[⑦] 鲁佩璋修:《泗县志略》"经济",民国二十五年铅印本,第213页下。

出淮北以外的小麦为6589386石（约790726千斤）①，大豆1525330石（约183040千斤）②。另据对怀远124户、宿县286户农家统计，两县农家每年出售的粮食占收获量的比重分别为：小麦22.9%和31.3%，稻29.1%和53.8%，大豆55.8%和30.4%③。取两县的中间数，估算皖北阜阳、颍上、涡阳、蒙城、凤台、太和、亳县、寿县、霍邱、宿县、灵璧、凤阳、泗县、怀远、五河15县粮产中，农家出售到淮北以外的籼稻达343524千斤、小麦439471千斤、大豆407695千斤。

同年，苏北15县麦田20424千亩、稻田616千亩、豆田8345千亩、高粱5490千亩、玉米2189千亩④。皖北15县小麦21264千亩、籼稻3230千亩、大豆6953千亩、大麦2581千亩、高粱4587千亩⑤。按当时的播种需要，小麦每亩需种子9升（每升3斤），稻用种11—14升，黄豆6—11升，大麦9—14升，蜀黍（高粱）6—9升，玉蜀黍（玉米）1.5—6升⑥。取每亩用种的中间数，则苏北15县每年需小麦种551448千斤、稻种23100千斤、豆种212798千斤、高粱123525千斤、玉米24626千斤。皖北15县每年需小麦种574128千斤、籼稻种121125千斤、大豆种177302千斤、大麦种89045千斤、高粱105960

---

① 实业部国际贸易局编：《中国实业志（江苏省）》第1编，上海：民光印刷股份有限公司，1933年，第56—57、66—67页。
② 实业部国际贸易局编：《中国实业志（江苏省）》第1编，上海：民光印刷股份有限公司，1933年，第93—94、101页。
③ 卜凯：《中国农家经济》上册，张履鸾译，上海：商务印书馆，1936年，第276页。
④ 实业部国际贸易局编：《中国实业志（江苏省）》第5编，上海：民光印刷股份有限公司，1933年，第49—50、12、90、113—114、107—108页。
⑤ 《作物平常年之面积及产量分表（安徽）》，《统计月报》1932年第1-2期，第39页。
⑥ 如芳：《植物种子》，《申报》1917年11月1日，第14版。

千斤。

淮北30县粮食总产中,仅除去销售到淮北以外的麦、稻、豆及每年所需的种子,尚余小麦1212841千斤、籼稻409502千斤、豆类541353千斤、高粱104997千斤、玉米413854千斤,计2682547千斤,合376327987.2万大卡热量。

淮北人均每日得粮0.47斤,合666大卡。仅及表4-1中张心一所估计的需粮标准的28%,达卜凯估计标准的19%。

二、"苦于资本主义不发展"

淮北经济形态是典型的传统农业,且处于衰败和崩溃境地。就雇佣劳动的发达程度而言,江南远胜淮北。

淮北更多的农民到富人家做工,"只吃饭不拿钱,因为这里的劳力太不值钱"[①]。不少地区土匪与雇工是同源的。如淮安,"荒岁失收,贫无生计,良者往南佣工。黠者流为盗匪"[②]。邳县,"游民充斥,盗贼横行。贫民迫于生活艰难,往往与盗匪勾结。……江北徐海各县,情形大致相同"[③]。

淮北不具备资本主义劳动市场的条件,其劳动力价格根本不能体现其劳动力的价值,不能满足除了劳动者基本的生活需要外,还必须满足劳动者本人身心发展及劳动力再生产的条件。一句话,淮北的雇工绝大多数不是资本主义性质的雇佣劳动者。

---

① 冯和法编:《中国农村经济资料续编》上编,第6页。
② 江苏省民政厅编:《江苏省各县概况一览》下册,镇江:新民印刷工业社,1931年,第318页。
③ 江苏省民政厅编:《江苏省各县概况一览》下册,镇江:新民印刷工业社,1931年,第460页。

淮北经济作物的收入比重极低。20世纪30年代前期，皖北商业中心怀远，"工业以竹木、泥石、纺织、麻绳为多"，手工土布约年产万匹，"其他无从统计"，手工业者约占全县人口的3%。五河全县工人约占总人口30%，但"以雇工及苦力为最多"。长期作为府城的阜阳，"全县工人，不过万余人，占全县人口百分之一，以木泥工为最多"。涡阳"全县有工人五千五百名，占全县人口百分之一"，主要为理发、木业等。霍邱"工人占百分之一，以泥水工匠为最多"①。

到了近代，随着工业的发展，上海率先成为全国智力劳动者最为密集的中心，智力劳动者向苏北移动的现象非常明显②。即便如此，也只有部分技术工人能享受到并不充分的资本主义劳动待遇。

南通大生纱厂的创始人张謇写道："我国之有纺织业也，缘欧人之设厂于上海始。欧人之始设厂，辄募我十数不识字之工人，供其指挥；久之此十数工人者，不能明其所以然，而粗知其所受指挥之当然。由是我之继营纺织厂，即募是十数工人者为耳目，而为之监视其工作者，……强半从是十数工人而窃其绪余。"③1905年，张謇建设南通工程项目时，从宁波招收了大量的技术工人④。即使是近代淮北最发达的城市，其资本主义的因素也非常微弱，且能够

---

① 龚光朗、曹觉生：《安徽各县工商概况》，《安徽建设月刊》第3卷第3期，1931年3月，第23—28页。
② Ta Chen, *Population in Modern China*. Chicago: The University of Chicago Press, 1946, p.58.
③ 张謇：《南通纺织专门学校旨趣书》，曹从坡等主编：《张謇全集》第4卷，南京：江苏古籍出版社，1994年，第130页。
④ Jean Chesneaux (trans. By H. M. Wright), *The Chinese Labor Movement 1919-1927*. Stanford: Stanford University Press, 1968, p.53.

"享受到"资本主义"剥削"的工人多为江南人。

徐州"南方帮"技术工人的始祖包东升,浙江宁波人,自幼在上海机械行业学钳工技术。到徐州后,为张勋修理武器和筹办电灯厂,并于1917年成为徐州电话公司的主要技术人员[1]。1914年,徐州首家电灯厂中,操作发电设备及安装线路的技术工人黄美茂,上海浦东人,原在上海闸北水电厂工作;徐仁根,宁波镇海人,自幼在上海学习机械技术。"黄美茂和徐仁根到徐州后,为了开展工作,又陆续在上海找到一些技术工人"[2]。徐仁根后在徐州电灯厂机器间任技术工长。1923年在徐州创办慎昌五金机器厂,为徐州第一家民营机械企业[3]。这家企业培养出许多技术骨干,如山东济宁拖拉机厂长章文灿,河南郑州柴油机总厂工程师曹景武,上海冶金矿山机械厂工程师栾品来,徐州风动工具厂工程师李连根,徐州农机厂工程师王炳华,徐州电力修造厂厂长赵创庆等[4]。南方帮人物王步礼除参与创建电灯厂外,还在徐州协助开办宏裕蛋厂[5]。

徐州最早的咸利元肥皂厂创办及技术人员人王朴山,原籍镇江。自幼在上海卜内门公司肥皂厂工作,对各种制皂技术非常熟

---

[1] 王炳华等口述:《徐州早期的机械工人》,《徐州文史资料》第13辑,徐州,1993年10月,第173页。
[2] 赵耀煌整理:《徐州解放前的电力发展概况》,《徐州文史资料》第7辑,徐州,1986年11月,第2页。
[3] 王炳华等口述:《徐州早期的机械工人》,《徐州文史资料》第13辑,徐州,1993年10月,第173页。
[4] 王炳华等口述:《徐州早期的机械工人》,《徐州文史资料》第13辑,第177页。
[5] 王炳华等口述:《徐州早期的机械工人》,《徐州文史资料》第13辑,第177页。

练①。

显然，上述享受到资本主义生产关系的工人，其生活境遇要远远好过传统生产方式下的淮北劳动者。

应该说，近代淮北不是苦于资本主义的剥削，而是苦于没有资本主义的进入。显然，在缺乏资本主义劳动关系的地方，必然充斥着封建的徭役关系。而平民由于没有太多的机会获取货币报酬，粮食成了主要的货币置换物。平常年景淮北从区域外部进口的粮食极少。而当灾年从外部较多地进口粮食之时，平民往往需要卖地来购买。

在淮北，饥荒固然是政体的产物，同时也是强势群体赤裸裸的控制和剥夺造成的。

作为军政官员变体的淮北强势群体，既有远胜传统士绅的威势，又有超越近代基层合法政府的权力；但他们既缺乏传统士绅修齐治平的社会责任感，又没有近代意义的行政管理能力和社会服务意识。

明清以来，江南乡绅创办了大量的义田、义庄、义学等公益机构，这类士绅在淮北却如凤毛麟角。淮北强势群体多不愿承担公益性建设和社会改良。睢宁，"富厚之家，比较锱铢，而不知义方教子。吝于善事，肆于不善事，以把持衙门为能。钳制异己，则不惜巨金，倚势力，废礼义，蔑法纪，富民之行也"②。民国前期，淮阴关门程，均为大土地所有者，"曾组'富户会'，专以拒绝贫民

---

① 王朴山：《回顾咸利元肥皂厂的经营》，《徐州文史资料》第7辑，徐州，第57页。
② 侯绍瀛修：《睢宁县志稿》卷三"疆域志"，光绪十二年刊本，第6页下。

借贷,而以包办收买田地为宗旨,贫民无以自存"①。

就学校言,苏南"差不多每个行政村都有一所小学"②。其中绝大多数学校为乡绅所创办。在华北,常有几个村子共同负担一所学校的情况③。然而,直到民国年间,有的淮北寨主"鄙夷新学,至以学校为学生、儿童之害"④。有学者竟称:"新学勃兴,斯文将坠失。"⑤1930年,有人在淮阴郊区"调查了十几个村子,……竟未看见一个小学"⑥。

在淮北,能除弊的官员难敌强势群体。唐民敏知徐州,"清审厘正,宿弊尽除,百姓大悦。"却终落得"以不阿上官左迁去"。庄诚任丰县令,"能剖疑狱,开涵洞,泄水城,无积潦,建社仓,设文课",竟成官场异类⑦。莒州知州张拱极,"兴利除弊,政绩大著,"终被"罢归"⑧。与前文所述的盐业中的改革类似,正因为强势群体的操纵、扭曲,每次改革的益处很难泽被下层民众。

强势群体对淮北社会全方位的垄断,阻断了可能削减其统制能力和经济利益的改良、改革之路,造成社会加速崩溃,使得中央政府政令难行,地方政府全面失效。

---

① 张煦侯:《淮阴风土记》上册,1936年,第107页。
② 中共苏南区委农村工作委员会:《苏南土地改革文献》,第475页。
③ Sidney D.Gamble, *North China villages: Social, Political, and Economic Activities before 1933*. Berkeley and Los Angeles: University of California Press 1963, pp. 147-148.
④ 张相文总纂:《泗阳县志》卷二十三"乡贤",民国十五年刻本,第34页上。
⑤ 严型总修:《宿迁县志》凡例,民国二十四年刻本,第2页上。
⑥ 钱兆甲:《调查淮北农村的感言》,《淮农月刊》创刊号,1930年10月,第10页。
⑦ 吴世熊等总修:《同治徐州府志》卷二十一下"宦绩传",同治甲戌年刻本,第7页下、20页上。
⑧ 王家诜纂修:《铜山县志》卷五十一"人物传",民国十五年刻本,第2页下。

国民政府颁行各种新法，但淮北的社会与政治仍是新瓶旧酒，实质并无变化，"各机关虽久经成立，而困于经济，濡缓进行，殆犹二五之于十也。虽然政体既更，民权斯盛，治法治人，相需为用，治乱兴衰，在当事者转移间耳"①。

以国民政府倡导的农村土地改革而言，有人写道："只要官僚绅权维持一天，而历史上所谓的土地改革也一日无法成功。……而官僚和绅权亦一起维持到今日未堕，便是这一个道理。"②

归根到底，淮北强势群体的目标是运用这里的社会资源争夺天下，多视淮北为帝业的策源地，他们以问鼎逐鹿为最终目标。因而，淮北向来不乏野心勃勃的雄才大略者。

在中央专制统治稳固的时代，强势群体多追求骄奢淫逸的物质生活，横行乡里，欺压良善。他们广积资财，只为寻机觅遇。一旦中央集权式微，就会"椎牛酾酒"，揭竿而起，倾囊一击；成则为王，败则为寇。

晚清及民国年间宪政民主与专制政治并存的二元政治体制，对江苏不同地区的社会影响极不相同。在国民政府的核心地区，苏中张謇等以地方自治为契机，把贫穷落后的南通建设成著名的模范县；江南大批工商士绅、教育人士、社会活动家等以振兴实业、发展教育、改良乡村为己任，使江南乡村呈现欣欣向荣的现代化气息。而在国民政府力有未逮的淮北，强势群体视中央集权衰落为扩充自身政治、经济、军事、司法、宗教等各种势力之良机，把地方

---

① 张相文总纂：《泗阳县志》卷十四"诗征"，民国十五年刻本，第2页上。
② 安静之：《官僚、绅士、地主》，《陇铎月刊》第2卷第7期，1948年7月出版，第7页。

自治、村政建设、民主政治、训政宪政等异化为与中央和地方政府博弈的筹码,终把淮北变成无数个祸国殃民的封建独立王国。

因此,在淮北,1912年以后,民国政体的开明性似乎更多地为强势群体所享有,而传统政体对弱势平民的保护性又不复存在。强势群体的权力更加没有边际,弱势平民的利益更容易被剥夺,许多弱势平民不但对民国没有认同感,反而多有怀念专制政体者。徐州豪绅的格言:"一鞭打倒新世界,两手扶起旧山河。"①这一恢复专制的号召有着相当的民意基础。复辟狂人张勋以徐州为基地,也是由来有自的。1929年,由强势群体策动的声势浩大的宿迁刀会暴动,导火索即是反对"庙产兴学"之类的改革②。1930年,赣榆青口镇的头号豪绅、青口商会会长、青口团练局局长许鼎馨,集中大刀会众1000余人,提出"打党爱国"的口号,对国民政府地方机构发动进攻和抢劫。不久,会众发展到近万人,包围沙河镇达18日③。

这些从合法政府获得万千优渥的强势群体,并不是合法政府的统治基础,而是反叛者的天然兵源、军粮与武备库。他们建立或拥有的圩寨,小则可武装一个排,大者可武装一个团。

真正与民生和农业生产相关的公益事业,在江南备受士绅们

---

① 《徐州布道团大遭劣绅反对》,《兴华周报》第28卷第11期,1931年,第34页。
② 详见孙江:《一九二九年宿迁小刀会暴动与极乐庵庙产纠纷案》,《历史研究》2012年第3期,第61—80页。
③ 孙宜武:《往事六则》,《赣榆文史资料》第6辑,1988年,第39—40页。

重视，江南士绅毁家纾公的事例并不鲜见①。雍正前期，孔毓珣奏称："江南户口繁庶，水利最为紧要。"②陈世倌、鄂礼、陈时夏奏请兴修江南水利，绝大部分工程得以兴修完工③。民国年间，江南九县绅士多次协调解决负面影响极大的东坝④。这些工程看似官员们的政绩，其实无不浸含了许多地方士绅的呼吁和协助。

近代以前，淮北与江南的距离，既非空间上、也非时间上的，而是社会形态的差异，亦即人类生存和生活维度的序差。表面上看，行政权力和淮北强势群体通过对既得利益的把控，阻止了资本主义因素的大规模进入，使其获得了惊人的物质性暴利，使平民承受远低生存所需的生活条件，本质上，这种做法使强势群体本身与平民群体一道被塑造和锢化成为专制社会中的病态型人性与残缺型人格。

---

① 南明松江徐思诚叩阍请求疏浚蒲汇塘获准，但"其如工费浩繁，……思诚亦因而毁家，逾半载始获告成"（叶梦珠：《阅世编》卷一，北京：中华书局，2007年，第13页）。乾隆乙亥，上海饥荒，张元龙"毁家赡族戚"（《上海县志》补遗，同治十一年刊本，第2页上）。清末，徐士荣，"留养难民，公款不敷，毁家以济，财殚力瘁"（吴馨修：《上海县续志》卷十八"人物"，民国七年铅印本，第24页上）。杨斯盛"毁家创办浦东中学"（黄炎培纂：《川沙县志》卷十六"人物志"，民国二十五年刊本，第11页下）。
② 台北故宫博物院清代宫中档与军机处折件：《两广总督孔毓珣奏折（雍正五年四月二十四日）》，箱号75，文献编号402013573。
③ 台北故宫博物院清代宫中档与军机处折件：《革职山东巡抚陈世倌等奏折（雍正六年四月十八日）》，箱号75，文献编号402014831。
④ 江苏省档案馆档案：《高淳县会议记录》（1932年），缩微胶片号1004—乙—0579。

第二节　无权者的田土之累

马罗立认为，不考虑其他负担，中国一个五口之家需4.7英亩（约28.5亩）的农田才能糊口①。清末，浙江、福建、江西等地户均耕种面积仅有16亩②。20世纪30年代中国人均占地3.3亩③。均没有达到马罗立的糊口标准。

明清以来，江南得到了较大程度的开发，"小民狃于目前之利，尺寸之土，在所必争"。④这很符合"勤劳耐苦"的中国农民形象，⑤也打破了马罗立设立的糊口标准，苏南正常年景耕田10亩可使八口之家达到温饱⑥。与淮北形成了鲜明对比。

一、无法内卷迷思

凤阳本为明王朝的龙兴之地，这里"地最广，人最稀，荒芜最多"。怀远额田300万亩，户均额田一度达370余亩，但荒芜者过半，"治田者务多，徒以广种薄收为得计"。⑦民国年间，据卜凯、马伦等分别调查，宿县、怀远等地，人均占地均在10亩以

---

① Walter H. Mallory, *China: Land of Famine*, p. 13.
② O. Nepomnin, Непомнин О. Социально-экономическая история Китая 1894-1914, p. 118.
③ Chi-ming Chiao, "A Study of the Chinese Population", *The Milbank Memorial Fund Quarterly*, Vol. 12, No. 3 (July 1934), p. 277.
④ 台北故宫博物院清代宫中档与军机处折件：《江南道监察御史李鹏奏折（道光七年七月二十六日）》，箱号2747，文献编号060992。
⑤ George B. Cressey, "Agricultural Regions of Asia, Part VI-China", *Economic Geography*, Vol. 10, No. 2 (April 1934), p. 115.
⑥ 强汝询：《求益斋文集》卷四，光绪二十四年刻本，第15页下—16页上。
⑦ 孙让修：《怀远县志》卷二"赋税志"，嘉庆二十四年刻本，第5页下。

上①。1932年，安徽农民户均占地不足20亩，但皖北许多县份农民户均占地达50亩，颍上、盱眙农民户均占地分别为85和88.5亩②。苏北15县人均占地6.37亩③，但即使户均占地60亩的淮北平民"生活仍很困难"。④因而，淮北的粮食危机并不是人地比例失调的结果。

1928年，贝克认为中国农田耕种的问题根源在于缺乏机器动力⑤。事实上，淮北许多农田并不适合机器耕作。由于长期作为黄河泛水的蓄洪和行洪区，土壤沙化严重，"这里农民的旧经验是：浅耕、少耕，在防止返盐和改进地力上反有较好效果"⑥。民国年间，苏北某地区用拖拉机耕地，把土壤深层中的卤质翻到表层，"以致颗粒无收"⑦。

诚然，机器精耕在有些地区可提高生产力，但整个淮北更需要细作。淮北方志载一农夫，仅细作2亩，"其援萌而培之，长而导之，煤而灌之，湿而利之，除虫蚁，驱鸟雀"⑧。收获物超过了常人的10亩。令人深感悖谬的是，长期以来，淮北许多地区，"耕多卤莽，粪弃于野，民务多种而薄收"⑨。尽管粮食严重匮乏，但这

---

① 毕士林：《安徽省人口统计及其分析》，《内政统计季刊》第2期，1937年1月，第24—25页。
② 《各省总户数农户田地表·安徽》，《统计月报》第1—2期，1932年2月，第14页。
③ 张森：《江苏田赋概况》，《地政月刊》第1卷第7期，1933年7月，第933—933页。
④ 行政院农村复兴委员会编：《江苏省农村调查》，上海：商务印书馆，1934年，第67页。
⑤ O. E. Baker, "Agriculture and the Future of China", *Foreign Affairs*, Vol. 6, No. 3 (April 1928), pp. 492-494.
⑥ 孙家山：《苏北盐垦史初稿》，北京：农业出版社，1984年，第104页。
⑦ 严学熙：《张謇与淮南盐垦公司》，《历史研究》1988年第3期，第96—97页。
⑧ 李师沆等修：《凤台县志》卷四"食货志"，光绪十八年刻本，第4页下。
⑨ 唐仲冕等编纂：《嘉庆海州直隶州志》卷十"舆地"，嘉庆十六年刻本，第26页上。

里并没有普遍走向细作,没有吸引农村劳动力大量投入到田场中,从而形成普遍的"内卷化"。简言之,淮北不是苦于内卷化,而是苦于无法内卷化。

靳辅指出,淮安、徐州、凤阳一带百姓,"全不用人力于农工,而惟望天地之代为长养。其禾麻菽麦,多杂艺于蒿芦之中,不事耕耘,罔知粪溉,甚有并禾麻菽麦亦不树艺,而惟刈草资生者,比比皆然也"①。粗放地听任某些农田长草,比种粮有保障。清中后期,草田每亩每年可产草400至千余斤,每千斤草运到城市值银五六钱,除去运价外,一般得银2钱余。民国年间,地税加重,靠卖草已得不偿税。沭阳"西北、东北多有荒废之黑土,止能长草,田主但于秋后卖草,每亩得价不敷纳粮之用,鬻卖无主"②。

清代海州沭阳许多地区的草场地(或芦苇地、芦苇小粮田)数量超过了大粮田。如滥泥洪、石湫和龙苴大粮田与芦苇小粮田的顷数之比分别为5.5∶48;8.5∶28;76∶122③。韩山、兴隆和高家沟原额大粮田与草场地的顷数之比分别为220∶267;170.5∶291;114∶122。黄军营、桑墟和华冲原额大粮田和芦苇地的顷数之比分别为96∶109;100∶174;22∶100④。直到1935年,江苏省第六区调查,沭阳的荒地为耕地的2.5倍⑤。

---

① 靳辅:《生财裕饷第一疏(开水田)》,《文襄奏疏》卷七,《钦定四库全书》(第430册)"史部六",台北:商务印书馆,1986年影印本,第41页下。
② 钱崇威总纂:《重修沭阳县志》卷十六"舆地",民国年间刊本,第67页上。
③ 唐仲冕等编纂:《嘉庆海州直隶州志》卷十五"食货",嘉庆十六年刻本,第16页上—下。
④ 唐仲冕等编纂:《嘉庆海州直隶州志》卷十五"食货",嘉庆十六年刻本,第27页上—30页上。
⑤ 海光:《沭阳土地概况调查》,《淮海》第4期,1935年9月1日,第52页。

乾隆年间，江苏巡抚陈弘谋指出："淮徐海境内，地土非尽瘠薄，可以种植。地土一望无际，只因河流未通，一遇天雨，是处弥漫。或广种而薄收，或有种而无收，一年妄费工本，次年遂弃而不种。"①这种情形近2个世纪后竟无实质性的变化。1933年国民党江苏省执委会常务委员蓝渭滨在对徐海12县数百个庄考察后写道："此间农业之经营，实是万分粗放，农民之生活，实是万分痛苦。"②

这种结果的形成并不是土地本身过于贫瘠，而是细作在淮北属于高风险投资。淮北劳动力无法大量投入到精耕细作的直接原因是水利的缺失，水害的肆虐。粮田一旦被水，常颗粒无收，还得赔上种子、肥料、人力等工本，因而淮北许多平民的农田不具备细作的社会条件。宿迁因经常被淹，"禾黍粱菽，皆不常得。甚者并麦不得种，或既种而复渰，并失其种。所谓有地不得耕也"③。

水利对农业社会的作用，卡尔·魏特夫有过生动的比喻。他通过"详细的"调查后认为，灌溉"在中国任何地方都是精耕细作农业不可或缺的条件，在此基础之上，中国农业社会得以构建，就像现代资本主义的工业社会构建于煤铁基础之上一样"④。尽管水

---

① 姚鸿杰纂修：《丰县志》卷十二"奏疏"，光绪二十年刊本，第8页下。
② 蓝渭滨：《江苏徐海之农业与农民生活》，《农村经济》第1卷第9期，1934年7月1日，第10页。
③ 严型总修：《宿迁县志》卷一"河防志"，同治十三年刻本 第7页下。
④ Karl August Wittfogel, *Wirtschaft und Gesellschaft Chinas; versuch der wissenschaftlichen analyse einer grossen asiatischen agrargescellschaft.* Leipzig: C. L. Hirschfeld, 1931, p. 229. 转引自Ch'ao-ting Chi, *Key Economic Areas in Chinese History: As Revealed in the Development of Public Works for Water-Control.* New York: Paragon Book Reprint Corp. 1963 (First Published by George Allen & Unwin Ltd., 1936, London), p. 12.

资源非常富足，令人惊讶的是，徐、淮、海地区竟无法享受灌溉之利。安东篱（Antonia Finnane）指出，苏北水道系统的淤积意味着大雨之年必有洪灾，而小雨之年则乏水灌溉[①]。

明清中央政府长期从这里泄洪，淮北成为名符其实的"洪水走廊"。官府控制的洪水泄放，多想方设法保全强势群体的田亩，否则，相关官员会受到严厉的报复。官府统制力所及之处，弱势平民不得不承受官场潜规则之苦，遭受淹没竟为寻常；官府鞭长莫及之处，平民更无法与强势群体博弈。1918年，皖泗大户尹元汉擅决安河东岸，"视成子河滩民之财产性命于鸿毛绝不计"[②]。此类事件在淮北随处可见。

其实，苏北许多地方根本就没有什么灌溉系统，仅有的一点水利工程也因种种原因被毁坏殆尽。如因三河终年泄洪，每年冬后，湖水枯浅。后来三河坝废弛不修，"而蒋坝刁徒又辄私毁坝，以通贾舶，资为利源。故旋筑旋开，已成惯例"。河务官员更不以利农事为己任，"因仍苟且，第任高宝诸湖分济而忘为运源"。每年春夏之交，"里运苦涸，莳秧乏水，农望睽睽，皆由礼河（即三河）分泄不节之故"[③]。

洪泽湖成了祸害皖苏的罪魁。据民国初年安徽巡按使倪嗣冲称："长淮以洪泽为尾闾。自湖身淤垫，凡入淮支流，悉因之壅塞。滨淮平壤，又无分水之埂，通水之沟，潴水之塘，堵水之坝。

[①] Antonia Finnane, "The Origins of Prejudice: The Malintegration of Subei in Late Imperial China," *Comparative Studies in Society and History*, Vol. 35, No. 2 (April, 1993), p. 219.
[②] 张相文总纂：《泗阳县志》卷七"地理志"，民国十五年刻本，第16页上。
[③] 段朝端：《续纂山阳县志》卷三"水利"，民国十年刻本，第14页上—下。

故每逢水至，平地漫流。迨至平地之积潦既干，则芜浅之湖河亦涸。偶逢亢旱，灌溉难资。"①1935年9月，政府主持的大规模导淮工程已近1年，但苏北仍连遭水旱灾害②。

据1951年的调查，淮河下游蚌埠至蒋坝，水位均在1丈深左右，而洪泽湖老子山至蒋坝段约60华里，冬春季水位降到1尺深左右。到了冬春季节，即使木轮船航行也感困难③。这种水位，灌溉同样难以进行。

明代中后期，治河专家即已指出，北人不熟悉水利，而是被水害所困扰，他们不知道不能消除水患正是由于不能发展水利④。历代河臣中，康熙时代最著名的河臣靳辅是较为关注百姓生计的人。他的治河被学者誉为造成了"人民安居乐业"，"对清初的社会发展和进步具有重大的意义"⑤。即便如此，他在治河中，也多是尽量做些堵塞决口之类的减灾事务，而没有注重开发水资源极为丰富的淮北地区的水利事业。但在奏疏中写道："臣自受任总河以来，朝夕奔驰，往来相度，深知江南凤、徐、淮、扬四府州属，逼近黄淮，实有无穷之利，只因从前未经讲求，是以不但不能得水之益，而反受水之害。即臣奉命大修河道，亦止仅仅求于避害，而未议所

---

① 台北"中研院"近代史研究所档案馆藏档案：《安徽水利》（二），馆藏号：08-21-12，宗号1-（2），第15页。
② 《苏北最近水情视察记》，江苏省第六区党务指导员办事处编：《淮海》第5期，1935年10月1日出刊，第34页。
③ 安徽省档案馆藏皖北人民行政公署交通处档案：《皖北船运局关于淮河航道勘察资料》，全宗21，目录2，案卷号477，件号1—2，第36页。
④ Ch'ang-tu Hu, "The Yellow River Administration in the Ch'ing Dynasty," *The Far Eastern Quarterly*, vol. 14, no. 4, Special Number on Chinese History and Society (August, 1955), p. 506.
⑤ 刘兰霞：《水畅河清：治河专家靳辅、陈潢》，沈阳：辽宁人民出版社，1997年，第220页。

以兴利。"①

据靳辅所著,淮安府境内黄河以北200里为沂河、沭河流域,沂、沭两河相夹之地,周围达千里之多,桃源、清河、沭阳、安东、海州、赣榆等县民田多在其中。这个地区一向遭受黄河水患,"一望泱漭"②。黄河归故道后,"尚苦东省诸山水及不时霪潦无归,而其中旧有之河湖渠荡,久淤于黄。故旱则又无通川潴水之灌溉,每年正赋犹苦无所出焉"③。靳辅计划于中河北堤每25里建涵洞1座,于洞口开通河1道,自南而北,与沭河贯通。只需开涵洞15座,开河15道。这样一来,上述地区,"涝则大小相承,河洞互引,民田无潆漫之忧。旱则沟洫可蓄,车戽得施。不过数年,此周围千里沮洳之地,当一变而尽为水田秔稻之乡,其饶且与江浙之苏、松、嘉、湖等郡埒矣"④。可惜,这项与农业和百姓生计密切相关、而与运道无关的工程却始终未能得以施行。

黄河北徙之后,淮水故道,地势最低,这里成了淮北各大河流的尾闾,众水归汇,但由于旧黄河河槽高仰,水无所归⑤。徐、邳地区,甚至安徽的淮北地区水患大为减轻,而沂、沭等流域的水患仍然如故。近人写道:"运河以西,虽无水利,尚无水患;运河

---

① 靳辅:《生财裕饷第一疏(开水田)》,《文襄奏疏》卷七,《钦定四库全书》(第430册)"史部六",台北:商务印书馆,1986年影印本,第50页上—下。
② 靳辅:《北岸水利》,《治河奏续书》卷四,《钦定四库全书》(第579册)"史部十一",台北:商务印书馆,1986年影印本,第14页上。
③ 靳辅:《北岸水利》,《治河奏续书》卷四,《钦定四库全书》(第579册)"史部十一",台北:商务印书馆,1986年影印本,第14页下。
④ 靳辅:《北岸水利》,《治河奏续书》卷四,《钦定四库全书》(第579册)"史部十一",台北:商务印书馆,1986年影印本,第14页下—15页上。
⑤ 武同举:《江苏淮北水道变迁史》,《两轩賸语》,1927年印本,本文第16页。

以东,纵横数百里,完全为汶、泗、沂、沭浸淫糜烂之区域。"沂水故道,曾从下邳经过,"古无沂祸"。到了清代、特别是民国前期,沂水由骆马湖直下六塘河,"移患于淮海"①。这里的河道互相侵袭,"淮涨犯运,运涨犯淮,沂涨犯沭,沭涨犯沂。时或沂沭并涨,势成中满。……数十年来,苏北苦水患者屡矣,民困昏垫,甚于倒悬"②。

1902年漕运停废后,淮北的主要河流无一不是千疮百孔,当然最主要的问题仍在于淮河本身的出海问题,在黄河的侵占下,淮河被腰斩去了整个下游。灾害极易降临。政府无力进行治水活动。清末,一位在淮北考察的外国人写道:"我所见到的温和的气候方面的一切,均无法胜过安徽较低部分地区的沃土。但却没有人拿钱来筑坝以保护这片低地,并引进好的灌溉制度。这两者均值得高度重视。"③

自清代至民国前期,江北与江南的生态环境已不可同日而语。同为水乡的江北,洪水有百害而无一利,"江南灌溉之利甲天下,虽有小患,不为大害。统名江苏,吾江北瘠苦甚矣"④。由于漕运的关系,江北内部,有运道直接经过的地区,受到国家的关注较多,水利的治理又比没有运道经过的地区要好得多。说得更明确些,淮安府与徐州府的水利环境就比海州直隶州要优越。学者指

---

① 武同举:《江苏淮北水道变迁史》,《两轩賸语》,1927年印本,本文第17页。
② 台北"中研院"近代史研究所档案馆藏档案:《整理沂沭泗尾闾工程初步计划概要》,馆藏号:26-00-11,宗号3-8,第1页。
③ Lieut.-Colonel A. W. S. Wingate, "Nine Year's Survey and Exploration in Northern and Central China," The Geographical Journal, Vol. 29, No. 3 (March, 1907), p. 279.
④ 武同举:《江苏江北水道说》,《两轩賸语》,1927年印本,本文第5—6页。

出:"海不如徐,徐不如淮,淮不如扬。"①

明、清治河的绝妙之处,也是最令人太息之处是其治河的结果正像明朝尚书吴桂芳所说的那样:"民患虽亟,而运道无虞。"②充分说明了明朝治水的目标与农业生产的目的相悖、与广大民众的利益相悖。清人则直接总结为"但知治漕,不顾淹民"③。

有人正确地指出:"河之为河,岁异而日不同。非但不可以历代之治治之,即明人之策亦断乎不能复效。或者不察,执其旧迹陈言,与当前万变之河争一旦之胜,是以岁费帑金巨万而崩溃四出,为患日深。今山、清、桃、宿、高、宝、兴、泰诸区,乐土化为巨浸,众水视为尾闾。室庐淹没,士庶漂流。其哀号伶俜于道路者,特死亡之余也。夫岂不欲拯其溺而登之衽席哉?由治之不得其道耳。"④

1909年恽毓鼎奏:"近来沿淮州县,无年不报水灾,浸灌城邑,漂没旧庐。自正阳关至高宝一带,尽为泽国,小民丧其生计,荡析流离,井里萧条,上下交困。岂长淮之利独甚于古,而今适当其害哉?实缘近百年间,河身淤塞,下游不通,水无所归,浸成泛滥。水既不利,遂以害民。方今国家财赋仰给于东南,水患频仍,既不能征收赋税,而发帑赈济,更足以耗度支。则何能不熟筹补救之策哉?臣尝博考图籍证以见闻,而知长淮致害之由,实因高堰坝

---

① 武同举:《江苏江北水道说》,《两轩賸语》,1927年印本,本文第5页。
② 顾炎武:《天下郡国利病书》(二),黄珅等校,上海:上海古籍出版社,2012年,第1103页。
③ 周篆:《浚隋河故道通漕议》,载贺长龄:《皇朝经世文编》卷一百四"工政十",上海:广百宋斋丁亥仲春校印,第29页下。
④ 周篆:《浚隋河故道通漕议》,载贺长龄:《皇朝经世文编》卷一百四"工政十",上海:广百宋斋丁亥仲春校印,第24页上。

头之障碍。"①

苏北许多"肥美可耕之地","每值米麦刈获之时,一旦西水东注,颗粒无收。遂成制造土匪之场,媒介盗贼之主矣"②。关于淮北水灾的报道充斥于各类报刊上,而水灾集中区域仍是明清黄淮交汇地区。《申报》的一篇报道中写道:"查皖北凤阳所属,上自寿、宿、凤台、怀远、临淮,下至五、泗、盱眙、天长、虹乡等县,从本年(1921)夏历六月,淫雨连旬,平原秋禾,悉付汪洋。加以黄河决堤,洪水东流,沿淮两岸,尽成泽国,人畜漂没,不计其数,伤心惨目,难堪言状。况皖北各县,并受水灾,兼继疠疫,转死流离,势难幸免。"③

除了国家宏观治水方略的偏误和不作为外,河务中的各类役吏也是水害的成因之一。靳辅指出:对于黄河等河堤,夫役们"总在利于动而不利静,乐于有事而苦于无事,是以百计阴坏之耳"④。许多夫役,在大埽刚下、龙门未合之时,暗藏刀斧,乘夜割断揪头绳索,使得所下之埽随即冲淌。靳认为:"欲保全河道不过一二人,而谋坏之者,遍地皆是。"⑤从表面上看,这种结果的形成,似乎显示当地民众缺乏起码的公德意识。但究其实际,这说明了广

---

① 武同举编著:《再续行水金鉴(淮河卷)》,中国水利水电科学研究院水利史研究室编校,武汉:湖北人民出版社,2004年,第478页。本处引文引者作了校多的样正。
② 台北"中研院"近代史研究所档案馆藏档案:《导淮案》(八),馆藏号:08-21,宗号2-(2),第38页。
③ 《公电·皖北淮河水灾乞振电》,《申报》1921年8月22日,第7版。
④ 靳辅:《经理河工第八疏》,《治河方略》卷六,南京:中国工程学会,1937年,第242—243页。
⑤ 靳辅:《经理河工第八疏》,《治河方略》卷六,南京:中国工程学会,1937年,第243页。

大民众对中央治水事业的极度冷漠。

安东篱指出,苏北承担疏浚运河向下河地区排水的清代官员们,很少得到当地民众的支持,因为向下河排水几乎每次都会引发水灾[1]。那些与农业相悖、甚至经常危害百姓生命财产的工程不能得到民众的普遍支持,应是顺理成章之事。

二、"财神"难做

在述及中国、尤其是淮北的灾荒时,马罗立认为:"中国生育率和死亡率都是惊人地高,这证实了马尔萨斯的理论。……只能通过饥荒、疾病和战争来控制。"[2]这一论点获得不少学者的支持[3]。实际上,淮北的饥荒和兵燹均极为频繁,黑热病等各种疾病非常流行。出身于东海县名医之家的作者的外祖母,生有6个儿女,仅有家母一人存活下来。淮阴籍作家司马中原描绘的"鬼滩"[4],几乎是淮北每个村庄均有的弃尸之地。但淮北粮食危机并没有得到丝毫缓解。就其本质,淮北因粮食短缺所造成的社会危机,更符合"行政权力统治社会"的危害性,作为军政权力变体的强势群体的高度垄断,造成社会的全面崩溃。

在"有土斯有财"的中国传统社会,守法民众有着充分的期盼和动力通过自身的努力由小田主变成大田主,实现对更富裕的生活

---

[1] Antonia Finnane, "The Origins of Prejudice: The Malintegration of Subei in Late Imperial China," *Comparative Studies in Society and History*, Vol. 35, No. 2 (April, 1993), p. 226.
[2] Walter H. Mallory, *China: Land of Famine*, p. 17.
[3] 如Lillian M. Li, " Introduction: Food, Famine, and the Chinese State", p. 687.
[4] 司马中原:《司马中原自选集》,台北:黎明文化事业股份有限公司,1975年,第103页。

的追求。因此，小农如果"对赵公元帅礼拜最勤"，至少说明他们拥有通过自己的劳动改变贫穷命运的些许机会和社会条件；这样的社会才是正常的社会。

而当淮北民众更加敬畏盗跖时（后文将专门阐述），只能说明，这样的社会已全面崩溃。

在淮北，弱势平民差细作的环境都常常被破坏，更不具备积累土地的社会条件。即使平民通过勤俭积蓄扩大土地的占有，土地不但不会成为财富的象征，反而成为合法权力和非法暴力侵剥的对象。

在皖北，许多平民把土地卖给权势较大的官员，官员却无须承担这些土地上的税负，原来的捐税仍然由失地的平民承担。史载："欲鬻地之急者，则以官作民，以有粮为无粮。故产既尽，而税犹存。"[1]

造成这种现象的深层原因是有行政资源的强势阶层的独大。这一群体的形成或可追溯到明代。作为明开国君主及其大量勋臣戚属的故土，皖北这些依靠枪杆子、刀把子起家的强绅势豪，迥异于读书耕织传家的江南绅士。学者指出，中国官员免除徭役的范围极为有限，外官没有优免特权[2]。但淮北地方政府却制定了专门维护强势群体的免粮法规。除明代作为中都的凤阳各色人等享有优免特权外，明清时代，蒙城享受优免的"士大夫生员等职"的额田达98548亩，约占全县额田总数的10%[3]。睢宁曾有定例，"每乡官准

---

[1] 余鉁：《宿州志》卷一"地里志"，嘉靖年间刻本，第13页下—14页上。
[2] 滨岛敦俊：《"民望"から"乡绅"へ——十六・七世纪の江南士大夫》，《大阪大学大学院文学研究科纪要》第41号，2001年3月，第33—34页。
[3] 汪篪等修：《重修蒙城县志》卷四"食货志"，民国四年刊本，第3页上。

免十五顷，生员准免九顷"①。仅此可见淮北强势群体的占地数量及所受之优惠。

寺田浩明认为，民国以前，地主对土地的占有，并非依据法律，而是依据"惯行"②。但淮北豪绅对土地的占有主要依据权势。作为国家长期有意设定的行洪和蓄洪区，淮北"新涨"地亩动辄以数十万亩计，这些土地均是强势群体的囊中之物③。苏北不断被淹没、不断涸出的土地，同样是豪民侵占的对象。这里的情况甚至更严重。清代，苏北淮河、黄河一线，南北100余里，东西700余里，"淤垫膏腴，尽被隐占，无计清查"。海州、安东、清河、桃源、宿迁等州县，"沮洳湖荡尽为黄水淤垫，膏腴亦未清查，听其隐占"④。雍正时，仅桃源、睢宁、宿迁三县"淤出"田地就达130万多亩，"新淤一带地方，多有侵占蒙隐之弊"⑤。

这些土地的获得，是地方势豪与行政权力相勾结的产物。像唐守中的唐团的实际占地，"长二百里，宽三四十里不等"。唐一方面"约众数千"，"明目张胆，自为十团盟主，创立巢穴"。另一方面交结官府，官员"贪其财贿"，"袒护多方。"⑥为了争地，

---

① 侯绍瀛修：《睢宁县志稿》卷十二"宦绩传"，光绪十二年刻本，第4页上。
② 寺田浩明：《清代土地法秩序における"惯行"の构造》，《东洋史研究》第48卷第2号，1989年9月，第130—157页。
③ 靳辅：《分添县治疏》，《文襄奏疏》卷六，《钦定四库全书》（第430册）"史部"，台北：商务印书馆，1986年影印本，第59页上—下。
④ 靳辅：《分添县治疏》，《文襄奏疏》卷六，《钦定四库全书》（第430册）"史部"，台北：商务印书馆，1986年影印本，第59页上—下。
⑤ 台北故宫博物院清代宫中档与军机处折件：《署理江南江西总督范时绎奏折（雍正五年六月初五日）》，箱号75，文献编号402018214。
⑥ 台北故宫博物院清代宫中档与军机处折件：《徐州贡生张其浦等呈文》，箱号2742，文献编号100686。

唐一次即杀死沛县刘寨30余人，伤50余人。①

民国时期，淮阴老子山一带，"有刘某曾总洪湖水巡，一时周迥三百余里，山泽之利，悉归私用"②。皖北，"豪强兼并，恣意妄为，田连阡陌，数达千顷，而贫者地无立锥，沦为佃农、雇农者不可胜计"③。

清初实行摊丁入亩后，淮北也并非像政策设计者预想的那样：百姓的赋税负担会与占地面积呈正比。一成不变的是，这里的税负轻重始终取决于权势。怀远"豪强兼并，以致有粮无地，地少粮多"④。海州"豪富之粮常少，而贫穷之粮独多；瘠土之粮独多，而沃土之粮常少"⑤。

清末苏北淤涨滩地的租银一直难以征收。大学士彭蕴章等奏，自道光二十八年至咸丰十年，淮、扬、徐、海四属数千万亩湖河滩地，并未收得分文官租⑥。可见，强势群体享受的恩泽，虽朝代更易也常固如磐石；而弱势平民分沾的利益，多似朝菌不知晦朔。

因此，淮北平民的土地并不是财富的象征，只有免于苛捐杂税的权贵的土地才是真正意义的财富。合法拥有土地的平民，因无力对抗不合理的政策而被迫弃粮。宿迁"十亩不一二种，十种不一二

---

① 台北故宫博物院清代宫中档与军机处折件：《徐州童生刘际昌等呈文（同治三年十一月三日全庆折件）》，箱号2742，文献编号100343。
② 张煦侯：《淮阴风土记》上册，1936年，第138页。
③ 李汉信：《皖北见闻录》，《农业周报》第5卷第20期，1935年5月24日，第685页。
④ 孙让修：《怀远县志》卷二十六"良吏传"，嘉庆二十四年刊本，第10页上。
⑤ 唐仲冕等编纂：《嘉庆海州直隶州志》卷十五"食货"，嘉庆十六年刻本，第8页上。
⑥ 台北故宫博物院清代宫中档与军机处折件：《大学士管理工部事务彭蕴章等奏（咸丰十年四月初二日）》，箱号2714，文献编号406012283。

收。……虽有力之家,亦不敢多种,多种则虞其以隐漏为罪"①。蓝渭滨指出,一方面,徐海地区"荒地面积激增",另一方面,土地兼并严重②。

正因为强势群体的隐占,政府税收通常征不足数。南京国民政府官员刘支藩指出:"萧县每年秋勘,无论如何,其应征田亩,多仅及原额册载田亩之半……徐海各县,多属如此。"③由于被隐占的土地多属强势群体,这部分土地出产的粮食对解决平民的粮食危机帮助不大。

即使无法生存的底层民众铤而走险,也难撼动强势群体的利益,反而强化了后者的社会控制。

清亡后,政治体制有了较大改变,但淮北的乡村权力结构并没有质的变化。不论是北京政府时期,还是南京国民政府时期,淮北均是中央政府失控的边缘地区。

据卜凯的研究团队调查,1925年前后,怀远124户农家每公顷所纳地税为0.61元(亩均0.041元);宿县286户农家,每公顷所纳地税为0.83元(亩均0.055元)④。

1928年以后,划分中央与地方税,造成中央对淮北更加失控,淮北强势集团的剥夺变本加厉。据江苏省政府审查地方预算委员会统计,1931年苏北铜山、灌云、涟水、东海、泗阳、邳县、宿迁、萧县、沭阳、淮阴、睢宁、赣榆、沛县、丰县、砀山15县田赋正附

---

① 李德溥总修:《宿迁县志》卷十"河防志",同治十三年刊本,第7页下。
② 蓝渭滨:《江苏徐海之农业与农民生活(续)》,《农村经济》第1卷第10期,1934年8月1日,第20页。
③ 刘支藩:《江苏田赋问题》,《江苏研究》第1卷第4期,1935年8月1日,第5页。
④ 卜凯:《中国农家经济》上册,张履鸾译,上海:商务印书馆,1936年,第106页。

税实征数为7727899元①。1933年皖北阜阳、颍上、涡阳、蒙城、凤台、太和、亳县、寿县、霍邱、宿县、灵璧、凤阳、泗县、怀远、五河15县的田赋正附税为2218264元②。另据安徽省财政厅官员姜启炎实地调查与精确计算,安徽农民负担相当于政府征收额的4倍③。皖北15县农民的实际负担应为8873056元。1931年,苏北15县额田总数21276697亩④,亩均税负0.36元。1933年皖北15县额田14725308亩⑤,亩均税负0.60元。1925—1933年,淮北农民的税负增加了10倍左右。

除地税外,由乡村强势群体策划或执行的摊派基本上漫无范围。越是落后地区,摊派越猖獗。据调查,"江北边境各县除田赋附加税外,有时还有奇重的临时摊派"。摊派数额通常每村数百元,每年摊派6—8次,战争时期则没有限制,"完全是一种封建领主对农奴的办法"。由强势群体支配的自治费在钱粮项下附带征收,宿迁某村4家乡民每年应纳7元,但区公所加派至180元。1930年,宿迁第九区长墩乡强行摊派1100元,区长率领流氓将该村各家衣物、粮食、种籽一并抢去⑥。

清末为抵御捻军所修建的圩寨,民国时又成为防御匪患的主要

---

① 江苏省政府审查地方预算委员会:《江苏省田赋正附税统计表》,南京,1933年印,第103—138页。
② 姜启炎:《安徽人民之田赋负担》,《政衡》第1卷第3期,1934年3月15日出版,第55—56页。
③ 姜启炎:《安徽人民之田赋负担》,《政衡》第1卷第3期,第59—60页。
④ 张森:《江苏田赋概况》,《地政月刊》第1卷第7期,1933年7月出版,第933—934页。
⑤ 安徽省政府秘书处编:《安徽省概况统计(民国二十二年份)》,安庆:安徽省政府秘书印,1934年,第11—12页。
⑥ 孙晓村:《苛捐杂税报告》,《农村复兴委员会会报》第12期,第27、13、61页。

设施。无论如何,这些军事设施和军事装备的费用,绝大部分由淮北的普通百姓承担。据1934年宿迁县民王炳金等报告,该县两户农家每年负担保卫团费用约300元①。

1934年5月全国财政会议议决废除杂税。当时江苏不合法的杂税为130种,安徽145种,山东87种。尽管颁行了法令,这些杂税仍然废而未止,甚至有加无减。如在各地声称杂税废除时期,江苏各县的不合法杂税竟达200种之多②。1935年,沭阳的农田负担,除正税外,附带杂税有10余种之多,省县正税为91000元,而附税竟有545000元③。

天野元之助指出,民国前期,田赋的负担尚有一定的限度,而临时摊款几无限制。从省长、县长至区长,层层加派,如果省政府需款5000元,人民至少要负担1万元。兵差更是没有任何限制④。

水灾也使平民富户的土地极易沦为权贵们的囊中之物。一场洪水下来,平民富户很像京剧《锁麟囊》中的薛湘灵家那样,一夜之间被洪水淹得一无所有。即使他们通过逃亡幸存下来,待他们回到家乡时,原来的土地也多被官府拍卖给有关系人物。再加上淮北水灾频繁,中央政府治水时,不断征调数十万、乃至上百万的人夫,加上其他各种负担,使得一般的家庭根本无力承担,一般的平民富

---

① 孙晓村:《苛捐杂税报告》,《农村复兴委员会会报》第12期,1934年5月20日,第61页。
② Leonard T. K. Wu, "Rural Bankruptcy in China," *Far Eastern Survey*, vol. V, no 20, October 8, 1936, p. 215.
③ 虞龙江:《沭阳农村鸟瞰》(下),江苏省第六区党务指导员办事处编辑:《淮海》第5期,1935年10月1日出刊,第20页。
④ 天野元之助:《中国の農業地域の展開》,东京:龙溪书舍,1979年,第278—279页。

户是很难生存的。

淮北的土匪更多如牛毛,在灾荒和各种盘剥下幸存下来的平民富户,只要被拉上一两次"财神"①,瞬即沦为穷户。

官员们把没有武装和反抗能力的平民诬蔑为匪,既是捞取晋升资本的常用手法,也是获取财富的重要源泉。1910年,宿迁西门外磈户胡姓,"家道小康",因没有满足役吏的"例规",差役"乘知县外出之机,率群役及街市流氓数百人,将西门外磈户砖瓦抢劫一空,只器无存。损失约千金之多。各长官不惟置若罔闻,反庇差役将磈户押入班房,并拽磈匠七人"②。在宿迁民众抢劫富户粮食时,营官、把总们到场弹压,"相视而笑,诫大众云:只准扒抢粮食,不准携带他物。又云:此处抢完,可抢面粉公司。不准抢入城内"。致使十余家富户及四艘客船被抢③。

反映民国前期社会风情的民谣认为那些没有权力后台的饶富之家特别容易被诬为匪:"没骨没有刺,小肉(意为"饶富人家"——引者注)顶犯愁,说你同贼通,帽子正可头。"民谣中对这种家庭被诬为匪,不得不罄其所有,花钱托人找门路消灾的过程,有着详细的叙述。至于小富家庭被诬为匪,只能任人宰割了:"说我会通贼,没处喊冤枉,死活随摆布,案板捆绵羊。"④

20世纪20年代,据华洋义赈会的专家称:"中国目前绝大多数

---

① 淮北方言中,称"绑票"为'拉财神'或"架财神"。
② 《宿迁乡民行劫面厂余记》,《东方杂志》第7年第5期,宣统二年五月二十五日出版,"中国大事记补遗'第26页。
③ 《宿迁乡民行劫面厂余记》,《东方杂志》第7年第5期,宣统二年五月二十五日出版,"中国大事记补遗'第27页。
④ 老儿:《沭阳土话乱弹·乱世》,《沭阳文史资料》第5辑.1989年8月出版,第73页。

土匪是被打败的各军事领袖的部队。今天他们是所谓的政府军，一旦被对手打败，明天就会携带武器装备，聚集起来躲到山中，然后通过抢劫平原地区的富户来生存。"①因此，中国土匪最重要的来源是原来失势的旧军队，他们以城乡的平民富户为猎物，从事着破坏性而非建设性的事业②。1927年奉鲁联军占领徐州期间，与当地土匪"勾成一气"，城内绑票之事"层出不穷"，稍有资产者多遭劫掠③。

淮北的平民富户平时多着破衣烂衫，衣饰连江南的一般民众都不如。据20世纪30年代对常熟的调查："本县人民之服饰凡稍有资产者均趋于奢侈，而上、中阶级民众均普遍服用丝绸。至化装品之调用，妇女界及一般自命为漂亮之青年均视为日常必需品，而工农贫苦群众，男子则均青衣小帽，女子则均短衣长裙。"④该地男子，绅商学界多穿长袍、马褂、西装、学生装。长袍、马褂原料一般用绸缎，西装、学生装原料用哔叽，间或用棉布。只有工农阶层常年穿青布短衣或工装。城镇女子多穿旗袍⑤。淮北人不穿着丝绸，主因是盗匪遍地，"鲜衣车马，且有诲盗之危险也"⑥。

1933年7月，中央研究院的学者在邳县谭墩调查时写道："在

---

① Walter H. Mallory, *China: Land of Famine*. New York: American Geographical Society, 1926, p. 76.
② Walter H. Mallory, "Famines in China," *Annals of the American Academy of Political and Social Science*, Vol. 152, China (November, 1930), p. 95.
③ 严盦：《徐州现社会一瞥》，《申报》1927年7月5日，第9版。
④ 中国第二历史档案馆藏档案：《常熟县风俗调查纲要》（1932年），全宗号12，案卷号527，目录号2。
⑤ 中国第二历史档案馆藏档案：《常熟县风俗调查纲要》（1932年），全宗号12，案卷号527，目录号2。
⑥ 李长傅：《分省地志：江苏》，上海：中华书局，1936年，第112页。

破落不堪一间斗大的草棚里，我们会见了黄乡长，面黄肌瘦，懒洋洋地，目力好像没有光；零乱的头发，还配上几根枯草似的胡须，痴痴的望着我们。……潭墩原来很富庶，十六年为匪陷落，烧杀过半，断墙残屋，历历犹在！农民多居草棚，冷清清的如入死境，衣着褴褛，哭丧着脸，这样，十足象征了他们生活在怎样悲惨的境遇里！"①

许多军队，与土匪实无二致。1913年8月，张勋所部约十五六个营的步马炮士兵，一支从铜山至邳州进入运河南下，士兵无一配带番号。"经过沿途城镇，硬入人家，非搜抢财帛，即讹诈银钱。甚至一见妇女，无分老幼，即聚众轮奸"②。宿迁一14岁女孩，被轮奸后，又被军刀戳伤肚腹③。"沿途州县供应稍不如意，即报告最上之长官，登时撤换或恫喝枪毙。徐郡各知事闻已更易过半。其中有逼迫自尽者，亦有受其凌辱者"④。州县一级的地方官遭遇如此之惨，顺理成章的是，无权无势的平民，更时时承受敲骨吸髓之痛苦了。

由于战争，越来越多的青壮年被强征入伍。1927年，山东尽管迭遭灾害，但军阀部队仍要求在20天里提供必需的分遣队。在曹

---

① 行政院农村复兴委员会编：《江苏省农村调查》，上海：商务印书馆，1934年，第67页。
② 中国第二历史档案馆藏中华民国北京政府陆军部军法司档案：《江北陆军骑兵团长张长林报告张勋所部武卫前军南下沿途奸淫抢掠情形及沂北军事状况》（1913年8月），全宗号1011，卷号552，第1—2页。
③ 中国第二历史档案馆藏中华民国北京政府陆军部军法司档案：《江北陆军骑兵团长张长林报告张勋所部武卫前军南下沿途奸淫抢掠情形及沂北军事状况》（1913年8月），全宗号1011，卷号552，第2页。
④ 中国第二历史档案馆藏中华民国北京政府陆军部军法司档案：《江北陆军骑兵团长张长林报告张勋所部武卫前军南下沿途奸淫抢掠情形及沂北军事状况》（1913年8月），全宗号1011，卷号552，第2页。

州，每100两土地税的份额，要提供一名私人的士兵，每名士兵所需物品的负担分摊到600亩土地上。拒绝服役的人要支付40—60银元来雇人顶替。在战时，大牲口也被强征为军用①。所有这些，严重地影响了百姓的生产和生活，加剧了他们的贫困程度。

  面对各种榨取，有行政资源的大地主不但避税的优势极为明显②，大户还经常从苛捐杂税中获利③。甘布尔、黄宗智、杜赞奇等学者均认为，华北许多村庄的头面人物不愿充当村长④。日本学者也有类似观点⑤。在淮北，平民"大户"自然逃不出被敲诈勒索的命运，但有权势的"大户"命运则相反。乡长、保长等人物，"非赚钱，即贴钱，无洁身中立之余地"⑥。

  可见，淮北土地资源虽多，却无法为社会各阶层公平、合理地获得和使用。缺失公正的制度保障和社会环境，使淮北凭借个人能力、潜心劳作、勤俭积累、合理理财等权势以外的合法手段致富的条件受到了极大的制约。在江南，佃农以劳作致富不乏其人，但在淮北却闻所未闻。弱势平民看似非理性的行为，实际上是适应淮北现实社会的较为合理的生活方式。

---

① Chen Han-sheng, "The Burdens of the Chinese Peasantry," *Pacific Affairs*, vol. 2, no. 10 (October, 1929), p. 658.
② Leonard T. K. Wu, "Rural Bankruptcy in China Rural Bankruptcy in China", *Far Eastern Survey*, Vol. 5, No. 20 (October 8 1936), pp. 215-216.
③ 参见天野元之助：《中國農業の地域の展開》，东京：龙溪书舍，1979年，第278—279页。
④ 详见Kenneth Pomeranz, *The Making of a Hinterland: State, Society, and Economy in Inland North China, 1853-1937*, p. 107.
⑤ 如谷口规矩雄：《明代華北の'大户'について》，《东洋史研究》27卷4号，1969年3月，第119—120页。
⑥ 向乃祺：《土豪劣绅与民主政治之关系》，《宪政月刊》第11号，1944年11月1日出版，第19页。

三、"高利贷"成福音

20世纪前期，江南地区的民间借贷通常为月息2分，这样的利息，由于非常贴近普通民众的日常生活，被人们普遍谴责为封建的高利贷。与此同时，淮北地区的民间借贷平均月息高于6.5分，并常达10分以上，由于寻常百姓甚少从钱庄、典当借到款项，这些金融机构却基本无人诉詈。事实上，由于淮北粮价往往每年在数月之内浮动4倍左右，月息10分的高利贷也显得相对"仁慈"和低廉，且多数百姓根本无钱可借。这一状况的根源在于江苏南北不同的金融环境。江南具有发达的民间金融市场，富裕阶层可以极为便捷、稳妥地将资金存入钱庄、典当等机构，享受这些机构为其理财所带来的较高利润，为其他创业者提供用款便利。淮北缺乏发达的金融市场，富裕阶层宁愿将真金白银窖藏掩埋，听任市场上流通商号或个人私自发行的各种劣钞，使有资者不愿创业，创业者却无资可用，从而造成淮北大面积、长时期的地区性经济衰退。

据对实业部国际贸易局的调查数据计算，1932年，淮北的淮阴、泗阳、宿迁、睢宁、铜山、萧县、砀山、丰县、沛县、邳县、沭阳、东海、灌云、赣榆、涟水15县民间货币借贷的平均月息6.53分[①]。合年利息近80%。

淮北地区的借贷利率不论在当时或是过去，应该被视之为高利贷。毕竟，早在嘉庆五年（1800），苏州府元和、长洲、吴县三县共同立碑严示：在苏州，即使向流动性极大、无信誉保证的外来流

---

① 据对实业部国际贸易局编：《中国实业志（江苏省）》第3编，上海：民光印刷股份有限公司，1933年，第55—58页资料计算。

民放款，"一两以内，三分取息。五两以内，二分八厘取息。五两以外，二分五厘取息。十两以外，二分取息。其在百两以上，本钱愈重，其利亦当递减。且只许按月计利，不准本息滚盘"①。同在1932年，据对实业部国际贸易局的调查数据计算，江南的南汇、奉贤、松江、川沙、上海、青浦、吴江、吴县、昆山、嘉定、宝山、崇明、太仓、常熟、无锡15县民间货币借贷的平均月息为2.09分（2.09%）。淮北民间借贷的利率超过了江南地区3倍多。

  农村货币借贷利息的一个重要参照标尺是粮食借贷的利息，而粮食借贷利息与不同季节粮价的浮动率基本一致。下文将要阐述，淮北每年5月和10月的麦价竟然相差4倍。那么，20世纪前期，假如一位淮北人在每年5月新麦上市时贷借资金，用于购买小麦作为投资，储存到10月份再出售②，他只要付出不到40%的6个月利息，便可获得400%左右的毛收益。即使除去采购、运输、储存、损耗等各项支出，相信其纯收益也远高于其付给"高利贷"的利率，从而大获其利。

  事实上，淮北贷借双方所掌握的粮食和金融信息不会相差太多。这就使得富裕阶层并没有什么动力来贷出资金，赚取5—10分的高利贷，他们更愿意储存粮食，由自己来盈利。何况，20世纪前期的淮北，土匪横行、社会严重不靖，令官府也感头疼的"刁顽之民"充斥，放出的款项风险极大，经常难以收回。越是"高利贷"，越存在着欠债人逃逸、死亡、赖账、抗拒、甚至贷借双方矛

---

① 江苏省博物馆编：《江苏省明清以来碑刻资料选集》，北京：生活·读书·新知三联书店，1959年，第229页。
② 由于没有期货交易市场，这种相当于期货投资的商业行为，只能通过真实的买卖实物来进行。事实上，这种方式在过去和现在的乡村被许多农民所实践着。

盾激化等社会性风险。而淮北的富商基本上兼有大土地所有者的身份，同时充当圩寨寨主，拥有强大的武装力量，有着非常可靠的安全保障以规避存粮带来的风险①。

苏北粮价的浮动率与真实的民间借贷利率密切关联。据经济学家陆国香调查，1933年，涟水一般商人放出的小额借款（印子钱），10天的利息超过20%②，合年息720%以上。盐城、阜宁"农民春间借稻一石，秋间即须还稻四石"；而"放麦利息高于放稻"。灌云"放谷之利尤奇重"；借小麦1石，1—2月后，"须还二石以上"③。另据许涤新研究，"在江苏，阜宁农民向地主借洋十元，三个月内，除还本外，更须偿稻或麦一石，年利达百分之二百。当蚕忙之时，借钱需用加一，即银一元，限四十天归还，除本银外，更须加利息洋一元，年利竟达百分之九百"④。

20世纪30年代，官方通常认为："我国农村经济之枯竭，农民生活之困苦，推厥原因，本不止一端，其最直截、最显著者，如高利贷款，则有豪强之盘剥。"⑤这一看法极为普遍，但显然有认识上的误区和偏差。

在淮北，相比于数月内粮价的浮动率，即使10分的高利贷，也显得相对"仁慈"和低廉。1933年，陆国香在苏北调查发现，有殷

---

① 参见马俊亚：《近代淮北地主的势力与影响》，《历史研究》2010年第1期。
② 陆国香：《苏北五县之高利贷》，《农行月刊》第1卷第1期，1934年5月出版，第27页。
③ 陆国香：《苏北五县之高利贷》，《农行月刊》第1卷第1期，1934年5月出版，第26—28页。
④ 许涤新：《农村破产中底农民生计问题》，《东方杂志》第32卷第1号，1935年1月1日出版，（农）第48页。
⑤ 《剿匪总部令三省推行农村合作》，《申报》1932年10月29日，第8版。

实铺保署名具保的借贷利率月息均在4分以上,"甚至加一"(即再加10分利息),"然以此种利率放款,借款者即趋之若鹜"①。

从这个角度而言,淮北地区不是苦于高利贷,而是苦于没有高利贷,更苦于没有被人普遍痛斥的江南式的"高利贷"。大部分淮北地区、大多数淮北百姓根本无钱可借,即使比江南地区的"高利贷"高出四五倍的利率,对淮北普通百姓也是一种福泽。相比而言,背负高利贷总比饿死沟壑要好得多。早在明代,睢宁知县申其学称:睢宁"一遇凶岁,贫民称贷惟艰,即孚逋相望"②。

20世纪前期淮北大多数乡民很难获得借款、包括高利贷。与此同时,江南民众则可以非常便捷得到月息2分的信贷,其原因就是江南地区普遍存在的、一向被诉为"封建性"和"高利贷"的钱庄、典当等。

学界对钱庄最权威的评价:"钱庄的封建性,可以说是随着它的产生而俱来的。"③"由于钱庄又同封建地主关系密切,所以它在组织、制度、经营方式等方面保留着浓厚的封建性质"。钱庄资本"也与高利贷资本的发展彼此结合。早期上海钱庄的资本是商业和高利贷资本的一种转化"④。钱庄"不仅剥削小商品生产者,而且不利于民族工业的成长与发展"⑤。

---

① 陆国香:《苏北五县之高利贷》,《农行月刊》第1卷第1期,1934年5月出版,第27页。
② 侯绍瀛修:《睢宁县志稿》卷六"建置志",光绪十二年刊本,第11页下。
③ 中国人民银行上海市分行:《上海钱庄史料》序言,上海:上海人民出版社,1960年,第10页。
④ 中国人民银行上海市分行:《上海钱庄史料》序言,上海:上海人民出版社,1960年,第2页。
⑤ 中国人民银行上海市分行:《上海钱庄史料》序言,上海:上海人民出版社,1960年,第4页。

漆侠则认为："包括典当业在内的各种高利贷资本，都从属于古老的资本。……不论是在中国还是外国，无不受到社会广泛的道德谴责。"①

江苏的钱庄、典当基本集中在淮河以南的上海、苏州、无锡、常州、镇江、南京、扬州、南通。

1932年，江苏全省共有钱庄384家，其中江南地区的钱庄253家，资本总额18290800两白银，占全省钱庄资本总额（20583035两）的88.9%②。江南地区的面积约占全省面积的三分之一，钱庄的资本总额约占全省资本总额的九成。

实际上，被视为封建高利贷的钱庄，是真正的平民银行。李去非称："钱庄业的兴替，候于工商业之盛衰而知；工商业之盛衰，候于农村之荣枯而得。"③

1920年，中国农产品贸易额39.1亿元，占国内市场贸易总额的42%，相当于工业产品总值的4.4倍、矿产品的13.4倍、进口商品的3.3倍；1936年农产品贸易额75.3亿元，占国内市场比重的44.8%，相当于工业产品的2.7倍、矿冶产品的15.2倍、进口商品的4.8倍④。

20世纪前期，不论是外商银行，还是中国银行，均不直接向农副产品贸易商放款，几乎所有放款均要通过钱庄来发放。也可以

---

① 刘秋根：《中国典当制度史》序（漆侠作），上海：上海古籍出版社，1995年，第1页。
② 据实业部国际贸易局编：《中国实业志（江苏省）》第10编，上海：民光印刷股份有限公司，1933年，第41—44页资料计算。其中扬州钱庄创办资本为829000元，按每元0.715两计，合592735两。
③ 吴晓晨：《钱庄业之衰败及其前途》（续），《申报》1935年4月1日，第16版。
④ 据许涤新、吴承明主编：《中国资本主义发展史》第三卷《新民主主义革命时期的中国资本主义》，北京　人民出版社，1993年，第733页资料计算。

说,中国农副产品贸易每年数十亿银元的款项,主要依靠钱业市场的调拨以及钱庄之间的票据汇划①。

由于钱庄、典当的大量存在,江南地区基本上"不差钱"。江南金融市场主要围绕苏州钱庄运行。1908年,苏州钱庄的存款达1000万两白银;1926年以后,钱庄存款总额更高达3000万余银元。是以人称,1931年以前,苏州钱庄"存款来源实不可胜计"。由于存款数量极多,"银拆(借款利息——引者注)较他处为轻,最高不得过五钱"②,苏州是名符其实的"存款码头"③。常州、无锡、常熟、吴江、太仓、昆山、溧阳、江阴、南通等地成为苏州钱庄放款的主要地区。

淮北的钱业总枢纽仍然在江南,即镇江钱庄。20世纪前期,镇江钱庄每年对各地农副产品贸易商的放款达1500万两白银以上,其中80%的资金来自上海钱庄和苏州钱庄。淮北"扬州、徐州、淮阴、新浦等地的同业又常向镇江钱庄调剂资金"④。但向淮北放款,风险极大。1932年,镇江仅晋生钱庄在淮北无法收回的放款达80余万两⑤。

据中国银行总管理处经济研究室统计:1933年,"银行票据交换额,只及钱业公单收解十一分之一,由此足观钱庄业于金融界

---

① MA Junya, "China's Traditional Monetary System and the Trade in Agricultural Products, 1920-1933", *Modern China*, vol.34, no.3 (July 2008), pp.344-371.
② 呆厂:《苏州钱业状况》,《钱业月报》第6卷第12号,1926年12月号。
③ 苏州市金融志编写组:《浅说苏州钱庄》,江苏省金融志编辑室:《江苏典当钱庄》,南京:南京大学出版社,1992年,第93、95页。
④ 王敏:《镇江钱庄业兴衰录》,江苏省金融志编辑室:《江苏典当钱庄》,第179页。
⑤ 《银行货币·镇江》,《中行月刊》第6卷第1、2期合刊,1933年1—2月号。

之势力"①。中国银行"由于没有和一般公众保持密切的联系,很难把银行票据投入流通。它们只得求助于钱庄,而后者可以助其将这些票据分配到公众中"②。银行家李铭对钱庄作过这样的评价:"钱庄的功用,不啻是一个中央银行:几十年来。它们除掉鉴别银洋,厘定拆息之外,还为银行清算票据哩。"③

然而,不论当时,还是后来,钱庄都被民国中央政府和一些学者有意无意地抹黑了。他们为了集中金融权力,对钱庄等传统金融机构大肆丑化,视之为"高利贷""封建落后"的行业。通过20世纪前期的各种改革,将主要金融权力收归国有银行,亦即将金融权力集中到民国中央政府,使得钱庄业失去向农副产品贸易商大量放款的能力,并为随时滥发纸币、用通货膨胀来掠夺全体民众创造了条件。

据实业部国际贸易局的统计,1932年,江苏全省各类典当达686家,其中江南地区的典当648家,资本总额(不包括上海)11888600银元,占全省(不包括上海)典当资本总额(13883600银元)的85.6%④。

典当向来被贬为封建高利贷行业。当时媒体称:"行商坐卖,皆不如开典铺之稳当。然苟过于刻剥,亦足以撄人怒而干

---

① (中国银行总管理处)经济研究室:《二十二年份上海金融市场变动之回顾》(中),《中行月刊》第8卷第6期,1933年6月份。
② Pen Shinwei, *Shanghai Money Market*. New York: Sino-International Economic Research Center, 1946, p. 34.
③ 转引自吴承禧:《中国的银行》,上海:商务印书馆,1934年,第123页。
④ 据实业部国际贸易局编:《中国实业志(江苏省)》第9编 上海:民光印刷股份有限公司,1933年,第3—5页资料计算。

天谴。"① 一部讲述在典当借款的作品称:"按月利息一分八厘!""这才是高利贷的盘剥地方呵"②。

一位典当员工写道:"提起典当,一向是被社会上人士轻蔑和睥睨的。"与典当打交道的人,"视典当为高利贷者,甚至辱骂动武亦时有可见,这类不幸事件是根本无法消弭的"③。

其实,典当既不封建,更非高利贷。

太平天国以前,典铺当期通常为3年,"每月起利,小者不过一分二厘;十千以上,则仅八厘与一分不等"。太平天国后,各业萧条,各当商的资本大不如前,当期多改为12个月,月息增至2—2.4分④。但"有好义之典体念小民困苦,于二分之内酌量减让自一分八厘至一分四厘,均于票上加有红戳"⑤。

1913年江苏省政府颁布《典业修正木榜规条》:"无论当票大小,皆以按月二分起息。"⑥即使这样的"高利息",与西方相比,也并不算高。13世纪时,西方典当的法定利率为年息43.33%,有时达86.67%,外国人和外地人则比本地人付的利息更高⑦。18世纪初,英国典当的利息在30%至60%之间⑧。

事实上,典当月息2分的利润,连毛利都不是。若算净利,则

---

① 南不敏氏:《劝典当让利说》,《申报》1880年11月19日,第1版。
② 文炳:《赎当》,《申报》1933年5月17日,第18版。
③ 罗钟庆:《我的生活》,《申报》1943年2月22日,第7版。
④ 《庚辰年本埠市面总论》,《申报》1881年12月15日,第1版。
⑤ 《典铺定章》,《申报》1883年2月21日,第2版。
⑥ 杨肇遇:《中国典当业》,上海:商务印书馆,1929,第18页。
⑦ Kenneth Hudson, *Pawnbroking: An Aspect of British Social History*. London: The Bodley Head Ltd, 1982, p.28.
⑧ Alfred Hardaker, *A Brief History of Pawnbroking: With Full Narrative of How the Act of 1872 Was Fought for and Obtained and the Stolen Goods Bill Opposed and Defeated*. London (无出版社名称), 1892, p.70.

典当的利润低得惊人。正常情况下，典当的资本10万元，按月息2分计，理论上每年可获利24000元。实际经营中，典当所得的利息不及半数。首先，典当资金不可能同时全部贷出，通常约有半数闲置。其次，典押物品常不能按时取赎，满货不能计息的资金约占总资本的10%。再次，每年店员的薪酬食用约需6000元，其他杂项开支约需3000元，典铺房租及营业必需品又约需3000元。以上支出共约12000元。充其量，以自有资金办理典当的投资者大约可以获得月息8厘。若是借用钱庄或他人款项的投资者，每月须付钱庄利息1.2分，连8厘的月息也达不到。"如欲将旧有之月息，改为年息，照上列预算须减少三千三百数十元。股本充实之典，所得年息不过四厘。借用庄款之典将无利可言"①。因此，1928年，苏北各县限制典业利息时，各典当纷纷关门。"据典业中人说，过去高利贷放，不一定要想发财致富，只要能够开支一店费用，略略有点盈余，就心满意足了"②。

钱庄多向城镇商号信用放款，典当则主要对农民进行抵押放款。甚至有人称："典当业依然是对于平民融通资金的唯一机关。"而银行钱庄这类金融机构，"除了工商业主外，对于农工和小市民以至于小商人，完全是没有恩惠的啊"③！这种说法当然有些偏激。

典当业作为在中国存在约2000年之久的经济部门，一直充当调节农村和城镇金融的杠杆。

---

① 宓公干：《典当论》，上海：商务印书馆，1936年，第565页。
② 高矜细：《近年来乡村之高利贷资本》，《申报》1934年11月5日，第18版。
③ 张一凡：《我国典当业之研究》，《中国经济》第2卷第8期，1934年8月1日出版。无统一页码。

据国民政府实业部中央农业实验所统计,江苏47个县中,农民借款约18.5%来自典当,借自专门扶助农民的农业银行的款项占总借款的8.8%,借自合作社、钱庄、商店的款项分别占5.6%、6.2%、7.2%①。典当在农村中的放款额,分别相当于银行、商店向农村放款的2倍多,分别相当于合作社、钱庄放款的3倍左右。

长期以来,典当业利用不同物品使用价值的季节差,来收存乡村因"过时"而价值相对变低的物品,以获取利息和保管费。向典当借贷的农民,"并不总是缺钱才典押";"相当数量从事小本生意的人经常需要典当的资助"②。不仅一般的贫、雇农这些低收入阶层经常需要借贷,就是地主、富农也经常借债,所以需要借债的人遍及各个阶层③。

在江南地区,典当与农村社会经济的联系非常紧密。1930年以前,江南地区农村副业繁盛,农民在茧、茶、稻等季节开始或需要大量劳动力时,往往向典当押款,用于发展生产。当时的媒体报道:"农人以借贷典当之赀,购买种谷。"④

江南农民借债以维持日常生产和生活为主,若遇婚丧喜庆等,农民更需借贷以维持各项往来⑤。另据在金山、无锡、武进等地的典型调查,1950年以前,农村各户共借债米18960石,借债用于生

---

① 赵宗煦:《江苏省农业金融与地权异动之关系》,台北:成文出版有限公司、〔美〕中文资料中心,1977年,第45983页。
② Samuel W. Levine, *The Business of Pawnbroking: A Guide and A Defence*. New York: D. Halpern Company, 1913, pp.4-5.
③ 中共苏南区委农村工作委员会:《苏南土地改革文献》,内刊本,1952年,第531—532页。
④ 《江境苦旱》,《申报》1879年5月17日,第2版。
⑤ 赵宗煦:《江苏省农业金融与地权异动之关系》,台北:成文出版有限公司、〔美〕中文资料中心,1977年,第45972—45973页。

产的占12.3%、经商11.9%、生活18.7%、婚丧疾病31.8%、还租米7.9%、还债2.1%、缴纳捐税5.8%、其他方面10.3%[①]。

农民在出售劳动产品后,以所获得的盈余归还典当押款。因而典当收回本息非常容易。林和成指出:"盖典当之营业,在与人民以资金之周转,故人民需用资金正殷之时,即典当出本日增之时。反之,人民资金有余之时,即典当取赎日盛之时。如影随形,不爽毫厘。农民春种秋收,典当则春当而秋取,此其大概情形也。"[②]

据调查,每年2—3月份,江南茶季开始,茶农需要雇短工采摘、运输等;3—5月为蚕汛,农民需要购买桑叶、雇用短工。且由于春夏天气转暖,农家御寒衣被成为累赘,正好押在典当,由典当保管,贷出资金。这些季节均需要典当从钱庄融通大量的资金供农村使用。到6月份,农村开始插秧种稻,需要购种施肥,而此时正是国内其他商业的平淡期,金融界称为"清水六月",城市的银行、钱庄资金均处于过剩状态,而农村则需款最切,典当在此时向银钱业借款,再转押给农民。9月以后,城市银钱业用款趋于紧张,此时农民由于卖稻谷、大豆、棉花等,手中资金最为充裕,正好用来归还典当押款,赎回押在典当的棉衣厚被等冬季用品。"典当收回本利,故收入颇多"[③],再归还城市银钱业借款,极大地提高了资金的利用效率。

据调查,20世纪30年代以前,江苏各县典当的客户,主要为农民。嘉定、昆山、溧阳等地典当客户中,农民占60%;南通典当客

---

① 中共苏南区委农村工作委员会:《苏南土地改革文献》,内刊本,1952年,第532页。
② 林和成编:《中国农业金融》,上海:中华书局,1936年,第452页。
③ 林和成编:《中国农业金融》,上海:中华书局,1936年,第452页。

户中，农民占70%；仪征、宜兴、吴县、太仓、常熟、宝应等县典当客户中，农民占80%①。

很久以来，江南农民不但季节性地从典当获得资金，以支持其从事农业和各种副业活动。而且，江南的钱庄、典当、商号并不单纯是金融或商业单位，而是极为成熟、便捷、普惠和可靠的理财机构。农民们通常把闲散资金存在这些机构，利用这些机构为他们理财，以获得不菲的利息。

光绪二年（1876）筹建的常州太平济仁堂，把捐款500余千钱，存在当地典当，以每年所得利息"给养贫民"②。光绪十六年（1890），昆山修筑圩岸义赈款剩余鹰洋11000元，经组织者议定，"将此存洋发交昆新典当五家，……每月各照六厘生息"③。与江南具有同样金融环境的钱塘，某寡妇有银4000余两，3000余两分存于3处典当生息，1200元散存于3处肉店按月收息，"以此度日"④。这类存款固定的月息在5—8厘（5‰—8‰）之间，远超过存入现代银行的利息，是事实上的理财行为。

1914年，上海名医陈存仁父亲押给方椒伯的的一块地产，所得利息840两白银。陈父殁后，陈母即把这笔资金以15年存期存入3家绸缎店，"取本又收息"，养育了陈家5名子女，并使他们得到了良好的教育⑤。

---

① 赵宗煦：《江苏省农业金融与地权异动之关系》，台北：成文出版有限公司、〔美〕中文资料中心，1977年，第46067页。
② 汤成烈纂：《光绪武进阳湖县志》卷三"营建"，光绪五年刻本，第3页b。
③ 金吴澜修：《昆新两县续修合志》卷三"公署"，光绪年间刻本，第3页上一下。
④ 《扑水告状》，《申报》1879年12月31日，第2版。
⑤ 陈存仁：《银元时代生活史》，上海：上海人民出版社，2000年，第12页。

这些存款的可靠性受官府保护。当时社会公认："多余之钱，或存典当，或存钱庄，万稳万当。"①

江阴南菁学校曾把校款15233两存入苏州颐泰钱庄生息，1912年颐泰钱庄倒闭，偿还南菁学校银11204两，江苏有关官府遂令颐泰钱庄以公司股票等划抵银3000余两偿还余款②。

也就是说，20世纪前期，江南地区有着良好的金融环境，普通民众的借款有着极为可靠的保障和合理的利率。而他们理财式的存款则可享受较高的利润，并受官府保护，并且，由于使用银元和银两，这些存款没有通货膨胀所造成的"缩水"之忧。令人遗憾的是，有些借款者往往视月息2分的款项为高利贷，对给他们提供便捷和服务的金融机构充满偏见和责难。

据对实业部国际贸易局的统计资料计算，1932年，整个淮北地区有钱庄27家（铜山、淮阴各10家，阜宁4家，灌云1家，东海2家），资本总额284600两白银，仅相当于淮河以南经济并不发达的高邮县钱庄资本总额（565000两）的半数，相当于上海钱庄资本总额（14763000两）的1.9%、无锡钱庄资本总额（1220000两）的23%、扬州钱庄资本总额（829000两）的34%、常州钱庄资本总额（604400两）的47%③。

在上海，资本5万两以上的钱庄方有资格加入钱业公会，淮北地区的钱庄平均资本10541两，仅及钱业公会所定钱庄资本门槛的五分之一。江南、淮北银钱业方面的差距于此可见。

---

① 《桥路难行急宜修理》，《申报》1879年10月30日，第6版。
② 缪荃孙纂：《江阴近事录》卷二，民国九年刊本，第3页上。
③ 实业部国际贸易局编：《中国实业志（江苏省）》第10编，上海：民光印刷股份有限公司，1933年，第41—44页。

更大的差距体现在典当方面。据江苏省长公署调查,1919年全省共有典当436家,淮北地区仅有11家①。1932年,实业部国际贸易局所统计的686家江苏全省各类典当,无一家设在淮河以北②。

明清以来,淮北商业极度衰落,代表当地精英观念的各地方志,往往以百姓"重本弃末"、不喜远游相夸耀,并视商业为致贫之源。

这就使得淮北的钱庄存款极少。像徐州公裕银号资本达6万银元,属于淮北的巨型钱庄。但却没有钱库(存放制钱、铜元、庄票等)和银库(存放银元、钞票等)。最令人惊讶的是,该庄"存款几乎没有"③。

正因为资金拥有者习惯于窖藏金银货币,造成淮北货币筹码的短缺,直接体现在市面上竟然严重缺乏官方标准的货币,而流通着私人乱发的无保障劣钞、甚至伪钞。

20世纪前期,徐州各钱庄都发行庄票,票面多为一千文和五百文两种。有时则将一千文的庄票撕成两截,各作一角钱使用;五百文撕成两块,各作五分钱使用。当时徐属8县(丰、沛、萧、砀、铜、邳、宿、睢)盛产农产品,小麦、棉花、花生、瓜子、黄花菜、鸡蛋、牛羊、皮毛等,被大批收购,运往无锡、上海、广州等地出售。无论钱庄还是商号,准备金都很少,时常发生挤兑风潮。

---

① 江苏省长公署第四科:《江苏省实业视察报告书》,上海:商务印书馆,1919年,第285—289页。
② 据实业部国际贸易局编:《中国实业志(江苏省)》第9编,上海:民光印刷股份有限公司,1933年,第3—5页资料计算。
③ 徐叔安等:《抗战以前徐州的银钱业略述》,中国人民政协江苏省徐州市委员会文史资料研究委员会:《徐州文史资料》第7辑(徐州工商史料专辑),1986年11月,第146页。

一旦庄号宣布倒闭，百姓手中的钱票往往成为废纸①。

徐州裕源庄，主要经营烧酒，收购高粱时，从不付给现钱，而是付给裕源庄自印的纸币。在用高粱作原料酿出酒来、销售出去之后，才收兑本庄纸币，付给现钱。

徐州各私营钱庄、商号印发的纸币种类繁多，造成币制极度紊乱。人们普遍担心被坑骗，遇到标准的银通货则予以收藏，而尽快脱手信誉极差的私钞。诚然，民众确实经常被私钞欺骗。像天保育钱庄、春泉钱号、卜信记、聚和昌、世兴昌、公裕号所印发的纸币，就没有全部兑换②。

睢宁发行钞票的商号有：睢城元源、振源、陶信成3家；魏集天泉坊、隆源长2家；古邳镇张公盛、魏德盛、三益、恒丰4家。邳县地区发行钞票的商号包括土山镇宝泉涌、和顺公、宋承记、陈瑞兴、隆兴蕴5家；八义集福兴震、周恒源、霍鸣盛3家；占城集福盛协、协兴公、义成公、鑫盛号4家；涝沟集窦克隆1家。这些商号，按营业种类来分，有棉花、酿酒、酱园、纱、丝、烟、杂货等③。

1933年，行政院农村复兴委员会的调查人员在邳县的商业中心官湖镇发现："百文以下的买卖，没有铜元，就用竹片。此地以前稍微有点资产的商店，都可以发行钱票。……邳县竟成了纸票的

---

① 徐叔安等：《抗战以前徐州的银钱业略述》，中国人民政办江苏省徐州市委员会文史资料研究委员会：《徐州文史资料》第7辑（徐州工商史料专辑），1986年11月，第143页。
② 马鸣远等：《徐州私营钱庄、商号印发纸币的概况》，政协江苏省铜山县委员会：《铜山文史资料》第4辑，1984年11月，第80页。
③ 周庸庵：《民初邳睢地区纸币发行概况》，中国人民政治协商会议江苏省邳县委员会文史资料委员会：《邳县文史资料》第7辑，1989年11月，第196页。

世界！"①

有人甚至连店铺都没有也发行钞票。邳州西甘山村甘桂冒发行永泉坊钞票，因为没有店铺，持有者只有找到甘桂冒本人才能兑付。更令人瞠目的是，双沟镇曾流通叫"两来风"的钞票，基本上没有人清楚其来历。经过调查，才知道是一个看门的无业老头发行的票子②。

在这样的金融环境下，普通民众纵使付出高利率，也很难借到真正的银元、银两。而当地发行的"钞票"，使得他们无法摆脱本地强势人物的控制，到外地投资经商。

因此，与江南相比，淮北金融市场的"封建罪恶"相对较少，这恰恰不是淮北的金融机构更加先进和优越，而是淮北金融机构恶劣到经常行骗的地步，对社会经济的助益极小，不少地区更付阙如。与其打交道的民众数量有限，对其恶行的记述也就屈指可数了。

20世纪前期，江南地区形成了非常适合社会经济发展和民众需求的金融市场，帮助普通百姓理财、融通资金，体现了这个地区的社会化程度。随着金融权力被南京国民政府收归国有银行，江南民间金融秩序遭到破坏，事实上剥夺了普通民众正常的经济权利。到后来，有关方面更把普普通通的贷款权、理财权、集资权等统统变成依附于行政权力的特权。无特权者则甚少能享受这些本该他们享

---

① 行政院农村复兴委员会编：《江苏省农村调查》，上海：商务印书馆，1934年，第70页。
② 周庸庵：《民初邳睢地区纸币发行概况》，中国人民政治协商会议江苏省邳县委员会文史资料委员会：《邳县文史资料》第7辑，1989年11月，第196—197页。

有的经济权利。

淮北金融环境的破败，不但体现存在着利率确实较高的高利贷，更体现在普通民众连这样的高利贷都不敢奢望。尤为恶劣的是，由于缺乏融通渠道，淮北的有资者无须创业，创业者却无资可用。富裕阶层不能把资金存入可为其理财的金融机构，使资金流通起来，达到利己利人的结果；而是把真金白银窖藏，让市面流通竹片和废纸般的私发钞票。有人称清河上流社会"窖金纳贿积不已"①；涡阳一次匪灾，"城内之车马、衣物、窖金、储粮，莫不被匪搜掘，洒卖、掠夺一空"②。赛珍珠在《大地》所描写的王龙、司马中原在《路客与刀客》中所描写的安家寨富户，均把钱埋在墙壁下面，而不是通过理财来获得更大的收益。

创业者由于无法获得社会性的融资，只能去从事低收入、低回报的体力劳动，他们甚至只求饭食而不敢"妄想"酬金。从而引发长期影响淮北社会经济不断衰退的马太效应。

最为吊诡的是，20世纪前期，江南相对成熟、合理、普惠性的金融环境，让中下层民众广泛享受了便捷的低息借款，让中上层社会分润了优渥的理财红利。但正是这种泽及每一个人的类似社会性的福利，反而让钱庄、典当等提供日常服务、与民众朝夕相处的机构，常常让民众感受到它们的某些缺陷和"不公平"。由于服务对象众多，即使不满者所占比例极小，绝对数量也极其庞大。是以江南的钱庄、典当等常被媒体刻画成敲骨吸髓的封建高利贷机构。相反，淮北地区的借贷利率高出江南数倍、甚至数十倍，且一般人

---

① 范冕总纂：《续纂清河县志》卷十六"杂记"，民国十七年刻本，第57页下。
② 黄佩兰总纂：《涡阳县志》卷十五"兵事"，民国十五年刻本，第24页下。

根本无款可借；但正是因为绝大多数民众根本接触不到钱庄、典当等，人们也就无从对其谴责和诟骂。因而，淮北钱庄、典当的"声名"要远好于江南地区的同类。

根源于农、工、商的金融环境，是社会治理最直观、最有说服力的衡量依据，是检验政府施政理念和执政能力的硬指标。良好的社会治理，首先要使普通民众劳有所获，获有所安。运营正常的金融环境可使创业投资者随时得到资金方面的支持，而使其他急需资金者唾手立致，这事实上是莫大的社会福利。

总之，20世纪前期江苏民间借贷利息差异所反映的不同性质的金融环境，对于认识近代江苏省情、乃至中国国情有着莫大的助益，对于重新评定民间金融的价值也有一定的参考意义。

第三节　平民粮荒对策的困境

淮北弱势平民应对粮食危机的常见做法为粜精籴粗、觅食野菜、拾荒、外出佣工，直至铤而走险等。

卜凯、托尼、黄宗智等学者均认为粜精籴粗系中国贫困农民应对乏粮的有效举措[1]。事实上，粜精籴粗在某种程度上加剧了弱势平民的物质损失，更加剧了强势群体的社会控制。

---

[1] 如卜凯：《中国农家经济》下册，张履鸾译，上海：商务印书馆，1936年，第498页；R. H. Tawney, *Land and Labor in China*, London: George Allen & Ltd, 1932, p. 55；黄宗智：《华北的小农经济与社会变迁》，第113页。

一、粜精籴粗与野蔬

粜精籴粗是贫民最普遍的应对粮荒策略。不过，即使单纯从食粮的热量来计算，粜精籴粗也并非总对平民有利。现将1932年苏北15县夏季平均粮价计算如下：大麦4.2元/石，小麦最高价格6.6元/石（已高于米价），玉米3.5元/石、高粱3.6元/石[1]。1935年9月，淮北小麦平均价格为5.11元/担，玉米3.13元/担[2]。

按1932年夏季粮价，以1石小麦热量为100，则可换回各种粗粮热量比率为：大麦153.2，玉米63.1，高粱203.0。按1935年9月的粮价，出卖1石小麦，换回的玉米热量仅及小麦热量的54.6%。

不考虑捐税、运费、损耗、时间成本、市集管理费及集主的盘剥和欺诈，出卖小麦换取大麦和高粱，获得的食物热量确实增加了；但如果卖小麦换回玉米，食物热量则明显降低。据日人调查，淮阴农家的粮食消费中，玉米的比重最高[3]。赣榆最通常的交易是出售麦、豆交换玉米等[4]。苏北许多地区，农民"以玉蜀黍为重要食品之一，与大麦山芋，俱宝之如性命。小麦虽土产珍品，然其价值巨，恒储以待售。……玉蜀黍虽系食粮，然常苦不足，入春犹仰于邻邑"[5]。

在粜籴过程中，首先，官府要收取一定的捐税。"市集交易营

---

① 实业部国际贸易局编：《中国实业志（江苏省）》第5编，上海：民光印刷股份有限公司，1933年，第74、109、115—116页。
② 《九月份粮价统计》，《国际贸易情报》第1卷第34期，1936年出版，第60—62页。
③ 大東亞省：《蘇北地區綜合調查報告》，昭和十八年（1943）9月，第191页。
④ 王佐良主修：《赣榆县续志》卷一"图例"，民国十三年刻本，第2页下。
⑤ 张煦侯：《淮阴风土记》下册，1936年，第150页。

第四章 粮食短缺与生存困境 531

业,亦莫不各抽捐税"①。各省农产品"贩自东市,既已纳课,货于西市,又复重征。至于乡村僻远之地,……或差胥役征收,或令牙行总缴,其交官者甚微,不过饱奸民猾吏之私囊,而细民已重受其扰矣"②。

其次,淮北"贸易多居寨圩"③,作为集主的强势群体要征收各种费用。清代巡抚雅尔图奏称:"各省乡镇村落,贸易集场,每有集主名色",索取各种陋规。"客商雇船觅夫,船户脚夫,勾结土棍,朋比攘据,谓之包头、揽头。甚至投托绅衿,议给陋规。至今尚未尽革,殊为商贾之累"④。清末徐州,豪绅对赶集乡民"纠众要路拦截,诈得钱文,始行放去。否则关锁各庙内,冻饿难堪"⑤。宿迁地方官员称,"征收之章程,今反倍苛于昔,不独肩挑负取,责报无遗,即其货物尚未运行,存粮并非取卖,竟亦登门稽索"⑥。

最后,集主等可利用衡量工具的控制而肆意盘剥。据汶上县令粟仕可《市集论》,集市上对平民进行盘剥的至少有三种人:奸商、市魁和胥隶。仅作为市魁的强势群体(豪滑),能在市集交易中剥夺交易物的十分之一价值:"豪滑托名给帖,受权量,而私易置之。朴野之民,持物而贸者,阴夺其十一,犹假公租以横索

---

① 张相文总纂:《泗阳县志》卷十五"田赋",民国十五年刻本,第1页下。
② 允裪等:《乾隆朝大清会典则例》卷十八"吏部",乾隆甲申年刻本,第36页下—37页上。
③ 于书云修:《沛县志》卷三"疆域志",民国九年刻本,第5页上。
④ 《清实录·高宗纯皇帝》(第10册)卷一五六,北京:中华书局,1986年,第1239页下。
⑤ 李德浦总修:《宿迁县志》卷十四"兵防志",同治十三年刻本,第7页下—第8页上。
⑥ 严型总修:《宿迁县志》卷六"民赋志",民国二十四年刊本,第21页上。

焉。"①20世纪30年代前期，淮安粮行籴粮时把斛、斗压得很实，粜粮时则装得疏松。仅此一法，每斗（16斤）的出入"就能有一件衬衫的体积"。粮店人员用手稠粮均有专业手法，稠下不足半升的粮食均归粮店所有。平时粮行使用暗语，对其手法实行保密②。丰县张五楼集"行人"胡振华（1914年生）回忆说："每集成交各种粮食，多达十余石（1石小麦550斤、大豆600斤），不算佣金，落地粮能收二三百斤"③。宿州粮行的斗把子，可把每斗33斤的粮食量成30斤或35斤④。有人回忆：

> 赶集主要是买卖粮食，每个集日，粮食销售额约二至三万斤。粮食种类主要是高粱、大豆，其次是玉米、三麦，至于大米多是从山东杨集运来，数量极少。粮价的浮动，名为以质论价，实际上全凭掌斗人的一句话，坑害了多少贫苦农民。⑤

淮北粮行对各种利益分配规则为："粮行行人与集主分利为里一半外一半，即集主一半，行人们共分一半。"⑥

正因为有厚利可图，丰县的集主动用家丁殴打到别处赶集

---

① 徐宗幹修：《济宁直隶州志》卷三之五"风土志"，咸丰九年刻本，第16页下。
② 毛鼎来：《抗战前的淮安南门粮食业》，《淮安文史资料》第5辑，1987年，第201—202页。
③ 《张五楼乡·张五楼集》，《丰县文史资料》第11辑，1993年，第99页。
④ 刘铁：《民国时期宿城粮油贸易概况》，《宿州文史资料》第2辑，1992年，第76页。
⑤ 靳小田：《二十年代前后新安镇回忆片断》，《新沂文史资料》第3辑，1988年，第63页。
⑥ 《沙庄乡·沙庄集》，《丰县文史资料》第11辑，1993年，第153页。

的农民①。因此，粜精籴粗的最大受益者是强势群体。山根幸夫指出："当地地主（包括绅士、生员）不仅通过封建土地所有制掠夺农民，亦在乡村市场上控制商品流通，从中获取巨大的经济利益。"②

小麦在江苏南北都相当于硬通货。在农业社会，一个地方越封闭，粮食市场越是居主导地位。这是因为不能生产其他商品，百姓只能通过交易粮食来获取资金。淮北的经济中心徐州，由于陇海、津浦铁路交汇，"渐为农产物集聚之区"。1932年，徐州共有各类商号235家；其中粮食业86家，占总数的36.6%③。淮北其他城镇，像淮阴王家营一地，有45家粮行④。丰县最著名的商业是城西关高家的粮食行、芝麻行⑤。该县李车集，"逢集时有粮食市、蔬菜市、家畜禽蛋市等"⑥。隋寨集、李大庄集的成立，创办人首要目的是粮食交易⑦。

沛县四大家之一的张家的势力及对粮食的控制具有代表性。张家拥有田地112顷，并拥有振昌糟坊和新沛官钱局。张家在沛县

---

① 《宋楼镇·宋楼集》，《丰县文史资料》第11辑，1993年，第11页。
② 山根幸夫：《明及清初华北的市集与绅士豪民》，刘俊文主编：《日本学者研究中国史论著选译》第6卷，北京：中华书局，1993年，第363页。
③ 据实业部国际贸易局编：《中国实业志（江苏省）》第4编，上海：民光印刷股份有限公司，1933年，第87—88页资料计算。
④ 楚水：《抗战前王营镇居户及其商业概貌》，中国人民政治协商会议江苏省淮阴县委员会文史资料研究委员会：《淮阴文史资料》第2辑，1988年3月，第92页。
⑤ 《城关镇》，丰县政协文史资料委员会：《丰县文史资料》第11辑（丰县集镇史话），1993年9月，第1页。
⑥ 《李车集》，丰县政协文史资料委员会：《丰县文史资料》第11辑（丰县集镇史话），1993年9月，第15页。
⑦ 丰县政协文史资料委员会：《丰县文史资料》第11辑（丰县集镇史话），1993年9月，第18、20页。

担任的职务包括县商会会长、官钱局经理、县农场场长、沛县师范校长、县教育会长、小学校长，并有人担任工兵司令、师长、将军、专员等职①。"张家所以发财，其主要方式是当粮食新入仓时买粮、春天粮贵时再卖；荒年卖粮买地"②。张廷绅每年青黄不接时，借给贫民粮食，按市场最高价算钱，农民还粮时则按最低价折算。仅1914—1924年间，张家利用与县政权的关系，增加土地近40顷③。邳县官僚世家窦氏与之相似。窦氏在邳县、郯城等地占有良田400余顷，且在涝沟、官湖、窑湾、台儿庄等地拥有百万资金的商业网点，同时，还印发地方流通货币④。这些条件对粮食的控制具有举足轻重的作用。

李明珠研究华北粮食市场时，认为其内部整合度低的主要原因是陆路交通问题⑤。但淮北粮食市场的主要问题显然是人为的操纵。需要特别强调的是，不是与世界市场的融合或商业资本的入侵造成了淮北粮食交易的不公平，而是权力不受约束的"大户"与倍受人为约束的封闭性市场引发了巨大的交易危害。

根据资料，苏北15县小麦在夏季上市时平均价格每石6.6元。再看表4-2中秋季小麦的价格：

---

① 秦伯鸾：《"沛县四大家"之一的张家概况》，《沛县文史资料》第5辑，1987年，第36—37页。
② 秦伯鸾：《"沛县四大家"之一的张家概况》，《沛县文史资料》第5辑，1987年，第37页。
③ 化洪春等：《张延绅记略》，《沛县文史资料》第5辑，1987年，第41页。
④ 陈俊才：《窦氏家庭及窦鸿年》，《邳县文史资料》第7辑，1989年，第100页。
⑤ Lillian M. Li, "Integration and Disintegration in North China's Grain Market, 1738-1911," *Journal of Economic History*, vol. 60, no. 3 (Sept. 2000), pp. 665-699.

表4-2 苏南与淮北乡村、市镇的上等小麦价格比较（1929年10月）

地区	县	村	乡村价格（石/元）	市镇价格（石/元）
苏南地区	句容	土桥	8	8.8
	高淳	永丰	8.2	8.5
	江浦	石碛	7	7.5
	平均		7.7	8.3
淮北地区	砀山	七神庙	55	60
	丰县	大吴庄	22	23
	邳县	城区	17.5	21
	沛县	西平	35	37
	赣榆	城东	13	15
	峄县	山阴	50	55
	平均		32.1	35.2

资料来源：据张心一：《今年粮食问题的一种研究》，《统计月报》第1卷第9期，1929年11月，第7—8页整理。

据表4-2，即使不考虑运输费用，淮北各县10份乡村小麦的平均价格为32.1元/石，高出夏季麦价的4.9倍。这一差价，与当地人的记忆吻合："以小麦为例，新麦上市每斤不过制钱100文，到来年青黄不接时节就涨到300至400文。地主及有钱人家掌给（握）了这一规律，每届新粮上市就大量收购，囤积居奇，到粮价上涨到顶峰时高价出售，只几个月的时间就可获得几倍的利息。"[①]

与之相比，苏南小麦的价格仅有7.7元/石，比夏季麦价仅高出

---

① 余辉：《解放前沛县农村的剥削形式》，《沛县文史资料》第4辑，1987年，第88页。

1.17倍。

尤为重要的是,淮北不但拥有运河、淮河等良好的水运,属于国外学者认为整合最好的江苏市场体系,且享有津浦和陇海铁路的便利①。这里的平均麦价竟比察哈尔、绥远、吉林、辽宁、山西、河北各省的最高麦价都要高②。

表面上看,小麦的高价对小农有利,其实不然。淮北是贫富截然分立的社会,在小麦上市时,因还贷、纳税等用款急切,小农卖新谷在麦收一结束即已进行,"五月粜新谷"的现象非常普遍。

每年农历五六月,淮北小麦上市,价格极易被压低。道光年间,六安"大贾某姓者,每际岁歉,屯米谷,……深为贫民病"③。1932年国民党江苏省执行委员会在邳县调查发现:"农民苦于奸商与地主之设计剥削,粮食贱时则大量收买,春荒时抬价出卖。"④1935年夏,学者在苏北调查称:"今年徐淮海属各县虽云丰收,但农民因积欠债务及缴纳赋税之故,米麦价格,反见低落。"⑤铜山农村新谷登场后,"农民往往尽其所有,完全卖光,六月间农家大都家无粒粮"⑥。次年对皖北的调查,"自频年水旱以来,即陷于谷贱伤农之景象,而谷贱之原因,以农民负债,新谷登场,不得不急售以偿还,实非粮食过剩"。但到秋末冬初,小户人家的小麦大多无几时,储粮较多的豪绅大户就会拉抬粮价。一份

---

① Carol H. Shiue, "Local Granaries and Central Government Disaster Relief", pp. 113-114.
② 张心一:《今年粮食问题的一种研究》,《统计月报》第1卷第9期,第7—8页
③ 王峻等修:《六安州志》卷二十七"宦绩",光绪三十年刻本,第22页上。
④ 《邳县农村经济调查》,《农声月刊》第1卷第2期,1933年8月,第157页。
⑤ 《苏北各县农村破产》,《农学》第1卷第1期,1935年10月1日,第113页。
⑥ 李惠风:《江苏铜山县的农民生活》,《中国农村》1935年创刊号,第78页。

11份的皖北调查称:"今岁午秋两季大熟,仓廪丰足,食粮虽不过剩,亦不缺乏,讵近月粮价步步飞涨,一般贫穷农民,莫不大受痛苦。"①若到战时,小麦被视为战争资源,价格就更没有保障了②。

因此,表4-2中10月份的淮北麦价,绝非大部分嗷嗷待食的小农所能沾泽,基本为大田主专享。是以传统的统治者特别强调:"设有甚贵贱而君不理,则豪商富室,操其赢赀,因民之不给,以牟百倍之利。乐岁则乘急贱收,凶年则固闭不出,斯民反复受弊,亡有已时③。

借贷利息也反映出粮价的操纵,有淮东第一家之称的刘鼎来,"借放高利贷的机会做他的买低卖高的粮食'生意'"。如稻头在冬天价格最高,他在冬天借出时就折成钱来计算,到秋天稻头价格下跌,收债时再把钱折成稻头。"由于他掌握行情,却能稳操胜券,加上当时粮价的升降幅度很大,几个翻身,原来的一石就变成了三石,甚至是四石"④。沛县农村麦收前借小麦,麦收后偿还的利息是借一还三⑤。

淮北高得离谱的小麦价格,使各种领主般的豪绅有足够的动机去阻止外地小麦的进入。在鲁西南地区,"滕俗每逢水旱辄闭

---

① 《皖境亢旱粮价飞涨·蚌埠粮价飞涨不已》,《农学》第3卷第1期,1936年11月1日出版,第124页。
② 江苏省档案馆藏江苏省田粮处档案:《抢购绥靖区小麦卷》,全宗号1011,目录乙,案卷号4。
③ 《永乐大典》卷七五0七,北京:北京图书馆出版社,2009年,第35页上。
④ 侍问樵:《淮东乡地主刘鼎来》,《淮安文史资料》第4辑,1986年,第76—77页。
⑤ 余辉:《解放前沛县农村的剥削形式》,《沛县文史资料》第4辑,1987年,第89页。

粜。……本地谋升斗者，往往坐困"①。因此，粜精籴粗的平民极易被强势群体所控制和盘剥。从日本学者的研究中，我们看到浙西官府对粮食流通的控制，很好地平衡了当地的粮价②。尽管淮北某些地方官府对粮食市场的整治，几与战争无异："县官往往于秋谷登场之后，禁运出境，禁商囤积。布侦卒于要津。"③但为了垄断市场、控制粮价，强势群体可以无视并击垮各级官府的强力介入。怀远、凤台、颍上等县，"格于强练降勇，其牧令不过伴食。一切征收、厘卡、听断、生杀之权，不能过问"④。宿迁"不独肩挑负贩责报无遗，即其货物尚未运行，存粮并非贩卖，竟亦登门稽索。稍不遂欲，转以抗征漏税诬告诸官，甚至饥民买食豆饼，因有油粮名目，出入圩卡，索诈随之。乡曲愚民，孰敢相为计较？即行商坐贾，亦惟饮恨吞声，听其诈扰，从此誓不再经斯土耳"⑤。

在淮北最乏食时，更有官员为了蝇头之利，有意无意地阻止外区域的粮食进入淮北。1906年，淮北发生了"近四十年未有之奇灾"⑥，官员不但不积极救灾，反而"狃于成例，先不报灾，仍

---

① 王政等修：《滕县志》卷十"列女（上）"，道光二十六年刻本，第32页下。
② 则松彰文：《清代中期の淅西における食粮问题》，《东洋史研究》49卷2号，第48—69页。
③ 吴应庚纂：《续修盐城县志稿》卷四"产殖志"，民国二十五年铅印本，第13页下—14页上。
④ 唐训方：《旌别道守牧令淑慝折》：《唐中丞遗集》"奏稿"卷二，光绪十七年刻本，第13页下。
⑤ 严型总修：《宿迁县志》卷六"民赋志（上）"，民国二十四年刊本，第20页上—下。
⑥ 镇江关税务司义理迩：《光绪三十二年镇江口华洋贸易情形论略》，《光绪三十二年通商各关华洋贸易论略》（英译汉第48本）下卷，光绪三十三年八月印，第41页上。

索赋税"①。外地绅商运输赈粜杂粮，经过徐、海、淮、扬一带，"厘卡留难索捐，淮关有扣船月余始放者"。因为饥民食购豆饼极多，此项商品一向不抽捐，此时厘卡委员竟每斗加抽2文，"以致商贩裹足"②。可以想见，外地粮食无法进入，本地豪绅的囤粮势必飞涨。

在强势群体严密垄断之下，平民通过粜籴所能获取的利益，实在令人怀疑。

在应对粮食短缺时，农家另一常见的应对措施是挖食野菜。在淮北，到富人田中挖野菜和拾荒类似，均被视为富人向穷人的施恩。清律特别规定："止在旷野白日摘取苜蓿、野菜等类，不得滥引夜无故入人家律。"③

即使在清"盛世"时，挖食野菜也被官府作为2个月的口粮计入农民的食物预算中。康熙四十三年（1704）春，丰县"民乏食，剥榆皮、掘蕾根，杂楝粞而食"④。雍正八年，政府泄放洪泽湖等蓄水，淮安、徐州、邳州、海州等地"民间在田之禾稼被淹，而屋中囤集之旧粮搬运不及，亦多漂流"。朝廷认为，从正月至麦熟，尽管有100多天，但只要救济农民40天的口粮即可，因为农民有"三月、四月内之野菜"，造成灾民大量被饿毙⑤。乾隆

---

① 武同举编著：《再续行水金鉴（淮河卷）》，武汉：湖北人民出版社，2004年，第469页。
② 武同举编著：《再续行水金鉴（淮河卷）》，武汉：湖北人民出版社，2004年，第470页。
③ 朱轼：《大清律集解附例》卷十八"刑律"，雍正三年内府刻本，第68页下。
④ 姚鸿杰纂修：《丰县志》卷十六"纪事类"，光绪二十年刊本第17页下。
⑤ 台北故宫博物院清代宫中档与军机处折件：《两江总督高其倬奏折（雍正九年二月初六日）》，箱号79，文献编号402006286。

七年（1742），苏抚陈大受奏："淮北各属，连年荒欠，十室九空。""查沛县饥民，采食野蒿草根，多致死亡。……其灾重未赈次贫之铜山、宿迁、清河、安东、桃源等处，有似此者。"[①]每届冬春，蕾子也是稀缺资源，常会引发械斗。乾隆五十一年（1786），"泗州灾黎挖掘蕾根，经该县周兆兰及知州郑交泰在彼弹压"[②]。1949年，苏北饥荒，"灾民搜集野菜等代食品，仅淮阴区即达三百万斤"[③]。

收获之后，拾荒成为平民生活的重要内容。在沛县，"往者麦秋至，富者是刈是获，贫者群逐群拾，而又荷杖操刃以收余秸"[④]。在淮阴，"湖田阡陌绵长，地主恒树红旗为界。红旗不倒，拾麦者不得阑入。既倒之后，谓之'放门'，此处即可拾麦。然主家又旋树新界，渐收渐小，以至于无。斯时男女奔仆其中，如山如潮"[⑤]。

因此，淮北的糊口式雇用和拾荒约束，均加剧了强势群体对普通民众的控制。第一，淮北强势群体多视佃雇农如农奴，佃雇农与之说话、为之服役等，均有严厉的规矩。[⑥]而拾荒时，在兵丁护卫下的强势群体，通过徙旗立信，令行禁止，事实上强化了统制力。第二，挖食野菜和拾荒的时间成本极其巨大，基本耗费了农村妇孺老人的业余时间，使其无法像江南那样，从事收入较高的家

[①] 《清实录·高宗纯皇帝》（第11册）卷一六一，北京：中华书局，1986年，第31页下。
[②] 《清实录·高宗纯皇帝》（第24册）卷一二五二，北京：中华书局，1986年，第828页下。
[③] 江苏省档案馆藏档案：《苏北一年来生产救灾工作的初步总结》，全宗号301，案卷号9。
[④] 于书云修：《沛县志》卷十"秩官表"，民国九年刻本，第36页上。
[⑤] 张煦侯：《淮阴风土记》下册，1936年，第25页。
[⑥] 田边胜正：《支那土地制度研究》，东北：日本评论社，昭和十八年，第386页。

庭纺织业①。平民在缴纳苛捐杂税及获得衣物、食盐等生活必需品时，只有出卖粮食一途，使普通民众的经济命脉极易被强势群体把持操纵。最后，尤为重要的是，从事糊口式雇用和拾荒的"剩余"劳动力本可以投入到兴修水利等活动，更加合理地解决或应对粮食危机。而从淮北每县数以百计的圩寨修筑、动辄策动成千上万民众反叛等动员实效来看，淮北强势群体的动员能力远远超过了江南士绅。但他们却没有像江南士绅那样，运用巨大的动员能量来发展生产，放任淮北乡村"剩余"劳动力从事极其低效的谋生事务。

面对严重的粮食危机，淮北弱势平民无法耕种大片的荒田，因为他们一旦垦种，"逃户之田粮差俱负，……则征输百役，追令代办"。这种不合理的体制，极大地束缚了平民的生产积极性，"夫淮北九县二州钱粮之累，大约相同，地半荒而赋如故，民逾逃则敛愈急"②。据1935年对苏北的调查："淮阴、涟水、宿迁、沭阳、泗阳、东海各县边境，多已田园荒芜，庐舍丘墟矣。"③弱势平民逃亡，于强势群体极为有利。逃户之田，未逃平民不敢垦种，但"有豪强之徒知其无主，节年占耕而不纳粮者。又有指湖荡荒田为逃户产业，以相影射者。又有里递，将逃亡田土私典与人，分收子粒，指称虚粮者"④。

---

① Ma Junya and Tim Wright, "Industrialization and handicraft cloth: The transformation of modern Jiangsu peasant economy", *Modern Asian Studies*, vol.44, no.5 (2010), pp. 1337-1372.
② 唐仲冕等编纂：《嘉庆海州直隶州志》卷十五"食货"，嘉庆十六年刻本，第9页上。
③ 《苏北各县农村破产》，《农学》第1卷第1期，第113页。
④ 唐仲冕等编纂：《嘉庆海州直隶州志》卷十五"食货"，嘉庆十六年刻本，第8页下。

综上所述，由于淮北强势群体的绝对优势地位，从平民到官府都无法对其权势进行约束，使其对社会资源进行竭泽而渔式的巧取豪夺。弱势平民应对危机的举措，多无法逃脱强势群体敲骨吸髓般的盘剥，并极大地增加强势群体的经济聚敛机遇和社会控制能力。

二、饥饿的生灵

黄河北徙后，国家治水重点随即从苏北移出。苏北等地的水灾未减，而山东则"几于无岁无之"[①]。淮北仍然是水、旱、蝗等各种灾害经常发生的地区。

据研究，在公元500—800年的300年里，苏北平原共发生过5次饥馑；在801—1100年的300年中，共发生饥馑18次；在1101—1400年（即宋中期以后）的300年里，共发生过饥馑27次；在1401—1700年（明前期至清前期）的300年里，苏北平原共发生过饥馑74次；1701—1950年的250年中，共发生过饥馑53次[②]。

据乾隆二十二年十月二十五日（1757年12月6日）安徽巡抚高晋题报的秋收情况：安庆府、徽州府、宁国府、池州府、太平府、庐州府等总收成均在9分1厘以上，而凤阳府仅为4.11分，颍州府3.97分，泗州5.2分[③]。嘉庆二年十一月二十五日（1798年1月11日）两江总督李奉翰题报，据江安督粮道赵由坤详称，徐州仓项下铜山、萧县、

[①] 山东黄河水灾救济委员会编：《山东黄河水灾救济报告书》第1期，1935年12月出版，"序"二，第1页。
[②] 据吴必虎：《历史时期苏北平原地理系统研究》，上海：华东师范大学出版社，1996年，第164页资料统计。
[③] 张伟仁主编：《明清档案》第196册，台北：联经出版事业公司，1989年，第B109349—B109351页。

第四章　粮食短缺与生存困境

沛县、砀山、丰县等县并徐州卫，在乾隆五十四至乾隆五十八年（1789—1793），因灾积欠并乾隆五十九年（1794）分被灾缓征，共实欠未完正银15016两多，耗羡银2161两余①。嘉庆二年三月二十五日（1797年4月21日）大学士管户部和珅题覆安徽宿州等处秋禾被灾应准蠲缓钱粮一折称：宿州、凤阳并临淮乡、灵璧、泗州并旧虹县、盱眙、五河等6州县，以及凤阳、长淮、泗州等3卫，通共成灾五、七、八分不等，受灾的民卫、丁屯、更名等项田地达25735顷②。

在行政权力统治社会的淮北地区，生产环境的改善必须通过政府来进行。雍正年间，胤祥主持治水工作时，兴修了诸多水利工程，并聘请南方水田区有经验的农民到一些地方传授种稻技术，政府则给予贷款等优惠，对水稻种植起了较好的推动作用③。可惜的是，这样的事例在淮北实在太少。且有些地区，即使官方进行推动，百姓也非常冷漠。在灵璧县，曾有县令"以南方耕织之法教之者，人皆畏难而不肯学。至沟洫田圃农家应习之业，亦一切不讲"④。

民国前期的海沭地区，麦子亩产最高为一石四五斗，最低仅有三四斗；高粱、玉米最高产量为一石七八斗，最低仅有一二斗；稻黍稷等最高产量不过一石一二斗，最低仅有二三斗⑤。而这里土地

---

① 张伟仁主编：《明清档案》第281册，台北：联经出版事业公司，1994年，第B159091页。
② 张伟仁主编：《明清档案》第276册，台北：联经出版事业公司，1994年，第B156135页。
③ Pei Huang, *Autocracy at Work: A Study of the Yung-cheng Period, 1723-1735*. Bloomington and London: Indiana University Press, 1974, p. 239.
④ 贡震等修：《乾隆灵璧县志》卷四"杂志"，中国地方志集成（30），南京：江苏古籍出版社，1998年，第75页。
⑤ 虞龙江：《沭阳农村鸟瞰》（上），江苏省第六区党务指导员办事处编辑：《淮海》第4期，1935年9月1日出刊，第26页。

肥瘠程度相差极大，好地每亩值六七十元，差地仅值二三元。全境上等土地仅占十分之二，其余均为中下等土地①。也就是说，除了上等田地外，海沭地区大部分土地已恶化到了只能长草、而不能稼穑的地步。徐州地区农田的产量可能略高于海沭地区，但同样惊人的低下。见下表：

表4-3　徐州农田每亩产量一览表

年份	亩产量（斤）				
	麦	秋	谷	豆	棉
1927	90	150	135	75	70
1928	105	120	105	45	90
1929	90				

说明：原表中农作物的产量分"最高""最低"和"平常"，本表取"平常"一值；原计量单位为石和斗，现换算为斤。
资料来源：冯和法编：《中国农村经济资料》，上海：黎明书局，1933年，第348页。

直到1951年，萧县黄口区孟楼村、胡庄村、杨庄村小麦平均亩产仅分别为120、120和100斤②。

淮北农家日常生活中，副食基本上可以忽略不计，粮食是绝对的主食。像阜南县，只有官员之类的富裕家庭才能吃上麦面、大米。一般居民只有在麦收时吃上半个月左右的麦面，称"抢场

---

① 虞龙江：《沭阳农村鸟瞰》（上），江苏省第六区党务指导员办事处编辑：《淮海》第4期，1935年9月1日出刊，第25页。
② 安徽省档案馆藏皖北人民行政公署农林处档案：《本处关于主要工业原料及主要粮食作物生产成本调查表》，全宗21，目录2，案卷号614，件号1，第7、8、9页。

第四章　粮食短缺与生存困境　　545

饱"。民谣中有"擀杖响,鏊子热,扑登扑登一个月"的说法,意谓一般家庭一年仅能吃上个把月的煎饼之类①。在宿迁,农家"砚田所余,仅供饘粥"。每到秋末冬初,各户要储藏大量的甘薯作为冬春间的主食。南方农家用于肥田喂猪的豆滓(俗名豆饼),苏北农民常用来煮野菜充饥,俗称菜渣饭。惟有到了夏收以后,一般人家才能把麦秋等物拌以杂粮,用石磨磨成糊状,用圆鏊烙成煎饼。不论贫富,均不去麸皮②。完纳租税时,"无绅富包纳诸弊,惟差垫为累,贫者益贫。供亿疲烦,流离失业"③。

安东县的农民,到了丰年才能吃上几顿饱饭④。遇有水旱灾荒,"率仰哺他县"。剜肉补疮式的借贷,使得有些家庭即使收获颇丰,也难偿债务,"至有新岁告成,不免饥疲者"。每年暑雨季节,东北地区一片汪洋,浩瀚无际,数十里不通舟马。村邬浸灌其中,百姓环筑土堰,勉力自保。"民贫窘无常业,恣取鱼虾为食。破屋晒网者相望也,犹不足自给"⑤。

灵璧县的手工业品做工粗糙,商品化程度显然不高,是以市集贸易多为菽、麦等农产品。农具与果蔬鱼肉之类,时有时无,其他则不多见。"此可以知民之俭,亦可以知民之贫"。百姓的居处多为泥墙茅顶的房屋,这种房屋在水灾多发的地区,极易垮塌。由于粮食极为珍贵,虽在丰年,普通百姓之家也要以草木根叶相拌食。

---

① 阜南县地方志编纂委员会:《阜南县志》,合肥:黄山书社,1997年,第508页。
② 参见严型总修《宿迁县志》卷二"疆域志",民国二十四年刻本,第9页上一下;1995年11月淮北实地调查资料。
③ 严型总修:《宿迁县志》卷二"疆域志",民国二十四年刻本,第9页下。
④ 吴昆田总纂:《安东县志》卷一"疆域",光绪元年刻本,第3页上。
⑤ 吴昆田总纂:《安东县志》卷一"疆域",光绪元年刻本,第3页下。

由于家中几乎没有什么值钱的家当，每当凶年，百姓"挈家远出，豪（毫）无顾恋"①。遇到水灾，田庐成了一片汪洋，青壮年多捡水草为食，从坍塌的屋顶上扯出茅草作为燃料，入城乞食的男女老幼，饥疲无人色②。

春秋时颍上人鲍叔牙据传就是嗜茶者，他认为人生二大快事之一就是饮玲珑茶。明清后，淮北人认为喝茶是不可思议的。喝茶既要花费现金，又要消耗燃料。这种不能饱肚子的消费物品，纯属浪费，只有败家子才会沾染这类物品。卜凯描写的河北盐山县的情形实际上也适合于淮北："那个地方的农民，不仅穷得吃不起茶，甚至于连点开水都不能煮开来吃，这是因为燃料太贵的原故。"③是以赛珍珠在《大地》中描写，连茶叶都是珍贵物品。一部方志中载："穷民至有数月不食盐，终身不知茶味者。"④

淮北居民食用蛋白质含量极少的食物，造成了普遍的营养不良⑤。

学者指出，中国农民所需要的热量90%以上来自粮食，其他瓜果肉类几微不足道⑥。即使淮北弱势平民可挖食野菜，乏食问题也非常严重。明清至民国，皖北"十年倒有九年荒"，灾年民食之匮

---

① 贡震等修：《乾隆灵璧县志》卷四"杂志"，中国地方志集成（30），南京：江苏古籍出版社，1998年，第75页。
② 贡震等修：《乾隆灵璧县志》卷四"杂志"，中国地方志集成（30），南京：江苏古籍出版社，1998年，第79页。
③ 卜凯：《中国农家经济》上册，张履鸾译，上海：商务印书馆，1936年，第195页。
④ 《乾隆灵璧县志》卷四，中国地方志集成（30），第95页。
⑤ Walter H. Mallory, "Famines in China," *Annals of the American Academy of Political and Social Science*. Vol. 152, China (November, 1930), p. 91.
⑥ George B. Cressey, "Agricultural Regions of Asia, Part VI-China", *Economic Geography*, Vol. 10, No. 2 (Apr. 1934), p. 115.

乏显然更为严重。

1911年，有人目睹了宿县饥民抢饼的情形：

> 有一个乡下农民，卖了一挑柴，买了几块饼，因被饥民夺走，便直追不舍，由于彼此均以饥寒无力原故，跑起来非常缓慢，最后夺饼的饥民竟跑到厕所里，用人粪涂抹在饼上，希望能终于获得这几块饼，可是这个追逐的农民，他并不因饼已涂上人粪而放弃不要。相反地是将夺回之饼用水冲洗一下放在怀里带走（这件事是我当时亲眼看到的）。①

淮北匪犯中，主要犯罪动机是抢粮，有人所抢的粮食甚至微不足道。1913年8月至1914年6月，被安武将军行署判处死刑的淮北匪犯中，36岁王光和，"同王小周等抢小康家，分一斗多小麦"②。23岁赵希仲，"勾匪抢孙姓，分五升粮食"。38岁李永哲，"跟李洪青等抢卞庄，拉一车粮食"。33岁张孟宾，"跟周通明等抢侯家楼，分粮食二斗"。36岁李开凤，"跟李伯宣等抢堰根，分二斗粮食"③。41岁张守举，"同王开德等抢尹家楼张姓，分三斗粮食"。24岁路小生，"同厉为馨等抢朱家庄，分一斗黄豆"。28岁

---

① 江善夫：《我的回忆》，《宿县文史资料》第1辑，1985年8月，第12页。
② 中国第二历史档案馆藏中华民国北京政府陆军部军法司档案：《安武将军行署谨将民国二年八月起至三年六月止依军法办理各案罪犯姓名年龄籍贯职业案由罪名刑名判决地点行监禁日期造具清册》（民国四年三月八日），全宗号1011，卷号2572，第40页。
③ 《安武将军行署谨将民国二年八月起至三年六月止依军法办理各案罪犯姓名年龄籍贯职业案由罪名刑名判决地点行监禁日期造具清册》，第48—49页。

赵树培,"抢王姓八家,分一斗多粮食"①。类似情形不胜枚举。这些"匪犯"均为青壮年,他们不惜生命以获取些许粮食,亦可想见民食之匮乏。

清代"盛世"时,政府对淮北予以较多的救济,理所应当。有人认为这是因为富省"比穷省更需要救济"②,以及"救灾模式背后可能存在的特殊利益、地区性偏向"等③。显然把苏皖南北两类差异极端的地区混为了一谈。

讨论中国农村经济时,学者们多认为华北非常贫困④。但研究表明,近代华北的鲁北、豫北通常好于淮北⑤。日本学者调查,20世纪二三十年代,华北、东北人均年消费粮食528斤⑥。

20世纪初,比较常见的情形是,"江苏北部地区,数百万百姓在忍受饥饿之苦,而安徽和山东地区的饥荒程度更为严重"⑦。国民党员吴寿彭1930年对淮北的调查称:"实际只有数担的粮食成全

---

① 《安武将军行署谨将民国二年八月起至三年六月止依军法办理各案罪犯姓名年龄籍贯职业案由罪名刑罚判决地点行监禁日期造具清册》,第146—147页。
② Wang Yeh-chien, *Land Taxation in Imperial China, 1750-1911*. Cambridge, MA: Harvard University Press 1973, p. 18.
③ Carol H. Shiue, "Local Granaries and Central Government Disaster Relief", *The Journal of Economic History*, Vol. 64, No. 1 (Mar. 2004), p. 111.
④ Walter H. Mallory, "Famines in China," *Annals of the American Academy of Political and Social Science*, vol. 152, China (Nov. 1930), p 91.
⑤ 详见Kenneth Pomeranz, *The Making of a Hinterland: State, Society, and Economy in Inland North China, 1853-1937*. California University Press, 1993; Xin Zhang, *Social Transformation in Modern China: The State and Local Elites in Henan, 1900-1937*. Cambridge: Cambridge University Press, 2000, passim.
⑥ 兴亚院华北连络部编:《华北劳働问题概说》,北京:新民印书馆,昭和十五年,第68页。
⑦ O. Nepomnin, Непомнин О. Социально-экономическая история Китая, 1894-1914. Moscow: Наука; Глав. ред. восточной лит-ры, 1980, p. 118.

年全家的支持,这样无怪江北是到处的民有菜色了。"① 居住在淮阴农校附近相对富裕的农家,正常情况下仅日食一餐②。

据重庆国民政府振济委员会的调查数据,1943年皖北阜阳、颍上、涡阳、蒙城、凤台、太和、亳县、寿县、霍邱9县有稻965364石,麦3977697石。但中央政府仍征购征实373500石小麦、127000石稻,县政府征收小麦118380石、稻48660石,抢购小麦24000石。当年重庆国民政府为皖北9县"所定人均每日消费量",仅为0.59斤。即使这样,各县存粮也不敷这一标准③。

美国政府贫困问题专家奥沙斯基写道:"贫困就像美丽似的只存在于关注者的眼中。"④淮北的粮食危机表明,贫困实在无法与美丽相比,贫困可以客观计量,绝非部分人的主观感受。

淮北大的家庭通常被一分为二,一部分人出去当难民,一部分人留在家中。他们不得不把4个月的口粮分在7个月中吃,他们尽可能吃极稀的粥以代替干饼。尽管如此,粥中的野菜和树叶越来越多,甚至还有草根,而粮食却越来越少⑤。在山东,当粮食减产时,农民大量种植番薯以代替棉花等经济作物,以度过荒年⑥。

---

① 吴寿彭:《逗留于农村经济时代的徐海各属》(续),《东方杂志》第27卷第7号,1930年4月10日,第61页。
② 张理文:《到农村去》,《淮农月刊》第3期,1934年3月31日,第3—4页。
③ 中国第二历史档案馆藏振济委员会档案:《安徽省各县受灾概况及配征军公粮数量表》(1943年),全宗号116,卷宗448,无页码,文件原始分类号5-2-2-3,卷号77。
④ Mollie Orshansky, "How poverty is measured", *Monthly Labor Review*, vol. 92, no. 2, Feburary 1969, p, 37.
⑤ Lieut. Charles F. Gammon, "China in Distress," *Bulletin of the American Geographical Society*, Vol. 44, No. 5 (1912), p. 349.
⑥ Norman D. Hanwell and Kurt Bloch, "Behind the Famine in North China," *Far Eastern Survey*, vol. IX, No. 6, March 13, 1940, p. 64.

游民和乞丐比比皆是。皖北则长期以出乞丐著称，甚至一向有男子不会讨饭就娶不上媳妇的传说。此说大致不谬。凤台县竟有家境饶富的诸生为丐，最后饿死宿迁的事例①。清代署两江总督赵弘恩奏："凤阳府属人民游惰成性，不勤耕织。每于交冬之际，多有携妇女，离乡背井，出外赶唱谋食。"②讨饭甚至被认为是浩荡的皇恩，据说此习俗始于明太祖的福泽。徐珂写道："江、浙接壤处所，每入冬，辄有凤阳流民行乞于市，岁以为常。揣其乞食之由，则以明太祖念濠州（即凤阳府）为发祥之地，乱后，人少地荒，徙江南富民十四万以实之，私归者重罪。富民欲回乡省墓，无策，男女扮作乞人，潜归祭扫，冬去春回。其后沿以为例，届期不得不出，遂以行乞江湖为业矣。"③

携有官府文凭的乞丐不绝于载。明末清初思想家王夫之写道："江北、河南，旷莽千里，旱蝗一起，赤地无余，舟楫不通，籴买无从，劝农之法不讲，而税粮又多征本色。无三年之食，国已非国，及其弃土就熟，乃更授以公据、文凭，令横行天下以索食。"④直到清末，这种情形仍然见于苏北的行乞者。据载："江苏之淮、徐、海等处，岁有以逃荒为业者，数百成群，行乞于各州县，且至邻近各省，光绪初为最多。其首领辄衣帛食粟，携有官印之护照，所至必照例

---

① 徐珂：《马体孝隐于丐》，见徐珂《清稗类钞》第11册，北京：中华书局，1986年，第5477—5478页。
② 台北故宫博物院清代宫中档与军机处折件：《江南总督赵宏恩奏折（雍正十二年十月十二日）》，箱号75，文献编号402010580。
③ 徐珂：《凤阳人乞食之由》，见徐珂编撰《清稗类钞》第11册，北京：中华书局，1986年，第5475页。
④ 王夫之：《噩梦》，录自谢国桢选编：《明代社会经济史料选编》下册，福州：福建人民出版社，2004年，第438页。

求赈。"①

上述记载不乏调侃和猎奇的意味，但多遗忘了一个最基本的事实，就是淮北流民的形成是为了最本能的生存需要。

皖北乞讨成风，自然不会仅仅是因为扫墓造成的，而是这里社会生态总体衰落的结果，是饥饿的逼迫，是生存的需要。这里缺食的生灵，常让最高统治者忧心忡忡。乾隆皇帝写道："曾闻古人语，民以食为天。宵衣望岁心，日久倍乾乾。惟愿万宇内，比户免饥寒。念彼淮徐地，水旱数岁连。啼饥彼老幼，孰哺粥与餐。号寒彼妇子，孰衣布与绵？每当大吏奏，或闻舆论传。玉食不能咽，仰吁泣涟涟。"②据1747年安徽巡抚潘思榘奏："凤颍民风，乐于转徙。在丰稔之年，秋收事毕，二麦已种，即挈眷外出，至春熟方归。歉岁尤不能无。特是资送之典，原为恤灾而设，要必实在，灾民素系力穑之人，定例分晰详明。乃愚民无知，以异地之养赡资给为可利。遇有灾歉，一俟地方官勘过，与之赈票，即量留一二人在家领赈，余仍潜往邻境，希图资给口粮。"③清人孔尚任的诗中写道："留得凤阳旧乞婆，漫锣紧鼓拦游客。"④

张謇指出，安徽的凤、寿、怀、宿、灵、五、泗，江苏的邳、桃、宿、沭、清、安、海14县，"横亘平原，民俗强悍，而又承河

---

① 徐珂：《淮徐人以逃荒行乞》，见徐珂编撰：《清稗类钞》第11册，北京：中华书局，1986年，第5486页。
② 乾隆：《江南淮徐等处连年被灾既蠲租赐复旋命大臣前往加赈今闻秋有收喜而有作》，故宫博物院编《清高宗御制诗》（第1册）卷九，第23页下，海口：海南出版社，2000年，第194页下。
③ 潘思榘：《请调剂灾地事宜疏》，琴川居士编：《皇清奏议》卷四十五，刊本，未署年月，第3页下。
④ 姜玉峰、孟庆国编：《凤阳歌》，合肥：安徽文艺出版社，1989年，第35页。

流垫溢,田亩荒芜之后,一遇灾祲,流离载道,就食而南者,辄数十万口"①。据晚清官员奏称,一遇灾荒,像涡、蒙、灵、宿等地,"往往数十里炊烟断绝"②。

在淮北人的语汇中,"逃荒"与"要饭"一词往往是连用的。20世纪20年代末,就有外国学者发现中国人的词语中,"乞丐"等于"讨饭的",讨饭者一家挨一家地从稍富裕些的家庭的饭桌上乞取残渣剩饭,他们的主要家当是一只小桶或一只饭碗③。这与乞要美元或金币的西方乞丐几乎不是同一概念。赛珍珠小说中所反映的淮北流民向"南方"逃荒的情景,就带有极大的历史真实。他们逃荒时,家中不断有人饿死,有些人家甚至开始人吃人④。许多地方的难民比小说反映的更惨。淮北有一首描写难民拥着小车逃难的歌谣中写道:"小车辚辚,女吟男呻。竹头木屑载零星。呕呀嗰哳行不停,破釜堕地灰痕青。路逢相识人,劝言不可行。南走五日道路断,县官驱人如驱蝇。同去十人九人死,黄河东流卷哭声。"⑤

逃荒者的日子实际上好不了多少,至多是苟延时日而已。1948年灾荒时,徐州地区"春荒严重,饥民载道,四乡贫农日不得一饱,

---

① 台北"中研院"近代史研究所档案馆藏档案:《张謇上书陈关于水利意见》(1914年2—3月),馆藏号:09-21-00,宗号0008-05,第13页。
② 冯煦:《蒿盦奏稿》卷四,光绪二十七年刻本,第59页,李文治编:《中国近代农业史资料》第1辑,北京:三联书店,1957年,第729页。
③ Walter H. Mallory, "Famines in China," *Annals of the American Academy of Political and Social Science,* vol. 152, China (November, 1930) p. 90.
④ 赛珍珠:《大地》,台北:远景出版事业公司,1981年,第60、65—71页。
⑤ 钱崇威总纂:《重修沭阳县志》卷十四"诗征",民国年间刊本,第116页下—117页上。

多抪麦苗为食。各地流亡灾难民,衣食两缺,日有死亡"①。涟水"过境灾民,又沿门索食,其贫穷程度,无以复加,故出卖亲生儿女之事,到处可见可闻,其价值之廉,又使人骇异"②。泗阳"居民十室九空,到处饥馑。以县城众兴镇一地而论,集难民在两万以上,因无法继续忍受饥饿,纷纷准备向江南逃亡"③。流民在任何时候都是不受欢迎的。1950年,上海被收容的流民被视同"轻犯人"④。

王夫之曾发出责问:"河南、江北,唐宋以前皆文治之国,朴秀之俗。谁移之而使成为乞、为盗之俗?"⑤

1906年之奇灾,铜山、邳州、宿迁、睢宁、萧县、海州、清河、桃源、安东、阜宁、山阳等州县,受灾极重。有一在灾区游历的人,粗略计算,极贫苦的灾民即有150万人。截至当年底,国家约须动用银200万至300万两赈济⑥。自然,早已因内外债而焦头烂额的中央政府是不可能拿出这么庞大数量的资金来用于淮北救灾

---

① 江苏省档案馆藏南京国民政府江苏省社会处档案:《徐州市长骆东藩致江苏省政府主席电报》(1948年3月26日),全宗号1009,卷号:乙-1917,缩微胶卷第000166片。
② 江苏省档案馆藏南京国民政府江苏省社会处档案:《报告淮、涟、泗三县灾情及监放春荒将救济款情形》(1948年4月26日),全宗号1009,卷号:乙-1918,缩微胶卷第000300—000301片。
③ 江苏省档案馆藏南京国民政府江苏省社会处档案:《报告淮、涟、泗三县灾情及监放春荒将救济款情形》(1948年4月26日),全宗号1009,卷号:乙-1918,缩微胶卷第000299片。
④ 江苏省档案馆藏中国共产党苏北区办公厅档案:中国共产党苏北区办公厅《中共中央华东局关于上海市遣送游民犯人至苏北开垦劳动改造给区党委的指示信》(1950年2—3月),全宗号301,卷号:永久-99,第1页。
⑤ 王夫之:《噩梦》,录自谢国桢选编:《明代社会经济史料选编》下册,福州:福建人民出版社,2004年,第438页。
⑥ 镇江关税务司义理迩:《光绪三十二年镇江口华洋贸易情形论略》,《光绪三十二年通商各关华洋贸易论略》(英译汉第48本)下卷,光绪三十三年八月印,第41页下。

的。仅聚集在清江浦一地的灾民就达50万人,"安徽凤、颖、亳、泗灾民之来宿者,亦有数万"①。

1910年,江苏淮海及安徽凤颖等地,"屡被水灾,间阎困苦,惨不忍闻"。每日饿死达五六千人。自1910年秋至次年2月,已饿死七八十万人,待毙者四五十万人②。民国北京政府时期,皖北的水灾并没有极大地减轻,新闻报道中常描述这里的灾情为:"水深丈余,村舍尽冲,流尸盈野。"③南京国民政府时代,这里的灾情一仍其前。1933年3月18日灵璧县党部等呈中国华洋义振会函:"麦收甫毕,蝗蝻遍生,淮北浍南,聚遮天地。禾稻被食,根茎俱尽。继之以旱魃逞凶,两月余未降甘霖七十日,异常炕旱,黍豆无播种之机,百里赤地,老弱多绝粮之厄,徒号苍天。而且虎疫盛行,死亡枕籍。"④1936年4月28日,中国红十字会固始分会致函中国华洋义赈会:"刻值青黄不接,草根树皮搜括殆尽,饿莩载道,惨酷万状。瞬届下秧,耕农缺乏牛只稻种,危险尤甚。"⑤

仅1919—1928年的10年中,山东在1919、1920—1921、1926、1927和1928年就发生5起严重的饥荒。其中1927年的饥荒涉及56个区县,有20861000人受灾,受灾人口占全省总人口的60%⑥。1935

---

① 武同举编著:《再续行水金鉴(淮河卷)》,中国水利水电科学研究院水利史研究室编校,武汉:湖北人民出版社,2004年,第470页。
② 张廷骧:《不远复斋见闻杂志》卷十,1915年刻本,第1页下—第2页上。
③ 《专电·滁州电》,《申报》1921年9月2日,第10版。
④ 中国第二历史档案馆藏中国华洋义振会档案:《灵璧县党部等呈中国华洋义振义快邮代电》(1933年3月18日),全宗号573,卷号137,第2页。
⑤ 中国第二历史档案馆藏中国华洋义振会档案:《中国红十字会固始分会快邮代电》,全宗号573,卷号78,第1页。
⑥ kozawa Moichi, *Civil War and the Rural Districts in Shantung*, p. 64, 转引自Franklin L. Ho, *Population Movement to the North Eastern Frontier in China*. Shanghai: China Institute of Pacific Relations 1931, p. 15.

年，郓城、菏泽地区的运河决堤，7月28日就有40万难民露宿于堤坝上，8月中旬，约有22万难民涌入济宁城。在这场水灾中，黄河南岸及有运河穿过的10个县360万总人口中，约有232.7万人遭灾[①]。

据1929年的调查，包括淮北在内的华北地区，年人均收入是5.2美元，这点钱是人们的食物、燃料、穿衣、住房及一切必需品的费用。[②]从彭慕兰、张信等人的研究中，我们知道，近代华北的北部地区（鲁北、豫北）一般要好于其南部（淮北）地区[③]。也就是说，淮北的年人均收入应该不到5美元。1933年，中国银行年度报告称："调查显示，即使在年成最好的条件下，农民仅能糊口而已，根本没有余钱用于其他支出或储蓄，而在某些情况下，他们实际上陷入更深的债务。"[④]

20世纪40年代，皖豫水旱交攻。1943年，潢川县政府呈报旱灾电报称：当年正月至三月，饿殍者1800余人，逃亡者12000余人[⑤]。同年秋冬，皖北水灾，仅据太和、阜阳、凤台、临泉、怀远、寿县、颍上、霍丘、蒙城、亳县、涡阳等11县呈报，计受灾范围283

---

① Lillian M. Li, "Life and Death in a Chinese Famine: Infanticide as a Demographic Consequence of the 1935 Yellow River Flood", *Comparative Studies in Society and History*, Vol. 33, No. 3 (July, 1991), p. 470.
② Walter H. Mallory, "Famines in China," *Annals of the American Academy of Political and Social Science*, vol. 152, China (November, 1930), p. 91.
③ 详见Kenneth Pomeranz, *The Making of a Hinterland: State, Society, and Economy in Inland North China, 1853-1937*. California University Press, 1993; Xin Zhang, *Social Transformation in Modern China: The State and Local Elites in Henan, 1900-1937*. Cambridge: Cambridge University Press, 2000, passim.
④ Leonard T.K. Wu, "Rural Bankruptcy in China," *Far Eastern Survey*, vol. V, no 20, October 8, 1936, p. 211.
⑤ 中国第二历史档案馆藏重庆国民政府振济委员会档案：《潢川县政府呈报灾情电报》（1943年9月23日），全宗号116，卷号459，无页码，文件原始分类号5-2-2-14，卷号41。

乡镇，受灾田亩7466394亩，受灾人口1853340人，死伤人数5271人，倒塌房屋502757间①。次年，豫南潢川地区继续枯旱，西北部分"草粒未收，二麦绝少播植"。东南部分虽有布种，"而青苗萎细，收成难望。四境之内，野无柴草，室无收藏，垂毙之民，荡家破产"。逃亡人口达10万，田荒10万亩。遗弃田地，有数可稽者，达18万亩②。安徽省临时参议会也称："查皖西北各县，在地理上属豫东大平原之一部。故其灾情与豫东无甚出入。迩来中小农家，卖妻鬻子，举室流亡之情形，早已触目皆是。"③1947年1月，因战争的影响，淮北仅淮阴等16个区的离村人口即达8万余人④；同年夏的一场水灾，在淮北造成了590万灾民⑤。1948年的灾荒，据宿迁县政府统计，淹死人口113名，倒塌房屋14191间，淹没秋禾2073810亩，被灾难民608600人。饿死的人数远远超过淹死的数字，"乡镇每日饿毙数达60人"⑥。

前文所述，仅苏、皖两省的淮河水灾每年就夺走了1000万人

---

① 中国第二历史档案馆藏重庆国民政府振济委员会档案：《立煌办事处电报》（1943年12月20日），全宗号116，卷号425，无页码，文件原始分类号5-2-2-3，卷号86。
② 中国第二历史档案馆藏重庆国民政府振济委员会档案：《潢川县政府呈报灾情电报》（1945年6月6日），全宗号116，卷号459，无页码，文件原始分类号5-2-2-14，卷号41。
③ 中国第二历史档案馆藏重庆国民政府振济委员会档案：《安徽省临时参议会等代电报该省灾况》（1943年），全宗号116，卷号448，无页码，文件原始分类号5-2-2-3，卷号77。
④ 《苏北收复区亟待救济》，农林部农业推广委员会：《农情通讯简报》第11期，1947年1月号，第10页。
⑤ 《苏北大水灾》，农林部农业推广委员会：《农情通讯简报》第17期，1947年6月号，第11页。
⑥ 江苏省档案馆藏南京国民政府江苏省社会处档案：《宿迁县政府电呈本县水灾严重电请列入徐属同等救济》（1948年5月），全宗号1009，卷号：乙-1920，缩微胶卷第000773—000774片。

的口粮。尤须指出的是,民国建立后,把帝制时代长期实行的常平仓等救灾措施完全废弃,人为地扩大了灾荒的恶果①。而在灾荒时期,各地官员总是大肆哄抬粮价,以中饱私囊②。甚至有军队在淮北与民争食,造成千余人死亡却无人过问的事件③。

灾荒到来之时,饿殍遍野、遗骸满地已是淮北的常态。有人在诗中写道:"遗骸满路旁犬号,乌啄皮肉血染草。"④1875年,赣榆县欠收,百姓以芋秧、稻草、豆饼、麦麸为食,"逃亡饿死者不计其数"。该县居民车殿扬家,两子饿死,其母自缢。薛荣因饿极吃灰而死。陈妈妈饿极自焚。董继谦饿死,其妻女自揣不能存活,一起投井而死。张宝乞食外出,其母自缢。王成立饿死,其妻饿极食旧绵噎死。王李氏将二女毒死,自己服毒而死⑤。

在灾荒中,"人相食"竟成了史不绝书的事。如弘治十七年(1504),淮安、凤阳等地"浲饥,人相食,且发瘗胔以继之。"⑥嘉靖三年(1524),沭阳大饥,"人相食"⑦。万历二十二年(1594),河南大饥,巡抚陈登云进饥民所食雁粪,"帝览之

---

① Walter H. Mallory, *China: Land of Famine*. New York: American Geographical Society, 1926, pp. 67-70.
② Walter H. Mallory, *China: Land of Famine*. New York: American Geographical Society, 1926, pp. 79-80.
③ 《奉豫军在许昌附近相持》,《申报》1927年4月13日,第6版。
④ 钱崇威总纂:《重修沭阳县志》卷十四"诗征",民国年间刊本,第116页上。
⑤ 《赣榆被灾情形照述》,《申报》光绪三年一月二十四日(1877年3月8日),第2页。
⑥ 张廷玉等:《明史》卷三十"五行志三",北京:中华书局,1974年,第509页。
⑦ 张奇抱等纂:《沭阳县志》卷之一"舆地",康熙十三年刻本,第22页上。

动容"①。万历四十三年（1615），赣榆、沭阳大旱，"人相食，鬻男女，道殣相望"②。崇祯六年（1633），淮安等地洊饥，"有夫妻雉经于树及投河者"。盐城教官王明佐自缢于官署③。崇祯十三年（1640），大饥。"自淮而北自畿南，树皮食尽，发瘗骴以食"④。海州等地"民多流离，人相食"⑤。1852年，因黄河决口的影响，徐州府境内饥荒，"人互相食，饿尸遍野"⑥。次年，徐州府的饥荒继续蔓延，"其倒毙之尸，半被饥民割肉而食"⑦。1857年春，沛县"大饥，人相食，死者无算"⑧。

1879年，严辰在《自上梅中丞书》中写道"金苕人太守，自豫省办赈归来，……述所亲见饿殍惨酷情状：有攫遗骸而吮其髓者，有抱髑髅而啮其脑者。及呼吸无力，而亦倒矣。甚至割煮亲长之尸，并有生啖者。"⑨1911年，江苏淮海与安徽凤颍数万饥民，"寻觅倒卧路旁将死未气绝之人，拉至土坑内，刮其臂肉，上架泥锅，窃棺板为柴，杂以砻糠，群聚大嚼，日以为常"⑩。此类记述

---

① 张廷玉等：《明史》卷三十"五行志三"，北京：中华书局，1974年，第511页。
② 唐仲冕等编纂：《嘉庆海州直隶州志》卷三十一"拾遗"，嘉庆十六年刻本，第3页下。
③ 张廷玉等：《明史》卷三十"五行志三"，北京：中华书局，1974年，第511页。
④ 张廷玉等：《明史》卷三十"五行志三"，北京：中华书局，1974年，第511页。
⑤ 张奇抱等纂：《沭阳县志》卷之一"舆地"，康熙十三年刻本，第23页上。
⑥ 赵明奇主编：《徐州自然灾害史》，北京：气象出版社，1994年，第332页。
⑦ 赵明奇主编：《徐州自然灾害史》，北京：气象出版社，1994年，第334页。
⑧ 赵明奇主编：《徐州自然灾害史》，北京：气象出版社，1994年，第341页。
⑨ 严辰等：《自上梅中丞书》，严辰等编：《桐乡县志》卷七"食货志下·积谷"，丁亥年（1887）刻本，第6页上。
⑩ 张廷骧：《不远复斋见闻杂志》卷十，1915年刻本，第1页下—第2页上。

在史书中不绝于载。

有人提供了1938年黄河大决口时,黄泛区"人相食"的具体惨状,现摘录如下:

尉氏县(该县不属于本书的"淮北"区域,但与"淮北"均属黄泛区——引者注)东段庄静静地立在夜暗里。夜半时分,村边高岗上的破庙门"吱咛"一声被人推开了。进来的是村民李魁、梁玉琢和王九。王九最后一个进来,他身上背了一口铁锅。

李魁身高力大,在三个人中间,他是天然领袖。三个人的家眷全都淹死的淹死,饿死的饿死,已经不在这个世界。他们无牵无挂。他们已经断顿好些天了。死亡的气息时刻包围着他们,饥饿使他们失去了理智。今天上午,小个子王九出外觅食的时候,看见一群野狗正在啃食一个倒毙在路边的死尸。他看见那人被啃噬得血肉模糊,惨不忍睹。大概都是同类吧,他忽然动了恻隐之心,他赶走了那群野狗,又把那死尸找到了一个沟凹处,用土把他掩埋了起来。一切事情都是在掩埋时发生的。当他把那残缺不全的肢体折叠在那人的身上时,他手触到那筋肉条条的断手,心里顿时产生一股欲念:必须像野狗那样,才能活下去……

……

因为是第一次,这次他们只把死尸腿部、胳膊和三角肌上的肉割了下来,放在荆篮里用树叶盖着。等做完这一切,他们又把那死尸掩埋了起来,然后依照原来的计划来到村边高坡上的土地庙里。

东段庄唯一的炊烟飘起来了,土地庙里火光熊熊。大铁锅里的水咕嘟嘟地响着,一股股奇异的香味从锅里一阵阵刺激着他们,他们完全被这奇异的香味震撼了,他们目瞪口呆。一时间他们什么都忘了。他们眼中现出一种只有野兽才有的绿色光芒。他们不顾一切地扑上去,像一群狼在争食猎物……

从那一天起,这口铁锅里就再也没断过人肉。他们越吃胆子越大,先是死人尸体,后又拦路杀人……①

尉氏县后黄村靳昌的妻子正在地里拣雁粪的时候,心里突然烦躁起来,像有什么东西拽着似的,没着没落的。她是全家唯一能走出家门的人。她全身浮肿,胳膊肿得像大腿那样粗,眼睛肿得只剩下一条缝。出门的时候,她看见儿子正在床上躺着,已经快过去了,他只有出气的份了。他整整五天没吃一颗粮食,只喝点水,吃了一把糠皮。村上所有的树皮都扒光了,一棵棵光光的立在烈日下。树叶是当时最上等的食物。为了一把树叶,人们可以拿起菜刀拼命。糠皮、树皮、野草、野菜、庄稼苗、水草、蒺藜刺捣成的粉面,他们能吃的全吃光了。最后,全家吃观音土。只有这土吃不完,但吃了之后人的肠胃就完了。人连把土拉出来的劲也没有了。今天出门之前,孩子说要拉大便,蹲了半天也没拉出来,他的肚子胀得像鼓一样,已经十四五岁的孩子,连站也站不住,拉屎的时候不是蹲,而是跪在那里。她费了好大的劲才从儿子的肛门里掏出来一堆土。

---

① 邢军纪:《黄河大决口》。北京:解放军出版社,1996年,第223页。

"你怎么不死呀,早死早托生,也别这样折腾人!"

她当时气得指着儿子的脑袋恨恨地骂了一句,说完,又抱着儿子呜呜哭起来。

这当儿,她看见蜷缩在一旁的丈夫像野兽一样看了儿子一眼,儿子哆嗦了一下,紧紧地抓住了妈妈的胳膊。

儿子的眼神好凄凉,好可怜!她突然觉得这目光像是暗示什么东西似的。她赶快停下手中的活——她拣了半日才拣了一把雁粪,这里边有没有消化的粮食,挣扎着往家里赶。

她刚推开门,就见丈夫正把儿子的胳膊和腿往滚开的锅里放。儿子倒在血泊里,他早已被父亲杀死……①

由于淮北各地都有灾荒,以致各地都有乱坟冢、乱坟岗之类的场所。淮阴籍的作家司马中原曾描绘过一个"鬼滩":"坐在石砌的矮墙上,一眼就能望得见三里坡上的乱冢了,远远看上去真像许多底儿朝天的黄窑碗;坡上也夹生些东倒西斜的野榆和野柳,终年都摆出起大风的架势。那座乱冢是远近最大的一座,没有人数过那里有多少坟头,冢间野老鼠成群结队走,到处都觅得着野獾的巢穴。白天常无缘无故的起旋风,陀螺似的绕着坟头转;夜晚鬼火打一地绿灯笼,啾啾尖叫着随风乱滚,偶尔也看得见红眼狗端坐在装着弃婴的破蒲包上,津津有味地啃着死人骨头。乱冢就在那样荒凉神秘的气氛里,被人们称做鬼摊(滩)了。"②

---

① 邢军纪:《黄河大决口》,北京:解放军出版社,1996年,第223—224页。
② 司马中原:《野烟》,《司马中原自选集》,台北:黎明文化事业股份有限公司,1975年,第103页。

上述惨剧的发生，直接原因在于基本生存资源的匮乏。由于像黄河大决口之类的灾患是人为造成，因此，这种惨剧完全是人祸。

水利专家武同举曾言："淮河灾区历年损失，积为铜山，可使与桐柏齐高。"①导淮委员会估计，1933年以前，淮河流域每年损失籼糯稻21504311担，小麦34952156担，大豆10190495担，大麦3225645担、高粱46602担、玉米2376747担，共7271538千斤，合310590083银元②。相当于1932年淮北30县粮食总产的94%。因此，淮北粮食危机的真正原因，是不良政体所造成的强势群体对社会的绝对垄断和全面控制。

由此看来，近代淮北最根本的问题，是政府的失效和社会的崩溃。强势群体在社会生活中居于主导和操纵的地位，他们的权力没有边界，经济剥夺必然没有止境，政治欲望则漫无际涯。

作为被传统国家政府牺牲的地区，生态已破败不堪，土地的生产能力严重衰退，但行政权力和其他权力并没有停止对这里的盘剥。由于传统政府不能提供充分的社会救助，淮北地区的农民缺乏抵抗灾荒的物质准备，在危机到来时，只能听天由命，人类甚至退化到了低等动物弱肉强食的生存状态。

三、童幼之殇

生存资源极度短缺，社会和家庭同样会沦为丛林世界。即使在家庭中，资源的占有也会按权力大小分配，作为没有权力的童幼经

---

① 邢颂文：《淮域纪行》，《江苏月报》第4卷第1期，1935年7月1日出版，"专文"第54页。
② 据陈果夫：《导淮与粮食》《时事月报》第8卷第1—6期，1933年1—6月，第428—429页。

常沦为牺牲者。

《水浒传》中的梁山"义士"李逵,为了逼朱仝入伙,毫无顾惜地摔死了人见人爱的4岁幼儿小衙内。某些地区,幼儿更是乡民们奉献给"鬼""神"的祭品。

乔启明早就注意到华北地区[①]的幼儿比例远较华南为低这一现象。据其统计,1929—1931年,在0—2岁阶段,华北与华南地区婴幼儿在总人口中的比重分别为:0岁(华北3.3%,华南3.2%),1岁(华北2.6%,华南2.2%),2岁(华北2.4%,华南2.2%)[②]。这说明华北地区婴幼儿的出生率要高于华南地区。

但在3—19岁阶段,华北地区幼儿和青少年在总人口中的比重却远低于华南地区:3岁(华北2.8%,华南3.3%),4岁(华北2.3%,华南2.6%),5—9岁(华北10.8%,华南12.7%),10—14岁(华北9.4%,华南10.2%),15—19岁(华北8.8%,华南9.5%)[③]。说明华北地区幼儿青少年的成活率要远低于华南地区。

据学者最近的研究,在1935年鲁西南的水灾中,0—4岁的幼儿的死亡率占死亡人口比重的63.9%,而正常时期,这个比重是49.7%;水灾期间5—9岁儿童的死亡率占死亡人口比重的16.2%,是正常时期同龄段儿童死亡率的两倍以上[④]。

---

① 在这项调查中,本书所述的"淮北"包括在"华北"地区中。
② Chi-ming Chiao, "A Study of the Chinese Population," *The Milbank Memorial Fund Quarterly*, Vol. 12, No. 1 (Janury, 1934), p. 87.
③ Chi-ming Chiao, "A Study of the Chinese Population," *The Milbank Memorial Fund Quarterly*, Vol. 12, No. 1 (Janury, 1934), p. 87.
④ Lillian M. Li, "Life and Death in a Chinese Famine: Infanticide as a Demographic Consequence of the 1935 Yellow River Flood", *Comparative Studies in Society and History*, Vol. 33, No. 3 (July, 1991), p. 484.

由于生存资源的短缺，儿童经常被视为与老人是不相容的。家内话语权的掌控者多是老年人，这就难怪无原则崇老、敬老的谬论会大行其道，通常上了年纪的卫道士们则竭力宣扬弃幼尊老这类扼杀人性的道德观。蒲松龄的小说多能反映当时的伦常。《聊斋志异》载，1682年，山东大旱，自春至夏一直无雨，造成赤地千里的惨况。入夏后，竟暴雨如注，平地水深数尺，百姓房屋尽被淹没。"一农人弃其两儿，与妻扶老母奔避高阜。下视村中，汇为泽国，并不复念两儿"①。

　　现实社会不乏这样的人。徐州胡陆妻徐氏，"陆亡遭水患，氏负母携子而逃。既而贼至，氏泣曰：'势急矣！子已八岁，离吾或不死。……遂弃子负母逃。"②颍州宋其章，"佃田得米以养母，妻置之。章怒扼幼子，吭哭曰：'养儿防老，我不奉母，奚用子为'"③？沛县袁氏"方火初盛，氏惊起，扶姑抱子出，姑老病目，出陷于火，氏急弃子从之"④。

　　1875年，赣榆庄氏携幼子佣工，主人嫌其子累赘，庄氏随闷死其子。张维金、王德之妻等均因家中乏食，处死其女⑤。

　　在极度乏食的情况下，淮北人甚至"有自杀子女以食者"⑥。

　　嘉靖年间，林希元疏云："大饥之年，民父子不相保，往往

---

① 蒲松龄：《聊斋志异》卷四，长春：春风文艺出版社，1998年，上册，第279页。
② 吴世熊修：《同治徐州府志》卷二十三（下）"列女传"，同治甲戌年刻本，第13页上。
③ 南岳竣等修：《阜阳县志续编》卷十"孝友"，民国三一六年刊本，第24页上
④ 于书云修：《沛县志》卷十四"孝妇"，民国九年刻本，第56页下。
⑤ 《赣榆被灾情形照述》，《申报》光绪三年一月二十四日（1877年3月8日），第2页。
⑥ 汪篯修：《重修蒙城县志书》卷六"武备志"，民国四年刊本，第22页上。

第四章　粮食短缺与生存困境　　565

弃子而不顾。臣昔在泗州,见民有投子于淮河者,有弃子于道路者。"①同时代的大学士杨廷和疏曰:"淮、扬、邳诸州府,见今水旱非常,高低远近一望皆水,军民房屋田土概被淹没,百里之内,寂无爨烟,死徙流亡,难以数计。所在白骨成堆,幼男稚女称斤而卖,十余岁者,止可得钱数十,母子相视痛哭,投水而死。"②1906年,沭阳水灾,有的妇女"怀抱弱息呱呱啼,无乳以为食,曰:与其饿之缓死,不如死之使速且急也,则举而投之水中"③。

在灾荒时,常有些出生不久,尚不能行走的婴儿被父母弃于道旁;能自己行走的幼儿则被捆缚于道,以冀被路人捡走,保全一条生命。淮北歌谣中写道:"缚孤儿,孤儿缚急啼声悲。主人出门呵阿母,阿母垂涕洟:已经三日不得食,安用以子殉母为?不如弃儿去,或有人怜取。主人闻言泪如雨,家中亦有三龄女,前日弃去无处所。"④

1931年之前的大半个世纪里,鲁西南农民向有"闯关东"的谋生手段。据田中忠夫调查,这些外出农民筹措路费时,其中的一个方法就是"出卖小孩"⑤。莒县有一家庭,在离村时,将13岁长女以20银元的价格卖给人家作童养媳;同县的一个家庭,到青岛后,

---

① 杨景仁:《筹济编》,李文海、夏明方主编:《中国荒政全书》第2辑第4卷,北京:北京古籍出版社,2004年,第257页。
② 傅玉璋等主编:《〈明实录〉安徽经济史料类编》,合肥:黄山书社,2003年,第101页。
③ 《时报》光绪三十二年八月初八日,李文治编:《中国近代农业史资料》第1辑,北京:三联书店,1957年,第725页。
④ 钱崇威总纂:《重修沭阳县志》卷十四"诗征",民国年间刊本,第116页上。
⑤ 田中忠夫:《中国农业经济资料》,汪馥泉译,上海:大东书局,1934年,第59页。

因路费不足,将一5岁孩子以5元价格出卖①。

女童的受害更重。她们不但大量被卖给别人做小妾、妓女、女佣等,她们还经常被其父母直接杀死②。

被出卖的女童生命很难有保障。在清末,盐城曾发生恶妓沈金枝活埋雏婢事。由于沈金枝"广通声气,每赌博宴会,门外肩舆常满"。事发时,光禄寺卿裴荫森正在盐城办团防总局,逮捕了沈金枝,"有大力者为解释不许",裴荫森"竟以此去职"③。

即使在正常时期,农村不良的习惯往往造成幼儿生病、甚至早亡。据20世纪20年代,一位外国传教士叙述,他在农村看到,尚不能坐着的婴儿赤身裸体,躺在潮湿、肮脏的砖铺地面上。没有人注意他。他的脸上满是又黑又粘的伤口。他的嘴张着,苍蝇在他的口中飞进飞出。他的母亲则一口又一口咀嚼着食物,然后直接喂到他的口中。孩子特别容易生肺结核和发烧。而母亲对孩子的病则不以为然④。

据学者研究,在水灾中,直接被淹死的人数并不太多,死因主要是寒冷、饥饿和疾病。尤其是疾病的传染非常之快,对人的威胁

---

① 田中忠夫:《中国农业经济资料》,汪馥泉译,上海:大东书局,1934年,第60页。
② Lillian M. Li, "Life and Death in a Chinese Famine: Infanticide as a Demographic Consequence of the 1935 Yellow River Flood", *Comparative Studies in Society and History*, Vol. 33, No. 3 (July, 1991), pp. 489-491.关于水灾中青年妇女被拐卖的情况,见山东黄河水灾救济委员会编《山东黄河水灾救济报告书》第1期,1935年12月出版,第1编"文电",第13、18页。
③ 焦忠祖修:《阜宁新志》卷末"杂志",民国二十三年刊本,第8页上。
④ Maude D. Warner, "Living Conditions in China," *Annals of the American Academy of Political and Social Science*, Vo. 122, The Far East (November, 1925), p. 172.

远较正常时期为大①。当然，疾病对抵抗能力较差的儿童的威胁就更大了。

在灾难与疾病的双重打击下，淮北人自然无法发展其医疗技术，而产生了许多令人震惊的恶俗。洙泗之区济宁旧志所载该州风俗："凡年幼子女患病，医治日久，其势不能生者，辄曰：'是讨债者！'乘危时不待气绝，即举而委之郊野，听其为犬狼所食。甚或手毙之曰：'弗使再来讨债！'非独愚民如是，而士人亦间有之。"②

我们在调查时，发现直到20世纪二三十年代，淮北竟还有刹子恶俗！在东海县某地，有的民户家中会出现婴幼儿接二连三夭折的情形，村民不是归咎于医疗条件，更不会归咎于自身对孩子的照料不周，却怀疑为"讨债鬼"。如有子再病，其父携其至岔路口，以刀劈死。检其衣带所溅血迹点数，以预兆其将来生子之数③。直到后来很晚近的时候，淮北许多地方刚出生的畸婴，多被视为"妖怪"，被家人用各种带有巫术性质的手段处死。

有人正确地写道："中国家庭里的儿童，是非常不幸的。一般

---

① Lillian M. Li, "Life and Death in a Chinese Famine: Infanticide as a Demographic Consequence of the 1935 Yellow River Flood", *Comparative Studies in Society and History*, Vol. 33, No. 3 (July, 1991), pp. 495-497. 山东黄河水灾救济委员会编：《山东黄河水灾救济报告书》第1期，1935年12月出版，第1编"文电"，第18、20、21页。
② 徐宗幹修：《济宁直隶州志》卷三之五"风土"，咸丰九年刻本，第22页下。
③ 1995、2005年，我们多次拜访叙述者，据她讲述：其父在接连失去三个孩子后，别人曾劝他"刹一个"，他最终没有接受这一建议。但同村的某家就"刹过"。大约在20世纪20年代，某家连续失去二子，第三子生病时，其父便狠心将其"刹"死，后第四子出生时，据说颈部就有一条像刀疤似的印记。

父母们,承袭着传统的旧观念,重视成人,轻视婴儿。"①

可见,在行政权力的盘剥下,生态本已崩溃的淮北生存资源十分紧缺。即使在丰年,普通百姓也难以达到温饱程度,可惜,淮北丰年所占的比重实在太少。那些在社会性的资源分配中,不能公正地获得应有的份额,被别人所剥夺的弱势群体,有的只能在家庭内部争夺生存资源,以达到自活的最低目标。因此,灾荒到来时,家庭中的弱者会成为强者的食物。家庭内部弱肉强食的惨剧之源,在于行政权力主导下的社会资源分配的不公。由于各种生存资源的极度短缺,在社会中永远处于弱势的儿童受到的伤害极其巨大。

小　结

封建专制统治者没有尊重"人"的意识,甚至视人命如草芥,救灾施赈不过是担心遍野哀鸿变为覆舟之水而已,在这方面,他们绝对无法与近代资产阶级相提并论。恩格斯指出:在文明国家,"统治阶级就是资产阶级。但是,社会,特别是资产阶级,有责任保护每个社会成员的生命,比如说设法不要饿死一个人。"②在封建专制社会,饿死人则是常态。

当江南资本主义经济快速成长,江南人苦于资本的剥削、世界市场的波动、帝国主义的商品倾销、乡村经济的内卷化等当时公认的"坏"的经济影响时,淮北则更苦于没有这些"坏"的经济现象。

---

① 张怀清:《婴儿健康比赛的意义及其经过》,常熟县教育局编辑处:《常熟教育》创刊号,1933年6月1日出版,本文第1页。
② 恩格斯:《英国工人阶级状况——根据亲身观察和可靠材料》(节选),《马克思恩格斯文集》第1卷,北京:人民出版社,2009年,第408页。

淮北不但承受着二元经济之苦，更承受着二元政治之痛。平民没有分享到近代经济的优势，却又失去了封建经济的利益；既要承受近代政府的颟顸，却又丧失了传统政体的保护。①以至于不少人只能向后看，视近代宪政民主为恶，视传统专制政体为善，这也是他们当时及后来能安于极端专制的圩寨式体制的原因。

淮北并不缺乏应对粮食危机的生存资源，而是缺乏获取和利用这些资源的公平条件。社会不公的根源在于强势群体的垄断，在于不同群体权利的不平等。权利不平等既造成税赋负担的不合理，也使得土地不再成为平民的财富，只有免于苛捐杂税的权贵的土地才是真正意义的财富。

在强势群体控制淮北的情况下，能够得以推行的绝不是普惠性的事务，而是独于强势群体有益的举措，这些举措最终造成了社会崩溃。即使初衷为惠泽平民的政策，也总会被扭转歪曲、偷梁换柱，变得对强者有利，构成对平民的伤害，并进而造成政府威权的涣散。

因此，淮北的国家福利总是被极少数人所截取，这一利益集团基本不会成为国家利益的维护者。以国家名义征收的各种负担被加大地转嫁给了最广大的弱势平民，这些利益受损者必然成为国家的反对者。这种历史环境造就了无数祸国殃民的帝业追求者，扼杀了广大理性平民求田问舍的动机及和平生活的愿望。

淮北弱势平民失去了通过自身努力来改善命运的最后希望，从而失去了对国家的幻想，沦为对国家离心离德、常受强势群体控制的事实上的农奴，经常成为强势群体反叛国家的主力。

---

① 传统政体的优势，参见 Lillian M. Li, "Introduction: Food, Famine, and the Chinese State", p. 689.

第五章　本能异化为特权

明以后，官府倡导的女德已趋向于以锢本能、逆人性、反常识为目标。一方面，淮北掌握社会话语权的卫道士们坚持甚至与封建道德伦理相冲突的歪理邪说，在国家权力的支持下，以守贞节烈、夫殁女殉进行道德教化、思想绑架，对女性进行精神摧残和肉体戕杀。另一方面，淮北分享国家权力的强势群体，在两性关系方面，肆无忌惮地放纵糜烂，夺人妻妇，奸占平民女子。明清时代，淮北男多女少的现象非常严重，守贞殉死不但直接扼杀了女性的性权力，也间接地剥夺了广大男性的自然权利。因此，女子殉死与男权无关，是专制权力的畸态产物。明清统治者通常不是通过为大众增加普遍的社会福利来稳固其权力；相反，他们通过剥夺最广大民众的自然权利、禁锢普通百姓的本能需求，维护一个为所欲为的利益集团，使之充满优越感，从而对专制者感恩戴德，并成为明清专制政体的基石。

第一节　被殄灭的人欲

越是生存资源缺乏的社会，极权者越是要提倡空洞的道德伦理，扼制、乃至消灭人的正常需要和欲望，以便为不公正的社会制度寻找理论支持。在明清时代，淮北两性关系经历了严重衰败的过程，从人之本能变成了强势群体的特权。在灾难频仍的社会里，妇女处于天然弱势，没有正常的人权，显然更易受到伤害。

一、性的罪化

据《礼记·月令》，仲春之月，玄鸟至，"至之日，以大牢祠于高禖"。日本文献称："汉武建白茅之封，祀高禖而获子矣。"①

秦汉时期，人们不讳言性事，把人类的性本能丑化和妖魔化绝非中国传统风习。相反，汉代人们对两性关系持自然态度。对人们影响最深的是儒和道，儒重人伦，道法自然。道家的生命目的一是长生，二是享受，所以房中术大行其道。儒家于性，虽讳言色欲，但强调生殖和传宗接代，性行为同样合情、合理、合礼②。

汉代以前，"夫妇之好，一男一女，而成家室之道。及后，士一妾，大夫二，诸侯有侄娣九女而已"。到了汉代，妾侍没有限

---

① 日本神宫司厅编：《古事类苑》神祇部九十一"严岛神社"，古事类苑出版事务所编，1914年，不分页。
② 王洪震：《汉画像石》，北京：新世界出版社，2011年，第272—280页。

禁，"诸侯百数，卿大夫十数，中者侍御，富者盈室"①。

汉代淮北两性关系比较开放。汉人所著的史书直称沛县汉高祖"好酒及色"，好色与饮食同列，是本能而非恶行。后世儒学盛行，一些儒者对这一社会风尚多有不满。徐州东海人匡衡："今天下俗贪财贱义，好声色，上侈靡，廉耻之节薄，淫辟之意纵。"②从反面说明两性关系比较开放。

徐州等地出土的汉画像石，表现两性关系的画面或秘戏图非常之多。这些内容常以伏羲、女娲、双龙接尾、凤鸟交颈、鸟衔鱼、九尾狐、对鱼图等作为明喻或隐喻。秘戏图在现实生活中有指导夫妻性生活、优生优育的作用。表示男女性爱的挚尾图像中，以伏羲、女娲兄妹交尾最为典型。徐州睢宁双沟出土的伏羲、女娲画像，二神蛇身交缠，下部有两个小人，象征着生殖繁衍后代。伏羲、女娲交尾图刻画出清晰的男性器官。汉画像石中常见一位"高禖神"将伏羲、女娲搂抱在一起。除了伏羲、女娲交尾图外，徐州汉画像石中还常见二龙穿璧图，刻有雌雄二龙缠绕交接的画面，被称为"交龙"，汉代人称为双结龙，寓含交绾、交媾、交配之意。双龙穿璧中的双龙交结也象征着生命繁殖。除龙蛇寓意的性崇拜，还有以虎表现的性崇拜。历史上长期属于徐州的萧县陈沟出土的人首虎身交配图，人首刻画得非常形象，女子头梳绾髻，男子头戴进贤冠，嘴部有胡须。两人上身穿有交领服饰，下部为虎身。男性在女性背后，虎尾交缠。汉画像石中，更有直接表现男女性爱的

---

① 王利器校注：《盐铁论校注》卷六"散不足"，北京：中华书局，1992年，第354页。
② 班固：《汉书》卷八十一"匡衡传"，北京：中华书局，1964年，第3333页。

画面。徐州汉画像石中有两幅男女接吻图。一幅画面的中间刻有二人接吻，男左女右，男戴高冠，女着宽袖绣衣。男子舌尖伸出，女子薄唇微张。另一幅画面分为两层，上层刻一对鸾凤，下层刻七位人物，最左面二人为男女拥抱接吻，女左男右，男子右手搂抱女子脖颈，面颊相贴。这两幅画面的内容与《洞玄子》所说的"男坐女左，女坐男右。乃男箕坐，抱女于怀中"相吻合。徐州汉画像石中有一幅直接表现男女交媾的图像。画面分为上、中、下三格。上格刻有房屋，室内二人坐在榻上交谈；下格刻有人物和动物。中格刻有男女交媾，画面右方一对男女叠压，宽衣解带，亲密接触。左方刻有两人，其中一人露出夸张的隐私部位，男女双足相互交错，男上女下，动作非常明显[①]。

汉代的房中术，多与追求长生、长寿有关。汉代关于彭祖、安期生、容成公的传说甚多，另外，华佗时代的泠寿光、唐虞、鲁女生均被视为半仙半道的长寿者，正史记载的泠寿光"行容成公御妇人法"，年龄达一百五六十岁[②]。

西汉平民的婚俗有聘娶婚、离婚、再婚、自由婚、重亲婚、媵妾婚。汉代夫妻离合观念比较开通，离婚现象很多。如丈夫患有恶疾，夫家贫苦无法生活，女方家庭与男方家庭发生激烈矛盾，男方家庭事涉重大刑责（谋反、诽上等），女方可以提出离婚。寡妇再嫁是很平常的事情。没有父母之命，无需媒妁之言，以男女两情相

---

① 参见武利华：《汉画像石"秘戏图"研究》，《中国汉画学会第九届年会论文集》，北京：中国社会出版社，2004年，第221—236页；武利华著：《徐州汉画像石通论》，北京：文化艺术出版社，2017年，第256—263页。
② 范晔：《后汉书》卷八十二（下）"方术列传（下）"，北京：中华书局，1973年，第2740—2741页。

悦为基础的自由婚同样流行。同时保留先秦的媵妾婚，世家贵女出嫁，选择适龄的姐妹子侄及奴婢作为媵女，一同嫁到夫家①。

汉代比秦代在婚姻观念上的进步，就是妇女在社会生活中的地位得到了重视。如果丈夫出门在外，妻子就可以自立门户，包括迎接和宴饮宾客、出送宾客等活动。妇女也可以与男子一样参加社会交往。汉代人的婚姻观念有着一定的爱情基础，对待爱情的态度与人的道德观念联系在一起②。

随着理学的兴起，性被污名化、甚至被罪恶化。

明清著名的古典小说中，淮地知识分子施耐庵撰写的《水浒传》体现了强烈的贬侮性事、魔化人类自然欲望的趋向。梁山泊武功高强的好汉，都是不婚不媾、没有性冲动的肌肉男；只有武功低微的王矮虎之辈才看重色欲。不能守护贞洁的女子如潘金莲、潘巧云、阎婆惜、李巧奴、白秀英、李瑞兰、卢俊义妻贾氏、狄太公女儿等皆死于非命。二潘和贾氏更是先被当众污辱，再被虐杀，似乎惟有这样，才能体现对其"淫行"的报应。另一位淮人吴承恩撰写的《西游记》中，有性欲者基本上乃妖魔鬼怪，大多下场凄惨。

上述两部名著长期被视为带有叛逆性质，具有反封建的思想。然而，其中体现的性观念，并没有越出淮地传统社会的主流认知，基本反映了淮域两性关系的历史错位。

淮人朱元璋建立的明王朝，不但继承了元代对汉人妇女守节的鼓励，而且在使用政府权力对女性的戕害方面，达到了登峰造

---

① 王麦巧：《由〈史记〉透视西汉的婚俗文化》，《唐都学刊》2012年第3期，第18—22页。
② 黄其肖：《从古诗文看汉代的婚俗》，《语言学刊》2009年第6期，第85页。

极的地步。尽管明初浙南儒者的地位低下①,但朱元璋很快接受了他们的理学观念。明朝建鼎伊始就实行旌表贞节的制度。洪武元年(1368)令:"凡孝子顺孙,义夫节妇,志行卓异者,……旌表门闾。"又令:"民间寡妇,三十以前夫亡守制,五十以后不改节者,旌表门闾,除免本家差役。"②两年后(1370年10月23日),洪武帝令夫亡军妇"愿守节者,凡四百五人,命官给衣粮,赡之终身"。③对守节者给予极高的礼遇和物质待遇。朱元璋殁,多名宫女被逼殉葬。后来优恤的张凤、李衡、赵福、张璧、汪宾各家,皆世袭锦衣卫千户、百户,被称为"太祖朝天女户"。此制历成祖、仁宗、宣宗之世。明宣宗殁,嫔何氏、赵氏、吴氏、焦氏、曹氏、徐氏、袁氏、诸氏、李氏、何氏皆殉死。诸王中也用宫女殉葬,至明英宗时始罢④。

  女性的身体不能通过性爱来愉悦,而是被当作治疗长辈和他人疾病的药物储备。我们前文作过统计,苏北女子刲股疗亲的比重要远远高于苏南地区。当时淮北社会精英的主流舆论均认为晚辈越是割下自己重要的器官,越是能治好长辈的重病、怪病,他们对刲股等行为倍加颂扬。清代山阳诸生方能权写过一首《里中冯孝妇割肝》的长诗,从中可见这种愚行的社会性土壤:"正气蟠霄不可摧,寒云裂碎天门开。扪腹拈刀寻膝理,血凝满地胭脂紫。吞声踯

---

① 宫崎市定:《洪武から永乐へ》,《宫崎市定全集》(13),东京:岩波书店,1992年,第45—46页。
② 李东阳纂、申时行重修:《大明会典》卷七十九,万历年间刊本,第8页下。
③ 《明实录·太祖高皇帝》卷九十三,台北"中研院"历史语言研究所刊本,1962年,第6页b。
④ 赵翼:《廿二史劄记校证》(下册)卷三十二,王树民校证,北京:中华书局,1984年,第753页。

躅截冰齿,铁肠孤屿铦如矢。丁甲环呼惊又喜,露冷星芒风飒起。嗟呼男子肝似纸,冯妇之孝传青史。"①

在东汉时期,淮北大地上在三国时代,孕育过沛人华佗、广陵人吴普、彭城人樊阿这样的名医;而一千数百年后,这片土地只能活跃着方能权这样的"精英"了。

在家庭面临经济困难时,妇女、尤其是有姿色的妇女,通常被视为家中储备的最后的有价物,甚至被视为赌台上的筹码。《聊斋志异》中的"云翠仙"篇描写的贫汉梁有才,"熏熏作汗腥,肤垢欲倾塌,足手皴一寸厚"。②获美妻后,得妻家相助,"坐此温饱",却"惟日引里无赖朋饮竞赌,渐盗女郎簪珥佐博",最后在赌友的怂恿下,竟卖妻为妓③。

官府苛重的赋税常把淮北百姓逼得鬻妻卖女,与旌表贞烈实在相悖。赣榆董志毅在万历丁未年(1607)所作的《后鬻儿行》:"身役卖子不胜悲,又为宗徭卖老妻。……夫妻寻到富门首,富家老仆丧其偶。尔愿配之立婚书,尔若不愿别处走。夫听配仆不忍卖,妻劝夫君早割爱。一时拿尔到官庭,卖我不及尔遭害。丈夫含泪立文券。夫妇之恩从此断。"④

在淮安府,常有"穷民鬻女豪家"⑤。万历癸巳(1593),徐州等地大饥,沛县夏镇裁缝李某嗜酒如命,准备把14岁女儿卖给

---

① 段朝端等:《山阳艺文志》卷七,民国十年刻本,第64页下—65页上。
② 蒲松龄:《聊斋志异》卷六,长春:春风文艺出版社,1998年,上册,第380页。
③ 蒲松龄:《聊斋志异》卷四,长春:春风文艺出版社,1998年,上册,第379页。
④ 王城修:《增修赣榆县志》卷四"艺文",嘉庆元年刻本,第55页下。
⑤ 吴昆田纂:《淮安府志》卷二十九"人物",光绪十年甲申刻本,第55页上—下。

娼家,遭到妻子徐氏反对后,"李恃酒而威其妻"。妻"乘其醉卧,携女跃潭水死,越三日,尸浮出,犹一手挽女,一手抱其两岁儿"①。在宿迁,经常有男人视妻为商品,任意买卖,若妻不从,丈夫往往会置妻于死地。陈李氏的丈夫"贫无以活,窃鬻之为人妾。买妾者至,李乃挟幼子号恸急奔。买妾者为之感泣,袖金去。陈怒,取路旁块击李数十以死"②。

因此,在理学语境下,女性基本不当作人看待,也就谈不上拥有支配自己身体的权力和性爱的自由。

二、节烈之风

明清淮北以县均数量而言,女性殉夫、殉未婚夫的数量要远远超过经济最发达地区苏州,甚至了超过学界公认的节烈风最盛的徽州地区。一方面,性、性欲、甚至与性行为毫无关联的女性身体的任何一个不经意露出的部位,都会被视为平民女性的罪恶渊薮;另一方面,掌握话语权、道德评价权和其他社会权力的强势群体却崇尚所谓的"采补"之道,视女性身体为炉鼎,以奸占女性多者为荣。这一悖谬的社会现象,正是淮北畸态社会结构的具体体现。

1404年1月13日,翰林侍读学士解缙等完成奉勅修撰的《古今列女传》,永乐帝在亲制的序文中称新撰列女传的缘由,是刘向的《列女传》分类有问题,并且,"有虞二妃,而寇(冠)之母仪之

---

① 于书云修:《沛县志》卷十四"烈女志",民国九年刊本,第42页下。
② 严型总修:《宿迁县志》卷十七"列女志",民国二十四年刻本,第9页上—下。

篇,谓之何哉"①?但事实上,显然是刘向的著述不符合明代中央政府鼓励节烈、禁锢女性思想的要求。正如《明史》所云:"刘向传列女,取行事可为鉴戒,不存一操。……非独贵节烈也。"②

满人入主中原之前,已把"忠臣不事二主,烈女不更二夫"的伦理,视为"古之定理也"③。清初承袭明制,1644年10月30日,顺治帝甫登基即下诏:"所在孝子、顺孙、义夫、节妇,有司细加咨访,确具事实,申该巡按御史详覈奏闻,以凭建坊旌表。"④顺治五年(1648)题准:"孝子顺孙、义夫节妇自(顺治)元年以后,曾经具奏者,仍行巡按再为覈实,造册报部,具题旌表。"⑤1654年3月22日,清朝礼科副理事官房万达条奏:"命妇守贞,宜加饬励。"⑥

董家遵根据《古今图书集成》统计,历代节妇数目:周6人,秦1人,汉22人,魏晋南北朝29人,隋唐32人,五代2人,宋152人,元359人,明代27141人,清代9482人。历代烈女数目:周7人,汉19人,魏晋南北朝35人,隋唐29人,辽5人,宋122人,金28人,元383人,明8688人,清2841人⑦。

据上述统计,仅明一代,节妇、烈女数量分别为周至元代的

---

① 《明实录·太宗文皇帝》卷二十五,台北"中研院"历史语言研究所刊本,1962年,第2页上。
② 张廷玉等:《明史》卷三百一"列女一",北京:中华书局,1974年,第7689页。
③ 《清实录·太宗文皇帝》(第2册)卷九,北京:中华书局,1985年,第135页下。
④ 《清实录·世祖章皇帝》(第3册)卷九,北京:中华书局,1985年,第95页下。
⑤ 允裪等:《乾隆朝大清会典则例》卷七十一"礼部",乾隆甲申年刻本,第3页下。
⑥ 《清实录·世祖章皇帝》(第3册)卷八十一,北京:中华书局,1985年,第634页下。
⑦ 董家遵:《中国古代婚姻史研究》,卞恩才整理,广州:广东人民出版社,1998年,第246页。

第五章 本能异化为特权 579

44.6和13.8倍；可见明清两代的节烈妇女数量达到了顶峰。

据《明实录》，明王朝建立的次年正月，明廷表彰孙添母郑氏、黎德旺妻陶氏，"俱以年少夫亡守节"①。第三年，旌表衢州府徐思诚妻郑氏等"夫亡俱守节不贰"②；并旌表处州缙云县赵叔范妻陈氏与其子妇梅氏为双节之门③。明初被旌女性，比较集中在浙江、徽、歙等地区，反映了明初程朱理学的影响范围。明中后期，王阳明理学兴起，但并没有触动已成为国家意识形态的女性节烈观。

据对淮北方志所录的被旌列女统计，明代徐州殉夫烈妇（以下简称"烈妇"）111人，殉未婚夫烈女（以下简称"烈女"）16④人；清朝烈妇918人，烈女167人⑤。雍正十一年（1733）徐州升府后，隶铜山、萧、砀、丰、沛、遂宁（睢宁）、宿迁及邳州8个州县，县均殉死女性为151.5人。

淮安府被旌表的列女中，山阳县明代烈妇16人，烈女6人；清代烈妇99人，烈女44人⑥。盐城明代烈妇7人；清代烈妇34人，烈女

---

① 《明实录·太祖高皇帝》卷三十六，台北"中研院"历史语言研究所刊本，1962年，第2页上。
② 《明实录·太祖高皇帝》卷五十，台北"中研院"历史语言研究所刊本，1962年，第1页下。
③ 《明实录·太祖高皇帝》卷五十，台北"中研院"历史语言研究所刊本，1962年，第8页上。
④ 吴世熊修：《同治徐州府志》卷二十三（上）"列女传"，同治十三年刻本，第12页上、14页下—15页上。
⑤ 吴世熊修：《同治徐州府志》卷二十三（中）"列女传"，同治十三年刻本，第53页下、60页下、第68页上、第75页上—77页上。
⑥ 吴昆田总修：《淮安府志》卷三十五"列女"，光绪十年甲申刻本，第1页下、4页下—5页上、11页上、17页上。

2人①。阜宁清代烈妇63人。清河明代烈妇8人,烈女3人;清代烈妇46人,烈女25人。安东明代烈妇2人;清代烈妇36人,烈女28人。桃源明代烈妇2人,清代烈妇9人,烈女1人②。以上6个县明代殉夫烈妇35人,殉未婚夫烈女9人;清代殉夫烈妇287人,殉未婚夫烈女100人;共计殉身女性431人,县均71.8。雍正二年(1724)析出的海州直隶州赣榆县,截至光绪前期,被旌表的列女,明代烈妇2人;清代烈妇41名,烈女10人,另外,殉身而未获旌者53人③。

一向被学界视为节烈女性最多的徽州,明代节烈192人,清代178人;明代贞烈17人,清代35人④。县均约70人。也就是说,苏北县均殉夫或殉未婚夫的女性甚至要超过徽州地区。

这就毫不奇怪,查继佐《罪惟录》"妇烈"篇,以地域命名的"徐州十六烈""丰县二烈""沛县八烈""砀山十六烈""丰县五烈""歙县六烈",除最后一组是徽州女性外,其余5组皆淮北人⑤。

康有为认为:节烈之事,"吾粤女义尤严,吾乡族触目所见"⑥。核诸史料,南海县守节女性确实不少,但殉夫烈妇仅2

---

① 吴昆田总修:《淮安府志》卷三十五"列女",光绪十年甲申刻本,第31页下—32页上、35页上。
② 吴昆田总修:《淮安府志》卷三十六"列女",光绪十年甲申刻本,第5页下—6页上、17页上—18页上、21页下、25页上、31页下。
③ 王豫熙修:《赣榆县志》卷十三"列女(上)",光绪十四年刊本,第40页上—41页上。
④ 唐力行:《唐力行徽学研究论稿》,北京:商务印书馆,2014年,第608页。
⑤ 查继佐:《罪惟录》列传卷二十八,杭州:浙江古籍出版社,1988年,第2555—2556页。
⑥ 康有为:《大同书》,上海:上海古籍出版社,2014年,第124页。

人①。另外,顾颉刚有"苏州之强寡妇守节"一说②,宫崎市定认为苏州精英对王阳明心学进行了抵制③。就苏州府而言,明代殉夫或未婚夫的女性17人④,清代93人,苏州府在乾隆后领1厅9县⑤,县(厅)均殉夫者11人。卢苇菁所说的节烈现象在经济发达地区更流行的说法⑥,似乎过于简单。

就淮北而言,除明代开国帝王将相的故乡凤阳及邻近地区外,其他亚区的女性受到主流社会的关注,显然无法与浙南、徽、歙等地的女性相比。前述徐淮15州县在明代殉死女性已达173人,《明实录》提及的被旌女性仅有13人;苏北首位被旌表的殉夫烈妇是正统十四年(1449)邳州卫指挥佥事汤瑞妻⑦。

与其他地区大同小异,在淮北女性殉死的故事中,不少未嫁女性的家人作了救助和提防,但女子死意极坚,令家人防不胜防。赣榆周玺女,未婚夫死,自经以殉,被婢女救下。家人防备益密,"然女终不食,逾月而死"。赣榆柏显栋女,未婚夫死,"女欲往吊,母不许,誓以身殉。母防之密,女乃佯笑语,饮食如常,防少懈,遂自经"。赣榆王廷赞女,年17岁时未婚夫死,女号哭欲随母

---

① 黄沛修:《南海县志》卷二十三"列女",宣统二年刊本,第1页下—14页下。
② 顾颉刚:《苏州史志笔记》,南京:江苏古籍出版社,1987年,第88页。
③ 宫崎市定:《明代蘇松地方の士大夫と民眾》,《宫崎市定全集》(13),东京:岩波书店,1992年,第11—12页。
④ 冯桂芬纂:《苏州府志》卷一百一十三"列女一",光绪九年刊本,第11页上—29页下。
⑤ 冯桂芬纂:《苏州府志》卷一百一十四"列女二"第1—38页;卷一一五"列女三"第1页上—44页下。
⑥ Lu Weijing, *True to Her Word: The Faithful Maiden Cult in Late Imperial China*, Stanford: Stanford University Press, 2008, p. 99.
⑦ 《明实录·英宗睿皇帝》卷一百七十六,台北"中研院"历史语言研究所刊本,1962年,第8页上。

奔丧。母亲劝阻了她，"女瞿然遂不哭，而形容惨凄。母潜防之，与同宿。历二夕，女乃改容操作如平时，得间怀聘帖自经死"。①

从实际生活考量，这些殉死女性显然不全是为了大义或名节，更像是夫死后家中失去了主要经济来源、抚养幼子的艰辛、婆媳之间的冲突、邻里的嘲讽等现实问题，使得女性走向决死之路。洪武元年旌表节妇的诏令最关键之处显然是"除免本家差役"②，可使被旌者家人名利双收，使得丧夫女性的家人有着充分的诱惑力默许、支持、甚至逼迫亲身骨肉以死相殉；且不论出于何种原因自杀，其家人就会将其包装、美化为符合官府所需要的形象。而殉身女性的大量出现，又会被视为地方官员教化有道，成为他们的政治业绩。因此，淮北殉死女性的节义，更像是时人为了迎合当时政治风尚而刻意所作的塑造；反过来，这些塑造的节烈故事又不断地为后来女性提供了恶劣的示范效应。

有人正确地指出：中国古代列女传中，"有些材料是非常平实的，但其他材料则混合了事实和虚构，而许多材料更是为了合乎意识形态的虚构"。③

《儒林外史》中描写徽州王玉辉三女儿殉死的说辞是："我一个大姐姐死了丈夫，在家累着父亲养活，而今我又死了丈夫，难道又要父亲养活不成？父亲是寒士，也养活不来这许多女儿！"乃父则劝人勿阻女儿自尽，反而加以鼓励。在女儿饿死之后，王父则大

---

① 唐仲冕等编纂：《嘉庆海州直隶州志》卷二十六"列女"，嘉庆十六年刻本，第18页上—19页上。
② 李东阳纂、申时行重修：《大明会典》卷七十九，万历年间刊本，第8页下。
③ Bret Hinsch, 韩献博, "Cross-Genre Influence on the Fictional Aspects fo Lienü Narratives", *Journal of Oriental Studies*, vol. 41, no. 1 (June 2006), p. 63.

叫："死的好！死的好！"①显然，王女殉死的考量是减轻父母的经济负担，心中所想的是实实在在的物质利益；但王父以及身边的文士们却轻车熟路地将其拔高为青史留名的节烈之事。

因此，这就不难理解，在淮北某些女性殉身过程中，不少女性身边的人、甚至亲生父母，与王玉辉一样充当了推波助澜的作用。赣榆张其羔妻田氏，23岁时夫亡欲从死，但恐贻累夫家，俟父母兄弟到达，当自家人的面自经以殉。1746年，沭阳姜学礼卒，妻胡氏年28岁，欲自经，姜家人奔救。但在现场的胡母竟阻止施救者："其勿救，以成吾女之志。"②

而面对品行恶劣的丈夫或家人，女性也没有选择权，仍然负有殉身的义务。盐城被褒的节妇宋氏，乃母妊娠时，其母姊适亦有娠，遂戏言指腹为婚，并无婚约。十余年后，其姨子邱某，"以荡子故，家中落，无立锥地"。乃母竟鼓励女儿嫁与邱某。婚后，"饔飧恒不继，（女）无怨言。每归宁数日，比言，旋而箧笥中物辄为良人所卖，为挢蒱费。虽以泪洗面，终不闻交谪声。"婚后4年，赌徒邱某殁，"宋哀毁柴瘠，历六年而亡。"③

宿迁刘烈妇，本为商人富家女，幼娴闺训。其夫乃一赌棍，败光家产，刘依然对其恭敬有加。有一赌徒看中刘氏，乃夫竟在夜里引至家，自己到屋外守护。次日，刘氏投水殉节④。同县祝刘氏，丈夫乃

---

① 吴敬梓：《儒林外史》第48回，合肥：黄山书社，1986年，第443—444页。
② 唐仲冕等编纂：《嘉庆海州直隶州志》卷二十六"列女"，嘉庆十六年刻本，第17页上、19页下。
③ 刘崇照修：《盐城县志》卷十四"列女"，光绪二十一年刻本，第12页下。
④ 李德溥总修：《宿迁县志》卷十八"列女传"，同治十三年刊本，第19页下。

无良地痞，拟卖刘氏为娼，刘选择自殉[①]。单县陈生辉妻侯氏，顺治初，陈被官府定为通寇而判死罪。丧葬结束，侯即设祭自刭。颍州许会妻张氏，婆婆既淫荡又酷虐，"日诟且挞，张事姑益恭。姑病，刲股以疗，姑虐如故"。因受婆婆与情人协同逼奸，"自沉于井"[②]。山阳业豆腐家子妻某氏，婆婆与小姑均与人行淫，并与情人合作将其奸污以灭口。某氏不从，婆婆与乃女对某氏以铁烙等百般苦刑相折磨，某氏终无怨言，直到被置于死地[③]。铜山陈有量妻海氏，有恶少欲行奸淫，其夫应允。"乃以海入其舟。海入舟，日独处，主者使有量有事于近县，而夜就海，强抱持之。即夕，海氏自经殉节"[④]。

可见，明清时代已沦为文化瘠土的淮北，"节烈"之风丝毫不逊于理学兴盛之地和传统文化发达之区。

第二节 强势群体的性剥夺

淮北女性权利的丧失，并非男性权力扩张的结果。在淮北，是整个"人"的权利被剥夺，而非仅仅是女性权利被剥夺。女权的对立物是专制权力，而不是男性权力。在集权社会，性权力是行政权力的变体。行政权力的集中，必然导致性权力的集中；行政权力不受制约之处，势必造成性权力的滥用。

---

① 李德溥总修：《宿迁县志》卷十八"列女传"，同治十三年刊本，第7页上。
② 赵尔巽等：《清史稿》，北京：中华书局，1977年，卷五百十"列女三"，第14144；卷五百十一"列女四"，第14171页。
③ 段朝端纂：《续纂山阳县志》卷十一"列女一"，民国十年刻本，第32页上。
④ 赵尔巽等：《清史稿》卷五百十一"列女四"，北京：中华书局，1977年，第14178页。

一、想象的男权

淮北女性大量殉身,表面上看,是男性对女性权利的剥夺。

实际上,两性权利很大部分相互重叠、难分彼此,而非冰火不容、相互对立。女性性权利若被剥夺,也正是男性性权利的丧失。就如同专制统治者将太监去势,更是为了禁锢宫廷女性的性权利。剥夺女性的权利事实上是剥夺所有"人"的权利。能够剥夺"人"的权利的主体与性别无关,而是专制权力。

在水浒世界,全家被杀,仅剩一身也只能嫁给色狼王矮虎的扈三娘,与同样全家被杀,不得不娶花家妹妹的秦明,承受的是同一种权力——首领宋江的安排。与行政权力无干的金翠莲被一屠户控制为奴,有行政权力支持的白秀英则可以凌辱都头雷横。

在邹鲁之邦济宁,妻家有天然勒索夫家的权力。"出嫁之女,在夫家病死者,收敛盖棺之时,若使女家亲人不到,其公姑、本夫俱不敢专主。虽中年以后,儿孙满前者亦必如此。女家因得借此名目妄行揞勒,需索不休。甚有抢其女之衣饰,毁其家之物件,辱其婿之父母姊妹。此告人命,彼告打抢者,比比皆是。尤习俗之最可恶、最可笑者也。"①

即如淮北地区广泛存在的翁侵媳(俗称"扒灰")事件而言②,固然是拥有男权的父翁损害了子媳的女权,但这同样损害了其子的

---

① 徐宗幹修:《济宁直隶州志》卷三之五"风土",咸丰九年刻本,第23页上一下。
② 对于清代翁侵媳事件的系统研究,见Vivien Ng, "Sexual Abuse of Daughters-in-Law in Qing China: Cases from the 'Xing'an Huilan'", *Feminist Studies*, vol. 20, no. 2, Women's Agency: Empowerment and the Limitsof Resistance (Summer, 1994), pp. 373-391。

男权。

　　毕竟，在淮北地区，男女比例长期失调。如成化十八年（1482），颖州府男性总人口47215人，女性18964人[①]；男性约为女性的2.5倍。嘉靖年间，宿州男76084人，女46241人；男性超过女性的1.6倍。灵璧男41234人，女20162人[②]；男性超过女性的2倍。乾隆十七年（1752），江苏省男性12525952人，女性9263799人；男性约为女性的1.4倍[③]。光绪十五年（1889）沛县男284595人，女222278人[④]；男性为女性人口的1.3倍。即使从男女比例最接近的1912年的泗县来看，男性322679人，女性296934人[⑤]；男性为女性的1.1倍。这也意味着，在理论上，该县约有十分之一的男性将无婚可配；这些男人同样被剥夺了性权利。

　　需要说明的是，上述数据并不是刻意挑出。明清官府的户口统计，绝大多数只包含户数和口数，很少分别男女，前述数据是我们所能找到的所有区分性别的明清淮北人口统计。

　　男女比例失衡，再加上女性守节殉身，反过来看，是对男性权利的严重践踏。当然，这种践踏一般是针对非富非贵的平民男性，作为富贵的强势群体，他们不但不受女性稀缺的影响，反而可以霸占多名女性，过着妻妾成群的生活。因此，就其本质而言，女性殉死，是专制权力的产物，而非男权所为。有学者指出，明清法律对

---

① 刘节纂：《颖州志》卷三"版图"，正德年间刻本，第11页下。
② 余鉠纂修：《宿州志》卷二"风土篇"，嘉靖年间刻本，第1页上—下。
③ 《江苏巡抚庄有恭奏报民数谷数折》，台北故宫博物院编辑委员会：《宫中档乾隆朝奏折》第4辑，台北：福美印刷文具行，1982年，第651页上。
④ 于书云修：《沛县志》卷十"秩官表"，民国九年刻本，第9页上。
⑤ 鲁佩璋修：《泗县志略》"人口"，民国二十五年铅印本，第8页下。

妻子的规定比唐代要严格得多①。这恰恰说明女性地位的下降与专制权力的上升成相反的趋势，专制权力才是女权的天敌。

学者指出，在商业、手工业等产业相对发达的常熟，被旌表的男性或荣登花榜，或实业有成；女人则因她们的凄楚命运、难以置信的痛苦或悲壮的自我牺牲而青史留名。也就是说，一位被表彰的节妇烈女仅仅是作为一个道德的象征、一个理想的概念来颂扬的，而不是作为一个鲜活的个体或一个具体的生命来纪念的②。在淮北，由于科举、产业均不发达，被旌表的男性尽管没有为女性殉身守节的现象，但其他诸如刲股、尝粪、舍子等愚孝的行径差堪相似，同样是被道德化了的符号而已。

况且，妇女守节殉身的大力倡导者并不全是男性，妇女本身就是这种伦理的塑造者和推动者。永乐帝皇后徐氏（徐达长女）"观《女宪》《女戒（诫）》诸书，绅其要义，作《内训》二十篇，居常志，存内典，复采儒、释、道嘉言善行类编之，名《劝善书》。"③徐氏的做法，当然是为了迎合朱棣的专制思维，同时，也是为了在后宫宣示自己的身份，确立自己的话语权④。1408年12

---

① Geoffrey MacCormack, "Ethical Principles and the Traditional Chinese Law of Marriage", *Irish Jurist* (new series), vol. 21, no. 2 (Winter 1986), p. 263.
② 柯丽德：《明中期江南的祠堂、统治阶层特点及寡妇守节的流行》，姚平主编：《当代西方汉学研究集萃（妇女史卷）》，上海：上海古籍出版社，2012年，第112页。
③ 《明实录·太宗文皇帝》卷五十一，台北"中研院"历史语言研究所刊本，1962年，第4页下。
④ 明初的后宫制度，严防外戚干政。详见前田尚美：《明代後宮と后妃·女官制度》(《京都女子大学大学院文学研究科研究紀要（史学編）》(8)，2009年3月31日，第27—55页）。但徐皇后对明初政治产生了较大的影响，如对洪熙帝太子存废的作用，参见前田尚美《明代皇后·皇太后の政治的位相》，京都：京都女子大学博士学位（文学）论文，2014年3月15日，第60—61页。

月14日，永乐帝将《内训》颁赐群臣①。这部书与明后期的一位所妇人所编录的《女范捷录》一起，被明人列为《女四书》。其后，各种女训、女鉴、闺范、母训等有关女德之书层出不穷，其中大量出自女性之手。

在淮北，女性对女性的摧残，丝毫不亚于男性。汉初，把戚夫人变成"人彘"的吕雉是女性而非男性。明清时，恶姑刁婆对媳妇的为难、虐待，从来都是比较严重的社会问题。可以想见，夫死后心存改适的妇女，来自邻里亲近女性的嘲讽鄙视，应该比来自男性的要多。明代淮安府王汝周病死，对于意存活命的其妻黄氏，"翁姑托邻媪微讽之"。终将黄氏逼死②。海州武领元妻柳氏，19岁时夫亡，哺育襁褓，操持薪米。公公生病，刲股肉以进。公婆死后，众人却怪其"若无死意者"。柳最终于1754年自经于姑枢之侧，时年27岁③。这些邻里的冷言冷语，对于丧夫女性无异"风刀霜剑"。

《淮安府志》所列明代11位殉夫的烈妇中，有4位是生员的妻子④。据同治《宿迁县志》"列女传"，因殉夫或未婚夫被旌表的90位妇女，丈夫或未婚夫为州同和候选州同3人，生员或监生者各3人，庠生9人，武生、岁贡各1人，以上计20人；另外，父、兄为监生者各1人，父为进士者1人⑤。

需要说明的是，淮北绝大部分州县，在明清时进士及第人数了

---

① 《明实录·太宗文皇帝》卷五十四，台北"中研院"历史语言研究所刊本，1962年，第3页上。
② 卫哲治修：《淮安府志》卷二十三"列女"，咸丰二年刊本，第9页上。
③ 唐仲冕等编纂：《嘉庆海州直隶州志》卷二十六"列女"，嘉庆十六年刻本，第19页下—20页上。
④ 据卫哲治修：《淮安府志》卷二十三"列女"（咸丰二年刊本）统计。
⑤ 据李德溥总修：《宿迁县志》卷十八"列女传"（同治十三年刊本）统计。

了，通常数人而已。生员级别的读书人多是乡村中学历最高者，且多为大户富裕家庭。说明有功名的家庭更需要烈女、烈妇的荣耀，以获得额外的物质利益和精神满足。这与曼素恩的看法比较接近[1]。

毕竟，功名之家与地方政府的关系比较通畅，殉死女性比较容易获得旌表。清代淮北小民百姓家庭女性殉夫未表者比比皆是。前述赣榆被旌与未旌女性各53人，概可想见，这些未旌女性多出自庶民之家。

但林语堂所言："直至清代，守节的妇德盖犹为仅所期望于士绅之家，意在博取褒扬，非可责之普通庶民之族。"[2]却不尽然。前文已述，明清淮北社会生态极其恶劣，仅最基本的生存资源粮食也普遍匮乏[3]。有的学者把女性节烈理解成为了保卫财产[4]，而淮北平民家庭几无财产可言，生存压力同样造成许多平民女性殉夫。

以官府为核心的主流社会为塑造烈女光环所营建的种种仪式场面，也使女性的家人及效仿者沉浸于莫大的、虚幻的自豪感中。《儒林外史》写道，女儿殉死后，乃父极为敬仰的"品行文章是从古没有的"余大先生，"即备了香楮三牲到灵前去拜奠"。三学之士"也纷纷来祭奠的，不计其数"。烈女正式获得官府认可后，县知事摆齐了执事，送烈女入祠。"合县绅衿，都穿着公服，步行了

---

[1] Susan Mann, "Widows in the Kinship, Class, and Community Structures of Qing Dynasty China", *The Journal of Asian Studies*, vol. 46, no. 1 (Feburary, 1987), pp. 47-50.
[2] 林语堂：《吾国与吾民》，长沙：湖南文艺出版社，2016年，第119页。
[3] 马俊亚：《近代淮北粮食短缺与强势群体的社会控制》，《清华大学学报(哲学社会科学版)》2016年第2期，第99-117页。
[4] Jennifer Holmgren, "The Economic Foundations of Virtue: Widow-Remarriage in Early and Modern China." *Australian journal of Chinese Affairs*, no. 13, January 1985, pp. 1-27.

送。当日入祠安了位,知县祭,本学祭,余大先生祭,合县乡绅祭,通学朋友祭,两家亲戚祭,两家本族祭,祭了一天,在明伦堂摆席。通学人要请了王先生来上坐,说他生这样好女儿,为伦纪生色。"①

各地烈女一出,与专制政治保持高度一致的当地文人如蝇逐腥般地撰制劣质诗文,以扭曲的伦理观大加讴颂。明中期徐州府金甕19岁妻陈氏殉夫,"葬日州学皆为文祭之"②。成化、弘治年间,淮安何氏、徐氏殉夫,进士出身的推官马骥为之撰写长文《双烈祠记》③。明代颖州刘氏缢死殉夫,"知府谢诏临其丧,邻里吊者如市"。④明代睢宁徐标《赞魏烈妇》诗:"从一之心坚,之死之盟决。大义重如山,一身轻似叶。其石不可转,其钢不可折。古月照松门,千秋之灵杰。"⑤此类诗中,全部是空洞的口号,无一句真言实语。各地的烈女祠、牌坊等不胜枚举。如沛县立有祀皮工妻女的清风烈女祠,宿迁灵杰山有祀刘娥的烈女祠⑥。不论女性生前是何种人,一旦殉死,就成了"千秋之灵杰"了,真乃一殉遮百恶。

二、强势者的性特权

与平民女性的性权利被剥夺相反,淮北的特权者体现了对性权力的滥用。事实上,明以后,作为人的本能的性欲望和性行为,已

---

① 吴敬梓:《儒林外史》第48回,黄小田,合肥:黄山书社,1986年,第445页。
② 王樨等修:《徐州府志》卷十二"列女",嘉靖年间刻本,第54页下。
③ 卫哲治修:《淮安府志》,咸丰二年刊本,卷二十三第9页上—b、卷二十六第9页上、卷二十九第97页上。
④ 张廷玉等:《明史》卷三百二"列女二",北京:中华书局,1974年,第7725页。
⑤ 吴世熊修:《同治徐州府志》卷二十三(上)"列女传",同治甲戌年刻本,第14页下。
⑥ 吴世熊修:《同治徐州府志》卷十四"祠祀考",同治甲戌年刻本,第20页上—下。

成为被强势群体所垄断的特权。福柯指出："欲望存在之处，权力关系早已存在。"①《水浒传》中，二潘式的平民女性只要有第二个性伙伴，大多惨死，但性关系最混乱的娼妓李师师，因为有侍奉最高权力者的经历，其结局则迥然不同。

朱元璋在竭力禁锢、魔化拥有性权利的平民妇女的正当欲望时，却赐予本应禁欲的僧人以滥交式的性权力。据谢肇淛撰《五杂组》，"天下僧惟凤阳一郡饮酒、食肉、娶妻，无别于凡民，而无差役之累"。②谈迁《枣林杂俎》亦称，凤阳大龙兴寺（即皇觉寺），"（明）太祖勅僧律。一曰有妻室僧人，除前辈老僧盖因元末兵乱流移他方，彼时皆有妻室。今已年老毋论外，其后进僧人有妻室者，虽在长上辈比肩及在下诸人，皆得凌辱，亦无罪责。"③

朱元璋的做法，若从心理因素来分析，无疑是一种病态。但这种做法，在淮北却大行其道。《儒林外史》中，龙兴寺的僧人在家招待富家子弟，"一个人搂着一个戏子"④。宿迁极乐庵和尚往往有妻妾多人⑤。宿迁邵店圣寿寺的和尚"几乎个个寻花问柳"。当地俚语："庙前庙后十八家，都是和尚丈人家。"⑥

掌握话语权的主流精英，非常相信淮北始祖之一彭祖是每夜通过多名女性的交媾而寿逾800岁的。道家典籍中，把女性身体视为

---

① 米歇尔·福柯：《性史》第1卷，张廷琛等译，上海：上海科学技术文献出版社，1989年，第79页。
② 谢肇淛：《五杂组》卷八，万历四十四年刻本，第39页下。
③ 谈迁：《枣林杂俎》"义集"，清刊本，第26页上。
④ 吴敬梓：《儒林外史》第47回，合肥：黄山书社，1986年，第435页。
⑤ 中島權：《江北農村社會の構造に就て》，《滿鐵支那月志》1930年第9期，第61页。
⑥ 唐文明：《宿北大战》，北京：解放军文艺出版社，1997年，第82页。

药物或鼎具。甚至认为与处女发生性关系最有利于身体健康、乃至成仙得道①。

鲁迅指出："成化时，方士李孜僧继晓已以献房中术骤贵，至嘉靖间而陶仲文以进红铅得幸于世宗，官至特进光禄大夫柱国少师少傅少保礼部尚书恭诚伯。于是颓风渐及士流。"②明人创作的所谓"真经"强调"上将御敌"，"上将，喻修真人也。御，行事也。敌者，女人也。"另有"五弃"，即不能与貌恶面青、黄瘦羸弱、残疾肥瘦、40岁以上女性发生关系。他们视女性为炉鼎："鼎者，锻炼神丹之具，温真养气之炉也。须未生产美妇清俊洁白、无口体之气者为真鼎，用之能补益。"③明人王野林在皖北太和县所作的歌谣称："世人不识元中妙，御女房术兀作祸。"④

福柯指出："从本质上说，是权力让性按它的指令行事。"⑤在淮北，强势群体视女性为玩物，大肆奸占平民女性。鲁人蒲松龄的《聊斋志异》中，韦公子"放纵好淫，婢妇有色，无不私者"。怀庆潞王"时行民间，窥有好女子，辄夺之"⑥。

在实际生活中，清代凤阳县，"有大猾率恶少入儒生家，恣淫其妻妾，陈酒炙，响爆竹，从容歌笑，无敢忤者"⑦。光绪初，王

---

① 李道纯：《中和集》卷二 钱塘玄元真馆刊本，第10页下—11页下。
② 鲁迅：《鲁迅全集》（编年版）第2卷（1920-1924），北京：人民文学出版社，2014年，第505页。
③ 高罗佩：《秘戏图考：附论汉代至清代的中国性生活》，广州：广东人民出版社，2005年，第300—304页。
④ 丁炳烺修：《太和县志》卷十二"杂志"，民国十三年刻本，第20页上。
⑤ 米歇尔·福柯：《性史》第1、2卷，张廷琛等译，上海：上海科学技术文献出版社，1989年，第79页。
⑥ 蒲松龄：《聊斋志异》，长春：春风文艺出版社，1998年，卷二十三第806页，卷六第423页。
⑦ 王培荀辑：《乡园忆旧录》卷一，道光二十五年刻本，第47页下。

五妻小苗儿，"随夫乞丐于淮（安），有姿首，土豪某命仆谋毙王五，夺娶之"①。阜宁人王密，"有势豪强聘密友之聘妻"；有邻妇唐氏与奸夫谋毙其夫，郡守一亲属竟因唐氏貌美而欲奸占，"嘱守脱唐坐（王）密唆讼，胁以三木"。②

在清中期，淮北主佃之间存在着广为人知的性关系。嘉庆年间，海州直隶州知州唐仲冕《训俗示》称："因思为地主者，既属自己村庄，自应严防匪类，只缘贪财猎色，遂至府祸招尤，盖寄情花柳业，自托为蜂蝶主人，逐利锥刀，且仰给于脂粉微息。"从唐的禁示中，可以看出，主佃之间常有被诱迫的奸情。他指出："且闻贫家少女，每为富室佣工，……岂知身居帷闼，无良者且有钻穴之私行。"③仪征学者刘师培指出："禾麦初熟，则田主向农民索租，居佃民之舍，食佃民之粟。……或淫其妻女。"④

这种现象在文学作品中多有反映。《儒林外史》称："五河的风俗是个个都要同雇的大脚婆娘睡觉的。"⑤《夜雨秋灯录》中的"大家"，"多佣贫家女司女红，荡者恒与主人私"⑥。

淮北主流社会一方面大力鼓励、赞美妇女守节、殉夫的同时，另一方面却视丧夫妇女为随意奸占的对象。怀远陆捷略妻段氏，夫死后，生员出身的夫兄"因阴以妇许醮邑豪刘振吾。……刘意其志不可夺，谋之主者。乃夜率其徒党数十人，操刀排闼以入"，将

---

① 段朝端纂：《续纂山阳县志》卷十一"列女一"，民国十年刻本，第32页上—下。
② 焦忠祖修：《阜宁新志》卷十七"人物志"，民国二十三年刊本，第31页上—下。
③ 唐仲冕：《陶山文录》卷十，道光二年刻本，第25页下—27页上。
④ 李妙根编：《国粹与西化——刘师培文选》，上海：上海远东出版社，1996年，第288页。
⑤ 吴敬梓：《儒林外史》第45回，合肥：黄山书社，1986年，第420页。
⑥ 宜鼎：《夜雨秋灯录》卷四，申报馆光绪年间刊本，第44页上。

其掳走①。桃源孙永建妻王氏，夫亡守节，抚育3子。但夫葬仅几日，邻村武生沈某"虎而冠也，声言欲抢孀妇。氏擗踊哀号，呼天莫应，至三更时犹隐隐闻悲泣"。②道光年间，铜山女子王某，其夫刘存文病故，王决定守节。在王回娘家省亲时，文生马允恭率领30余人，强抢王氏为妾。此事告到县衙，知县仅判马家给王家身价钱20千钱。王家不允，马允恭竟将王女逼死。由于马家亲属为县总役，"代为摆布，允恭反得逍遥事外"。③

苏北地主看中佃户的妻女，常以服役为名，召至家中随意奸淫④。沭水、临沭一带地主对佃户"打、骂、奸淫的事情也是层出不穷的"。⑤曾任湖北荆门直隶州吏目的光州人凌如瑰，曾殴毙胞伯、胞婶母、姨婶母三命，"乡党邻里，屡受欺凌，幼童处女，多被诱奸"。⑥

《申报》载，号称"沭阳程震泰之半"的顾七斤，"垦良田七万有余亩，姬妾百。……此人好淫，远近妇人受其污者，莫点其

---

① 孙让修：《怀远县志》卷二十三"列女传"，嘉庆二十四年刊本，第3页上—下。
② 张相文总纂：《泗阳县志》卷二十五"列女"，民国十五年刻本，第12页下—13页上。
③ 台北故宫博物院清代宫中档与军机处折件：《署都察院左都御史宗室敬征奏折附件（道光十四年六月八日）》，箱号2743，文献编号068229，统一编号故机068715。
④ 华东军政委员会土地改革委员会：《江苏省农村调查》，内部资料，1952年，第438页。
⑤ 华东军政委员会土地改革委员会：《山东省农村调查/华东各大中城市郊区农村调查》，内部资料，1952年，第63页。
⑥ 《参革逆伦不法之州吏目》，《申报》宣统元年十月初五日（1909年11月17日），第12版。

数"①。曹单大地主朱凯臣拥有土地数千亩,任五方局团总,被他看中的佃户女性均被其奸淫②。

民国年间,豪绅甚至可以强占县长的女儿。1939年,盱眙日伪县长郭济川独女"被仇集豪绅宋振中仗势强娶为妾。该女备受宋妻虐待,过着佣人生活"。③一般平民妻女的遭遇也就可想而知了。

即使是淮北的卫道士们也宣淫无度。凤阳府举人等曾联名投诉藩辕,具控凤阳县教谕张某强奸陈姓处女及其仆人,"种种荒谬,有关风化"④。两江候补都司张登五,甚至奸占侄女⑤。戴兰芬太史十戒诗第一戒即"戒污处女":"多少女贞连树折,此中罪孽请君猜。"⑥

无论如何,当权势者们将处女视为一次性、女人为一人性的专属消费物品之时,他们对处女就有着特殊的偏好,这也可理解他们对女性节烈的重视程度。

专制逻辑的本质是强权崇拜。建立在这个逻辑基础上的女德自然不会反对强权。《水浒传》中林冲之妻张氏仅是因色被高衙内骚扰,最后"合理"的结局是自尽。因此,一旦发生强权者奸占女性之事,强权者基本不受、或很少受到舆论的谴责,无权势的受害女性反而备受人们的口诛笔伐。

---

① 虞山棣花庵主人稿:《黑虫伤人致命》,《申报》第428号,同治癸酉七月二十七日(1873年9月18日),第3页。
② 章有义编:《中国近代农业史资料》第2辑,北京:三联书店,1957年,第125页。
③ 钝子:《日伪县长郭济川片断》,《盱眙文史资料》第2辑,1985年6月,第132页。
④ 《札饬查办荒谬学官(安庆)》,《申报》光绪三十一年十月二十八日(1905年11月24日),第2版。
⑤ 左宗棠:《左宗棠全集》奏稿八,刘泱泱校点,长沙:岳麓书社,2014年,第406页。
⑥ 《戴兰芬太史十戒诗》,《申报》光绪九年五月十日(1883年6月14日),第4版。

一方面，男性视美貌女性为禁脔。在淮安府盐城县，富室商人，"雄于财，类喜渔色。土人利其金，往往生女则教歌舞，先倡而后嫁"①。对强势群体而言，女性则不厌其美。

另一方面，对于平民群体，美丽女性经常被说成"祸水"，美貌会成为平民女性的原罪。淮北有姿色的平民妇女先天地承受了较多的道德谴责。清代淮安府有位备受传统伦理赞扬的义妇，与后夫育有二子，得知后夫妒其貌美而谋杀前夫时，当即向衙门控告，为前夫复仇。"又自念以色累（前）夫，以身事雠。二子雠人之子也，义不可复生。即缚其子赴淮，投之于水，已而自投焉。"②直到1927年，淮阴（原淮安府清河县）一匪首之子"在（老子）山有私识之女，迫其父兄许婚，为里人所捉杀"。匪帮洗劫该乡，当地修史者直称该女为"祸水"，甚至隐然有快意："匪众掳掠男女牲畜财物无数而行，祸水某氏女亦被劫去，至龟山，摘心生祭而死。"③

这就可以理解，明清时代，淮北平民女性不敢展示自身的美丽。衣着丑陋、不修眉眼、泯然于众妇之中。特别是夫亡后蓬头垢面、毁容弃貌，是标致女性保护自己的重要方法。各地方志所说"民风淳朴"的潜台词，是该地区没有个性鲜明的靓丽女性。直到1935年，涟水（原淮安府安东县）最大市镇甸湖，即江苏省政府主席、南京警卫军军长顾祝同的家乡："居民装束简单，女子犹留发小脚。有截发御长袍之女郎，稍觉时髦，全体均为瞩目。闻此女

---

① 程守谦：《退谷文存》卷一，光绪二年（1876）刻本，第31页下。
② 段朝端纂：《续纂山阳县志》卷七"学校"，民国十年刻本，第2页上。
③ 张煦侯：《淮阴风土记》上册，1936年，第144页。

第五章 本能异化为特权 597

郎,即系筑碉楼某富室之女。"①

总之,明清以专制君主的意志强加的女性节烈观,直接剥夺了女性天然的性权利。这种伦理被以专制权力为依托的强势群体所利用,性生活几成被垄断、被滥用的特权,这又间接地剥夺了男性平民的性权利。因此,崇尚女性节烈与男权无关,是专制权力的产物。淮北的阶层分化远甚于江南地区,强势群体更容易操控平民女性生活的方方面面,以满足其一己私欲。

三、初夜权

近代以前,淮北至少部分地区土地所有者对佃农拥有初夜权。这一权力的实施是社会结构异变的结果。这里的社会分化为占有大量土地的利益集团与大量占地较少的贫民群体。作为行政、军事和经济等各种权力变体的领主式地主(陈翰笙称之为"军政地主",本书又称"寨主式地主"),他们绝非单纯的土地所有者!他们基本上不受程序化的法规制约,多沉湎于本能型的享受,无法追求高成就动机人格。一方面,他们利用国家优裕的政策,对贫民实施包括初夜权在内的各种超经济剥夺;另一方面,他们利用对下层民众的控制,经常策动成千上万的贫民反叛代表社会上层利益的国家,以提高利益集团的博弈能力,他们的最终理想是成为享受更大肉欲的封建君主。

世界各地的初夜权叙述,绝大多数存在于文学作品或口头传说

---

① 邢颂文:《淮域纪行》,《江苏月报》第4卷第1期,1935年7月1日,"专文"第59页。

中[1],缺乏过硬的史料证据[2]。淮北地区的初夜权资料则极为丰富可靠,充分反映了这一地区的社会状况。苏北涟水籍的严中平先生生

---

[1] Jörg Wettlaufer, "The jus primae noctis as a male power display: A review of historic sources with evolutionary interpretation," *Evolution and Human Behavior*, 2000(21), pp. 111-123; S. MacPhilib, "Jus primae noctis and the sexual image of Irish landlords in folk tradition and in contemporary accounts. Bealoideas". *The Journal of the Folklore of Ireland Society*, 1988(56), pp. 97-140; Voltaire, *Le Droit du seigneur, ou l'écueil du sage, comédie, 1762-1779*. Vijan: Lampsaque, 2002; 二阶堂招久:《初夜权》,上海:上海文艺出版社,1989年,第4—7页。

[2] 学界目前对初夜权通常有三种解释:(一)原始习俗。恩格斯指出:"在另一些民族中,新郎的朋友和亲属或请来参加婚礼的客人,在举行婚礼时,都可以提出古代遗传下来的对新娘的权利,新郎按次序是最后的一个。……在另一些民族中,则由一个有公职的人——部落或氏族的头目、酋长、萨满、祭司、诸侯或其他不管是什么头衔的人,代表公社行使对新娘的初夜权。"(恩格斯:《家庭、私有制和国家的起源》,《马克思恩格斯文集》第4卷,北京:人民出版社,2009年,第63页)。拉法格认为:"在父权社会的初期,这种公公与儿媳通奸的事是一种很自然的实践。……丈夫的兄长也瞀妄地对于新媳妇保留初夜权"(拉法格:《拉法格文学论文选》,罗大冈译。北京:人民文学出版社,1962年,第45页)。持类似看法的还有周作人(少英:《周作人文选》,上海:启智书局,1936年,第199页)、二队堂招久(二阶堂招久:《初夜权》,上海:上海文艺出版社,1989年,第41-54页),等等。(二)宗教信仰。8世纪天竺、唐、吐蕃等王朝密教盛行的时候,阿利僧拥有信徒的初夜权(杜继文主编:《佛教史》,南京:江苏人民出版社,2005年,第394页)。对西藏的类似看法还有Komroff (Manuel Komroff, *The Travels of Marco Polo, 1271-1295*, v. 2. New York: The Limited Editions Club. 1934, pp. 252-253)、对新疆有类似记载是谢彬(谢彬:《新疆游记》,上海:中华书局,1929年,第134页)。(三)封建领主特权说。倍倍尔指出:"地主对于他们的家臣和农奴差不多有无限的支配权。……臣下们的主人,自承有使用女奴和家臣的性的权利——'初夜权'就是这种权力的表现"(倍倍尔著:《妇人与社会》,沈端先译,上海:开明书店,1927年,第89页)。持类似看法还有蔡和森(蔡和森:《社会进化史》,《蔡和森文集》,北京:人民出版社,1980年,第464页)。Pfannenschmid (H. Pfannenschmid, "Jus primae noctis". *Das Ausland*, 1883(56), pp. 141-150)、Hanauer (C. A. Hanauer, "Coutumes matrimonial du moyen-âge". *Mémoires de l' Aac-demie Stanislas*, 1893 (2), 253-312)。另有男性权力展示说(Jörg Wettlaufer, "The jus primae noctis as a male power display: A review of historic sources with evolutionary interpretation," *Evolution and Human Behavior*, 2000(21), p. 111)、强奸说(Vern L. Bullough, "Jus primae noctis or droit du seigneur", *The Journal of Sex Research*, 1991, 28(1), pp. 163-166),等等。

前多次指出,由于中国地区之间差别极大,苏北就存在着初夜权的现象。[①]应该说,这一现象源于苏北特殊的社会结构。

不少人批评拙作《近代苏鲁地区的初夜权》[②]一文使用了江苏的土改调查资料。需要指出的是,1949年以前,在涉及淮北的社会调查中,卜凯(J. L. Buck)在宿州的调查,重点是土地经济;其他即使到淮北社会作走马观花访问如吴寿彭、陈翰笙者,也属凤毛麟角。而以饶漱石为首的华东军政委员会土地改革委员会所调查统计的土改资料,被公认为江苏农村可信度最高的资料之一。不可否认,近千年以来,全面深入淮北农村社会者非中共知识分子莫属。因此,述及初夜权问题,多是中共方面留下的资料也就不足为怪了。

需要强调的是,在淮北普遍兴起的圩寨中,作为领主式地主可以处理任何纠纷,可以随意杀死平民。可以想见,权力失范的淮北精英,在其"成功"的过程中,大多有着伤害平民性命的原罪。在土地改革时期,这样的罪恶不难被发掘出来,相反,像初夜权这类风化之事,实际上要"温和"得多,土改推动者并不视之为地主的重要罪恶。因此,即使是来自中共方面的淮北初夜权资料,基本不是在某种政治氛围下编造的;不少是在亲友密朋中讲述的,这种场景下的话语显然更可信。

[①] 据刘克祥先生2011年7月9日在河南大学召开的"中国近代乡村研究的理论与实证研讨会"上所谈。
[②] 马俊亚:《近代苏北地区的初夜权:社会分层与人格变异》,《文史哲》2013年第1期。

郭沫若认为,诗经时代,公子们对平民女子拥有初夜权①。有些学者则认为,周代、乃至中国传统社会不可能存在初夜权②。

以上对中国初夜权的看法,均是臆测。淮北地区的初夜权有着充分的依据。

在许多地区,流传着元代时蒙古人对汉人施行初夜权的传说③。尽管是否有其历史事实,尚存在较大争议。但无论如何,元代贵族对初夜权是很看重的。元初,"时北人酷爱江南技艺之人,呼曰巧儿,其价甚贵。至于妇人,贵重尤甚,每一人易银二三百两,尤爱童男、童女,处处有人市,价分数等,皆南士女也"④。

中国最常见的脏词(类似"X你妈")在元代大量流行⑤,或与初夜权有关。当双方争吵时,一方如揭出占有对方母亲的初夜,也就暗示了对方可能是自己的子嗣,其血缘与权力上的优势地位尽显。

因此,无论是现实的维护尊严的人,还是具有超现实能力的神,初夜权在其生活都居于重要地位。学者指出,元代《西厢记》

---

① 郭沫若:《郭沫若全集(历史编)》(1),北京:人民出版社,1982年,第114页。
② 金性尧:《炉边诗话》,上海:上海人民出版社,1988年,第3页;何满子:《何满子学术论文集》下,福州:福建人民出版社,2002年,第38页。
③ 各地流传最广的是元代蒙古人对汉人施行的初夜权(见张紫晨:《中国古代传说》,长春:吉林文史出版社,1986年,第317页;中国民间文艺研究会上海分会等编:《中国民间文学论文选》(1949—1979)上册,上海:上海文艺出版社,1980年,第174页;荀德麟等:《运河之都——淮安》,北京:方志出版社,2006年,第174页,等等)。
④ 毕沅编:《续资治通鉴》(第6册)卷一九一,"标点《续资治通鉴》小组"校点,北京:古籍出版社,1957年,第5213页。
⑤ 如"那人娘的"(孙仲章:《勘头巾》,见臧懋循辑:《元曲选一百种·勘头巾》,万历四十四年刊本,第9页上);"我肏娘屄"(关汉卿:《古杂剧·竹坞听琴》,明顾曲斋刻本,第16页上)。

中张生与崔莺莺初事后,"春罗元莹白,早见红香点嫩色"的描写,"这是张生获得了崔莺莺的初夜权,自鸣得意,把红斑斑的手帕看做是自己的杰作"①。以鲁地为背景的明末著名长篇小说《金瓶梅》,详细描写了男性获得妓女初夜权时的郑重其事:"紧着西门庆要梳笼这女子。……次日使小厮往家去,拿五十两银子,段铺内讨四件衣裳,要梳笼桂姐。那李娇儿听见要梳笼他的侄女儿,如何不喜?连忙拿了一锭大元宝,付与玳家,到院中打头面,做衣服,定桌席,吹弹歌舞,花攒锦簇,饮三日喜酒。应伯爵、谢希大又约会了孙寡嘴、祝实念、常峙节,每人出五分分子,都来贺他。铺的盖的,都是西门庆出。每日大酒大肉,在院中顽耍,不在话下。"②

一部清末作品中,鲁南侠盗雁高翔酬谢苏北世家子沈筠时,尽管沈非常中意一"尤妙丽"之姬,但雁认为:"此皆非贞躯,不足以辱长者。昨得一全璧,臂上守宫砂未退,谨当奉献。"③后使沈获得了青州贾太守之女的初夜权。这部作品的作者为泗州人宣鼎,同光年间(1875—1908)在济宁、淮安等地游幕,熟悉苏鲁的风土人情与社会心理。从中可以看出淮北社会上层非常看重初夜权。

据《嘉庆海州志》载:

> 郁洲者,故苍梧山也。古老传言,此岛上人皆先是麋家之隶,今有牛栏一村,旧有麋家庄,牧犹枯祭之,呼曰麋郎。临

---

① 石不易:《我来剥历史的皮》,贵阳:贵州人民出版社,2013年,第119页。
② 兰陵笑笑生:《金瓶梅》第12回,济南:齐鲁书社,1991年,第177页。
③ 宣鼎:《夜雨秋灯录》卷五,光绪铅印申报馆丛书本,第19页下—20页上。

祭之日，着犂鞾，执鞭耕。又言初取妇者，必先见糜郎，否则为祟。[1]

此处的“糜郎”具有庄主的身份。形同庄奴的牧者娶妻，“必先见糜郎”，事实上是前者向后者贡献初夜权。

苏北及邻近不少地区有夜间嫁娶的风俗，如淮安府，“（腊月）二十四夜，饧饼、茶果祭灶。民间多以是日嫁娶”[2]。沛县“夜多娶妇”[3]。这些风习多与平民为避强势人物的初夜权要求有关[4]。

同治年间（1862—1874），海州沭阳（现隶属宿迁市）一名施恩于贫者的寺僧，明确提出初夜权的要求，并得到了对方的认可。

甲者……栖身庙中，为香火道人。甲父在日，为甲聘同邑某氏女。甲财产既竭，贫不能娶。僧故饶于赀，性尤险僻，尝奢甲值而轻其事，甲颇惑之。一日置酒密室，召甲饮。半酣，谓甲曰：“闻子已论婚，胡久不娶？”甲以贫对。……僧曰：“今有一策，不知子能俯从否？若能与共之，当先为子谋百金，入门后衣食悉取给于我，并当增子值。”甲本非人类，欣然从之。合卺之夕，宾客既散，甲出，易僧入房，女不之知，

① 唐仲冕等编纂：《嘉庆海州直隶州志》卷三十一“拾遗”，嘉庆十六年刊本，第13页上。
② 郭大纶等修：《淮安府志》卷六“学校志”，万历年间刻本，第39页下。
③ 于书云修：《沛县志》卷三“疆域志”，民国九年刻本，第7页上。
④ 魏创有等主编：《南阤魏氏族谱》，2002自印本，第860页。

听其所为。①

由于苏北鲁南是古代的鲁地,儒家传统影响较深,普通百姓往往羞于谈论涉性话题,加上初夜权本身存在着隐秘性,当事人多不愿对此加以张扬②。并且,"初夜权"一词20世纪以后才成为汉语词汇。因此,对初夜权的准确叙述,多为新式知识分子。

20世纪40年代中期,据苏北土地改革工作者调查,"地主对佃户的妻女,可以随意侮辱、霸占。……甚至有若干地区如宿迁北部,还保留'初夜权'制度,佃户娶妻,首先要让地主睡过,然后可以同房"③。1942年4月,苏北新四军领导人邓子恢指出:贵族地主阶级的思想意识,包括"可以自由奸淫以至霸占人家的妻女,可以享受初晚的权利"④。潘朗写道:"农奴的新婚妻子,第一夜必须先陪地主睡,让地主老爷'破瓜'。""这风俗,在中国,在号称文风甚盛的苏北,也是存在"。反之,佃农"如果讨老婆而在新婚第一夜不把妻子送到地主老爷的床上,倒是'大逆不道',是'不道德'了"⑤。

据20世纪40年代担任沭阳农会会长、钱集区委书记的徐士善叙

---

① 《沭阳奇案》,《申报》第649号,同治甲戌四月二十七日(1874年6月11日),第3版。
② 如栖霞县,"事情(初夜权)确实有",但"群众不肯谈自己事情"(栖霞县政协文史资料委员会等合编:《牟墨林地主庄园》,济南:山东人民出版社,1990年,第165页)。
③ 华东军政委员会土地改革委员会编:《江苏省农村调查》(内部资料),1952年印,第438页。
④ 北京新四军暨华中抗日根据地研究会淮北分会、江苏省泗洪县新四军历史研究会编:《邓子恢淮北文稿》,北京:人民出版社,2009年,第129页。
⑤ 潘朗:《新民主主义的道德》,香港:智源书局,1950年,第2—3页。

述:"有次在沭阳张圩斗地主,晚上让他的佃户看管他。结果,夜里佃户用棍子把地主打死了。后来调查知道,原来佃户的媳妇,娶过来的头夜,被这位地主睡了。"①

沭阳有的佃户向地主借贷娶亲,地主则以得到初夜权作为条件。

> 沭阳胡集北老单圩地主单旭东佃户某某,儿子大了要带媳妇,因没有钱,向地主商量。地主说:"不要愁,我替你想办法。但你要允许我一件事。"佃户问他什么事,他说:"你新儿媳带来,头一晚上我去,这你也赚便宜。你不允许,我只要想你儿媳,还能不给我吗?"佃户经过思考,没办法,答应了。地主借了三石小麦。②

值得注意的是地主所说的:"我只要想你儿媳,还能不给我吗?"表明地主对佃户妻女拥有常规的性权力。对这种权力略有不满的佃户自然会受到地主的严惩。沭阳宋山区河东乡小宋庄地主徐香太奸淫佃户田二的儿媳,被田二发觉,田仅责骂儿媳几句。次日,徐执牛鞭将田痛打。田问:"你为什么要打我?"徐答:"你自己知道。"③1936年,沭阳汤沟乡乡长、大地主汤宜逊的佃户王

---

① 2009年6月17日,笔者与包蕾在南京市江苏省军区第一干休所对徐士善(正军级离休干部,1922年生)的访谈。
② 《淮海报》》民国三十六年十月十七日,第1版。
③ 《苏北报(淮海版)》民国三十五年三月二十二日,第1版。

某娶妻,汤闯进王宅,奸淫王妻。王母劝阻,被其枪杀①。

类似于郭沫若所说的"尝新"②,在苏北广泛存在。沭阳程震泰家族的程廉泉,家中的女性雇工,"差不多都受过他的蹂躏。老的也好,丑的也好,俊的也好,甚至于满脸是疤和麻的,他也要糟蹋他(她)。他说这是'尝新'"③。淮阴孙圩孙大琨,家有田地26顷多:"听到沟南佃户陈兆臻有个美貌的姑娘,他就马上叫几个自卫团(丁),挑了被子,拿着毡毯,提着尿壶,他自己捧着水烟袋跟在后面,一步三幌,三步九摇,到了陈兆臻的家里,是话未讲,只说:'把你姑娘带来睡睡看,好才要,不好两便。'"④

更有许多地主获得了初夜权后,长期霸占佃户的妻女不予归还。泗沭裴圩地主周继叔家的雇工朱尚队兄弟两人,积蓄多年替弟娶媳,入门头晚被周奸占,后被周长期霸作"小婆子"⑤。宿迁北部窑湾区王楼乡地主马知非(又名马如元),有地60余顷、佃户200余家。他46岁时看中佃户孙广礼17岁女儿,在孙氏嫁果场张姓的当晚,用花轿把孙氏抬到自己家中,后长期予以霸占。"因他有钱有势,张姓也只好哑吧吃黄莲,有苦无处说"⑥。另被他长期霸占的还有佃户王怀仁的女儿与佃户张九清的妻子⑦。

---

① 张新羽:《土地革命时期灌南地区的农民暴动概述》,《灌南革命史料》第1辑,1984年9月,第257页。
② 郭沫若著作编辑出版委员会:《郭沫若全集(历史编)》(1),北京:人民出版社,第114页。
③ 文年:《〈大地主程震泰〉补遗》,《淮海报》民国三十五年七月十五日,第4版。
④ 洪崖:《孙二太爷的后代》,《淮海报》民国三十五年六月二十一日,第4版。
⑤ 《淮海报》民国三十六年十一月九日,第4版。
⑥ 《淮海报》民国三十五年七月三日,第1版。
⑦ 《淮海报》民国三十五年七月三日,第1版。

地主厌腻了佃户的妻女后，可随时抛弃，无须负任何责任。沭阳曙红区崔沟村崔家庄丁杰三，父辈有80顷地，本人在上海读过大学。他曾将佃户王春保女儿霸占1年多，王女怀孕后，丁即予抛弃。佃户黄德安一15岁妹妹，亦被丁霸占年余后抛弃，后又将佃户崔振露之妻霸占①。

与欧洲中世纪不同的是，苏北从外地迁入的佃户妻女同样要被当地地主行使初夜权。沭阳县耀南区长安乡地主袁席山，有地9顷，有位佃户搬来的第一夜，他去佃户家奸淫其妻，"地主及门勇一夜去打几次门，小笆门都被打坏了"②。

在《费加罗的婚礼》（Le Nozze di Figaro）中，法国伯爵为了取得女仆苏珊娜的初夜权，采取的是"温情"引诱的方式。相比而言，苏北初夜权的实施极为野蛮。有的新婚妇女因不顺从，竟被逼死。晚清盐城倪复曾妻陈氏，"初嫁时，有恶少蜚语诬污，愤而经死，年二十"③。1945年春末（当地人称"麦头"），沭阳龙庙乡长兼大地主徐士流，在一乡民娶亲时，欲奸淫新妇，新妇不从，被迫跳井自杀④。宿迁顺河区日伪区长张少桐与义子曹寿才强奸祁某之妇不遂，竟枪杀了祁氏夫妇⑤。宿迁姚湖北高圩地主高永年，奸淫佃户陆某某17岁孙女，陆女两次喝盐卤相拒，仍迭次被奸⑥。

1935年《申报》的一篇文章指出："去年在山东某女学校检查

---

① 《淮海报》民国三十五年六月二十一日，第4版。
② 《淮海报》民国三十三年八月十九日，第1版。
③ 刘崇照修：《盐城县志》卷十四"列女"，光绪二十一年刻本，第16页上。
④ 《苏北报》民国三十四年十一月十九日，第2版。
⑤ 《苏北报（淮海版）》民国三十五年三月二十五日，第1版。
⑥ 《淮海报》民国三十六年九月二十八日，第1版。

女生的处女膜的消息，不管其是否属实，都是和男子对妇女的初夜权的要求有密接（切）的关联。……所以我们理解初夜权，不要单纯的把她看做封建时代的特殊的现象，在男权制度未被消灭以前，随时随地都实行变相的初夜权制度是无疑的！"①应该说，作者对山东女校中所发生事件的理解是非常正确的。山东确实是初夜权意识和实践均盛行的地区。

与苏北类似，抗战和土改时期的调查均表明，山东不少地方，地主对其佃户享有初夜权，直到1945年山东省战时行动委员会制定了《婚姻法暂行条例》后才真正废除②。

抗战时任丰县、鱼台等地妇女部部长的张令仪写道：抗战初，在鲁南："我第一次听说有这样的事：佃贫农家的人新婚之夜，新娘要被地主享有初夜权。"③据她叙述，1938年她在单县任县委委员时，中共县委书记张子敬④亲口对她说，因佃种了单县辛羊区张寨地主的田地，张新婚时，妻子被张寨的地主施行了初夜权。她认为："鲁西南的初夜权不是潜规则，而是一种比较普遍的不成文法规。农民根本无力抗拒。地主实施初夜权主要是为了满足其荒淫的肉欲。"⑤

抗战期间，山东救国团体为了发动民众，把取消鲁南地区的初

---

① 君慧：《初夜权》，《申报》1935年5月12日，第18版。
② 王启云编著：《山东抗日根据地的减租减息》，北京：中共党史出版社，2005年，第147页。
③ 张令仪：《在革命队伍里》，《似火青春：八路军（临汾）学兵队成立五十周年纪念文集》，北京：解放军出版社，1990年，第187页。
④ 张子敬，1913年生，曾任中共单县县委组织委员、单县县委书记。1939年5月，任苏鲁豫区党委巡视团主任。
⑤ 2011年1月11日笔者与张广杰在复旦大学医学院老干部处对张令仪（1921年生）的访谈。

夜权作为改善雇工待遇的一项内容。1940年8月11日，山东省各界救国联合总会会长霍士廉在山东职工联合大会上报告："鲁南许多落后的地区，仍存在着超经济的剥削和残无人道的野蛮行为，如初夜权。"①由此可知，初夜权在鲁南是比较显著的社会问题。

1943年12月，陈毅经过鲁西南，他的《曹南行》诗称："亳邑汤都史所传，至今豪霸圈庄园。蜀客多情问遗事，居停首说初夜权。"②其时，地主尚是中共的统战对象，山东的中共高层反复强调"照顾地主利益"，③陈毅等人不会刻意丑化地主。

据一位"老战士亲身经历"所写的作品同样记述了鲁南的初夜权：临沂张庄有400多户人家，庄主族长张大富，拥有全庄土地，还享有初夜权，"谁家娶新娘子，先要被他睡三晚"。④

即使在普遍存在过初夜权的西方，"真正的性交权力是很难证实的，目前并无确凿的证据证明其真的发生过"⑤。但苏鲁地区的初夜权是确切无疑的。近代苏鲁地区的初夜权与少数民族地区的初夜权有着较大的区别。

中国少数民族地区也存在着形式不一的初夜权。据记述，在西藏，"这些地区的民众不愿与年轻的处女结婚，而是要求她们必

---

① 《山东职工运动的总结——一九四〇年八月十一日霍士廉在联合大会上的报告》，山东省总工会、山东省档案馆合编：《山东工人运动历史文献选编》第2集，1984年打印本，第20页。
② 陈昊苏编：《陈毅诗词全集》，北京：华夏出版社，1993年，第123页。
③ 江苏省档案馆藏档案：《山东抗日民主政府三年工作总结及今后民主政治建设方案》，案卷号6—14，资料4000754，第19页。
④ 杨杰：《人生曲》，北京：农村读物出版社，1991年，第205页。
⑤ Jörg Wettlaufer, "The jus primae noctis as a male power display: A review of historic sources with evolutionary interpretation," *Evolution and Human Behavior*, 2000(21), pp. 111–123

须与其他许多人发生过性关系。他们相信这样才能为神所悦,并认为一个没有男伴的女人是极为低贱的。因此,当商队到来,搭好帐篷过夜时,那些有女儿待嫁的母亲们会领着她们来到这里,请求这些陌生人接受自己的女儿"①。在新疆:"回俗女子至十岁左右,即送请阿浑诵经,为之破瓜,彼俗称为开窟窿,否则无人承配。幼女举行此典,恒数日不能起,甚有下部溃烂至成废疾者。"②为此,民国新疆省长杨增新专门下令,女子"非至十四岁,不得开窟窿"③。改土归流前,鄂西土家族女子婚期的前三天,土王享有初夜权,凡与土王异姓成亲,新娘在婚前必须和土王同住三宿后,方能与新郎结婚④。四川酉阳土司所属的大江里、小江里一带,不仅居于特权地位的土司享有初夜权,就是封建氏族长,也在本(氏)家族内享有初夜权⑤。湖南永顺、保靖、永绥的土司,除同宗外,对于任何人新婚都享有初夜权⑥。贵州毕节的土司享有初夜权⑦。该省安龙,农民妇女出嫁的当天晚上,即迁往兵目附近,为兵目服役

---

① Manuel Komroff eds, *The Travels of Marco Polo, 1271-1295*, vol. two. New York: The Limited Editions Club, 1934, pp. 252-253.
② 谢彬:《新疆游记》,上海:中华书局,1929年,第134页。
③ 谢彬:《新疆游记》,上海:中华书局,1929年,第134页。
④ 田发刚、谭笑编著:《鄂西土家族传统文化概观》,武汉:长江文艺出版社,1998年,第130页。
⑤ 伍湛:《土家族的形成及其发展轨迹述论》,《伍湛民族学术论集》,成都:四川民族出版社,1999年,第144—145页。
⑥ 沈从文:《白河流域几个码头》,《沈从文散文选》,长沙:湖南人民出版社,1981年,第263页。
⑦ 陈翰笙:《"大跃进"中所见所闻》,张静如、李松晨主编:《图文共和国史记》,北京:当代中国出版社,1999年,第899页。

3年，才可落夫家，这种习俗"可能是'初夜权'的残存形式"①。

这种权利是基于习俗或信仰的"神权"。某些汉人地区流传着类似的传说，不少与神权有关。

《投梭记》中描写的伊尼大王，"每岁春秋二祭，却是上元中元。上元正用灯火鼓乐与猪白羊，中元没有灯火猪羊，之外要寻一个童身美女送进庙中祭享。但是齐整虔诚，又有美女，那年自然风调雨顺，五谷丰稔。若但有祭品，无童女时，霎时就起雷电，一岁疾疫歉收"②。郁达夫所述的浙江诸暨避水岭西山脚下的石和尚，"从前近村人家娶媳妇，这和尚总要先来享受初夜权"③。宋之的所说的山西冀城东山，"相传那山里有一个东山大王，是要享受初夜权的"④。在这些传说中，石和尚和东山大王都非现实中的人，而是具有神性，至少拥有某些神通。

淮北地区享受初夜权者均是活生生的人，一般是集行政、军事、经济等权力于一身的富者通过财产关系对贫者性权利的统治，多见于领主式地主对佃农的妻子施行这一特权。由于淮北地主事实上是权力的变体，而非仅仅是土地占有者，他们处于极为强势的地位，作为弱势一方的佃农无力抗拒其要求。这一关系的本质是行政权力统治社会的表现。

---

① 中国科学院民族研究所贵州少数民族社会历史调查组、中国科学院贵州分院民族研究所编：《贵州省望谟县桑朗亭目历史、安龙县龙山布依族解放前社会经济、镇宁县扁担山布依族解放前社会经济和阶级斗争调查资料》，中国科学院民族研究所贵州少数民族社会历史调查组、中国科学院贵州分院民族研究所，1964年，第18页。
② 毛晋辑：《六十种曲》"投梭记"（下），明末毛氏汲古阁刻本，第4页上。
③ 郁达夫：《郁达夫文集》第3卷，广州：花城出版社；三联书店香港分店，1982年，第227页。
④ 宋之的著，宋时编选：《宋之的文集》，北京：华夏出版社，2000年，第412页。

行政权力的变体——大地主是乡村权力的集中占有者,事实上是国家的宠儿和依恃的精英。如中国传统法规就明确禁止"奴讦其主"①。由于国家政策的偏误,军政地主势力膨胀,成为淮北社会甚少受到制衡的强势群体。

至元十九年(1282)十二月,杨少中陈奏:"切见江南富户,止靠田土。因买田土,方有地客。所谓地客,即系良民。主家科派其害,甚于官司差发。若地客生男,便供奴役;若有子女,便为婢使,或为妻妾。"②与中世纪的欧洲相似,农民须向领主式地主或保护者购赎初夜权③,无力承购者,连婚姻权都被剥夺。杨少中奏:"又有佃客,男女婚姻,主户常行拦当,需求钞贯布帛礼数,方许成亲。其贫寒之人,力所不及,以致男女怨旷失时,淫奔伤俗。"④

随着近代中央政府威权的下降,既无法像传统"盛世"那样,利用国家权力抑制豪强,更不能建立起真正意义的公民政府,使平民享有公民权,利用程序化的法律规范限制这一强势集团的违法越权行为。

在没有法律规范的环境里,满足了物质需要的军政地主们,没

---

① 《大元圣政国朝典章》典四十一,北京:中国广播电视出版社,1998年,第1955页。
② 《大元圣政国朝典章》典五十七,北京:中国广播电视出版社,1998年,第2051页。
③ P. K., "The Jus Primae Noctis," *Folklore*, 1898, 9(4), pp. 366-368; M. Peacock, "Jus Primæ Noctis," *Folklore*, 1903, 14(4), pp. 419-420; E. D. Jones, "Medieval merchets as demographic data: some evidence from the Spalding Priory estates, Lincolnshire," *Continuity and Change*, 1996, 11 (5), pp. 459-470.
④ 《大元圣政国朝典章》典五十七,北京:中国广播电视出版社,1998年,第2051—2052页。

有任何动力和动机去追求更高层次的精神需要,只能沉湎于低层次的肉欲享受。在治世时,他们充其量是西门庆、韦公子式的人物,不断地腐化社会。

表面上看,初夜权是强势集团剥夺贫民性权利,满足个人肉欲的陋俗。进言之,通过剥夺贫民的人格尊严,树立强者在社会中的独尊地位。从深层次看,由于其权力极少受到程式化的制约,强势集团可以按照自己的需要,以自己的利益为中心,肆意制定乡村规范,任意创造低俗"文化",恣意发展陋劣"传统",对平民从物质与精神两方面进行统治。由于性权利被剥夺者的长子与剥夺者之间可能存在的血缘关系,初夜权还有助于强化贫民对军政地主的君父认同,更有利于对其加以控制。

在严重缺失法治的环境下,一方面,强势集团绝不会成为近代国家的建设力量和乡村社会的稳定因素,他们无所不用其极地把自由民变为农奴、甚至奴隶,使依靠不合理、不公正原则建立的社会关系无以变革,固化为彻底的人身依附关系。另一方面,强势集团本身的人格升华受到了极大的束缚,使他们异变为仅能追求肉体享受的低层次人格,始终处于动物的本能状态。

在行政权力的变体——领主式地主的操纵下,本应代表最广大人民利益的近代国家,成了强势集团的代言人和最忠实的保护者。而强势集团却往往以叛"君"和叛国来作为回报。这一背谬现象表明,要建设真正的近代民族国家,必须对强势集团进行程式化的监督和法制制约。

初夜权本身不是任何政府意志的结果。在清代中前期,"朝廷崇尚贞操,此等殊堪发指,若遇此案,必以光棍之法治之,与强奸者同论重辟也"①。晚清自捻军之役后，淮北属于国家的政治边缘或行政失控地区；民国北洋政府和南京国民政府时期，中央政府对淮北均鞭长莫及。相反，在清及民国控制的核心地区江南，初夜权则闻所未闻。

初夜权的实施是行政权力统治社会、与行政相关的各种权力变异、缺乏程序化监督的结果。在这样的社会里，市场极不发达，平民缺乏流动机遇，人身依附极为盛行，这才是初夜权最合适的土壤。

初夜权的本质并非土地关系所造成，单纯变更土地关系，只能是扬汤止沸。初夜权的真正消灭，在于近代文明政制取代专制体制，前提是人身依附的解除，平民流动机遇的扩大，进而发展成政治生活的民主化、行政授权的程序化、政府管理的法制化、官员权力的制约化、人文思想的科学化、公民权利的神圣化，等。否则，只要人身依附存在，初夜权之类的恶俗就有着存在的可能。

第三节　无法自洽的伦理

淮北女性殉死比重较高，自然不是她们"封建"觉悟更高尚、"封建"道德更纯正；而是这里恶劣的社会环境和更强的行政权力的统治造成的。

一、逆礼教的"女德"

强势群体倡导的性观念，更加直接强化了对平民的统治，形成

---

① 唐仲冕：《陶山文录》卷十，道光二年刻本，第27页上。

极强的人身依附关系。直到民国建立多年,有人对淮北调查,仍发现:"待遇寡妇,大多数以古人节妇之历史,使其保守清节,防止有外遇情事,否则甚有致之死地者。"①

明代女性大量殉死之时,欧洲正在进行以人为本、人人生而平等的普遍的社会启蒙,女性殉死极端地背离了以人性为核心的近代伦理。

明代已有人意识到女殉严重违背了人类的天性本能。归有光写道:"阴阳配偶,天地之大义也。天下未有生而无偶者,终身不适,是乖阴阳之气,而伤天地之和也。"②明末反映江南社会生活的"三言""二拍"中,妇女们极少存在殉死的极端信念;不少女性有再嫁、三嫁的经历或二个以上的性伙伴。有人写道:"在晚明的色情小说中,女性暂时地从通常的犯罪诱惑中解放了出来:她为自己选择轮换的性伙伴,或是让性能力不适的男人尴尬。"③安碧莲的研究表明,晚明一些思想开明的士大夫,对男女的生理欲望已有所肯定④。

即使是对女性极端蔑视的《水浒传》也承认:女性"初嫁从亲,再嫁从身"。⑤《金瓶梅》借西门庆之口称:"却不道天地尚

---

① 侯绍龙:《萧县社会调查》,江苏省政府秘书处宣传股编:《江苏旬刊》第60期,1929年6月1日,第24页。
② 林纾选评:《归震川集》,上海:商务印书馆,1924年,第5页。
③ Keith McMahon, "Eroticism in Late Ming, Early Qing Fiction: The Beauteous Realm and the Sexual Battlefield", T'oung Pao, Second Series, vol. 73, Livr. 4/5 (1987), p. 261.
④ 安碧莲:《明代对节烈妇女的旌表与节烈观念的深化》,《明史研究专刊》1998年第12期,第383—421页。
⑤ 施耐庵:《水浒传》第25回,北京:人民文学出版社,2005年,第335页。

有阴阳，男女自然配合。"①孟玉楼再嫁，其丈夫姑妈为她执言："他身边又无出，少女嫩妇的，你拦着不教他嫁人，留着他做什么？"此话得到了众街邻的赞和②。在家族势力极大的广东一些地区，家长同样秉持"妇女一嫁由父母，再嫁则由己耳"的伦理③。

最具讽刺意味的是，若略作考究，女性殉死并不符合"封建"道德。从封建礼仪来衡量，仅凭片言只语、甚至戏言谑语订亲的未嫁女子自然不属明媒正娶，她们自行奔赴夫家殉死，充其量属于公然私奔，是封建伦理所鄙视的淫行。她们自以为维护了高尚的名节，却做了封建道德最不齿之事！

归有光指出："婚姻之礼，父母主之。父母不在，伯父、世母主之。无伯父、世母，族之长者主之。男女无自相婚姻之礼，所以厚别而重廉耻之防也。……女未嫁而为其夫死，且不改适，是六礼不具，壻不亲迎，无父母之命而奔者也，非礼也。"④后世的理学卫道士们对归有光大加围攻，但他们除了扣上意识形态的帽子，重合一些空洞的口号外，在逻辑上始终无法自圆其说，无法对归有光的观点进行有力的回击。

从外国使节的日记中，可以看出清代上流社会实际上非常认同未嫁殉夫是淫奔，并对自家女儿作了防范。1780年，朝鲜使节朴趾源在热河太学与清代上流社会人物谈话，举人王民皞称："至于通家旧谊，指腹议亲，或俱在笤龀，父母有言，不幸而至有饮鸩投

---

① 兰陵笑笑生：《金瓶梅》第57回，济南：齐鲁书社，1991年，第843页。
② 兰陵笑笑生：《金瓶梅》第7回，济南：齐鲁书社，1991年，第127页。
③ 王世选修、陈景棻续修：《海康县续志》卷二十二，民国二十七年铅印本，第12页上。
④ 林纾选评：《归震川集》，上海：商务印书馆，1924年，第5页。

缞，以求殉祔，非礼莫大。君子讥其尸奔，亦名节淫。国宪申严，父母有罪而遂以成俗，东南尤甚。故有识之家，女子及笄然后始通媒妁。"①

颇为吊诡的是，女殉在逻辑上是否定君主专制的。称帝后的朱元璋，不惜大搞种种政治运动，动辄诛戮数千、数万名部属功臣，竭力营造极端的君权和君主权威。但他所鼓动和褒奖的女殉，对专制政治实为双刃剑。在专制纲常中，君主被宣示为具有至高无上的地位，"三纲"中首为君纲，次为父纲，最末才是夫纲。以此推导，既然夫殁要求妇殉，那么，一家之父死亡，全家也必须殉死；君崩更须普天之下所有臣民殉死！女子殉夫而不殉君，事实上贬低了君主的地位。那些高举意识形态大棒的道学家们，卫道尊君是虚，毁道蔑君是实。

清初，毛奇龄直指："夫伦类之尊，莫如君亲，忠爱之切，亦莫如君亲。向使君亲当殉，则人孰无君？孰无父母？一君二亲，将见薄海之内，民无孑遗，纵有三身，亦抢不及夫妇矣。"②理学卫道士们自己不能为君、为父殉死，却拼命鼓动其他女性为夫、甚至为戏语订亲的男性殉身，仅此一点就暴露了他们假忠、假烈的虚伪本质。

即以最通常的"三从""四德"来衡量，大多殉死的未婚女子是在父母竭力反对、极力防备之下自杀的，从本质上违背了"未嫁从父"的伦理；更有甚者，许多殉夫妇女置幼子于不顾、甚至杀死

---

① 朴趾源：《热河日记》，朱瑞平校点，上海：上海书店出版社，1997年，第131页。
② 毛奇龄：《禁室女守志殉死文》，《西河集》卷一百二十四，四库全书本，第4页上一下。

其子，哪里还有"夫死从子"的妇德？

盐城朱贞女，未婚夫陈氏卒后，"请于世父求送往陈氏门，世父执不可，乃与幼弟偕诣夫墓哭之"。后自己折磨而死①。凤台郭敬聘妻刘氏，未嫁郭亡，"女闻讣欲奔丧，父母不许，遂投缳以殉"；徐有德聘妻王氏，"年十九未婚，有德病故，闻讣女旋奔丧徐家。夜自缢救苏，女仍归父家，为有德服三年服满，遂投缳死"②。阜阳刘梅女刘氏，许配李之本，未嫁李殁。"越一年，父许婚田氏，将纳彩，女闻中夜开箧，取李聘币，挑灯制衣衣之，自缢死"③。赣榆王桂山妻吴氏，夫卒后，吴氏"恸欲殉，家人逻守不得死，悲深致疾，卒年二十"；冯庆妻马氏，"夫故，矢志绝粒以殉，家人逻守之不得死，积数日坐殭"④；岳延良聘妻李氏，"夫故，氏泣不食，母守之，乘间自缢死"⑤。以封建道德标准来看，这些未嫁时违背父母之命私奔夫家的"烈女"，事实上是忤逆不孝。

女性成就自己的"大义"时，往往表现出缺乏人性，而且丧失母性的病态人格的女性，在淮北要远超其他地区。这些女性殉死时，极少考虑其幼子弱女的生命及其自己应承担的母亲的责任，有的甚至直接杀害自己的亲身儿女。可以说，许多因殉夫被旌表为节烈的妇女，事实上是旌表其没有人伦的恶行、甚至是罪行。

在烈妇们的眼中，亲生幼女的生命没有任何价值。桃源王氏

---

① 刘崇照修：《盐城县志》卷十四"人物"，光绪二十一年刻本，第7页下。
② 李师沆等修：《凤台县志》卷十三"列女志"，光绪十八年刻本，第5页上。
③ 刘虎文主修：《阜阳县志》卷十六"列女志"，道光九年刻本，第31页上。
④ 王佐良主修：《赣榆县志》卷三"列女传"，民国八年刻本，第35页下。
⑤ 王佐良主修：《赣榆县志》卷三"列女传"，民国八年刻本，第36页上。

17岁时夫故,"号泣将以身殉,有遗腹,姑劝止之。及产为女,又欲捐生"①。康熙年间宿迁蔡烈妇,夫亡后,乃妇不顾怀孕数月,"不食数日,决死"。经舅姑泣劝进食,但坚称:"若生女,雅不欲家翁重一丧葬费也。"②五河王序礼弟被杀,弟媳郭氏生子仅越月即殉死。而王序礼妻丁氏恰生一女,遂弃女乳至,置己女死亡而不顾。③沛县房理运妻,"生一女,甫七龄。理运死,家贫,氏尽所有以葬,至夜,氏携女出,沉水死"④。清末,阜宁庠生宋凤仪妾李氏,其夫溺亡。李号曰:"夫君葬鱼腹,我何生为?幸以幼女见累,语毕复赴水死。'⑤这些女性为了"大义"而亲手杀害自己的幼女,不但不会受到主流社会的责备,反而会备受颂扬,并已全部被政治至上的官府所旌表,反映了专制意识形态远高于法律、蔑视人性、践踏人命的本质。

在烈妇们看来,男孩因有传宗接代的功能,其价值要略高于女孩,有些人在自杀时,会给幼子留下一命。至于这些嗷嗷待哺的幼儿以后的命运,烈妇们是不会介意的。乾隆初年,山阳县徐习曾妻陈氏,"夫亡三月,举遗腹子,寻自缢"⑥。盐城刘乙堂妻孔氏,"夫殁欲自裁以殉,时方有娠,冀生男以延宗祀。居无何,果生男,毓之至四岁,慨然曰:儿已能自饮食,吾虽死,可以告无

---

① 张相文总纂:《泗阳县志》卷二十五"列女",民国十五年刻本,第3页下。
② 吴世熊修:《同治徐州府志》卷二十三(中)"列女传",同治十三年刻本,第59页下。
③ 张廷玉等:《明史》卷三百二"列女二",北京:中华书局,1974年,第7727页。
④ 于书云修:《沛县志》卷十四"烈女志",民国九年刻本,第49页下。
⑤ 刘崇照修:《盐城县志》卷十四"人物",光绪二十一年刻本,第2页下。
⑥ 胡裕燕修:《清河县志》卷二十四"疆域",光绪二年刊本,第1页下。

罪矣。以孤儿托之姑,仰药卒"①。萧县生员刘子奇妻徐氏,"甫生子,而子奇病卒,欲自经"②。沛县姜凤来妻高氏,婚后六年,"夫故,乘隙自缢,遗子女各一"。杜士成妻罗氏,"夫故,以有遗腹,不果殉。越四月生子,抚育至四岁,见其离母能活,服毒死"。董思孝妻姜氏,"于归后生子女各一,夫殁……仰药死,年二十七"。程文来妻刘氏,"适文来生一子一女,夫卒,……越七日,服毒殉,年三十"③。

盐城徐长春妻周氏,夫殁后,为了成就所谓的"节烈",挈两幼子投水而死。④淮阴义妇李氏,与谋害其夫者生育两子。李氏得知真相后,向官府作了控告,"又缚二仇子投淮水,遂自投死焉"⑤。

即使烈妇们为幼儿保全一命,但养育幼子的负担势必落到隔代祖父母的身上,给这些家庭带来沉重的负担,给未成年的孩子造成永恒的心理创伤。烈妇们成就大义为虚,逃避责任、害己害人为实;并且,至少要危害家中三代之人。

夫死妇殉也不是什么封建道德,相反,与封建道德南辕北辙。明初利用程朱理学所建立和维护的这套意识形态体系,甚至悖离封建意识的本质。

---

① 刘崇照修:《盐城县志》卷十四"人物",光绪二十一年刻本,第4页上、5页上。
② 潘镕修:《萧县志》卷十四"烈女",嘉庆二十年刻本,第11页下。
③ 于书云修:《沛县志》卷十四"烈女志",民国九年刻本,第49页下—50页上。
④ 刘崇照修:《盐城县志》卷十四"人物",光绪二十一年刻本,第4页上、5页上。
⑤ 郭大纶修:《淮安府志》卷十九"贞节传",万历年间刻本,第2页下。

二、反圣意的节烈观

康熙帝对道学家们的言行不一、表里霄壤的本性洞若观火："朕见言行不相符者甚多。终日讲理学，而所行之事全与其言悖谬，岂可谓之理学？若口虽不讲，而行事皆与道理吻合，此即真理学也。"①

康熙和雍正帝均对女性殉死的做法不以为然。1688年6月1日，康熙帝指出："夫死而殉，日者数禁之矣。今见京师及诸省殉死者尚众，人命至重大。而死丧者，恻然之事也。夫修短寿夭，当听其自然，何为自殒其身耶？……此后夫死而殉者，当已其旌表。王以下至于细民，妇人从死之事，当永永严禁之。"②

然而，仅过两天，他就谕令旌表包括淮北泗州赵氏、宿州田氏、蒋氏等烈妇及寿州夏氏、颍州刘氏等烈女，各给银建坊如例③。前述诏令自然也就成了具文。

1728年，雍正帝谕称："且烈妇之殉节捐躯，其间情事亦有不同者。或迫于贫窭而寡自全之计，或出于愤激而不暇为日后之思。不知夫亡之后，妇职之当尽者更多。上有翁姑则当奉养，以代为子之道；下有后嗣则当教育以代为父之道。他如修治频繁，经理家业，其事难以悉数，安得以一死毕其责乎？……朕今特颁谕旨，

---

① 《清实录·圣祖仁皇帝》（第4册）卷一百一十二，北京：中华书局，1985年，第158页下。
② 《清实录·圣祖仁皇帝》（第4册）卷一百三十五，北京：中华书局，1985年，第466页下。
③ 《清实录·圣祖仁皇帝》（第4册）卷一百三十五，北京：中华书局，1985年，第467页上。

着地方有司广为宣布，务期僻壤荒村家喻户晓，俾愚民咸知。孝子节妇自有常经，而保全生命实为正理。……傥训谕之后仍有不爱躯命，蹈于危亡者，朕亦不概加旌表，以成闾阎激烈之风，长愚民轻生之习。"①这个谕旨极具人性，也揭示了女性殉身的实情。

但此谕诏并没有得以贯彻。仅在淮北，1731年，宿州赵佐妻戴氏等自缢殉夫，雍正帝令各给银建坊入祠，致祭如例②。1732年，邳州王可梁女拔姐，夫死，闻讣即焚妆缢死于家。雍正下诏旌表。1734年，宿迁县臧高飞聘妻高氏等，"俱未婚夫殒，闻讣投缳"。雍正帝同样下令"各给银建坊，致祭如例"③。

1735年，江苏巡抚高其倬疏奏盐城县儒童刘闇士妻许氏、安东县儒童孙兆凤聘妻赵氏等，"俱痛夫身故，慷慨捐躯，请予旌表"④。雍正帝再次指出："凡烈妇轻生从死，昔年圣祖仁皇帝曾降旨禁止。朕于雍正六年（1728）又降旨晓谕至周至悉。数年以来，因各省奏请旌表烈妇者尚少，朕是以格外加恩，准其旌表。今数日之内，题奏殉夫尽节之烈妇、烈女多至十数人。……可见地方官未将从前谕旨剀切晓谕，乡曲愚民尚未深悉圣祖仁皇帝与朕重惜民命之至意，以致民间妇女激烈捐躯者更多。"⑤

---

① 托津等编：《嘉庆朝大清会典事例》卷三二三"礼部"，光绪年间刻本，第12页上—下。
② 《清实录·世宗显皇帝》（第8册）卷一百三，北京：中华书局，1985年，第374页上。
③ 《清实录·世宗显皇帝》（第8册）卷一百四十一，北京：中华书局，1985年，第781页下。
④ 《清实录·世宗显皇帝》（第8册）卷一百五十五，北京：中华书局，1985年，第893页下。
⑤ 托津等编：《嘉庆朝大清会典事例》卷三百二十三"礼部"，光绪年间刻本，第13页上—下。

尽管雍正帝再次强调反对夫亡女殉，但此事已成不可逆转之潮流。

1741年，明代自焚殉夫的山阳鲍氏女竟然受到乾隆帝追旌①。1765年，海州监生仇盛远长子死亡，聘妻胡氏，未婚殉节。1768年，海州汪天泉女，未婚夫死后，尽焚奁具，沉水自尽，时年21岁。1769年，沭阳钱毓玑女，未婚夫死，钱女自杀被救，家人予以密防，女得间自经，时年25岁②。1786年，赣榆庠生许泳次女，自尽殉夫③。赣榆蒋氏，闻未婚夫讣自尽，乃母施救得免。与母奔丧，见未婚夫之父衰病，其子仅数岁，蒋氏遂留其家辛勤劳作16年。翁卒叔娶后，于乾隆丁未年（1787）自经而死④。上述妇女均获得旌表。

到道光年间，更大肆追旌明代的烈妇、烈女。苏州府明代殉夫或殉未婚夫的17位女性中，有12人是道光年间追旌、3人为同治年间追旌⑤。说明雍正以后的清代统治者仍然奉行鼓励女性殉夫的国策。

总之，淮北的女殉并没有因康熙、雍正二帝的反对而有所改变。这颇令人不解。康、雍时代，对官员的控制如线提偶。仅从中央政府大力推行文字狱的过程来看，地方官员执行能力空前，不少官员宁暴勿善，宁酷勿宽，宁枉勿缺。况且，从国家治理经验来

---

① 何绍基纂：《重修山阳县志》卷十六"列女一"，同治十二年刻本，第10页下。
② 唐仲冕等编纂：《嘉庆海州直隶州志》卷二十六"列女"，嘉庆十六年刻本，第21页下—22页上、24页上—下。
③ 王城修：《增修赣榆县志》卷三"列女传"，嘉庆元年刻本，第41页上—下。
④ 王城修：《增修赣榆县志》卷三"列女传"，嘉庆元年刻本，第18页下。
⑤ 冯桂芬纂：《苏州府志》卷一百一十三"列女一"，光绪九年刊本，第11页上—29页上。

看，发动像文字狱这样反人道、反常识的暴虐运动，无论所消耗的政治资源、还是推行的难度，都远远超过任何一项符合人道的善政。那么，为什么禁止女殉这样的仁政反而会举步维艰、无疾而终呢？

究其实际，这一结果不是康、雍二帝的权威不够，而是由于下述原因：

其一，二帝的犹疑心态。

清初，忠、贞、节、烈被视为属性相通的品行。

在专制政治的语境下，人的品行也如同编入保甲的民户一样，相互负有连坐式的关系；节烈的父母必然培育出忠君的将臣。反之，不贞烈家庭的子女是难备忠义之心的，男性越有才华，反而越有可能成为乱世奸雄，女人则会成为背信弃义之人。《水浒传》中被刻画为料意如神的吴用听说史进去会李瑞兰，即根据李的身份断定史进将被出卖，因为像妓女这种不贞烈的人，"更兼水性，无定准之意"[①]。令人莞尔的是，也正是这位吴用，后来却把整个梁山泊的命运押在妓女李师师一人身上。

在基层官府的教化惯行中，淮北许多州县建立的祠堂、碑坊等，通常祭祀忠、义、贞、孝、节、烈、信、善等偶像。这类偶像中不可或缺的就是忠和烈。康熙三十八年吴晟《重修睢宁县儒学碑记》中提到要建立的是忠、义、节、烈、孝子祠堂[②]；后来建立的也是忠、孝、节、烈四祠[③]。丰县县令王初集《挽节妇王谢氏》

---

① 施耐庵：《水浒传》第69回，北京：人民文学出版社，2005年，第907页。
② 侯绍瀛修：《睢宁县志稿》卷八"学校志"，光绪十二年刊本，第4页下。
③ 焦忠祖修：《阜宁县新志》卷三"内政志一"，民国二十三年铅印本，第71页上。

诗云："天地正气不孤行，忠贞节烈每间生。"①邢元伟《戎烈妇袁氏碑文》追溯烈妇的成长环境："幼读书，识大义，喜闻忠孝节烈事。"②

刘纪华认为："贞节观念经过了宋代一度热烈的提倡，又经过元明时代的推进，到了清代变得非常狭义；差不多成了宗教。"③正如马克思所指出的那样："由于自己固有的意识……这个国家知道只有通过对自身扯谎来肯定自己存在的现实性。""连国家自己也不再知道自己是幻想还是实在，国家的世俗目的——宗教是这些目的的掩盖物——的卑鄙性，也同它的宗教意识——对这种意识来说，宗教是世界的目的——的真诚性发生了无法解决的冲突"④。否定殉身的烈妇、烈女，不仅事关基层的教化，更涉及国家意识形态的安全，这恐怕也是康、雍二帝有所顾虑，从而不敢对阻殉不力、我行我素的官员不加惩处、甚至屡次俯允让步的原因。否则，二帝若是态度坚决，如顾炎武言："天下无不可变之风俗也"⑤，相信扭转女殉这种恶习不会是什么难事。

其二，淮北专制利益集团的特殊性及其顽固性。

根据马克思的解释，大约明清时代，被中国人视为番邦蛮夷的西方社会，工业资本的发展，使资本家阶级成为既得利益者，从而

---

① 姚鸿杰纂修：《丰县志》卷十三"诗"，光绪二十年刊本，第15页上。
② 南岳峻等修：《阜阳县志续编》卷十三"灾异志"，民国三十六年石印本，第29页下。
③ 刘纪华：《中国贞节观念的历史演变》，《社会学界》1934年第8期，第29页。
④ 马克思：《论犹太人问题》，《马克思恩格斯文集》第1卷，北京：人民出版社，2009年，第36页。
⑤ 顾炎武：《日知录集释》卷十三，黄汝成集释，栾保群等校点，上海：上海古籍出版社，2014年，第298页。

不断拉大资本家与工人阶级之间的地位差,形成工人阶级的相对贫困。但这种相对贫困于明清百姓而言,却是不可望、更不可及的富裕生活。

被清代统治集团吹嘘为天朝上国、体制最为优越的淮北社会①,直到清代灭亡,也没有什么像样的大工业。明清专制统治者无法通过发展生产,在提升各阶层的收入、增加全社会福利的前提下,培育出具有相对地位更高的利益集团。恰恰相反,这种体制是通过剥夺没有什么社会福利的平民的生存资源、天然权利和法律权利,乃至禁锢其生理本能,绝对地降低平民阶层的地位,以相对地扩大强势群体的权势和福利,使这个群体自认为是体制的宠儿,从而充满优越感、幸福感和庆幸感,以维护对君主的忠诚,成为专制政体的支柱。这就不难理解直到20世纪40年代,由县级知识分子编修的方志仍在大肆褒奖殉夫女性②。

《金瓶梅》中西门庆言:"咱只消尽这家私广为善事,就使强奸了姮娥,和奸了织女,拐了许飞琼,盗了西王母的女儿,也不减我泼天的富贵。"③文学家们往往视此话为西门庆的狂言:"这赤裸裸的道白正代表了明代中后期那些道德丧尽的暴发商人的无耻心境"④。李修生等认为:"西门庆随着财富积累的增加和官僚地位

---

① 参见檀上宽对"天朝与天下"的阐述。载檀上宽:《明清时代の天朝体制と華夷秩序》,《京都女子大学大学院文学研究科研究纪要(史学编)》(12),2013年3年31日,第148—153页。
② Katherine Carlitz指出民国地方志仍在大肆褒奖烈妇、烈女,见Katherine Carlitz, "The Role of Gazetteers in Promoting Suicide in Republican China", *Journal of Oriental Studies*, vol. 46, no. 2 (2013), pp. 1-21.
③ 兰陵笑笑生:《金瓶梅》第57回,济南:齐鲁书社,1991年,第843页。
④ 首都师范大学初等教育学院组编、朱宝清主编:《小学教师教育本科段教材·中国文学史》,北京:首都师范大学出版社,2004年,第304页。

的升高,越来越迷信金钱万能;因此,一个刚刚暴发起来的官商,竟敢如此口出狂言"①。还有人认为:"西门庆所代表的,正是当时社会新兴的市民阶层。"②有人更一再重申这是"资本主义萌芽""商品经济"发展的结果③。

上述解释实在过于牵强。在专制社会,金钱的能量不可能超越行政权力,更无法与皇权比拟。如果以人为本、人人生而平等的资本主义真的在西门庆时代已经萌芽,西门庆所代表的是以自由、法治、博爱、个性解放为核心价值的市民阶层的话,他绝对干不出杀人夫、夺人妻而逍遥法外之事。西门庆所代表的恰恰是专制社会中最典型的既得利益群体。他们深悉自己所行之事,尽管不符合虚表的封建道德,但本质上却合乎专制逻辑。也只有西门庆这种强奸一切的思想,才是专制意识形态的核心价值,是专制极权者为所欲为的形象嘴脸。像后赵皇帝石虎后宫中强掳女性万名以上;南朝宋孝武帝刘骏,"秽污之声,布于欧越";废帝刘子业荒淫嗜杀,霸姑奸姐;明太祖朱元璋殁后逼殉女性达数十名。这些行为均是专制思维的结果,与"资本主义萌芽""商品经济""市民阶层"无任何牵涉,甚至势如冰炭。

综上所述,以国家暴力推行和维护的传统道德说教、伦理观念,不论如何的荒诞不经、背离人性、逻辑不通,却均能在淮北社会形成根深蒂固的恶习,并上升为神圣的国家意识形态和难以阻扼

---

① 李修生,赵义山主编:《中国分体文学史》(小说卷)第3版,上海:上海古籍出版社,2014年,第310页。
② 方铭总编,吴兆路、罗书华本卷主编:《中国文学史(明清卷)》,长春:长春出版社,2013年,第109页。
③ 李兴叶:《印记:李兴叶作品集》,北京:作家出版社,2015年,第121页。

的社会潮流。在两性关系方面,绝对地剥夺平民阶层的天然权利,是相对地提高国家宠爱的利益集团地位的手段,使之成为专制政体的砥柱。

小 结

马克思指出:"当旧制度本身还相信而且也必定相信自己的合理性的时候,它的历史是悲剧性的。"[①]夫死妇殉并不是男权的体现。女性的生命权被剥夺之时,男性的性权力同样丧失。

封建伦理多有腐朽、残忍之处,但毕竟有着自身的逻辑与体系。正如《明史》所云:"妇人之行,不出于闺门,故《诗》载《关雎》《葛覃》《桃夭》《芣苢》,皆处常履顺,贞静和平,而内行之修,王化之行,具可考见。"[②]这才是真正的封建妇德。

明代确立的女性伦理以专制统治者病态的偏好为准则,谈不上逻辑和合理之处,以"存天理,灭人欲"相标榜的道学家,在现实中往往沦为灭天理,逞己欲。作为僧人出身的朱元璋,在治国过程中经常有"和尚打伞,无法无天"的表现。他表面上不乏维护封建伦理的言行,但其内心完全以建立和巩固个人权力为目的。历史上,凡是从专制者个人私利出发所建立、维护的伦理、道德、理论等体系,本质上从来都不可能优于先秦时代产生的封建伦常,且这类体系只会越来越反人性。

[①] 马克思:《〈黑格尔法哲学批判〉导言》,《马克思恩格斯文集》第1卷,北京:人民出版社,2009年,第7页。
[②] 张廷玉等:《明史》卷三百一"列女传一",北京:中华书局,1974年,第7689页。

本来，像毁容、尝粪、刲股、刲肝、刺心、殉夫、殉戏言定亲的男性，甚至杀女、灭子这类极其残暴的说教，对于任何一位有着正常心智的成年人来说，不难判定其正谬。但在专制政体下，即使这类灭绝人性、丧天害理的歪理邪说，也必定会被拔高为堂皇的、神圣的、不容置疑的国家意识形态；从而赢得无数的讴颂、荣耀、虚誉和实质性的物质优待。

事实上，专制社会的意识形态从来都是自相矛盾、漏洞百出的，它只能依靠强大而残酷的暴力来维护，依靠表里不一、人格分裂、喻利弃义的卫道士们歪曲事实、颠倒黑白、浑淆是非地鼓噪壮威，而无法通过逻辑自洽来令人信服。即便如此，许多缺乏自我意识、盲从官府、膜拜权威人物的女性，亦如过江之鲫般争相赴死。中国社会常常极力赞美头脑简单、滥杀无辜的李逵，却必置楚楚撼动男人心的潘金莲于死地。因为李逵式的人物与头脑同样简单的极端烈女本质是一致的，衬托出的是忠诚，乃至无条件的愚忠。这才是专制者的内心欲求和终极目的。

康熙、雍正反对女性殉身的谕诏，体现了人性的光辉。但在极权政体下，政治从来都高于人性、辗压人性。官员们在行政过程中，总是驾轻就熟地偏向暴虐、反人性的一极，不是他们不了解社会状况，而是这些官员太明了专制政治的实质，极善于揣摩、领会集各种权力于一身的君主的本意真心。因为暴虐往往被视为政治正确，被视为呈献给君主的投名状，是极端忠诚的表现，以其获得利益的最大化。反之，顾及人性的结果，常常导致官员们政治不正确。这也是明清专制社会总会出现伦理乖谬、意识形态极端化的原因。

在淮北,自明以后,男耕女织式的经济已然崩溃,成为单纯的男耕经济。女性没有重要的经济收入①,更缺乏自我实现的机遇。某些终生或默默老死于乡野、生计困窘、忍耐力差、自视较高、缺乏主见的女性,在极端化的专制意识形态的误导下,只能以此种方式扬名耀族了。这些人物被地方官府、甚至中央政府旌表,为地方士绅所称道,反映了掌握社会话语权的强势集团极其扭曲的道德伦理。

---

① MA Junya, Tim Wright, "Industrialization and handicraft cloth: The transformation of modern Jiangsu peasant economy", *Modern Asian Studies*, vol.44, no.5 (2010), 1337-1372.

第六章　社会生活与社会冲突

明、清最高统治者均重视搜集地方民情资料，特别是清代，统治者具有多渠道的信息来源。当淮北地区灾荒到来时，是否像底层百姓想象的那样，各种灾害信息能准确地传递到最高统治者那里，而统治者又能立即作出恩蠲、减免钱粮或施行救济等决策呢？康、乾盛世之时，淮北人的生活状态是怎样的呢？灾害除了损害了淮北人的生命财产，给淮北人心理上带来什么样的影响呢？他们为什么不能"多难兴邦"呢？遍地蜂起的土匪都是穷困已极的贫民吗？流落到外地、特别是江南的苦力工人，能成为中国先进生产力的代表吗？彻底均贫富的淮北社会能否营建一个相对公平的社会环境？

第一节　诗礼武风的普及

淮北曾是中国最繁荣的诗礼之乡，而宋以前的士人又多习武，因而，淮北的文武之士不绝于载。这个地区的社会精英常常成为中国最具政治影响力的人物。

一、诗礼之乡

战国后期,鲁地诗礼最盛。汉高祖五年,"楚地悉平,独鲁不下,欲屠之。兵至鲁城下,犹闻弦歌之声,谓其守礼义之国"①。

淮北习尚最重诗礼之人。高祖欲废太子刘盈,吕泽与刘盈听从张良建议,让刘盈亲自为书,厚载金玉璧帛,卑辞安车,礼聘东园公、甪里先生、绮里季、夏黄公"四皓",遂使辱骂王侯将相如呼家奴的汉高祖也肃然起敬,从此打消废嫡立庶之心。并称:"我欲易之,彼四人辅之,羽翼已成,难动矣。吕后真而主矣。"②在一代枭雄刘邦的心目中,四叟之名远胜万军千将的战力。

楚元王对待儒士非常恭敬,礼节周到。穆生不嗜酒,楚元王常为穆生设醴。后刘戊即位偶尔忘设,穆生即称病归隐。宗室刘辟强亦好读《诗》,能属文。武帝时,以宗室子随二千石论议,冠诸宗室。刘辟强子刘德,修黄老术,有智略。少时数次言事,召见甘泉宫,武帝谓之"千里驹"。后为宗正。刘德常持《老子》"知足"之计③。

有学者指出:汉代统治者采用明示的政治社会化形式与暗示的政治社会化形式相结合,提高了政治社会化的有效性。汉代明示的政治社会化形式主要有灌输、宣传教育、示范引导等。而暗示的政治社会化方式主要是在日常生活习惯的培养、行为方式的养成等

---

① 包大燨纂修:《兖州府志》卷三十一"风俗",嘉庆六年刻本,第5页下。
② 司马迁:《史记》卷五十五"留侯世家",北京:中华书局,1963年,第2047页。
③ 班固:《汉书》卷三十六"楚元王传",北京:中华书局,1964年,第1926—1927页。

非政治性的教化中潜移默化地影响人们的政治观念、政治态度和政治行为，表现在汉代引礼入法、建章立制，以法律制度规范人们的政治行为，通过节日礼俗、祭祀庆典、乐舞绘画等暗示形式对社会成员在日常生活中进行道德教化，培养社会成员"孝""悌"等品行①。

西汉时，彭城不仅是楚文化的中心，同时也是鲁地文学、文化、风俗的中心。彭城原为楚元王封地，元王以通诗习礼、崇敬儒士著于世。一时文士汇集，城乡习经诵诗之风大行其道。徐沛之地成为名副其实的弦歌之乡。

史载：萧、砀、丰、沛，"皆宋分也，微子封之，其民犹有先王遗风，重厚多君子"②。萧县、丰县、砀山，"盖兄弟之邑也，风习所沿，不大相远。故其民躬稼食力，好勇而尚义，木彊而易使，庶几古椎朴之风焉。……故志所称邻于邹鲁，弦歌方盛"③。其东部的睢、邳、宿，为古下相；睢、陵、取、虑，"皆鲁分也，周公封之，其民有圣人之教化，上礼义，重廉耻。故沛楚之民朴直，舒徐鲜诈伪"④。铜山："壤接邹鲁，彬彬儒林，黉舍大启，弦歌流音，士习不佻，靡刺青衿。"⑤丰县李樟《经阁蟾光》："俱说清光好，清光好若何？盘中照苜蓿，境内促弦歌。"⑥

---

① 刘太祥：《汉代政治文明》，开封：河南大学出版社，2013年，第226页。
② 喻文伟修：《宿迁县志》卷七"词翰志"，万历年间刻本，第89页上。
③ 王梴等修：《徐州志》卷四"地理志（上）"，嘉靖年间刻本，第49页下。
④ 吴世熊等总修：《同治徐州府志》卷十"舆地考（上）"，同治甲戌年刻本，第10页上—下。
⑤ 王家诜纂修：《铜山县志》卷七十六"叙录"，民国十五年刻本，第3页下。
⑥ 姚鸿杰纂修：《丰县志》卷十三"诗"，光绪二十年刊本，第20页下。

宿迁，"桃李春华日正红，弦歌声中人未散"[1]。泗阳有学城，"旧志谓孔子适楚经此讲学"。刘肄升《咏学城》："旷野哀吟道路长，南游车马过吾乡。荒城尚想弦歌韵，僻壤曾瞻俎豆光。"[2]

春秋时，海州地区即有人负笈北上，师从孔子。孔门弟子郑国，旧名邦，又姓国，海州人，《史记》作国子徒[3]。

海州"密迩邹鲁，号称多材"[4]。史称："海州古称名郡者，以人重也。周汉而降，光耀史策而风闻百世者，后先相望。"[5]旧志称海州沭阳县："治居淮朔，壤接东省，有洙泗之遗风。家诗书而户礼乐，弦歌之声不绝于闾巷。"[6]"土地沃衍，民乐耕桑，士习弦歌，俗无浮惰"[7]。

徐州茅村出土的东汉桓帝熹平四年（175）画像石墓，中室南壁刻画了"楼阁栉比图"，这组建筑共有五进院落，门厅双门紧闭，两面站立"奉命当御"的执戟卫士。第二进院落刻画主宾见面的场面，主人躬身迎客，主客在曲柄华盖的拥簇下。第三进房间有楼梯，楼上为女眷、楼下为侍从，楼上设宴置酒，举觞畅饮，楼下奴仆家人捧食进馔，鱼贯而入。第四进房间为两层，楼下为厨房，椎牛烹猪羊，楼上有四人活动。最后为三间廊庑，每间内站立一位仆人。徐州铜山县洪楼祠堂后壁的庄园建筑图，左面是迎宾宴饮的

---

[1] 喻文伟修：《宿迁县志》卷七"词翰志"，万历年间刻本，第89页上。
[2] 张相文总纂：《泗阳县志》卷八"古迹"，民国十五年刻本，第6页下。
[3] 张峰纂修：《海州志》卷七"人物志"，隆庆年间刻本，第1页上。
[4] 唐仲冕总修：《嘉庆海州直隶州志》卷十"舆地"，嘉庆十六年刻本，第25页上。
[5] 张峰纂修：《海州志》卷七"人物志"，隆庆年间刻本，第1页上。
[6] 钱崇威总纂：《重修沭阳县志》卷一"疆域"，民国年间刊本，第8页下。
[7] 郭大纶修：《淮安府志》卷六"学校志"，万历年间刻本，第40页上。

场面，子母双阙是庄园主人身份的标志，阙前车水马龙，主宾相见。阙后是堂，堂是古人会见宾客的场所，堂的檐下帷幔高悬，主宾对饮。祠堂的主人按照"男女不同席"的规制，女主人和女宾在另外的房间内活动。左面的画像是院落里的情景，主宾在四面没有隔墙的堂内，欣赏庭院内乐舞百戏的表演，最左面的房间内刻画纺织的情景。这幅画面的突出特征是将东汉庄园内的歌舞升平、钟鸣鼎食的享乐生活和自给自足的庄园经济同置一个画面，足不出户，即可满足生活所需①。

晋室南迁之后，北方大家士族、文化人物大量移徙江南。"衣冠萃止，人物繁盛。士皆重廉让，耻夸毗，以文章致声名取爵禄者甚众"。淮北诗礼出现明显的南移现象，江南地区"艺文儒术于斯为盛。今虽闾阎贱隶处力役之际，吟咏不辍，盖颜、谢、徐、庾之遗风焉"②。

谭其骧指出，《隋书》的《志》本为《五代史志》，以南北朝后期梁、陈、齐、周和隋五代为论述对象。其《地理志》将隋炀帝时全国190个郡按《禹贡》九州编次，各于州末略叙其风俗。九州之中，兖徐青三州15郡（今山东和河南、河北与山东接境的一小部分，江苏淮北部分，安徽淮北的东部）被肯定为教化最良好的地区。徐州4郡，"贱商贾，务稼穑，尊儒慕学，得洙泗之俗"。《通典·州郡典》载天宝年间的300多府郡，徐州（鲁南苏皖淮北）"自五胡乱华，数百年中，无复讲诵，况今去圣久远，人情迁

---

① 武利华：《汉画中东汉的庄园建筑》，《徐州工程学院学报（社会科学版）》2008年第5期，第36—42页。
② 汪宗伊等修：《应天府志》卷十四"风土志"，万历年间刻本，第2页上。

荡"①。

与重礼乐并行,彭城的习经诵诗之风极盛。自汉初楚元王好书,于是邃学之士田王孙、严彭祖之徒相继而起,刘向、刘歆父子则以经术文章集其大成。自是之后,代有著述。东汉时彭城广戚人姜肱博通《五经》,精通星纬,"士之远来就学者三千余人。诸公争加辟命,皆不就。二弟名声相次,亦不应征聘,时人慕之。"②可见习经之风之盛,也可见明经之士倍受社会各界的敬重。

彭城楚元王中大夫申公为《诗》最精,楚元王本人好《诗》,诸子皆读《诗》,申公作《诗》传,号《鲁诗》。楚元王亦作《诗》传,号《元王诗》。

沛人庆普与戴德、戴圣叔侄学《周礼》于后仓,戴德为宋戴公22世孙,号大戴,为彭城信都王刘嚣太傅。戴圣号小戴。由是礼有大戴、小戴之学。庆普则为今文《礼》学"庆氏学"的开创者。后苍从东海高堂生受《士礼》17篇,说《礼》数万言,号后氏曲台记,以授沛人闻人通汉③。

《前汉纪·孝成皇帝纪》载,汉兴,最先授《易》者为田何,梁人丁宽受《易》于田何。丁宽授《易》于槐里田王孙,田王孙传《易》于沛人施雠、东海孟喜、琅邪梁丘贺。由是有施、孟、梁丘之学。"此三家者,宣帝之时立之"。

沛人高相治《易经》,专说阴阳灾异,自言出于丁将军。高相授其子高康及兰陵母将永,高康因治《易》为郎,母将永官至豫章

---

① 谭其骧:《中国文化的时代差异和地区差异》,《复旦学报(社会科学版)》1986年第2期,第8—9页。
② 范晔:《后汉书》卷五十三"姜肱传",北京:中华书局,1973年,第1749页。
③ 郭大纶修:《淮安府志》卷十三"忠烈传",万历年间刻本,第2页上—下。

都尉。此后《易》遂有高氏之学①。

东海下邳人严彭祖，师事眭孟。精通《公羊春秋》。宣帝时为博士，历河南东郡太守，入为左冯翊，拜太子太傅②。

沛人蔡千秋从鲁荣广、王孙皓星公学习《谷梁春秋》。在汉宣帝时与公羊学派并立，宣帝更倾向于蔡千秋所讲授的《谷梁》学。蔡千秋左迁平陵令，讲受谷梁学者均不及蔡千秋。汉宣帝又以蔡千秋为郎中，召选10人跟从他学习③。

海州人疎广年少好学，精通《春秋》，被征为博士，拜太子少傅，后徙太傅。疎广侄疎受亦以贤良举为太子家令，汉宣帝幸太子宫，疎受迎谒应对及置酒奉觞上寿，辞理闲雅，深受宣帝赏识，拜为少傅。"太子每朝因进，见太傅在前，少傅在后，朝廷以为荣"。疎氏深谙进退之道，不贪荣恋贵，在位五年，疎广对疎受说："吾闻知足不辱，知止不殆。今宦成名立，不去惧有后悔。"于是上疏乞归。公卿大夫在东都门外设帷帐、酒筵为他送行，送行车数百辆，道旁观者皆称其贤④。后疎氏子孙在王莽末年避难沙鹿山南，去"疎"字"足"旁，改姓"束"。晋代束皙、束璆兄弟，即疎氏之后⑤。

下邳人翼奉治《诗》，与萧望之、匡衡同师，皆通晓经术，并爱好律历阴阳之学。汉元帝初，诸儒荐之征待诏，上密奏，陈述雅

---

① 王樨等修：《徐州志》卷十二"人物传"，嘉靖年间刻本，第75页下。
② 郭大纶修：《淮安府志》卷十三"忠烈传"，万历年间刻本，第3页上。
③ 王樨等修：《徐州志》卷十二"人物传"，嘉靖年间刻本，第76页下。
④ 张峰纂修：《海州志》卷七"人物志"，隆庆年间刻本，第1页下。
⑤ 张峰纂修：《海州志》卷七"人物志"，隆庆年间刻本，第2页上。

正六情十二律的概要①。

射阳人陈琳,博学善属文,长于书檄。初从袁绍,作檄曹操文。袁绍败后归曹操,曹操爱其才不加罪,拜军咨祭酒②。

西晋时,东海襄贲(今江苏涟水)人陈邵,以儒学征为陈留内史,累迁燕王师。撰有《周礼评》,甚有条贯,行于世。泰始(265—274)中,晋武帝诏曰:"燕王师陈邵清贞洁静,行著邦族,笃志好古,博通六籍,耽悦典诰,老而不倦,宜在左右以笃儒教。可为给事中。"③

刘向(约前77年—前6年),原名更生,字子政,西汉楚国彭城人。经学家、目录学家、文学家。祖籍秦泗水郡丰县。宣帝时招选名儒俊材置左右,刘向献赋颂数十篇。汉设《谷梁春秋》科,征刘向授《谷梁》,讲论《五经》于石渠④。

刘向著有《列女传》8篇,"以戒天子及采传记行事";著《新序》《说苑》50篇⑤。另有《战国策》《五经通义》《山海经》(与其子刘歆编订)。刘向的思想,"是在平实的基础、开明的态度上,由诸子百家而归结到儒家,归结到孔子;这是在他对当时现实政治社会所具有的深切笃至的责任感的背景下,所作的理性、良心的抉择,而不关于风气、利禄乃至见闻的限制。在西汉思想上,应占一坚实的地位"⑥。

---

① 郭大纶修:《淮安府志》卷十三"忠烈传",万历年间刻本,第5页下。
② 郭大纶修:《淮安府志》卷十三"忠烈传",万历年间刻本,第8页下。
③ 房玄龄等:《晋书》卷九十一"儒林",北京:中华书局,1974年,第2348页。
④ 王樨等修:《徐州志》卷十二"人物传",嘉靖年间刻本,第5页上。
⑤ 王樨等修:《徐州志》卷十二"人物传",嘉靖年间刻本,第5页下—6页下。
⑥ 徐复观:《两汉思想史》(三),台北:学生书局,1984年,第111页。

有汉一代，刘向的音乐成就也最高。自秦代焚书，《乐经》残亡。汉武帝时，河间献王与毛生等，共采《周官》及诸子言乐事内容，掇成《乐记》，经内史丞王定，传授给常山王禹。刘向通过校书，得《乐记》23篇，不同于王禹所持的《乐记》。刘向的《别录》中有《乐歌诗》4篇、《赵氏雅琴》7篇、《师氏雅琴》8篇、《龙氏雅琴》106篇[①]。刘向所辑的《乐记》等，为汉至隋代中国古典音乐的主要成果。

　　刘向子刘歆，继承其父前业，复领《五经》。刘歆集六艺群书，种别为《七略》；考定律历，著《三统历谱》。学者指出，刘歆在整理、保存中国古代文献方面的功绩，则是学术界所公认的。他先是参与、继承刘向的事业，总领了成帝至平帝时代的校书工作，并撰写了第一部目录学著作《七略》。东汉初年治《左传》和《周官》的著名学者贾徽、郑兴、杜子春，都是刘歆的弟子。在回归年长度、冬至点位置方面的研究成果，以及《三统历》的撰写，使刘歆完全有资格被列为中国古代最伟大的科学家之一[②]。

　　淮北其他人的著述极一时之盛。如韩信《图项羽并三秦对》《上皇帝尊号疏》，枚乘《枚叔集》2卷、《谏吴王书》《重谏吴王书》《七发》《菟园赋》《忘忧赋》《馆柳赋》，枚皋《撰皇太子生赋》、又撰《枚皋赋》百篇，疎广《对太子语》，疎受《对老人语》[③]，翼奉《论知人邪正疏》《地震为后舅疏》《白鹤馆灾

---

① 魏徵等：《隋书》卷十三"音乐（上）"，北京：中华书局，1982年，第288页。
② 王铁：《重评刘歆》，《华东师范大学学报（哲学社会科学版）》1994年第2期，第56—57页。
③ 郭大纶修：《淮安府志》卷十"循吏传"，万历年间刻本，第1页下。

乞迁都成周疏》，臧旻《救第伍种疏》，臧决《答陈琳书》《举义诛除董卓盟辞》，步骘《奖劝用贤疏》《论中书吕壹典校纠举四疏》，陈琳撰《陈孔璋集》10卷，鲍照撰《鲍参军集》。梁昭明太子萧统，撰《文集》20卷、《文选》30卷、《正序》10卷，《英华集》20卷、《开漕渠疏》《文选序》《渊明文集序》《乐府曲》《江南曲》①。

南北朝分治，淮北大部分时间属于北朝，在少数民族的统治下。陈寅恪指出："在文化方面，胡族上层的文化都很高。"②尽管如此，由于衣冠南渡，加之苏北不属于北朝统治的核心地区，这里的习经之风有所衰落。

作为在中国实行数千年的乡饮、乡射礼，在淮北也曾兴盛一时。乡饮、乡射礼在《仪礼》《礼记》《周礼》中叙述甚详，是井田制时代的重要礼俗。汉以后在淮地实行乡饮乡射的记载较多，史迹班班可考。

司马迁自述："讲业齐、鲁之都，观孔子之遗风，乡射邹、峄。"③汉代邹、峄皆属徐州地域。东汉光武帝时，徐州琅琊人伏湛"为青（州）、徐（州）所信向"，"以为礼乐政化之首，颠沛犹不可违。是岁奏行乡饮酒礼，遂施行也"④。

乡饮酒礼体现了严格的礼俗："主人拜迎宾于庠门之外。入

---

① 郭大纶修：《淮安府志》卷十"循吏传"，万历年间刻本，第3页下。
② 万绳楠整理：《陈寅恪魏晋南北朝史讲演录》，合肥：黄山书社，1987年，第100页。
③ 司马迁：《史记》卷一百三十"太史公自序"，北京：中华书局，1963年，第3293页。
④ 范晔：《后汉书》卷二十六"伏湛传"，北京：中华书局，1973年，第895页。

三揖而后至阶,三让而后升,所以致尊让也。盥洗扬觯,所以致洁也。拜至、拜洗、拜受、拜送、拜既,所以致敬也。尊让洁敬也者,君子之所以相接也。君子尊让则不争,洁敬则不慢。不慢不争,则远于斗辨矣;不斗辨则无暴乱之祸矣。斯君子之所以免于人祸也。"① 乡饮酒礼既确尊卑长幼之序:"六十者坐,五十者立侍,以听政役,所以明尊长也。合诸乡射,教之乡饮酒之礼,而孝悌之行立。"②

汉代乡饮酒礼与周代有了很大变化。《汉官仪》曰:辟雍,"三月、九月,皆于中行乡射礼"③。永平二年三月,汉明帝率群臣"躬养三老、五更于辟雍。行大射大礼。郡、县、道行乡饮酒于学校,皆祀圣师周公、孔子,牲以犬"④。郑玄注《乡饮酒礼》曰:"今郡国十月行乡饮酒礼,党正每岁邦索鬼神而祭祀,则以礼属民而饮酒于序,以正齿位之礼。凡乡党饮酒,必于民聚之时,欲其见化知尚贤尊长也。玄冠衣皮弁服,与《礼》异。"⑤

乡射礼紧接在乡饮酒礼之后,礼节也非常隆重。"古者诸侯之射也,必先行燕礼;卿、大夫、士之射也,必先行乡饮酒之礼。故燕礼者,所以明君臣之义也。乡饮酒之礼者,所以明长幼之序也"⑥。

---

① 朱彬:《礼记训纂》卷四十五"乡饮酒义",饶钦农点校,北京:中华书局,1998年,第883—884页。
② 范晔:《后汉书》卷二十一"李忠传",北京:中华书局,1973年,第756页。
③ 范晔:《后汉书》卷一(下)"光武帝纪",北京:中华书局,1973年,第84页。
④ 范晔:《后汉书》志四"礼仪(上)",北京:中华书局,1973年,第3108页。
⑤ 范晔:《后汉书》志四"礼仪(上)",北京:中华书局,1973年,第3109页。
⑥ 朱彬:《礼记训纂》卷四十六"射义",饶钦农点校,北京:中华书局,1998年,第892页。

在朝廷层面，乡射礼与始杀斩牲联系起来，"自郊貑腰，春秋飨射，天子射麋掩雉，献诸宗庙，扶阳发滞，养老致敬，化之至也"①。这一极具代表性的礼仪，在淮北民间非常流行。王莽时代，沛人戴宾弟子刘昆，门下弟子通常为500余人，"每春秋飨射，常备列典仪，以素木瓠叶为俎豆，桑弧蒿矢，以射'菟首'。每有行礼，县宰辄率吏属而观之"②。

淮北市梧桐村出土的《乡射礼》画像石，主要人物头戴筩形帽，手拿酒器觯，此人是乡射礼的组织者和策划者。画面的左边是乡射礼中的"释获"者。画面的右边是乡射礼中的宾。宾的旁边还立一人，是乡射礼中的司马，或司射。《乡射礼》还有两武士分别持剑拿盾，作进攻与防御的表演。有人身着长袍，怀抱一捆物品，可能是乡射礼中的箭矢或靶之类的东西。画像中的释获者，一手握棨戟及算筹，棨戟上悬泡状物作射箭之矢，释获负责报告射中与否，并用算筹计算胜负③。

乡饮、乡射是统治者以礼治天下的具体实践，乡饮、乡射实施的场合是学校，这样也使得官方大力普及学校教育。江宁县学建学记称："君子如欲化民成俗，其必由学乎。三代之学，莫备于周。周之制自比闾族党，以达州乡国都，莫不有学，学莫不有师。凡属民读法，乡饮乡射，以至于六德、六行、五礼、六乐，无非教以人

---

① 李昉等：《太平御览》卷三十三"腊"，北京：中华书局，1995年，第158页下。
② 范晔：《后汉书》卷七十九（上）"刘昆传"，北京：中华书局，1973年，第2550页。
③ 高书林编著：《淮北汉画像石》，天津：天津人民美术出版社，2002年，第80—81页。

伦，使有亲、有义、有序、有别、有信，各得以尽其分焉。民化俗成人，人有士君子之行者。"①这一理想一直被传统的统治者所奉行。

杨宽指出："乡饮酒礼是我国周代乡学中举行酒会的礼节，秦汉以后曾长期为士大夫所沿用，只是在礼节上略为增减而已。"②

乡饮、乡射之礼在淮北的规范化和常态化，使得普通民众可以直观地理解朝廷制定的礼仪之制，把礼仪融入到日常生活中。

二、"奇材剑客"

乡射与其他重视武备的政策与实践使得淮北武风盛行，培养了大量的武备人才，"荆楚奇剑客"是汉代最具战斗力的士卒。

东汉名将、后任尚书令的虞诩称："关西出将，关东出相。"③概述了中国不同地域人物的文武差异。但此语也过于宽泛。毕竟，富饶承平的王畿、甸服容易出相，而兵戈纷扰的四战之地则显然更易出将。明代学者顾祖禹写道："自秦以后，东南多故，起于淮泗间者，往往为天下雄。"④指出了淮地人物与皇朝开业者的关系。

古代以彭城为中心的淮域为四战之地，民众习兵练武以为常。《山海经·大荒东经》："有君子之国，其人衣冠带剑。"⑤此载契合春秋以前徐国等地的风尚。

---

① 周应合：《(景定)建康志》卷三十"学校"，嘉庆六年刊本，第7页上—下。
② 杨宽：《古史新探》，上海：上海人民出版社，2016年，第285页。
③ 范晔：《后汉书》卷五十八"虞诩传"，北京：中华书局，1973年，第1866页。
④ 顾祖禹：《读史方舆纪要》第1册，上海：中华书局，1957年，第960页。
⑤ 袁珂校注：《山海经校注》第十四"大荒东经"，上海：上海古籍出版社，1980年，第345页。

春秋时代，淮北人物已活跃在各国的政治、军事舞台上，如齐桓公时拜相的颍上人管仲[1]、秦穆公的右相铚（今宿州）人蹇叔[2]、楚庄王的令尹期思（今淮滨县）人孙叔敖[3]和养邑（今临泉）箭手养由基[4]、助吴王阖闾的丰邑刺客专诸[5]、襄吴王夫差的乾豁（今利辛）人伍子胥[6]、辅勾践的徐人范蠡[7]等，他们均精通文韬武技。

春秋末，淮北东部琅琊（沂泗地区）为越国都城[8]；战国时，淮北中部彭城（泗水中游）为宋国都城；[9]秦统一前的半个多世纪里，淮北西部（汝颍流域）为楚王畿。其时，士人、庶民常被编为预备兵员[10]，不但越人、楚人以精通剑术著称，就是爱好和平、两次组织弭兵之会的宋人同样不乏精通剑术者。如宋人兰子，"弄七剑迭而跃之"[11]。宋人《庄子·说剑》本意是谈论治国之道，实际

---

[1] 管仲从军，曾"三战三走"。见司马迁：《史记》卷六十二"管晏列传"，北京：中华书局，1963年，第2132页。
[2] "春秋蹇叔，铚人。……在〔宿〕州西南九十里"。见柳瑛纂：《中都志》卷五，弘治年间刻本，第36页。
[3] 《荀子》："楚之孙叔敖，期思之鄙人也。"孙叔敖"突秃长左"，原注："突，谓发短可陵突人者，故《庄子》说赵剑士蓬头突鬓"（王先谦撰：《荀子集解》卷三"非相篇"，北京：中华书局，1988年，第73页）。
[4] 何浩：《兼器、养国与楚国养县》，《江汉考古》1989年第2期，第63—66页。
[5] 司马迁：《史记》卷三十一"吴太伯世家"，北京：中华书局，1963年，第1462页。
[6] 赵宏恩纂：《江南通志》卷一百五十六"忠节四"，乾隆年间刊本，第18页；何绍基纂：《重修安徽通志》卷二百一十四"忠节十三"，光绪四年刻本，第1页。
[7] 李昉：《太平御览》卷五百九"逸民九"，北京：中华书局，1995年，第2320页。
[8] 蒙文通：《越史丛考》，北京：人民出版社，1983年，第121页。
[9] 参见钱穆：《战国时宋都彭城考》，《禹贡》第3卷第3期，1935年出版，第7—13页。
[10] 宫崎市定：《宫崎市定全集》（1），东京：岩波书店，1993年，第91页。
[11] 杨伯峻：《列子集释》卷八"说符篇"，北京：中华书局，1985年，第253—254页。

涉及剑术的精髓①。六艺中，不但射、御是兵技，乐也是武舞的组成部分②。淮地士庶以能剑舞为荣。泗水之滨的子路，"戎服见孔子，拔剑舞之"③。鸿门宴上有项庄、项伯对演剑舞。魏文帝曹丕六岁知射，八岁能骑射，并拜京师第一剑客史阿为师，"从阿学之精熟"④。南朝宋时，临淮将领王敬则在高7.5丈的白虎幢⑤前表演拍张、跳刀，"高出白虎幢五六尺，接无不中。仍抚髀拍张，甚为儇捷"⑥。直到唐代，临颍公孙氏的剑器被杜甫誉为唐宫第一⑦。

秦末，武人成为地方重要势力⑧。以彭城为中心的楚地，特别是淮地武人如过江之鲫，虽贩缯屠狗、织薄吹箫、牢头狱吏、寄食浪子、帝王贵胄，亦精通剑术武技。

项羽学剑不成，但天生神力，"虽吴中子弟皆已惮籍矣"⑨。季布，"为气任侠"；乃弟季心，"气盖关中"⑩。《史记》具名

---

① 郭庆藩撰，王孝鱼点校：《庄子集释》卷十（上）"说剑"，北京：中华书局，1986年，第1019页。
② Stanley E. Henning, "The Chinese Martial Arts in Historical Perspective", *Military Affairs*, vol. 45, no. 4, December, 1981, p. 174.
③ 李昉等：《太平御览》卷三百四十二"剑上"，北京：中华书局，1995年，第1570页。
④ 陈寿：《三国志》卷二"文帝纪"，北京：中华书局，1964年，第89—90页。
⑤ 李延寿：《南史》卷五"齐本纪（下）"，北京：中华书局，1975年，第151—152页。
⑥ 李延寿：《南史》卷四十五"王敬则"，北京：中华书局，1975年，第1127页。
⑦ 杜甫著，仇兆鳌注：《杜诗详注》卷二十，北京：中华书局，1999年，第1817页。
⑧ 增渊龙夫：《中国古代の社会と国家》，第92—93页。
⑨ 司马迁：《史记》卷七"项羽本纪"，北京：中华书局，1963年，第296页。
⑩ 司马迁：《史记》卷一百'季布传"，北京：中华书局，1963年，第2729、2732页。

的淮地游侠有楚田仲、符离人王孟、临淮儿长卿[①]。

楚汉相争，主要是淮地武人之间的争斗。项羽、刘邦、龙且、钟离眜、韩信、彭越、黥布、樊哙、周勃、卢绾、灌婴、夏侯婴、周緤、刘贾等均为东西楚淮域之人。一旦风云际会，即能出将膺帅，攻城野战，立不世之功。

刘邦肇建汉业后，极注重从民间选拔武人。《汉官仪》："高祖命天下选能引关蹶张，材力武猛以为轻车、骑士、材官、楼船，常以秋后讲肄课试。"[②]此令只到东汉建武七年（31）才废除[③]。西汉前期，"自天子至于百官，无不佩剑"[④]。汉武帝元封三年（公元前108），"作角抵戏，三百里内皆观"[⑤]。对民间习武之风有巨大的推动作用[⑥]。

徐州出土的汉画像石"多以比武为题材"。常见的有钩镶对戈戟，钩镶对刀盾，徒手对刀枪等[⑦]。洪楼出土的《力士图》中有7

[①] 司马迁：《史记》卷一百二十四"游侠列传"，北京：中华书局，1963年，第3184、3188页。
[②] 沈钦韩：《汉书疏证》卷十五"刑法志"，光绪二十六年浙江官书局刻本，第5页。
   濱口重國认为，汉代通常把民间材力优秀者编入兵籍。见濱口重國著：《秦汉史研究》（秦漢隋唐史の研究）上卷，东京：东京大学出版会，1966年，第462页。
[③] 范晔：《后汉书》卷一（下）"光武本纪（下）"，北京：中华书局，1973年，第51页。
[④] 房玄龄等：《晋书》卷二十五"舆服志"，北京：中华书局，1974年，第771页。
[⑤] 班固：《汉书》卷六"武帝纪"，北京：中华书局，1964年，第194页。
[⑥] 对角抵戏及其功能的研究，见达拉斯·麦克里(Dallas McCurley)：《角抵戏：中国早期的一项战争游戏》(Juedixi: An Entertainment of War in Early China)，《亚洲剧院杂志》(Asian Theatre Journal)，第22卷第1期，2005年春出版，第87—106页。
[⑦] 徐毅英主编：《徐州汉画像石》，北京：中国世界语出版社，1995年，第3页。

人，武士身着短衣，冠饰雉羽，"一武士怒睁圆目，举鼎过首，一武士倒背一牛，一武士力拔一树，另一武士生缚一虎"①。

汉开国将领樊哙的战力十分惊人：战砀东，斩首15级；在濮阳，攻城先登，斩首23级；破李由军，斩首16级；围成武，斩首14级，捕虏11人；攻开封，却敌先登，斩侯1人，首68级，捕虏27人；攻宛陵，先登，斩首8级，捕虏44人。至郦，斩首24级，捕虏40人；攻武关，斩都尉1人，首10级，捕虏146人；攻雍、斄城，先登陷阵，斩县令、丞各1人，首11级，虏20人②。

汉孝景三年（公元前154），吴、楚、赵等七国反叛，太尉周亚夫最忌惮的是："楚兵剽轻，难与争锋。"③汉军北征，军中精华亦为楚地兵卒。顺便说一下，宫崎市定所说秦统一的原因之一，是从北方游牧民族学到了优于其他诸侯的骑术,而楚国的失败是因其骑兵远逊于秦国④。此论不确。汉武帝时，即使匈奴精锐骑兵数倍于楚卒，也无任何优势。汉将李陵所部"荆楚勇士奇材剑客"均为步兵，以5000人对单于3万骑兵，"陵搏战攻之，……杀敌千人"。单于另召8万骑兵与李部对战，汉军一日即斩敌数千⑤。"荆楚勇士奇才剑客"主要是淮地武人，西汉前期，"荆楚"和淮域拥

---

① 徐毅英主编：《徐州汉画像石》，北京：中国世界语出版社，1995年，第3页。
② 司马迁：《史记》卷九十五"樊哙传"，北京：中华书局，1963年，第2651—2655页。
③ 司马迁：《史记》卷五十七"绛侯周勃世家"，北京：中华书局，1963年，第2076页。
④ 宫崎市定：《宫崎市定全集》（3），东京：岩波书店，1991年，第28页。
⑤ 班固：《汉书》卷五十四"李广传"，北京：中华书局，1964年，第2453、2456页。

有同一个中心彭城①。

即使帝王也精通武技。魏太祖曹操"幼而智勇,年十岁,尝浴于谯水,有蛟来逼。自水奋,蛟乃潜退,于是毕浴而还,弗之言也"②。宋高祖刘裕,"常被坚执锐,为士卒先,每战辄摧锋陷阵"③。元嘉九年(432),萧道成之父,后被追奉为齐宣帝的淮泗人萧承之征战,"乃截矟长数尺,以大斧椎之,一矟辄贯十余

---

① 西汉前期的"荆楚",作为地域范围,含义有三:(一)以彭城为中心的东、西楚的地理范围。《汉书·地理志》指"荆"为"荆州"。《史记》所言的"楚",包括彭城以西的西楚(沛、陈、汝南、南郡),以及彭城以东的东楚(东海、吴、广陵)(司马迁:《史记》卷一百二十九"货殖列传",北京:中华书局,1963年,第3267页)。显然,此处的"楚"包含了"荆"的地域,"荆楚"即楚地。(二)"荆""楚"实为一义,即战国末期楚国的地理范围。"秦号楚为荆者,以庄襄王名子楚,讳之,故言荆也"(司马迁:《史记》卷六"秦始皇本纪",北京:中华书局,1963年,第234页)。子楚嗣位在公元前249年,此时,秦已于29年前占领荆州大半之地,楚则迁都陈地,秦人称楚国为"荆",概非荆州之故,秦人不会以自己的国土来名敌国。《史记正义》云:"楚灭越,其地属楚,秦灭楚,其地属秦,秦讳'楚',改曰'荆'。故通号吴越之地为荆"(司马迁:《史记》卷七,北京:中华书局,1963年,第115页)。越地属楚边鄙,先秦时未有以边鄙地名来指代国名者。子楚时秦人以楚王畿之名来指代楚国,似乎更合理。是以"荆"主要指淮地。陈胜反于淮北大泽乡,《史记》称"戍卒陈胜等反故荆地,为张楚"(司马迁:《史记》卷六"秦始皇本纪",北京:中华书局,1963年,第269页)。(三)"荆"指淮东,"楚"指淮西。据《汉书》:"群臣皆曰:'立刘贾为荆王,王淮东。'立六年而淮南王黥布反,东击荆。"(班固:《汉书》卷三十五"荆燕吴传",北京:中华书局,1964年,第1900页)。此处"荆地"即为淮东或淮南。《史记索隐》:"荆在淮东。"虞喜云:"总言吴,别言荆者,以山命国也,今西南有荆山,在阳羡界。贾封吴地而号荆王,指取此义"(司马迁:《史记》卷八"高祖本纪",北京:中华书局,1963年,第384页)。刘邦封刘交为楚王,"王淮西"。楚国封地多有变,前期主要包括彭城、留、梧、傅阳、吕、武原、甾丘等7个县。因此,"荆""楚"概为淮东、淮西之谓。淮泗与荆楚拥有同一个中心,即彭城。
② 李昉等:《太平御览》卷四百三十六"勇四",北京:中华书局,1995年,2010页。
③ 沈约:《宋书》卷一"武帝纪(上)",北京:中华书局,1974年,第2页。

贼"①。梁太祖朱温，"亲临矢石，一日，飞矢中其左腋，血渍单衣"②，其军队常如"神助"③。杨行密"少孤贫，有膂力，日行三百里"④。

被曹操称为"此吾樊哙也"的谯人许褚，御匪时兵矢用尽，以手掷石，多次退敌。用牛与敌换粮，牛奔回，"一手逆曳牛尾，行百余步。……由是淮、汝、陈、梁间，闻皆畏惮之"。许褚部下多职业武人，"褚所将为虎士者从征伐，……其后以功为将军封侯者数十人，都尉、校尉百余人，皆剑客也"⑤。

淮涡（己吾）人典韦，只身入"备卫甚谨"的富春长刘永家中，杀死刘永，"追者数百，莫敢近"⑥。典韦所持双戟达80斤，从曹操征吕布，"韦左手持十余戟大呼起，所抵无不应手倒者"。张绣反叛曹操，"典韦以长戟左右击之，一叉辄十余矛摧"⑦。

尽管跟随近亲曹操，曹氏族人仍不乏武勇。曹操从弟曹仁镇守江陵，周瑜率数万众来攻，前锋数千人合围了曹将牛金。曹仁"披甲上马，将其麾下壮士数十骑出城。……冲入贼围，金等乃得解。余众未尽出，仁复直还突之，拔出金兵，亡其数人，贼众乃退"。

---

① 沈约：《宋书》卷七十八"萧思话传"，北京：中华书局，1974年，第2013页。
② 薛居正等：《旧五代史》卷一"太祖纪一"，北京：中华书局，1976年，第11页。
③ 薛居正等：《旧五代史》卷一"太祖纪一"，北京：中华书局，1976年，第7页。
④ 薛居正等：《旧五代史》卷一三四"僭伪列传一"，北京：中华书局，1976年，第1779页。
⑤ 陈寿：《三国志》卷十八"许褚传"，北京：中华书局，1964年，第542—543页。
⑥ 陈寿：《三国志》卷十八"典韦传"，北京：中华书局，1964年，第544页。
⑦ 李昉等：《太平御览》卷三百五十二"戟（上）"，北京：中华书局，1995年，第1620页。

部下叹服："将军真天人也！"①

两晋时，淮域武风仍盛。晋初颍地人庾东以相扑闻名。"武帝时，有西域健胡趫捷无敌，晋人莫敢与校。帝募勇士，惟（庾）东应选，遂扑杀之，名震殊俗"②。庾东式武人绝非稀材，而是有着广泛的地域基础。据王隐《晋书》："颍川、襄城二郡班宣相会，累欲作乐。襄城太守责功曹刘子笃曰：卿郡人不如颍川人相扑。"③

南齐时，"（崔）慧景子觉及崔恭祖领前锋，皆伧楚善战"④。淮泗人周盘龙，胆气过人，精于弓马。乃子周奉叔，勇力绝人，"帝从其学骑射"。沛郡相人王广之，"少好弓马，便捷有勇力"。与殷琰战于寿春，"广之等肉薄攻营，自晡至日没，大败之，杀伤千余人"⑤。

淮人施耐庵所著《水浒传》中王进、杨志等军汉梦想到边庭上一刀一枪，"博个封妻荫子"⑥，很符合淮域普通武人的心理，也是武人在传统社会的正面价值之所在。就个体而言，一般淮地武人视武技、乃至生命为博取功名利禄的筹码。因此，淮地武人通常具备较强的搏杀能力，这也是他们成为"功狗"的必要条件。

---

① 陈寿：《三国志》卷九"曹仁传"，北京：中华书局，1964年，第275页。
② 房玄龄等：《晋书》卷九十二"文苑传"，北京：中华书局，1974年，第2385页。
③ 李昉等：《太平御览》卷七百五十一"画（下）"，北京：中华书局，1995年，第3352页。
④ 萧子显：《南齐书》卷五十一"崔慧景传"，北京：中华书局，1972年，第875页。
⑤ 萧子显：《南齐书》卷二十九"周盘龙王广之传"，北京：中华书局，1972年，第546—547页。
⑥ 施耐庵：《水浒传》第12回，北京：人民文学出版社，2005年，第157页。

高超武技对武人而言是最重要资本，但对乃主而言，礼法更重于武技。中国兵家伦理强调，"非信、仁、廉、勇，不能传《剑论》《兵书》也"①。

淮域武人对礼法了然于胸。专诸曾言："夫屈一人之下，必申万人之上"②。

蒙恬被胡亥毒杀前称："今臣将兵三十余万，身虽囚系，其势足以倍畔。然自知必死而守义者，不敢辱先人之教以不忘先帝也。"③许褚虽豪勇过人，但"谨慎奉法"。对宗室曹仁，当面拒绝与其"入室坐语"，只愿与之"众谈"④。曹仁"少时不修行检，及长为将，严整奉法令，常置科于左右，案以从事"。被曹操引为典范⑤。东晋时，东海人何无忌与卢循部将水战，"众遂奔败，无忌尚厉声曰：'取我苏武节来！'节至，乃躬执以督战。贼众云集，登舰者数十人。无忌辞色无挠，遂握节死之"⑥。刘宋沈攸之部将泗人臧寅，曾予沈以正确的军事建议，惜沈不从而败，"诸将帅皆奔散"，惟有臧寅对沈说："我之不负公，犹公之不负朝廷也。"乃投水死⑦。

另外，淮地武人易凝聚成整体性较强的军队。

刘邦曾率诸侯56万军队攻占彭城，项王仅以3万兵远道回归。

---

① 胡缵宗编：《秦汉文》卷六，嘉靖三十四年刻本，第31页。
② 司马迁：《史记》卷三十一"吴太伯世家"，北京：中华书局，1963年，第1462页。
③ 司马光：《资治通鉴》卷七，北京：中华书局，1976年，第251页。
④ 陈寿：《三国志》卷九"许褚传"，北京：中华书局，1964年，第276页。
⑤ 陈寿：《三国志》卷十八"曹仁传"，北京：中华书局，1964年，第543页。
⑥ 房玄龄等：《晋书》卷八五"何无忌传"，北京：中华书局，1974年，第2216页。
⑦ 沈约：《宋书》卷七十四"臧质传"，北京：中华书局，1974年，第1942页。

楚军第一战,"大破汉军。汉军皆走,相随入榖、泗水,杀汉卒十余万人"。楚追击汉军至灵璧东,"汉卒十余万人皆入睢水,睢水为之不流"①。

南朝政权在淮域发生的重要战役,取胜的直接因素多与淮泗武人的英勇善战、整体协作有关。

西晋八王之乱,祖逖率数百家避地淮域,"宾客义徒皆暴桀勇士"。祖逖屯于淮阴,得2000余人,平定了多部坞主,并攻占谯郡②。后乃弟祖约屯兵寿春,"秦陷寿阳,赖淮泗之师得以复振"③。

《孙子兵法》强调特种部队的作用,"兵无选锋,曰北"。杜枚注《孙子》,特在"选锋"条下提及刘牢之的北府兵④,面对投鞭断流的前秦军队,"谢玄使彬与牢之距之"⑤。淝水之战在战术上最关键之处,是秦军北撤时,北府兵的突然攻击。此战后,"北府兵将名闻天下"⑥。

宋魏盱眙之战的意义不下于淝水之战。元嘉二十七年(450),拓跋焘率军数十万扑向彭城,宋辅国将军泗人臧质率万人北救。臧部建威将军毛熙祚"所领悉北府精兵,幢主李灌率厉将士,杀贼甚多"。次年正月,拓跋焘全力攻打盱眙,城内3000余名宋军奋勇坚守。臧质以淝水之败讥僛拓跋焘:"尔识智及众力,岂能胜苻坚

---

① 司马迁:《史记》卷七"项羽本纪",北京:中华书局,1963年,第321—322页。
② 房玄龄等:《晋书》卷六十二"祖逖传",北京:中华书局,1974年,第1694—1695页。
③ 周济:《晋略》列传十九"温峤传",光绪二年刻本,第6册,第6页。
④ 孙武:《十一家注孙子校理》卷下"地形篇",曹操等注,杨丙安校理,北京:中华书局,1999年,第224—225页。
⑤ 房玄龄等:《晋书》卷八十四"刘牢之传",北京:中华书局,1974年,第2188页。
⑥ 周济:《晋略》列传二十七"谢安谢玄传",光绪二年刻本,第7册,第2页下。

邪！"魏军"肉薄登城，分番相代，坠而复升，莫有退者，杀伤万计，房死者与城平"。经一个多月的激战，魏军"死者过半"，只得解围败走①。

梁武帝天监五年（506）冬，北魏元英率数十万军队围攻淮水南岸的钟离。钟离梁军同样约3000人，元英与杨大眼"躬自督战，昼夜苦攻，分番相代，坠而复升"。以淮泗武人为主体的梁军据城死守，"一日战数十合，前后杀伤者万计，魏军死者与城平"②。与宋魏盱眙之战极其相似。

宋蒙之间再次在盱眙发生大战。嘉熙二年(1238)，蒙古军攻陷滁州后转攻盱眙。盱眙内外无援，音信阻绝。余玠"不顾危亡，后转战而入盱。贼尽锐攻之，玠尽锐应之。腊月二十六、二十七、二十八之战，杀贼无算，贼乃引去"③。

不能不说，淮地武人创造了历史，"但他们并不是随心所欲地创造，并不是在他们自己选定的条件下创造"④。中国的皇权体制，事实上是小农政治，每次改朝换代，"都是使这个机器更加完备，而不是把它摧毁"⑤。即使累世台司的淮地武人，与其他小农一样，"不能代表自己，一定要别人来代表他们。他们的代表一定要同时是他们的主宰，是高高站在他们上面的权威"⑥。淮地武人的每次问鼎，都像是专制政体的又一次更新，而不是代表平民普遍

---

① 沈约：《宋书》卷七十四"臧质传"，北京：中华书局，1974年，第1911—1913页。
② 姚思廉：《梁书》卷十八"昌义之传"，北京：中华书局，1973年，第294页。
③ 吴潜：《许国公奏议》卷二，北京：中华书局，1985年，第57页。
④ 《马克思恩格斯全集》第11卷，北京：人民出版社，1995年，第131—132页。
⑤ 《马克思恩格斯全集》第11卷，北京：人民出版社，1995年，第227页。
⑥ 《马克思恩格斯全集》第11卷，北京：人民出版社，1995年，第229页。

利益的政治诉求的实现。

三、逐鹿问鼎

秦扫六合后,淮地将相辈出。淮地武人建立的王朝有下相(今江苏宿迁)项羽建立的西楚(公元前206—公元前202),沛丰邑(今江苏丰县)刘邦缔造的西汉(公元前202—公元8),沛国(今安徽亳州)曹操奠基的曹魏(220—266),彭城(今江苏徐州)刘裕肇建的宋(420—479),庐州(今安徽长丰)杨行密建立的南吴(902—937),砀山朱温创建的后梁(907—923),陈州项城(今河南项城)王建设立的前蜀(907—925)、光州固始(今河南固始)王审知开创的闽国(909—945)、彭城刘陟(后名刘龑)肇建的南汉(917—971),徐州李昇建立的南唐(937—975)[①]、凤阳朱元璋建鼎的明(1368—1644)等11个王朝。另外,三国吴的建立者孙权出生在下邳[②],南朝齐(479—502)、梁(502—557)的建立者分别是沛人萧何的后人萧道成和萧衍。前述被正史[③]所承认的帝王仅冰山之一角,其他尚有淮南仲氏皇帝汝南人袁术、桓楚皇帝谯国人桓玄、楚皇帝亳州人朱粲、吴国皇帝东海丞人李子通、大齐皇帝上蔡人秦宗权、大周诚王大丰人张士诚、大周高皇帝祖籍高邮的吴三桂、洪宪皇帝项城袁世凯等未被正史承认者。

---

① 欧阳修:《新五代史》卷六十二"南唐世家",北京:中华书局,1974年,第765页。
② 《江表传》曰:"(孙)坚为下邳丞时,权生"(陈寿:《三国志》卷四十七,北京:中华书局,1964年,第1115页)。
③ 十国的建立者杨行密、李昇、王审知、刘陟、王建在《旧五代史》中被列入了"僭伪传";但在《新五代史》中,均被列为"世家"。

引发王朝更替的首义或反叛,事发地多在淮地,包括秦末阳城(汝南商水①)人陈胜、阳夏(今淮阳)吴广揭竿于皖北大泽乡,天凤年间琅琊人樊崇率赤眉军起兵于莒,唐末彭城人庞勋构兵于徐州、泗人黄巢兴兵于曹州,以及元末颍州人刘福道、定远人郭子兴举帜于颍上和濠州。而关陇人建立的秦、唐,蒙、满建立的元、清,分别为项羽、朱温、朱元璋、袁世凯等淮地武人所颠覆。

可以说,淮地武人不逊色于中国历史上任何一个集团和地区的政治势力。

东汉以后,淮地人才辈出。三国时,魏、吴人才争夺的核心是淮地人物。

日本学者认为,赤壁之战是南方新豪族团结一致保卫孙吴的结果②。事实上,孙吴政权前期主要依恃淮泗人才。史载:"(孙)坚又募诸商旅及淮、泗精兵,合千许人,与儁并力奋击,所向无前。"③镇北将军孙韶镇守吴边地数十年,"青、徐、汝、沛颇来归附"④。周瑜、鲁肃、吕蒙皆淮人。田余庆认为:"孙吴立国以江东大族特别是吴四姓为支柱,这是毫无疑义的,但是形成这种局面却是较晚的事。孙氏渡江,以淮泗人物为主体。"⑤此为的论。孙吴政权的淮泗籍将军还有:安东将军徐盛,大将军、左都护诸葛瑾,大将军领太子太傅诸葛恪等。

---

① 谭其骧认为阳城在今河南方城县东六里。见谭其骧:《长水集》(下),北京:人民出版社,1987年,第339页。
② 宫崎市定:《宫崎市定全集》(6),东京:岩波书店,1993年,第22页。
③ 陈寿:《三国志》卷四十六"孙破虏讨逆传第一",北京:中华书局,1964年,第1094页。
④ 陈寿:《三国志》卷五十一'孙韶传",北京:中华书局,1964年,第1216页。
⑤ 田余庆:《秦汉魏晋史探微》,北京:中华书局,2004年,第316页。

尽管荆州是孙吴的战略要地，但孙吴政权中一直没有荆州名将。因为，"孙吴立国的政权基础在江东和淮、泗集团，而这两个集团又能充分满足孙吴政权的人才需要"①。

曹操部将中淮泗人最多，如曹仁、曹洪、夏侯惇、夏侯渊、史涣、侯彰、牛金、李典、吕虔、梁习、仓慈、徐宣、胡质、文稷、文钦、邓艾等。伍卒以近水楼台之故，更以淮泗籍为众。如《魏志》载：曹仁"阴结少年，得千余人，周旋淮、泗之间"。曹洪"将家兵千余人，就（陈）温募兵，得庐江上甲二千人"②。泗地人李乾"合宾客数千家在乘氏。初平中，以众随太祖"③。万绳楠指出："以领兵将领来说，曹操时期统兵征讨与宿卫大将，大都是谯郡人或沛国人。"④

刘备初期在徐州一带活动，部卒主要为淮地人⑤。

诸葛亮乃琅邪阳都人，后与从父诸葛玄投奔荆州牧刘表⑥。东汉末任巴郡、广汉太守的许靖，乃汝南平舆人。蜀汉时，任太傅，"丞相诸葛亮皆为之拜"⑦。刘备早年在经济上的靠山麋竺，东海

---

① 陶新华：《孙吴政权中稀见荆州士人的原因探析》，中国魏晋南北朝史学会等编：《北朝研究》第7辑，北京：科学出版社，2010年，第267页。
② 陈寿：《三国志》卷九"曹洪传"，北京：中华书局，1964年，第274、277页。
③ 陈寿：《三国志》卷十八"李乾传"，北京：中华书局，1964年，第533页。
④ 万绳楠：《魏晋南北朝史论稿》，合肥：安徽教育出版社，1983年，第79页。
⑤ 刘备在小沛，"复合兵得万余人"（陈寿：《三国志》卷三十二"先主传第二"，北京：中华书局，1964年，第874页）；"东海昌霸反，郡县多叛曹公为先主，众数万人"（同前书，第875页）；至汝南，"与贼龚都等合，众数千人"（同前书，第876页）。刘备败退广陵海西，麋竺"进妹于先主为夫人，奴客二千"（陈寿：《三国志》卷三十八"麋竺传"，北京：中华书局，1964年，第969页）。
⑥ 陈寿：《三国志》卷三十五"诸葛亮传"，北京：中华书局，1964年，第911页。
⑦ 陈寿：《三国志》卷三十八"麋竺传"，北京：中华书局，1964年，第967页。

胸人,"祖世货殖,僮客万人,资产钜亿"。先任徐州牧陶谦别驾从事,陶谦卒后,"迎先主于小沛",建安元年(196),吕布袭下邳,虏刘备妻子。刘备转军广陵海西,麋竺把亲妹嫁给了刘备,并以"奴客二千,金银货币以助军;(先主)于时困匮,赖此复振"①。麋竺后来也成了后主刘禅的舅舅。

东晋淮地武人在军事、政治领域继续扮演重要角色。晋元帝永昌二年(323),王敦反叛,"北中郎刘遐及淮陵内史苏峻率淮泗之众以救朝廷"②。东晋北府兵的基本骨干则是淮泗人。太元(376—396)初,谢玄招募劲勇,彭城刘牢之、东海何谦、琅邪诸葛侃等淮域将领以"骁猛应选"③。王夫之称:"谢元用北府兵以收淮北,刘宋资之以兴。"④

元兴二年(403),刘裕定"兴复之计"的参与者有东海何无忌、刘裕弟彭城刘道规、沛郡刘毅、任城魏咏之、琅邪诸葛长民。次年刘裕以游猎为名,与何无忌等收集义徒,同谋者中还有魏咏之、魏欣之和魏顺之三兄弟、刘裕弟刘道怜、彭城刘毅及从弟刘藩、临淮刘蔚及从弟刘珪之、陈郡周道民、谯国范清等27将⑤。据沈约《宋书》各列传,刘裕军中知名的彭城籍北府兵将领有:刘裕从母兄刘怀肃、刘怀慎兄弟,刘怀慎庶长子和从孙刘荣祖、刘亮,

---

① 陈寿:《三国志》卷三十八"麋竺传",北京:中华书局,1964年,第969页。
② 房玄龄等:《晋书》卷二十八"五行(中)",北京:中华书局,1974年,第836页。
③ 房玄龄等:《晋书》卷八十四"刘牢之传",北京:中华书局,1974年,第2188页。
④ 王夫之,舒士彦点校:《宋论》卷一"太祖",北京:中华书局,1964年,第20页。
⑤ 沈约:《宋书》卷一"武帝纪(上)",北京:中华书局,1974年,第5页。

刘简之、刘谦之兄弟，刘钟，刘道产、刘延孙父子，到彦之，刘粹、刘损、刘伯龙族兄弟，垣闳等。兵卒中，淮人是主体。隆安五年（401），刘裕率北府兵征孙恩，拒用南方部队为前驱，直言"吴人不习战"①。元嘉二十七年（450），泗人李安民"率部曲自拔南归"②。刘骏征讨刘劭，徐兖二州刺史萧思话"即率部曲还彭城，起义以应世祖"③。泰始二年（466），"义军主黄回募江西楚人千余。……淮西人前奉朝请郑墨率子弟部曲及淮右郡起义于陈郡城，有众一万"④。"（黄）回所领并淮南楚子，天下精兵"⑤。

齐、梁政权对淮域武人具有相当的吸引力，如"淮北四州闻（齐）太祖受命，咸欲南归"。徐州人桓摽之、兖州人徐猛子等，"合义众数万，砦险求援"⑥。梁承圣二年（553），汝颖人荀朗"率部曲万余家济江"⑦。同年十二月，淮北宿预人东方白额以城降梁，淮域州郡纷纷起兵响应，百姓相率归附南朝⑧。

---

① 沈约：《宋书》卷一"武帝纪（上）"，北京：中华书局，1974年，第2页。
② 萧子显：《南齐书》卷二十七"李安民传"，北京：中华书局，1972年，第504页。
③ 沈约：《宋书》卷七十八"萧思话传"，北京：中华书局，1974年，第2015页。
④ 沈约：《宋书》卷八十七"殷琰传"，北京：中华书局，1974年，第2205—2206页。
　　"江西楚人""江北楚子"的主体是淮泗武人。"江西"即江北，见王鸣盛：《江西即江北》，王鸣盛述：《十七史商榷》卷六十二"江西即江北"，乾隆五十二年刻本，第6页—7页。
⑤ 沈约：《宋书》卷八十七"殷琰传"，北京：中华书局，1974年，第2207页。
⑥ 萧子显：《南齐书》卷二十七"李安民传"，北京：中华书局，1972年，第508页。
⑦ 姚思廉：《陈书》卷十三"荀朗传"，北京：中华书局，1972年，第202页。
⑧ 司马光：《资治通鉴》卷一六五，北京：中华书局，1976年，第5107页。

南朝"伧楚壮士"的主要成员是淮泗武人[①]。宋泰始二年（466），各地反叛，朝廷仅保丹阳一郡，汝颍人殷孝祖率"伧楚壮士"到达建康，"人情大安"[②]。

陈寅恪指出，南朝流民为当时具有战斗力的集团，即江左北人的武力集团，他们击败了苻坚及并创建宋、齐、梁三朝霸业[③]。

隋、唐两代，政治形态属于贵族制度，[④]淮地武人少有重大作为。

北宋初期，将帅多出汴、洛、河北。如"义社十兄弟"（赵匡胤、杨光义、石守信等）[⑤]中无淮地人。宋蒙对峙，淮地边将吴渊、吴潜兄弟皆重视淮地武人。吴潜经多次实战，认识到淮襄士民的战斗力最强，疏陈"用淮襄之人物，守淮襄之土地"。他认为江南之士，"其便弓马，一不如土人也。谙地理，二不如土人也。耐风霜，三不如土人也。熟虏之情伪，及金鼓兵革之事，四不如土人也"[⑥]。吴渊任宝章阁直学士兼江东转运使时，"两淮民流徙入境

---

① 余嘉锡：《释伧楚》：宋高祖兄弟先世为彭城绥里人，彭城于春秋属宋，战国时属楚。自项羽为西楚霸王，以及前汉之楚元王交楚孝王嚣，后汉之楚王英，并都彭城。《宋书》所谓"楚言"者，指彭城郡言之也。其地为今江苏铜山县，以其越在江北，密迩胡虏，侨人杂处，号为伧楚。见余嘉锡著：《余嘉锡论学杂著》上册，北京：中华书局，1963年，第231—232页。
② 司马光：《资治通鉴》卷一三一，北京：中华书局，1976年，第4101页。
③ 万绳楠整理：《陈寅恪魏晋南北朝史讲演录》，合肥：黄山书社，1987年，第120页。
④ 宫崎市定：《宫崎市定全集》（1），东京：岩波书店，1993年，第51页。
⑤ 参见李焘：《续资治通鉴长编》卷十六，北京：中华书局，1979年，第339页；白寿彝总编，陈振主编：《中国通史》第7卷（下册），上海：上海人民出版社，2015年，第1105页。
⑥ 吴潜：《许国公奏议》卷二，北京：中华书局，1985年，第46页。

者四十余万,(吴)渊亟加慰抚而赒济之,使之什伍"①。曾任南宋淮西总领、时任权兵部侍郎兼检正的吴潜,对流入建康府的两淮流民大加利用。蒙军封围滁阳,吴潜"遂分差胆勇兵将,并于时暌元团到流民内,选择精锐之士,时用小舟,夜渡过江,攻劫贼寨,屡枭到贼首,及捉到投拜户,并夺到马匹"②。

嘉熙元年(1237)对蒙军取得重大胜利的安丰(今寿县)战役中,安丰人吕文德等淮地武人发挥了重要作用。30年后进行的长达6年之久的襄阳保卫战,宋军统帅吕文焕即吕文德之弟。景炎元年(1276),扬州城保卫战中真正无丝毫降意的最高将领是濠州武人姜才③。

元明嬗替,由于朱元璋为濠泗籍,明朝开国将帅绝大多数为淮泗人。《明史》为之作传的濠泗籍武人有徐达、常遇春、李文忠、邓愈、汤和、沐英、朱文正、傅友德、冯胜、吴良、吴祯、丁德兴、耿炳文、郭兴、郭英、华云龙、张龙、胡海、张赫、张铨、顾时、陈德、王志、唐胜宗、陆仲亨、费聚、郑遇春、周德兴、王弼、蓝玉、曹震、张翼、陈桓、谢成、李新、胡大海、耿再成、赵德胜、刘成、茅成、杨国兴、孙兴祖、缪大亨、睢人韩政、萧人薛显、夏邑人梅思祖、六安人朱亮祖和叶旺、安丰曹良臣和武德、淮西人张鉴、寿州人宁正以及先人为濠人的俞通海等。不言而喻,早

---

① 脱脱等:《宋史》卷四一六"吴渊传",北京:中华书局,1977年,第12467页。
② 吴潜:《许国公奏议》卷二,北京:中华书局,1985年,第56页。
③ 扬州被围,李庭芝曾有降意,"召(姜)才计事,屏左右,语久之,第闻才厉声云:'相公不过忍片时痛耳。'左右闻之俱汗下。才自是以兵护庭芝第,期与俱死。"姜才被俘后,"阿术爱其忠勇,欲降而用之,才肆为慢言;阿术责庭芝不降,才曰:'不降者才也。'复愤愤不已,阿术怒,剐之扬州。"见脱脱等:《宋史》卷四五一"忠义六",北京:中华书局,1977年,第13269页。

期朱元璋军队的兵卒也以淮泗武人为主①。被朱元璋誉为"天下奇男子",屡败徐达、常遇春等名将的蒙军将领扩廓帖木儿(王保保)为光州固始人②。

秦、东汉、唐、宋、元、清皆非淮地武人肇造,而淮地武人给这些王朝造成的影响、尤其是负面影响非常巨大,甚至是这些朝代灭亡的直接原因。

秦庄襄王、始皇帝时,领秦军攻取韩、赵、魏76座城池的蒙骜为沂泗(蒙山)人③,其子蒙武系灭楚重要将领,两孙蒙恬、蒙毅分别官至内史、上卿。蒙恬曾与李信率军20万伐楚,并攻下寝地,且是后来北征匈奴的主帅④。而秦末为相的李斯则为楚后期的王畿

---

① 如至正十三年春,"太祖收里中兵,得七百人"(张廷玉等:《明史》卷一"太祖一",北京:中华书局,1974年,第2页)。"与徐达、汤和、费聚等南略定远。计降驴牌寨民兵三千。……袭元将张知院于横涧山,收其卒二万"(张廷玉等:《明史》卷一"太祖一",第2—3页)。至正十五年秋九月,"子兴部将归太祖矣"(张廷玉等:《明史》卷一"太祖一",第5页)。临淮人张赫,"团义兵以捍乡里。……闻太祖起,帅众来附"(张廷玉等:《明史》卷一三〇"张赫传",第3832页)。临淮人王志,"以乡兵从太祖于濠"(张廷玉等:《明史》卷一三一"王志传",第3846页)。"双刀王"临淮王弼,其先定远人,"初结乡里,依三台山树栅自保。逾年,帅所部来归"(张廷玉等:《明史》卷一三二"王弼传",第3862页)。"豁鼻山有秦把头八百余人,(费)聚复招降之。"(张廷玉等:《明史》卷一三一"费聚传",第3852页)。定远人缪大亨,部属达2万人"太祖遣其叔贞谕降之,命将所部从征"。张明鉴聚众淮西,"明鉴降,得众数万、马二千余匹。"(张廷玉等:《明史》卷一三四"缪大亨传",第3901页)。凤阳单安仁,元末组织乡兵,"从之者数万人",元璋攻占金陵后,单安仁"乃率部曲而归之"(宋濂:《宋学士文集》卷三十九,正德年间刊本,第5页下)。
② 据1990年冬洛阳东郊发掘的赛因赤答忽墓志称:"公讳赛因赤答忽,……因留光州固始县,遂定居焉"(亢振华:《元〈赛因赤答忽墓志〉考》,《内蒙古社会科学》1994年第2期,第64页)。
③ 蒙骜籍贯,据郑樵:《通志》卷二十七,北京:中华书局,1987年,(志)第468页中;攻城数据司马光:《资治通鉴》卷六,北京:中华书局,1976年,第199、200、203、205、209、210页。
④ 司马光:《资治通鉴》卷七,北京:中华书局,1976年,第228—229页。

上蔡人。

楚国最后半个多世纪，王畿转移到淮域汝颍地区。公元前278年，楚徙都于陈县（现河南淮阳）①。公元前255年，楚以荀卿为兰陵令，治理沂泗地区。荀子精通兵法，更通治民之道。公元前253年，楚再徙都于颍地钜阳；公元前241年，楚都徙寿春②。

宫崎市定认为，楚王室接受中原文化，致使国势衰弱③。事实上，尽管迁陈后楚国局于一隅，但此时除秦外，仍以楚最强。"楚、赵、魏、韩、卫合从以伐秦，楚王为从长"④。李信与蒙恬会师后，"楚人因随之，三日三夜不顿舍，大败李信，入两壁，杀七都尉；李信奔还"。秦被迫用王翦、蒙武率军60万攻楚。值得注意的是，此时秦王仍然信任并重用蒙氏。秦重兵压境，楚人的战斗力依然令秦军不敢对攻。"楚人闻王翦益军而来，乃悉国中兵以御之；王翦坚壁不与战。楚人数挑战，终不出"⑤。有人认为，楚军此时势力强大，乃源于昌平君在淮北反秦⑥，此说恐难确证。但可以确定的是，秦军的优势在于整体战术布署及王翦、蒙武比较高明的战略决策；楚人的优势在于民众与军人的骁勇善战，但缺乏比较有效的统一指挥。从这里看不出宫崎市定所说的秦国的骑兵优势实不存在⑦。

---

① 司马迁：《史记》卷七十八"春申君列传"，北京：中华书局，1963年，第2387页。
② 司马光：《资治通鉴》卷六，北京：中华书局，1976年，第188—196页。
③ 宫崎市定：《宫崎市定全集》（1），东京：岩波书店，1993年，第121页。
④ 司马光：《资治通鉴》卷六，北京：中华书局，1976年，第211页。
⑤ 司马光：《资治通鉴》卷七，北京：中华书局，1976年，第229—230页。
⑥ 田余庆：《说张楚——关于"亡秦必楚"问题的探讨》，《历史研究》1989年第2期，第139—143页。
⑦ 宫崎市定：《宫崎市定全集》（3），东京：岩波书店，1993年，第28页。

战国末，各国反秦人士多汇集于楚王畿，如赵将廉颇、韩公子张良、魏公子咎、魏名士张耳、陈余等。陈地被秦军自西攻占后，反秦人士多向东迁。如张良从淮阳迁到下邳，项梁、项羽、项伯从项城迁到下相、下邳等地。周勃家人则从卷迁到沛。反秦中心从汝颍移至泗地。对此，秦廷极为清楚，所谓"东南有天子气"，"东游以厌之"之说，皆源于汝颍、泗地楚人的怨愤之气及善战之风①。不久，秦即亡于此地楚人之手。

东汉创立者刘秀为淮人后裔，且将帅多为南阳人，地邻汝颍，对淮域似无故意打压态势，甚至有"汝颍优越论"的说法②。但黄巾军兴后，以徐地最为强悍难驯。东汉末徐州刺史陶谦称："然妖寇类众，殊不畏死，父兄歼殪，子弟群起，治屯连兵，至今为患③。

唐代朝廷对淮地所怀成见较深。凌烟阁24功臣中无淮人，不过，祖籍彭城的刘文静功勋远超入阁功臣。"高祖论太原首功，诏尚书令秦王、尚书左仆射裴寂、纳言刘文静恕二死"。后来入阁者中的功高者仅恕一死。而李渊对刘文静"素疏忌之"，刘"自以材能过裴寂远甚，又屡有军功，而寂独用故旧恩居其上，意不平"。

---

① 秦始皇曾徙民15万于沂泗地区（琅琊），显然是为了打击楚遗民的反秦势力。见加里·费因曼等(Gary M. Feinman, et al), "The imprint of China's first emperor on the distant realm of eastern Shandong", *Proceedings of the National Academy of Sciences of the United States of America*, vol. 107, no. 11, March 11, 2010, pp. 4851-4852.
② 安部聪一郎：《党锢下的"名士"再考证——贵州制成立过程的再审视》（党錮の「名士」再考——貴族制成立過程の再検討のために——），《史学雜誌》第111编第10号，2002年，第1595页。
③ 陈寿：《三国志》卷八"魏祖本纪"，北京：中华书局，1964年，第250页。

刘被诬谋反,李纲、萧瑀、李世民均明其冤,却仍被殂①。

唐宪宗时,李愬入蔡州擒吴元济,柳宗元上《奉平淮夷雅表》②,仍用"淮夷"名吴,可见时人对淮域的鄙薄。

唐廷的地域偏见从后期政局表现得更为明显。唐懿宗制曰:"徐州土风雄劲,甲士精强,比以制驭乖方,频致骚扰。……或有被罪奔逃,虽朝廷频下诏书,并令一切不问,犹恐尚怀疑惧,未委招携,结聚山林。"③

咸通三年(862),太原人王式出任徐州刺史。时徐州银刀军被朝廷视为"骄卒"。罪名是"每有宾宴,必先厌食饫酒"。王式赴任后,"即命环骄卒杀之。徐卒三千余人,是日尽诛"④。由于王式采用欺诈、残忍手段殄灭徐卒,致使北地唐将在徐地信义殆尽。

同时,唐廷募徐泗2000人备防南诏,分800人别戍桂州,初定三年轮替。但唐廷对徐泗怀有先天性敌意,命出自"时推甲等"⑤的清河崔氏崔彦曾"镇之"⑥。崔彦曾"用亲吏尹戡、徐行俭当要

---

① 欧阳修、宋祁:《新唐书》卷八十八"蒙恬列传",北京,中华书局,1975年,第3736—3739页。
② 彭定求等编:《全唐诗》卷三百五十,北京:中华书局,2008年,第3914—3917页。
③ 刘昫等:《旧唐书》卷十九(上)"懿宗本纪",北京:中华书局,1975年,第656—657页。
④ 刘昫等:《旧唐书》卷十九(上)"懿宗本纪",北京:中华书局,1975年,第653页。
⑤ 刘昫等:《旧唐书》卷一七七"崔彦曾传",北京:中华书局,1975年,第4591页。
⑥ 司马光:《资治通鉴》卷二五一,北京:中华书局,1976年,第8121页

职。二人贪猥，不恤军旅"①，蒙骗戍卒超期服役达6年。咸通九年（868），徐卒推庞勋率众北还②。庞勋遣使向崔彦曾申诉，却被崔怒杀；戍卒逼近徐州，崔又"诛逆卒家口"③。庞勋被迫反叛，唐廷调集了包括沙陀骑兵在内的十数万大军，耗时16个月方予弭平。史称："唐亡于黄巢，而祸基于桂林。"④

从唐廷对庞勋的战争中，处处可见6年前银刀军事件留给双方的心理阴影。一方面，徐泗军卒担心会遭到比银刀军更残暴的报复。部卒曰："吾辈罪大于银刀，……若至徐州，必葅醢矣！"另一方面，唐将公认对银刀军是枉杀、滥杀、冤杀，尽管如此，他们不是要为其平反，而是要残暴到底。戍卒至淮南，都押牙李湘建议节度使令狐绹纵兵消灭，"不然，纵之使得渡淮，至徐州，与怨愤之众合，为患必大"。戍卒到达彭城外，崔彦曾部将皆曰："比以银刀凶悍，使一军皆蒙恶名，歼夷流窜，不无枉滥。今冤痛之声未已！……不若乘其远来疲弊，发兵击之。"团练判官温庭皓对崔彦曾言："银刀余党，潜匿山泽，一旦内外俱发，何以支梧！"⑤可见，对待徐泗军卒，北地将帅不但开始时就犯了欺诈之过，而且还继续背负滥杀银刀军的包袱，顽固地将错就错。

事实上，银刀旧部纷纷加入庞部反抗唐廷。"勋招集银刀等都

---

① 刘昫等：《旧唐书》卷一七七"崔彦曾传"，北京，中华书局，1975年，第4581页。
② 司马光：《资治通鉴》卷二五一，北京：中华书局，1976年，第8121页。
③ 刘昫等：《旧唐书》卷一七七"崔彦曾传"，北京，中华书局，1975年，第4582页。
④ 欧阳修、宋祁：《新唐书》卷二二二（中）"南蛮传（中）"，北京，中华书局，1975年，第6295页。
⑤ 司马光：《资治通鉴》卷二五一，北京：中华书局，1976年，第8122、8124页。

窜匿及诸亡命匿于舟中，众至千人"。"时亡命者归贼如市"①。连司马光也承认："庞勋募人为兵，人利于剽掠，争赴之，至父遣其子，妻勉其夫，皆断锄首而锐之，执以应募。"②此处把徐泗人反抗唐廷归因于"人利于剽掠"，似乏史家理性。在专制皇权的严刑峻法下，人们不可能仅因小利而甘冒大辟、甚至灭族的危险。事实上，这正是徐泗地区"怨愤之众"太多的结果，根源则是关陇集团对淮泗集团的打压。

庞勋事件后6年（乾符二年），泗人黄巢起兵。再2年，25岁的徐地砀山人朱温参加了黄巢的军队，最终灭唐并建立了后梁，开启了五代十国。而"十国"的建立者约有半数为淮地武人。

需要说明的是，裴宜理把恶劣的物质生活环境视为淮北叛乱多发的原因③，这在南宋以后尚讲得通；但在唐以前，淮北物质生活条件长期优于其他地区④。

元末，韩山童倡言天下大乱，"河南及江淮愚民皆翕然信之"。元至正十一年（1351），刘福通以红巾为号攻取颍州，成为

---

① 刘昫等：《旧唐书》卷一七七"崔彦曾传"，北京，中华书局，1975年，第4582页。
② 司马光：《资治通鉴》卷二五一，北京：中华书局，1976年，第8130页。
③ Elizabeth J.Perry, *Rebels and Revolutionaries in North China, 1845-1945*, pp. 3, 10-16.
④ 丁文江认为，中国早期文明最重要的发祥地包括河南省、鲁西、苏北和皖北的部分地区。见丁文江（V. K .Ting），"Prof. Granet's "La Civilization Chinoise' ", *The Chinese Social and Political Science Review*, vol. 15, no. 2, July 1931, pp.268-269，冀朝鼎认为，在汉代，淮北已取代关中成为中国核心经济区。见冀朝鼎(Ch'ao-ting Chi), *Key Economic Areas in Chinese History: As Revealed in the Development of Public Works for Water-Control*, . New York: Paragon Book Reprint Corp. 1963 (First Published by George Allen & Unwin Ltd., 1936, London), pp. 86-87, 94-95.

各地反元的导火索。萧县李二及老彭、赵君用攻取徐州①。次年，郭子兴袭据濠州，朱元璋加入郭部为十夫长，后得郭所抚马氏女为妻②。"自红巾妖寇倡乱之后，南北郡县多陷没，故大明从而取之"③。1368年，淮泗武人徐达、常遇春等率明军攻占大都，元顺帝被迫"避兵北行"，终结了元在中土的统治。

清末兴起于阜阳、亳州等地的捻军，其首领张乐行、张宗禹、任柱（化邦）、龚得树、侯士维、李昭寿（世忠）等皆颍、涡人，他们亦为淮军所镇压。武昌起义后，南北对立，在清廷寄望于各地"勤王"、南方革命军处于劣势时，最终是淮地（项城）人袁世凯终结了清廷。

综上所述，在由秦到清的2000多年皇朝史上，淮域武人扮演着无可替代的历史角色。从对没落王朝的首义一击，到对新朝的奠基肇业；从桀骜不驯的逆兵叛将，到捐躯舍身的国家干臣；从横行乡里的不逞之徒，到千金一诺的仁侠志士；从菹醢灭族之功臣走狗，到庙食袭禄之世家高族，淮地武人均不胜枚举。

第二节 民性的衰变

明清以后，淮北社会不但物质环境满目疮痍，处处荒芜，民风民性方面也创深痛巨。古代慷慨悲歌、奋发有为、朝气蓬勃、一诺

---

① 宋濂：《元史》卷四十二"顺帝五"，北京：中华书局，1976年，第891—892页。
② 张廷玉等：《明史》卷一百二十二"巴而术·阿而忒·的斤传"，北京：中华书局，1974年，第3679页。
③ 宋濂：《元史》卷四十四"顺帝七"，北京：中华书局，1976年，第925页。

千金的民众被苟且偷生、慵懒怠惰、萎靡不振、坑蒙拐骗之辈所取代。这种衰变的罪魁祸首是明清两代统治者,但他们却把罪责轻易地推给没有话语权的淮北民众头上,并把他们贴上"泼妇刁民"的标签。

一、呰窳偷生

古代发达的经济,孕育了淮北发达的文化和醇厚的民俗。明清时代,伴随着生态的衰变,淮北地区的人文精神与民风习尚也在发生堕落。崩溃的生态培育出了畸形的人文素质。有人写道:"予于咸丰庚申九月杪客游淮平,至辛酉秋仲,阅一岁矣。所交皆名利场人。窃怪濠泗间,古多慷慨悲歌之士,何今不逮昔,而名流之不予观也?"①淮北的一部方志中论曰:"所谓瘠土之民莫不向义者乎?无教化以维之,吾恐其趋而愈下也。……新进儒童不随地方官谒文庙,终身不知有师生之谊。"②

乾隆年间,淮安府地方官推行纺织未果,慨叹:"斯亦淮人呰窳之一端也。"③值得注意的是,"呰窳"一词,在汉代以前,本是专门用来描述江南人的④。

由于共同贫穷,读书家庭稀少。如灵璧,"地滨睢河,十年九

---

① 方瑞兰监修:《安徽泗虹合志》卷十八"诗",光绪十三年刻本,第21页下。
② 贡震等修:《乾隆灵璧县志》卷四"杂志",中国地方志集成(30),南京:江苏古籍出版社,1998年,第75页。
③ 吴昆田等总纂:《淮安府志》卷二"疆域",光绪十年甲申刻本,第6页上。
④ 司马迁写道:"楚越之地,地广人稀,饭稻羹鱼,或火耕而水耨。不待贾而足,地势饶食无饥馑之患。以故呰窳偷生,无积聚。"晋灼认为,"窳"是一种病。《史记正义》认为,江南人食螺蛤等物,"故多羸弱而足病也"。见司马迁:《史记》卷一二九"货殖列传",北京:中华书局,1963年,第3270页。

荒，绝无温饱读书之家"①。明清以来，淮北成了文化极为落后的地区。据统计，清代安徽的学者中，籍贯为安庆府的达24人，徽州府40人，而淮北泗州、颍州和凤阳三地竟均无一人②。即使是这个地区那些被视为"先锋队"的革命者，其文化程度也惊人的低下。1950年4月，苏北区拥有中共党员294804人（部队党员不在内），占全区总人口（20567908人）的1.43%。文盲和半文盲212267人，占党员总数的75.4%；小学程度64680人，占21.94%；中学程度7703人，占2.61%；大学程度仅154人，占总数0.05%，真乃凤毛麟角③。皖北一些基层干部不识一字的现象，也并不鲜见。像五河县淮北区书记陈自荣、区长裴焕如，"均系工农干部，不识字"④。

教育的缺乏，自然难以产生与江南地区类似的士绅阶层。缺乏自为的士绅阶层，"使其与民众的亲和力大失，传统士绅的功能便日愈减弱"。许多依靠士绅来动员的公共事业无法进行下去⑤。更为重要的是，底层民众的思维和心理无法得到正确的引导。

许多方志认为淮北农民"宁忍饥寒，不勤力作"。灵璧等地向

---

① 贡震等修：《乾隆灵璧县志》卷四"杂志"，中国地方志集成（30），南京：江苏古籍出版社，1998年，第76页。
② 转引自谢国兴：《中国现代化的区域研究：安徽省（1860—1937）》，台北"中研院"近代史研究所，1991年，第59页。
③ 江苏省档案馆藏档案：《一年来建党工作报告》，第1页；见中国共产党苏北区办公厅：《中共苏北区第一次党代表会议的开幕词、报告、发言、总结、决议、闭幕词》（1950年3月），全宗号301，卷号：永久-9，第24页。
④ 安徽省档案馆藏皖北区党委档案：《各地关于土改工作的情况报告》，全宗2，目录2，案卷号40，第40页。
⑤ 详见黄丽生：《淮河流域的水利事业：从公共工程看民初社会变迁之个案研究（1912—1937）》，台北：台湾师范大学历史研究所，1986年，第349页。

第六章 社会生活与社会冲突 669

有"种田靠天"之谚，有人视此为"致穷之本"①。据20世纪20年代调查，华北、华中地区农民每年直接用于农作的时间很少超过90整天，许多人仅有70—80天②。与之相比，江南地区的沙地上则大量种植棉花，农民在农作方面所花费的劳动时间，要高于北方农民3—5倍。而在农隙时，人们经常看到江南农民挑上担子，走街窜巷地卖小吃，夜里宿在庙中或露天而卧，每日赚取几个铜板③。淮北地区做这种生意的事明显少于江南地区。

民国前期一位治水工程师也曾对淮海地区农民听天由命的心态颇有微辞，他说："民国二十一年前后，兄弟从安徽到江苏海边，都跑过了，发现了一般农夫的通病，有句土话说：'三顿饭饱，眼睛倰倰'，可以代表这种性格。同时有许多人告诉我同样的结论。"④但这位工程师却给出了以下的断语："人类固然可以改变地形，但人类的性质也受地理的影响。……我细细的想，一定是因受了水灾的影响。无论造了多好的住宅，有了多大的贮蓄，大水一到，完全取消。所以一到丰年吃喝赌都来，用完大吉；有了灾，要求政府和慈善机关救济；大水去后，永久是灰心丧气，绝少积极建设和贮蓄的心理，所以变得怠惰和消极。"⑤

---

① 贡震等修：《乾隆灵璧县志》卷四"杂志"，中国地方志集成（30），南京：江苏古籍出版社，1998年，第75页。
② J. B. Tayler, *Farm and Factory in China: Aspects of the Industrial Revolution*. London: Student Christian Movement, 1928, p. 26.
③ J. B. Tayler, *Farm and Factory in China: Aspects of the Industrial Revolution*. London: Student Christian Movement, 1928, pp. 26-27.
④ 王伊曾讲述：《导淮工程与史地研究》，江苏省第六区党务指导员办事处编辑：《淮海》第2期，1935年7月1日出刊，第3页。
⑤ 王伊曾讲述：《导淮工程与史地研究》，江苏省第六区党务指导员办事处编辑：《淮海》第2期，1935年7月1日出刊，第3页。

物质上的大肆掠夺，使淮北地区的百姓不但贫穷，更被人视为愚笨。有人写道："海属人民，向来都是以强悍著名的，但其实质，穷和愚实较强悍为甚。"①在淮北，人们经常挂在嘴上的话是："穷将就"。关于淮北农民的心态，裴宜理的论述尽管貌似有理，但毕竟是浅尝辄止②。

赛珍珠曾描写淮北农民王龙"拼命地耕种田地"，尽管他极为勤劳，但由于没有雨水，缺乏灌溉设施的麦苗，"到最后就黄萎，成为荒废的禾稼了"③。这种情形在皖北极为普遍。寿县和霍丘是皖北仅有的少数产稻区。据安徽寿县农会致重庆中央赈济委员会函称：自1938年以来，该地"无岁不遭黄患"④。1944年亢旱，由于两三个月间未下过一次透雨，"所有高阜之产稻区分，靡不田土龟裂，涓塘干涸。即凤称天然水利之芍陂，亦复源流枯竭，滴水无存用，致早稻迟禾，多成枯槁"。地势较低的近水湾田，"又以黄水续涨，间成一片汪洋"。除了水旱交攻之外，虫灾也十分严重，"蝗蝻到处滋生，迩复有长逾四寸之青虫，遍地皆是，豆苗、芋叶，咬食殆尽"。农民以收获无望，只得弃地不耕。许多地区，

---

① 《连云市及市政处筹备》，江苏省第六区党务指导员办事处编辑：《淮海》第5期，1935年10月1日出刊，第42页。
② 她认为："我们所见到的淮北自然环境，是如此的难以确定。水旱灾持续不断地给生存构成威胁。一轮又一轮的兵燹加剧了这种不确定性，使得当地人很难采取长期的措施来改善他们的生态环境。"见Elizabeth J. Perry, *Rebels and Revolutionaries in North China, 1845-1945*. Stanford: Stanford University Press, 1980, p. 44.
③ 赛珍珠：《大地》，台北：远景出版事业公司，1981年，第53页。
④ 中国第二历史档案馆藏重庆国民政府振济委员会档案：《安徽寿县农会致重庆中央赈济委员会函》（1944年），全宗号116，卷号448，无页码，文件原始分类号5-2-2-3，卷号93-1。

"多数田庐鞠为茂草"①。

生态遭到普遍破坏，政府不愿承担应尽的责任，不能兴修为农业生产服务的灌溉设施，在此背景下，农民个人的力量是非常弱小的，这也是他们变得消极的客观因素。

遇到荒年（其实这里大部分年景都是荒年），百姓流浪四方，"或因贫而乞食，遂因乞而为匪。鼠窃狗偷，所在多有。强梁者乃越境贩盐，公行市集，酗酒打架"②。

由于淮北作为"局部"利益被国家所牺牲，在财政状况许可的前提下，中央政府常会对这一地区予以赈蠲。这种行为对百姓的短期生活无疑大有裨益，但对淮北的社会生产及百姓心态无丝毫益处。在清代，像灵璧等地的水旱凶荒极为频仍，在康乾年间，"未有蠲租赈贷，动辄数十万如近岁之优渥者"。使得百姓反而不愿花费大力气于防灾减灾，发展生产，"皆待泽于下流而不知灾之可惧"。有人认为："夫不知灾之可惧，此乃灾之所以数也。"③1935年鲁西南10县水灾时，"各县收容所灾民，因在济南车站食用细面馍首，到县竟援以为例，藉事要挟"④。

洪水对普通民众心理的打击极大。洪水到来时，那毁灭一切的浑然气势，让人类顿觉自身的渺小。少数拥有救生器材的人，是不

---

① 中国第二历史档案馆藏重庆国民政府振济委员会档案：《安徽寿县农会致重庆中央赈济委员会函》（1944年），全宗号116，卷号448，无页码，文件原始分类号5-2-2-3，卷号93-1。
② 贡震等修：《乾隆灵璧县志》卷四"杂志"，中国地方志集成（30），南京：江苏古籍出版社，1998年，第95页。
③ 贡震等修：《乾隆灵璧县志》卷四"杂志"，中国地方志集成（30），南京：江苏古籍出版社，1998年，第76页。
④ 山东黄河水灾救济委员会编：《山东黄河水灾救济报告书》第1期，1935年12月出版，第1编"文电"，第22页。

敢对他人施以援手的。他们很担心被救者会成为分食者或劫食者、甚至是恩将仇报的谋杀者。

据洪泽湖畔一位在20世纪30年代洪灾中幸存下来的老人叙述：

> 大水下来后，洪泽县（时为淮安县——引者注）全给泡了起来。……船在大水上漂，没个落脚的地方，没有火，没有柴，没有粮，人饿得趴在船上起不来。那时这里像大海一样，没边没际的。水面上漂了数不清的死人，还有活人。一天，我饿得发晕，迷迷糊糊时候，突然觉得船身猛然颠簸起来，睁眼一看，船两边扒着好几个人，苦苦哀求着要上船。我们一家人本来就够多了，吃没吃，喝没喝，上来不也是死吗，我就听见父亲大声叱骂他们，母亲就掰他们的手，但他们不听，把船猛烈地晃着，还要硬上船来，差点把船给弄翻。我这时就见父亲扬起船桨猛砸那些人的手，但他们死不松，我看船桨把那些人的手都砸得血肉模糊的，流得船上哪都是，但他们还是不放，一边把船摇得更厉害。最后，父亲火了，就朝他们头上砸，一个个砸得开了瓢，都掉在水里，一大团一大团血污在水面上漂着。①

洪灾过后，即使幸存下来，百姓心理的创伤也是至痛至巨。别说那些灵魂卑萎、吃食过同类（甚至亲属）的人，其心灵的变态程度，更不用说"多难兴邦"了。刘易斯指出，各民族的洪水神

---

① 1987年12月28日，邢军纪在江苏洪泽湖畔对苏兆强（时年65岁）的采访。邢军纪：《黄河大决口》，北京：解放军出版社，1996年，第199页。

话中,均有关于男性与女性关系、家庭的起源和再生产过程的叙述。在大灾过后人类自身的再生产中,总是涉及乱伦、人兽婚等传说①。

与洪水的破坏性一样,当土匪到来时,一般无所依恃的平民,从个体而言,同样是非常渺小的。事实上,淮北一些地方的方言中,"水"与"匪"是同一个字②。根本没有抵抗能力的平民只能汇入跑反的人流,以避匪祸。有人记述咸丰年间山阳民众的跑反情形:他们"仓卒不能携一物,父子夫妇出门不相顾,望野而奔,所过人家多空舍。饥疲极,姑冒居之,日将出,旁匿墟墓间。日入,人马声寂,乃敢出为饮食。去家近者,或夜归视门户,遇贼劫杀及类,仆以死者甚众。贼复穷加搜刮,所在絷戮,少免者。时天大寒,雨雪风霾,道中泥深尺许,驰逐奔走,折肢庋足,妇女以粪蒉涂面,自掷泥水中。婴儿弃田野,饥冻蹂躏,死者相望。壮夫十百持刀杖结队行,贼单骑大呼,皆失气投刃、伏不敢起。或牵牛马、负担,累累然随之行,少迟则斫以白刃,驱至营。壮者从劫掠,老弱供炊爨。或数日逃,或去不反,或被戮,无虑数万人"③。

作家戴厚英写道:"淮河教会我的第一种能耐就是逃。土匪来了,逃。大水来了,逃。日本的汽油划子来了,逃。……我从来不说'逃'字这样低下的字眼,只说'跑反'。"④

---

① Mark Edward Lewis, *The Flood Myths of Early China*. New York: State University of New York Press, 2006, pp. 8-13.
② 戴厚英:《流泪的淮河》,合肥:安徽文艺出版社,1999年,第3页。
③ 段朝端等:《山阳艺文志》卷六,民国十年刻本,第42页上。
④ 戴厚英:《流泪的淮河》,合肥:安徽文艺出版社,1999年,第4页。

二、"刁风悍俗"

为了对抗官府的苛剥，也为了在有限的生存资源中多占些份额以便生存下来，一些地区的民风变得"刁悍"起来。

靳辅在奏疏中指出："江南徐、泰、海、山四州县，地广民刁。"① 像徐州地区，百姓"凡遇催征辄多逃避境外，相习成风，恬不知怪"②。洪水的洗刷，使百姓身无长物，而政府管理与服务的严重缺位，无疑是其变刁的客观需要和现实诱惑。多年来，这里的地丁仓粮，年年拖欠不完。知州等官员对此无可奈何，"只得听其顽梗"。他们唯盼在此待上二三年，便考成呈误，调到别处做官。"故凡为徐州者，虽有长才，无从处置，反视官轻一叶，绝无顾恋振刷之心矣"③。

由于缺乏某种程度上维持社会公正的士绅阶层，淮北充斥着攫夺不当利益的社会边缘人物。

海州滨海地区的渔盐之利，本"足以补瘠土之穷"。但当地人很难分享这些利源，"乃为山东、河南桀黠之民所夺，连舻累毂，莫敢谁何。其尤强者名曰青皮，肆行横暴。东南诸镇数被其害。西镇与郯城兰山接壤，则有游手狡悍之徒，十百为群，持械剽掠，曰

---

① 靳辅：《分添县治疏》，《文襄奏疏》卷六，《钦定四库全书》（第430册）"史部"，台北：商务印书馆，1986年影印本，第57页上。
② 靳辅：《分添县治疏》，《文襄奏疏》卷六，《钦定四库全书》（第430册）"史部"，台北：商务印书馆，1986年影印本，第58页上。
③ 靳辅：《分添县治疏》，《文襄奏疏》卷六，《钦定四库全书》（第430册）"史部"，台北：商务印书馆，1986年影印本，第58页下。

掖刀手。扰害集市,侵劫行旅,追胥畏缩,居民苦之"①。

邹鲁之邦济宁,"行家铺户坑骗外客。济宁百货聚集之地,客商货物必投行家。或时值行情迟滞,岂能悉得现银交易? 不得不将货物转发铺户。一经发出,堕骗局者十有七八。非行家移取使蚀,即铺户相通分哄。即至临后清结,或将后客抵空,委曲弥缝,百计掩饰。久之水落石出,则一人飘然逃遁,其不逃者尽委之在逃之人。既无对证,难以坐追。客商不能久等,折本衔恨而去。彼探其去后,复又行其诓骗故智"。拐卖人口也屡见不鲜:"每有外方奸徒,串通本处地棍,或方略而诱取,或和同而引赚。将妇女、幼童冒称儿女、弟妹,转嫁转卖,得银分肥。甚有贩去异域,落于水户者。"②

反过来,也只有从不以法纪为是的社会边缘人物才能在这个社会获得较多的利益。河务工程中,用于办料的钱粮数量非常大,自然成了被骗领的对象。河务工地上总有一班河棍,有时自称木商,来此处领银买木;有时自称草户、柳户、麻户,需要领银买草、柳、麻等。一旦钱财到手,肆意花费,至于河工所需的物料却不见踪影③。

长期以来,沿洪泽湖堤岸的一些居民,有的仅是与沿堤之人有隙,便偷偷决堤放水来淹没仇家;有的因自家田中干旱而盗挖

---

① 唐仲冕等编纂:《嘉庆海州直隶州志》卷十四"建置",嘉庆十六年刻本,第32页上。
② 徐宗幹修:《济宁直隶州志》卷三之五"风土",咸丰九年刻本,第23页下—24页上。
③ 靳辅:《请循定例疏》,《文襄奏疏》卷六,《钦定四库全书》(第430册)"史部",台北:商务印书馆,1986年影印本,第27页上—下。

以便进行灌溉。周桥、翟坝则一向有"奸民"盗决堤坝以便于商贩逃避淮关关税的传统①。道光二年五月，阜宁县监生高恒信，贡生张廷梓等，因田亩被水淹没，纠集30余人，携带铁鞭，包围巡兵及把总杨荣，强行将黄河陈家浦四坝堤工挖开放水②。同年八月十二日（1822年9月7日）曹考厅兰阳新旧埽段，被堤北居民偷挖放水。原因是夏秋久雨，田中积水较深，为了减轻水患③。据掌贵州道御史韩椿奏，道光十二年（1832），奸匪陈端曾窃决河堤，贻害生民④。最为严重的是，道光十二年八月二十一日（1832年9月15日）四更时分，洪泽湖桃南厅龙窝汛十三堡附近民众，架乘船只多艘，携带鸟枪等器械，到十三堡拦截行人，强行将洪泽湖大堤挖开。兵夫进行阻止，被其捆缚堤旁⑤。领导这次挖堤的赵步堂、陈堂、陈端、陈钦、张开泰、海东楼，均为桃源县的生监或大户。桃源县共分48图，分隶黄河南北两岸。南岸河堤内，共有20图，均系民田，虽距洪泽湖边较远，但因连年湖水涨漫，民田多被淹没。道光十二年湖水长至2丈1尺，各村图均被没入水中，其中包括赵步堂等户人家的大片土地。他们遂聚众起议，决定强行挖堤，放水淤地。这次

---

① 靳辅：《经理河工第八疏》，《治河方略》卷六，南京：中国工程学会，1937年，第242页。
② 武同举辑撰：《再续行水金鉴（黄河卷）》（2），武汉：湖北人民出版社，2004年，第580页。
③ 武同举辑撰：《再续行水金鉴（黄河卷）》（1），武汉：湖北人民出版社，2004年，第118页。
④ 台北"中研院"近代史研究所档案馆藏档案：《淮扬清江等处向为盐枭出没之所》，馆藏号：01-01-008，宗号04-004，第16页。
⑤ 武同举辑撰：《再续行水金鉴（黄河卷）》（2），武汉：湖北人民出版社，2004年，第555页。

人为的破坏造成全黄入湖,湖内被淤,下河各地非常危险①。后来堵复决口的费用就高达100多万两白银。

至于治水工作者被匪抢劫,更成了司空见惯之事②。

政府曾寄希望于"教化",试图把百姓的思想行为纳入到符合其道德的轨道中。如乾隆八年(1743),淮北被灾,"民俗刁顽",乾隆帝专门于翰林、科道中,"拣选品行端谨、通晓民事者四员授为宣谕化导使"。邓时敏、倪国琏被派赴凤、颍、泗地区;涂逢震、徐以昇被派往淮、徐、扬、海地区。"道府以下,听其节制"③。可以想见,这种空口道白的教化是不会有任何绩效的,只能是自欺欺人。

20世纪30年代,那些到淮北的外地人,仍普遍感觉到当地人的刁诈。中央大学的一班师生到淮安调查时,不到1华里的路程,人力车夫却大肆婪索,且态度恶劣。胡焕庸写道:"江北人力车夫之诈欺难制,余等在扬州、高邮已熟知之,而以淮阴为尤甚。"④可惜,胡当年没有在徐州再乘人力车,否则,他的遭遇可能更惨。在徐州地区,多年来一直流传着乾隆皇帝对此地的评价:"穷山恶水,泼妇刁民。"⑤这种欺诈之风想来是有历史渊源的。

在恶劣的环境中生存下来,就必须把物质利益看得重于友情、

---

① 武同举辑撰:《再续行水金鉴(黄河卷)》(2),武汉:湖北人民出版社,2004年,第580页。
② 台北"中研院"近代史研究所档案馆藏档案:《导淮委员会设计测量队被匪损失事项》,馆藏号:26-45,宗号2-3。台北"中研院"近代史研究所档案馆藏档案:《导淮委员会杂卷》,馆藏号:27-02,宗号020-01。
③ 赵慎畛:《榆巢杂识》卷上,北京:中华书局,2001年,第70页。
④ 胡焕庸:《两淮水利盐垦实录》,南京:中央大学1934年12月刊印,第7页。
⑤ 老谷:《灾难深重的旧铜山》,《铜山县文史资料》第1辑,1982年11月,第89页。

重于性命、重于道德。因此，男人动辄拔刀相向，妇人则时常诟詈。《聊斋志异》描述的沂州刘某，"有田数亩，与苗某连垄。苗勤，田畔多种桃。桃初实，子往攀摘；刘怒驱之，指为己有。子啼而告诸父。父方骇怪，刘已诟骂在门"①。这种詈人者在淮北如恒河沙数。如邳县妇女，"未嫁不出户，窥嬉寡妇或诟詈攘袂"②。宿迁黄勤娘，"邻某以其子片言之郄，詈其门三日"③。淮安府斯年，"有恶少年詈其门者，乡人共忿"④；赵甲，"日得百钱必市酒肴进母，母饮辄醉詈其妇。妇好言慰母，而詈愈甚"⑤。

有人骂人之刻毒，直至置人于死地而后已。铜山董金兰，"继姑嫠也，遇金兰虐，每食必詈，二载抑郁死"⑥。沛县沈某妻赵氏，"被邻人袁五保秽詈，气忿自缢"⑦。丰县李氏，"因郝某丑言詈辱，遂自缢"⑧。赣榆徐本姐，"孙某秽詈，羞忿自尽"；朱某妻孙，"李小得秽詈，羞忿自尽"⑨。宿州孙基女，"伯（罗）玳调奸不从，姑逐玳。玳寻衅秽詈，忿而缢"⑩。

我们在淮北调查时，经常遇到有些农家因孩子打架、物品遗失

---

① 蒲松龄：《聊斋志异》卷七，长春：春风文艺出版社，1998年，第442页。
② 庄思缄订、冯煦鉴定：《邳志补》卷二十四"物产"，民国癸亥年刻本，第19页下。
③ 严型总修：《宿迁县志》卷十六"人物志（下）"，民国二十四年刻本，第9页上。
④ 吴昆田总修：《淮安府志》卷三十二"孝旌"，光绪十年甲申刻本，第27页下。
⑤ 吴昆田总修：《淮安府志》卷三十二"孝旌"，光绪十年甲申刻本，第33页上。
⑥ 王家诜纂修：《铜山县志》卷六十九"列女传"，民国十五年刻本，第21页上。
⑦ 吴世熊等总修：《同治徐州府志》卷二十三（下）"列女传"，同治甲戌年刻本，第58页上。
⑧ 姚鸿杰纂修：《丰县志》卷十"人物类（中）"，光绪二十年刊本，第46页下。
⑨ 王豫熙修：《赣榆县志》卷十三"贞烈"，光绪十四年刻本，第41页上—下。
⑩ 何庆钊等修：《宿州志》卷二十八"烈女"，光绪十五年刻本，第30页下。

等细琐之事,或举家械斗,或坐门谩骂数日①。戴厚英描写的颍上县,"女人们会骂人"。有位烂眼女人,想把自己的男人从赌桌上拉回去,男人不走,打了她,"她就坐在蓝二爷堂屋骂起来了。骂得凶啊"②!赛珍珠的《大地》中,王龙的叔叔和婶子,在敲诈侄儿时,也无中生有地坐门大骂。人们多以为贫瘠的乡村人性朴实,可当一些乡村对杀食亲身骨肉的人都等闲视之、不以为怪的时候,对那些刁诈狠恶之事,尚感奇怪吗?

三、"毛人""水怪"

千百年来,淮北是"毛人水怪"之类谣诼的多发地。这一地区也是中国历史上开业帝王最密集的诞生地。这里的民众不但需要赐给他们阳光雨露的代表,更需要他们敬之仰之的偶像。从狐鸣篝火到独眼石人,反叛者多制造并利用民众的恐惧心理,打破旧的偶像崇拜,以动员推翻"旧"政权。

水怪传说在淮北虽早有记载,但至近代影响达到了登峰造极地步,甚至经常造成个别区域性的社会恐慌和民众心理崩溃。

春秋时代,"睢水受汴,东经陈留、梁、谯、沛、彭城县入泗。此水次有妖神,东夷皆社祠之,盖杀人而用祭"③。唐德宗建中三年(782)秋,"江淮讹言,有毛人食其心,人情大恐"。元顺帝(1333—1370)时,宿迁顺德乡皂河,"水怪杀人,里人闻虹

---

① 1996年11月,笔者在苏北地区的调查。
② 戴厚英:《流泪的淮河》,合肥:安徽文艺出版社,1999年,第9页。
③ 杜预撰、陆德明音义:《春秋经传集解》卷六,宋刊本(台北图书馆复本),第3页下。

县朱山有神能除之"。后官府设立朱山大王庙以祀此神①。正统年间（1436—1449），宿迁有二只铁钟浮于河中，"声吼如雷，居民以为水怪，杀牲祀之"②。康熙二年（1663），沭阳"河四决，西北水兽出没，有火光起波上，平地水深丈余"③。光绪十四年（1888）秋，"淮水泛涨，浮山下水高于上游者尺许。或见有水兽拦阻，下游水不得下注。盐局许观察萨阿使祭之，水遂退"④。清代亳州的水神庙，"俗呼为水兽庙"⑤。1921年5月，《申报》载洪泽湖发现水怪，"连日淮阴西南境滨湖居民，皆见有形似巨蟒之水怪游行湖面。据接近湖滨农人云：该水怪身长数丈，腰围径一尺有余。初自泗阳曹家嘴湖面南来，现已出入顺河集湖面云"⑥。1931年，有人在洪泽湖边询问关于湖边铁牛的作用。"或云铁牛以驱怪，当日许真君追捕水怪时，曾骑一神牛。怪见真君即骇走，遥见有牛卧于堤上，仍疑真君在其处，即奔窜不敢稍停"⑦。同年发生在淮北的伏汛大水，"事前曾传洪（泽）湖发现牛首怪物，登载各报"。1935年，地方报纸"又载淮安二堡湖滨有谢姓，运柩过湖，复睹该物，目光似电，吼声如雷"⑧。

20世纪四五十年代，是淮北"毛人水怪"事件的多发时段，几乎所有地方均有"毛人""水怪"的传说，许多孩子、妇女、甚至

---

① 李德溥总修：《宿迁县志》卷十一"祠祀志"，同治十三年刊本，第11页上。
② 严型总修：《宿迁县志》卷二十"杂记"，民国二十四年刊本，第19页上。
③ 唐仲冕总修：《嘉庆海州直隶州志》卷三十一"拾遗"，嘉庆十六年刊本，第7页下。
④ 赖同晏等修：《重修五河县志》卷十九"杂志"，光绪二十年刻本，第26页下。
⑤ 锺泰等修：《亳州志》卷二"职官"，光绪二十年刊本，第13页上。
⑥ 《清江》，《申报》1921年5月20日，第8版。
⑦ 蜇存：《铁牛之真迹》，《申报》1931年9月7日，第14版。
⑧ 《伏汛声中传说多淮安发现水怪》，《申报》1935年7月25日，第8版。

成年男子晚上不敢出门、不敢独住。"有些村庄集体睡觉，设岗自卫，一夕数惊，恐怖异常，有时自相惊扰，打斗致伤"[1]。

1947年，淮北堤东一带盛传"毛人水怪"，传说怪物"来无影，去无踪，时大时小，时有时无。每到夜间便从河中爬上来，它有铜爪子、铁爪子，挖人眼睛，扒人心"[2]。

不言而喻，"毛人水怪"事件的出现，是源于人们群体性的心理恐惧。这种恐惧与长期的征战、杀伐、洪水、匪患有极大的关系。自周至唐，朝廷对淮夷的征战不绝于书；南宋以后，洪水泛滥；明以后，苏北匪患深重。

一方面，朝廷对淮北的征伐带有较多的恐怖手段。王充指出："（周）成王之时，四国篡畔，淮夷、徐戎并为患害。夫刑人用刀，伐人用兵，罪人用法，诛人用武。……德劣故用兵，犯法故施刑，刑与兵犹足与翼也。"[3]另一方面，正是因为民众的普遍恐惧，淮北社会精英为了动员民众，又经常利用神秘力量相号召。如淮夷三十二世君徐偃，神迹卓著，被说成"威德日远"[4]。传说徐偃为弃卵所生："徐君宫人娠而生卵，以为不祥，弃之水滨。独孤母有犬名鹄苍，猎于水滨得所弃卵，衔以东归，独孤母以为异，覆暖之，遂朐成儿。"后鹄苍临死生角，并长出九尾，由狗变成黄龙。徐偃"欲舟行上国，乃通沟陈蔡之间，得朱弓矢，以已得天

---

[1] 泗阳县地方志编纂委员会：《泗阳县志》，南京：江苏人民出版社，1995年，第32页。
[2] 仓显：《范堤沧桑》，北京：中国民族摄影艺术出版社，2000年，第225页。
[3] 刘盼遂：《论衡集解》卷二十八"儒增篇"，北京：古籍出版社，1957年，第165页。
[4] 罗泌：《路史》"后纪七"，续四部丛刊本，第6页下b。

瑞,遂因名为弓,自称徐偃王。江淮诸侯皆伏从,伏从者三十六国"①。

刘邦称帝后,就塑造了大量的神话。包括其母梦与神遇,其父曾见乃母在大泽之陂与龙交②;在丰县大泽中斩当道大蛇(白帝子),等③。朱元璋称帝后,也被"发掘出"许多神迹:"高皇在(皇觉)寺,尝戏书九字于伽蓝背,云:发你去三千里外充军!伽蓝夜来托梦于僧,致心乞赦。僧遂呼高皇话其实,皇言有之,乃洗去。伽蓝复来谢去。"④

淮北水怪的超现实形象,多少带有淮地治水中被妖化的淮涡水神巫支祈的影子⑤。但即使是水怪领袖巫支祈,也是天命君主大禹的囚禁物。《西游记》中以"妖猴"形象出现的孙悟空逃不出代表正面力量如来的手心,具有深刻的政治历史寓意。

中国传统政治家一向推崇孔子所说的"不语怪、力、乱、神"。一部关于《易经》的著作写道:"苟达乎道,则牛鬼蛇神、蛟人龙伯非怪也;不明乎道,则指之屈伸,拇之运动,无非怪也。"⑥有人写道:"牛鬼蛇神,惑民诬世。"⑦长期以来,各级封建政府更以打击虚拟世界的牛鬼蛇神为己任,以体现其正统性。沈元炼《溧邑侯吴公(鹤山)遗爱碑记》:"正气足以除鬼魅,如前马村之赛

---

① 吴世熊等总修:《同治徐州府志》卷二十四"志余",同治甲戌年刻本,第1页下。
② 班固:《汉书》卷一"高帝纪(上)",北京:中华书局,1964年,第1页。
③ 班固:《汉书》卷一"高帝纪(上)",北京:中华书局,1964年,第7页。
④ 于万培纂修:《凤阳县志》卷二十"杂记",光绪十三年刻本,第35页下。
⑤ 李若建:《谣言的建构:"毛人水怪"谣言再分析》,《开放时代》2010年第3期,第108—109页。
⑥ 吕岩:《道藏辑要·易说》"系辞上传"卷一,道藏辑要刻本,第92页下。
⑦ 李西月编:《道藏辑要·三丰全集》"汇记",道藏辑要刻本,第89页上。

会,有禁一举,而焚其牛鬼蛇神、怪怪奇奇之傀儡也。"①

"毛人水怪"现象说到底是对怪力乱神的崇拜,比历史上江南的"淫祀"之风要恶劣得多。说明在近代知识比较普及的时代,淮北民众不但仍然缺乏基本的常识;更严重的是,淮北的这种风习的根源是普遍的社会恐惧,是缺乏对合法政权的信赖。

"毛人水怪"这类群体性恐惧癔想,根源于淮北地区特殊的历史、社会土壤,即人们长期生活的不安全感,合法权力的长期严重不作为或乱作为。

历史上,难以数计的社会动员者利用民众的普遍恐惧,不断打破旧的偶像崇拜,以达到改朝换代之目的。而在新的王朝建立后,统治者势必重塑对自己的崇拜。因此,淮北既由行政权力统治着社会,又由政治权力塑造着社会。但刘邦、朱元璋式的偶像重建,并没有消除民众的普遍恐惧,仅是重构了对新政权的恐惧,并渲染了迷信色彩。这又为新的动员者提供了进一步反叛的资源和沃土。

四、赌博、鸦片和酒

在刁风悍俗中,大部分民众又真切地感受自身的弱小,即使最强悍之人也有时处于无可奈何的绝望中,自然就不认为自己有改变现状的能力,因此而习惯于苟且偷生。从淮北民众喜欢赌博、吸食鸦片之类,可以推导出这种消极心态的根源。

拥有大量空余时间的淮北农民,尽管贫穷,却极嗜赌博。在淮北民谚中,与其他地区对赌博劝诫不同,这里居然流行"家有三

---

① 高龙光修:《镇江府志》卷四十六"艺文三",乾隆十五年增刻本,第166页下。

场赌，实如做知府"①的说法，可见人们对赌博的向往。淮安府，"尤多浮费子弟，博塞嬉游，莫之或禁。囊者浮靡之习，独未尽革"②。海州风俗，"好争斗，乐饮博"③。1934年的阜宁方志称，"赌风昔日亦盛，叶子戏随处有之，摇宝、摇摊赌额颇巨。俗又有'倾家牌九，送命骰子'之谚"④。盐城"监所男犯，其习惯大都承亡清之旧，平时烟赌通融，机诈百出"⑤。清代在苏北"招徕游闲无籍之辈为屯户，将所领于官之牛种博赌一空"⑥。雍正十年，两江总督尹继善奏："寿州周围千里，民俗刁顽，命盗频闻，私铸赌博，叠经发觉。"⑦

反映赌博的民谣在淮北俯拾即是，如"小板凳，夺夺捱，招个女婿不成才。喜吃烟淫好打牌，又受外面女裙钗"⑧。沛县的风俗在明代时，"俗尚赌博，无赖子三五成群，不事生业，藉此以供衣食"⑨。清末徐州马某，"先世为富家，尝食廪饩，善音乐，狎妓嗜赌"⑩。民国初年，被安武将军行署判处死刑的寿县万得胜，

---

① 《涟水的民间歌谣》，江苏省第六区党务指导员办事处编辑：《淮海》第5期，1935年10月1日出刊，第57页。
② 吴昆田等总纂：《淮安府志》卷二"风俗"，光绪十年甲申刻本，第5页上。
③ 唐仲冕总修：《嘉庆海州直隶州志》卷十"风俗"，嘉庆十六年刊本，第28页上。
④ 焦忠祖修：《阜宁新志》卷十五"礼俗"，民国二十三年刊本，第8页上。
⑤ 焦忠祖修：《阜宁新志》卷六"囚犯"，民国二十三年刊本，第4页上。
⑥ 李德溥总修：《宿迁县志》卷十一"祠祀志"，同治十三年刊本，第8页上。
⑦ 李师沆等修：《凤台县志》卷一"舆地志"，光绪十八年刻本，第1页上。
⑧ 《淮阴民间歌谣》，江苏省第六区党务指导员办事处编辑：《淮海》第6期，1935年11月1日出刊，第42页。
⑨ 罗士学修：《沛志》卷六"风俗"，万历丁酉年刻本（台北图书馆复本），第11页上。
⑩ 徐珂：《徐州丐不与凡丐伍》，见徐珂编撰：《清稗类钞》第11册，北京：中华书局，1986年，第5490页。

"前因聚赌监禁，……嗣后肆行抢劫"①。20世纪30年代，沭阳农民所谓的"娱乐"，仅有吃酒与赌博两件事，"正当者可说无有"②。该县县立初中，曾有师生聚赌，"该县赌风可想而知"③。淮北某些地区更流行"单嫖双赌"之说④。司马中原小说《路客与刀客》中那位嗜赌的更夫邬矮子在淮北具有一定的典型性⑤。在海州青口，赌局与妓窟、烟馆极为常见。较大的赌场，就有十数处⑥。在淮阴西坝，赌博同样盛行，并被视为"三害"之一。从当时上层人物到搬运工和普通居民大多参赌。有些地痞流氓，还私设赌局，邀请赌客到自己家里赌博，从中索取"头钱"（抽头聚赌）⑦。

20世纪80年代，中日学者组织的对山东巨野县的联合调查中，村民们回忆，在1949年以前，一般农民均参加"押宝"之类的赌博，薛扶集乡曹庄首富曹作宾家就是因赌博而衰败⑧。

清末至民国前期，以徐州为中心的地区是著名的鸦片产地。1889年镇江的海关报告称："本口商人之获利者，全在土药（即

---

① 中国第二历史档案馆藏中华民国北京政府陆军部军法司档案：《安武将军行署谨将民国二年八月起至三年六月止依军法办理各案罪犯姓名年龄籍贯职业案由罪名刑名判决地点行监禁日期造具清册》，全宗号1011，卷号2572，第94页。
② 虞龙江：《沭阳农村鸟瞰》（下），江苏省第六区党务指导员办事处编辑：《淮海》第5期，1935年10月1日出刊，第22页。
③ 许叔彪：《海沭杂谈》，江苏省第六区党务指导员办事处编辑：《淮海》第2期，1935年7月1日出刊，第41页。
④ 司马中原：《骤雨》，天津：百花文艺出版社，1988年，第3页。
⑤ 司马中原：《路客与刀客》，长沙：湖南文艺出版社，1989年，第66页。
⑥ 汪承恭：《古镇青口今昔》，《赣榆文史资料》第4辑，1986年8月，第31页。
⑦ 张济忠：《西坝杂忆》，《淮阴文史资料》第1辑，1982年8月，第57页。
⑧ 佐佐木卫编：《近代中國の社會と民衆文化——日中共同研究·華北農村社會調查資料集》，东京：株式会社东方书店，1992年2月，第90、95、96页。

国产鸦片,进口鸦片称"洋药"——引者注)。砀山之土药最盛,闻得该处遍种莺粟,收成丰足。本口商人在彼购办之土药,计值银一百五十万两,试以每担值一百九十两,核计约有八千担及一万担之谱。该土药全由本口商人出售,然运至镇江者,不过三分之一。"①1891年的镇江海关报告称:"土药本年收成极丰,浆力甚足,大约有一万担之谱。……上等之土药多由丰县、沛县、萧县、砀山县所产,每担价值关平银二百二十一两。次等土药多由睢宁县、铜山县、桃源县、宿迁县所产,每担价值关平银一百八十三两。以上各县,除桃源外,均属徐州府属地。"②作为近水楼台,淮北人吸食鸦片之普遍也就可以想见了。

清末,一位在凤阳考察的外国人写道:"看到独轮车夫(他们中的许多人是聪明的农民和失去现行职业的商人)荷着、推着,并随着沉重而笨拙的货物摇摇晃晃,对那些相信适者生存理论、并对那些习惯于欧美运输方法的人,实在是一次教育。不过,这些人几乎全是鸦片吸食者。他们白天的路程走完,吃了饭、茶或是汤后,他们就急忙赶到鸦片室,并在那里过夜,他们谈笑着、抽着烟并进行赌博。"③

但有的对中国一知半解的外国人竟然认为:"当中国人想自我逃避或摆脱烦恼时,他就会自然而然地去抽鸦片而不是去酗

---

① 佘德:《光绪十五年镇江口华洋贸易情形论略》,《光绪十五年通商各关华洋贸易总册》(英译汉第31册),光绪十六年五月印,第59页上。
② 劳偲:《光绪十七年镇江口华洋贸易情形论略》,《光绪十七年通商各关华洋贸易总册》(英译汉第33册),光绪十八年二月印,第67页上。
③ Lieut.-Colonel A. W. S .Wingate, "Nine Year's Survey and Exploration in Northern and Central China," The Geographical Journal, Vol. 29, No. 3 (March, 1907), p. 282.

酒。"①估计此人连中国的通俗小说《水浒传》也没有读过。酒是水浒世界好汉们的通用语言。固然，江南民众多不酗酒；但在淮北，酗酒与抽鸦片同样普遍，而酗酒的历史显然更早。济宁州志称："浮浪子弟不务本等生业，三五成群，结交生事，侧帽披衣，耸肩邪步，口无正言，行无正事。窥探人妇女，引诱人子弟酗酒行凶，无所不至。俗谓'闯将'是也。"②

盐城地区，"各场灶贪煮海之利，有恒业而无恒产，好逸恶劳，贸易不轻去其乡，以游荡酒食相征逐"③。司马中原回忆淮阴的文章，认为那里人的秉性就是"嗜酒如命"，"乡野上的人，经常留连在酒铺里，喝得醉里马虎。妇人把酗酒的男人称为醉猫子，骂他们灌黄汤、喝猫溺，惹骚！如今虽出门在外，淮阴老乡劝酒闹酒的本领仍独领风骚"④。

苏皖两省的名酒，大多产自淮北。如洋河酒、高沟酒、双沟酒、口子窖、古井贡等。民国前期，邳县有酒池240口，每池每月收税3000文⑤；宿迁烟酒公卖税每年约征银洋400余元⑥；阜阳每年有征税酒约4000市担⑦。

究其原因，正是普通百姓无法得到行政权力的有效保护，反而不断承受其盘剥和掠夺，并时时遭受水患、洪灾和土匪等的摧残，

---

① Rodney Gilbert, *What's Wrong with China*. New York: Frederick A. Stokes Company Publishers, 1927, p. 195.
② 徐宗幹修：《济宁直隶州志》卷三之五"风土"，咸丰九年刻本，第24页上。
③ 周古纂：《东台县志》卷十五"风俗"，嘉庆二十二年刊本，第8页上。
④ 司马中原：《乡情琐忆》，《江苏文史资料》第83辑（《淮阴文史资料》第11辑），1995年12月，第83页。
⑤ 庄思缄订、冯煦鉴定：《邳志补》续编，民国癸亥年刻本，第13页下。
⑥ 张相文总纂：《泗阳县志》卷十六"杂税"，民国十五年刻本，第35页下。
⑦ 南岳崚主修：《阜阳县志》卷四"杂税"，民国三十五年刻本，第15页下。

终日生活于恐惧不安之中。由于宗族观念的淡漠，他们甚至连家族的支持都难以得到，更感觉自己的孤寂。而淮北人与人之间的关系极为紧张。这样一来，心理疾病的泛滥也就不难理解了。赌博、酗酒、抽鸦片，既是自我麻醉，也是消除孤寂、紧张、恐惧的手段。

第三节 丛林世界的形成

随着诗礼南移，有为之士大量离开淮北，淮北又产生不了差堪相似的新的社会精英。淮北社会生态处于急剧衰变之中，终于沦为被统治者所说的强梁的渊薮、盗匪的乐园，形成一个典型的丛林世界。

一、拜盗崇鬼

丛林世界中，人被物化、矮化，暴力拥有者则被神化。这样形成了新的社会价值观。

在丛林社会，权力拥有者更趋向于作恶，而非行善。马克思指出："对于君主，作恶比行善带来的后果更好。"[①]权力拥有者通过作恶，可以清除异己和反对者，甚至随时消灭不合己意者，并在每个民众的颈上套上一根可肆意收紧的绞索，让其时时感受恐怖威慑。绞索暂未被收紧、没有被惩处的民众则会庆幸自己受到了权力者的特殊恩遇，视作恶者宏恩浩荡。相反，如果行善，绝大多数沾惠者会认为自己所得太少，他们总能找出自己比其他人与行善者的

---

① 原为马基雅弗利之语。见《马克思恩格斯全集》第1卷，北京：人民出版社，1995年，第175年。

关系更近、更特殊之处。行善者普惠性的举措往往被沾惠者视为忘记了他们的特殊关系和特殊感情,直至视行善者忘恩负义。淮北流行着一句谚语:"好人没好报",反映了一定的社会真实。

不难理解,在淮北不少地区,本该被人唾弃的盗贼,却成了"高贵"身份的象征和荣耀的本钱。蒲松龄曾运用小说的形式,记述了清代淮北地区这样一段史实:"滕峄之区,十人而七盗,官不敢捕。后受抚,邑宰别之为'盗户'。凡值与良民争,则曲意左袒之,盖恐其复叛也。后讼者辄冒称盗户,而怨家则力攻其伪;每两造具陈,曲直且置不辨,而先以盗之真伪,反复相苦,烦有司稽籍焉。"①

"盗户"史实载诸方志;小说家言实为信史。据载,顺治年间,徐鸿儒作乱,王肖吾率悍党数千占据峄县北部的苍山,僭称"九山王"。朝廷派遣总督御史张存仁率满汉诸军进剿,"乃设计购杀贼首王肖吾,其余胁从皆就近安插,故是时邑有民户、盗户之分"②。这些盗户又称"抚户","令长以其犷悍皆优容之,间与民户涉讼,多所纵贷,以至传讯时两造不论曲直,先争户籍"③。

青史留名的盗贼首领更受淮北人的崇拜。海州直隶州知州唐仲冕记载:"某郡有盗跖庙,今泰山实有之或以为河神。"④在河南的盗跖庙,"祠宇壮丽,香火甚盛。凡祀必以妓女之幼者,唱黄莺儿以侑酒"⑤。清末,袁甲三在淮北惊讶地发现那里的农民竟不惜

---

① 蒲松龄:《聊斋志异》卷八,长春:春风文艺出版社,1998年,第545页。
② 周凤鸣修:《峄县志》卷二十五"杂记",光绪三十年刻本,第9页上一下。
③ 周凤鸣修:《峄县志》卷二十五"杂记",光绪三十年刻本,第11页下。
④ 唐仲冕:《陶山文录》卷十,道光二年刻本,第1页下。
⑤ 王培荀辑:《乡园忆旧录》卷三,道光二十五年刻本,第63页上一下。

花费巨资为盗跖修建了豪华的庙宇。显然，具有土匪经历的人在当地享有广泛的声望①。

1995年，我们在苏北调查时，曾访问过一位1949年以前做过土匪的老人，虽然他当时仅是一名非常普通的土匪，但他对自己的这段经历竟颇为自豪，尤为令人不解的是，村民们在私下对他很敬畏，甚至故意进行神化。甭说在政府职能得到很好履行的地区，就是在厉行宗法族规的江南地区，这也是不可想象的事②。

这些盗贼的声望和地位，就在于他们在一定程度可以不受任何约束地欺压平民、从不公正的社会秩序中获得较多的利益。

学者指出，某些土匪是作为英雄人物在那些很夸张的民间故事和戏曲中流传，这就使得他们那些掠夺行为被打上了理想化的、浪漫的和歪曲了的色彩③。霍布斯鲍姆则认为，像罗宾汉那种高尚的土匪，尽管是歌谣和歌曲中最常见的英雄，但在现实中却极为罕见④。

淮北的土匪也是如此，这里从未听说过罗宾汉式的人物，几乎所有的土匪均是杀富欺贫，而非劫富济贫；惟利是图，而非重义轻利；奸淫掳掠，而非坐怀不乱；无恶不作，而非替天行道；狡诈凶暴，而非浪漫天真。

绝大多数所谓的"侠匪""义盗"不过是文人的臆想。盗匪实

---

① Elizabeth J. Perry, *Rebels and Revolutionaries in North China 1845-1945*. Stanford: Stanford University Press, 1980, p. 64.
② 详见马俊亚：《混合与发展：江南地区传统社会经济的现代演变（1900—1950）》，北京：社会科学文献出版社，2003年，第13页。
③ R. G. Tiedemann, "The Persistence of Banditry: Incidents in Border Districts of the North China Plain," *Modern China*, Vol. 8, No. 4 (October, 1982), pp. 395-396.
④ Eric Hobsbawm, *Bandits*. The U. S. A: Delacorte Press, 1969, p 34.

无任何道德可言,其道德水准更不可能高于贩夫走卒、农人工匠。

尤为重要的是,淮北普通民众崇拜盗跖这样的"恶神",更可能是出于恐惧,而非这些恶神能施恩于民。他们通过跪拜匪祖盗宗,希望得到其保护,以减少匪盗的伤害。这就如同崇拜龙王,是希望其不发洪水、不行恶事,而不是大家都希望成为龙王。

对灾祸的无力抗拒,愈使普通百姓感觉到自身的弱小。现实世界的恐惧被真实地复制到了神灵世界。

淮北百姓不但拜各种各样的"神",而且拜各种各样的"鬼",甚至连狐狸、屋蛇、黄鼠狼(许多地方称之为"黄大仙")、老牲畜……均在拜祀之列。连文化程度极高的政府公务人员也崇拜"狐仙"。辛亥前后,淮阴有位本为读书人的警官,"一夕,某姓屋上,两猫相斗,家人疑贼。适某巡至,初闻尚不敢入,逡巡良久,始敲门入。猫见亮即遁,屋瓦犹响。某巡曰:'此狐仙也,宜礼敬之,想尔家得罪他了'"①。

在汉高祖汤沐邑的沛县:"民智不开,迷性(信)极深,一草一木,皆可称之为神,一鸟一虫,亦可呼之为仙。"沛民曾坚信一"太王","所谓'太王'者,即水蛇是也。乡民以为沛邑无水,此蛇从何而生,非神而何?群起呼之为水神,焚香祈祝,远近闻者,皆匍匐前往,募资唱戏更欲为之修庙。在每日人群环扰之下,而蛇竟因无食而死,乡人厚葬之,并为之树立牌位,期于最近为之立庙"②。这种愚行与当年刘邦在此怒斩白蛇的传奇形成鲜明的

---

① 邢耐寒:《辛亥淮阴见闻录》,《淮阴文史资料》第9辑,1991年12月,第3页。
② 陈颜湘:《沛县农村见闻记》,《农行月刊》第1卷第2期,1934年6月20日,"调查"第34页。

对比。

1934年，淮阴清江区有一古砖塔，"不知建自何年"。"里人相语因及斯塔。某甲忽发奇论，谓'本坊有此砖塔，无怪闾里之多贫也。'众争问故。某甲曰：'是名地锥，不去无望！'于是相约，由各家妇孺，日就塔基盗抽一砖，不数月而塔仆地"。甚至一些学子听到这一消息，"因举杯相贺曰：而今而后，贵院左右皆富家矣"①！

出生于淮阴的台湾作家司马中原曾云："故乡的人们谈起鬼，像谈他们亲朋戚友一样。"②

拜神，反映了百姓对合法权力的崇拜！

拜鬼，则体现了民众对非法暴力的恐惧！

长期生活在压抑恐惧之中的百姓，精神与肉体均承受着严重的摧残。

淮北地区普遍存在着"狐祟""鬼祟"的现象。《聊斋志异》中所录的这类故事不胜枚举。戴厚英的小说中，生动地描述了"姨奶奶"为镇长母亲驱除鬼祟的场景③。

二、遍地起贼

远在明末，淮北就是盗匪多发地区。"在河南者，由颍亳，在山东者，由徐邳。而流劫之盗乘虚突入矣。惯水斗者，操舟；惯陆

---

① 张煦侯：《淮阴风土记》上册，1936年，第12页。
② 司马中原：《野烟》，《司马中原自选集》，台北：黎明文化事业股份有限公司，1975年，第116页。
③ 戴厚英：《流泪的淮河》，合肥：安徽文艺出版社，1999年，第30—32页。

行者，利梃。而江淮之盗亦乘机窃发矣"①。据报告，民国前期，"徐淮海各属掳人勒索之案，仍日有所闻。"②史志称："苏鲁之交，地瘠民贫，文化落后，风气强悍，草莽最易滋生，历代均称难治。光绪末叶，频遭荒旱，强梁啸聚，应运出现。迨至民初已成燎原。凡鲁南、皖北、豫东及苏北徐海一带，莫不萑苻遍地，盗匪如毛。"③

1915年3、8及12月三个月中，据对被安武将军署判处死刑的191名匪犯籍贯统计，其中江苏宿迁5人、东海3人、桃源和睢宁各1人，山东青州2人、峄县1人，河南鹿邑3人、沈丘2人，商城4人，息县2人、固始10人，六安34人，合肥1人，余皆凤、颍、泗人④。

据1930年有人调查，"在江北每一县中，是没有一天没有盗案的，洗劫一个村庄，或是掳了大批的人去勒索，都不算什么一回事"⑤。

民国年间，淮北无县不遭匪祸。淮阴地区，"一般贫民，更失所依，挺（铤）而走隋（险）。况游民散勇，麇集于此，良莠不齐，尤为盗匪媒介"⑥。各县匪祸之烈，以至于抢劫案、杀人案，

---

① 段朝端等：《山阳艺文志》卷二，民国十年刻本，第18页下。
② 《南京快信》，《申报》1921年8月13日，第11版。
③ 张仲五编：《沭阳乡土志略》，台北（无出版社名），1974年，第76页。
④ 中国第二历史档案馆藏中华民国北京政府陆军部军法司档案：《安武将军督理安徽军务咨送盗匪案件执行死刑人犯一览表》（洪宪元年三月）、《安武将军督理安徽军务咨送盗匪案件执行死刑人犯一览表》（民国四年八月）、《安武将军督理安徽军务咨送盗匪案件执行死刑人犯一览表》（民国四年十二月），全宗号1011，卷号2600，无页码。
⑤ 吴寿彭：《逗留于农村经济时代的徐海各属》（续），（上海）《东方杂志》第27卷第7号，1930年4月10日出版，第65页。
⑥ 江苏省民政厅编：《江苏省各县概况一览》下册，镇江：新民印刷工业社，1931年，第311页。

每日必有多起，"乡村民众，虽在隆冬盛暑，每须夜宿野外，以避匪祸，情形之惨，令人痛心"①。1935年淮阴的一次剿匪，自首1244人，枪毙262人，捕获1962人②。

有位传教士写道："徐州府的土匪太多，实在太多。很少有没有土匪的村庄。……当土匪就像做其他生计一样。"而在一些家庭中，当土匪是父子相传的。"因此，有人一生下来就是一名土匪，全村的人都知道这事，但却没有人去谈论它"③。民国前期的报道写道："年来徐州乡村土匪绑票之风甚炽，稍具资财者，多避居城内。而每出巨案，无一破获者。"④沛县，"盗匪多系流兵散匪，与鲁为邻，朝发夕至，为害滋深"⑤。砀山县，"本县毗连鲁豫，素为盗匪出没之区，民元以来，愈益猖獗，千百成群，蔚为大股；中经兵燹水旱之灾，地方自卫力量，既复单薄，客军又坐视不援，扰攘几二十年之久"⑥。民国前期，陇海线上的运河站驻有1个连的军队，由于土匪猖獗，他们竟"不敢出站外一步"⑦。宿迁县，"本县近年受水旱军事匪患等影响，以致农家失收，无业贫民日渐

---

① 王德溥：《江苏省淮阴区剿匪工作总报告》（续），江苏省第六区党务指导员办事处编辑：《淮海》第4期，1935年9月1日出刊，第24页。
② 《淮海面面观》，江苏省第六区党务指导员办事处编辑：《淮海》第5期，1935年10月1日出刊，第3页。
③ Lèpold Gain, "Les brigands du Siu-tcheou-fou." *Relations de Chine* 2 (October 1909), p. 413. 转引自 R. G. Tiedemann, "The Persistence of Banditry: Incidents in Border Districts of the North China Plain," *Modern China*, Vol. 8, No. 4 (October, 1982), p. 409.
④ 严盦：《徐州现社会一瞥》，《申报》1927年7月5日，第9版。
⑤ 江苏省民政厅编：《江苏各县概况一览》下册，镇江：新民印刷工业社，1931年，第436页。
⑥ 江苏省民政厅编：《江苏各县概况一览》下册，镇江：新民印刷工业社，1931年，第452页。
⑦ 胡焕庸：《两淮水利盐垦实录》，南京：中央大学，1934年12月刊印，第13页。

增多,其住近匪区者,不良分子即流为匪化"①。

阜宁县,"本县民情强悍,素称多匪之区,自连年歉收以来,残弱转乎沟壑,强壮者难免挺(铤)而走险,故贫民加入盗匪,系属难免之事"②。盐阜沿海一带,向来为盗匪出没之所,海匪、盐枭等多如牛毛,新设立的盐垦公司虽备有军警,仍然无法自卫。1929年,大丰、大豫等公司被土匪焚劫,损失极重。至1930年,"垦区北部几皆沦为匪域",像华成、合德等,损失均达数十万元③。

安东县,道光二十二年,先是夏季大旱,到了秋季,黄河又在杨工口决堤,六塘河漫溢,水灌硕项湖。禾苗尽被淹没,"土寇四起,路断行人"④。咸丰三年春,疫疾流行,饥荒严重,"盗匪横行,街市白昼闭门,行旅断绝"⑤。

沭阳县盗匪,"多系客籍"⑥。顺治五、六、七年,海州巨寇李二和尚入境焚劫,平民死伤甚众⑦。1651年5月8日,榆园山贼攻破沭阳城,"杀掳十之二三",知县段上彩与妻子被俘遇害。⑧辛亥年(1851)九月,清江驻军第十三协发生兵变,"遍地土匪蜂

---

① 江苏省民政厅编:《江苏省各县概况一览》下册,镇江:新民印刷工业社,1931年,第467—468页。
② 江苏省民政厅编:《江苏省各县概况一览》下册,镇江:新民印刷工业社,1931年,第343页。
③ 胡焕庸:《两淮水利盐垦实录》,南京:中央大学,1934年12月刊印,第241页。
④ 吴昆田总纂:《安东县志》卷五"河防",光绪元年刻本,第19页上。
⑤ 吴昆田总纂:《安东县志》卷五"河防",光绪元年刻本,第19页上—下。
⑥ 江苏省民政厅编:《江苏省各县概况一览》下册,镇江:新民印刷工业社,1931年,第498页。
⑦ 钱崇威总纂:《重修沭阳县志》卷五"武备志(上)",民国年间刊本,第10页下。
⑧ 钱崇威总纂:《重修沭阳县志》卷五"武备志(上)",民国年间刊本,第11页上。

起，占聚村庄，挟雠报复，大乱日亟"。1851年11月13日，监防营叛将杜金林率土匪郭宗防攻高家沟，炮轰3昼夜。次年1月3日，土匪攻占沭阳吴集，杀死练勇及平民53人，全市抢掠一空。匪首孙秀中并据此作为巢穴，裹胁平民数千人，吴集东北20里"村落如洗"①。

民国建立后，匪患更加严重。正如民谣所说的那样："清末到民初，官家不问事，越聚贼越多"②。在这一时期，"烧杀抬架，日有所闻。巨案叠出，靡有止极，茫茫浩劫，冤魂莫诉"。民国元年正月十八日（1912年2月18日），土匪吴二和尚（一名吴尚忠）侵袭沭阳西南乡郭家圩，杀死郭保郜及兄弟子侄等10余口。六月二十七日（8月9日），仲八攻占丁庄圩，惨杀陈玥堂等10人。八月初一日（1912年9月11日），土匪杨三等攻破周庙圩，圩主周治龙及侄周永魁被杀死③。二年正月初五日（1913年2月10日），仲八复攻丁庄圩，杀死伍占魁、卢叙成等4人。四月仲八过华冲圩，练董司寿永及练丁12人被害。仲后来盘踞丁庄圩。浦军营长石家骅来围攻。五月十九日（1913年6月23日）夜，阵亡军士30余人。居民赵永昌、殷恒生、陈方刚等被害。六月十六日（7月19日），仲八合袁文标等500余人攻破高流镇塔山圩，打死圩主乔树荃等10人，伤数十人。盘踞20余日，烧杀淫掠，"数十里无完土"④。有人写

---

① 钱崇威总纂：《重修沭阳县志》卷十六"舆地"，民国年间刊本，第50页上。
② 老几：《沭阳土话乱弹·乱世》，《沭阳文史资料》第5辑，1989年8月出版，第72页。
③ 钱崇威总纂：《重修沭阳县志》卷十六"舆地"，民国年间刊本，第50页下—51页上。
④ 钱崇威总纂：《重修沭阳县志》卷十六"舆地"，民国年间刊本，第51页下—52页上。

道:"提起贼'站'劲,眼也不敢睁,大明大白过,遍地拦财神。明火执仗抢,来回篦子梳,衣囊对服饰,成趟牵牛驴。"①1925年,孙传芳陆军第五混成旅驻沭时,声言对土匪进行招抚,竟使得"沭城当时土匪满街,着军服,佩短枪,耀武扬威,招摇过市"。不久,即招得土匪数百名②。民国初期,沭阳农民干活时,被迫背枪自卫③。

据原籍沭阳的加拿大华侨潘同仁回忆:"三十年代末期,苏北平原上盗贼蜂起,到处打家劫舍,拦路抢劫,图财害命。"④潘的长兄有一年在赶集时被土匪劫持,搜去钱物后,就地杀害。次兄被土匪绑架后,因赎金数量太大,潘家未能如期交付,土匪即将其绑在板凳上,用钢针刺瞎其双眼。三兄在其六姊家被抢时前去救援,半路中弹身亡。大嫂徐氏被土匪枪杀,次嫂被土匪打残。潘家仅有潘同仁一人因在城里读书而幸存下来⑤。

两江总督刘坤一称山东曹州和单县为"盗贼之薮"⑥。1913年

---

① 老几:《沭阳土话乱弹·乱世》,《沭阳文史资料》第5辑,1989年8月出版,第72页。
② 陈培元:《杨赓和施毒计消灭匪祸》,《沭阳文史资料》第6辑,1990年11月出版,第85页。
③ Ch'en Yung-fa, "The Wartime Bandits and Their Local Rivals: Bandits and Secret Societies," Susan Mann Jones (ed.), *Select Papers from the Center for Far Eastern Studies*, No.3, 1978-79, Proceedings of the NEH Modern China Project, 1978-79: Political Leadership and Social Change at the Local Level in China from 1850 to the Present. Chicago: The University of Chicago, 1979, p. 3.
④ 潘同仁:《漂泊异乡,心系故国》,《沭阳文史资料》第4辑,1988年3月出版,第5页。
⑤ 潘同仁:《漂泊异乡,心系故国》,《沭阳文史资料》第4辑,1988年3月出版,第6页。
⑥ R. G. Tiedemann, "The Persistence of Banditry: Incidents in Border Districts of the North China Plain," *Modern China*, Vol. 8, No. 4 (October, 1982), p. 398.

英国领事史密斯（J. L. Smith）经过鲁西南时，有人告诉他，那里80%的男性人口曾在不同的时候做过土匪①。在鲁西南，土匪攻城焚县的事屡见不鲜②。

苏鲁边界，特别是郯城、兰山、宿迁和邳州，同样充斥着贫穷和狂暴的人口，以暴力进行抢劫则司空见惯③。安徽正阳关与凤台县，"洛河街以下，遍地荒凉，盗警时闻"④。太和县，咸丰十一年（1861），知县为土匪刺死，"人情恟惧，城内一夕数惊"⑤。在收获季节，"江苏萧县农民则不得不采用武装护卫"⑥。民国前期，东海县，"人民强半困穷，衣食常苦不足，盗匪甚多，劫案时有所闻"。⑦戴厚英对民国前期颍上县的记忆是："不知道哪里来的那么多的土匪，不是抢劫，就是绑票，差不多天天都有人被绑走"⑧，"晚上常被大人叫起来躲土匪，白天一有空就想睡觉"⑨。

被绑票的人质，能被家人赎回的，家中大多倾家荡产。家中无

---

① R. G. Tiedemann, "The Persistence of Banditry: Incidents in Border Districts of the North China Plain," *Modern China*, Vol. 8, No. 4 (October, 1982), pp. 398-399.
② 如1927年4月27日，沂州巨匪刘黑七，率3000余人，火焚费县全城。见《本馆专电》，《申报》1927年4月28日，第6版。
③ R. G. Tiedemann, "The Persistence of Banditry: Incidents in Border Districts of the North China Plain," *Modern China*, Vol. 8, No. 4 (October, 1982), p. 399.
④ 沈秉璜：《勘淮笔记》，1926年春印，第111页。
⑤ 丁炳良主修：《太和县志》卷八"名贤"，民国十三年刻本，第53页上。
⑥ Ch'en Yung-fa, "The Wartime Bandits and Their Local Rivals: Bandits and Secret Societies", Susan Mann Jones (ed.), *Select Papers from the Center for Far Eastern Studies*, No.3, 1978-79, Proceedings of the NEH Modern China Project, 1978-79: Political Leadership and Social Change at the Local Level in China from 1850 to the Present. Chicago: The University of Chicago, 1979, p. 3.
⑦ 江苏省民政厅编：《江苏省各县概况一览》下册，镇江：新民印刷工业社，1931年，第482页。
⑧ 戴厚英：《流泪的淮河》，合肥：安徽文艺出版社，1999年，第24页。
⑨ 戴厚英：《流泪的淮河》，合肥：安徽文艺出版社，1999年，第25页。

钱的人质，境遇更惨："有的被挖了眼，有的被割了耳，有的被打断了腿，有的被枪杀，有的被活埋。女的有的被轮奸，有的被脱光衣服土匪们拉着当猴玩。"①

1923年5月6日，孙美瑶匪部，在津浦铁路山东峄县段的沙沟与临城两站间，拦截由浦口北上天津的特别快车，劫持数十名中外人质，策划了震惊中外的临城劫车案。事实上，拥有森严武装护卫的铁路，向来是土匪打劫的目标。1918年5月3日，陇海路上的望谷村（音译）遭土匪掳掠，外籍铁路监工和华工各一名被掳走。5月31日，杨集被大队土匪3000余人攻击，铁路员工的身家性命无丝毫保障②。陇海路站长职员晚上都须投宿到大寨子中去，以免危险。东海县新浦站站长的两个儿子均曾被绑票，以3000元赎出③。

裴宜理通过对淮北反叛者的研究，认为淮北传统的集体性暴力发展成了两种生存策略："弱肉强食型"和"自我保护型"。弱肉强食的策略就是某些人以牺牲他人利益的方式来扩张自己的资源。这些人的分布很广，从盗贼、私贩、土匪直到有组织的宗族领袖。自我保护型策略就是出于对弱肉强食的反应，在面对掠夺威胁时以保护自己的所有物。其范围包括私人警卫、乡村民团和村庄圩寨的建立。弱肉强食的活动绝大多数在亲属关系的引导下进行，而自我保护的反应则典型地由整个村庄来组织④。

---

① 刘承显：《我所经见的匪患》，《镇平文史资料》第8辑，1990年，第36页。
② 台北"中研院"近代史研究所档案馆藏档案：《陇海铁路被兵滋扰损失索偿案》，馆藏号：08-05-025，宗号03-001，第8页。
③ 吴寿彭：《逗留于农村经济时代的徐海各属》（续），《东方杂志》第27卷第7号，1930年4月10日，第65—66页。
④ Elizabeth J. Perry, "Collective Violence in China, 1880-1980," *Theory and Society*, Vol. 13, No. 3, Special Issue on China (May, 1984), p. 433.

三、灭门杀亲

太多的灾难造成了生存资源的短缺，为了生存下去，人们已习惯于相互残杀，甚至残杀至亲。

明初成书的《水浒传》所描写的武侠人物武松长期受到淮北民众的敬仰。武松广为人知的故事主要有三：一是打虎；二是杀死乃嫂潘金莲，斗杀西门庆；三是杀死张都监一家。

被杀死的张都监一家15人中，除张都监、蒋门神、张团练及亲随5名外，另有养马的后槽1人，厨房丫环2名，夫人、奶娘等3人，儿女3人，甚至包括武松短暂爱恋过的玉兰姑娘。如果说西门庆、张都监等人被杀尚是罪有应得的话，杀死其夫人、奶娘、儿女、甚至恋人等完全是滥杀无辜。杀潘金莲则是虐杀。武松杀潘时，"两只脚踏住她两只肐膊，扯开胸脯衣裳。说时迟，那时快，把尖刀去胸前只一剜，口里衔着刀，双手去斡开胸脯，取出心肝五脏……"①。施暴者长期被视为英雄，现在在阳谷县有富丽堂皇的武松庙。20世纪70年代以前，淮北许多地区的说书人、甚至普通村民会演唱以武松为主题的鼓词和戏曲。现在一些乡村还流传着"武松拳"等武术套路。

被李贽誉为"梁山泊第一尊活佛"②的李逵上阵，常"不问官军百姓，杀得尸横遍野，血流成渠"③。攻打祝家庄，李逵杀入梁

---

① 施耐庵：《水浒传》第26回，上海：上海古籍出版社，1997年，第382页。
② 张建业主编：《李贽全集注》第19册，北京：社会科学文献出版社，2010年，第204页。
③ 施耐庵：《水浒传》第40回，上海：上海古籍出版社，1997年，第534页。

第六章 社会生活与社会冲突　701

山盟友扈家庄,"把太公一门老幼尽数杀了"①。

不管是否存在着必然的联系,淮北地区的灭门事件是非常普遍的。

史称梁山泊邻区济宁,虽孔学浸染之地,但民风"强暴斗狠","不必大雠大恨,但因口角嫌疑,细微事故,动辄号召多人,纠合党羽,聚众执械,两相斗殴,势同对垒,谓之打架。往往有致伤人命者"②。

晚清捻军首领张乐行在起事前,曾冒充官府人员偷赶永城人的绵羊,遂与永城王武举结下仇怨,后带人复仇,杀死王家30多口③。涡阳苗沛霖反清前,曾杀死与之有隙的同乡徐立壮一家,仅徐一人幸免,苗扬言"杀得百里不姓徐"④。苗反清攻下寿州后,杀死了仇家孙家泰全家及有怨隙的洪、吴、黄、张等姓⑤。据贝思飞(Phil Billingsley)叙述,民国年间,在豫南和豫西等山区,家族结怨和仇杀(当地人称之为"打孽")的事件屡见不鲜。有世仇的家族代代开战,这些家族会倾家荡产购买武器对付仇家,而不愿求助于官府和法律⑥。

裴宜理在其著作中列举了5起清末发生在皖北的仇杀事件。1845年6月发生在怀远的仇杀系因某家的牲口损坏了邻家的庄稼,"看到自家的庄稼被损坏,邻家大吵大骂"。某人遂纠集亲友前去

---

① 施耐庵:《水浒传》第50回,上海:上海古籍出版社,1997年,第670页。
② 徐宗幹修:《济宁直隶州志》卷三之五"风土",咸丰九年刻本,第24页上。
③ 马昌华:《捻军调查与研究》,合肥:安徽人民出版社,1992年,第14页。
④ 《苗沛霖事略》,《涡阳史话》第3辑"捻军史料专辑",1986年8月,第154页。
⑤ 《苗沛霖事略》,《涡阳史话》第3辑"捻军史料专辑",1986年8月,第155页。
⑥ 贝思飞:《民国时期的土匪》,徐有威等译,上海:上海人民出版社,1996年,第104页。

灭门，由于邻家有备，双方死伤多人。1848年10月发生在寿县的仇杀，系因交易一头母牛时，双方尚有300文钱差价没有解决。而次年发生在怀远的仇杀则肇因于160文钱的债务。1844—1850年，河南商丘某村动辄出动百余人的的仇杀，系因小偷小摸引起[①]。

我们在淮北调查时，深为民国年间家族仇杀（当地人称之为"杀家鞑"）的频繁与残酷而震惊。在沭阳、东海边境、以蔷薇河为中心、方圆约50华里的地区，我们就听到了至少4起因怨而灭门的陈述。沭阳李锦（音），因倍受邻家欺凌，在一除夕之夜，将邻家灭门。沭阳章姓，同族两家因一小事，将另一家灭门。东海赵姓，因其佃户与家族中一寡妇通奸，将佃户痛打，后被佃户勾引土匪将其灭门。东海何家，与本族某家有世仇，后何家有子被任命为某县县长，在其赴任前，仇家勾结土匪将其杀死[②]。

1913年8月至1914年6月仅10个月里，由安武将军行署所判决死刑的匪案中，卷宗中明确写明由皖北籍土匪所干的灭门案件多起，实际上数量估计达数十起。详见下表：

表6-1　1913年8月至1914年6月皖北籍土匪造成的惨杀、灭门案件

姓名	年龄	案由	页码
刘成林	32	同王胜等抢乾元庄刘姓，杀死九人	11
王振麟	21	抢劫四次，分驴一头，钱三千文，打死事主三人。	30

---

① Elizabeth J. Perry, *Rebels and Revolutionaries in North China, 1845-1945*. Stanford: Stanford University Press, 1980, pp. 76-77.
② 作者1996年11月在淮北的调查。说明：这位被伏击而殒的何姓县长为作者母亲的亲姨父。

续 表

姓名	年龄	案由	页码
曾福安	42	抢劫两次,杀死事主七人,分驴一头,钱八千文。	30
杨四	37	抢石家圩,拒杀事主全家。	119
张成俊	23	杀死事主全家。	119
张廷才	38	杀死事主全家。	119
刘庆三	34	拒杀事主全家。	120
吴道清	37	拒毙事主三十余人。	114
陈士扬	32	同张万扬等大帮匪徒抢竹园、王圩等处,拒杀百余人。	119
杨礼魁	25	同王范起等大帮股匪,肆行抢劫,共拒杀百余人。	120
张继盛	39	同伍元辅等抢界头集,纵火焚烧,拒毙事主数十口。	122
严广德	40	同许克聪等抢劫多处,拒伤大小男女共百余人。	106
祖三	36	同丁三花等抢劫多处,拒伤大小男女共百余人。	109

说明:上述人员中,除刘成林为涡阳籍外,余皆泗县籍。

资料来源:中国第二历史档案馆藏中华民国北京政府陆军部军法司档案:《安武将军行署谨将民国二年八月起至三年六月止依军法办理各案罪犯姓名年龄籍贯职业案由罪名刑名判决地点行监禁日期造具清册》,全宗号1011,卷号2572("页码"栏中的数字,系指本资料中的页码)。

1915年,沛县杨、苑两家因讼生怨。苑家以苑五为首,暗害了杨家1人,事泄后,苑家杀人者被庙道口民团局马心蔚抓捕。1918年,苑五勾结土匪,烧了马心蔚的家,杀死其弟马心京等人[①]。1920年,土匪抢劫炮车镇(今属新沂)鲍玉清家,烧死鲍全家[②]。

---

① 刘世勋口述,马蕴实整理:《从"杨苑讼"看民初沛县匪患》,《沛县文史资料》第7辑,第204—205页。
② 曹心宜:《鲍玉清惨遭匪祸》,《新沂文史资料》第1辑,1985年3月,第125页。

1926年，戴正攻破沈丘，仅在城西南杀死无钱赎票的人质二三千人，在东关枪杀和刀砍的人质四五千人①。1927年，土匪攻破睢宁十家墩圩寨，该圩内共有三四百户人家，土匪杀死827人，许多婴儿被活活扔进火中烧死或是擗死。其中，鲁俊廷1家8口、邱永彻1家9口、祁文起1家7口、朱老利1家12口，均仅剩1人②。同年，土匪攻破金圩寨，杀死金姓300余人，有的儿童被活活擗死，幼儿则被直接摔死。与土匪有怨的蒋守义一家无一幸免③。1928年10月，土匪李老末攻破陶寨（今属利辛县），将许多乡民绑在树上，浇上煤油活活烧死；攻下杨老洪寨，杀死乡民七八百人；打下李家寨，将全寨男女老幼全部杀害，无一幸免④。同年冬，李老末攻陷阜阳杨桥集西南的七里桥、崔寨、李寨等处，七里桥寨"被害绝户者三十余家"⑤。崔寨被杀害和掳走2000余人，不少村子居民被杀绝。李寨被杀四五千人，"主人死光，狗不得食，相率啃食死人尸体，后竟成群结队扑咬生人噬食。一时路断人稀，行旅裹足"⑥。民国年间，临泉高圹乡乡长宁化堂因通奸被邻居张老六训斥，不久，宁将张家灭门⑦。1941年，凤阳商会会长叶茂才与开私人诊所的李华轩

---

① 刘慎五：《老戴正大破沈丘调查》，《临泉史话》第1集，1984年11月，第138页。
② （睢宁）文史资料委员会：《土匪血洗十家墩》，《睢宁文史资料》第3辑，1986年12月，第6—7页。
③ 乔继花口述，尹春来整理：《"烧包坠子"匪部血洗金圩》，《新沂文史资料》第3辑，1988年10月，第126—128页。
④ 汝中英等：《土匪李老末——祸害豫东南皖北一带见闻》，《利辛文史》第1辑，1997年4月，第201页。
⑤ 于丹忱等：《临泉设县前的匪祸实录》，《临泉史话》第1集，第130页。
⑥ 于丹忱等：《临泉设县前的匪祸实录》，《临泉史话》第1集，第131页。
⑦ 王树九：《解放前临泉的宗派斗争记略》，《临泉史话》第2集，1986年8月，第96页。

发生口角。叶派人闯入李家，用匕首刺死李氏全家①。1947年底，临泉李金声杀死油店桥1家17口，外加1名此家亲戚，计18人。陈集1家8口，被李杀死7口，仅1人因访亲得免②。

至今淮北人吵架时还经常使用这样的语言："我要杀你全家！"这基本体现了淮北社会长期失序、暴行充斥的历史真实。而江南人吵架最刻毒的语言则是："杀千刀"（凌迟）；多少反映了江南人的"法治"意识。

需要指出的是，某些淮北人对待本为乡邻、同族、甚至近亲的"仇家"，在复仇时往往采用虐杀的方法，以最大程度地增加死者的痛苦。1919年，瓦窑（今属新沂）地主马启恒因一截断树与其厨师彭万柱之子彭三德发生怨隙。两年后，彭三德率土匪围攻马家，逼死马启恒。1922年，马启恒胞兄马启太借官军势力，打死彭三德，活捉了彭的同伙马四。马启太把本为同宗的仇家带到其弟坟前，在"人山人海"的围观者面前，开始了复仇：

> 一颗血淋淋的人头，被浇上煤油，放在烈火熊熊的柴堆上，刹时，面目全非，血腥熏人，这便是向郯城驻军索取来的彭三德首级。
>
> 坟前架一口烧得翻滚的油锅，赤身裸体的马四，被反臂捆绑在靠近油锅的木桩上。一旁，曾连长手操利刃，从马四身上，一块一块往下割肉，一块一块放入油锅，又一块一块捞

---

① 王乐民：《汉奸匪霸帮首叶茂才》，《凤阳文史资料》第1辑，1981年12月，第111—112页。
② 陶志远口述，尚中力整理：《皖北匪首李金声落网记》，《临泉史话》第2集，第85—86页。

起，强逼马四自食。此时的马四，咬牙闭目，似无知觉，嘴脸被刀尖戳得血肉模糊，不堪辨识。

彭三德的两个兄弟，被当场杀死在马启恒坟前，另一兄弟多年后仍被马家杀死①。

1931年1月，宿迁苗理之攻打其盟兄弟唐盛斯家，放火焚烧唐占据的炮楼，唐被迫从楼上跳下。苗理之"立命家丁对准唐盛斯头部开火，把一梭子弹全打光，打得脑浆迸裂，尸体倒地；接着，苗理之又命人将唐的尸体抬到草堆上，浇上煤油，点火焚尸"②。次日，回圩的百姓，"看了一具具尸体，一片片血迹，看了唐盛斯一家三口都被烧成黑乎乎的火棍头，只有尺把长……"③。

裴宜理正确地指出了这种现象系由于淮北地区没有士绅，缺乏相应的解决冲突的办法④。但这种说法显得太笼统。我们更可以说，与江南相比，淮北已有的士绅更多地与掠夺不当利益相关。这个地区缺乏自为的士绅阶层，缺乏那些相对公正、在底层社会具有较高威望、可以作为官府服务补充的民间头面人物。从而使得民间的普通纠纷无法得到及时、合理的化解，往往会演化成波及数代人的世仇和灭门仇杀。

---

① 马吟云等口述，吴本文整理：《彭三德逼死马启恒前后》，《新沂文史资料》第4辑，1990年4月，第145—146页。
② 张延安：《一份"判决书"——记唐苗两家互相残杀的历史案件》，《宿迁文史资料》第9辑，1988年12月，第204页。
③ 张延安：《一份"判决书"——记唐苗两家互相残杀的历史案件》，《宿迁文史资料》第9辑，第205页。
④ Elizabeth J. Perry, *Rebels and Revolutionaries in North China, 1845-1945*. Stanford: Stanford University Press, 1980, pp. 74-75.

据20世纪30年代的调查,"族产,在河南全省中更不占重要性。'义庄''书塾''公赈'等等,在河南人看来都是太陌生的字眼"[①]。

近来学者注意到了淮北的宗族与华南宗族的公田规模和经营目的迥然不同。淮北宗族公田的规模极小,充其量用于支付年度祭祀的费用[②]。由于没有强大的经济积累来构建为族人共享的救助设施,淮北地区的光宗耀族的观念非常淡漠,世家大族十分少见。据载,皖北"邑中著姓不讲宗法"[③]。山东"单县之富不如曹县,然同是郡州中殷实之县。惟富者阡连陌累,富者多有田至百顷。贫者则无立锥之地。富者惟修夏屋,务建石坊……不知义举……人道既失,惶论周恤贫之(乏)。此弊不独单县,曹州各县皆然"[④]。当年的诗书礼义之乡,竟一变至此!而到清中期由于生态的衰变,许多旧族随之消亡。方志称:"子夸大姓,不过视岁涨为盈涸,乌足恃也。二十年来,东南旧族兴衰转眄,宁非视县为消长耶?"[⑤]这与苏南、皖南那些拥有强大伦理和宗法势力的大族几无法相提并论[⑥]。

---

① 行政院农村复兴委员会编:《河南省农村调查》,上海:商务印书馆,1934年,第3—4页。
② 韩敏:《回应革命与改革:皖北李村的社会变迁与延续》,陆益龙等译,南京:江苏人民出版社,2007年,第20页。
③ 贡震等修:《乾隆灵璧县志》卷四"杂志",中国地方志集成(30),南京:江苏古籍出版社,1998年,第76页。
④ 转引自周锡瑞《义和团运动的起源》,张俊义等译,南京:江苏人民出版社,2005年,第20页。
⑤ 王敛福纂辑:《颍州府志》卷十"杂志",乾隆十七年刻本,第107页下—108页上。
⑥ 如皖南休宁茗洲吴氏就是具有强大家族凝聚力的世家。见牧野巽:《近世中国宗族研究》,东京:日光书院,1950年,第135—151页。

在南方，一小群村落通常体现了家族生活的景象，但在北方，家庭却无足轻重。①有人的地方，就面临着对各种资源的争夺。同宗聚居的地方，往往意味着对势力较弱的他姓的欺凌，并运用非法手段对抗政府以获得不当利益。当然，家族内部的仇杀也并不鲜见。

正如萨孟武指出的那样，水浒世界中，更看重朋友之间的义气，而轻视亲情②。在曹、单地区，"有力之家，视贫族、贫戚、贫邻为路人。平日，尺布斗粟借贷无有，待佃户雇工尤刻。此辈怀恨在心，势将走险。此为招盗之由。不旬日，怀利刃，挟洋枪，复入里门。再提借贷，无不响应，如是，安日贼益多。凡盗案，总有贼线，贼线皆为本庄邻人，如非同族亲戚，则为佃户佣工"③。

沭阳人所赋的《象齿焚（悯富室也）》生动地描写了富室大量藏粮，延请拳师看宅守户，最终却被穷民打劫的故事，基本上是那个时代富民的生活常态。诗称："穷人苦饥富人否，家藏粟贯都红朽。有心欲作监河侯，自顾终难舍升斗。亦知思患预为防，延请拳师门户守。缮墙葺宇弥缝周，私谓安居可长久。一旦萑苻吼贼风，倒戈纷纷齐出走。主人恋栈取盗憎，挥刀直入如挥帚。齿折孺子牛，家丧东门狗。倮然一身竟何有？到此才为将伯呼。犒劳还欲吝羊酒，眼看铜山倾八九。声言此后劫某某，富室闻之心胆寒，应每利阶成怨薮。"④

在淮北，亲属之间的械斗并不鲜见。《水浒传》中李达、李

---

① J. B. Tayler, *Farm and Factory in China: Aspects of the Industrial Revolution*. London: Student Christian Movement, 1928, p. 18.
② 萨孟武：《水浒传与中国社会》，北京：北京出版社，2005年，第12页。
③ 转引自周锡瑞：《义和团运动的起源》，张俊义等译，南京：江苏人民出版社，2005年，第20页。
④ 钱崇威纂：《重修沭阳县志》卷十四"诗征"，民国间钞本，第28页上—下。

远亲兄弟之间基本不存在什么亲情。《聊斋志异》中的"陈锡九"篇,生动地描写了邳州富室周某与其贫婿陈锡九之间的争斗与构诬,具有深刻的寓意。方志称济宁地区民风,"争财产而伤天性,人心贪鄙,习尚浇漓。同父兄弟、同祖伯叔,每为数金之财,数亩之产,锱铢争较,不但无义让之心,并无公平之念。尊长欺蔑卑幼,卑幼凌犯尊长。灭绝天理,视若寇雠,暗中算计,挺身控告。甚则投托势要,冒充旗下,希图多分强夺。若本家之孤儿、寡妇分有厚产者,族中莫不虎视耽耽,群相鱼肉。此等事非特市井中有之,而簪缨大家、衣冠士子中亦有之"①。

即使属于孔孟之乡,但济宁的百姓"尚刚暴而不顾上下之分。凡父党、母党之尊长,与乡邻之高年、父执之朋友,平居无事,既少谦恭逊让之礼。偶涉毫发嫌疑,一言不合,遂肆无忌惮,恶声相加,老拳相向,往往而有也"②。

亲属之间相互残杀的事件同样层出不穷。如清末清河县葛泳磬与胞兄葛恒磬口角,前者被后者用剪刀剜瞎眼睛,并杀死。③

淮北土匪在打家劫舍中所表现出来的因利灭亲之非人性并不鲜见。如,民国初年,睢宁陆庆元伙同陆宪明等,抢劫时放火烧死族兄④。桃源姜西恩,勾引匪帮抢劫自己的祖父家⑤。泗县李登怡、李

---

① 徐宗幹修:《济宁直隶州志》卷三之五"风土",咸丰九年刻本,第22页上。
② 徐宗幹修:《济宁直隶州志》卷三之五"风土",咸丰九年刻本,第22页上。
③ 丁日昌:《抚吴公牍》卷十四,南洋官书局石印,宣统元年,第2页上。
④ 中国第二历史档案馆藏中华民国北京政府陆军部军法司档案:《安武将军行署谨将民国二年八月起至三年六月止依军法办理各案罪犯姓名年龄籍贯职业案由罪名刑名判决地点行监禁日期造具清册》,全宗号1011,卷号2572,第21页。
⑤ 中国第二历史档案馆藏中华民国北京政府陆军部军法司档案:《安武将军行署谨将民国二年八月起至三年六月止依军法办理各案罪犯姓名年龄籍贯职业案由罪名刑名判决地点行监禁日期造具清册》,全宗号1011,卷号2572,第24页。

登伸等,绑架并杀死族兄李登全①。定远匪首宋洪海在为匪前,曾在东乡岱山表兄郭志发家吃住1年多,宋离开后,与人合伙偷走了郭的耕牛。当郭找他索取时,竟乘机把郭拘押为肉票,索要的赎金远远超出郭家的负担。得知郭家的赎金不足时,宋亲自取刀,割了郭的双耳。后郭侥幸逃生②。

有人认为,土匪们一般不在家乡抢劫,"兔子不吃窝边草"③。究其实际,在淮北,没有土匪不吃的"草"。民国初年,安徽判处死刑的匪案,不少劫匪抢杀的对象是自己所在的村子(见下表)。

表6-2 皖北抢劫本村匪案一览表(1913年8月至1914年6月判案)

姓名	年龄	籍贯	职业	案由	页码
陆庆元	25	睢宁	无	同陆宪明放火烧死族兄,常行抢劫。	21
刘殿堂	29	泗县	无	抢本庄王姓、单姓又抢赵庄等处。	24
刘从汉	23	泗县	无	抢本庄刘姓,又抢张谷庄三四十家。	24
袁兴业	31	泗县	无	同周纯然抢过本庄及苏庄等处。	29
刘要德	20	泗县	佣工	勾匪抢本庄,得钱三十千文,又架刘姓之孙。	31
张允成	25	灵璧	务农	勾引匪徒张克珍等抢本庄衣服物品钱文。	40
谢皆端	37	灵璧	无	同谢百端抢本庄谢姓分钱十千文。	40
吴文胜	26	灵璧	无	同尤学萃等抢本庄长的钱及粮食。	41

---

① 中国第二历史档案馆藏中华民国北京政府陆军部军法司档案:《安武将军行署谨将民国二年八月起至三年六月止依军法办理各案罪犯姓名年龄籍贯职业案由罪名刑名判决地点行监禁日期造具清册》,全宗号1011,卷号2572,第115页。
② 孟宪武:《匪首宋洪海落网记》,《定远春秋》第1辑,1987年10月,第171—173页。
③ 贝思飞:《民国时期的土匪》,上海:上海人民出版社,1996年,第58页。

第六章 社会生活与社会冲突 711

续 表

姓名	年龄	籍贯	职业	案由	页码
程道亮	33	灵璧	务农	勾匪抢本庄分衣服三件。	41
程仲俊	20	灵璧	无	抢过本庄程姓粮食。	42
张建寅	29	宿迁	无	窝匪分赃,并抢本庄粮食。	122
岳邦举	35	灵璧	种地	勾匪抢本庄岳邦法家,得钱八千文。	146
张庆宝	26	睢宁	种地	勾匪抢本庄张姓,分钱十三串文。	146

资料来源:中国第二历史档案馆藏中华民国北京政府陆军部军法司档案:《安武将军行署谨将民国二年八月起至三年六月止依军法办理各案罪犯姓名年龄籍贯职业案由罪名刑名判决地点行监禁日期造具清册》,全宗号1011,卷号2572。

由于"朋友"往往是趣味相投的同类,使得水浒英雄们的行为更容易为激情、愤怒和冲动所左右,而少受家庭和家族关系之类更为理性的情感约束。不过,在现实世界,这些所谓的"朋友"、甚至盟兄弟,只要涉及利益纠纷,多是今日为友,明日为敌;或是表面为友,背后为敌。民国初年海州一带的悍匪仲八,竟因为一句非常平常的话,被其徒弟顾修佃误解,遭顾枪杀[1]。阜阳县姜寨王庆三、韩聘三自幼同学,后结为盟兄弟、姻家。20世纪30年代,两人打官司时,同住一个旅社,吃饭时争相付款,表面胜似亲兄弟。然官司未完,韩即命百余人枪袭击王家,王逃脱后,韩收买杀手将王打死,后又杀害了控告韩的王氏之侄[2]。

萨孟武曾分析过水浒世界的流氓与罗马时代流氓的差异。前者全然不同于现代的劳动阶级,中国社会并不依靠这些人而存在,这

---

[1] 李荣坤:《仲八其人其事》,《赣榆文史资料》第5辑,1987年10月,第78页。
[2] 王树九:《解放前临泉的宗派斗争记略》,《临泉史话》第2集,第92—94页。

些人却依赖社会而过着寄生生活，"纵令他们全部灭亡，也不妨害社会的存在，反而他们的灭亡却可使社会的秩序因之安定。"①笔者认为，即使这些人是寄生阶层，也是社会体制不完善所造就的。在专制社会中，如果动用国家机器的力量，是很容易让他们"灭亡"的，而其他权力阶层同样会破坏社会秩序，造成社会新一轮的不公平。只有通过完善社会机制、各级政府恪守责职并增加服务等手段来消灭这些寄生者，才能提高社会的和谐程度。

四、寇匪起因

霍布斯鲍姆认为，强盗是社会性的土匪的首要来源；其次，战争和社会动荡时期，从农民中游离出来的流浪者，如退伍军人、逃亡者和抢劫者与社会性和反社会的土匪之间关系极为密切。再次，像中国，则是由于前工业化时期，帝国社会长期发展出的一种双重的黑社会：他们不但是逃亡者，而且具有非正式的相互防护和反抗的作用。②

表面上看，淮北地区的土匪起因有三：

第一，民风强悍的传统所致。如安东县，"愚民弓刀结束，什佰嬉游，小不适意，挝白刃刺其腹中，或结讼累岁，时莫相下。黠者从而两导之，阳为居间排难，而阴坐观望以收其厚资。滨海颛僻之乡，其性俗然也"③。桃源县，"西濒徐邳濠泗，其民强武好斗，椎埋揭竿，常有跋扈之志"④。淮安府属，"于周为荒服，去

---

① 萨孟武：《水浒传与中国社会》，北京：北京出版社，2005年，第4页。
② Eric Hobsbawm, *Bandits*. The U. S. A: Delacorte Press, 1969, pp. 32-33.
③ 吴昆田总纂：《安东县志》卷一"疆域"，光绪元年刻本，第4页上。
④ 张相文总纂：《泗阳县志》卷七"风俗"，民国十五年刻本，第5页上。

丰镐王化寖远，故诗书皆称淮夷，意其民人好勇斗狠，亦犷悍而难治乎"①。20世纪30年代出版的《江苏省鉴》对苏南、苏北（特别是徐海地区）的民情作了概括："江北土硬，徐海一带，民性体壮而多膂力，易发怒重实行，而短于想象力，盖不脱燕赵感概（慷慨）悲歌之风。江南则因土地之融和，故多潇洒纤巧，富于理想，多感多恨；但萎靡之风甚显。"②

第二，淮北湖荡、港汊交错纵横。许多地方百姓不愿种田，而任其长草，这些生长在湖荡中的野草多为耐盐碱的芦苇、蒲类等高秆长茎植物。泗阳县，"本县河湖纷歧，地势低洼，水利一项，关系至巨，惟西起宿迁，东达淮阴，南通皖泗，北入沭阳，如运河，六塘河，淤黄河，安河，砂礓河，各河皆面积修广，年久淤塞，疏凿不易，非与邻县通力合作，因势利导，难期开浚"③。沭阳县原有硕项湖、桑墟湖、青伊湖等巨泊，清中后期至民国年间，时涸时浸，基本上不适合农耕，而是生长着茂密的芦苇。甚至连沭阳县政府庭院中还曾发现丈余长的大蛇④。显然与海沭地区多为湖泊芦荡有关。清代为了治河的需要，更在河两岸置有许多苇荡⑤。在滨海地区还有数以百万亩的苇荡营。

霍布斯鲍姆认为，土匪通常出现在山区、沼泽、森林和河口

---

① 段朝端等：《山阳艺文志》卷二，民国十年刻本，第36页下。
② 赵如珩编：《江苏省鉴》下册，南京：新中国建设学会，1935年，第8章，第190页。
③ 江苏省民政厅编：《江苏省各县概况一览》下册，镇江：新民印刷工业社，1931年，第322页。
④ 张成桂：《张汉巧医邓县长》，《沭阳文史资料》第6辑，1990年11月出版，第155页。
⑤ 武同举辑纂：《再续行水金鉴（淮河卷）》，武汉：湖北人民出版社，2004年，第475页。

等地区①。巨大的苇荡也是土匪最为理想的藏身之处。清代，"苇荡曰营，而实非营。兵丁但樵采，备弁但征收，岁入二万余千，以资工用而已。其地在海州、阜宁边海之区，其俗以亡命椎埋犯法为事。兵为佃，匪亦为佃。平时无可究诘，有所犯，则逃之海中，无从捕搜。玉石俱焚，既有所不可，泾渭相杂，殊难于区分"②。盐城县，"东滨大海，西多湖荡，且港汊纷歧，最便匪徒出没，及藏匿。更当徐海南来之冲，为北匪必由之道，遂致受祸特甚。近因灾祲频仍，民生日蹙，加以邻匪之熏染勾诱，贫民靳流为匪，而马玉仁等旧部自解散后，布满全境，尤为巨患，今则荆棘遍地，无宁宇矣"③。沭阳许多悍匪以湖荡为巢穴，官军很难围剿。20世纪30年代初，青伊湖南部的司家荡，方圆数千亩，芦柴生长旺盛，形成天然绿障。以吴开甫、陆文彬等为首的匪帮200余人，啸聚其中，筑炮楼，盖草房，骚扰百姓，按时到各村催送钱粮，四出拉财神④。

第三，灾荒、贫困所致。因这一原因而沦为匪的记载最为常见。铜山县，"贫民生活艰难，往往流入为匪，近来境内多盗，此为重要原因。又县民入伍颇多，一经遣散，懒于工作，号召为匪"⑤。丰县，"境内无业而贫苦之民众颇多，铤而走险者，即流为匪徒，季夏青纱障起，尤为土匪猖獗之秋。邻省股匪，与当方

---

① Eric Hobsbawm, *Bandits*. The U. S. A: Delacorte Press, 1969 p. 16.
② 武同举辑纂：《再续行水金鉴（淮河卷）》，武汉：湖北人民出版社，2004年，第475页。原文标点错误太多，已予更正。——引者注
③ 江苏省民政厅编：《江苏省各县概况一览》下册，镇江：新民印刷工业社，1931年，第353页。
④ 陈培元：《马县长剿匪司家荡》，《沭阳文史资料》第6辑，1990年11月出版，第83页。
⑤ 江苏省民政厅编：《江苏省各县概况一览》下册，镇江：新民印刷工业社，1931年，第421页。

第六章　社会生活与社会冲突

歹民，勾结为一，其害尤烈"①。安东县，"本县地土硗瘠，出产不丰，往往不敷居民生活之所需，懦者困守无策流为游民，悍者挺（铤）而赴险，沦为盗匪，是以绑票勒索之案，时有所闻，至海滨之区，匪风尤炽，其往洋面掠劫者，亦属常事，因出没无常，剿捕颇为困难"②。淮安县，"早年匪风甚炽，盗案极多"③。灌云县，"本县产业未兴，农田多属大地主所有，自耕农了了无几，以是贫民特多，转徙四方者，为数颇众，而流为盗匪者，亦不在少"④。宿迁县，"连年盗匪猖獗，到处骚扰，其源即由于一般贫民失业而无生计，因无生计而迫不得已，流为匪类"⑤。

过去，人们把上述三个因素作为土匪产生的主因。若仔细加以分析，我们认为这三个因素有的非常重要，有的则并不尽然。民风强悍之处，确实易出土匪，但淮北在秦至南北朝，民风均是如此，那时的匪患并不存在，反而培育了许多定国安邦之才。故强悍的民风具有两面性，"善用之，则为国家干城，不善用之，则为地方奸蠹。卖刀剑而买牛犊，是在贤宰官潜移默化之耳"⑥。至于淮北湖荡充斥，那也仅是一种自然因素，高山海岛，均可成为土匪的隐身之处，甚至连平原阡陌的青纱帐同样可成为土匪的巢穴，因此，淮

---

① 江苏省民政厅编：《江苏省各县概况一览》下册，镇江：新民印刷工业社，1931年，第426页。
② 江苏省民政厅编：《江苏省各县概况一览》下册，镇江：新民印刷工业社，1931年，第337页。
③ 江苏省民政厅编：《江苏省各县概况一览》下册，镇江：新民印刷工业社，1931年，第318页。
④ 江苏省民政厅编：《江苏省各县概况一览》下册，镇江：新民印刷工业社，1931年，第490页。
⑤ 江苏省民政厅编：《江苏省各县概况一览》下册，镇江：新民印刷工业社，1931年，第468页。
⑥ 张相文总纂：《泗阳县志》卷七"风俗"，民国十五年刻本，第5页上。

北的湖荡不是土匪产生的充要条件。

至于贫困者为匪，这可以说是淮北多匪最直接、最基本的原因。走投无路的贫穷者被迫为匪的事例在淮北比比皆是，官方案卷中所记载的"匪"也多是这种情形。

1936年，美国记者埃德加·斯诺（Edgar Snow）去延安时很怕被人劫杀，他认为："我的行李虽然不多，但我觉得如果只须干掉一个孤零零的洋鬼子就可以把我的一点点现钱、衣服和照相机据为己有的话，这些东西还是有足够引诱力，使他们不会放过的。"[①]若真的有人单身一人带着斯诺身上"那么多"的财物的话，在同时代的淮北地区确实将随时有性命之忧。

对于淮北那些杀人劫财的土匪来说，斯诺这样的人无疑算得上"大财东"了。可以说，淮北大部分劫案中所涉及的财物数量要远低于斯诺的一双皮鞋的价值（详见下表所列的匪案案由）。

表6-3　1913年8月至1914年6月被安武将军行署判处死刑的部分匪犯所涉及的财物表

姓名	年龄	籍贯	职业	案　由	页码
王光和	36	灵璧	务农	同王小周等抢小康家，分一斗多小麦。	40
程道亮	33	灵璧	务农	勾匪抢本庄，分衣服三件。	41
孙广卓	29	灵璧	无	同孙怀先等抢陈庄分一匹布。	43
张茂修	23	灵璧	石匠	同张子才等抢官庄，分两件棉袄。	48
赵希仲	23	灵璧	无	勾匪抢孙姓，分五升粮食。	48
谢学诗	27	灵璧	无	同谢先谈等抢杨庙，分钱三串文。	48

---

① 埃德加·斯诺：《西行漫记》，北京：三联书店，1979年，第36页。

续 表

姓名	年龄	籍贯	职业	案 由	页码
李永哲	38	灵璧	无	跟李洪青等抢下庄，拉一车粮食。	48
刘德贤	40	灵璧	无	同吴景洪等抢鸭圈，分衣三件。	48
李守德	26	灵璧	佣工	同朱家宣等抢杨家洼，分衣九件。	49
王学点	31	灵璧	无	抢占吕家庄物品衣裳，分钱二串文。	49
张孟宾	33	灵璧	无	跟周通明等抢侯家楼，分粮食二斗。	49
吴树云	33	灵璧	无	同张兴五等抢陈滩子，分衣四件。	49
李开凤	36	灵璧	无	跟李伯宣等抢堰根，分二斗粮食。	49
路连登	29	灵璧	无	同程春瑞等抢赵家场，分衣一件，钱一串文。	49
李成义	32	灵璧	无	同崔三等抢东垫，分钱二串文。	49
张道生	22	灵璧	无	随同乱兵抢宿县西乡烟花嘴，分钱四串，棉袄一件。	50
吴学同	28	怀远	无	同崔绪琴勾匪抢王巷子分钱五串，裤子一条。	50
徐三怪	32	阜阳	无	抢李姓衣物。	62
徐芳	24	阜阳	佣工	抢李姓衣物。	
李三	35	凤台	无	抢赵姓衣服、钱文，分衣三件，钱五百文。	62
马巨德	30	凤台	无	抢王姓衣服财物等项，分钱三串文。	63
张文敏	30	阜阳	无	抢蒋姓财物，分钱二串五百文。	63
杨士学	28	凤台	石匠	抢界沟集邵姓衣物等件。	71
张守举	41	灵璧	无	同王开德等抢尹家楼张姓，分三斗粮食。	146
张持松	27	灵璧	无	同张宗举等抢时村，分一支（只）皮箱。	146
路小生	24	灵璧	种地	同厉为馨等抢朱家庄，分一斗黄豆。	146
杨尚襄	34	凤阳	无	同李燕子等抢狼山寨，分衣两件。	147
赵树培	28	灵璧	无	抢王姓八家，分一斗多粮食。	147

资料来源：中国第二历史档案馆藏中华民国北京政府陆军部军法司档案：《安武将军行署谨将民国二年八月起至三年六月止依军法办理各案罪犯姓名年龄籍贯职业案由罪名刑名判决地点行监禁日期造具清册》（民国四年三月八日），全宗号1011，卷号2572（"页码"栏中的数字，系本资料的页码）。

在上表中，我们看到，许多被处死的土匪所分得的财物为数斗、甚至几升粮食，或是几件衣服。像赵树培等人抢8户人家，仅分得1斗多粮食，但这种人更像是"盗"而非匪。

因贫为盗，人数虽多，却并无组织、无像样的武装，一旦收成转好，他们多弃刀为农。

综观淮北土匪的来源，除贫民外，还有社会边缘人物，利用匪乱，浑水摸鱼，乘机抢劫。咸丰年间，捻军占踞清江浦，"每日出劲骑四驰，散入村落，所至焚掠百里"。淮安的社会闲杂人员，"皆扬扬有骄色，相与号于市曰：'我辈得志时至矣'"。他们乘民众逃亡之机，"揭竿纠众，率先焚掠，资货山积，日夕椎牛相娱乐"。自然，捻军并不认其为同类，而是"并其家人资物席卷去。或怒其所为，就加屠戮"①。

尤为重要的是，从淮北贫民大量流徙的历史来观察，许多真正的贫民通常外出卖苦力。有人指出："惟是贫民多以苦力谋生活，或则转徙异乡，以糊其口，未必即为盗匪；而为盗匪者，亦未必尽由于贫困；盖教化未行，而社会环境恶劣，有以使然也。"②基于此，我们对淮北的匪患应从深层次加以分析。

从淮北的具体情况来看，匪患的形成，更由于下述因素所致：

第一，行政权力的独占与独大。

在传统政制下，中国的行政政权一般设在县一级。在江南地区，许多县以下的民事与政府事务被委托给了绅士阶层，绅士理所

---

① 段朝端等：《山阳艺文志》卷六，民国十年刻本，第41页下—42页上。
② 江苏省民政厅编：《江苏省各县概况一览》下册，镇江：新民印刷工业社，1931年，第482页。

当然地分享了地方政府的某些行政权力。这些绅士可以动员各种社会力量（家族、乡谊、宗教，等等）维护既有的社会规范，使之不致极大偏离政府的意愿。因此，分享了政府权力的绅士反而成了政府的合作者和得力帮手，成了社会紧张的减压阀。由于绅士在某种程度上可以作为社会基层力量的代表，因此，从整个底层社会的角度来看，就没有必要再动员其他力量来强行分享政府的行政权力。正是因为权力分配的相对合理，江南地区显得相对和谐而有序。

在淮北，政府的权力与控制事实上伸展到了乡村的最底层。而这个地区又缺乏自为的绅士阶层，也就是说，缺乏一种作为政府合作者和帮手的社会力量。因此，政府的权力处于一支独大的垄断地位，加上缺乏相应的约束机制，这些行政权力本身总要发生异化，不断地破坏既有的社会规范。但政府权力不可能每时每地都能把与之竞争的某些力量统统消灭，从而出现了许多分享政府权力的不法力量。这种力量同样以为自己谋利为原则，其结果只能成为政府的对立者和反叛者，从而不断地破坏既有的社会规范。

咸丰年间，淮安受到捻军的侵袭。湖广道监察御史署户科给事中尹耕云疏曰："定远失守，全淮尽为贼有。上自怀远，下至五河，沿淮处处可渡。西北可达宿徐，而趋曹兖，东北可达灵泗睢桃，而趋兖沂。顺洪湖东下，可达清淮，而趋青沂。……淮河之间并无一旅所恃。"① 地方要员对淮北的祸乱负有直接责任，但"抚臣幸其不戕官据城，于贼退后，捏报胜仗，则巧为弥缝，掩一人耳目外，则恣其朘削，竭万姓脂膏，民怨日深。无事之时，犹足驱民

---

① 张相文总纂：《泗阳县志》卷二十三"乡贤"，民国十五年刻本，第18页上。

为盗"①。特别是河督庚长，在任数年，没有真正养育一兵，训练一勇。但却仍然领地升科，抽厘助饷，实则"尽为劣员侵吞，居民商贾，敲骨吸髓，士庶寒心，军民解体"②。黄河改道后，淮运各厅文员本应裁撤，但仍每年拨河员银20万两，钞票数千万元，以治河之人为防贼之用③。"无如河臣等丧心已久，积习难除，无事则冒功邀赏，有事则闻警先逃"④。

作为武装力量远强于官府的许多匪类，很难轻易被官府捕获。许多捕役不但不敢与之争斗，反而与其沆瀣一气，听其号令。清末，桃源、宿迁两县在递接犯人时，经常中途脱逃数十人，差役"视疏脱为常事"，并隐匿不报⑤。

对官员而言，剿灭真正的土匪，具有极大的困难，并经常引发土匪的报复⑥，还具有一定的风险。据传教士描述，官方的捕役是不会冒着牺牲自己生命的危险去保卫别人的，他们在夏季因害怕遇到土匪甚至不愿出门⑦。这实际是捕役的一般心态。而衙役与土匪之间则有着密切的联系。为了免于斥降，官员们更是隐瞒匪案，而报称窃案，并阻止匪案的冤主报案。对偶尔敢于报称匪案的人，则

---

① 张相文总纂：《泗阳县志》卷二十三"乡贤"，民国十五年刻本，第18页上。
② 张相文总纂：《泗阳县志》卷二十三"乡贤"，民国十五年刻本，第21页下。
③ 张相文总纂：《泗阳县志》卷二十三"乡贤"，民国十五年刻本，第21页下。
④ 张相文总纂：《泗阳县志》卷二十三"乡贤"，民国十五年刻本，第22页上。
⑤ 丁日昌：《抚吴公牍》卷十一，南洋官书局石印，宣统元年，第3页上。
⑥ R. G. Tiedemann, "The Persistence of Banditry: Incidents in Border Districts of the North China Plain," *Modern China*, Vol. 8, No. 4 (October, 1982), p. 404.
⑦ A Henninghaus, "Das Räuberunwesen in Südschantung." *Die Stadt Gottes* vol. 18, no. 7, p.133. 转引自R. G. Tiedemann, "The Persistence of Banditry: Incidents in Border Districts of the North China Plain," *Modern China*, Vol. 8, No. 4 (October, 1982), p. 402.

以"捏报"之名进行处罚①。

相反,许多人仅是小偷小摸,甚至是无辜者,一旦被捕,往往被捏报为"巨盗""巨匪",基层官吏既可向上邀功,又可乘机勒索。清末,江苏巡抚丁日昌指出:"江北捕役往往讹诈不遂,辄将良民指为盗窃。或官押,或私狎。牧令日坐痴床,任听差役指挥。百姓有赀者尚能生还,无赀者必致瘐毙而后已。近日如桃源、阜宁等县,禀请就地正法之案,一经派府督审,皆系良民受刑诬服。计平反者不下十七八起。"②像民国年间白宝山在海州所捕获的土匪,多是"衣食无着、走投无路的浮动(普通)百姓"③。

政府除榨取田赋租税外,更有无止境的乱收费,而基层政府大多没有法治观念,动辄滥用职权,刑拘那些无力缴付各种税费的人,甚至施暴置人于死地。而政府真正的管理与服务的职能,被严重地扭曲。衙役胥吏对淮北民众敲骨吸髓般的盘剥,经常逼良民为盗为匪。

民国时代,淮北地区的军阀你方唱罢我登场,多以扩充自己的力量为急务,不愿花费钱粮枪弹和兵力于剿匪方面,不时使用招抚的手法,名为灭匪,实为养匪。《沭阳土话乱弹》中写道:"清江马玉仁,海州白宝山,逮贼没有种,只是忙招安。"招安后,"各'落'④

---

① R. G. Tiedemann, "The Persistence of Banditry: Incidents in Border Districts of the North China Plain," *Modern China*, Vol. 8, No. 4 (October, 1982), p. 402.
② 丁日昌:《抚吴公牍》卷十,南洋官书局石印,宣统元年,第3页上。
③ 邵镜波口述、杨东野记录:《北洋军阀白宝山在海州》,《连云港市文史资料》第2辑,1984年,第110页。
④ 此处标点有误,"各'落'",应为"各落",沭阳方言,意为"各处"之意。

招安队,贼同兵不分,打'巴'敲竹杠,照数拝财神"①。袁世凯复辟帝制时,有位姓金的官僚在海州沭阳地区,见到走黑路的人,就抓捕杀害;只要被人密告是盗贼或行为不轨的,抓住就杀;抓到可疑的人,凡是一两天内无人作保的,就予以杀害;对于可疑的人,则连保人一齐杀害②。民国初年,王佐良任赣榆知县,"王二坐赣榆,杀人如麻"。王公然在大堂自撰一副楹联:"杀人诚多矣,片言折狱师仲子;成法何拘乎,惠民无术愧公孙。"③

民国前期,官方也公认:"一个县长到那边,很少能够好好做事,对于上级官厅的命令和地方事件大都在公文书面上敷衍搪塞,对于老百姓不是欺骗就是压榨,因之过去淮海政治的成绩,也就很少表现。"④有人回忆沭阳的土匪成因时写道:"从民国初年直到大革命北伐时期,沭阳地方土匪甚多,此伏彼起,大多数都是程肇湜这个大恶霸地主与反动政府和反对军队绞起来的三股绳索勒逼出来的。本来是些善良的哀哀无靠的小民,求生不得,被逼上梁山,铤而走险。"⑤应该说,撇开特定语境下的用语,这段话提供了不少历史的真实。在这里,土匪在许多地区公开树起大旗,官府多不予查究⑥。

---

① 老几:《沭阳土话乱弹·乱世》,《沭阳文史资料》第5辑,1989年8月出版,第72页。
② 葛绍亮:《关于"一六"惨案之我的回忆》,《沭阳文史资料》第6辑,1990年11月出版,第13页。
③ 汪承恭:《古镇青口今昔》,《赣榆文史资料》第4辑,1986年8月,第30页。
④ 《淮海面面观》,江苏省第六区党务指导员办事处编辑:《淮海》第5期,1935年10月1日出刊,第1页。
⑤ 葛绍亮:《关于"一六"惨案之我的回忆》,《沭阳文史资料》第6辑,1990年11月出版,第14页。
⑥ 张仲五编:《沭阳乡土志略》,台北(无出版社名),1974年,第76页。

在政府职能异化、成为社会规范破坏者时，任何对政府力量进行挑战的其他社会力量，即使它同样是社会规范的破坏者，但更容易被普通百姓所接受。

第二，源于对各种利源的争夺与控制，有权者和豪富之民经常可演化为土匪，且成为土匪中的领袖。

淮北的漕、盐均有厚利所在。漕丁曾长期隶籍军籍，具有很强的组织性，而行漕过程，通常是水手们大肆走私的过程。由此滋养出了水手们目无法纪、凶悍斗狠的性格。道光十五年九月二十二日（1835年11月12日）上谕："朕闻粮船水手，类皆无籍匪徒，性成犷悍，均由习教之老管师父招雇上船，各分党与，恃众逞强，以致在途互斗杀伤，劫夺行旅之案，层见迭出。……屡经降旨，谕令有漕省分及沿途各督抚、漕运总督，严行查察，随时惩办，不啻至再三。乃凶悍之风，至今愈炽，推原其故，总由此等匪徒惩不畏法，即遇有重案，审明后，正法数人，该匪徒等亦只视为故常，毫无警畏，几成积重难返之势。"①道光十四年十一月二十五日（1834年12月25日）上谕："粮船所过地方，时有折体断肢漂流水面，皆由水手戕害所致。"②1902年，漕运废停后，水手们绝大部分沦为黑社会成员或土匪。

淮北巨大的私盐利润既是土匪产生的诱因，也是其经济支柱。

---

① 陶澍：《筹议约束水手章程折子》，《陶澍集》上册，长沙：岳麓书社，1998年，第93—94页。
② 林则徐：《严防粮船水手聚众械斗片》，中山大学历史系中国近代现代史教研组、研究室编：《林则徐集（奏稿）》上册，北京：中华书局，1985年，第190页。

裴宜理指出，捻军叛乱在许多方面与淮北的食盐走私联系密切①。海州地区是淮北盐场的所在地，徐淮地区则是私盐的走私通道，因此，徐海地区盐枭充斥，"徐、邳盐徒，动连什百，得利则行盐，失利则行劫，官府不能制"②。有识之士不断对盐法提出责疑，认为法禁越严，越容易产生土匪："吾有天下之大，尚资盐以为利，则彼无寸尺之土，隔宿之储者，见利所在，岂能禁遏之？使其不趋赴哉？"③

盐匪全然不同于被逼上梁山的贫民，他们多是富甲一方的豪雄。史称："江淮间虽衣冠士人，狃于厚利，或以贩盐为事。……顽民见利而不见法，于是荒弃农亩，专贩私盐，挟兵负弩，官司不敢呵问。近年恃众，往往为劫。"④海州盐区有权势的人，"招引山东、河南、徐、邳无籍之民，转相贩卖。继则客民势重，土著势轻，挟重资以通奸胥，州民怯懦，莫敢谁何。捕之，少人则抗拒，多人则遁逃。官吏务为优容，上司虑其激扰"⑤。两淮巨商中的"不肖之徒"，"纠合无赖，连樯运载，明插旗号，执持官引，以为影射。江河四达，莫敢伊何"；更有"大胆豪商"，"贿通官长，捆载多斤，公然行掣，径同额盐，一体装往地头发卖，或别售

---

① Elizabeth J. Perry, *Rebels and Revolutionaries in North China, 1845-1945*. Stanford: Stanford University Press, 1980, p. 61.
② 唐仲冕等编纂：《嘉庆海州直隶州志》卷十七"仓储"，嘉庆十六年刻本，第11页上。
③ 蒋廷锡等：《钦定古今图书集成》（第693册）"经济汇编·食货典"卷二一三"盐法部"，上海：中华书局，1934年，第6页下。
④ 唐仲冕等编纂：《嘉庆海州直隶州志》卷十七"仓储"，嘉庆十六年刻本，第15页下—16页上。
⑤ 唐仲冕等编纂：《嘉庆海州直隶州志》卷十七"仓储"，嘉庆十六年刻本，第17页上。

他商，以取倍称之息"①。这些盐枭组织严密、武器先进、与官场关系密切，远非一般乌合匪众所能比拟。

有的学者认为，匪首们尽管从劫获物中分得极大的份额，却一般无法积累起财富②。纵观这些盐匪，这样的结论显然不确切。

两江总督孙玉庭指出："所由枭徒盛而拒捕多也，夫拒捕杀人，罪在必诛，因而亡命，何事不为？陆路之巨匪，海洋之群盗，此类实多。是盐法不得其理，私枭为害之外，又有强盗之患。岂但民食之不充，国课之不裕已哉？"③

第三，淮北的社会形态使然。

土匪的真正领袖，不乏社会上层分子。有些上层分子因有所顾忌而被裹胁为匪。如，许多富人因有资产牵挂，无法一跑了之。因此，"有资产者因畏匪焰，反有庇通情事者，遂致盗劫绑架，层出不穷，甚有勾引外匪，啸聚成群，占圩攻寨，抗拒军警"④。这些人一般不会成为土匪的领袖。那些可能成为土匪领袖的多是豪绅之类，他们上通官府，下辖贼盗，非一般匪类所能比拟。他们为匪，是因为他们什么都有，什么都不怕。豪富之民成为土匪中的领袖，在《水浒传》中就有反映，像郓城县的保正晁盖，家境饶富，一呼众应，他们的影响力显然超过普通的农民。

---

① 徐文弼：《缉私盐》，载贺长龄：《皇朝经世文编》卷五十"户政二十五"，上海：广百宋斋丁亥仲春校印，第15页上。
② R. G. Tiedemann, "The Persistence of Banditry: Incidents in Border Districts of the North China Plain," *Modern China*, Vol. 8, No. 4 (October, 1982), p. 406.
③ 孙玉庭：《盐法隅说》，载贺长龄：《皇朝经世文编》卷五十"户政二十五"，上海：广百宋斋丁亥仲春校印，第28页下。
④ 江苏省民政厅编：《江苏省各县概况一览》下册，镇江：新民印刷工业社，1931年，第329页。

在现实世界，这种领袖人物更是史不绝书。史载，唐末起义领袖黄巢，为曹州冤句（今山东菏泽）人，"世鬻盐，富于赀。善击剑骑射，稍通书记，辩给，喜养亡命"①。元末起义军领袖郭子兴，乃安徽定远人，自其母来归后，"家日益饶"，"会元政乱，子兴散家资，椎牛酾酒、与壮士结纳"②。元末另一义军领袖张士诚，为盐城大丰县人，"以操舟运盐为业"，"颇轻财好施，得群辈心"③。

民国前期的沭阳县，有人关起门来做皇帝，"制龙袍，封官爵，官吏颟顸畏缩，任其滋蔓"④。无独有偶，淮阴小刀会首领阮小六、王如学，在抗战初期势力发展起来，王如学竟筹划先打淮阴，再打徐州、天津、北京、南京、上海等大城市，得胜后在南京登基做皇帝，并定国号为"大华"，刻了"大华银行"的票板⑤。这类人物也绝非普通百姓。

有意思的是，民国初年的皖北，曾抓获过数起"晁保正"式的土匪。如，与人抢劫乾元庄，杀死9人的刘成林，系涡阳地保⑥。因

---

① 欧阳修、宋祁：《新唐书》卷二二五（下）"黄巢传"，北京，中华书局，1975年，第6451页。
② 张廷玉等：《明史》卷一二二"郭子兴传"，北京：中华书局，1974年，第3679页。
③ 张廷玉等：《明史》卷一二三"张士诚传"，北京：中华书局，1974年，第3692页。
④ 张仲五编：《沭阳乡土志略》，台北（无出版社名），1974年，第76页。
⑤ 文史办整理：《淮安小刀会概述》，《淮安文史资料》第4辑，1986年10月，第101页。
⑥ 中国第二历史档案馆藏中华民国北京政府陆军部军法司档案：《皖北镇守使倪毓棻呈报民国三年五月判决死刑案犯供折》，全宗号1011，卷号2573，无页码。

"在帮通匪,坐地分赃"被处死的倪德,系凤台地保①。同许乃普等抢劫多处,杀死30余人的张学典,系泗县地保②。屡次勾结著名股匪文希贤等,并助匪强抢分赃的姜炳,系阜阳地保③。

因此,有"晁保正"式的土匪,就有"朱仝""宋江"式的警吏。凤台公役高贵、警察张金荣,均"在帮通匪"④;涡阳公役人员常孝,与张有志等抢劫并杀死事主⑤;泗县捕役黄桂,"受贿纵放巨匪李小皮子"⑥。

本来,贼匪是官府的对头,在行政权力主导社会资源分配的淮北社会,土匪的出现是为了打破官方所竭力维持的社会分配规范,以暴力挑战行政权力,从而主导社会资源的分配。但淮北的暴力与

---

① 中国第二历史档案馆藏中华民国北京政府陆军部军法司档案:《安武将军行署谨将民国二年八月起至三年六月止依军法办理各案罪犯姓名年龄籍贯职业案由罪名刑名判决地点行监禁日期造具清册》(民国四年三月八日),全宗号1011,卷号2572,第74页。
② 中国第二历史档案馆藏中华民国北京政府陆军部军法司档案:《安武将军行署谨将民国二年八月起至三年六月止依军法办理各案罪犯姓名年龄籍贯职业案由罪名刑名判决地点行监禁日期造具清册》(民国四年三月八日),全宗号1011,卷号2572,第116页。
③ 中国第二历史档案馆藏中华民国北京政府陆军部军法司档案:《安武将军督理安徽军务咨送盗匪案件执行死刑人犯一览表》(洪宪元年三月二十三日到),全宗号1011,卷号2600,无页码。
④ 中国第二历史档案馆藏中华民国北京政府陆军部军法司档案:《安武将军行署谨将民国二年八月起至三年六月止依军法办理各案罪犯姓名年龄籍贯职业案由罪名刑名判决地点行监禁日期造具清册》(民国四年三月八日),全宗号1011,卷号2572,第2、73页。
⑤ 中国第二历史档案馆藏中华民国北京政府陆军部军法司档案:《安武将军行署谨将民国二年八月起至三年六月止依军法办理各案罪犯姓名年龄籍贯职业案由罪名刑名判决地点行监禁日期造具清册》(民国四年三月八日),全宗号1011,卷号2572,第11页。
⑥ 中国第二历史档案馆藏中华民国北京政府陆军部军法司档案:《安武将军行署谨将民国二年八月起至三年六月止依军法办理各案罪犯姓名年龄籍贯职业案由罪名刑名判决地点行监禁日期造具清册》(民国四年三月八日),全宗号1011,卷号2572,第80页。

行政权力有相当一部分是同源的,两者在淮北社会上层精英身上叠合到了一起。也就是说,在土匪世界的规范中,拥有各种权力的群体,仍然获益最多①。

小　结

事实上,社会精英之所以被称为"匪",是因为他们尚处于"窃钩"的层次,若能运到"窃国"的程度,那就是真命天子了。淮北向来不缺乏这类成功的"窃国者"。

毕竟,做成皇帝的成功者仅是金字塔顶端的少数人,而不成功的"匪类"则构成了这个地区的汪洋大海。史称,徐州府属,"周秦以来,民无百年之安,壮者恒佩匕首,摩厉以自卫。勇决敢死,豪杰之士,挺生其间,而专利逞忿之徒、孽芽作慝"②。

不论是作为土匪的"反叛"者,还是作为能够成为天子的"替天行道"之士,他们总是打着一成不变的旗号:"杀富济贫"或是"均贫富""平分土地"之类。这实际上模糊了淮北的根本矛盾,掩盖了淮北社会生态衰败的实质。

里格雷(E. A. Wrigley)指出:"社会和政治结构在决定有多

---

① 裴宜理认为,早期捻军在扩张过程中,曾得到了许多官吏的积极支持。一些捻军头目与官府的关系极为密切。见Elizabeth J. Perry, *Rebels and Revolutionaries in North China, 1845-1945*. Stanford: Stanford University Press, 1980, pp. 115-117.
② 吴世熊等总修:《同治徐州府志》卷十"舆地考(上)",同治甲戌年刻本,第10页下。

少人贫穷和贫穷到什么地步方面,起着极其重要的作用。"① 这一论述可以用来解释淮北的贫困。在淮北的传统社会中,中央政府永远具有无可比拟的权力,处于社会和政治结构的最顶端,但它没有为淮北社会提供必要的管理与服务功能,并发展淮北的社会生产,不断增加淮北的社会财富。而在社会资源分配中,它不但理所当然地攫去了最大的份额,而且使用种种敲骨吸髓般的手段,进行竭泽而渔式的榨取,仅留下了很小的份额供淮北社会各阶层进行再分配。

淮北各阶层进行社会资源再分配时,由于政府功能的严重缺失,根本无法制定并维持公正的分配规则,只能按照权势的大小,进行弱肉强食。那些拥有各种行政权力或与行政权力有关的社会和政治结构中的中间阶层,获得了远较正常份额为多的不当利益。没有行政权力的平民,不得不运用各自的智力(刁诈)或体力优势(亚暴力),破坏合法而又极不公正的分配规则,维护自己本应得到的份额,从而造成淮北各种"刁民""奸棍"充斥的局面。

没有行政权力又无其他优势的平民,他们理所当然构成社会和政治结构的底层,只能任人宰割,所获得的份额自然无法满足最低程度的生存需要。在社会生存资源因灾荒等原因而更加紧缺时,这些不能从社会性的分配中得到应有份额的群体,只能在家庭内部寻找最基本的生存途径。这样一来,人类又回归了低等动物的生存法则,家庭内部的幼弱者成了强壮者的口中食、腹中物。这应是病态

---

① E. A. Wrigley, "Why Poverty Was Inevitable in Traditional Societies," in John A. Hall and I. C. Jarvie (eds.), *Transition to Modernity: Essays on Power, Wealth and Belief*. New York: Cambridge University Press, 1992, p. 105.

社会中的常态，归根结蒂，因为这种现象不过是社会性的分配规则在家庭中的体现而已。

表面上看，土匪的出现，是对当时不公正分配规则的反抗。但土匪的出现，没有建立起新的公平的分配规则，充其量是把按行政权力分配社会资源的规则改为按暴力来分配。诚然，那些拥有暴力的群体在一定时空内取得了与行政权力相并立的分配优势和不当得益。但对于最广大的平民来说，由于他们既无行政权力、又无暴力，他们不得不既要承受行政权力的合法的过分盘剥，又要承受暴力的非法的大肆掠夺。

第七章　社会结构的异化

明清中央政府对淮北以服务漕运为目的的运河、黄河、洪泽湖、微山湖等不断的治理，使以水灾为主的人造灾祸频繁。泄洪方向和行洪范围的选择，往往以淹没没有权势的平民田庐为准，这些被淹没的土地又成为强势群体的囊中之物。与江南等地拥有较多中产阶层的金字塔形社会结构不同，在淮北形成了强势群体与贫困平民较多，中产阶层极小的哑铃形社会结构。在这里，权力统治着财产！军政人员和有行政权力支持的强势群体极易成为大地产者和成功的商人；他们是事实上的领主。平民要么成为人身依附极为严重的农奴或盗匪，要么流落江南成为底层的体力劳动者。

第一节　社会结构与社会形态的畸化

在淮北方志或相关史著中，多认为淮北人安土重迁，不喜经商。而与官僚阶层密切合作的淮北商人阶层，享受了各级政府许许多多的优惠政策，却被视为受"抑"。淮北聚敛财富的充要条件绝不是辛勤劳作、省吃俭用、锱铢必得、亿则屡中之类，而是权力的积累。厘清这些问题，对认识淮北社会有着重要的意义。

一、抑商，还是重商？

唐以前，淮北是中国商业发达的地区。春秋著名的理财专家管仲乃皖北颍上人，"位在陪臣，富于列国之君"①。子贡，"废著鬻财于曹、鲁之间。……结驷连骑，束帛之币以聘享诸侯，所至，国君无不分庭与之抗礼"②。鲁国的曹邴氏，"富至巨万"，"邹、鲁以其故多去文学而趋利者，以曹邴氏也"③。

中国传统的国家政策向来被认为是重农抑商。明清至民国年间，淮北的商业一直处于衰微之中。如汝阴人，"率性真直，贱商务农"④。灵璧县，"男无工贾，女无纺织"⑤。临淮地区，"土俗俭朴，民生纯厚，力农者多，逐末者少"⑥。泗州，"城内之民不商"⑦。淮安府，"行商坐贾，非所素习"⑧。民国年间的丰县，"绝大多数人之天性，最不善经商"⑨。沭阳县，"农务广，耕地多卤莽，无经商技艺，不肯轻去其乡"⑩。

据1930年调查，在丰、沛、萧、砀4县，"不能见到比无锡、

---

① 司马迁：《史记》卷一二九"货殖列传"，北京：中华书局，1963年，第3255页。
② 司马迁：《史记》卷一二九"货殖列传"，北京：中华书局，1963年，第3258页。
③ 司马迁：《史记》卷一二九"货殖列传"，北京：中华书局，1963年，第3279页。
④ 王敛福等编纂：《颍州府志》卷一"舆地志"，乾隆十七年刻本，第69页上。
⑤ 贡震等修：《乾隆灵璧县志》卷四"杂志"，中国地方志集成（30），南京：江苏古籍出版社，1998年，第95页。
⑥ 方瑞兰监修：《安徽泗虹合志》卷一"舆地志"，光绪十三年刻本，第30页上。
⑦ 方瑞兰监修：《安徽泗虹合志》卷一"舆地志"，光绪十三年刻本，第30页下。
⑧ 吴昆田等总纂：《淮安府志》卷二"风俗"，光绪十年甲申刻本，第4页上一下。
⑨ 蒋念明：《我丰刻苦坚忍守法务实之民性》，《丰县文献》，台北：新文丰出版股份有限公司，1978年，第163页。
⑩ 张奇抱等纂：《沭阳县志》卷之一"舆地"，康熙十三年刻本，第36页下。

苏、常一小市镇上那么多的店铺"。在东海、赣榆、灌云、沭阳、涟水、泗阳县城,"也相仿佛"。在邳县县城,"如同走入乡村一样,人民都在耕作"①。面积相当于无锡县3倍的邳县,全县商业资本的总额,只相当于"上海的一爿小商号而已"②。

有位江南人写道:"江北俗朴愿,往往胜江南。然偷惰不肯事工商事,无贫富,皆占田,田多者以万计,坐此,农益困。佃人田称贷,然后耕,既获,则贱粜偿息钱,至不得担石以卒岁。"③

相反,商业相对兴盛的地区,普通民众似乎并未受益,而是视商业为致贫之本。清河县交通极为便利,具有发展商业的优势和基础,但史称:该地"地通南北,小农去而贩,大农去而贾。贪多取赢,则折阅随之,故城市贫于官,乡野贫于商"④。

由此看来,淮北的商业似乎受到了"抑制"。但与之相对应的农业,事实上衰败得更惨。由此可见,虽然淮北的商业倍受抑制,但淮北的农业根本没有受到国家的"重视"。

具有非常成熟的统治经验和理性的政治意识的中国传统中央政府,在极端的理学成为主流思维之前,意识形态宣传基本上能够自洽。《诗经》中所谓:"溥天之下,莫非王土;率土之滨,莫非王臣。"充分说明统治集团并不刻意优待和仇视特定的阶层或群体,但拥有财富的群体显然具有更大的游说能力和获得中枢信息的

---

① 吴寿彭:《逗留于农村经济时代的徐海各属》,《东方杂志》第27卷第6号,1930年3月25日出版,第75页。
② 吴寿彭:《逗留于农村经济时代的徐海各属》,《东方杂志》第27卷第6号,1930年3月25日出版,第75页。
③ 薛福保:《江北本政论》,《青萍轩文录》卷一,光绪八年刻本,第7页上。
④ 吴昆田纂修:《清河县志》卷二"疆域",光绪丙子刻本,第7页下。

可能。

前文所述，在中国传统社会中，盐业向来是国家最重要的商业之一，也是最大的暴利行业。盐商在每个阶段均积累了足够的资本来交换政治资源，商人的财富甚至可以直接用来购买官衔或官职[①]。

至于商人与农民利益发生冲突时，商人受到官员们的偏袒也在情理之中。乾隆六、七两年，沭阳南北六塘河与中河洪水同时暴溢，海沭地区平地水深丈余，民间房屋纷纷被冲塌，庄稼沉于水中，商人在各河下游处所筑的拦水草坝却不肯启放泄水。督赈知府王乔林与海州知州卫哲治先后请求开放。但各河略微开放后，盐商们便迅速堵复，为了使水坝更为坚固，竟加建石闸。石闸表面上有利泄水，但是否开放要在伏秋汛期内，报河院委员复勘，才能决定。洪水到来时，请示的公文返来复去，费时兼旬累日，即使河院批准开放，"而大水涌溢民田者久已成灾，莫可挽回矣"。更何况，高高在上的河院对民情根本不管，往往被盐商所操纵，所以，每次石闸开启之争，往往"居民曰应开，而商人曰缓开；地方官曰应开，而委员曰缓开。"[②]

被盐商损害的农民很难有论理的地方。乾隆四十六年（1781）正月刑部覆准署两江总督陈辉祖等奏海州百姓汤大恺"叩阍"控告盐商加筑六塘河草坝，造成洪水淹没庄稼一案。陈辉祖与盐商有着

---

① Victor D. Lippit, "The Development of Underdevelopment in China". In Philip C. C. Huang (ed.), *The Development of Underdevelopment in China: A Symposium*. New York: M. E. Sharpe, Inc. 1980, p. 37.
② 唐仲冕等编纂：《嘉庆海州直隶州志》卷二十一"良吏"，嘉庆十六年刻本，第42页上—下。

重大的利益勾连，他与寄籍编修淮北盐商吴以镇为姻亲①。此案经官方审讯，"将汤大恺照冲突仪仗，杖一百，发近边充军。其所控情节，令督臣另行查奏"②。不管百姓所控的事实有无，先以"冲突仪仗"的罪名严加惩治，说明"乾隆盛世"从本质上不是一个民本社会。从中也可以推断盐商对高级官员的操纵。

毕竟，商人阶层具有相当的经济势力和政治资源。道光年间，淮北盐场中最重要的板浦场，大小场商达百余家，通常有百年的历史，板浦居民"上者为其伙，下者为其厮，什而七八"③。尤为重要的是，他们可以培养自己的利益代言人，在决策层中拥有一定的话语权。如康熙四年（1665）巡盐御史黄敬题淮北逋课酌议带征一疏，为商人呼吁："淮北岁纳额课一十九万有奇。行盐之地，止淮安、庐、凤与河南汝、宁一府，俱属荒残地方，兼以陆路运本费重，且淮北之商大半无资，一遇征课，即贱价速售。又以额外新加款项甚多，其最苦尤在庚子积欠。盖庚子积欠八万二千九百余两，存引在库，当日旧商消乏逃亡，万无追究。现在新商岁办额课，尚苦维艰，责以代赔前欠，敲扑难完，运司屡为详请，援赦求蠲，部覆未允。"④同治五年（1866）二月海分司沈炳禀：吁请收垣盐以舒商力。"临浦场垣，久未收盐，灶丁率多刁生劣监，以透私为熟

---

① 台北故宫博物院藏清代宫中档与军机处折件：《伊龄阿伊星阿奏折》，乾隆四十七年十月二日，箱号2741，统一编号403042629。
② 曾国荃等督修、王定安等纂修：《两淮盐法志》卷六十五"转运门·疏浚一"，光绪三十一年刻本，第29页上。
③ 包世臣：《上陶宫保书（甲午）》，《包世臣全集》"中衢一勺·艺舟双楫"，合肥：黄山书社，1994年，第176页。
④ 曾国荃等督修、王定安等纂修：《两淮盐法志》卷一三九"优恤门·恤商上"，光绪三十一年刻本，第3页上一下。

路。今欲盐归垣收，非宫以辅之，不能化其犷悍。拟请由海分司库酌借银数千两，会同委员场官督收，酌加垣租，核定盐价，运坝分销，以利转输"①。

商人的困难处境常常能够引起决策者的关注。康熙二十八年（1689），上谕中称：'江浙两省尤东南要地，朕时切轸念。……巡历江浙咨访民间情形，见淮扬一路，既困潦灾。而他所过州县，察其耕获之盈虚，市廛之赢绌，视十年以前实为不及。此皆由地方有司奉行不善，不能使实惠及民，所以小民虽怀爱戴之诚，而朝廷恩泽卒未下究。……惟各盐差、关差，向因军需繁费，于正额外，以所私得盈余交纳充用。今思各官孰肯自捐私橐，必仍行苛取，商瘝民困，职此之由。着将加增银两一概停罢，以纾商民之累。其两淮盐课，恐商人办课维艰，有渐至匮乏者，着减去二十万两。"②

中国传统意识形态往往与实际生活南辕北辙。早在西汉前期，晁错即已指出："今法律贱商人，商人已富贵矣；尊农夫，农夫已贫贱矣。故俗之所贵，主之所贱也；吏之所卑，法之所尊也。上下相反，好恶乖迕。"③

尽管封建政治者历来强调"重农抑商"，但高度集中的行政权力不可能真正代表既无话语权、又无其他寻租资源的普通农民的利益。没有程序化监督的掌权者，天然注定会被富裕集团所收买，必

---

① 曾国荃等督修、王定安等纂修：《两淮盐法志》卷八十九"督销门·徐淮食岸"，光绪三十一年刻本，第3页上一下。
② 张廷玉等：《清朝文献通考》（第1册）卷二十八"征榷考（三）"，上海：商务印书馆，1936年，第5101—5102页。
③ 班固：《汉书》卷二十四（上）"食货志"，北京：中华书局，1964年，第1133页。

然沦为掌握经济资源的商人集团的代言人。因此,这个社会的实际政策与政治宣示往往南辕北辙。

在实际生活中,商人出现亏损时,最高统治者常常要"优商""恤商";与之相比,只要不发生重大灾难,造成农、灶等流离失所,饿殍遍野,最高统治者很少在农家收成下降时优恤农灶①。充分说明商人的实际地位和影响力要高于农、灶等阶层。

淮北商业的衰落,并非这里百姓真的"贱商",毕竟这里诞生过管仲、子贡这类伟大的商家(淮北流行这样的俗语:"谁也不会跟钱过不去")。普通人不愿经商是因为他们缺乏经商最重要的资本——行政权力。相反,掌握各种权力者很容易成为成功的商人。政府也并非对商人一概抑制,一方面对普通商人不免有许多抑制之举,但另一方面对各种权商却极尽优待之能事。

就其实际,在传统中国,经商实际上是一种特权,是一种需要行政权力积极参与的垄断行为,政府通过剥夺和限制普通商人正当的经商权利,更好地维护了权商的垄断利益,造就一个附属于行政权力的利益集团。因此,在中国,"抑商"与"重农"实为风马牛不相及之事。在商业不兴的地方,农业也同样不会发达。

二、权力统治财产

20世纪30年代,在淮北许多新成立的盐垦公司中,由于种田者来自不同的地区,加上新式公司的包容性,这里的居民显然比偏僻

---

① 如即使在康熙盛世之时,按清例,"被灾三四分者,例不蠲折"。见范承谟:《请改漕粮疏》,贺长龄:《皇朝经世文编》卷四十六"户政"(二十一)"漕运上",上海:广百宋斋丁亥仲春校印,第50页上。

的村庄更能接受外来人。公司中的海门人，更是一些"迫于困苦，挈妻携子，背离乡井，远道来此垦荒"的农民，他们工作极为艰苦，大抵茅屋数间，节衣缩食，而不是像富商那样唾手可致千金。从阶级分析的观点来看，他们与当地百姓均为"天下穷苦人"，是自己的"阶级兄弟"。事实却是，当地人对这些拥有植棉技术并因此获益较多的外地人非常嫉妒，称之曰："蛮子"。海门人"战战兢兢，每受本地人之欺侮"，若不是各公司竭力保护，他们实际上很难立足①。

这就不难理解，1949年皖北进行土地改革时，农民们对那些比自己富裕的乡邻，斗争之残酷，足以令人震惊。各地发生吊、打、跪、捆等肉刑与变相肉刑的现象不胜枚举。在霍丘五个区的农代会上，审判当时被确定为地主的杨万喜、杨万银，结果，"发生脱衣服、罚跪等情形"②。五河县郭府乡斗争23位地主，其中21人被吊打③。定远县炉桥区在对地主斗争中，被打29人、被绑22人、被关18人、被罚跪24人、被罚爬4人、被罚晒1人、被脱衣服5人、被骑1人、被拉耳朵1人④。盱眙县永丰乡，斗争地主时，同样发生罚跪、绑、关、脱衣服、封门、拉牛等现象。凤阳县大溪河区湖东乡，在五个村的范围内发生了查封粮食事件，共查封36户，非常奇怪的

---

① 胡焕庸：《两淮水利盐垦实录》，南京：中央大学，1934年12月刊印，第19—20页。
② 安徽省档案馆藏中共皖北阜阳地委档案：《土改通报》，全宗2，目录2，案卷号82，第85页。
③ 安徽省档案馆藏皖北区党委档案：《各地关于土改工作的情况报告》，全宗2，目录2，案卷号40，第39页。
④ 安徽省档案馆藏中共皖北阜阳地委档案：《土改通报》 全宗2，目录2，案卷号82，第85页。

第七章　社会结构的异化

是,竟然有佃农的粮食也被查封①。

人们对于稍微富裕的农民即已如此,对于那些挥金如土,"锦鞍缠辔,仆从如云"的巨室②,更存"彼可取而代也"之心了。据《北华捷报》报道,在河南归德、鲁南等地,穷人对富人被绑票或是"吃苦头"是不予同情的③。以淮北为地域背景的小说《大地》中,即使是王龙凭自己的辛劳稍微改善了生活,他的叔父竟也对他百般勒索④。后来遇到荒年时,因勒索不成,这位叔父便造谣让乡邻们到王龙家抢粮;而没有发现粮食的乡邻们竟然抢夺王家那些比他们好不了多少的家具⑤。这里的土匪多如牛毛,拉财神(绑票)事件司空见惯。如民国初年的徐邳地区,"土匪结幅成群,与昔日捻匪情形相同"。这些土匪"专架巨富绅董,逼胁相从为匪。"邳县瓦碴富绅马启泰,被匪绑架,土匪以他作人质,攻破马姓三个圩子。虽有一营官兵驻在当地,仍嫌"兵单权微"⑥。

仇富心态对来自外地的商人具有极大的威胁。那么,商人在淮北成功并立足的最重要因素显然是经济以外的,这就是行政权力或其他权力的支持。学者指出,在产生绅士-官员阶层的科场中,扬州地区通过盐商应试者的捐献来增加学额。而许多苏北其他地区的生

---

① 安徽省档案馆藏中共皖北阜阳地委档案:《土改通报》,全宗2,目录2,案卷号82,第85页。
② 吴昆田总纂:《安东县志》卷一"疆域",光绪元年刻本,第5页下。
③ R. G. Tiedemann, "The Persistence of Banditry: Incidents in Border Districts of the North China Plain," *Modern China*, Vol. 8, No. 4 (October, 1982), p. 410.
④ 赛珍珠:《大地》,台北:远景出版事业公司,1981年,第45—51页。
⑤ 赛珍珠:《大地》,台北:远景出版事业公司,1981年,第57—58页。
⑥ 中国第二历史档案馆藏中华民国北京政府陆军部军法司档案:《江北陆军骑兵团长张长林报告张勋所部武卫前军南下沿途奸淫抢掠情形及沂北军事况况》(1913年8月)》,全宗号1011,卷号552,第3页。

员实际上也就是扬州的居民和移民,使得扬州的教育和经济机遇要远远好于其他地区。在苏北,通过科举制度对中央和地方权力体系的联接,成了清统治体系的基石,这在两淮盐商应试的成功中得到了极好的体现,在苏北获得统治地位的是那些成为中心城市代理人的外来者①。

因此,在淮北这样的地区,致富的前提是拥有或靠近行政权力!

淮北商业不振,不是淮北人真的不善经商,而是当地人缺乏权力的支持。从清初开始,淮北盐场的所有权被委托给了盐商,使之对生产的控制越来越严,这就意味着外来者而不是淮北的本地人享受越来越多的零售和趸售之利②。佐伯富指出,淮北盐场中的豪灶,多系来自徽州、山西、陕西等地的外地人③。清初,盐务管理较严,不少徽籍富商来到安东,使得该县"著姓相望"。到光绪年间,官盐滞销,私贩猖獗,安东的商人多投资酿酒、榨油等业④。颍上县,"城内向多秦晋人,今楚黄人渐盛。其在乡市操舟为业者皆土著"⑤。泗州地区,"嘉、道以前,止晋、豫人茂迁到泗。咸同后,五方杂处,市面风气为之大变"⑥。被称为临淮关商业上的

---

① Antonia Finnane, "The Origins of Prejudice: The Malintegration of Subei in Late Imperial China," *Comparative Studies in Society and History*, Vol. 35, No. 2 (April, 1993), p. 225.
② Antonia Finnane, "The Origins of Prejudice: The Malintegration of Subei in Late Imperial China," *Comparative Studies in Society and History*, Vol. 35, No. 2 (April, 1993), p. 220.
③ 佐伯富:《清代盐政の研究》,京都大学:东洋史研究会刊,1962年,第59页。
④ 吴昆田总纂:《安东县志》卷一"疆域",光绪元年刻本,第5页上。
⑤ 都宠锡等主修:《颍上县志》卷十二"杂志",光绪四年刻本,第13页下。
⑥ 方瑞兰监修:《安徽泗虹合志》卷一"舆地志",光绪十三年刻本,第30页下—31页上。

"金字招牌"金玉成商号,乃徽州人创办①。

砀山城乡尽人皆知的杂货店有三隆(永隆、晋隆、洪德隆),其中以洪德隆实力最为雄厚②。该店属于徽州帮,在雍正年间来到砀山,到20世纪20年代,传了10代人。该店有瓦房30余间,从业主到学徒(包括做糕点、酱油、醋的师傅)盛时达30多人③。砀山的江恒大茶庄,由自幼生长于皖南茶乡的江浚源创办④。丰县的商业,70%由山西人经营;本县人经营的不到10%,且多请外地人主持经理⑤。沭阳县,"在清季时商业,多为山东、山西、徽州、镇江等处人所经营"⑥。

如果说合法商业必须得到行政权力直接支持的话;不法商业活动同样需要行政权力的间接支持。不论通过合法、还是非法手段,一般的有权者极易成为成功的商人。

苛重的盐课使私盐利润极高,但贩卖私盐所需的最大本钱并不是黄金白银,而是权势。豪绅往往是贩私活动的组织者和最大获益者,"贫灶余盐必藉富室乃得私卖,富室豪民挟富负险,多招贫民,广占卤地,煎盐私卖,富敌王侯"⑦。据日本学者调查:"每

---

① 金炳文等:《临淮关商业上的一块金字招牌——"金玉成"》,《凤阳文史资料》第2辑,1987年,第180页。
② 商益书:《解放前砀城几家有名的店铺》,《砀山文史资料》总第4辑,1987年10月印,第131页。
③ 商益书:《解放前砀城几家有名的店铺》,《砀山文史资料》总第4辑,第132页。
④ 商益书:《解放前砀城几家有名的店铺》,《砀山文史资料》总第4辑,第137页。
⑤ 蒋念明:《我丰刻苦坚忍守法务实之民性》,《丰县文献》,第162页。
⑥ 张仲五:《沭阳县乡土志略》,台北(无出版社名),1974年,第11页。
⑦ 霍韬:《盐政利弊议》,见蒋廷锡等:《钦定古今图书集成》(第693册)"经济汇编·食货典"卷二一四"盐法部",上海:中华书局,1934年,第11页下。

年经由安徽、河南等地移出的盐数量巨大,豪商多数是盐商。"①安徽、河南部分地区正是淮北食盐的销售地。

徐州一带是近代中国鸦片产销中心。1933年担任铜山县长的王公玙指出:"徐州为贩毒中心"②。

晚清至民国年间,贩卖鸦片属于半合法行为,豪绅更顺理成章地参与其事。清末,大户郑家独占涡阳雉河集北大桥头,开设烟土行和烟馆等③。在淮北圩寨中,鸦片被视为硬通货。1899年,邵大法农民军在涡阳时,张村铺圩长一次送鸦片膏130斤④。在东海、沭阳、灌云、响水等地占地数千亩的马联甲⑤,任安徽省督军时,"亲自出巡,督铲烟苗"。陈独秀道破了其中奥妙:"马联甲所有存在蚌埠的烟土还有六十万,将来烟苗铲尽,土价必涨。"⑥白宝山在海州时,通过把兄弟郭海山等人,进行大宗鸦片走私,每年以数百箱计⑦。

20世纪30年代,中央大学部分师生访问济南场及大源制盐公司时,午饭由当地人谢应恭提供,谢家为陈港唯一大户,有田数十万

---

① 東亞同文會编:《支那省别全志》第15卷"江苏省",东亚同文会,大正九年,第195页。
② 王公玙:《我在铜山县长任上》,《铜山县文史资料》第5辑,铜山,1985年5月,第102页。
③ 《捻军发祥地——雉河集》,《涡阳史话》第3辑(捻军史料专辑),涡阳,1986年8月,第2页。
④ 张珊:《捻军史研究》,北京:文化艺术出版社,1994年,第323页。
⑤ 云捃:《马联甲的发迹与倒台》,《东海文史资料》第2辑,东海,1986年7月,第76页。
⑥ 陈独秀:《马联甲为什么铲烟苗?》,《陈独秀文章选编》(中),北京:三联书店,1984年,第419页。
⑦ 邵镜波口述、杨东野记录:《北洋军阀白宝山在海州》,《连云港市文史资料》第2辑,连云港,1984年,第116—117页。

亩，陈港全镇及周围数十里土地，产权均属谢姓。谢家远祖，为浙江省余姚人①。

在沭阳"手创巨资至百余万，遂为淮北冠"的"程震泰"家族，原籍徽州。嘉庆、道光年间，程家在程开聚时，占有土地16万余亩，从东到西达200余华里。东到今涟水县高沟以东，西至沭阳颜集新圩庄一带；南到钱集、华邦一线，北至新沂县（今属徐州）高流等地。另外，在灌云板浦以东还拥有数千号盐池②。程家长期被誉为"江苏第一家"。程家的成功，最先"半由于淮北票盐"③，后来更与军政方面维持极为密切的关系。民国甫一成立，程濂泉不但花钱财买了国会议员（众议员）和沭阳县商会会长之职，并且与海州镇守使、第五师师长白宝山和沭阳县长瞿鸿宾结拜为把兄弟，"从而借用白宝山驻沭武装势力来保护着程家的财产"④。当时，沭阳的各任县长多是程家的傀儡。1921年知县吴鹏不听程家指使，很快就被程家赶走⑤。该县王圩豪绅王相和与钱集南周圩的豪绅周效实，俱是沭阳县东南乡的大地主，各有田地数千亩，均拥有自卫的武装。桑墟大地主章琴川，与国民军第二十六军军长方策关系密切，并与县长单心田结成沭阳县的党政同盟，掌控

---

① 胡焕庸：《两淮水利盐垦实录》，南京：中央大学，1934年12月刊印，第17页。
② 杨鹤高：《大地主"程震泰"家业兴衰始末》，《沭阳文史资料》第2辑，1985年5月出版，第120页。
③ 欧阳兆熊、金安清：《水窗春呓》卷下，北京：中华书局，1984年，第74页。
④ 杨鹤高：《大地主"程震泰"家业兴衰始末》，《沭阳文史资料》第2辑，1985年5月出版，第126页。
⑤ 葛绍亮：《关于"一六"惨案之我的回忆》，《沭阳文史资料》第6辑，1990年11月出版，第14页。

着沭阳县的政局①。

这些富豪的发家史,无不是因为得到了行政、军事或其他权力的支持,利用超经济强制剥夺而成。像程家长期在沭阳拥有发行钞票的权力。程家印发的钞票有两种版本,它们之间只有极细微的差别,流通一段时期后,程便突然宣布其中一种为别人假冒的伪钞。持有这种钞票的人只得自认倒霉。此外,程家还种植鸦片,售卖烟土,这显然是一般平民所无法做到的②。

相反,那些本身拥有权势的人,无需资本和经商技能,同样可以雄富一方。济宁著名的玉堂酱园,尽管其创办者系苏州人戴某,由于戴是纯粹的商人,在他的经营下,该酱园仍"亏赔殆尽",只得于1873年将该店卖给孙家。孙家系济宁望族,前述道光年间的两江总督孙玉庭即孙家嫡裔。在陈守和任经理时,利用孙家的军机大臣孙毓汶、顺天府尹孙洁的关系,"结交官长,走动衙门"。并以3000两银子捐了五品顶戴,吸收了许多官员的资金,取得了地方势力的大力支持,业务获得了拓展③。

1925年,河北人张质轩准备在新浦创办茶庄时,深知"新浦有发展前途,但没有人支持是不行的"。最后,与沈云沛家族的总账房赵理斋合伙,并利用沈家"甡"字头牌号,终将茶庄创办起来,

---

① 吴强:《"一六"惨案回忆》,《沭阳文史资料》第2辑,1985年5月出版,第2页。
② 葛绍亮:《关于"一六"惨案之我的回忆》,《沭阳文史资料》第6辑,1990年11月出版,第12页。
③ 济宁市工商业联合会玉堂酱园史料整理小组:《私营济宁玉堂酱园》,(山东)《文史资料选辑》第13辑,济南:山东人民出版社,1982年,第85—87页。

并发展成为海州的老字号①。

东海县安峰乡马圩村马联甲的发迹,说明了权势在致富过程的压倒性优势。马联甲之父马汉勋,同治年间,被表彰为"建威将军",担任过海州青伊镇的董事。马汉勋共有4子,依次为联甲、联芳、联芬、联馥。兄弟四人皆习武,不务农商,家境比较窘困,他们参加科举考试的费用皆靠东海县桃林镇南芹口马氏宗族的捐助。马联甲30岁左右赴京参加武举考试,获"大花翎"名衔。其余兄弟3人也先后中举。光绪年间,马联甲通过在京行贿,获得御前侍卫一职。民国建立后,马通过东海县平明乡京官朱路的关系,投入安徽省都督巡按使倪嗣冲部队。因马母姓倪,与倪嗣冲叙认为甥舅关系,变成倪的亲信,被任命为蚌埠铁路巡检使,后任江防营统领、皖南镇守使等职。1915年4月1日,被袁世凯封为"一等男"。曹锟任总统时,任命马联甲为安徽省督理兼省长②。马失势后,于1926年回到马圩居住。这位在安徽因发不出军饷而被人赶走的落魄官僚,在海沭地区却也算得上是地位较高的官员了,且他与海州镇守使白宝山同时受封于袁世凯,这些条件使得他具有无与伦比的经商优势。他在大方、阿湖等地开办了酒坊和油坊,在海上拥有顺兴号渔船。很快,他在老家盖了几百间瓦屋楼房,在东海、沭阳、灌云、响水等地置买土地数千亩,在南京、上海购有房产,在国内外

---

① 张采华:《我市的六十多年老店——生庆公茶庄》,《连云港市文史资料》第1辑,1983年,第91页。
② 云捃:《马联甲的发迹与倒台》,《东海文史资料》第2辑,1986年7月刊印,第74—75页。

银行有大量存款①。

曾担任过海州镇守使的白宝山，也属于"成功的商家"。在其任该职期间，通过其拜把兄弟郭海山、副官马小住、马小川，进行大宗鸦片走私，每年以数百箱计。他很快就在吕段山附近置地约10顷，在灌云置田20顷，在新浦南马跳占地多顷，并占有上百亩果园；在新浦购置了大片房产，开设了中央大旅社、东亚旅社、第一饭庄、第一浴池等②。

由于大地主本身多是军政官员，并由于教育背景、经济资源、人际关系等因素，大地主本人、亲属及子嗣显然比贫民更容易跻身于官场。据国民党学者调查，"一般农民都是无智识的，子弟小的时候，都任他们去游荡，略大的就干着割算（草）等工作，都是不给子弟们去受教育，所以往往受一班劣根性的人欺弄的。沭阳的农村学校，还没有普及，学校里的学生，多数都是富农的子弟"③。滕县大地主申宪武的家训是："能交游官场，花钱再多也得花"④。

应该说，不论是古代、还是近代国家，国家的公权力总是被逐渐私有化。表面上，各级政权总是被大地主所利用和把持；本质上，把持政权的人极为容易地成为大地主。亚当·斯密指出："有

---

① 云捃：《马联甲的发迹与倒台》，《东海文史资料》第2辑，1986年7月刊印，第76页。
② 邵镜波口述、杨东野记录：《北洋军阀白宝山在海州》，《连云港市文史资料》第2辑，1984年，第116—117页。
③ （作者不详）：《沭阳农业农村农民之概况》，《农村经济》第2卷第6期，1935年4月1日出版，第80页。
④ 一禾：《鲁南匪伪顽首——申宪武》，《滕州文史资料》第7辑，1991年，第127页。

时候，所谓的国家的宪法代表政府的利益，有时是代表左右政府的某些特殊阶层的人们的利益。"①马克思则认为，在资产阶级在政治上还没有形成为一个阶级前，"权力也统治着财产"②。

并且，淮北地区的商人资本很少像西方产业革命时期那样，向新式产业转化。这是因为对获得了权力保护的商人而言，重中之重之事是维持不公平的超经济强制，或是取得更多的不当利益。这种通过对权力的"投资"而获得的利益，显然比投资任何新式产业所获得的利益要丰厚，也更加容易，但对社会的剥夺和危害也非常彻底。

三、"千顷牌"

晚清民国时期，苏北许多地区有大土地所有者"挂千顷牌"的传说。据传："先前朝廷有规定，凡家有千顷以上良田的，只要挂千顷牌，国家就免收皇粮（土地税）。只有国家有难时（战争、自然灾害等），才向这些富户借粮。借多少，就得给多少，不许讨价还价。"③

如，徐州城北九里山后龟山北边的拾屯村拾姓人家，"成了挂双千顷牌的大富户"④。徐州城东南杨家洼大财主杨百万家挂有千

---

① 亚当·斯密：《道德情感论》，谢祖钧译，西安：陕西人民出版社，2004年，第415页。
② 马克思：《道德化的批判和批判化的道德》，《马克思恩格斯选集》第1卷，北京：人民出版社，1972年，第170页。
③ 白庚胜总主编：《中国民间故事全书（江苏·徐州市区卷）》，北京：知识产权出版社，2007年，第115页。
④ 白庚胜总主编：《中国民间故事全书（江苏·徐州市区卷）》，北京：知识产权出版社，2007年，第115页。

顷牌①。丰县张土城,"林门向西南,财星旺,准挂千顷牌"②。丰县沙庄的大财主白辫子,挂过双"千顷牌"③。丰县单楼村后石盘,"是挂过千顷牌的大财主"④。铜山县李卫曾祖李从任挂"双千顷牌"⑤。宿迁极乐律院的方丈,准备挂"千顷牌"⑥。邳县运东地区,窦鸿年家曾挂过千顷牌⑦。新沂大财主马少九家挂有千顷牌⑧。在鲁南、苏北一带。郯城县涝沟村窦家挂有"千顷牌"⑨。与苏北相邻的鲁南、皖北、豫东南同样有许许多多"千顷牌"的传说。

考元、明、清律典和各类正史,从无"千顷牌"一说。挂千顷牌之事,纯属民间传闻。即以亩产一石计,千顷的产量为10万石,对于朝廷而言,实在微不足道,不可能朝廷"偺多少,就要给多少"。尽管没有所谓的"千顷牌",但苏北地区拥有千顷土地的巨富之家却并非罕见。

传说祖上挂过千顷牌的李卫,在徐州"祖遗"田产800余顷。

---

① 白庚胜总主编:《中国民间故事全书(江苏·徐州市区卷)》,北京:知识产权出版社,2007年,第243页。
② 殷召义等主编:《中国民间故事丛书(江苏徐州·丰县卷)》,北京:知识产权出版社,2016年,第75页。
③ 殷召义等主编:《中国民间故事丛书(江苏徐州·丰县卷)》,北京:知识产权出版社,2016年,第180页。
④ 丰县政协文史资料委员会:《丰县文史资料》第11辑"丰县集镇史话",1993年09月,第220页。
⑤ 朱浩熙:《西楚聊斋》,北京:作家出版社,2016年,第222页。
⑥ 程芳银等编:《宿迁史话》,北京:中国文史出版社,2009年,第184页。
⑦ 中国人民政治协商会议江苏省邳县委员会文史资料委员会:《邳县文史资料》第7辑,1989年11月,第196页。
⑧ 新沂县政协文史资料研究委员会:《新沂文史资料》第3辑,1988年10月,第76页。
⑨ 中国人民政治协商会议临沂市委员会编:《临沂文史集粹》第2辑"社会民情卷民族宗教卷",济南:山东人民出版社,1997年,第398页。

分产时,乃子李星垣一人独得400顷①。清末,唐守中霸种铜山、沛县、滕县、鱼台等处民田达数百万亩②。苏北还有人占田达40万亩,而占田在4万—7万亩之间的地主竟有很多户③。沭阳程震泰家族,嘉庆、道光年间,占有土地16万余亩④。

海州殷克勤有田七八千亩⑤。咸丰年间招领滩地,淮阴郑氏领地达四五十顷,"垦熟田肥,富名遂甲于全县。其庄中群佃,可二百家"⑥。民国年间,睢宁夏圩夏邦翰、夏宗翰、夏光翰兄弟三人,各有田5000亩左右;袁圩袁漱山,有田万亩以上;卓圩富户较多,田多的在万亩以上,少的也有三五千亩。"各家都有很多田庄,每个'田庄'各有数百亩土地"⑦。萧县刘云亭、邵世恩、刘子瑜、刘瑞岐、纵衍芬、刘献符、王孔法、朱禹九、王馨山等,"均有千亩或数千亩田产";"大官僚地主"段氏占地更是惊人,"在徐州一地,西起土城门,东到火车站,北起坝子街,南至鸡嘴坝,方圆几十里皆为段家所有"⑧。沭阳的"八大家""八中家"

---

① 《清实录·高宗纯皇帝》(第18册)卷七三八,北京:中华书局,1985年,第130页下。
② 《清实录·文宗显皇帝》(第43册)卷二二二,北京:中华书局,1986年,第472页下。
③ Journal of the China Branch of the Royal Asiatic Society, vol. 23, 1889, pp. 79-117。转引自李文治编:《中国近代农业史资料》第1辑,北京:三联书店,1957年,第193页。
④ 杨鹤高:《大地主"程震泰"家业兴衰始末》,《沭阳文史资料》第2辑,1985年5月出版,第120页。
⑤ 章有义编:《中国近代农业史资料》第2辑,北京:三联书店,1957年,第5页。
⑥ 张煦侯:《淮阴风土记》上册,1936年,第178页。
⑦ 贾铭:《辛亥革命后睢宁政局的演变》,《睢宁文史资料》第4辑,1987年,第4页。
⑧ 中共萧县县委党史研究室:《中国共产党萧县地方史》第1卷,北京:中共党史出版社,2006年,第3—4页。

和"八小家"20多个家庭占据了该县大半的土地①。

信阳某地主，拥有良田12000多亩，罗山县吕、刘两个地主均曾有田几万亩。河南固始与安徽霍丘有个地主，"从他自己的家乡走进城所经过的一百二十里的路程中，他可以完全踏在自己的土地上。在大地主产生的地方，佃农的成份自然是更高了"②。鲁西南的峄县，地主拥有土地，多者七八百亩，少者亦有二三百亩③。

官员在非任地置买田产，为清律不禁。但在管辖地置地，则属于违法。清律规定，官员"于现任处所置买田宅，违者笞五十，解任，田宅入官"④。乾隆五十五年，查抄江苏巡抚闵鹗元家人房产时谕：官员"于所属置买田亩，则完粮纳税，该县岂敢实力催征？并有代为完缴之事，皆不可知"⑤。

但上述规定并不严谨。即使在原籍等非辖地置地，官员们依赖官场隐规范的手法昭然若揭。一般说来，若仅用市场化手段零星购地，不但土地积累的时间十分漫长，在空间上也极其分散⑥。但官员的土地却动辄以数百亩、甚至千亩的规模扩张。河东盐运使程国

---

① 《徐州工作报告及工作计划（1928年）》，中共萧县县党史办公室，萧县档案局（馆）编：《萧县党史资料》第1辑，1985年7月，第44页。
② 薛超：《河南租佃制度鸟瞰》，转引自冯和法编《中国农村经济资料续编》下编，上海：黎明书局，1935年，第582页。
③ 黄鲁珍：《山东峄县的南乡》，《新中华》第2卷第9期，1934年5月10日出版，第77页。
④ 中国第一历史档案馆编：《乾隆朝惩办贪污档案选编》第3册，北京：中华书局，1994年，第2114页。
⑤ 《清实录·高宗纯皇帝》（第26册）卷一三五七，北京：中华书局，1985年，第186页上。
⑥ 如东平知县胡锦委托没有官职的亲友购地，仅购得十多亩而已（中国第一历史档案馆藏档案：《奏为查抄山东亏空案内各员家产事》，档号03—1314—004，缩微号092—1514）。另据笔者在淮北搜罗到的大量地契，平民之间的土地买卖多为3亩以内的畸零小数。

第七章 社会结构的异化

表,在淮安置地3469亩[①]。江西巡抚、亳州人陈淮,原籍抄出田地13570余亩;家仆路步青田1064亩[②]。平凉知府汪皋鹤,在砀山有田12407亩,宿迁5390余亩[③]。杭嘉湖道王遂在苏北等地分受田2534亩,自置田8934亩,灶地430多亩[④]。

江南河库道康弘勋在所辖徐州萧县置办庄房田地,由其妻及长子康玉居住,"尤足以启河员奔竞钻营之弊"[⑤]。此类现象不胜枚举。

咸丰七年(1857),河督庚长勘出苏鲁微山湖周边淤涨土地20多万亩,上等土地定价仅每亩0.3千钱,或年租金每亩80文进行招垦。铜山刁团获地5800余亩,睢团获7500余亩,南赵团3100余亩,于团近3万亩,王团61800多亩,举人杨忠良获地2000余亩;沛县北赵团获田12500多亩,唐团82300多亩;山东拔贡生王孚获地20581亩,山东举人李凌霄获地4万余亩[⑥]。

清末淮阴候补知县袁静轩,广置田产,巧取豪夺河、湖两滩土地不下数十顷[⑦]。河南候补知府李会文在清河县境内占有湖滩地

[①] 台北故宫博物院等藏清代档案:《江苏巡抚闵鹗元奏为查抄程国表在籍资财家产折》(乾隆四十六年八月二十一日),箱号2715,统一编号403039089。

[②] 台北故宫博物院等藏清代档案:《河南巡李世杰奏折》(乾隆四十七年十一月七日),箱号2741,统一编号403043032。

[③] 台北故宫博物院等藏清代档案:《署两江总督萨载奏为查抄汪鹤皋家产折》(乾隆四十六年九月十九日),箱号2715,统一编号403039299。

[④] 中国第一历史档案馆编:《乾隆朝惩办贪污档案选编》第3册,北京:中华书局,1994年,第2123页。

[⑤] 台北故宫博物院清代宫中档与军机处折件:《苏州布政使高斌奏折》(雍正八年十一月二十八日),箱号79,文献编号402009954,统一编号故宫013085。

[⑥] 吴世熊等总修:《同治徐州府志》卷十二,同治甲戌年刻本,第37页下—38页下。

[⑦] 邢耐寒:《辛亥淮阴见闻录》,《淮阴文史资料》第9辑,1991年12月,第3页。

14顷,让与广西右江道兼袭云骑尉张汝梅耕种,张又陆续添购湖田熟地30余顷,草地70余顷,并建起了集市、庄房①。民国初年,苏北许多营地,"乡董把持,荡户刁玩。非其利源归其中饱,抑且盗贼恃以窝藏"②。借款导淮一案刚提出,对淮阴、淮安、泗阳、涟水、阜宁、东海、灌云、沭阳、宿迁、睢宁、泗县、五河、盱眙、天长、凤阳、怀远地区的水淹地亩,"射利之徒,勾结豪绅大猾,希图强占者,时有所闻"③。有人甚至把地亩指认到了洪泽湖中心④。以至于冯国璋感叹:"当此世风刁敝,民俗强悍之时,欲兴一利,非有兵力以佐之,不足观成也。"⑤

抗战期间,泗阳农民回忆大地主的土地来源时说:"咸丰年间黄河倒口淤新滩。咸丰十五年间开领湖地。有些人,祖传识字(注:意指官宦之家和书香子弟),坐厅房毛枪一伸,笔这么一歪,就掼了钱,洪草湖地二十吊一顷。"⑥二联乡陈培西家族的土地,系"老陈圩子陈苏三老爷到县衙门用的钱,水耗一节就领一按地;二十个号头的湖地开领,都是姓陈办的。先后领了四、五十

---

① 马丕瑶:《马中丞遗集》卷二,光绪二十四刻本,第47页下—48页上。
    淮阴当地史志称,张汝梅在咸丰时招领滩地达170多顷(张煦侯:《淮阴风土记》上册,1936年,第130页)。
② 台北"中研院"近代史研究所档案馆藏档案:《导淮案》,馆藏号08-21(2),宗号1-(2),第8页。
③ 台北"中研院"近代史研究所档案馆藏档案:《导淮案》,馆藏号08-21(2),宗号1-(2),第5页。
④ 台北"中研院"近代史研究所档案馆藏档案:《导淮案》,馆藏号08-21(2),宗号1-(2),第39页。
⑤ 台北"中研院"近代史研究所档案馆藏档案:《导淮案》,馆藏号08-21(2),宗号1-(2),第9页。
⑥ 江风:《淮北农村调查》,豫皖苏鲁边区党史资料征集编研办公室编,北京,1984年2月,第20页。

年"。陈拴春家的土地,由陈骑马拖一把大刀,在地上划痕,马跑到哪里,哪里就成了他的土地。大地主高姓,被称为"好佬"(有钱有势之人),土地全系凭势力所得。王殿春的土地,有的是其凭借乡董的势力白得的,有的则是花了"三文两文买的"[①]。

皖北与苏北相似。据1935年调查,"皖北地主最大,土地最为集中"。霍丘占地25000—80000亩者达13户,五河3000亩以上者6户,灵璧6000—15000亩者3户,亳县1000—4000亩者7户,太和1万亩者1户,阜阳3000—10000亩者16户,蒙城占田10万亩、涡阳占田5000—10000亩、泗县占田2000—25000亩者各4户。像霍丘张敬尧、阜阳倪嗣冲家,均曾占地七八万亩以上[②]。

20世纪二三十年代,中外学者均发现了淮北大土地所有者的特殊性。洪瑞坚写道:"皖北多大地主,时有欺诈剥削农民情事,业佃之间,壁垒森严,尚不脱封建社会下农奴之地位。"[③]广濑库太郎等认为,淮北"地主大抵为当方之豪绅阶级,掌有农村经济之支配权"[④]。

可以说,大地产在近代淮北是遍地开花。在传统社会,几乎每个朝代的豪绅地主均比小农更容易规避各种税费的盘剥(如飞洒诡寄),这一点各种作品已多有述及,淮北地区自然也不例外。经

[①] 江风:《淮北农村调查》,豫皖苏鲁边区党史资料征集编研办公室编,北京,1984年2月,第21页。
[②] 郭汉鸣等:《安徽省之土地分配与租佃制度》(1937年),陈翰笙等合编:《解放前的中国农村》第3辑,北京:中国展望出版社,1989年,第392页。
[③] 洪瑞坚:《安徽之租佃制度》,《地政月刊》第4卷第6期,1936年6月,第2—3页。
[④] 陈高衷:《中国地主之两型》,《新闻月报》第1卷第3期,1945年7月1日,第45页。

手各种税款的豪绅地主,中饱实乃司空见惯①。铜山县长期存在征不及额的现象,其原因就是"豪强隐匿,流亡莫归"②。1928年,中共徐州特委报告,徐海地区的大地主,一向不缴粮饷,官厅不敢向他们征收③。陈翰笙指出,繁重的赋税使得苏北无权的地主被那些有政治背景的地主所取代,"许多有势力的地主,从不纳税,把这种负担都加重在贫农的身上"④。响水口周集区徐家,有田20余顷,"国民党的粮赋,敌伪的军粮。其实'徐家'都不缴,但要在佃户缴租时扣下来"⑤。

因此,挂"千顷牌"的背后,反映了苏北地区普遍存在的大地产,并且,这些依靠权势所获得的土地多不向国家纳税,并形成一种畸形的社会风尚。

第二节 强势集团领主化

明清以来,江南的土地分为田底权(产权)和田面权(使用权),一般承租地主土地的佃户除向地主交纳田租外,不承担任何徭役和其他义务,他们是真正自由的农民。江南的租佃关系主体上是一种市场行为和经济手段。而淮北的佃户根本不像他们在江南的

---

① Leonard T. K. Wu, "Rural Bankruptcy in China Rural Bankruptcy in China", *Far Eastern Survey*, Vol. 5, No. 20 (October 8, 1936), pp. 215-216.
② 王家诜纂修:《铜山县志》卷十五"田赋考",民国十五年刻本,第1页下。
③ 《徐州工作报告及工作计划(1928年)》,中共萧县党史办公室、萧县档案局(馆)编:《萧县党史资料》第1辑,1985年7月,第45页。
④ 陈翰笙:《现代中国的土地问题》,汪熙等主编:《陈翰笙文集》,上海:复旦大学出版社,1985年,第60页。
⑤ 中共苏北区委员会农村工作委员会、苏北人民行政公署土地改革委员会编:《苏北土地改革文献》,1952年内刊本,第232页。

同行，甚至不如江南的佃仆。淮北的地主也并不是纯粹的田主，他们更像欧洲中世纪的领主。淮北的租佃关系包含了严重的人身强制关系和人身依附关系。

一、哑铃形社会结构

据《申报》报道："淮河以南，一切尚与江南无大悬殊，逾淮以北，则因地势迥异，而民众生活状况，与其风俗习惯、社会组织，不同江南之处甚多。"①

一般认为，中国近代各阶层构成了一个金字塔形的社会结构。占地500亩以上的大地主约32万人，小地主200万人；自耕农1.2亿，其中有"余钱剩米"者达1200万人；半自耕农和贫农约1.5亿—1.7亿人②。

就社会结构而言，淮北地区显示了与中国一般结构迥然不同的特征，就是"中产阶层"的缺失。社会截然分裂为两个明显的阶层："地主"和贫民；"富农"和"富裕中农"极少；社会结构呈一头大、一头小的哑铃形，而非金字塔形③。

20世纪30年代，南阳地区的社会结构是，"大地主较多，佃

---

① 君左：《徐州通讯：火车中之一瞥》，《申报》1927年7月9日，第9版。
② 毛泽东：《中国农民各阶级的分析及其对于革命的态度》，《中国农民》第1卷第1期，1926年1月出版，第14—18页。
③ 根据毛泽东1926年的估计数计算，中国社会各阶层构成了一个金字塔形的社会结构。全国占地500亩以上的大地主总人数约32万人，占中国农民人口的1‰；小地主达200万人，占总人口的6.25‰；有"余钱剩米的"自耕农（实际上是富农）达1200万人，占自耕农的10%；自给自足的自耕农（中农），约6000万人，占自耕农的50%；入不敷出的自耕农约4800万人，占自耕农的40%；半自耕农和贫农约15000万—17000万人，约占中国农民的半数以上（毛泽东：《中国农民各阶级的分析及其对于革命的态度》，《中国农民》第1卷第1期，1926年1月出版，第14—18页）。

农的成分远比其他各地为多"①。其中，镇平地主占有67.15%的土地，贫、中农占地22%，"富农的成分较少，富农所有的土地也不多"②。淮北与南阳有着极为相似的社会结构。

土改前，宿迁、沭阳、淮阴、邳县、新沂等县的富农数量不但远少于中农、贫农，而且远少于地主！富农数量仅相当于地主的66%，事实上，中产者的数量最少③。鲁南与苏北差堪相似。据1943年统计，莒南、赣榆（时属山东滨海专署）3个区13个典型村中，"地主"人数最少，户均占地仅50.50亩④。应该说，除去个别占地特别大的地主，鲁南一般地主户均占地面积显然不足50亩，而山东全省有3个县农民户均占地超过了50亩⑤。也就说，鲁南的不少"地主"占地不到山东许多地区的一般农民占地的平均数。苏北土改时富农户均被没收的土地为56.3亩⑥，实际占地数不会少于60亩。即使占地达60亩的农户，"生活仍很困难"⑦。因此，鲁南的"地主"充其量相当于苏北的富农，是各阶层中人数最少的。

据中共皖北区党委政策研究室的调查，在皖北，许多地方地主

---

① 冯紫岗、刘端生：《南阳农村社会调查》，转引自冯和法编《中国农村经济资料续编》上编，上海：黎明书局，1935年，第176页。
② 冯紫岗、刘端生：《南阳农村社会调查》，转引自冯和法编《中国农村经济资料续编》上编，上海：黎明书局，1935年，第180页。
③ 详见马俊亚：《从沃土到瘠壤：淮北经济史几个基本问题的再审视》，《清华大学学报》2011年第1期。
④ 华东军政委员会土地改革委员会：《山东省农村调查/华东各大中城市郊区农村调查》，内部资料，1952年，第6页。
⑤ 实业部国际贸易局：《中国实业志（山东省）》第2编　上海：华丰印刷铸字所，1934年，第10页。
⑥ 马俊亚：《近代淮北地主的势力与影响》，《历史研究》2010年第1期，第88页。
⑦ 行政院农村复兴委员会编：《江苏省农村调查》，上海：商务印书馆，1934年，第67页。

的数量要超过富农。

表7-1 皖北各阶层人口及占有土地比较表（1950年6月）

阶层		阜阳潘家乡	颍上朱庙乡	亳县姬桥乡	来安殿发乡
地主	人口	166	203	97	62
	比重	4.96	6.39	5.78	4.26
	土地	3435.10	2335.20	932.60	8398.67
	比重	37.61	38.60	16.32	85.53
富农	人口	125	180	76	2
	比重	3.74	5.66	4.53	0.14
	土地	742.30	1189.97	566.00	81.60
	比重	8.13	19.67	9.90	0.83
佃富农	人口	22	160	—	—
	比重	0.66	5.03	—	—
	土地	12.9	76.30	—	—
	比重	0.14	1.26	—	—

资料来源：华东军政委员会土地改革委员会编：《安徽省农村调查》（内部资料），1952年12月刊印，第14页。

据上表，阜阳的富农和佃富农之和有147人，地主则有166人；颍上、亳县的地主均超过富农的数量；来安地主达62人，富农与佃富农加在一起仅有2人。以上四个地区，地主共528人，富农仅383人。从人口数量来看，富农相当于地主的72.5%；从占地比重来看，富农仅相当于地主的12%。另据对涡阳、蒙城、临泉等地4424

户的调查，富农仅占总户数的2.76%，占耕地数的7.52%①。

1932年，铜山县八里屯，全村耕地1600亩，城中地主占有943亩，占耕地总数的59%，自耕农和自耕农兼佃农有地657亩，占耕地总数的41%②。没有一例富农式的"中产"阶层③。萧县刘坝子54户居民共占地715亩，刘姓地主1人占地400亩。该县小姬庄则是一个共同贫穷的村子④。

国民政府行政院农村复兴委员会的《江苏省农村调查》依据盐城社会结构所作的结论认为，20世纪30年代富农是苏北主要社会阶层。但此书对盐城富农和地主的定性极不严谨。如该书划定的盐城25户富农，户均土地66.44亩、人均10.58亩。而该书划定的地主户均土地仅33亩、人均5.5亩⑤。地主人均占地不到富农人均占地的52%。相反，该书对盐城盐垦区社会构成的描述则更接近事实："土地关系有异样的表现：一方面是具有大地主资格的盐垦公司，一方面是许多赤贫（指无土地而言）的佃户，两个不再有中间层存

---

① 华东军政委员会土地改革委员会编：《安徽省农村调查》（内部资料），1952年12月刊印，第195页。
② 江苏省立徐州民众教育馆：《八里屯农村经济调查报告》，《教育新路》第12期，1932年12月，转引自冯和法编《中国农村经济资料续编》上编，上海：黎明书局，1935年，第4页。
③ 江苏省立徐州民众教育馆：《八里屯农村经济调查报告》，《教育新路》第12期，1932年12月，转引自冯和法编《中国农村经济资料续编》上编，上海：黎明书局，1935年，第6页。
④ 江苏省立徐州民众教育馆：《长安村经济调查报告》，《教育新路》第12期，1932年12月，转引自冯和法编《中国农村经济资料续编》上编，上海：黎明书局，1935年，第15页。
⑤ 行政院农村复兴委员会编：《江苏省农村调查》，上海：商务印书馆，1934年，第12页。

在的社会层,对立得异常清楚。"① 这里明确地说明盐垦地区基本不存在富农这一"中间层",显然与前述说法相抵牾。

最令人惊讶的是,淮北有的地区竟无一例富农和小土地出租者这样的"中产阶层"。据1950年中共苏北区农村工作委员会对沭阳、盐城等地的调查,土地改革以前,这些地区有少量的地主,但绝大多数为贫农和中农(见下表):

表7-2 1949年苏北地区典型村典型农户所占总户数比重

调查地区	代表地区	贫农	中农	富农	小土地出租者	地主
沭阳县朱庄乡三黄村	淤土粮食区	30	63.3	0	0	6.7
沭阳县华邦乡吴庄村	砂旱粮食区	50	50.0	0	0	0
沭阳县刘集乡路东村	岗旱粮食区	36.7	63.3	0	0	0
盐城县青中乡西徐村	稻麦两熟	26.7	70.0	0	0	3.3

说明:当时共调查12个地区,另外8个区不在本书所划定的地域。

资料来源:江苏省档案馆藏中国共产党苏北区委员会档案:中国共产党苏北区委员会农村工作委员会《苏北区农业生产典型调查综合资料》(1952年),全宗号301,卷号:永久-92,第9页。

其他许多地区的富农阶层远比淮北要庞大。彭慕兰的研究表明,鲁西南地区的大地主掌握着社会权力,富裕的中产阶层几乎没有,而鲁北的中产阶层则较普遍②。山东半岛中部的招远县,"县

---

① 行政院农村复兴委员会编:《江苏省农村调查》,上海:商务印书馆,1934年,第5页。
② Kenneth Pomeranz, *The Making of a Hinterland: State, Society, and Economy in Inland North China, 1853-1937*. Berkeley, Los Angeles, Oxford: California University press, 1993, pp. 114-119.

中无大富赤贫,大半是小自耕农"。这里"没有完全耕地主之地,住地主之房的佃户"①。豫北地区,"经营面积较大,富农比较发展"②。就占地千亩以上的大地主而言,豫北修武、新乡、滑县等地有11户,仅占总户数的0.68%;豫中许昌、郾城、鄢陵、临颍为5户,占0.31%;而与淮北相邻的镇平、信阳两县即达16户,占总户数的4.08%③。太湖流域一带,"中国最富庶的农村市镇,大概是以数十亩至数百亩的小田主,及数亩至数十亩的自耕农及半自耕农为骨干而构造起来的"④。

在淮北,保障生存的方法有两种,一种是无权者的一无所有,一种是有权者的无所不有。

淮北绝大部分没有权力作后盾的普通百姓只能普遍而永久地贫穷,穷得一无所有反而会相对安全。无权者共同贫穷,是淮北社会的特点。在有些地区,由于没有较大的权势者,社会结构也并没有向通常的金字塔形演变,而是连地主也没有。中共皖北区党委农委会的报告中指出:"有部分乡村则是由于土地分散,地主很少,无大的封建势力,小农经济占优势。"⑤

---

① 晓梦:《山东招远农村概况》,《农村周刊》第48期,天津《益世报》1935年1月26日,见冯和法编:《中国农村经济资料续编》上编,上海:黎明书局,1935年,第237页。
② 冯紫岗、刘端生:《南阳农村社会调查》,见冯和法编:《中国农村经济资料续编》上编,上海:黎明书局,1935年,第175页。
③ 冯紫岗、刘端生:《南阳农村社会调查》,见冯和法编:《中国农村经济资料续编》上编,上海:黎明书局,1935年,第178页。
④ 吴寿彭:《逗留于农村经济时代的徐海各属》,《东方杂志》第27卷第6号,1930年3月25日出版,第77页。
⑤ 皖北区党委农委会:《中国共产党皖北区委员会三、四两月份向中央及华东局关于土地改革工作的综合报告》,《土改通报》,全宗2,目录2,案卷号82,第19页。

后文将要阐述，淮北有权者通过符号化的设施——圩寨，集中占有行政、军事、经济、司法、文化、教育、舆论等权力。他们可以凭武装威慑匪盗，凭土地束缚平民，凭关系免于捐税，凭地位左右舆论，凭权势置人死地。无所不有是他们存在的关键。

恩格斯指出："农村居民由于分散于广大地区，难于达到大多数人的意见一致，所以他们永远不能胜利地从事独立的运动。他们需要更集中、更开化、更活跃的城市居民的富有首创精神的推动。"① 马克思的表述更为深刻："小农人数众多，他们的生活条件相同，但是彼此间并没有发生多种多样的关系。他们的生产方式不是使他们互相交往，而是使他们互相隔离。……而各个小农彼此间只存在地域的联系，他们利益的同一性并不使他们彼此间形成共同关系，形成全国性的联系，形成政治组织，就这一点而言，他们又不是一个阶级。因此，他们不能以自己的名义来保护自己的阶级利益。……他们不能代表自己，一定要别人来代表他们。他们的代表一定要同时是他们的主宰，是高高站在他们上面的权威，是不受限制的政府权力，这种权力保护他们不受其他阶级侵犯，并从上面赐给他们雨水和阳光。所以，归根到底，小农的政治影响表现为行政权力支配社会。"②

因此，淮北远不是一个阶级社会。黑格尔曾专门论述中国传统政治制度的特点："基于家长政治的原则，臣民都被看作还处于幼稚的状态里。不像印度那样，中国并没有独立的各阶层要维护它

---

① 恩格斯：《德国的革命和反革命》，《马克思恩格斯文集》第2卷，北京：人民出版社，2009年，第358页。
② 马克思：《路易·波拿巴的雾月十八日》，《马克思恩格斯文集》第2卷，北京：人民出版社，2009年，第566—567页。

们自己的利益。一切都是由上面来指导和监督。"①这一论述很适合淮北社会。在这个社会中，由于缺乏平民阶级的代言人和阶级之间的斗争，行政权力更具有无可抗衡的压倒性优势。这里的平民群体，虽没有其他阶级推给的义务和痛苦，但却承担了行政权力所强加的、远比阶级社会里下层阶级所承担的多得多的义务和痛苦。即使富裕集团，也不是通过阶级的力量来维护自己的利益，而是通过利用和收买行政权力，以保护其超经济掠夺或减少对自身利益的侵害，并寻求其租金最大化。不论是贫民，还是富民，他们只能改变对行政权力类型的依附，而无法改变对行政权力本身的依附。

哑铃形的社会结构，使淮北处于长期的停滞、退化，而非发展之中，强化了旧的保护关系或人身依附及徭役关系，与前资本主义社会发展的方向背道而驰②。这种社会结构也是淮北社会动荡的根源之一，由于缺乏相对独立的中产阶层，上层分子（地主）成了下层民众（普通农民）的天然首长和命定的代表。这里的农民构成了淮北社会的汪洋大海，他们更像马克思所说的那样，他们"并不是国家公民"③，而是"共同体的一个肢体"④。尤为重要的是，淮北农民所隶属的共同体，事实上是中国社会的病变细胞，从而使淮北社会衰变为一种畸形的前资本主义形态。

---

① 黑格尔：《历史哲学》，王造时译，北京：商务印书馆，1963年，第171页。
② 马克思认为，自由工人首先是"摆脱旧的保护关系或农奴依附关系以及徭役关系而自由了"（马克思：《资本论手稿选编》，《马克思恩格斯文集》第8卷，北京：人民出版社，2009年，第160页）。
③ 马克思：《资本论手稿选编》，《马克思恩格斯文集》第8卷，北京：人民出版社，2009年，第133页。
④ 马克思：《资本论手稿选编》，《马克思恩格斯文集》第8卷，北京：人民出版社，2009年，第124页。

二、圩寨化

由于淮北缺乏中产阶层，使得下层贫民不得不直接依赖上层大地主为生，造成了严重的人身依附。

海州，据康熙年间的方志记载，由于地广盗众，居民通常要聚数十家为镇，设立堡垒防御。即使不得不散布在各村以便于做农事的人家，也均要得到镇的翼护[①]。泗阳县双沟镇左边临湖，右边面淮，为南北喉襟险厄之处，明代时为山东、河南响马扰窜之地[②]。该县众兴镇，民国前期，居民房屋多为土墙草顶，镇外有土墙，这就是淮北较为常见的土堡子[③]。

为了防御捻军修筑的赣榆和安圩，长4900米，平均高约4米。后经加高，平均高约8米。内有32个炮楼，炮楼之间筑有炮台，全圩有61座炮台，每座炮台有铁铸火炮1门。圩有4门（后增开3门，共7门）。墙外有护城河，宽8米，深5米[④]。太和寨土圩原建于咸丰年间，土圩周长6里，有4个门，南门建楼，上刻寨名。圩壕宽5丈、深8尺余。民国初年，土圩倒塌。重修后改土圩为砖墙，周长仍为6里，高丈余，除原来的东、西、南、北4门外，新增了西南、西北2门。沿城墙建15座炮楼，城壕加宽至7丈，深丈余[⑤]。离淮安东门30里的刘家圩，环绕着深沟高墙。高墙砌有城垛，深沟架有吊

[①] 唐仲冕等编纂：《嘉庆海州直隶州志》卷十四"建置"，嘉庆十六年刻本，第31页上—下。
[②] 顾炎武：《天下郡国利病书》（二），黄珅等校点，上海：上海古籍出版社，2012年，第973页。
[③] 胡焕庸：《两淮水利盐垦实录》，南京：中央大学，1934年12月刊印，第11页。
[④] 汪承恭：《古镇青口今昔》，《赣榆文史资料》第4辑，1986年8月，第44页。
[⑤] 孙子英：《漫话沙河镇》，《赣榆文史资料》第4辑，1986年8月，第92页。

桥,"宛如《水浒传》里的祝家庄一样"。圩墙内外,豢养着十多条凶猛的洋狗①。

据不完全统计,1807—1920年,铜山、沛县、睢宁、丰县、柘城、项城六县共兴修604个圩寨②。淮北每个县均有100个左右的圩寨。徐海地区,"人民的生活的单位是各个'土围子'或说是'寨',或叫做'集',或叫做'庄'",寨子外面围着土墙(或砖或石),四角建有炮楼③。

清末,一位在淮北考察的外国人写道:"关于淮北地区,几乎没有什么特别有意思的东西可言。这个地区充斥着贫穷而又辛勤的农民,他们没有时间从事其他的工作。这里的条件与华北大平原的其他地区基本相似,所不一样的是,部分出于防匪的目的,部分出于防洪的需要,这里的村庄建在高于地面的小岛上,可以说,总是围着土墙和壕沟。"④

裴宜理认为,圩寨的构建可能始于白莲教反叛,而在19世纪中期捻军与太平军时代极一时之盛⑤。有的学者认为,捻军起义"打

---

① 侍问樵:《淮东乡恶霸地主刘鼎来》,《淮安文史资料》第4辑,1986年10月,第71页。
② Elizabeth J. Perry, *Rebels and Revolutionaries in North China, 1845-1945*. Stanford: Stanford University Press, 1980, p. 91.
③ 吴寿彭:《逗留于农村经济时代的徐海各属》,《东方杂志》第27卷第6号,1930年3月25日出版,第71页。
④ Lieut.-Colonel A. W. S .Wingate, "Nine Year's Survey and Exploration in Northern and Central China," *The Geographical Journal*, Vol. 29, No. 3 (March, 1907), p. 281.
⑤ Elizabeth J. Perry, *Rebels and Revolutionaries in North China, 1845-1945*. Stanford: Stanford University Press, 1980, p. 88.

乱了淮北地区原有的农村社会结构"①。我们则认为，圩寨的大量出现，是农村基层权力重新整合的结果。一旦社会动荡，或农村中原来的行政控制被极大地削弱之时，一些具有动员能力的人便乘机利用各种资源来分享领导权力，既可维护自己或村庄既有的利益，也可利用权力分得更多的政治和经济利益。《水浒传》所描写的祝家庄、曾头市等应该都属于这种类型的设施，而前文所述的盐枭开筑的土围子则趋于掠夺更多的经济利益。

淮北的围寨中，大地主是天然的寨主，并往往充当保卫团团长。围子内部，"中心有一家高大的瓦房；另再有一个炮楼，该当是寨主的宫殿了。四围就有数十百家的农民，大都是种着寨主的土地。寨主是有一百顷二百顷或者更多的数目的田地"②。像峄县的地主（"东君"）拥有许多庄子，庄上的农民即是佃户③。淮阴刘家圩的刘家，有土地8000多亩，佃户500多家，庄头20多个④。王楼乡王楼村（今属新沂县）的马桓庄园，有房屋114间，楼台亭阁堂馆一应俱全。砖房瓦舍，高宅深院，甚为壮观。庄园四周有围沟、围堆，堆上高筑围墙，墙里设有掩体、射击孔，四角还各建炮台一座，内有子圩，子圩是由三四十间砖瓦房屋组成，子圩内还有明碉暗堡和一座中心炮楼，森严壁垒。在这个庄园里，长年为马恒役使

---

① 池子华：《淮北村庄的"圩寨化"：近代农村社会变迁的一个侧影》，安徽省社会科学联合会等《第四届淮河文化研讨会论文汇编》，合肥：2007年10月，第9页。
② 吴寿彭：《逗留于农村经济时代的徐海各属》，《东方杂志》第27卷第6号，1930年3月25日出版，第71页。
③ 黄鲁珍：《山东峄县的南乡》，《新中华》第2卷第9期，1934年5月10日出版，第77页。
④ 侍问樵：《淮东乡恶霸地主刘鼎来》，《淮安文史资料》第4辑，1986年10月，第71页。

的长工达30人,丫头奶妈20人,马夫4人,管闲5人,挑水工4人,厨师14人,门勇66人,计143人。此外,还有供马家役使的黄牛、水牛各10头,骡马50余匹,毛驴4头①。

据参观过徐海地区围寨的人报告:"看过后的感想就是活现出《施公案》《彭公案》《水浒》等小说所描写的人物与氛围。"像"郭三闯王""李四霸三"的称呼,在徐海地区极为常见②。

一些围寨中的武装力量,远远超过县城。1930年,邳县城厢内外共有8条枪,县公安局仅有10条枪③。徐塘乡围寨则有103支枪、官湖市有394条枪,并有与枪支等量的保卫团丁。官湖因此比县城繁盛,其寨主与县政府的关系,"仿佛是齐国与周王的情形"。每任县长必须听命于官湖寨主才能得其帮助。而后者"看不起县知事或县长,正如齐国看不起周室一样"④。在宿迁,连极乐庵院内也有数十支快枪和匣子炮⑤。1928年,中共徐州区委报告:"江北地主的武装势力非常雄厚。"徐海12个县,地主有枪达20万支以上,这个数字还是被低估了的。宿迁的埠子市有3000多支枪,沭阳有个大地主的一个圩寨有枪5000多条。大地主常常雇用一些流氓土棍为庄兵⑥。1930年中共淮阴中心县委报告,涟水、淮阴、泗阳三县的

---

① 李强:《马桓其人》,《新沂文史资料》第4辑,1990年4月,第60—61页。
② 吴寿彭:《逗留于农村经济时代的徐海各属》,《东方杂志》第27卷第6号,1930年3月25日出版,第71页。
③ 吴寿彭:《逗留于农村经济时代的徐海各属》,《东方杂志》第27卷第6号,1930年3月25日出版,第72页。
④ 吴寿彭:《逗留于农村经济时代的徐海各属》,《东方杂志》第27卷第6号,1930年3月25日出版,第73页。
⑤ 吴寿彭:《逗留于农村经济时代的徐海各属》,《东方杂志》第27卷第6号,1930年3月25日出版,第79页。
⑥ 《徐州工作报告及工作计划(1928年)》,中共萧县党史办公室,萧县档案局(馆)编:《萧县党史资料》第1辑,1985年7月,第43页。

乡村豪绅地主武装，拥有枪支4万支左右，涟水一带就有2万支左右①。1931年萧县政府登记枪支，全县有各种枪支16582支，县警察队仅有枪支375支②。1941年出版的一本反共读物所述的沭阳"李家村"，村内300多户人家，有1架手提机关枪、50多支木壳枪、100多条步枪③。阜宁马、贾、王3个村子有1000多名壮丁，800多支步枪、400多支木壳枪、12架机关枪④。当时普遍认为私枪系以多报少，每乡镇至少有枪200枝⑤。

1921年，奉军张宗昌占领徐州，委派其叔父张德焱任邳县县长。张德焱来邳后，没有拜访邳县各方的区董豪门，并逮捕了与豪门关系密切的张龙榜、张虎榜兄弟。各方豪门串通成立了名为"抬天会"的组织，以对付张德焱。经谋划，将张德焱及其家人全部烧死⑥。此事竟不了了之。抗战期间，宿迁地主兼土匪头子、刀会首领高孝门经常纵使手下抢劫、绑架，其手下被解送县政府司法科，承审员王理乾不敢审理，只把枪支留下，把人放回。即使这样，高孝门仍然大怒，率领数十人，把承审办公室围困，用枪对准承审员的头说："门爷人认得你，门爷的枪认不得你"。并让王理乾夫妻俩跪在他的面前⑦。

---

① 《淮阴中心县委关于淮盐工作报告（1930年11月2日）》，江苏省档案馆编《江苏省农民运动档案史料选编》，北京：档案出版社，1983年，第323页。
② 萧县政协文史办：《王公玙的剿匪与清乡》，《萧县文史资料》第3辑，第132页。
③ 晴村：《苏北归鸿》，泰和：胜利出版社江西分社，1941年6月，第16页。
④ 晴村：《苏北归鸿》，泰和：胜利出版社江西分社，1941年6月，第25页。
⑤ 王培棠：《江苏省乡土志》下册，长沙：商务印书馆，1938年，第342页。
⑥ 孟庆平：《县长张德焱被烧真相》，《邳县文史资料》第4辑，1986年10月，第108页。
⑦ 孙克实：《鲁同轩计伏二虎》，《宿迁文史资料》第7辑，1986年12月，第59—60页。

新四军领导人同样意识到长江南北地主之间的区别。管文蔚写道："苏北的地主与江南的地主有很大的不同。苏北的地主主要靠土地剥削生活，终日闲在家里享清福，不事劳动，婢女成群。出门收租时，保镖人员，前护后拥，完全是封建社会的一种景象。"①黄克诚回忆：苏北盐阜地区"地主本身有武装。大地主住地周围住着他的佃户，有点像封建时代的庄园一样。"②

三、人身依附

淮北社会截然分裂为极富与极贫两个阶层。郑震宇指出，上下阶层之间地位悬殊，使得上层"对于农民，可以颐指气使，奴隶待之"。江苏江北各县"大都是地主与农民身份悬殊的地方，也都是业佃关系最恶劣的地方"③。

圩寨尽管能够抵挡小股土匪的祸害，但使得普通民众更加依赖于天然首长的保护，加剧了人身依附，减少了社会流动和社会联系，使农民的生活日益孤立，无法成为一个集体，更不可能成为一个阶级。有人把围寨比喻为"小小部落"，这里的经济是"自足"型的，"在每个集子大概总有一个铁匠，制作而供给农民的器械，总有几个布机与纺纱机，供给农民的衣着。……事实上资本主义还

---

① 管文蔚：《管文蔚回忆录续编》，北京：人民出版社，1988年，第13页。
② 黄克诚：《关于盐阜区抗日根据地的建设问题》，中共江苏省委党史工作委员会、江苏省档案馆编：《苏北抗日根据地》，打印本，1989年8月，第547—548页。
③ 郑震宇：《中国之佃耕制度与佃农保障》，《地政月刊》第1卷第3期，1933年3月出版，第300页。

没有侵入"①。

民国学者指出,沭阳地区,"都像部落式的各个土圩子分成了村庄,等级森严(的)一个庄主,都是这庄的首富地主。一般农民都是仰仗着他们的"②。

处于社会下层的佃农,从未获得过近代意义的公民权利。他们根本无力抵御集行政、军事、政治、经济、司法等权力于一身的寨主式地主的欺压。民国学者指出,淮北农民,"对于一般的地主、老爷们,总是顺从的。他们能忍受毫无理由的、强迫的、很明显的地主和劣绅的虐待,他们能甘心受地主和劣绅的敲诈"③。

国民党中央委员蓝渭滨主办的刊物称沭阳地区,"一般无智识的农民,差不多一无所知,只有惟命是从的特殊现象"④。

佃农对寨主式地主,要以生命作为酬报,如,在河南光山,他们必须参加地主组织的械斗等⑤。在萧县,"大户聚族而居,掌握生产资料,土地和耕畜农具"⑥。萧场以萧姓为中心,萧庵子以范姓为中心,"杂姓农民,俨若附庸"⑦。新沂王楼村马桓,其家

---

① 吴寿彭:《逗留于农村经济时代的徐海各属》,《东方杂志》第27卷第6号,1930年3月25日出版,第71页。
② (作者不详):《沭阳农业农村农民之概况》,《农村经济》第2卷第6期,1935年4月1日出版,第77页。
③ 苏冷:《睢宁的农民生活》,《农村经济》第2卷第8期,1935年6月1日出版,第91页。
④ (作者不详):《沭阳农业农村农民之概况》,《农村经济》第2卷第6期,1935年4月1日出版,第77页。
⑤ 田中忠夫:《中国农业经济研究》,汪馥泉译,上海:大东书局,1934年,第188页。
⑥ 江苏省立徐州民众教育馆:《长安村经济调查报告》,冯和法编:《中国农村经济资料续编》上编,上海:黎明书局,1935年,第23页。
⑦ 江苏省立徐州民众教育馆:《长安村经济调查报告》,冯和法编:《中国农村经济资料续编》上编,上海:黎明书局,1935年,第15页。

佣人郭氏，15岁开始当丫头，50多年分文未得。村民马玉新，替马家站岗，有次稍微迟到，被马桓喝令下人用棍子打得死去活来。老人孙氏，还不起马家的高利债，被马桓吊打得皮开肉绽，然后用开水往其脸上浇，孙不久被折磨致死[①]。一名叫李英堂的佃户，仅1942年为"半城官"王姓地主无偿扒沟就达50天[②]。据山东民政厅长对峄县的视察："地主对于佃农极其苛刻，每届农忙，不出男差即出女差。佃农只得放下犁锄去为地主佣工，无论时日，多不给工资。"[③]峄县东君有嫁娶丧祭等事，佃户须前往服役。就是东君的管家（"老总"），"一不如意，皮鞭和耳光都要光临到佃户身上。"[④]

据《银行周报》报道，20世纪20年代，苏北地主视佃户如"农奴"，"佃户至业主家，立而言，不敢抗礼高坐；饮食，则入厨下杂妈婢中食。业主家有事，则传呼服役"[⑤]。《中外经济周刊》称，东海、沭阳、灌云地区，佃户称田主为"主人"，佃户与田主所订的契约，"须声明永远服从田主指挥，并于暇时为田主服役，对于田主之田，须永远勤慎耕耘"[⑥]。地主对佃户"喜欢打就打，喜欢骂就骂"。还有的农民把自己出卖给地主当"家生子"，其身

[①] 李强：《马桓其人》，《新沂文史资料》第4辑，1990年4月，第61页。
[②] 朱玉湘：《近代山东的租佃制度》，《山东史志资料》1984年第1辑，济南：山东人民出版社，1984年，第139页。
[③] 李树春编：《山东政俗视察记》上卷，济南，1934年印，第269页。
[④] 黄鲁珍：《山东峄县的南乡》，《新中华》第2卷第9期，1934年5月10日出版，第77页。
[⑤] 《江苏省田租调查报告》，《银行周报》第11卷第50号，1927年12月30日出版，第34页。
[⑥] 《灌云县之农业》，《中外经济周刊》第198号，1927年1月29日出版，第20页。

份是世袭的,"子子孙孙就永世不得翻身"①。

徐海地区,围寨之间经常发生"战争","打胜之后,就刈其麦子,牵其驴马作为捕获"②。是以卜凯指出:"北江苏宿迁那些居留的地主,使我们想起欧洲诸国古代的封建主。"③当然,这种情形并不限于宿迁,整个苏北地区差堪相似。④咸丰年间,具有总寨主身份的苗沛霖"因令各寨每年两季纳粮,以备军需,每寨置心腹一人监守,其中统名为先生。婚姻、田土、钱债细故,悉主之,生杀予夺,取决于沛霖,官为守府而已"⑤。

在徐海地区的围寨里,寨主式地主可以任意拷打佃户。"倘使捉到了盗匪,于是当场在围子里斫头或活埋,或其他处治都可以。……有时乡村民众捉了奸夫淫妇公开处死,就算大家称快地了结一场公案,十分便捷"⑥。

寨主式地主对佃农的妻女,可以随意侮辱、霸占。

在苏北,寨主式地主的名字,是平民必须避讳的。沭阳十字耿卓如,乃父拥有二三十顷地,佃户见了他要喊:"我三太爷",如不带"我"字,耿就会将人痛骂一顿⑦。灌云李集杜养禾,家有100

---

① 陈翰笙等合编:《解放前的中国农村》第3辑,北京:中国展望出版社,1989年,第350页。
② 吴寿彭:《逗留于农村经济时代的徐海各属》,《东方杂志》第27卷第6号,1930年3月25日出版,第73页。
③ 吴寿彭:《逗留于农村经济时代的徐海各属》,《东方杂志》第27卷第6号,1930年3月25日出版,第73—74页。
④ 吴寿彭:《逗留于农村经济时代的徐海各属》,《东方杂志》第27卷第6号,1930年3月25日出版,第74页。
⑤ 李师沆等修:《凤台县志》卷七"武备志",光绪十八年刻本,第9页上。
⑥ 吴寿彭:《逗留于农村经济时代的徐海各属》,《东方杂志》第27卷第6号,1930年3月25日出版,第72页。
⑦ 《淮海报》民国三十五年六月十六日,第4版。

多顷土地，1939年冬，鱼牢庄富农张鸿如无意说了"杜养禾"三个字，杜知道后派出一连兵丁到张家，将张逮捕，搜走全部衣物及枪5支，把张关入牢房，张多方行贿才予保释①。

在寨主式地主面前，佃户没有任何人格尊严。1940年，涟水葛沟区佃户王四在地主郑介仁田里割草，郑诬王割苜蓿，将王捆起跪在门前，用"毛厕括屁棒"括嘴。佃户马如祥因缺差一次，地主赵某见他正做饭，"用屎粪勺放里去搅"②。涟水塘西区地主井瑞五，佃户替他家挑水，不能换肩，前一桶水他会留下，后一桶拒收，因他认为"佃户会放屁，有臭味"③。涟水西乡奋官庄地主朱子龙，有3个客庄、2000多亩地、50多家佃户、四个大炮楼，"他门前的马桩上，经常吊着佃户打得皮开肉绽"。佃户徐兆标因拿他家一个馒头给乞丐，一家13口被罚跪半天，并被罚洋200元。最后把徐逐出庄，没收所有财物。从此连乞丐都不许上他家门。马树本替他当差，解手时间稍长，他令人打得马大小便失禁。胡广才因探亲，误了一天庄差，回来后他拿枪就打。经多人求情，最终打了40皮鞭。"他打人时，要叫人向他笑，否则认为你被打不愿意，打得更厉害"④。

在寨主式地主的威权下，平民没有生命权。涟水塘西区乡长井泉五，有12顷地，庄丁孙培伦妻替他做饭时糊锅，井令孙将妻打死，孙因妻怀孕，不忍下手。井喝道："三爷命令，非打不可。"

---

① 冯树人：《地主杜养禾》，《淮海报》民国三十五年七月二十六日，第4版。
② 《苏北报（淮海版）》民国三十五年三月八日，第1版。
③ 《淮海报》民国三十五年六月二十一日，第4版。
④ 向群：《奋官庄地主与佃户今昔》，《淮海报》民国三十五年七月四日，第4版。

孙被逼杀妻①。峄县王海槎之子王致平因一名16岁使女答话"犯上",先用烙铁烙,后用皮鞭抽,再活活打死②。

潘正芳回忆:

  记得有一次,我从古邳上县城,途经魏集北门,曾目睹一桩惨事:夏XX的狗腿子,向农民魏树德要租粮没有要到手,竟然把魏的年轻妻子带走抵租,魏妻有两岁多的小男孩跟着哭喊,凶残的狗腿子一刺刀戳死小孩,把孩子扔多远。还说:"去狗肚里喝汤吧!"③

连汪伪政府也认为,徐海地区,"七八年来除直接受到军队的灾害外,更有着地方上恶势力的压榨,他们唯一的借口是'通八路',如果敲诈不遂,便联络官方实行那最惨酷的'活埋',在七八年中也不知被活埋了多少人,有时更把被活埋人底家属叫他们在旁看着受刑"④。东海南岗区日伪区长(下同)刘海如等。杀死人命29条⑤。沭阳韩山乡杨士同等杀死人命19条⑥。宿迁北部沂河区土楼乡王洪波杀死8人,维持会长王守巡杀死9人,最奇的连律师王维英也杀死4人⑦。沭阳章集区葛子玉仅1941年8月27日在仲湾就打死仲兆奎、仲兆彬、仲兆喜、仲兆佑、石广仁及仲跻昌之妻、葛

---

① 《淮海报》民国三十五年六月二十一日,第4版。
② 高瑛:《峄县王恒兴》,《峄城文史资料》第1辑,1989年10月,第139页。
③ 潘正芳:《旧事杂忆》,《睢宁文史资料》第7辑,1992年3月,第139页。
④ 卓印环:《淮海一角:卓圩与高圩》,《大公》1945年5月15日出版,第76页。
⑤ 《苏北报(淮海版)》民国三十五年三月十二日,第1版。
⑥ 《苏北报(淮海版)》民国三十五年三月十二日,第1版。
⑦ 《苏北报(淮海版)》民国三十五年三月十二日,第1版。

明俊之母、赵廉（后被勒死）等①。沭阳小店区朱开富杀害人命28条，薛棣西杀害人命15条②。沭城某区长张晋民杀害的百姓超过10人③。宿迁北部蒋记临陵乡长陆永禹，仅于陆沟、西欧棋盘一带，即活埋33人，死者妻子，大都被出卖、奸淫④。张敬轩在博爱，先后杀死130多人，以致该村多年很少看到男人。刘村一妇女拒奸，被掷入水井，因井中尸骨太多，未被淹死，爬出来二三年不敢露面⑤。

综上所述，淮北农民要向地主负担徭役、甚至有牺牲生命的义务。集行政、军事、政治和经济权力于一体的寨主式地主则对农民拥有"初夜权"，可任意打骂，甚至可以随意处死。

由于淮北社会结构呈哑铃形，使得下层直接依附于上层，固化了人身依附关系。这也是社会不稳的根源。上层社会可以直接动员下层。淮北的反叛和匪患相当程度上是上层动员的结果。徐海地区以豪绅带领佃农发生暴动的事件层出不穷⑥。

第三节 "下江南"

历史上，淮北精英大量叱咤江南地区，名显于南方政坛。王、谢、刘、萧、张、袁、桓、庾等氏，均曾涌现过许多各领风骚人

---

① 《苏北报（淮海版）》民国三十五年三月十二日，第1版。
② 《苏北报（淮海版）》民国三十五年三月十二日，第2版。
③ 《苏北报（淮海版）》民国三十五年三月二十三日，第1版。
④ 《淮海报》民国三十六年九月二十八日，第1版。
⑤ 《苏北报》民国三十四年十月二十八日，第2版。
⑥ 吴寿彭：《逗留于农村经济时代的徐海各属》（续），《东方杂志》第27卷第7号，1930年4月10日，第66页。

物。明清后，大量下江南的淮北人多成为江南底层的劳动者，由于贫穷和缺乏教育，很难融入江南社会。

一、南方历史上的淮北人

战国时，淮北大部分地区与江南同属楚国，因而淮北人向江南移动较为便捷。秦末，在江南地区具有领袖地位的项籍与其叔父项梁是下相（宿迁）人，项氏叔侄避仇吴中时，"吴中贤士大夫皆出梁下。每有大徭役及丧，梁常主办"[1]。

唐以前，名显于江南的淮北人不胜枚举，现仅列举三国至南北朝时江南地区的一些淮北人。

东吴政权的鼻祖孙坚起兵淮泗，不少淮泗人成为东吴政权的骨干。另外，吴主孙权的步夫人，本临淮淮阴人，与步骘同族，"宠冠后庭"[2]。王夫人，乃琅邪人，其孙孙皓即位后，被追尊为"大懿皇后"[3]。东吴早期与武将周瑜齐名的文臣张昭，为彭城人，张"少好学，善隶书，从白侯子安受《左氏春秋》，博览众书。与琅邪赵昱、东海王朗俱发名友善"[4]。张在汉末来到江南，被孙策任命为长史、抚军中郎将，待以师友礼，"文武之事，一以委昭"[5]。名臣鲁肃，临淮东城人，"家富于财"[6]，后任汉昌将军、偏将军、横江将军等职，赤壁之战前，力主抗曹。大将吕蒙，汝南

---

[1] 班固：《汉书》卷三十一"项籍传"，北京：中华书局，1964年，第1796页。
[2] 陈寿：《三国志》卷五十"妃嫔传"，北京：中华书局，1964年，第1198页。
[3] 陈寿：《三国志》卷五十"妃嫔传"，北京：中华书局，1964年，第1199页。
[4] 陈寿：《三国志》卷五十二"张昭传"，北京：中华书局，1964年，第1219页。
[5] 陈寿：《三国志》卷五十二"张昭传"，北京：中华书局，1964年，第1219页。
[6] 陈寿：《三国志》卷五十四"鲁肃传"，北京：中华书局，1964年，第1267页。

富陂人，任左护军、虎威将军时，一举夺取南郡，平定荆州，迫使悍将关羽败走麦城，并终为东吴所擒。张昭长子张承，"少以才学名，与诸葛瑾、步骘、严畯相友善"①。后为长沙西部都尉、濡须都督、奋威将军。张承之弟张休，"弱冠与诸葛恪、顾谭等俱为太子登僚友，以《汉书》授登"②。

诸葛亮之兄诸葛瑾，琅琊阳都（今山东沂南县南部）人，被孙权任命为长史，转中司马，后迁左将军，封宛陵侯③。步骘，临淮淮阴人，后在东吴任鄱阳太守、交州刺史、立武中郎将、征南中郎将、加拜平戎将军，封广信侯。孙权称帝后，步任骠骑将军，领冀州牧，赤乌年间代理丞相一职④。严畯，彭城人，"少耽学，善《诗》《书》、三《礼》、又好《说文》。避乱江东，与诸葛瑾、步骘齐名友善"。他本是鲁肃的最好继承人，但"世嘉其能而以实让"。出使蜀国，"蜀相诸葛亮深善之"⑤。裴玄，下邳人，"有学行"，官至太中大夫⑥。程秉，汝南南顿人，'博通五经'，任东吴太子太傅，著有《周易摘》《尚书驳》《论语弼》等⑦。薛综，沛郡竹邑人，黄龙三年（231），任长史，夕掌众事，内授书籍，后迁尚书仆射，"所著诗赋难论数万言，名曰《私载》，又定《五宗图述》《二京解》，皆传于世"⑧。徐盛，琅邪莒人，"客

---

① 陈寿：《三国志》卷五十二"张承传"，北京：中华书局，1964年，第1224页。
② 陈寿：《三国志》卷五十二"张休传"，北京：中华书局，1964年，第1225页。
③ 陈寿：《三国志》卷五十二"诸葛瑾传"，北京：中华书局，1964年，第1233页。
④ 陈寿：《三国志》卷五十二"步骘传"，北京：中华书局，1964年，第1240页。
⑤ 陈寿：《三国志》卷五十三"严畯传"，北京：中华书局，1964年，第1247页。
⑥ 陈寿：《三国志》卷五十三"严畯传"，北京：中华书局，1964年，第1248页。
⑦ 陈寿：《三国志》卷五十三"程秉传"，北京：中华书局，1964年，第1248页。
⑧ 陈寿：《三国志》卷五十三"薛综传"，北京：中华书局，1964年，第1253页。

居吴,以勇气闻",后为建武将军,封都亭侯,领庐江太守等①。吕范,汝南细阳人,在寿春时,以私客百人归附孙策,孙策时任征虏中郎将。后任平南将军、建威将军,封宛陵侯,领丹阳太守②。胡综,汝南固始人,迁居江东后,"留吴与孙权共读书",孙权称帝时,受命作赋,蜀吴盟文亦出自其手,"文义甚美"③。蔡款,彭城人,"为张承所拔,历位内外,以清名显于当世。后以卫尉领中书令,封留侯"④。张奋,彭城人,乃张昭弟子,20岁时就发明了一种攻城大车,后封乐乡亭侯。吴展,下邳人,任吴广州刺史,史称"忠足矫非,清能厉俗,信可结神,才堪干事"⑤。

唐人刘禹锡诗中所说的"旧时王谢堂前燕","王谢"即东晋名臣王导和谢安,前者为琅邪人,后者为陈郡阳夏(今河南太康)人。王导早年参预东海王越军事,被名士们称为"王东海",谢安乃诗人李白最为推崇的文人⑥。南朝王氏、谢氏闻人多出自淮域。晋惠帝时任荆州刺史的刘弘,原为沛国相人,刘馥之孙,"有干略政事之才"。曾为宁朔将军,领乌丸校尉,"以勋德兼茂,封宣城公"⑦。刘隗,彭城人,"雅习文史",渡江后,元帝时为从

---

① 陈寿:《三国志》卷五十五"徐盛传",北京:中华书局,1964年,第1298页。
② 陈寿:《三国志》卷五十六"吕范传",北京:中华书局,1964年,第1310页。
③ 陈寿:《三国志》卷六十二"胡综传",北京:中华书局,1964年,第1413—1414页。
④ 缪荃孙、冯煦、庄蕴宽、吴廷燮等纂修:《江苏省通志稿》第9册"人物志"(上),南京:江苏古籍出版社,2002年,第834页。
⑤ 缪荃孙、冯煦、庄蕴宽、吴廷燮等纂修:《江苏省通志稿》第9册"人物志"(上),南京:江苏古籍出版社,2002年,第949页。
⑥ 缪荃孙、冯煦、庄蕴宽、吴廷燮等纂修:《江苏省通志稿》第9册"人物志"(上),南京:江苏古籍出版社,2002年,第834页。
⑦ 房玄龄等:《晋书》卷六十六"刘弘传",北京:中华书局,1974年,第1763页。

事中郎,东晋时任御史中丞等职①。刘隗孙刘波,曾任冠军将军、南郡相②。应詹,汝南南顿人,元帝时任平南将军、江州刺史等职③。应詹子应诞,"有器干,历六郡太守、龙骧将军,追赠冀州刺史"④。刘超,琅邪临沂人,渡江后,任安东府舍人,后为义兴太守、左卫将军,成帝时为右卫将军⑤。刘惔,沛国相人。其祖父刘宏,字终嘏,光禄勋;刘宏之兄刘粹,字纯嘏,侍中;刘宏弟刘潢,字冲嘏,吏部尚书,三人被时人誉为"洛中雅雅有三嘏"。刘惔曾为丹阳尹,"与王羲之雅相友善"⑥。

刘锺,彭城人,隆安四年(400),伐孙恩,刘锺愿从余姚浃口攻句章,"皆摧坚陷阵,每有战功"⑦。

镇江王雅,东海郯人,魏卫将军王肃之曾孙。累迁至尚书散骑常侍左仆射,卒赠光禄大夫,仪同三司⑧。王恬,琅琊临沂人,咸康间任吴郡守。王胡之,琅琊临沂人,吴兴守⑨。荀羡,颍川临颍人,穆帝时任吴国内史。王洽,琅琊临沂人,吴郡内史。王荟、王劭、王谧,琅琊临沂人,均曾任吴国内史⑩。朱腾,沛人,吴国内

---

① 房玄龄等:《晋书》卷六十九"刘隗传",北京:中华书局,1974年,第1835页。
② 房玄龄等:《晋书》卷六十九"刘波传",北京:中华书局,1974年,第1838页。
③ 房玄龄等:《晋书》卷七十"应詹传",北京:中华书局,1974年,第1859页。
④ 房玄龄等:《晋书》卷七十"应詹传",北京:中华书局,1974年,第1861页。
⑤ 房玄龄等:《晋书》卷七十"刘超传",北京:中华书局,1974年,第1875—1876页。
⑥ 房玄龄等:《晋书》卷七十五"列传第四十五",北京:中华书局,1974年,第1990—1991页。
⑦ 杨泰亨:《光绪慈溪县志》卷五十五"纪事",光绪五年刊本,第3页上。
⑧ 脱因修:《至顺镇江志》卷十八"人材",道光二十二年刻本,第19页下—20页上。
⑨ 郑沄修:《乾隆杭州府志》卷六十二"职官一",乾隆四十九年刻本,第6页上。
⑩ 郑沄修:《乾隆杭州府志》卷六十二"职官一",乾隆四十九年刻本,第8页下—9页上。

第七章 社会结构的异化

史[①]。王淮之,琅琊临沂人,武帝时任吴兴守[②]。刘怀敬,彭城人,以恩授会稽太守[③]。

刘延孙,祖籍彭城,世居京口,累官至金紫光禄大夫,领太子詹事,南徐州刺史,尚书左仆射护军将军。卒赠司徒,给班剑20人,谥文穆[④]。王延之,琅邪人,举南徐州秀才,官至左仆射,领竟陵王师转特进,卒谥简,曾任镇江大中正[⑤]。邱巨源,兰陵人,举孝廉,宋明帝使参诏诰仕齐,为尚书主客郎,领军司马越骑校尉,后除武昌太守,不乐乃以为余杭令[⑥]。彭城人刘瑀,迁吴兴太守,历吏部尚书[⑦]。临沂人王惠,"宋武帝闻其名,以问其从兄诞。诞曰:惠后来秀令,鄙宗之美也"。永初三年,迁詹事转尚书,吴兴太守,历吏部尚书。临沂人王昙生,"好文义,以谦和见称"。历吏部尚书太常,出为吴兴太守[⑧]。临沂人王谦之,晋司州刺史王胡之曾孙,孝建初,历骁骑将军,御史中丞,吴兴太守。以南下之功封石阳县,子赠前将军,谥肃[⑨]。

南朝宋时,在杭州出任过最高官职的有彭城人刘道真、兰陵人萧赤斧[⑩]。南朝齐时,出任过杭州地方最高官职的有琅琊临沂人王

---

① 郑澐修:《乾隆杭州府志》卷六十二"职官一",乾隆四十九年刻本,第9页上。
② 郑澐修:《乾隆杭州府志》卷六十二"职官一",乾隆四十九年刻本,第10页下。
③ 施宿:《嘉泰会稽志》卷二"王",嘉庆十三年刊本,第16页下。
④ 脱因修:《至顺镇江志》卷十八"人材",道光二十二年刻本,第20页上。
⑤ 脱因修:《至顺镇江志》卷十八"人材",道光二十二年刻本,第20页上。
⑥ 脱因修:《至顺镇江志》卷十八"人材",道光二十二年刻本,第20页下。
⑦ 董斯张:《崇祯吴兴备志》卷三"郡守",南林刘氏嘉业堂刊本,第2页下。
⑧ 董斯张:《崇祯吴兴备志》卷三"郡守",南林刘氏嘉业堂刊本,第3页上。
⑨ 董斯张:《崇祯吴兴备志》卷三"郡守",南林刘氏嘉业堂刊本,第3页下。
⑩ 郑澐修:《乾隆杭州府志》卷六十三"职官二",乾隆四十九年刻本,第9页上。第2页上。

籍、东海人王沉、东海郯人王僧孺①。

萧齐、萧梁政权中彭城籍名将有垣崇祖、垣荣祖从兄弟，曹虎，到溉，刘慧，刘盈等。北魏、北齐的彭城籍名将有刘僧利、刘元孙、郑长猷、刘鹭、皮景和等。彭城人刘悛，元徽间，"除黄门侍郎，行吴郡事"②。萧琛，兰陵人，举南徐州秀才，累迁司徒记室，积官至侍中，特进金紫光禄大夫，卒谥平。普通（520—527）中，尝领南徐州③。徐勉，东海郯人，孝嗣之族，射策举高第，补西阳王国侍郎，迁太学博士。仕至特进右光禄大夫，卒赠开府仪同三司。王智深，琅邪临沂人，直接从平民被拔擢（解褐）为镇江祭酒④。

南梁刘孺，彭城人，"少聪敏，叔父瑱为义兴郡，携之官，每谓客曰：吾家明珠也。大同中守吏部尚书，为晋陵太守。在郡和理，为吏民所称，入为侍中"⑤。兰陵人萧济。"好学，博通经史，梁太子舍人陈霸先镇京口，以济为明威将军、征北长史。历守兰陵、阳羡等郡，皆著声绩。文帝即位，授侍中，后历三部尚书"⑥。何远，东海郯人，释褐江夏王国侍郎，仕梁为步兵校尉，历武昌、宣城、东阳三郡太守。"所至皆生为立祠，其清公为天下第一"⑦。王琳，琅邪人，举南徐州秀才，为征虏法曹，累官至明

---

① 郑沄修：《乾隆杭州府志》卷六十三"职官二"，乾隆四十九年刻本，第9页上。第2页下。
② 冯桂芬纂：《苏州府志》卷五十二"职官一"，光绪九年刊本，第6页下。
③ 脱因修：《至顺镇江志》卷十八"人材"，道光二十二年刻本，第20页下。
④ 脱因修：《至顺镇江志》卷十八"人材"，道光二十二年刻本，第21页上。
⑤ 刘广生修：《常州府志》卷十"职官三"，万历四十六年刻本，第9页上。
⑥ 刘广生修：《常州府志》卷十"职官三"，万历四十六年刻本，第9页上一下。
⑦ 脱因修：《至顺镇江志》卷十八"人材"，道光二十二年丹徒包氏刻本，第21页上。

威将军、东阳太守、召为司徒左长史。王规,琅邪人,举南徐州秀才,起家校书郎。天监十二年(513),献太极殿赋,拜秘书丞,累官至左民尚书①。徐伯阳,东海人,试策高第梁侯官,令陈新安王府咨议,参军事。萧引,兰陵人,释褐著作佐郎,累官至吏部侍郎中庶子。徐陵,东海郯人,梁大通二年稍迁尚书度支郎,出为上虞令。刘孝绰,彭城人,"幼聪敏,七岁能属文,号曰神童。为太子洗马,出为上虞令"②。

唐代,彭城人刘商,第进士,历尚书郎,"渡江游茅山,至义兴,隐居湖汶渚,遍历诸溪山名胜。樵者问之,曰:我刘郎中也。后莫知所终"③。彭城人赵居正,天宝九年(750)为吴郡太守④。彭城人刘太真,"其先晋永嘉末,从金陵因家焉。弱冠以竹义修洁,词藻瑰异,为萧颖士所知"。广德二年(764),"江淮宣慰使李季卿荐授左卫兵曹,……历官礼部侍郎,出为信州刺史"⑤。

苏州历史名人中的淮北人有,汝南固始人胡仲,任吴中书令,晋尚耆郎,吴郡太守⑥。东海人糜豹,为吴郡太守,永兴二年(305)建吴泰伯庙于阊门外,曾按行属城问功曹唐景风俗所尚,景答:"处家无不孝之子,立朝无不忠之臣。文为儒宗,武为将帅。时人以为善言。"⑦下邳良成人徐参,曾任吴郡太守⑧。下邳人

---

① 脱因修:《至顺镇江志》卷十八"人材",道光二十二年丹徒包氏刻本,第21页上。
② 唐煦春修:《光绪上虞县志》卷三"职官表",光绪十七年刊本,第62页上。
③ 阮升基修:《宜兴县志》卷末"杂志",嘉庆二年刊本,第51页上。
④ 许瑶光修:《光绪嘉兴府志》卷四十二"名宦一",光绪五年刊本,第32页上。
⑤ 卢熊纂修:《苏州府志》卷二十五"名宦",洪武十二年刊本,第18页上。
⑥ 卢熊纂修:《苏州府志》卷二十一"人物",洪武十二年刊本,第6页上。
⑦ 卢熊纂修:《苏州府志》卷二十一"人物",洪武十二年刊本,第3页下。
⑧ 卢熊纂修:《苏州府志》卷二十一"人物",洪武十二年刊本,第3页下。

吴展,"忠足矫非,清足厉俗,信可结神,才堪干世仕"①。琅邪临沂人王恬、王侃曾任吴国内史,等②。

在绍兴担任过最高行政官的淮北人有汉代淮浦人陈瑀③,东晋临沂人王敦、王舒、王荟④、王导,谯国人桓温⑤,南朝宋琅琊人颜峻⑥,彭城庐陵王义真,东海郯人徐羡之,琅琊临沂人王宏,彭城人彭城王刘义康,彭城人始兴王刘浚,彭城人江夏王刘义恭,彭城人庐陵王刘绍⑦,南齐临淮人王敬则,等⑧。

担任义兴太守的淮北人,东晋时有琅邪临沂人刘超、王静之⑨,南朝宋时有临沂人王球、王琨、王僧达、王蕴、王俭、王莹,沛郡萧人刘损⑩,南朝齐时有临沂人王缋、王秀之、王骞、王晃,彭城安上里人刘填,等⑪。

彭城人颜岐,建炎中,官门下侍郎,靖康初,扈驾南渡。后构别墅于嘉兴石门镇北。"子孙留居,一姓自成村落,名曰陋巷

---

① 卢熊纂修:《苏州府志》卷二十一"人物",洪武十二年刊本,第5页下。
② 卢熊纂修:《苏州府志》卷二十一"人物",洪武十二年刊本,第9页上、第11页下。
③ 李亨特总裁:《乾隆绍兴府志》卷二十五"职官志一",乾隆五十七年刊本,第9页上。
④ 李亨特总裁:《乾隆绍兴府志》卷二十五"职官志一",乾隆五十七年刊本,第9页下。
⑤ 李亨特总裁:《乾隆绍兴府志》卷二十五"职官志一",乾隆五十七年刊本,第10页下。
⑥ 李亨特总裁:《乾隆绍兴府志》卷二十五"职官志一",乾隆五十七年刊本,第11页上。
⑦ 李亨特总裁:《乾隆绍兴府志》卷二十五"职官志一",乾隆五十七年刊本,第11页下。
⑧ 李亨特总裁:《乾隆绍兴府志》卷二十五"职官志一",乾隆五十七年刊本,第12页上。
⑨ 阮升基修:《宜兴县志》卷五"守令",嘉庆二年刊本,第2页下。
⑩ 阮升基修:《宜兴县志》卷五"守令",嘉庆二年刊本,第3页上—下。
⑪ 阮升基修:《宜兴县志》卷五"守令",嘉庆二年刊本,第3页下—4页上。

村。"①海州人胡松年,建炎初入西府,绍兴间,奉祠居阳羡言村,筑堂以自娱,扁曰:横山②。

彭城人时公橄,葬其父于桐乡阜林镇,"居官廉正,尤长于识鉴。择壻得湖州张孝祥,同邑莫元忠。时元忠贫,士辞以非偶。橄笑曰:莫子当为令人,岂久贫约者耶。卒妻之。后孝祥、元忠皆及第"③。安徽临淮人于涌,大观四年(1110)为江阴丞,悉心水利事业,在黄田、蔡泾行处置上下闸,以利灌溉,旱潦有备,"且省漕输之卒过半。又西导申、利二港,注之武进,利济邻邑,其功甚溥"④。周虎,世为泗州临淮人,靖康中南徙,居常熟,"为人倜傥,轻财尚气。"庆元二年(1196)武举进士第一,谥忠惠,庙号忠烈⑤。

江南其他袁、桓、庾氏名人也多出自淮域。如东晋文学家袁崧,原为陈郡人。桓谦,谯国人,隆安三年任吴国内史。⑥东晋桓彝、桓温父子出自谯国龙亢桓氏;东晋庾亮、庾翼兄弟,颍川鄢陵人。

可以说,在南北朝以前,迁移到江南的淮北人,大量地成为江南地方或是政治上的精英。这与后来迁移江南的淮北人几不可同日而语。

---

① 许瑶光修:《光绪嘉兴府志》卷六十"列传",光绪五年刊本,第90页上。
② 史能之纂:《咸淳重修毗陵志》卷十八"寓贤",明初刻本,第6页下。
③ 严辰:《光绪桐乡县志》卷十五"人物",光绪十三年刊本,第2页上。
④ 陈延恩修:《江阴县志》卷十五"名宦",道光二十年刊本,第2页上一下。
⑤ 卢熊纂:《苏州府志》卷三十六"名宦",洪武十二年刊本,第8页上一下。
⑥ 郑澐修:《乾隆杭州府志》卷六十二"职官一",乾隆四十九年刻本,第9页上。

二、明清以后淮北人"下江南"

明清以后,淮北人口大量向江南迁移。许多淮北农民,"游行各地,以待出雇"①。这些靠出卖劳动力为生的人,与那些专以乞讨待赈的流民显然不同,他们希望寻找供其工作的地方,凭自己的劳动以自存。他们是淮北农民中的良善安分之辈。不过,这些到了江南的移民,大多不能融入江南主流社会,更鲜或为江南社会的精英,而多在江南地区出卖劳动力。

淮北外出的劳动力,不同于江南地区进入工厂工作的学徒和工人。江南的学徒和工人,在家乡往往具有一定的经济资源,而在其工作的城市又往往具有强大的同乡资源可资利用。他们中间很容易产生企业精英、社会精英和政治精英,荣宗敬、荣德生、虞洽卿、朱葆三、刘国钧等就是这样的人。淮北的劳动力,甚至无法与内地外出谋生的人口相比,在河南北部太行山区的林县姚村,外出做工的男性,实际上多是手艺人,如木匠、铁匠和石匠②。而淮北的劳动力基本上没有可资利用的经济资源、同乡资源和可以谋生的手艺,他们只能出卖劳动力为生,以至于长期被学者们误解为是"资本主义的种子"。

现代经济的发展,使江南农村居民已不是传统的农民,他们不再依附于土地。而淮北地区的移民,尽管身在江南地区,但不论其技能上还是身份认同上,都仍是传统的农民,再也没有其他哪个地

---

① 汪疑今:《江苏的小农及其副业》,《中国经济》第4卷第6期,1936年6月15日出版,第75页。
② Ralph Thaxton, "Land Rent, Peasant Migration, and Political Power in Yao Cun, 1911-1937," *Modern Asian Studies*, vol. 16, no. 1 (1982), p. 113.

区的移民像他们那样始终无法抹去地域的烙印了。

江南现代经济的发展,在城市地区提供了许多高收入的工作,使劳动力很容易摆脱土地的束缚,从而进一步促进经济的变革、增长和工业化。对无锡调查时,人们常说这样的话:"种田是阿末条路,只要有点办法,总勿会在家。"① 这与同时代美国的情形极为相似。20世纪30年代美国南部阿拉巴契亚山区的农民到北部城市定居、尤其是西南部俄克拉荷马、得克萨斯、阿肯色和密苏里的流动农业工人(Okies)到加利福尼亚中部凹地(Central Valley)时,多从事加州本地人不愿做、以前由墨西哥人承担的农业劳动②。

工业发达的江南居民不愿种田,种田工作由淮北等地农民承担,这是淮北劳动力流动的诱因。据对江南租册的分析,有许多江北客民取代了以前的佃农,"说明这些客民很愿意满足相当贫困的状况,来做佃农以作为生活的起步"③。在吴江县二十四都六图南富圩新开垦的4块劣质土地中,有3块被江北客民所佃种④。

据中国国民党江苏省党部在1926年的调查,"江南各地的雇

---

① 华东军政委员会土地改革委员会:《江苏省农村调查》(内部资料),1952年,第96页。
② Emily Honig, *Creating Chinese Ethnicity: Subei People in Shanghai, 1850-1980*, New Haven and London: Yale University Press 1992, P. 3.
③ Yuji Muramatsu, "A Documentary Study of Chinese Landlordism in the Late Ch'ing and the Early Republican Kiangnan", *Bulletin of the School of Oriental and African Studies University of London*, Vol. 29, No.3, March 1966, London: The School of Oriental and African Studies 1966, p. 581.
④ Yuji Muramatsu, "A Documentary Study of Chinese Landlordism in the Late Ch'ing and the Early Republican Kiangnan", *Bulletin of the School of Oriental and African Studies University of London*, Vol. 29, No.3, March 1966, p. 581.

农,小部分是本地人,大部分是江北人"①。1927年对无锡的调查表明:"在昔农闲之候,农民之为堆栈搬运夫者甚多。近年来各种工厂日见增多,而乡间雇农,大都改入工厂矣。乡间即使有一二雇农,均来自常熟、江阴、江北。……而本地人之为雇农者,则不可多得矣。"②

拥有11880亩土地的吴江庞山湖农场,开始在本地招工时,竟无人应招,该场最早雇佣的农业工人是来自苏北的数十名难民,"至1935年,苏北农民来此渐多",到1949年,庞山湖农场的佃农达509户、共2143人,"大都是由苏北先后移此或逃难来此的"③。1949年的武进县农村中,"有一部分外籍迁来的农民,其中大部来自苏北,也有部分是皖北的。他们大半系靠出卖劳力维持生活"④。

据1934年对南京城内66户从事农业劳动的家庭进行调查,南京市内的农业工作主要由来自附近相对欠发达的安徽、淮北等地区的农民承担。来自安徽的农户占43.9%,来自苏北的农户占27.3%,来自河南、河北等地的农户占6.1%⑤。

据何炳棣研究,太平天国战后,仅河南光山一县就派出超过100万移民到苏南和浙北等地区。除了南京城有十分之七的人口是

---

① (中国国民党)江苏省党部:《江苏农民之经济政治文化状况》,中国国民党中央执行委员会农民部编:《中国农民》第8期,1926年10月出版,第64页。
② 容庵:《各地农民状况调查·无锡》,(上海)《东方杂志》第24卷第16号,1927年8月25日发行,第110页。
③ 华东军政委员会土地改革委员会:《江苏省农村调查》(内部资料),1952年,第360—361页。
④ 华东军政委员会土地改革委员会:《江苏省农村调查》(内部资料),1952年,第37页。
⑤ 姚传元:《南京城内农家之分析研究》(上),南京金陵大学农学院:《农林新报》第11年第29期,1934年10月11日出版,第581页。

来自安徽和湖北外,整个江苏西南部实际上是河南的农业殖民地。河南移民在那里占据绝对优势,以至于那里的耕作方法、社会习俗和妇女衣着都发生了彻底的变化①。20世纪20年代末对江宁县调查时,发现有大量河南籍农民迁到该地定居,调查者张心一写道:"至于(江宁)各区社会情形之最堪注意者,莫若客民繁多之现象。考此种客民大部移自河南,有居住五十年以上者,有居住二三十年者,甚至有与河南故土仍通声气者。其数之众,若一经统计,必表示全县居民百分数若干以上之记录。"②

在江宁、武进等地,"北方人迁移过来的很多,他们与本地人比邻而居,而双方面仍旧守着各人的旧有习惯。北方农人比较上更勤劳而朴素,因此本地人常被他们排挤得不堪。客民都是住的土墙茅屋,而本地人则住的砖墙瓦房。在社交上,双方面多不愿往来,而本地人每不屑与客民为伍。彼此常不相通婚,双方芥蒂之深,犹如两个民族间,不易融合的一般"③。

李长傅指出:"本省人口之移动,就著者之观察,有二倾向。一自长江以北移之长江以南。二,江南各地集中于上海。淮北生活困苦,淮南人口稠密,故多向江南谋生,其分布除大都市外,并及各乡镇,均为劳力小贩、小工匠等。职业既卑,又以语言差异,每为江南人所歧视。"④

---

① Ping-ti Ho, *Studies on the Population of China, 1368-1953*. Cambridge, Massachusetts: Harvard University Press, 1959, p. 155.
② 张心一:《江宁县农业的调查》,国民政府主计处统计局编:《统计月报》第1卷第4期,1929年6月出版,第72页。
③ 卜凯著,张履鸾译:《中国农家经济》下册,上海:商务印书馆,1936年,第518页。
④ 李长傅:《分省地志:江苏》,上海:中华书局,1936年,第96页。

在当时的江苏省会镇江,"每年冬天总有大批由苏北和山东省的穷人,前来寻求工作,但是到了春天,他们就回去耕作。这种人每年有四千至五千人"①。在镇江,"贫民则衣食不足,尤以蒙民(俗称旗人与汉人同化之人)、回民、江北客民与夫本籍无职业之居民,粗食陋室,间有搭盖芦蓬,以掩风雨者。食多杂粮山芋"②。

在工业化进程中,英、美等国都出现过落后农业区的农民在现代化城市中从事低档工作的现象。19世纪早期,爱尔兰人来到新英格兰、伦敦、曼彻斯特和利物浦时,总是做些本地人不愿做的工作③。与伦敦等地的爱尔兰人一样,除了耕作外,江南地区其他技术程度不高、当地人不愿干的体力工作,多由苏北等地区的移民来承担。据调查:"江北地区后来成为上海、南京工业和城市各种企业非熟练劳动力的主要来源之一。"④

同样在上海等地工作,江南人很容易获得提升。如同是面粉厂女工,许多江南女性最终会成为工头、秘书和簿记员,"苏北女性的提升则是令人无法想象的事"⑤。男工的区别更明显,上海福新第一和第七面粉厂中,技术程度较高的粉间工作大都由宁波人承

---

① 章有义:《中国近代农业史资料》第2卷,北京:三联书店,1957年,第639页。
② 王培棠:《江苏省乡土志》下册,长沙:商务印书馆,1938年,第441—442页。
③ Oscar Handlin, *Boston's Immigrants*, 转引自 Emily Honig, *Creating Chinese Ethnicity: Subei People in Shanghai, 1850-1980*. New Haven and London: Yale University Press, 1992, p. 3.
④ Yuji Muramatsu, "A Documentary Study of Chinese Landlordism in the Late Ch'ing and the Early Republican Kiangnan", *Bulletin of the School of Oriental and African Studies University of London*, Vol. 29, No.3, March 1966, p. 581.
⑤ Emily Honig, *Creating Chinese Ethnicity: Subei People in Shanghai, 1850-1980*. New Haven and London: Yale University Press, 1992, p. 64.

担，而下麦、外场等技术程度较低，对体力要求较高的工作则由淮北等地的工人来承担①。卷烟工业中，大部分工人来自浙江，少量的苏北人只能从事那些非技术性劳动②。

上海邮局中的苦力，"他们大半是江北人，能刻苦耐劳，节衣缩食的渡（度）过生活"③。在上海的招商局码头和太古码头上，"江北人要占80.0%，……新关码头的工人，江北人要占50.0%，青口人占30.0%，其余各地人均有，码头上通用的方言，以江北话为主，上海话为次"④。

20世纪20年代，在芜湖码头从事搬运工作的"奋帮"，主要来自淮北的徐州、宿州、山东等地⑤。在南京，江北、安徽等地外来工人约占全市工人总数的35%，这些人主要从事技术程度不高的铁路、旅馆业、航米船业、浴室业等工作⑥。1930年有人写道："生长在江南的儿女们，年年看见江北人的来到于江南各县的城市做小贩，做厂工，做黄包车夫，做一切下贱的事，在一只破烂的小船里边，住宿，吃饭，养小孩子。又年年看见许多江北人来到各县的乡

---

① 上海社会科学院经济研究所：《荣家企业史料》上册，上海：上海人民出版社，1966年，第139页。
② Emily Honig, "Native-Place Hierarchy and Labor Market Segmentation: The Case of Subei People in Shanghai". Thomas G. Rawski and Lillian M. Li (ed.), *Chinese History in Economic Perspective*, p. 281.
③ 朱邦兴等：《上海产业与上海职工》，上海：上海人民出版社，1984年，第413页。
④ 陈达：《我国抗日战争时期市镇工人生活》，北京：中国劳动出版社，1993年，第375页。
⑤ 语罕：《芜湖劳动状况》，《新青年》第7卷第6期，1920年5月1日出版，本文第3页。
⑥ 李政：《南京市工人生活的一斑》，南京特别市政府社会调查处编：《南京社会特刊》（未署期号），1931年1月出版，第100页。

村,开垦荒田或是佣工,盖起一两间草蓬子与江南的清秀丰腴的田野以一可怜的点缀。尤其是上海一隅的纺织工人,制造工人,重工业工人,小车夫,黄包车夫,码头工人,苦力,江北人占了最大的成分。"①这是江北劳动力在江南所从事的职业的真实写照。

时人写道:"上海、武汉、南京、天津、广州各大城市之人口一天天的增多,其最重要的原因,便是农民离村他适之结果。然而在民族工业枯萎的境况下,原来的工人,已经一批一批的被抛弃于十字街头,离村的农民,自然不容易找到工作的,结局只有拉黄包车充当牛马。"②以至于有人说:"任何其他职业都没有拉黄包车与在上海劳动力市场中的苏北人联系密切,并被视为苏北人身份的标志。"③

在其他技能不高、常被人歧视的服务行业中,淮北人同样占绝对优势。如修鞋匠、粪便和垃圾清理工也主要来自淮北,"尤其是后两种工作,是真正的'臭职业',似乎只有苏北人才愿意做,这不但置他们于、而且更加剧了他们的低下的身份"④。对他们而言,工厂中的工作是非常令人羡慕的高等职业,盐城有位在上海当垃圾工的人回忆说:"我非常想到工厂中工作,我十分羡慕我那些

---

① 吴寿彭:《逗留于农村经济时代的徐海各属》(续),(上海)《东方杂志》第27卷第7号,1930年4月10日出版,第69页。
② 许涤新:《农村破产中底农民生计问题》,(上海)《东方杂志》第32卷第1号,1935年1月1日发行,第(农)52页。
③ Emily Honig, "Native-Place Hierarchy and Labor Market Segmentation: The Case of Subei People in Shanghai", Thomas G. Rawski and Lillian M. Li (ed.), *Chinese History in Economic Perspective*, p. 275.
④ Emily Honig, "Native-Place Hierarchy and Labor Market Segmentation: The Case of Subei People in Shanghai", Thomas G. Rawski and Lillian M. Li (ed.), *Chinese History in Economic Perspective*, p. 276.

在工厂工作的亲戚。但我们却不能在那里做工。"①

即使在娼妓中,江南与淮北女性之间的界限也十分明显。上海娼妓中,地位最高的是苏州女子,她们住在装饰豪华的妓院中,受过专门的训练,只接待那些富商和高官。淮北籍的女性多游荡在上海色情区的街道上拉客,有的摇着小船向泊在黄浦江边沙船上的水手招揽生意②。由于越来越多的淮北妇女沦为娼妓,上海一市的妓女达25000人,即每130人中就有1人是妓女,这个比率比当时的芝加哥高3倍、相当于巴黎的4倍③。

淮北及其他地区的农民在江南地区从事粗活和农业劳动,主要由下列因素造成:

首先,淮北地区劳动力整体素质较低,对技术型和专业型的工作缺乏竞争能力。

淮北人是上海最大的移民人口之一。1935年前后,"江北贫民,来沪谋食者,不下数十万人,大都充当最辛苦之劳动生涯"④。到1949年,苏北人约占上海500万总人口的五分之一。不论他们是自己迁移到上海,还是淮北移民的后代,也不论他们是逃荒来的穷

---

① Emily Honig, "Native-Place Hierarchy and Labor Market Segmentation: The Case of Subei People in Shanghai", Thomas G. Rawski and Lillian M. Li (ed.), *Chinese History in Economic Perspective*, p. 279.
② Bryna Goodman, "Native Place, City, and Nation: Regional Networks and Identities in Shanghai, 1853-1937", Berkeley /Los Angeles /London: University of California Press 1995, P24. Emily Honig, *Creating Chinese Ethnicity: Subei People in Shanghai, 1850-1980*, p. 65.
③ Joseph Fewsmith, *Party, State, and Local Elites in Republican China: Merchant Organizations and Politics in Shanghai, 1890-1930*, Honolulu: University of Hawaii Press 1985, p. 12.
④ 朱懋澄:《劳工新村运动》,(上海)《东方杂志》第32卷第1号,1935年1月1日发行,第(社)10页。

人,还是逃避20世纪40年代土地改革的富裕地主,在上海的淮北人集中从事上海人不屑于做的工作①。有位学者写道,淮北人在上海似乎愿意做那些低下的、没有社会地位的工作。对他们而言,即使是上海最糟的工作也比在苏北生活要好。当他们到达上海时,他们没有任何训练,从而使他们很难获得技术性的工作。②

其次,由于社会生态的恶劣,淮北地区的劳动者缺乏同乡会的有力支持。

早期流入江南的淮北贫民,由于缺乏经济来源,很难给当地人留下良好印象。史载,道光辛卯(1831),苏州地区屡患水灾,"泗洲(州)流民,号'倒撑船户',其时乘灾为患,每于风雨之夕,偷割稻穗,乡人苦之。元和令何公(士祁)方捕一船,曰周裕者,将船中截为两,半发荇溪天宁寺,半发娄关接待寺,示众山门口。父老欢腾,共颂贤侯善政"③。这段以苏南人观点写出的文字,使我们窥见了淮北人生活的一斑。一个风雨之夜偷点稻穗的穷苦家庭,被抓获后,县官竟把他们一家赖以生活的船只从中间截断,根本不予其任何生存余地,尤为苛酷的是,还把他们的断船放在两个地方示众,从精神上再予重重打击。对于这样做法,由于受害者是淮北人,所以苏南人普遍叫好。

明清时,由于漕船极为笨重,"非膂力强盛熟于驾驶者不能

---

① Emily Honig, "Native-Place Hierarchy and Labor Market Segmentation: The Case of Subei People in Shanghai", Thomas G. Rawski and Lillian M. Li (ed.), *Chinese History in Economic Perspective*, Berkeley/los Angeles/Oxford: University of California Press 1992, p.274.
② Emily Honig, *Creating Chinese Ethnicity: Subei People in Shanghai, 1850-1980*. New Haven and London: Yale University Press, 1992, p.73.
③ 顾震涛:《吴门表隐》卷三,南京:江苏古籍出版社,1999年,第40页。

得力",因此,"江、浙水手向系江北、山东等处外来之人揽雇承充"①。在浙江的山东、河南籍水手就有1万人,客栈和饭店不敢容留他们②。这些人到了江南地区,往往暗携器械,恃众行凶,遇到机会更是大肆抢劫③。道光十六年十月二十六日(1836年12月4日),被抓获的劫匪中,夏名辉籍隶山东泗水县,段添蟢、冯四籍隶山阳县,俱在兴武帮粮船充当水手④。

江南盗匪方面多来自北方农民,"无所资生,飘泊异乡,囊无余蓄,不得已挺身为匪矣。此历获匪犯,诘讯其甘心为匪之原因,实多数缘于此也"⑤。

光绪初年,往苏州等地的苏北人,"相沿成例","而流氓之至苏者,仍复纷纷不绝"⑥。徐海、沂州在苏常等地索食的流民,往往百十人为一伙,"其头目率戴五六品翎顶,恐吓乡愚。每到一村,按户派养,一宿两餐,饭必大米,量皆兼人。供给流民,数口一次辄费八口经旬之粮。而其改名换姓,十日半月,去而复来,鸡

---

① 林则徐:《筹议约束漕船水手章程折》,中山大学历史系中国近代现代史教研组、研究室编:《林则徐集(奏稿)》上册,北京:中华书局,1985年,第313页。
② David E. Kelley, "Temples and Tribute Fleets: The Luo Sect and Boatmen's Associations in the Eighteenth Century," *Modern China*, vol. 8, no. 3 (July 1982), p. 370.
③ 林则徐:《筹议约束漕船水手章程折》,中山大学历史系中国近代现代史教研组、研究室编:《林则徐集(奏稿)》上册,北京:中华书局,1985年,第313页。
④ 林则徐:《拿获纠伙行劫之漕船水手夏名辉等审明正法折》,中山大学历史系中国近代现代史教研组、研究室编:《林则徐集(奏稿)》上册,北京:中华书局,1985年,第366页。
⑤ 薛秉阳:《溧阳匪类之内容及其消灭方法》,江苏省政府秘书处宣传股编:《江苏旬刊》1929年,第64期,第35页。
⑥ 《流氓复至》,《申报》光绪三年十一月初二日(1877年12月6日),第3页。

犬不宁，无所底止。"①

杭嘉湖各属的冒头船，多是自称淮北人所有。光绪十年冬，游勇及哥老会加入，分股行动，每股三四百人或二三百人，捏有海州、沭阳、安东行地就食护照，在江南沿乡勒索钱米。每村动辄以数十石、数十千钱相逼，居民畏其强悍，多出米五六石、七八石，钱十余千、二三千不等。光绪十一年冬，客民人数窜升，在嘉兴官弄西首，占据民居，抢掠财物。在海盐石泉镇，拔夺妇人首饰，乡人鸣锣驱逐，反被他们捉去数人，赤身浇水，勒索钱财。官府驱不胜驱，竟至愈聚愈多，这些人手执棍棒，沿村挨户，强索米和银洋，"稍不遂欲，棍棒交下，以打死相吓。有人抬石打门，抢掠杂物，遇有妇人，便掠衣饰。且每起有冒头船七八只随行，暗藏洋炮、凶器，装载米石。"这些人，比较著名的以洪五、潘竹山为首，皆自称沭阳人。宋义昌、周文章、徐大来、吕天隆等股首领自称海州人。另有安东县匪首王协和、李子方等率三百数十人，由硖石至海盐书带里桥边强抢财物，衣米什物抢掠一空，占宿大横山庙，白天操练军器，夜里鸣放洋枪，火光烛天，人声鼎沸。附近居民的棉纱、鱼肉尽被掠去。不法情形日甚一日，稍不如愿，刀棍相加。甚至掳去居民施保庆、姚德顺、俞福庆等，剥衣吊打勒索。雀祥生被割左耳，蔡隆春、俞福生被刀砍伤，俞姓妇人被拔去金首饰，遭受毒打。"土民愤极，鬮集鸣锣，希图驱散。讵料该匪纵火焚庙，持械迎打，土客互死百有余人。"这些人脱身后，遗留红布

---

① 何嗣焜：《致江苏刘景韩提刑书》，《存悔斋文稿》卷三，光绪十九年刻本，第1页，李文治编：《中国近代农业史资料》第1辑，北京：三联书店，1957年，第937页。

盟单,备列头目姓名,首领为王协和,以下为王朝永、宋开德、李子方等36人,最长者39岁,最幼者19岁。其盟序云:"今逢订交之时,叙桃园结义之风,异姓同居,愿结仁义兄弟,有患相共,有禄同居。既盟之后,言归于好。如有自背盟训者,天厌之,天厌之。"①

淮北农民大量涌入江南地区从事农业和其他体力工作,一方面是因为他们移入地区的工资要远远高于其移出地区的工资。通常情况下,农民在苏南做雇工可获得高于淮北2—3倍的工资,并可享受淮北等地难以得到的其他物质条件②。在工业化过程中,人们从生活条件和生活设施较差的地方流入到建筑、供水、交通等条件较好的地方实为共性③。所以尽管淮北等地的农民在江南地区所从事的工作相对较差,但一旦有了稳定的工作,他们大部分不愿再回到自己的家乡,只有从事临时性农业工作的人会经常往返。这与东北移民有一定的差别,据调查,到东北的移民总是集中在3月和4月,

---

① 杞忧子:《流匪横行续述》,《申报》1887年3月7日,第3版。
② 据调查,1949年以前,在吴县姑苏乡作雇工年工资一般为12担谷(华东军政委员会土地改革委员会:《江苏省农村调查》,第186页。以下引自该书仅注页码);武进政成乡雇工的年工资为7石米,牧童为2石米,该县南部工资较高,技术好的雇工每年可获15石米,忙季月做工100天的人,最高可获6石米(第49页);嘉定县农村,每工每日5升米(连饭可折为7.5升米,下同)(第80页);无锡县云林乡忙工工资每工为5升米、闲工为3升米(均供饭)(第114页);吴县保安乡,长工最高为每年10石米,一般为7—8石米,日工忙时为5升,闲时为3升(第169页)。如果做泥水匠和木匠,通常一年做工100天即可得6石米(第189页)。我们把苏南长工的年工资定为7—12担米,1927—1931年苏南米价为每石8.60元〔David Faure, *The Rural Economy of Pre-Liberation China: Trade Expansion and Peasant Livelihood in Jiangsu and Guangdong, 1870-1937.* Oxford, New York: Oxford University Press (Printed in Hong Kong), 1989, p.149〕,可知以1930年代前期币值计算,苏南雇工的年工资为60—103元。
③ W. A Lewis, "Economic Development with Unlimited Supplies of Labour", *The Manchester School of Economic and Social Studies*, May 1954, p.148.

他们回乡的时间多为11月、12月和1月①。大部分移民在东北工作几年，汇回的收入多到可以养家的时候，他们最终会回到他们在华北的故乡②。

另一方面则是江南地区的远较淮北优越的社会生态对他们形成了巨大的吸引力。泰勒（J. B. Tayler）写道："拥有小块土地（比如半英亩左右）的村民，通常比一无所有的村民境遇更差，因为他被吸附在这小块土地上，而不能离开家门，到别处谋生。"③这种情形在淮北地区是不存在的，不论是小块土地，还是大块土地，对农民均无太大的束缚力和吸引力。托尼（T. H.Tawney）认为："不论中国的农村问题是什么，它们都不因无地无产阶级的存在而令人费解。中国农村生活中最典型的不是雇佣劳动者，而是有地的农民。"④事实确实更接近托尼的论述。从淮北流落到苏南的农民，在淮北多是有地者，他们不是无地可种，而是恶劣的社会生态，使得他们有地无法耕种，不得不到南方租种远较其家乡自有地小得多的土地来维持生计。据对南京51家外来户户主的调查，这些户主迁徙前在家种田的有39名，占总数的76.5%，迁徙后继续从事农业劳动的有25名，占农业户主总数的64.1%⑤。调查者指出："近百年

---

① Franklin L. Ho, *Population Movement to the North Eastern Frontier in China*. Shanghai: China Institute of Pacific Relations 1931, p.2.
② Thomas R. Gottschang, "Economic Change, Disasters, and Migration: The Historical Case of Manchuria", *Economic Development and Cultural Change*, Vol.35, No.3, April 1987, Chicago: The University of Chicago Press 1987, pp.461-462.
③ J. B. Tayler, *Farm and Factory in China: Aspects of the Industrial Revolution*. London: Student Christian Movement, 1928, p. 23.
④ R. H. Tawney, *Land and Labour in China*. London: George Allen & Ltd, 1932, p.34.
⑤ 姚传元：《南京城内农家之分析研究》（上），南京金陵大学农学院：《农林新报》第11年第29期，1934年10月11日出版，第582页。

来,迁移到南京城内的农家,……占百分之五十左右。未迁徙前,在家种田,既迁徙后,还是大部分要种地。"①尽管如此,他们在苏南的生计却远好于在淮北的生计。这些人迁徙的原因多为灾荒所致,因各种天灾而迁徙的达54.9%②。

遍地盗匪,是淮北农民有田无法耕种、不得不外出打工的另一原因。时人指出:"凡是土匪盘踞之处,农田往往荒芜,是即农民被迫离村之象征。凡有土匪之区域,几莫不如是。江淮北部所谓江北各县,在三年前系(1934年——引者注)亦为各种盗匪猖獗之地。是时江南都市中各种工人与苦力之充斥,大部都是此种江北人。查江北占全省面积四分之三,人口只及全省总数三分之一,今反有源源自江北而来江南谋生者,其以不堪匪扰为主因,固不待言。"③据调查:"邳县是土匪区域在扩大,我们调查开始的那天,正就是县长率领军队与土匪大战的一日;盐城则地瘠民贫底程度,竟使大批的农民每当收获以后便成群结队的下江南。"④与淮北毗邻的山东同样饱受兵匪之苦,兵匪们经常抢走在饥荒打击下人民所剩无几的财物⑤。许多人只得离村出走,东北和江南是他们非常向往的地方。

---

① 姚传元:《南京城内农家之分析研究》(下),南京金陵大学农学院:《农林新报》第11年第32期,1934年11月11日出版,第653页。
② 姚传元:《南京城内农家之分析研究》(上),南京金陵大学农学院:《农林新报》第11年第29期,1934年10月11日出版,第582页。
③ 吴至信:《中国农民离村问题》,(上海)《东方杂志》第34卷第15号,1937年8月1日发行,第18页。
④ 行政院农村复兴委员会编:《江苏省农村调查》,上海:商务印书馆,1934年,第7页。
⑤ Franklin L. Ho, *Population Movement to the North Eastern Frontier in China*. Shanghai: China Institute of Pacific Relations 1931, p. 15.

20世纪40年代中后期，流落到上海的苏北难民，"观其外：食衣住无着，流离载道，为状至惨！叩其内：则众口咸称：不堪环境之恐怖也！不堪暴力之破产亡家无罪而危害也！遭此不幸事件，迫而流亡，实非得已"①。

在考察江苏农村经济的"发展"和"突破"时，学者们多注重西欧的模式，把雇工经营作为一个重要的尺度。如学者多视淮北雇工具有资本主义的雇佣关系，是近代中国农业的未来。汪疑今写道：

> 在江苏许多地方，特别是淮北一带，小农们在富农经营里找到了雇工的工作，取得工资，以购买自己必需的工业品。另一些农民，特别江南一带小农则在资本主义的新家庭工业中，找得副业，以维持其小经营。②

有人认为："在江淮北部农村中，富农是一个主要的社会层。这些经营规模较大且雇有长工或短工的富农，即通常被认作资本主义在农村中的种子的富农，在盐城、启东及邳县都占有重要地位，……一到常熟，富农便少见了。"③这一看法具有启发性，但颇值得商榷。我们前文已经指出，淮北富农的比重实际上很小。至

---

① 苏北难民救济会议上海办事处编印：《上海苏北难民救济报告》，1947年2月出版，第7页。
② 汪疑今：《江苏的小农及其副业》，《中国经济》第4卷第6期，1936年6月15日出版，第77页。
③ 行政院农村复兴委员会：《江苏省农村调查》，上海：商务印书馆，1934年，第7—8页。

于其是不是资本主义的种子,则更难说了。

即使同属灶丁,淮北地区与淮南地区也迥然不同。在淮南盐场,一切草本、口粮及灶丁生活问题,垣商均不过问。而在淮北盐场,场价、纳税全归池商,即其他一切池滩、器具、装置、修理诸项,亦均归池商自备。淮北的晒丁,则具有雇佣劳动者的性质,"纯为出卖劳力以求生活,与淮南煎丁之须自负责任者,性质大异"①。

由于大量地利用了妇女劳动,苏南地区的农民家庭式经营,是资源配置较前优化的表现。相反,与汪疑今等人的看法不同,淮北的雇工经济,尽管形式上有所"突破",但实质上比苏南的家庭经济要落后得多。

黄宗智认为,松江地区女工与童工没有外出打工的习惯是造成男工工价高涨的原因,20世纪三四十年代松江农村因此没有女性成为农业雇工②。这主要是因为江南地区劳动力资源与土地资源的配置非常合理,农村剩余劳动力远较淮北地区为少,劳动力的价值因而增高。而到了20世纪三四十年代,上海周边农村地区,具备一定劳动能力的青年人大多进城进厂,留在家中的老弱妇孺耕种自家的田地尚且不暇,哪有余力给别人做工呢?据30年代的调查,上海农村地区"年富力强之人,及十余岁童子,大多愿入都市工作。其佣于农家为长工者,绝未之见。质言之,年工但有老迈不堪力作之人

---

① 胡焕庸:《两淮水利盐垦实录》,南京:中央大学,1934年12月刊印,第180页。
② 黄宗智:《长江三角洲小农家庭与乡村发展》,北京:中华书局,2000年,第66页。

而已。此种特殊情事,为他处所无"①。

苏南雇工工价较高,恰恰说明苏南地区的农家经济不是那种边际效应趋于零的"内卷化",而是说明苏南劳动力的价值处于不断的增长之中,其高昂的价格恰恰是其价值的真实表现。从劳动力自身的流动规律而言,势必要流向最能体现其价值的部门,而绝不会成为一成不变的"资本主义的"雇佣劳动者。

淮北的雇佣劳动,并不是真正的资本主义制度。其一,这种经济形式无法对本地的自然资源进行有效利用。如淮安府,"每遇水旱,佃户贫民竞弃田庐,携妇孺过江乞食,络驿(绎)于途,……去者或留而不归,而本境之田益荒,其致贫之由,视昔虽殊,其为淮民之苦则均矣"②。其二,雇工经营实质上是对人力资源的浪费。如徐州萧县的雇工,因自家养不起牲口,只得用人力去换取雇主家的畜力。而在淮北地区,雇工"用牛工一日,需还人工二日,用磨一日,则还人工一日"③。民国前期,淮安府木匠、瓦匠的日工资为3角,但驴马的租金却为每日1元④。清人指出:"江北各州县,地方硗瘠,风俗不醇,每多游手游食之人。乐岁贪于广种薄收,凶年则空穴而走。百十成群,易于习非滋事。计惟大兴工作,俾朝夕所入厚于赈粮,人必争趋,显以开数十百年之利益,默

---

① 《上海市百四十户农家调查(三)》,上海市社会局编《社会月刊》第2卷第4号,1930年10月出版,本文第13页。
② 吴昆田等总纂:《淮安府志》卷二"疆域",光绪十年甲申刻本,第4页下。
③ 详见汪疑今:《江苏的小农及其副业》,《中国经济》第4卷第6期,1936年6月15日出版,第73—74页。这种情形与黄宗智所研究的华北情形相似。详见Philip C. C. Huang, *The Peasant Economy and Social Change in North China*, pp. 148-149。
④ 东亚同文会:《支那省别全志》第15卷"江苏省",大正九年(1920)版,第176页。

以收数十百万之丁壮。"①其三,尤为重要的是,这种经营方式从来就没有发展出真正意义的资本主义大农场,相反,在近代江苏,真正资本主义的农垦公司一般均采用租佃制,而非雇工制②。与其说租佃制取代雇工制是"小家庭农场对大规模(资本主义)耕作的排斥"③,不如说是资源更优化式的经营取代了资源较不优化式的制度。

综上所述,淮北雇佣劳动者的形成不是该地区资本主义发展的结果,而是社会生态衰落到了极致所造成的。学者指出,"在上海的绝大多数苏北人不属于工业无产阶级的行列,而是属于苦力劳动者"④。由此可见,淮北地区绝不存在远较苏南发达的资本主义雇佣市场。尽管淮北地区的劳动力在江南地区多属于体力劳动者,但由于他们仍是淮北地区劳动力中的精华,他们大量向江南地区流动,使得淮北地区的许多土地抛荒。淮北劳动力素质严重下降,自然资源与劳动力资源均遭到极大的浪费。

三、地缘矛盾与社会分层

陶行知写道:"'江南'!这是一个多么甜美而令人神往的

---

① 晏斯盛:《水利备旱疏》,载贺长龄:《皇朝经世文编》卷四十三"户政十八",上海:广百宋斋丁亥仲春校印,第13页下。
② 详见严学熙:《张謇与中国农业近代化——论淮南盐垦》,载南京大学外国学者留学生研修部江南经济史研究室编《论张謇》,南京:江苏人民出版社,1993年,第397—409页。
③ 黄宗智:《发展还是内卷?十八世纪英国与中国》,《历史研究》2002年4期,第159页。
④ Emily Honig, "Native-Place Hierarchy and Labor Market Segmentation: The Case of Subei People in Shanghai". Thomas G. Rawski and Lillian M. Li (eds.), *Chinese History in Economic Perspective*, p. 275.

地方？！有史以来，不少的诗人文士替她歌咏，不少的帝王才子向她流连，简直把她赞仰得成为上比天堂的胜地。至于只隔一水的江北，好像从来就很少有人向她垂过青，尤其是'一二八'的国难，把许多汉奸的帽子加在'江北人'的头上，于是这'江北'二字，更是讨得人嫌。"①

为什么江南人会视江北人为"汉奸"呢？这在相当程度不是由于江北人真的有卖国行为造成的，而是由于地缘因素引起的。由地缘关系造成的社会分层，在中国近代非常普遍。这种矛盾的激烈程度，有时甚至远远超过"阶级"矛盾和民族矛盾。就江南城市中的淮北人而言，不但像其他无产阶级一样身受帝国主义和资本主义的压迫，而且要受到来自经济发达地区的同事和其他阶层的压迫和歧视。而对他们来说，尤以后一种压迫更直接、更普遍。这就不难理解，为什么淮北人更多时候是仇视直接鄙视他们、欺辱他们的"江南人"，而不是仇视离他们生活较远的"帝国主义"和资本家阶级。

淮北人所从事的低技术工作，使他们不可能有较高的经济收入，这又进一步影响了他们自身素质的提高。据对上海1471个游民嗜好的调查，爱好赌博者9□人、饮酒138人、鸦片191人、嫖娼408人、纸烟375人②。在打工者聚居的客栈和寄宿所，"其中各种恶劣习惯，如赌博，饮酒，吸鸦片红丸等事，俱极盛行"③。据《新青年》杂志

---

① 孙铭勋：《古庙活菩萨》，上海：儿童书局，1934年8月，第1—2页。
② 未署撰者：《一千四百余游民问话的结果》，《社会月刊》第1第4号，1929年4月出版，本文第5页。
③ 朱懋澄：《劳工新村运动》，《东方杂志》第32卷第1期，1935年1月1日出版，第（社）10页。

的调查,苦力工人中,赌博、喝酒和嫖妓是最常见的娱乐①。

为了说明淮北打工者社会生活的状况,我们选择主要来自江南地区、工人阶级中层级较高的100名邮局工人的生活习惯与之对比②(见下表)。

表7-3 上海百名邮局工人社会生活调查(1933年)

爱好	人数
读书阅报	27人
研究音乐	4人
看电影逛公园	18人
打乒乓球	2人
看戏	4人
听书	3人
打麻将	1人
打球习武	1人
下棋散步	2人
研究京戏	2人
研究园艺畜牧	1人
访友寻亲	1人
逛街	2人
听无线电	2人
休养	2人
养花赏月	1人
听福音	1人
国难临头、不敢娱乐者	1人
不详	25人

---

① 李次山:《上海劳动状况》,《新青年》第7卷第6号,1920年5月1日出版,本文第9、14、39、73页。
② 心英:《邮务员工的娱乐问题》,上海邮务工会宣传部编:《上海邮工》第5卷第5期,1933年6月出版,第7—8页。

由上表可知，邮局工人的生活比较注重精神需要的满足，甚至有人存在着强烈的忧国意识。显然，淮北打工者的社会生活与之相比，还处于较为原始的本能需要阶段。他们之间极为悬殊的社会生活质量是他们所处社会层级的最好说明。

这就难怪社会上始终对淮北人存在着各种各样的偏见。江南稍具规模的企业宁愿高工资雇佣本地人，而不愿录用劳动力价格极便宜的苏北人。有位上海棉纺厂的管理者承认："在棉纺厂中，我们总是尽量多用本地人。个中缘由很难说清。说苏北人不是好工人并不妥。这是社会上流行的看法。……苏北人不易管理。我们非常讨厌苏北人。"[1]

有人认为，在近代中国，无论哪种人都不如中国工人阶级集中，集中导致他们具有较强的组织纪律性，使他们能够紧密地团结一起。事实果真如此吗？至少在江南人与苏北人之间，由于地缘隔阂是很难团结在一起的。

在上海的工厂中，尽管江南人和苏北人同在一起工作，但苏北人与江南人并不平等。已有学者精辟地指出，中国近代工厂并不是一个可以把来自不同地方的人真正融会在一起的熔炉。在工作时，不同车间的人基本上没有往来，而这种分离不仅仅体现在厂内，并且已延伸到了厂外生活。来自苏北的女工，通常居住在茅屋区。据调查，不论是上海小沙渡、曹家渡，还是杨树浦等地的棚户区，绝大部分住户皆来自苏北，很少有江南人入住到苏北人居住的地区[2]。

---

[1] Emily Honig, *Creating Chinese Ethnicity: Subei People in Shanghai, 1850-1980*. New Haven and London: Yale University Press, 1992, p. 74.
[2] 顾平波：《上海纱厂的女工》，《妇女杂志》第16卷第3期，1930年8月1日出版，第52页。

工作和居住上的分离仅仅是江南和苏北工人关系的一个方面。歧视、蔑视和仇视则是他们关系中的另一个方面。在江南人的日常用语中就可以反映出他们对苏北人的态度。在上海，称一个人为"江北人"（不论他是否真的是江北人），被视为是对一个人的侮辱，而上海话中有一句非常刻薄的骂人话就是"江北猪猡"。直到今天，如果某人衣服的颜色不协调，常会有人说："呀！怎么穿得像个江北人。要多丑有多丑！"①即使进入工厂从事体力劳动的苏北人，也经常受到江南人的欺辱。上海某纱厂的摇纱间，苏北等地的人经常被宁波人欺负，"甚救（至）挥拳踢脚打得不死不活的"②。

有人写道："如果对苏北人的普遍态度和信念是一种象征，那么，他们极可能被看作是一种讨厌的工人。就像前面说明的那样，从苏北来的人被普遍理解为贫穷、肮脏、落后、没有文化"③。苏北人占多数的街区被看作是粗野而危险的地方，父母总是警告其子女不得进入这些地方；高校毕业生担心被分派到苏北人街区的学校，那里的学生以有贫穷动机而享有恶名；在婚姻方面，很少见到江南人愿与苏北人结婚④。1924年，上海缫丝业女工开始组织工会时，苏北女工被自己的江南同事作为罪犯驱赶出去。有位工厂主

---

① Emily Honig, *Sisters and Strangers: Women in the Shanghai Cotton Mills, 1919-1949*. Stanford: Stanford University Press, 1986, p. 74.
② 李次山：《上海劳动状况》，《新青年》第7卷第6号，1920年5月1日出版，本文第11页。
③ Emily Honig, *Creating Chinese Ethnicity: Subei People in Shanghai, 1850-1980*. New Haven and London: Yale University Press, 1992, p. 74.
④ Emily Honig, *Creating Chinese Ethnicity: Subei People in Shanghai, 1850-1980*. New Haven and London: Yale University Press, 1992, p. 2.

在处理工人骚动时,把所有苏北来的女工,不管是否涉及其事全部予以开除,而作为真正组织者的江南工人则未予辞退①。有位宁波女工在等待渡轮去上班时,竟把一位在工作中与她有过争议的苏北女同事推进纵横交叉的运河②。20世纪30年代一个剧本中,一位宁波人斥责苏北人的话很能说明当时的现实:"你们江北人统统是些低等的废物!"③有人在雇女佣和人力车夫时,公然拒绝雇用苏北人;有些难民中心甚至不接收苏北难民④。在南京,江北人竟然经常被当地乞丐欺凌⑤。

至于江南人组成的帮派与江北人组成的帮派之间发生流血冲突的现象,在上海等地实为司空见惯。如1932年7月31日,江阴帮与山东帮在上海南市薛家浜猪行码头发生冲突。8月2日,双方冲突再起,当时江阴帮与山东帮在薛家浜茶馆内评理,但江阴帮却事先埋伏下二三百人,并带有好几支手枪,山东帮因人少被打败,其中1人被打死,3人受了重伤,轻伤者不计其数⑥。

这种情形当然不是如同韩起澜所说的那样,苏北人是一个被人

---

① Emily Honig, "Migrant Culture in Shanghai: in Search of a Subei Identity". Frederic Wakeman, Jr., and Wen-hsin Yeh (eds.). *Shanghai Sojourners*. Berkeley: University of California, 1992, p. 245.
② Emily Honig, *Sisters and Strangers: Women in the Shanghai Cotton Mills, 1919-1949*. Stanford: Stanford University Press, 1986, p. 75.
③ Emily Honig, "Migrant Culture in Shanghai: in Search of a Subei Identity". Frederic Wakeman, Jr., and Wen-hsin Yeh (eds.). *Shanghai Sojourners*. Berkeley: University of California, 1992, p. 244.
④ Emily Honig, "Migrant Culture in Shanghai: in Search of a Subei Identity". Frederic Wakeman, Jr., and Wen-hsin Yeh (eds.). *Shanghai Sojourners*. Berkeley: University of California, 1992, p. 247.
⑤ 《南京本地劳力及客籍劳力民之生活状况》,《中外经济周刊》1926年第156期。
⑥ 吴泽霖:《罢工研究中被忽略的问题》,《东方杂志》第32卷第1期,1935年1月1日出版,第(社)23页。

为"创造"的低等"种族"。也非韩所自诩的那样,她真的发现了马克思主义者所从未见过的人类学新大陆①。实际上,这种情形是各国工业化过程中常会出现的现象。恩格斯指出,在英国工人中间流行很广的一种观念:他们比爱尔兰人高一等,对爱尔兰人说来他们是贵族②。

> 像牲口一样挤在轮船甲板上迁移到英格兰来的爱尔兰工人,总是随遇而安的。最恶劣的住宅在他们看来也是很好的;他们不大讲究衣作,只要能勉勉强强地穿在身上就行;他们不知道什么叫鞋子;他们的食品是土豆;他们钱要是超过以上这些需要,就立刻都拿去喝了酒。这样的人要挣很高的工资干什么呢?一切大城市中最坏的地区住的都是爱尔兰人。无论什么地方,只要那里的某个地区特别显得肮脏和破烂,就可以预先猜到,在那里遇到的大部分将是一眼看去就和本地人的盎格鲁撒克逊面貌不同的赛尔特面孔,听到的将是音调和谐的带气韵的爱尔兰口音。有时候我甚至在曼彻斯特人口最稠密的地区听到爱尔兰人的话。几乎在任何地方,住地下室的那些家庭大部分都是来自爱尔兰的。③

---

① Emily Honig. *Creating Chinese Ethnicity: Subei People in Shanghai, 1850-1980*, passim.
② 恩格斯:《关于各爱尔兰支部和不列颠联合委员会的相互关系》,《马克思恩格斯选集》第2卷,北京:人民出版社,1972年,第456页。
③ 恩格斯:《英国工人阶级状况——根据亲身观察和可靠材料》,《马克思恩格斯全集》第2卷,北京:人民出版社,1972年,第375—376页。

与江南人对苏北人的歧视相反，许多外国人对苏北人则倾注了较多的同情。1923年6月传教士麦史生因车夫生活困苦，在上海设立一个车夫福音会，专以救济人力车夫为目的，该会租有房屋两所，一所在狄克思威路197号，一所在阿尔巴史脱路553号。"车夫之无家可归者，可以前往住宿不取宿费，衣食不继，由会中接济，遇百疾病，会中为之延医诊治，此外并有定期讲演教以上海马路章程等，设有走读学校，为车夫子弟就学之所"[1]。仅1924年1年，该会供给车夫饭食达91450餐、分发车夫圣诞礼物12000包、衣服1880件、草帽2240顶、收留车夫住宿15750夜、受教育车夫达409000人次[2]。

至于平时乘坐黄包车、雇佣扛夫运货等，外国人比江南人更尊重那些为其服务的苦力工人。有人写道："美匡海员的制服对车夫具有最大的吸引力，因为这些海员会大手大脚地付给他们高昂的车资，特别是初来乍到的海员。当一群海员们从酒吧走出时，总会有十多位车夫等待着好运。而全然不顾任何其他可能的车费，直到海员们挑好了车。在人力车夫们的社会符号中，他们把美国海员看得高于其他任何人。英匡海员居于其次。"[3]这也就不难理解为什么苏北苦力工人更仇视江南人而较少仇视外国人；而在许多苏北人的观念中，外国人就是"帝国主义"的代名词。

事实上，在上海等地，苏北人更愿意到日本人的工厂中工作，而不愿意到华商工厂中做工。究其原因，一方面是由于日商纱厂的

---

[1] 《上海北京人力车业情形》，《中外经济周刊》1925第20期，第28页。
[2] 《上海北京人力车业情形》，《中外经济周刊》1925第20期，第28页。
[3] Carl Crow, *My Friends, the Chinese*. London: Hamish Hamilton, 1938, p. 71.

福利设施要好于华商纱厂①。但更为主要的原因则是日商纱厂的管理者不会刻意歧视苏北人。有人写道:"大多数人不是很了解情况,认为这些(苏北)人没有良知,是汉奸。但如果你追问他们为什么不愿意在自己同胞的厂中工作,或者,更甚一点,你有带着他们到中国人工厂中找工作的经历,你就绝不会再谴责他们。"②一位苏北女工的话说出了为什么苏北人更愿意在日商工厂中工作的原因:"日本人对待我们就像对待上海人一样有礼貌。他们把我们当人看。每天当我们去上工时,他们都会向我们点头问候,并对我们微笑。但在中国人的工厂中,他们把我们当作垃圾一样。他们咒骂江北人是如何的糟糕。"③有的进步人士甚至认为:"说实在的,我们对待苏北人的态度与帝国主义对待我们苦力的态度绝无二致,与美国人对待黑人奴隶的态度绝无二致。我们反对帝国主义剥削我们;我们反对美国人奴役黑人。但我们对待自己的同胞苏北人的态度又如何呢?然而,我们总是指责苏北人不爱国。但不正是爱国者们总是歧视苏北人,辱骂他们、鞭打他们吗?"④

由此可见,由于地缘差异在工人中造成的矛盾,有时相当尖锐,这种矛盾尽管不同于阶级矛盾和种族矛盾,但在一定条件下,甚至比后两者更明显。对下层工人而言,他们感同身受的欺辱和歧

---

① 顾平波:《上海纱厂的女工》,《妇女杂志》第16卷第8期,1930年8月1日出版,第50页。
② Emily Honig, *Sisters and Strangers: Women in the Shanghai Cotton Mills, 1919-1949*. Stanford: Stanford University Press, 1986, p. 77.
③ Emily Honig, *Sisters and Strangers: Women in the Shanghai Cotton Mills, 1919-1949*. Stanford: Stanford University Press,1986, p. 78.
④ Emily Honig, *Sisters and Strangers: Women in the Shanghai Cotton Mills, 1919-1949*. Stanford: Stanford University Press,1986, p. 78.

视很少来自帝国主义和资本家阶级,更多的是来自地位比他们高的社会阶层。

打工者所处的社会层级,极大地影响了他们的政治态度。他们在反帝反封建斗争中,究竟曾是一种什么样的力量呢?他们真的如同产业工人那样,是斗争的领导力量吗?据对1918至1925年江南都市中打工者参加的罢工斗争的统计①,江南城市中苦力工人罢工事件共计39次。因同情五四学潮、五卅运动等政治原因造成的罢工事件4次,占总数的10.3%;因要求降低车租、增加工资等经济原因造成的罢工事件26次,占总数的66.7%;因反对开设汽车公司、反对同业竞争造成的罢工事件3次,占总数的7.7%;因其他原因造成的罢工事件为6次,占总数约15.4%。

可见,苦力工人罢工的最主要原因是要求降低车租、增加工资等经济利益造成的,工运领袖邓中夏曾抨击这种"只问面包,不问政治"的现象,他认为这种行为"实在是有损害于劳动解放的"②。打工者参加的带有政治色彩的罢工运动,相当程度上也是由于受到社会上层分子的推动。如1919年4月底5月初,江北旅沪维持会在闸北专门建立一座私人演讲厅,"用来组织江北的体力工人和商业工人在闲暇时听教育阶层的讲座",启发和提高江北打工者的道德,并鼓励爱国主义、遵守法律和讲卫生③。打工者能加入到

---

① 陈达:《近八年来我国罢工的分析》,《清华学报》第3卷第1期,1926年6月出版。
② 邓中夏:《论劳动运动》,《邓中夏文集》,北京:人民出版社,1983年,第68页。
③ Bryna Goodman, "New Culture, Old Habits: Native-Place Organization and the May Fourth Movement". Frederic Wakeman, Jr., and Wen-Hsin Yeh (ed.). *Shanghai Sojourners*. Berkeley: University of California, 1992, p. 99.

后来的五四运动中,与这些讲座的鼓动有极大的关系。

一般认为,资产阶级与工人中的上层,由于自身的利益较多地与外国资本主义有联系,在与外国资本主义的斗争中常会表现得摇摆,而下层工人由于一无所有,所以态度最坚决。

实际上,由于上层工人和资本家阶级收入较高,即使在斗争中停工罢业,也只是造成暂时的收入减少,而不会威胁到自身的生存,而下层工人由于每日所得仅能维持当日的生活支出,一日不工作,自身的生存都会受到威胁,不可能有前者来得坚决、顽强。这就是为什么在反帝斗争中,上层工人有时反而表现得更为激烈、更有韧性的原因之一。在上海,"九一八"事变后,正是社会地位极高的邮务工人等首先组织工界抗日救国会,这个组织后来改组为上海市总工会。与之相似,当时北京也是由邮务工会首先发起抗日救国会①。因此,我们经常看到,在工运期间,表现得较为暧昧的并不总是资本家阶级或工人中的上层,苦力工人也并不鲜见。

综观苦力工人在各种运动期间的表现,有的人不但摇摆不定,甚至为了自身的生存,不惜破坏运动。1922年11月1至26日,上海浦东日华纱厂工人因该厂的浦东纺织工会及工会所办的义务学校先后被警厅查封而罢工,但在罢工期间,不断有工人成群结队地到厂中打听消息,"情愿入厂工作"②。更有甚者,有的苦力工人在工运期间,还常常暗自上工。据1925年8月7日上海浦东码头工人联合会与新汇山码头、华栈码头、扬子栈码头、开平局码头、瑞记码

---

① 陆京士:《中国工人运动的过去与将来》(上),上海邮务工会宣传部编:《上海邮工》第7卷3/4期,1934年10月20日出版,第21页。
② 陈达:《近八年来我国罢工的分析》,《清华学报》第3卷第1期,1926年6月出版。

头、上下亚细亚码头工人代表致函济安会的函中称:"自五卅发生惨案,罢工罢市,相继而起,今各商家已无条件开市,罢工工人则供给补助费,以资维持,凡(竟)有不顾廉耻之工人,夜间偷做英日货,只思图利,不顾大局,致引外人之讥笑,现在停泊黄浦江中之货船数十艘,经调查夜间暗自上工者,实在不少,屡次警诫,置之度外"①。

1925年五卅运动爆发后第3天,上海码头小工3000余人罢工。但罢工之后,工人即无法维持生计,只得向学生会及总商会要求接济。6月18日,码头工人从总商会处领取维持费的人数达5700人,每人每日获得2角钱的补助。到6月下旬,罢工者达33000人左右,其间因短暂复工,工人应得工资约120000元,但济安会只收得出货费20000元,无法发足工人工资。于是,工人便包围总商会索款。1925年8月中旬,"各码头工人领款不得,连日围扰该会,人数常在三千以上"②。

苦力工人在罢工运动中引发的社会问题,表明这个群体似乎不具备超越当时其他社会阶层的素质。据报道,五卅期间,上海招商局的金利源码头,因为主要为本国商人服务,本不必参加罢工。1925年8月12日,已罢工的各码头工人却结队赶来打闹,当金利源码头工人卸货时,"罢工工人,即上前阻止,……工人未允,即行发生冲突,当此之时,又有一部分工人仍拥至三北公司之宁兴、昇有轮中,乃将其船上之玻璃窗等击坏,然后再还至金利源码

---

① 《码头工人请查暗行上工》,《申报》1925年8月8日,第13版。
② 《码头工救济费有着》,《申报》1925年8月13日,第13版。

头"①。同日，上海码头工人到总商会要求补发款项，"将饭厅上食余菜碗，打毁殆尽，经工头劝解，故未伤人。……事后，该会办事员，饬开晚膳，据厨房云所有预备之夜饭菜，均被工人吃尽，碗亦打破不少，闻此事幸各工头深明大义，多方制止，否则除打毁碗盏，吃尽食物外，恐尚有他种举动"②。

12日中午，"各工人纷纷结队赴十六铺老马路小东门内方浜路协元馆、大胜馆等各饭店，任意吃食，致各饭店相率停业"。傍晚时分，"各工人结队至老北门内及大东门内肇浜路等，见有食物店，即取吃食，是以各该处食物店，纷纷闭门休业"③。当日还有数百人拥至上海三北公司的宁兴轮船上，"乘该轮开饭时，即大嚼一空。暨又至宁绍公司之甬兴轮船上，闯入厨房，自取饭菜饱食，复踞坐船上，做工之人均相约避开，致货色（包）无人搬运，船不能开行"④。由于工人的肆意吃喝与破坏，上海十六铺老街协元馆、德意楼，西门丹凤楼、第一春、春阳馆，方板桥新顺楼，新北门七星楼，福佑路聚源馆等，相继休业，"诚恐工人再行骚扰"⑤。

在苦力工人的罢工事件中，还有的是为了反对开设汽车公司或电车。人力车夫仇视汽车和电车，在近代都市极为普遍。因为乘客乘坐电车，自然使人力车客源减少，人力车夫因反对开设汽车、电

---

① 《金利源码头货栈亦停工》，《申报》1925年8月13日，第13版。
② 《工人在总会商之情形》，《申报》1925年8月13日，第13版。
③ 《昨日工人在城内及南市之情形》，《申报》1925年8月13日，第13版。
④ 《昨日工人在城内及南市之情形》，《申报》1925年8月13日，第13版。
⑤ 《饭馆闭门停业》，《申报》1925年8月14日，第13版。

车公司而发生的罢工、甚至捣毁汽车、电车等事时有发生①。1931年，杭州发生人力车夫捣毁全市的汽车行和公共汽车。1933年，杭州人力车夫要求政府限止公共汽车行驶区域②。上海的苦力工人更是借运动之机，捣毁电车。五卅运动期间，上海一批运输工人与海员工会保卫团团员发生冲突，保卫团团员先行退走，工人迁怒于海员工会，先将工会捣毁．其时正好有电车驶过，被工人拦住，尽管司机对工人好言解释，"讵各工人不睬，一言不合，将电车上玻璃门窗击毁"③。这些人仇视电车、汽车，只能说明他们并不是先进生产力的代表。

综上所述，苦力工人所处的社会层级决定了他们只能获得极低的收入，而低收入又决定了他们无法像其他收入较高的工人们那样投入到工人运动中，一日不作工，一日就要忍饥挨饿的现实，使他们在罢工中常表现得较为犹豫。他们在当时似乎不具备超越其他社会阶层的素质。

地缘差异相当程度上决定了淮北人的社会分层，作为都市中的苦力，他们被深深地打上了不发达地域的烙印。直接歧视、欺凌他们的是来自发达地区的较高的阶层。由于地缘关系的普遍存在，他们还没有脱离狭隘的同乡关系的范围，这种关系又直接影响到他们作为一个阶级的"合格"程度，也就是说，用阶级关系来衡量，淮北苦力还不是一个阶级。地缘差异在工人中造成的矛盾，有时相当

---

① 房富安著、莫若强译：《中国的人力车业》，《社会月刊》第2卷第7号，1931年1月出版，本文第9页。
② 吴平：《农工衰败与人力车夫》，《劳工月刊》第5卷第2/3期，1936年3月1日出版，第116页。
③ 《昨日码头工人之纷扰》．《申报》1925年8月14日，第13版。

尖锐，淮北人感受更深的反而不是"帝国主义"和本国资本家阶级的压榨。地缘矛盾尽管不同于阶级矛盾和种族矛盾，但在一定条件下，甚至比后两者更明显，影响更深远。由于经济利益的冲突，淮北人有时还充当了新式生产力的反对力量，使他们不可能具备超越其他社会阶层的素质。

小 结

淮北社会问题的根源，历来是权力积累的不平等，从而导致经济积累方面的不平等，并由此造成社会的不公。淮北的巨富从来都不是通过正当的生产发展来扩大自己的财富的，而是只要先积累其权力，就可获得相应的财富。

以"均贫富""杀富济贫"、平分土地相号召，这种解决淮北问题的逻辑，是把经济积累的不平等视为社会的万恶之源，而仅从均分财富来解决淮北社会的问题，只能是扬汤止沸。因此，即使把财富平分得非常彻底和公平，但只要权力的不平等没有改变，经济上的不平等将很快故态复萌。而把所有罪恶都推给聚财、敛财，使财富本身被强加了一种原罪。像"为富不仁"这种极为荒谬的逻辑，竟在中国成为共识！相反，"疏财仗义"总是被人称道的。其实绝大多数"疏财仗义"者是为其反叛作准备而已。当他们成功后，他们总希望权力能更加集中，从而进一步强化和固化了集权政治。顺理成章的是，在解决经济积累的不平等的过程中，不论是"匪"，还是"帝"，往往会千方百计地加剧权力的集中，把集权说成是解决社会矛盾的良药，其结果无助于解决淮北的任何社会矛盾，只能使淮北的社会生态更加恶化。

有人认为，中央政府仍然控制着上层结构，由于它依靠士绅作为它的基础，它并不直接进入乡村[1]。这种论述与淮北水利动员不符。从其河夫的招募来看，尽管清代最低的行政建置设在县一级，但其权力一直延伸到更基层的地区。在这样的地区，政府也不是依赖士绅进行动员，而是靠严酷的法令及与之相配套的惩处手段。也正是因为缺乏绅士阶层，使得地方政府进行动员时，可以随意违反中央政府某些看似仁道、但在实践中显得效率低下的规章制度，而没有像江南地区普遍存在的"刁绅"对其掣肘。这样的地区，既有利于政府进行动员，也极有利于造反者和革命者进行策动。

不论是地方政府，还是反叛者，事实上都不喜欢与其竞争动员资源的士绅阶层。这就不难理解，这里的绅士，只要对地方政府的行为进行质疑，就会经常被诬为有"谋反"之嫌。明朝时山阳人丁珏，在乡村组织正常的赛神时，竟蓄意诬蔑百姓"聚众谋不轨"，打死数十人。丁珏的做法也得到了政治神经极为敏感的明廷的赏识，由此晋升为刑部给事中，居官10年，"贪黩不顾廉耻"[2]。大量反映官逼民反内容的长篇小说《水浒传》主要以淮北地区为背景，绝非巧合。高俅、丁珏之流，在清至1949年的淮北官场并不鲜见。令人感慨的是，当反叛者在这里进行动员时，具有相对独立意

---

[1] John K. Fairbank, *The United States and China*. New York: The Viking Press, 1958, p. 37. Tatsuo Yamada, "The Foundations and Limits of States Power in Guomingdang Ideology—Government, Party and People," in S. R. Schram (ed), *Foundations and Limits of State Power in China*. Hong Kong: The Chinese University Press, 1987, p. 187.

[2] 何绍基总纂：《山阳县志》卷二十一，同治十二年刻本，第5页下。

识的士绅阶层同样是他们首先要加以打击的目标,这些士绅通常会被诬为旧王朝的拥护者、是财富的积聚者、是社会不平等的根源。只要是地方上有些"威望"的人,如果不能成为反叛者的合作者,多半会被其消灭。这也是淮北良善士绅越来越少,而恶绅土豪却越来越多的原因之一。

明清以来,一代又一代的打工者离开淮北,到江南寻找谋生的机遇,从而提高了他们的绝对的生存条件,却极大地降低了他们的相对的身份地位,成了江南最下层的群体。一直到了后来,国家为了依旧维持超常积累的措施,采用更加系统的管制(这种管制更像是放弃应尽的职责而逃避不管)与剥夺手段,不论是淮北的农村,还是江南的打工者都远未能得到自己应该得到的份额。

结　语

　　世界没有哪条大河像淮河那样，被一条更大的河流蹂躏了近千年，最后竟被拦腰截云了整个下游；中国没有哪个地区像淮北那样，被最高决策者作为"局部利益"，为顾全"大局"而牺牲了数百年；历史上没有哪个群体像淮北人那样，从慷慨悲歌、问鼎逐鹿的社稷栋梁，沦为被人贬讥为龇窳偷生、"泼妇刁民"之辈！

　　淮北经历了发达而又辉煌的远古和中古时期，再经历衰败而又贫穷的近古及近代时期。

　　黄河、淮河等大河水道的变迁是淮北社会生态衰变的直接原因；更深入地看，水患的形成基本上是人为的结具，特别是与国家宏观决策有关。简言之，明清中央政府在淮北的治水事务，频繁兴建的巨型工程，与农业灌溉无关，与减少生态灾害无关，主要服从于政治需要。这些工程不是民生工程，是政治工程。

　　河道变迁的根源是皇朝政治中心的转移。与首都的距离通常决定着一个地区的政治地位和生态命运。在首都设在淮、黄河之间的区域时，淮北离京畿并不遥远，并提供了大量的生活资源，是国家依赖的核心地区，中央政府自然不会把容易带来灾患的河流有意识地引导到这里来。在唐以前,除了像南北朝战乱等特殊时期,淮北水道密布,自然环境与农业生产条件非常优越。农作物中,稻米的种植极为普遍,并广泛地使用耕牛。那时,淮北是全国的粮仓,是鱼米之乡,是最富裕的地区。手工纺织业非常发达,女子纺织技能在全国首屈一指。在长时期里,这里曾是桑土之域。寻常巷陌,不乏通晓诗书武技之士;衙吏役卒、贩夫屠狗之辈亦可出将入相,治国平天下。

在历史上,水利设施对淮北的发展起着非常积极的作用。但在积极作用的背后是其隐伏的负面影响。毕竟,淮北地区是平原地带,即使在魏晋时代,单纯为农业生产服务的水利工程也并不能永恒地为利。它们的正、负作用随着人地比重的变化而改变。在地广人稀年代,某些巨型水利工程,在生态极为良好的淮北地区,很容易发挥积极的正面作用;随着人口的增加,到了人均占地变少之时,人地矛盾就会突显出来,某些曾经发挥过积极作用的水利设施,其负面作用会日益彰显。在淮北,治水工程也绝不可能使所有地区都能获利,往往一个地区享受水利之时,另一个地区却正在承受水害;或是一个时期享受了水利,而另一个时期则不得不承受水害。

当政治中心南迁或北移后,淮北成了边缘地区,把灾河和灾患引向这个地区就有了维护大局的政治借口和事实需要。因此,淮北是一个人力对自然施加较大影响的地区,更可以说,是受政治影响极大的地区。

1128年人为掘开黄河大堤,造成黄河夺淮,初步破坏了淮北的水利系统。但那时黄河南北分流,淮北地区的水灾并不严重。此时，淮北经济开始衰落的主因更倾向于政治中心转移造成各种资源南流的结果，毕竟，这个地区在宋金对峙时期，既属于宋的边缘地区，也属于金的边缘地区。宋、金当局均不愿投入太多的代价来治理一个军事上的争执地带。

明朝对黄河的治理远超以前任何一个朝代，但当时治河的指导思想不是以民生为重。明中期以后，由于维持运道和保护祖陵的政治需要，代表中央政府的河臣们别无选择，只得在维护国家"核心"利益的显意识和维护个人官位的潜意识下，习惯性地牺牲淮北地区，逼迫全部黄河水流向徐州、邳州、宿迁、淮安一带，人为地把黄河中下游地区的灾患转移到淮北。特别是明祖陵的政治地位，造成明代的治河方略经常前后不一。但总的说来是不得不牺牲民生来捍卫祖陵和运道，使得这一地区的生态遭到了无以复加的破坏。在节省治水经费的名义下，河员们经常任由黄河在徐淮海地区泛滥，"以不治治之"。

高家堰的修筑，虽然使黄河的泥沙大量被水带入黄海，但在没有什么落差、地势极为平坦、极不适合修建水库的淮河中游地区造就了一个庞大的人工湖泊洪泽湖。在1855年黄河改道前，洪泽湖每年都被政府人为地扩大，加上微山湖等数十个巨泊的形成，这些湖泊的功能大多被严格限制为服务运道，而不是改善水文环境和服务农业生产。包括淮河、泗水、沂水、沭水等数十条重要河流，有的被截去一半，有的被胡乱拼接，有的干脆堙塞无踪。这就不难理解，为什么原来的沃壤竟成了每年吞噬成千上万平民生命的瘠土！原来的福河成了年年呈暴施虐的恶水！农业生态的衰变无以复加。

到了清代，维持运道仍是国家的头等大事，在绝大部分时间里,中央政府拒不采用在实践中被证明为效率极高、成本极低、更加快捷、安全系数更大的海运。这样做,尽管维持了少数权力集团的利益,却极大地影响了对农业环境的治理,更影响了对民生的关怀、消弭了"盛世"的人道色彩。治河的宗旨虽然表面上强调防止或减少民生灾难,但事实上多以牺牲淮北为常见。加上治水事务中的各种腐败层出不穷,各种河务工程问题重重,劣质工程司空见惯,甚至人为的决堤破坏也时常发生。淮北的水患并没有从根本上得以治理。

因此,明清以来,由于人力的不当影响,淮北自然生态遭到严重摧残。尽管有着极为丰富的水资源和广袤的平原,却无法提供水稻所需的基本农业条件,致使水稻种植区南移到淮河以南。与此同时,由于洪水的淹没,无法提供棉花生长的自然条件;由于盗匪横行,无法保障棉花看管的社会条件。淮北从桑土之域演化为女织绝迹之区。淮北在隋唐时的经济核心地位,到明清时已完全被江南所取代。

淮北从稻作产区演变为低产的粗粮产地,尚无过硬证据来证实与"小冰期"的关联。在明代淮北稻作消失殆尽之时,与淮北一河之隔的淮南的水稻种植仍然非常普遍,清代前期甚至在黄河以北的海河流域进行稻米生产。更令人惊讶的是,明代辽东地区也试种成功了稻米。显然,"小冰期"不会单单跟淮北过不去。淮北的农作变迁是人祸,不应归咎于天公。

除了农业外,淮北有着足可自豪的产业——盐业。可惜,这一产业始终是中央政府的财政支柱,却始终无法成为淮北经济发展的龙头。

在清代，淮盐为政府提供的税费占其财政收入的十分之一至六分之一。由于贫、富阶层均要食盐，政府以种种名目，肆意加征盐税，加上盐商非同寻常的垄断，造成食岸盐价高出灶场成本数十倍。在国家传统财政中占据极其重要地位的盐业，由于国家基本政策的错误，竟成为产区贫困的根源之一。

掌握政府核心权力的高官乃至皇帝，成为盐务的最大受益者，他们依靠制定政策、操纵国家宏观决策，达到最大程度的自利目标。巨商们则不断地利用其巨大的经济优势，或对政府权力进行直接渗透，或最大程度地接近核心权力，或收买其利益代言人，掌握着社会的话语权，以影响国家的大政方针，获取更大的经济利益。一般的行商坐贾，既能分享垄断带来的优厚利润，又常常承受各种社会不稳及市场规律造成的风险，他们还不断培养出自己的利益代言人，使自己"不公"的处境被纳入到决策者或社会舆论的视野。直接从事食盐生产的灶丁、盐民，由于国家政策造成的超经济强制和身份制的限制，无法分润盐务的任何利益，无法接近核心权力或找到自己的利益代言人，尤为重要的是，这些生产者无法通过发展生产来改善自己的境遇，任何时候他们都是当然的被牺牲者，是几乎没有流动机遇的最稳定的极贫阶层。

与盐务相关各阶层的形成，不是基于同等机遇的社会同一起跑线，而是基于与国家核心权力的亲疏远近的关系。与核心权力越接近的集团，分润的利益也就越多，盐务利益的分配完全取决于权力的高低。由于权力掌握在相对稳定的不同集团手中，所以，淮北社会的食盐生产和流通，无法通过生产的发展和市场规律的调节，引起经济利益的重新分配，从而造成社会各阶层的分化。盐业的产销只能把人们束缚于专制政体的形形色色的羁绊,使人和人之间除了"现金交易"外,更注重对权力的联系,它使生产方式无以变革,一切社会关系处于固定不变的状态。

尽管封建政治历来强调"重农抑商",但高度集中的行政权力不可能真正代表既无话语权、又无其他寻租资源的平民的利益。没有程序化监督的掌权者,天然注定会被富裕集团所收买,必然沦为掌握经济资源的商人集团的代言人。因此,这个社会的实际政策与政治宣示往往南辕北辙。就其实际,在传统中国,经商实际上是一种特权,是一种需要行政权力积极参与的垄断行为,政府通过剥夺和限制平民正当的经商权利,更好地维护了权商的垄断利益,造就一个附属于行政权力的利益集团。因此,在中国,"抑商"与"重农"实为风马牛不相及之事。在商业不兴的地方,农业也同样不会发达。简言之,在传统中国,国家政策或权力部门"重视"或"抑制"的并不是某些特定的行业,而是特定的群体。那些特权群体,不论是经商还是力农,均会受到重视和优惠;反之,没有权势的平民群体在任何行业都会受到抑制和侵害。

在淮北的传统社会中,封建朝廷永远具有无可比拟的权力,处于社会和政治结构的最顶端,但它没有为淮北社会提供必要的管理与服务功能,并发展淮北的社会生产,不断增加淮北的社会财富,推进淮北的民生福利。而在社会资源分配中,它不但当权不让地攫去了最大的份额,而且使用种种敲骨吸髓般的手段,进行竭泽而渔式的榨取,仅留下了很小的份额供淮北社会各阶层进行再分配。

淮北各阶层进行社会资源再分配时,由于政府服务与管理功能的严重缺失,根本无法制定并维持公正的分配规则,只能按照权势的大小，进行弱肉强食。那些拥有各种行政权力或与行政权力有关的社会各阶层，获得了远较正常份额为多的不当利益。没有行政权力又无其他优势的平民，他们理所当然构成社会和政治结构的底层，只能任人宰割，所获得的份额自然无法满足最低程度的生存需要。在社会资源因灾荒等原因而更加紧缺时，这些不能从社会性的分配中得到应有份额的群体，只能在家庭内部寻找最基本的生存资源。这样一来，人类又回归了低等动物的生存法则，家庭内部的幼弱者成了强壮者的口中食、腹中物。这应是病态社会中的常态，归根结蒂，因为这种现象不过是社会性的分配规则在家庭中的体现而已。

在以农立国的"古代"，封建朝廷为了维持漕运的"大局"，不得不把灾害推向淮北地区，从而使淮北极为优良的农业生态破败不堪，使淮北长期失去了发展农业生产的契机。到了"近代"，漕运停止后，中央政府无须再牺牲淮北，尽管政府不能提供应有的服务来恢复这里的生态，但毕竟使这里生态的压力得以减轻。只是近代中央政府的主旨已不再是以农立国，而是在列强强迫和推动下的以"商战""富强"等相号召的工商立国。这样，统治者对农民有了新的索求，包括要求农民提供越来越多的财政来源及在农村地区有着更加强硬有力的政府[1]。为了超常规地发展工商业，加上不良制度造成的浪费，在中国这样低积累的国度里，只能依靠长期牺牲农业和农村的剜肉补疮式的办法来进行，淮北再次被民国政府所牺牲。

---

[1] Elizabeth J. Perry, "Collective Violence in China, 1880-1980," *Theory and Society*, Vol. 13, No. 3, Special Issue on China (May, 1984), p. 430.

明清以来，一代又一代的打工者离开淮北，到江南寻找谋生的机遇，从而提高了他们的绝对的生存条件，却极大地降低了他们的相对的身份地位，成了江南最下层的群体。一直到了后来，国家为了依旧维持超常积累的措施，采用更加系统的管制（这种管制更像是放弃应尽的职责而逃避不管）与剥夺手段，不论是淮北的农村，还是江南的打工者都远未能得到自己应该得到的份额。因此，说得尖刻些，在王朝时代，淮北只有皇帝，没有国家；只有官僚，没有政府；只有供盘剥役使的众生，没有享受国家服务的公民。

马克思所说的"行政权力统治社会"是解开淮北社会之谜的钥匙。淮北社会问题的根源，历来是权力积累的不平等，从而导致经济积累方面的不平等，并由此造成社会的不公。因此，淮北的巨富从来都不是通过正当的生产发展来扩大自己的产业，而是只要先积累其权力，就可获得相应的财富。在淮北，掌权者在极短时期获得数万、乃至数十万亩地产的事例屡见不鲜。

淮北的大地产应是不争的事实。但大地产本身并非社会革命必然发生的原因，现代农业经营的方向无疑是具有规模经济效应的大农场。问题的关键是建筑在大地产基础之上的具有符号属性的地主所孕含的社会意义。这些地主并不是单纯的土地经营者或出租者，而是集基层行政、军事、经济、司法、舆论等权力于一身，是事实上的领主。在相对封闭、壁垒森严的圩寨中，由于没有程式化的监督和制约，他们的权力极度膨胀，合法或非法地牟取了大量的私利。圩寨只不过是一个微型的传统"天下"而已。

这种制度使农民更加分散，没有社会联系，阻滞了阶级的形成，使贫民承担了甚至像征战、献身、初夜权等远过于封建社会下层阶级所应承担的义务和痛苦，越来越成为弱势群体。

　　清末，一位国外观察者指出，当时的中国并不知道像封建主义、庄园、世袭等级、教会精神、宗教秩序、骑士等中世纪风尚[①]。1932年，托尼写道："中国没有被复杂而又不公的封建土地法、依靠徭役劳作的领主庄园作践过，如果这些东西曾经有过的话，现在早已灰飞烟灭了。"[②]诚然，这些表象化的东西，不可能在中国一一对应地找到其同类。但就封建社会本质而言，淮北大地主与佃农之间的关系足以说明一切。

　　明清时代，反人性、反常识的极端的理学伦常在淮北尤为流行。本来，像毁容、尝粪、刲股、刲肝、刺心、殉夫、殉素未谋面的"未婚夫"、殉戏言定亲的男性，甚至杀女、灭子这类极其残暴的说教，对于任何一位有着正常心智的成年人来说，不难判定其正谬。但在专制政体下，即使这类灭绝人性、丧天害理的歪理邪说，也必定会被拔高为堂皇的、神圣的、不容置疑的国家意识形态；从而赢得无数的谀颂、荣耀、虚誉和实质性的物质优待。

　　事实上，专制社会的意识形态从来都是自相矛盾、漏洞百出的，它只能依靠强大而残酷的暴力来维护，依靠表里不一、人格分裂、喻利弃义的卫道士、伪君子们歪曲事实、颠倒黑白、混淆是非地鼓噪壮威，而无法通过逻辑自洽来令人信服。即便如此，许多缺乏自我意识、盲从官府、膜拜权威人物的女性，亦如过江之鲫般争相赴死。中国社会常常极力赞美头脑简单、滥杀无辜的李逵，却必

[①] Edward A. Ross, "Sociological Observations in Inner China", *The American Journal of Sociology*, Vol. 16, No. 6 (May, 1911), p. 722.

[②] R. H. Tawney, *Land and labor in China*. London: George Allen & Unwin Ltd. 1966 (Originally published 1932), p. 63.

置楚楚撼动男人心的潘金莲于死地。因为李逵式的人物与头脑同样简单的极端烈女本质是一致的,衬托出的是忠诚,乃至无条件的愚忠;而潘金莲所代言的符号式人物是贰心乃至贰臣们。这才是专制者的内心欲求和终极目的;水泊梁山与东京朝廷其实使用了同一种道德标准。

由于社会资源过多地集中到强势群体的手中,弱势群体无法分享经济发展的成就,淮北的贫富分化极为严重,大多数亚区的社会结构中只有上层与下层,缺乏经济独立、人格相对自由的中产阶层。最广大的下层民众占有极少量的社会资源,对强势群体存在严重的人身依附。由于没有形成各自具有不同利益、不同代表、不同社会理念的相互对立的阶级和代言人,造成强势人物振臂一呼,弱势民众应者云集的局面。这也使得淮北社会的上层人物极易成为社会不稳定因素,成为当时合法政权的破坏者和挑战者。这些当时体制的最大受益者,不但没有成为代表其利益的政府的统治基石,反而经常成为动乱之源。

清至民国前期,淮北是著名的盛产土匪的地区。学界多认为为匪者乃一无所有的贫民。事实上,淮北为匪者,有的确实是一无所有者,而这些人只能处于匪众中的下层;有的则是无所不有者,这些人往往居于匪众的领导层。

表面上看,土匪的出现,是对当时不公正分配规则的反动。但土匪的出现,没有建立起新的公平的分配规则,充其量是把按行政权力分配社会资源的规则改为按暴力来分配。诚然,那些拥有暴力的群体在一定时空内取得了与行政权力相并立的分配优势和不当得益。但对于最广大的平民来说,由于他们既无行政权力、又无暴力,他们不得不既要承受行政权力的合法的过分盘剥,又要承受暴力的非法的大肆掠夺。

由强势群体策动的动乱和鼎革,丝毫不改变原有的社会结构及行政权力或权力联合体的支配作用,全然不同于新生产力所造成的社会动荡。淮北精英驰骋疆场之时,不乏气吞山河、叱咤风云、悲壮豪迈、可歌可泣的史诗般勋绩。不能不说,淮北精英创造过辉煌的历史,至少他们是建立皇朝最多的群体。"但他们并不是随心所欲地创造,并不是在他们自己选定的条件下创造"。①中国的皇权体制,事实上是小农政治,每次改朝换代,"都是使这个机器更加完备,而不是把它摧毁"。淮北精英的每次问鼎,都像是专制政体的又一次更新,而不是代表平民普遍利益的政治诉求的实现。淮北精英的功业使中国皇朝政治难以走出成王败寇式的低层次循环,固化了小农政治的历史影响。作为社会学意义上的小农,尽管淮北精英不断地以浩然磅礴之势书写历史,却缔造了一个又一个仅仅更换了特权者的特权社会。就政治学意义而言,淮北精英建立的皇朝体制,不但把不受制约的权力越来越集于君主一身,而且使包括特权者在内的所有人无法获得正当的政治权利。

小农政治的逻辑把暴力胜利视为执政合法性的依据,激发了更多梦想取而代之者不断地问鼎逐鹿,在心底里惟暴力是崇。他们视金戈铁马、血流四野为英雄之所为,是志在置办最大的家业;视平民理性的求田问舍、居安谋生为胸无大志,鼠目寸光。他们把天下视为可用武力瓜分的私数,通过暴力或国家意志不断地以均贫富为

---

① 《马克思恩格斯全集》第11卷,北京:人民出版社1995年,第131—132页。

堂皇借口夺人私产，掠人财富，以操控天下利源。他们或某时、某地暂时在经济方面打破了旧的不平等，但必在政治上长久地重构了新的不平等。

尽管清代最低的行政建置设在县一级，但其权力一直延伸到更基层的地区。在这样的地区，政府不是依赖士绅进行动员，而是靠严酷的法令及与之相配套的惩处手段。也正是因为缺乏绅士阶层，使得地方政府进行动员时，可以随意违反中央政府某些看似仁道、但在实践中显得效率低下的规章制度，而没有像江南地区普遍存在的"刁绅"对其掣肘。这样的地区，既有利于政府进行动员，也极有利于造反者和革命者进行策动。不论是地方政府，还是反叛者，事实上都不喜欢与其竞争动员资源的士绅阶层。这就不难理解，这里的绅士，只要对地方政府的行为进行质疑，就会经常被诬为有"谋反"或"不轨"之嫌。而当反叛者在这里进行动员时，具有相对独立意识的士绅阶层同样是他们首先要加以打击的目标，这些士绅通常会被诬为旧王朝的拥护者、是财富的积聚者、是社会不平等的根源。只要是地方上有些"威望"的人，如果不能成为反叛者的合作者，多半会被其消灭。这也是淮北良善士绅越来越少，而恶绅土豪却越来越多的原因之一。

传统时代，淮北尚没有发展成阶级社会。那里的平民群体，主要是农民、灶民及其他下层社会成员，是"装在袋中的马铃薯"，无法成为具有较强凝聚力的利益团体，更没有成为阶级。

在这个社会中，平民群体并不知道自己的利益与剥夺他们、压榨他们、愚弄他们、本应与其对立的统治集团的利益区别，他们不自觉地就袭用了统治集团的思维方式、价值观念和评价标准，他们始终坚定地捍卫统治集团的任何利益，信从他们歪理邪说般的说教，直至杀身灭子、割肉尝屎、奉献妻子初夜而不悟。即使他们成为反叛者，他们同样维护草莽世界中"领袖"的威权。他们经常反对某个具体的贪官、甚至帝王，但绝不愿改变抽象的王权统治。他们的最高理想是拥有统治别人的王权。权力崇拜已渗入他们的血液、骨髓和灵魂。

由于缺乏各个阶级的代言人和阶级之间的斗争，行政权力更具有无可抗衡的压倒性优势。淮北平民虽没有其他阶级加给的义务和痛苦，但却承担了行政权力和其他暴力所强加的、远比阶级社会中下层阶级所承担的多得多的义务和痛苦。即使是地主，也没有成为一个阶级，他们同样要承受权力和暴力的侵害。而像盐商这样的富裕集团，也不是通过阶级的力量来维护自己的利益，而是通过收买行政权力以减少其对自身利益的侵害，并寻求其租金最大化。皇权时代在淮北发生的政治斗争或冠冕堂皇地被打上新式名词的其他斗争，均是权力角逐、利益争斗。

淮北没有出现独立的阶级力量，不论是贫民，还是富民，他们只能改变对行政权力类型的依附，而无法改变对行政权力本质的依附。在这里，不论是知识分子，还是农民、工人、商人、盐民，等等，他们都还是"毛"，只有行政权力才是真正的"皮"。总之，在这里，"行政权力统治社会"，在这里，社会的普遍价值是比官本位更恶劣的"权本位"。

"权本位"造成了比一般人身依附更糟糕的对权势的依附。明清以来，江南地方士绅势力的增长，通过提供救济和保护，既使贫穷的宗族成员、也使大批的佃仆依赖于经济势力较强的大土地所有者。①这种通过财产关系形成的人生依附实际是一种权利交换。佃仆通过牺牲部分人身自由,获得了衣、食、住等基本生存需要的保障,得到了基本的经济利益,甚至比某些自由的自耕农更稳定可靠。可见,即使是当佃仆也是一种权利。在淮北地区,很少见到依附于私有财产的佃仆,许多人只能依附于暴力,只有少数"能人"才有办法依附于官府。

作为局部利益被牺牲的淮北地区,从唐以前生态良好的鱼米之乡,演变成了明清至民国前期的穷山恶水之地;从著名的优质稻米产地变成了粗恶杂粮之区;从发达的手织业中心退化为纺织绝迹的经济边缘地带;从家诗书、户礼乐的文化沃土,变成了杀人越货的寇盗乐园;从各种精英辈出的人文荟萃之地,沦为了江南体力劳动者的主要来源地。

这个地区的变迁,一是使我们看到了朝廷的宏观决策对某些局部地区社会演变的举足轻重作用;二是给我们展示了政治至上的巨大治水工程所造成的无可估量的经济损失、人道灾难和生态衰败;三是给我们提供了传统经济结构变化的多样性,如从男耕女织的自然经济过渡到男耕女不织的"残缺型商品经济";四是体现了社会"发展"并不总是直线型前进的,在某些地区会出现严重的退步现象;五是揭示了身份制的限制对平民的束缚及不公平待遇;六是使我们看到了哑铃形的社会结构及其危害;七是推导出了掌握话语权

---

① Jerry Dennerline, "The New Hua Charitable Estate and Local Level Leadership in Wuxi County at the End of the Qing." Tang Tsou (ed.), *Select Papers from the Center for Far Eastern Studies*, No.4, 1979-80, "Proceedings of the NEH Modern China Project, 1978-80:Political Leadership and Social Change at the Local Level in China from 1850 to the Present", p. 54.

的某些社会精英和利益集团对大众利益的损害。

最后，必须强调的是，当许多地区苦于资本主义的剥削时，淮北是苦于资本主义的不发展、甚至苦于没有资本主义；当其他地区苦于"高利贷"时，淮北苦于连"高利贷"都极为稀缺；当中国大多数农民苦于无地或少地时，淮北绝大部分平民富室苦于土地之累；当中国许多农村苦于内卷化时，淮北则苦于无法内卷化、乃至苦于无法生存；当西方社会苦于经济发展造成的相对贫困时，淮北苦于专制统治者连人的本能和性命也加以剥夺的绝对贫困。当中国其他地区苦于脏员墨吏的盘剥和不作为时，淮北既苦于贪官污吏的掠夺和乱作为，又苦于贤员循吏的依法征收和按朝廷意旨所进行的"正确"作为，还苦于无数盗贼匪寇伤天害理般的胡作非为。在淮北这个暴力充斥的社会，暴力拥有者既可能是地主，也可能是贫民；淮北平民不但承受"恶霸地主"之苦，更普遍地承受"恶霸贫民"之苦。

征引文献

一、中文部分

（以著编者姓名或题名拼音字母为序）

（1）著述

阿克顿：《自由与权力：阿克顿勋爵论说文集》，侯健等译，北京：商务印书馆，2001年。

埃德加·斯诺：《西行漫记》，北京：三联书店，1979年。

安作璋主编：《中国运河文化史》，济南：山东教育出版社，2001年。

伯特兰·罗素：《权力论：一个新的社会分析》，靳建国译，北京：东方出版社，1989年。

贝思飞：《民国时期的土匪》，徐有威等译，上海：上海人民出版社，1996年。

本书编写组：《大生资本集团史》（初稿），南通：油印本，1969年。

本书编写组：《大生系统企业史》，南京：江苏古籍出版社，1990年。

卜凯：《中国农家经济》，张履鸾译，上海：商务印书馆，1936年。

布赖恩·马丁：《上海青帮》，北京：三联书店，2002年。

蔡少卿主编：《民国时期的土匪》，北京：中国人民大学出版社，1993年。

蔡泰彬：《晚明黄河水患与潘季驯之治河》，台北：乐学书局有限公司，1998年。

曹从坡等主编：《张謇全集》，南京：江苏古籍出版社，1994年。

曹幸穗：《旧中国苏南农家经济研究》，北京：中央编译出版社，1996年。

岑仲勉：《黄河变迁史》，北京：中华书局，2004年。

钞晓鸿：《生态环境与明清社会经济》，合肥：黄山书社，2004年。

陈达：《我国抗日战争时期市镇工人生活》，北京：中国劳动出版社，1993年。

陈锋：《清代盐政与盐税》，郑州：中州古籍出版社，1988年。

陈然等编：《中国盐业史论丛》，北京：中国社会科学出版社，1987年。

戴厚英：《流泪的淮河》，合肥：安徽文艺出版社，1999年。

戴逸、李文海主编：《清通鉴》，太原：山西人民出版社，2005年。

丹尼斯·朗：《权力论》，陆震纶、郑明哲译，北京：中国社会科学出版社，2001年。

导淮委员会编：《高宝湖区土地经济调查报告》，南京：1933年10月刊行。

丁日初主编：《上海近代经济史》第1卷，上海：上海人民出版社，1994年。

段本洛等：《近代江南农村》，南京：江苏人民出版社，1994年。

费正清、刘广京编：《剑桥中国晚清史》，中国社会科学院历史研究所编译室译，北京：中国社会科学出版社，1993年。

冯和法：《今年的灾荒》，上海：生活书店，1933年。

弗里德里希·尼采：《权力意志：重估一切价值的尝试》，张念东等译，北京：中央编译出版社，1991年。

阜南县地方志编纂委员会：《阜南县志》，合肥：黄山书社，1997年。

傅泽洪等录：《行水金鉴》，上海：商务印书馆，1936年9月。

高书林：《淮北汉画像石》，天津：天津人民美术出版社，2002年。

耿毓英：《安清史鉴》，1934年刊印。

郭正忠主编：《中国盐业史》（古代编），北京：人民出版社，1997年。

韩敏：《回应革命与改革：皖北李村的社会变迁与延续》，陆益龙等译，南京：江苏人民出版社，2007年。

赫伯特·斯宾塞：《国家权力与个人自由》，谭小勤等译，北京：华夏出版社，2000年。

何维凝：《中国盐政史》，台北："大中国"图书有限公司经销，何龙澧芬1966年出版。

黑格尔：《历史哲学》，王造时译，北京：商务印书馆，1963年。

弘昼监理、唐绍祖等纂修：《大清律例》，乾隆五年（1740）刻本。

胡焕庸：《两淮水利盐垦实录》，南京：中央大学，1934年12月刊印。

华东军政委员会土地改革委员会编：《安徽省农村调查》，内刊本，1952年。

华东军政委员会土地改革委员会编：《江苏省农村调查》，内刊本，1952年。

黄河水利委员会编：《民国黄河大事记》，郑州：黄河水利出版社，2004年。

黄丽生：《淮河流域的水利事业：从公共工程看民初社会变迁之个案研究（1912—1937）》，台北：台湾师范大学历史研究所，1986年。

黄仁宇：《明代的漕运》，张皓等译，北京：新星出版社，2005年。

黄宗智：《长江三角洲小农家庭与乡村发展》，北京：中华书局，2000年。

姜玉峰、孟庆国编：《凤阳歌》，合肥：安徽文艺出版社，1989年。

京杭运河江苏省交通厅苏北航务管理处史志编纂委员会编：《京杭运河志（苏北段）》，上海：上海社会科学院出版社，1998年。

《经济社会体制比较》编辑部编：《腐败：货币与权力的交换》，北京：中国展望出版社，1989年。

江苏省民政厅编：《江苏省各县概况一览》，镇江：新民印刷工业社，1931年。

江苏省社会科学院《江苏史纲》课题组：《江苏史纲》（古代卷），南京：江苏古籍出版社，1993年。

焦国标：《中国林业史》，台北："国立"编译馆，1999年。

李伯重：《多视角看江南经济史（1250—1850年）》，北京：三联书店，2003年。

李长傅：《江苏》，上海：中华书局，1936年11月。

利玛窦、金尼阁：《利玛窦中国札记》，何高济等译，桂林：广西师范大学出版社，2001年。

李令福：《明清山东农业地理》，台北：五南图书出版有限公司，

2000年。

李仁溥:《中国古代纺织史稿》,长沙:岳麓书社,1983年。

李文海、夏明方主编:《中国荒政全书》第2辑,北京:北京古籍出版社,2004年。

李文治、江太新:《清代漕运》,北京:中华书局,1995年。

黎世序等辑:《续行水金鉴》,上海:商务印书馆,1936年。

李修松主编:《淮河流域历史文化研究》,合肥:黄山书社,2001年。

李治亭:《中国漕运史》,台北:文津出版社,1997年。

林刚:《长江三角洲近代大工业与小农经济》,合肥:安徽教育出版社,2000年。

麟庆:《黄运河口古今图说》,道光二十年抄本,不署页码。

麟庆著文、汪春泉等绘图:《鸿雪因缘图记》,扬州刻本,道光丁未秋七月。

林振翰编:《淮盐纪要》,上海:商务印书馆,1928年。

刘常山:《清代后期至民国初年盐务的变革(1830—1918)》,台北:文史哲出版社,2007年。

刘兰霞:《水畅河清:治河专家靳辅、陈潢》,沈阳:辽宁人民出版社,1997年。

柳肇嘉:《江苏人文地理》,上海:大东书局,1930年。

刘兆元:《海州民俗志》,南京:江苏文艺出版社,1991年。

刘泽华等著:《专制权力与中国社会》,长春:吉林文史出版社,1988年。

陆精治:《中国民食论》,上海:启智书局,1931年。

卢少华、徐万珉著:《权力社会学》,哈尔滨:黑龙江人民出版社,1989年。

马昌华:《捻军调查与研究》,合肥:安徽人民出版社,1992年。

马俊亚:《混合与发展:江南地区传统社会经济的现代演变(1900—1950)》,北京:社会科学文献出版社,2003年。

马克思、恩格斯著:《马克思恩格斯文集》第1—10卷,北京:人民出版社,2009年。

马克思、恩格斯著:《马克思恩格斯选集》第1—4卷,北京:人民出版社,2013年。

马雪芹:《大河安澜——潘季驯传》,杭州:浙江人民出版社,2005年。

马扎亚尔:《中国农村经济研究》,陈代青、彭桂秋合译,上海:神州国光社,1934年8月。

迈克尔·曼:《社会权力的来源》第1卷,刘北成等译,上海:上海人民出版社,2002年。

毛德富等主编:《苏东坡全集》,北京:燕山出版社,1998年。

孟德斯鸠:《论法的精神》,张雁深译,北京:商务印书馆,1997年。

缪荃孙、冯煦、庄蕴宽、吴廷燮等纂修:《江苏省通志稿》,南京:江苏古籍出版社,2002年。

明恩溥:《中国乡村生活》,北京:时事出版社,1998年。

南京大学外国学者留学生研修部江南经济史研究室编:《论张謇》,南京:江苏人民出版社,1993年。

南京大学文化与自然遗产研究所、南京大学历史系考古教研室、江苏省盱眙县文化局:《江苏盱眙泗州城遗址考古调查勘探报告》,2004年11月22日。

倪玉平:《清代漕粮海运与社会变迁》,上海:上海书店出版社,2005年。

彭云鹤:《明清漕运史》,北京:首都师范大学出版社,1995年。

彭泽益等主编:《中国盐业史国际学术讨论会论文集》,成都:四川人民出版社,1991年。

蒲松龄:《聊斋志异》,长春:春风文艺出版社,1998年。

钱穆:《中国历代政治得失》,台北:东大图书股份有限公司,1990年。

秦晖:《田园诗与狂想曲:关中模式与前近代社会的再认识》,北京:中央编译出版社,1996年。

全汉昇:《唐宋帝国与运河》,上海:商务印书馆,1946年。

萨孟武:《水浒传与中国社会》,北京:北京出版社,2005年。

赛珍珠:《大地》,台北:远景出版事业公司,1981年。

闪修山等编:《南阳汉代画像石刻》,上海:上海人民出版社,1981年。

闪修山等编:《南阳汉画像石》,郑州:河南美术出版社,1989年。

上海大学、江南大学《乐农史料选编》整理研究小组:《荣德生文集》,上海古籍出版社,2002年。

沈秉璜:《勘淮笔记》,1926年春印。

沈怡：《黄河问题讨论集》，台北：商务印书馆，1971年。

沈怡、赵世暹、郑道隆编：《黄河年表》，军事委员会、资源委员会参考资料第15号，1935年11月。

沈宗瀚、赵雅书等编：《中华农业史——论集》，台北：台湾商务印书馆，1979年。

史念海：《河山集》，北京：三联书店，1978年。

史念海：《河山集》第2集，北京：三联书店，1981年。

史念海：《中国历史人口地理和历史经济地理》，台北：台湾学生书局，1991年。

司马中原：《司马中原自选集》，台北：黎明文化事业股份有限公司，1975年。

司马中原：《荒原》，台北：皇冠丛书，1982年。

司马中原：《骤雨》，天津：百花文艺出版社，1988年。

司马中原：《路客与刀客》，长沙：湖南文艺出版社，1989年。

宋希尚：《说淮》，南京：京华印书馆，1929年3月。

水利部治淮委员会淮河水利简史编写组：《淮河水利简史》，北京：水利电力出版社，1990年。

孙建军等主编：《全唐诗选注》共16册，北京：线装书局，2002年。

孙铭勋：《古庙活菩萨》，上海：儿童书局，1934年8月。

谈汗人主编：《无锡县志》，上海：上海社会科学院出版社，1994年。

唐圭璋编纂：《全宋词》全5册，北京：中华书局，1999年。

田文镜著：《抚豫宣化录》，郑州：中州古籍出版社，1995年。

田忠恩等：《睢宁汉画像石》，济南：山东美术出版社，1998年。

田中忠夫：《中国农业经济研究》，汪馥泉译，上海：大东书局，1934年。

田中忠夫：《中国农业经济资料》，汪馥泉译，上海：大东书局，1934年。

汪胡桢、吴慰祖编：《清代河臣传》，南京：中国水利工程学会，1937年2月。

汪家伦、张芳编著：《中国农田水利史》，北京：农业出版社，1990年。

王像坤、孙传清主编：《中国栽培稻起源与演化研究专集》，北京：中国农业大学出版社，1996年。

王英志主编:《袁枚全集》,南京:江苏古籍出版社,1993年。

翁俊雄:《唐代人口与区域经济》,台北:新文丰出版股份有限公司,1995年9月。

吴必虎:《历史时期苏北平原地理系统研究》,上海:华东师范大学出版社,1996年。

吴海涛:《淮北的盛衰——成因的历史考察》,北京:社会科学文献出版社,2005年。

吴缉华:《明代海运及运河的研究》,台北:"中研院"历史语言研究所,1961年。

武同举:《淮系年表》,1926年春刊印。

武同举:《两轩誊语》,1927年印本。

武同举编纂:《江苏水利全书》,南京水利实验处印行,1950年12月。

武同举辑纂:《再续行水金鉴(淮河卷)》,武汉:湖北人民出版社,2004年。

武同举辑纂:《再续行水金鉴(运河卷)》(1),武汉:湖北人民出版社,2004年。

武同举辑纂:《再续行水金鉴(运河卷)》(2),武汉:湖北人民出版社,2004年。

武同举辑纂:《再续行水金鉴(黄河卷)》(1),武汉:湖北人民出版社,2004年。

武同举辑纂:《再续行水金鉴(黄河卷)》(2),武汉:湖北人民出版社,2004年。

吴知:《乡村织布工业的一个研究》,上海:商务印书馆,1936年。

谢国兴:《中国现代化的区域研究:安徽省(1860—1937)》,台北:"中研院"近代史研究所,1991年。

邢军纪:《黄河大决口》,北京:解放军出版社,1996年。

行政院农村复兴委员会编:《河南省农村调查》,上海:商务印书馆,1934年。

行政院农村复兴委员会编:《江苏省农村调查》,上海:商务印书馆,1934年。

许涤新、吴承明主编:《中国资本主义发展史》,3卷本,北京:人民出版社,2003年。

徐泓:《清代两淮盐场的研究》,台北:台湾大学史学研究所,1972年。

徐珂编撰:《清稗类钞》,北京:

中华书局，1986年。

徐新吾主编：《江南土布史》，上海：上海社会科学院出版社，1992年。

徐新吾：《中国经济史料考证与研究》，上海：上海社会科学院出版社，1999年。

徐州市博物馆编：《徐州汉画象石》，南京：江苏美术出版社，1985年。

徐州市两汉文化研究会编：《两汉文化研究——徐州首届两汉文化学术讨论会论文集》，北京：文化艺术出版社，1996年。

严中平：《中国棉纺织史稿》，北京：科学出版社，1955年。

杨荫溥：《民国财政史》，北京：中国财政经济出版社，1985年。

姚汉源：《黄河水利史研究》，郑州：黄河水利出版社，2003年。

应岳林、巴兆祥：《江淮地区开发探源》，南昌：江西教育出版社，1997年。

岳麟编：《中国古代的水利和交通》，太原：山西教育出版社，1990年。

曾国藩：《曾国藩全集》，长沙：岳麓书社，1994年。

曾仰丰：《中国盐政史》，上海：商务印书馆，1937年。

曾仰丰：《治盐浅说》，1942年刊印。

曾运乾：《尚书正读》，北京：中华书局，1964年。

詹念祖编：《江苏省一瞥》，上海：商务印书馆，1931年9月。

张伯行：《居济一得》，上海：商务印书馆，1936年。

张伯行：《正谊堂文集（附续集）》，上海：商务印书馆，1936年。

张含英：《明清治河概论》，北京：水利电力出版社，1986年。

张清常、王延栋著：《〈战国策〉笺注》，天津：南开大学出版社，1994年。

张小也：《清代私盐问题研究》，北京：社会科学文献出版社，2001年。

张义丰等主编：《淮河地理研究》，北京：测绘出版社，1993年。

张哲郎：《清代的漕运》，台北：台湾大学历史研究所，1969年。

赵冈、陈锺毅：《中国棉业史》，台北：联经出版事业公司，1977年。

赵明奇主编：《徐州自然灾害

史》，北京：气象出版社，1994年。

赵如珩编：《江苏省鉴》，南京：新中国建设学会，1935年。

郑学檬：《中国古代经济重心南移和唐宋江南经济研究》，长沙：岳麓书社，2000年。

郑肇经：《中国水利史》，上海：商务印书馆，1939年。

中国水利学会水利史研究会、黄河水利委员会黄河志编委会：《潘季驯治河理论与实践学术讨论会论文集》，南京：河海大学出版社，1996年。

中国盐政讨论会编：《蜕化期中的新盐法·续集》，南京：1936年3月刊印。

中国盐政讨论会编：《新盐法通过后舆论界之评论》，南京：盐政讨论会，1931年5月印。

中国盐政讨论会编：《引票问题之研究》，南京：盐政讨论会，1931年6月刊印。

中国盐政讨论会编：《为食盐牺牲人民生命之一斑》，南京：中国盐政讨论会编印，1935年9月刊印。

中国盐政讨论会编：《盐商侵占国税统计（公开部分）》，南京：中国盐政讨论会印，1935年11月。

中山大学历史系中国近代现代史教研组、研究室编：《林则徐集（奏稿）》，北京：中华书局，1985年。

宗受于：《淮河地理与导淮问题》，南京：钟山书局，1933年。

朱邦兴等：《上海产业与上海职工》，上海：上海人民出版社，1984年。

邹逸麟主编：《黄淮海平原历史地理》，合肥：安徽教育出版社，1993年。

（2）论文与文章

景本白：《答某君改革盐政书》，（北京）《盐政杂志》第49期，1930年3月15日出版。

景本白：《验票与精盐》，（北京）《盐政杂志》第57期，1933年6月30日出版。

冰涛：《清江、宿迁两地发生"抢面"事件的前前后后》，《淮阴文史资料》第2辑，淮阴：1984年12月。

曹瑞民：《微山湖的形成》，见济宁市政协文史资料委员会、微山县政协文史资料委员会编《微山湖：微山湖资料专辑》，济宁：1990年12月刊印。

《彻底改革淮北济南场务》，财政部盐务署盐务稽核总所：《盐务汇刊》第11册，1933年1月30日出版。

《撤惩阜宁白沙镇公安分局长》，财政部盐务署盐务稽核总所：《盐务汇刊》第1册，1932年8月31日出版。

陈达：《近八年来我国罢工的分析》，《清华学报》第3卷第1期，1926年6月出版。

陈琳：《明代泗州城考》，《历史地理》第17辑，上海：上海人民出版社，2001年6月。

陈培元：《马县长剿匪司家荡》，《沭阳文史资料》第6辑，1990年11月。

陈培元：《杨赓和施毒计消灭匪祸》，《沭阳文史资料》第6辑，1990年11月出版。

陈佐：《通州土布》，《东南文化》1994年第5期，第27—32页。

池子华：《淮北村庄的"圩寨化"：近代农村社会变迁的一个侧影》，安徽省社会科学联合会等《第四届淮河文化研讨会论文汇编》，合肥：2007年10月，第9—11页。

德龄：《论盐税》，（北京）《盐政杂志》第59期，1934年12月30日出版，"社论（二）"第1-12页。

邓中夏：《论劳动运动》，《邓中夏文集》，北京：人民出版社，1983年。

《东北国产纱布销路减少》，《工商半月刊》第4卷第11号，1932年6月1日出版，"国内经济"第4页。

芳墅：《中国古代农田水利之研究》，《水利委员会汇刊》第7辑，1942年1月。

《奉豫军在许昌附近相持》，《申报》1927年4月13日，第6版。

《改革盐法有暂缓趋向：张弧奉召到京备咨询盐税，盐商在沪集议维持旧引案办法》，《大公报》1931年3月15日，人民出版社1982年影印本，第4版。

盖乐：《中国盐政史略》，财政部盐务署盐务稽核总所：《盐务汇刊》第8册，1932年12月15日出版。

葛绍亮：《关于"一六"惨案之我的回忆》，《沭阳文史资料》第6辑，1990年11月出版。

顾平波：《上海纱厂的女工》，《妇女杂志》第16卷第8期，1930年8月1日出版。

韩紫石：《苏北黄灾救济专刊序》，《水利委员会汇刊》第8辑，1942年4月。

《沪市商会提倡土布》，《纺织时报》第95号，1933年1月12日出版，第2077页。

胡文骏：《渔湖民居住史》，见济宁市政协文史资料委员会、微山县政协文史资料委员会编《微山湖：微山湖资料专辑》，济宁：1990年12月刊印。

《淮海各县著名产品产销状况调查》（一），江苏省第六区党务指导员办事处编辑：《淮海》第4期，1935年9月1日出刊。

《淮海各县著名产品产销状况调查》（二），江苏省第六区党务指导员办事处编辑：《淮海》第5期，1935年10月1日出刊。

《淮海面面观》，江苏省第六区党务指导员办事处编辑：《淮海》第5期，1935年10月1日出刊。

《淮南北盐场概况调查》，（北京）《盐政杂志》第61期，1935年8月15日出版。

《淮南盐区缉私内幕》，（北京）《盐政杂志》第59期，1934年12月30日出版。

《淮阴民间歌谣》，江苏省第六区党务指导员办事处编辑：《淮海》第6期，1935年11月1日出刊，第42页。

黄宗智：《发展还是内卷？十八世纪英国与中国》，《历史研究》2002年4期。

济宁市工商业联合会玉堂酱园史料整理小组：《私营济宁玉堂酱园》，（山东）《文史资料选辑》第13辑，济南：山东人民出版社，1982年

季庸：《土布业》，职业生活社：《职工生活》第1卷第23期，1939年9月23日出版。

《江北垦殖概况调查》，财政部盐务署盐务稽核总所：《盐务汇刊》第9册，1932年12月31日出版，第71–78页。

《江北盐垦视察概况》，财政部盐务署盐务稽核总所：《盐务汇刊》第10册，1933年1月15日出版，第86页。

蒋念明：《我丰刻苦坚忍守法务实之民性》，《丰县文献》，台北：新文丰出版股份有限公司，1978年。

江苏省党部：《江苏农民之经济政治文化状况》，中国国民党中央执行委员会农民部编：《中国农民》

第8期，1926年10月出版。

金炳文等：《临淮关商业上的一块金字招牌——"金玉成"》，《凤阳文史资料》第2辑，1987年。

《禁止河南驻军征收盐斤附捐》，财政部盐务署盐务稽核总所：《盐务汇刊》第9册，1932年12月31日出版，第7页。

景武：《再论治黄》，《水利委员会汇刊》第7辑，1942年1月。

景学钤：《报效问题》，盐政杂志增刊：《盐政丛刊》，北京：盐政杂志社1931年11月初版。

景学钤：《改革问题》，盐政杂志增刊：《盐政丛刊》，北京：盐政杂志社1931年11月初版。

君左：《徐州通讯：火车中之一瞥》，《申报》1927年7月9日，第9版。

《〈利玛窦日记〉选录》，载中国社会科学院历史研究所明史研究室编《明史资料丛刊》第2辑，南京：江苏人民出版社，1982年。

《垦殖江北计划》，财政部盐务署盐务稽核总所：《盐务汇刊》第11册，1933年1月30日出版。

李伯贤：《青浦县章练塘乡一瞥》，《江苏》第7期，1928年11月1日刊行。

李次山：《上海劳动状况》，《新青年》第7卷第6号，1920年5月1日出版，第1-83页。

李洪甫：《连云港地区农业考古概述》，《农业考古》1985年第2期。

李江浙：《大费育稻考》，《农业考古》1986年第2期。

李政：《南京市工人生活的一斑》，南京特别市政府社会调查处编：《南京社会特刊》（未署期号），1931年1月出版。

《涟水的民间歌谣》，江苏省第六区党务指导员办事处编辑：《淮海》第5期，1935年10月1日出刊。

《连云市及市政处筹备》，江苏省第六区党务指导员办事处编辑：《淮海》第5期，1935年10月1日出刊。

《两淮盐业产量锐减》，（北京）《盐政杂志》第59期，1934年12月30日出版，"盐务消息"第39-42页。

老几：《沭阳土话乱弹》，《沭阳文史资料》第5辑，1989年8月出版。

《令饬蚌埠商会调查经盐务查验局查出为数甚巨》，财政部盐务署盐务稽核总所：《盐务汇刊》第4

册，1932年10月15日出版。

刘承显：《我所经见的匪患》，《镇平文史资料》第8辑，镇平：1990年。

刘子平：《浅谈沭阳三湖》，《沭阳文史资料》第1辑，1984年10月1日出版。

陆京士：《中国工人运动的过去与将来》（上），《上海邮工》1934年第3/4期页。

卢仰清：《论水利与农工商业之关系》，《水利委员会汇刊》第8辑，1942年4月。

罗琼：《江苏北部农村中的劳动妇女》，（上海）《东方杂志》第32卷第14号，1935年7月16日发行。

马俊亚：《典当业与江南农村社会经济关系辨析》，《中国农史》2002年4期，第39—47页。

马俊亚：《近代江南都市中的苏北人：地缘矛盾与社会分层》，《史学月刊》2003年1期，第95—101页。

马俊亚：《国家服务调配与地区性社会生态的演变》，《历史研究》2005年第3期，第3—18页。

马俊亚：《工业化与土布业：江苏近代农家经济结构的地区性演变》，《历史研究》2006年第3期，第98—117页。

闵宗殿：《江苏稻史》，《农业考古》1986年第1期。

潘同仁：《漂泊异乡，心系故国》，《沭阳文史资料》第4辑，1988年3月出版。

《南京本地劳力及客籍劳力民之生活状况》，《中外经济周刊》1926年第156期。

《前淮北运副杨辅仁亏款逃匿之查传》，财政部盐务署盐务稽核总所：《盐务汇刊》第16册，1933年4月15日出版，第23-25页。

《取消淮北票权引权经过之情形》，财政部盐务署：《盐务公报》第26期，1931年2月出版。

《取消淮北票权引权经过之情形》（续一），财政部盐务署：《盐务公报》第27期，1931年3月出版。

容庵：《各地农民状况调查·无锡》，（上海）《东方杂志》第24卷第16号，1927年8月25日发行。

《上海北京人力车业情形》，《中外经济周刊》1925第120期。

未署撰者：《一千四百余游民问话的结果》，《社会月刊》第1第4号，1929年4月出版，第1—6页。

上海市社会局：《上海市百四十户农家调查》（三），上海市社会局编《社会月刊》第2卷第4号，1930年10月出版，第1—15页。

《上海湘鄂西皖四岸运商总会公表盐法之商榷》，《大公报》1931年4月12日，北京：人民出版社1982年影印本，第1版。

商益书：《解放前砀城几家有名的店铺》，《砀山文史资料》总第4辑，1987年10月印。

邵镜波口述、杨东野记录：《北洋军阀白宝山在海州》，《连云港市文史资料》第2辑，连云港：1984年。

沈启熙：《苏常道区如皋县实业视察报告书》，《江苏实业月刊》第7期，1919年10月出版，"调查"第21-26页。

沈启熙：《苏常道区泰兴县实业视察报告书》，《江苏实业月刊》第7期，1919年10月出版，"调查"第26-30页。

《视察淮堤工程》，《水利委员会汇刊》第5辑，1941年7月。

《视察西坝坝工盐务情形暨改革计划报告书》，财政部盐务署盐务稽核总所：《盐务汇刊》第4册，1932年10月15日出版。

《苏北大水灾》，农林部农业推广委员会：《农情通讯简报》第17期，1947年6月号。

《苏北收复区亟待救济》，农林部农业推广委员会：《农情通讯简报》第11期，1947年1月号。

《苏北最近水情视察记》，江苏省第六区党务指导员办事处编辑：《淮海》第5期，1935年10月1日出刊。

《宿迁乡民行劫面厂余记》，《东方杂志》第7年第5期，宣统二年五月二十五日出版，"中国大事记补遗"第26—27页。

唐绍垚：《徐海道区铜山县实业视察报告书》，《江苏实业月刊》第9期，1919年12月出版，"调查"第1-10页。

唐绍垚：《徐海道区丰县实业视察报告书》，《江苏实业月刊》第9期，1919年12月出版，"调查"第10-12页。

唐绍垚：《徐海道区萧县实业视察报告书》，《江苏实业月刊》第9期，1919年12月出版，"调查"第18-22页。

唐绍垚：《徐海道区邳县实业视察报告书》，《江苏实业月刊》第9期，1919年12月出版，"调查"第26-31页。

童润夫：《南通土布产销调查》，

《棉业月刊》第1卷第2期,1936年印行。

《皖北淮河水灾乞振电》,《申报》1921年8月22日,第7版。

王德溥:《江苏省淮阴区剿匪工作总报告》(续),江苏省第六区党务指导员办事处编辑:《淮海》第4期,1935年9月1日出刊。

汪汉忠:《灾害、社会与现代化:以苏北民国时期为中心的考察》,南京大学2003年度博士论文。

王间祐:《整理淮北盐场意见书》,财政部盐务署盐务稽核总所:《盐务汇刊》第5册,1932年10月31日出版。

王乃扬:《民国时期涟水导淮工地纪实》,《涟水文史资料》第3辑,1984年9月出版。

汪疑今:《江苏的小农及其副业》,《中国经济》第4卷第6期,1936年6月15日出版,第67—88页。

王伊曾讲述:《导淮工程与史地研究》,江苏省第六区党务指导员办事处编辑:《淮海》第2期,1935年7月1日出刊。

《卫生署化验证明食盐有毒质》,原载《救国日报》5月15日,转引自(北京)《盐政杂志》第58期,1934年7月15日出版。

吴强:《"一六"惨案回忆》,《沭阳文史资料》第2辑,1985年5月出版。

吴平:《农工衰败与人力车夫》,《劳工月刊》第5卷第2/3期,1936年3月1日出版,第115—131页。

吴寿彭:《逗留于农村经济时代的徐海各属》(续),《东方杂志》第27卷第7号,1930年4月10日出版。

吴泽霖:《罢工研究中被忽略的问题》,《东方杂志》第32卷第1期,1935年1月1日出版,第(社)21—24页。

吴至信:《中国农民离村问题》,《东方杂志》第34卷第15号,1937年8月1日发行。

邵镜波口述、杨东野记录:《北洋军阀白宝山在海州》,《连云港市文史资料》第2辑,连云港:1984年。

西超:《河南农村的雇佣劳动》,《东方杂志》第31卷第18号,1934年9月16日发行。

《乡民吃盐难》,(北京)《盐政杂志》第59期,1934年12月30日出版。

《新盐法今日初步讨论,盐商运动缓行》,《大公报》1931年3月16

日，人民出版社1982年影印本，第3版。

心印：《由南京毒盐想到食盐根本问题》，（北京）《盐政杂志》第58期，1934年7月15日出版。

心英：《邮务员工的娱乐问题》，上海邮务工会宣传部编：《上海邮工》第5卷第5期，1933年6月出版，第7—10页。

许涤新：《农村破产中底农民生计问题》，《东方杂志》第32卷第1号，1935年1月1日发行。

徐方干、汪茂遂：《宜兴之农民状况》，《东方杂志》第24卷第16号，1927年8月25日发行。

许叔彪：《海沭杂谈》，江苏省第六区党务指导员办事处编辑：《淮海》第2期，1935年7月1日出刊。

徐钟令采访：《淮阴志征访稿》，民国抄本。

《徐州棉联社二十五年业务概况》，《棉运合作》第1卷第8期，1936年8月1日出版。

薛培暄：《国难中之新盐法》，（北京）《盐政杂志》第54期，1932年1月31日出版。

《严禁军人私运硝磺暨第九师炮兵独立营士兵私运硝斤之照办理》，财政部盐务署盐务稽核总所：《盐务汇刊》第15册，1933年3月31日出版，第63页。

《盐区民谣》，（北京）《盐政杂志》第59期，1934年12月30日出版。

严鑫：《徐州现社会一瞥》，《申报》1927年7月5日，第9版。

《盐务稽核所年耗国帑数字惊人》，（北京）《盐政杂志》第59期，1934年12月30日出版。

杨鹤高：《大地主"程震泰"家业兴衰始末》，《沭阳文史资料》第2辑，1985年5月出版。

扬州稽核分所：《追述昔日两淮私盐偷漏情形》，财政部盐务署盐务稽核总所：《盐务汇刊》第13册，1933年2月28日出版。

扬州稽核分所：《追述昔日两淮私盐偷漏情形》（续一），财政部盐务署盐务稽核总所：《盐务汇刊》第14册，1933年3月15日出版。

扬州稽核分所：《追述昔日两淮私盐偷漏情形》（续三），财政部盐务署盐务稽核总所：《盐务汇刊》第18册，1933年5月15日出版。

扬州稽核分所：《追述昔日两淮私盐偷漏情形》（续四），财政部盐务署盐务稽核总所：《盐务汇刊》第20册，1933年6月15日出版。

扬州稽核分所：《追述昔日两淮私盐偷漏情形》（续五），财政部盐务署盐务稽核总所：《盐务汇刊》第21册，1933年6月30日出版。

扬州稽核分所：《追述昔日两淮私盐偷漏情形》（续六），财政部盐务署盐务稽核总所：《盐务汇刊》第22册，1933年7月15日出版。

姚恩荣、邹迎曦：《盐垦公司和废灶兴垦》，《大丰文史资料》第7辑（盐垦史专辑），大丰县政协1987年6月刊印。

姚传元：《南京城内农家之分析研究》（上），南京金陵大学农学院：《农林新报》第11年第29期，1934年10月11日出版。

姚传元：《南京城内农家之分析研究》（下），南京金陵大学农学院：《农林新报》第11年第32期，1934年11月11日出版。

尹聘三：《江苏省立麦作试验场三年来脱字棉推广概况》，《棉业月刊》第1卷第4期，1937年4月出版。

愚夫：《中国社会之怪现象》，（北京）《盐政杂志》第63期，1936年2月15日出版。

语罕：《芜湖劳动状况》，《新青年》第7卷第6期，1920年5月1日出版，第1—7页。

虞龙江：《沭阳农村鸟瞰》（上），江苏省第六区党务指导员办事处编辑：《淮海》第4期，1935年9月1日出刊。

《豫西七里店穷民运盐抗税之查禁》，财政部盐务署盐务稽核总所：《盐务汇刊》第13册，1933年2月28日出版。

俞训渊：《徐海道区睢宁县实业视察报告书》，《江苏实业月刊》第10期，1920年1月出版，"调查"第7-14页。

俞训渊：《徐海道区沭阳县实业视察报告书》，《江苏实业月刊》第10期，1920年1月出版，"调查"第29-38页。

余仪孔：《解放前南通商业发展简史》，《南通文史选辑》第2辑，1984年出版。

原颂周：《一个最有希望的农村》，《申报·星期增刊》1921年4月3日，第3版。

云捃：《马联甲的发迹与倒台》，《东海文史资料》第2辑，1986年7月刊印。

《灶民的生活》，（北京）《盐政杂志》第59期，1934年12月30日出版。

曾仰丰：《淮盐产销情形及酝酿改革报告书》（1931年10月1日），财政部盐务署盐务稽核总所：《盐务汇刊》第1册，1932年3月31日出版，第115-127页。

曾仰丰：《民国二十一年弆私情形之研究》，财政部盐务署盐务稽核总所：《盐务汇刊》第26册，1933年9月15日出版。

曾仰丰：《榷蒦回顾录》（民国二十二年十二月），（北京）《盐政杂志》第58期，1934年7月15日出版。

张采华：《我市的六十多年老店——生庆公茶庄》，《连云港市文史资料》第1辑，连云港：1983年。

张成桂：《张汉巧医邓县叄》，《沭阳文史资料》第6辑，1990年11月出版。

张心一：《江宁县农业的调查》，国民政府主计处统计局编：《统计月报》第1卷第4期，1929年6月出版。

中国第一历史档案馆编：《道光九年两淮盐务史料》，《历叓档案》1997年第4期。

赵汉三：《1919年—1939年镇平土匪猖獗》，《镇平文史资料》第8辑，镇平：1990年。

周绍成讲：《如何救济苏北水灾》，江苏省第六区党务指导员办事处编辑：《淮海》第6期，1935年11月1日出刊。

朱家宝：《淮北盐务概略》，财政部盐务署盐务稽核总所：《盐务汇刊》第19册，1933年5月31日出版。

朱懋澄：《劳工新村运动》，《东方杂志》第32卷第1号，1935年1月1日发行，（社）第9—20页。

朱玉湘：《近代山东的租佃制度》，《山东史志资料》1984年第1辑，济南：山东人民出版社，1984年。

朱祖荣述：《通属种棉述略》，《农学报》第17册，光绪二十三年（1897）。

（3）古籍

白居易：《白居易集》，长沙：岳麓书社，1992年。

班固：《汉弓》，北京：中华书局，2000年。

包世臣：《安吴四种》，光绪十四年（1888）刻本。

包世臣：《包世臣全集》，合肥：黄山书社，1994年。

陈潢原论、张霭生编述：《河防述言》，《钦定四库全书》"史部"，台北：商务印书馆，1986年影印本。

陈寿：《三国志》，北京：中华书局，2000年。

陈应康纂：《月浦里志》，民国二十三年（1934）刊本。

储元昇：《平望志》，清光绪十三年（1887）刻本。

丁炳烺主修：《太和县志》，民国乙丑年（1924）刻本。

丁显总采：《睢宁县志》，光绪十二年（1886）刻本。

丁显：《复淮故道图说》，南京：中国水利工程学会1936年12月刊印。

都宠锡等主修：《颍上县志》，光绪四年（1878）刻本。

杜甫：《杜甫全集》，上海：上海古籍出版社，1997年。

段朝端：《续纂山阳县志》，辛酉年（1921）刻本。

范冕：《民国江苏淮阴县近事录》，民国十一年（1922）抄本（台北：淮阴同乡会影印）。

范晔：《后汉书》，北京：中华书局，1973年。

方浚师：《蕉轩随录/续录》，北京：中华书局，1997年。

方鹏等：《昆山县志》，明嘉靖刻本（上海古籍书店1963年影印）。

方瑞兰监修：《安徽泗虹合志》，光绪十三年（1887）刻本。

丁日昌：《抚吴公牍》，南洋官书局石印，宣统元年。

房玄龄等：《晋书》，北京：中华书局，1974年。

顾传金纂：《七宝镇小志》，"中国地方志集成·乡镇志专辑"（1），上海：上海书店，1992年影印。

故宫博物院编：《清高宗御制诗》，海口：海南出版社，2000年。

顾清等：《松江府志》，明正德年间刻本（上海书店1990年影印）。

顾炎武：《天下郡国利病书》，二林斋藏板，图书集成局铅印，光绪二十七年（1901）。

顾炎武：《天下郡国利病书》，四部丛刊三编史部，上海涵芬楼景印（未署影印日期）。

顾震涛：《吴门表隐》，南京：江苏古籍出版社，1999年。

顾祖禹：《读史方舆纪要》，上海：中华书局，1957年。

韩浚等修：《嘉定县志》，明万历三十三年（1605）刻本。

何绍基总纂：《山阳县志》，同治十二年（1873）刻本。

胡渭：《禹贡锥指》，《钦定四库全书》"经部"，台北：商务印书馆，1986年影印本。

黄世祚总纂：《嘉定县续志》，民国十九年（1930）刊本。

贺长龄编：《皇朝经世文编》，上海：广百宋斋丁亥（1887）仲春校印。

蒋廷锡等：《钦定古今图书集成》，上海：中华书局1934年10月影印。

靳辅：《治河方略》，南京：中国工程学会，1937年。

靳辅：《治河奏续书》，《钦定四库全书》"史部十一"，台北：商务印书馆，1986年影印本。

靳辅：《文襄奏疏》，《钦定四库全书》"史部六"，台北：商务印书馆，1986年影印本。

兰陵笑笑生：《金瓶梅》，香港：香港太平书局，1989年。

李白：《李太白集》，上海：上海书店影印本，1988年。

梁蒲贵主修：《宝山县志》，学海书院光绪壬午年（1882）刊本。

刘崇照修、龙继栋纂：《盐城县志》，光绪廿一年（1895）刻本（台湾学生书局1968年影印）。

刘锦藻：《清朝续文献通考》，上海：商务印书馆，1936年。

刘王瑗纂修：《砀山县志》，乾隆三十二年（1767）刻本。

刘乙燃辑：《刘忠宣公文集》，光绪元年（1875）刻本。

鲁一同纂修：《江苏省清河县志》，清咸丰四年（1854）刊、同治元年（1862）补刊、民国八年（1919）再补刊。

吕舜祥修、武碬纯纂：《嘉定胶东志》，1948年云庐油印本。

罗士学修：《沛志》，万历丁酉年（1597）刻本（台北图书馆复本）。

《明实录》，台北："中研院"历史语言研究所，1962年校印本。

欧阳修、宋祁等撰：《新唐书》，北京：中华书局，2000年。

欧阳兆熊、金安清：《水窗春呓》，北京：中华书局，1984年。

潘季驯：《两河经略》，《钦定四库全书》"史部六"，台北：商务印书馆，1986年影印本。

潘季驯：《河防一览》，《钦定四库全书》史部十一"地理类四"。

潘季驯：《河防一览》，南京：中国水利工程学会，1936年。

征引文献　853

庞鸿文纂修：《常昭合志稿》，光绪甲辰年（1904）刻本。

庞友兰总纂：《阜宁县新志》，民国二十三年（1934）刻本。

潘熔纂修：《萧县志》，嘉庆二十年（1815）刻本。

钱崇威总纂：《重修沭阳县志》，民国早期抄本。

《乾隆灵璧县志》，中国地方志集成（30），南京：江苏古籍出版社，1998年。

钱淦总纂：《宝山县续志》，民国十年（1921）刻本。

钱淦纂：《江湾里志》，民国十三年（1924）刻本。

琴川居士编：《皇清奏议》，见《续修四库全书》第473册，上海：上海古籍出版社2002年影印。

琴川居士编：《皇清奏议》，抄本，未署年月。

张廷玉等：《清朝文献通考》，上海：商务印书馆，1936年。

《全唐诗》（精装12册），北京：中华书局，1960年。

商鞅等：《商君书》，上海：上海人民出版社，1974年。

沈约：《宋书》，北京：中华书局，1974年。

宋濂等：《元史》，北京：中华书局，1976年。

司马迁：《史记》，北京：中华书局，1963年。

眭文焕纂辑：《重修桃县源志》，1917年刊本。

唐仲冕等编纂：《嘉庆海州直隶州志》，嘉庆十六年（1811）刻本。

陶澍：《陶澍集》，长沙：岳麓书社，1998年。

田祚等督修、陆懋宗总裁：《嘉定县志》，光绪辛巳年（1881）刻本。

屠隆：《由拳集》，四库全书存目丛书"集部"第180册，济南：齐鲁书社1997年影印。

退庵居士：《梦蕉亭杂记》，1925年刻本。

万恭：《治水筌蹄》，北京：水利电力出版社，1985年。

王抱承纂：《无锡开化乡志》，南京：江苏古籍出版社，1992年影印。

王德乾纂：《真如志》，"中国地方志集成·乡镇志专辑"（3），上海：上海书店，1992年影印。

王家诜纂修：《铜山县志》，民国八年（1919）刻本。

王敛福等编纂：《颍州府志》，乾

隆十七年（1752）刻本。

王清穆主修、曹炳麟总纂：《崇明县志》，民国己巳年（1929）刊本。

王庆云：《石渠余记》，清光绪十六年（1890）龙璋刻本。

汪永安原纂、侯承庆续纂、沈葵增补：《紫堤村志》，"中国地方志集成·乡镇志专辑"（1），上海：上海书店，1992年影印。

王树棻修、潘履祥纂：《罗店镇志》，清光绪十五年（1889）刊本。

王世球等纂修：《两淮盐法志》，乾隆十三年（1748）刻本。

王锡祺等辑：《小方壶斋舆地丛钞》，杭州：杭州古籍书店，1985年。

王在晋：《通漕类编》，万历甲寅（1614）刻本。

王豫熙等：《赣榆县志》，光绪十四年（1888）刻本。

王锺琦主纂：《宝山县新志备稿》，民国二十年（1931）刻本。

王祖畲总纂：《太仓州镇洋县志》，民国八年（1919）刻本。

汪之藻等：《清河县志》，康熙三十四年（1695）刻本。

危素：《元海运志》，丛书集成初编：《元海运志及其他二种》，上海：商务印书馆，1936年12月。

魏源：《魏源集》，北京：中华书局，1976年。

吴昆田总纂：《安东县志》，光绪元季（1875）十月刻本。

吴昆田等总纂：《淮安府志》，光绪十年（1884）甲申刻本。

吴馨等修：《上海县续志》，上海：南园戊午年（1918）夏五月刻本。

吴世熊等总修：《同治徐州府志》，同治甲戌年（1874）刻本。

萧鱼会、赵夔思纂：《石冈广福合志》，"中国地方志集成·乡镇志专辑"（3），上海：上海书店，1992年影印。

萧子显：《南齐书》，北京：中华书局，1974年。

薛福保：《青萍轩文录》，光绪八年（1882）刻本。

徐光启：《农政全书》，文渊阁四库全书"子部"37"农家类"，台北：商务印书馆，1986年影印。

徐钟令采访：《民国淮阴志征访稿》，民国元年（1912）抄本。

严辰等编：《桐乡县志》，丁亥年（1887）刻本。

严伟等编修：《续修南汇县志》，

征引文献 855

民国十八年（1929）刻本。

严型总修：《宿迁县志》，民国二十四年（1935）刻本。

杨西明辑：《灾赈全书》，道光三年（1823）也宜别墅刻本。

杨象济辑：《天一遗书》，咸丰甲寅（1854）抄本。

姚思廉：《梁书》，北京：中华书局，1973年。

姚思廉：《陈书》，北京：中华书局，1972年。

叶兰等纂修：乾隆《泗州志》，中国地方志集成（30），南京：江苏古籍出版社，1998年。

佚名纂：《江东志》，"中国地方志集成·乡镇志专辑"（1），上海：上海书店1992年影印。

永瑢、纪昀等：《文渊阁四库全书》，台北：商务印书馆，1986年影印本。

余光祖等：《安东县志》卷1，光绪元年（1875）刻本。

于万培纂修：《凤阳县续志》，光绪十三年（1887）刻本。

于书云纂修，《沛县志》，民国九年（1920）刻本。

曾国荃等督修、王定安等纂修：《两淮盐法志》，光绪三十一年（1905）刻本。

张承先纂、程攸熙订正：《南翔镇志》，"中国地方志集成·乡镇志专辑"（3），上海：上海书店，1992年影印。

张瀚：《松窗梦语》，北京：中华书局，1997年。

张鹏翮：《治河全书》，康熙四十二年（1703）抄本，不署出版信息。

张鹏翮：《张（鹏翮）公奏议》，清刻本（无版本信息）

张奇抱等纂：《沭阳县志》，康熙十三年（1674）刻本。

张受长编：《尹少宰奏议》，无刊刻时间。

张廷玉等：《明史》，北京：中华书局，1974年。

张文虎总纂：《重修奉贤县志》，光绪四年（1878）刻本。

张相文、王聿望总纂：《泗阳县志》，民国十五年（1926）刻本。

张震南纂：《王家营志》，民国二十二年（1933）铅印本。

赵尔巽等：《清史稿》，北京：中华书局，2003年。

赵弘恩等监修、黄之隽等编修：《江南通志》，见永瑢、纪昀等《文渊阁四库全书》"史部"267"地理类"，台北：商务印书馆1986年影印本。

赵慎畛：《榆巢杂识》，北京：中华书局，2001年。

赵同福修、杨逢时纂：《盛桥里志》，"中国地方志集成·乡镇志专辑"（4），上海：上海书店，1992年影印。

周馥：《治水述要》，秋浦周氏校刻本，1922年。

周厚地纂：《干山志》，"中国地方志集成·乡镇志专辑"（1），上海：上海书店，1992年影印。

周石藩：《海陵从政录》，道光十九年（1839）家荫堂刻本。

周石藩著：《一瞬录》，道光十九年（1839）家荫堂刻本。

朱国盛编：《南河志》，天启乙丑年（1625）抄本。

庄思缄订、冯煦鉴定：《邳志补》，民国癸亥年（1923）刻本。

（4）资料汇编

陈振汉等编：《〈清实录〉经济史资料》，北京：北京大学出版社，1989年。

高景岳、严学熙编：《近代无锡蚕丝业资料选辑》，南京：江苏人民出版社、江苏古籍出版社，1987年。

故宫博物院明清档案部编：《李煦奏折》，北京：中华书局，1976年。

国家图书馆藏历史档案文献丛刊：《盐务档案》（1），北京：全国图书馆文献缩微复制中心，2004年。

国家图书馆藏历史档案文献丛刊：《盐务档案》（2），北京：全国图书馆文献缩微复制中心，2004年。

国民政府主计处统计局编：《中华民国统计提要》，上海：商务印书馆，1936年。

河南省政府：《整理豫河方案》，1931年刻本。

洪焕椿主编：《明清苏州农村经济资料》，南京：江苏古籍出版社，1988年

江苏省长公署第四科：《江苏省实业视察报告书》，上海：商务印书馆，1919年12月。

《历代诗人咏邳州》，《江苏文史资料》第83辑，南京：江苏文史资料编辑部，1998年。

李国祥等主编：《明实录类纂（山东史料卷）》，武汉：武汉出版社，1994年。

李文治编：《中国近代农业史资

料》第1辑，北京：三联书店，1957年。

南京图书馆特藏部等：《江苏省工业调查统计资料（1927-1937）》，南京：南京工学院出版社，1987年。

南开大学经济研究所经济史研究室编：《中国近代盐务史资料选辑》第1辑，天津：南开大学出版社，1985年。

南开大学经济研究所经济史研究室编：《中国近代盐务史资料选辑》第2—4辑，天津：南开大学出版社，1991年。

彭泽益编：《中国近代手工业史资料》1—4册，北京：中华书局，1962年。

山东黄河水灾救济委员会编：《山东黄河水灾救济报告书》第1期，1935年12月出版。

上海社会科学院经济研究所：《荣家企业史料》上册，上海：上海人民出版社，1966年。

上海总税务司署统计科：《民国二十二年海关中外贸易统计年刊》，1934年。

实业部国际贸易局编：《中国实业志（江苏省）》，上海：民光印刷公司，1933年。

实业部国际贸易局编：《中国实业志（山东省）》，上海：华丰印刷局，1934年。

苏北难民救济会议上海办事处编印：《上海苏北难民救济报告》，上海：1947年2月出版。

水利电力部水管司、水利水电科学研究院编：《清代淮河流域洪涝档案史料》，北京：中华书局，1988年。

无锡县政府编：《无锡概览》，无锡：文新印刷所1935年印。

谢国桢选编：《明代社会经济史料选编》，福州：福建人民出版社，2004年。

徐雪筠等译编：《上海近代社会经济发展概况》，上海：上海社会科学院出版社，1985年。

盐务署盐务稽核总所编：《中国盐政实录》（民国二十二年）（四），近代中国史料丛刊三编第88辑。

盐政杂志增刊：《盐政丛刊》，北京：盐政杂志社1931年11月初版。

严中平等：《中国近代经济史统计资料选辑》，北京：科学出版社，1955年。

姚贤镐编：《中国近代对外贸易史

资料（1840-1895）》，北京：中华书局，1962年。

张伟仁主编：《明清档案》1—320册，台北：联经出版事业公司，1986—1995年。

中国第二历史档案馆编：《中华民国史档案资料汇编》第3辑，南京：江苏古籍出版社，1991年。

中国第一历史档案馆、北京师范大学历史系编选：《辛亥革命前十年间民变档案史料》，北京：中华书局，1985年。

中国海关总税务司：《光绪十五年通商各关华洋贸易总册》（英译汉第31册），光绪十六年五月印。

中国海关总税务司：《光绪十七年通商各关华洋贸易总册》（英译汉第33册），上海：中国海关总税务司光绪十八年（1892）二月印。

中国海关总税务司：《光绪十八年通商各关华洋贸易总册》（英译汉第34册），上海：中国海关总税务司光绪十九年（1893）印。

中国海关总税务司：《光绪二十八年通商各关华洋贸易总册》下卷（英译汉第44册），上海：中国海关总税务司光绪二十九年（1903）九月印。

中国海关总税务司：《光绪二十九年通商各关华洋贸易总册》下卷（英译汉第45册），上海：中国海关总税务司光绪三十年（1904）十月印。

中国海关总税务司：《光绪三十年通商各关华洋贸易总册》下卷（英译汉第46册），上海：中国海关总税务司光绪三十一年（1905）五月印。

中国海关总税务司：《光绪三十一年通商各关华洋贸易论略》下卷（英译汉第47本），上海：中国海关总税务司光绪三十二年（1906）八月印。

中国海关总税务司：《光绪三十二年通商各关华洋贸易论略》下卷（英译汉第48本），光绪三十三年八月印。

朱偰：《中国运河史料选辑》，北京：中华书局，1962年。

（5）档案

安徽省档案馆藏皖北人民行政公署档案：《皖北地区行政概况调查》，全宗号21，目录号1，案卷号168，件号1—4。

安徽省档案馆藏皖北人民行政公署档案：《金寨县所属燕子河流波白大三区老根据地农村生产力衰

退情况调查表》,全宗21,目录2,案卷号272,件号1—3。

安徽省档案馆藏皖北人民行政公署交通处档案:《皖北船运局关于淮河航道勘察资料》,全宗21,目录2,案卷号477,件号1—2。

安徽省档案馆藏皖北区党委档案:《各地关于土改工作的情况报告》,全宗2,目录2,案卷号40。

安徽省档案馆藏皖北区党委农委会档案:《中国共产党皖北区委员会三、四两月份向中央及华东局关于土地改革工作的综合报告》,《土改通报》,全宗2,目录2,案卷号82,第17—20页。

安徽省档案馆藏中共皖北阜阳地委档案:见《土改通报》,全宗2,目录2,案卷号82,第60—82页。

合肥:安徽省档案馆藏皖北区党委档案:《各地关于土改工作的情况报告》,全宗2,目录2,案卷号40。

安徽省档案馆藏皖北人民行政公署农林处档案:《本处关于主要工业原料及主要粮食作物生产成本调查表》,全宗21,目录2,案卷号614。

江苏省档案馆藏中国共产党苏北区办公厅档案:中国共产党苏北区办公厅《一年来建党工作报告》,见中国共产党苏北区办公厅《中共苏北区第一次党代表会议的开幕词、报告、发言、总结、决议、闭幕词》(1950年3月),全宗号301,卷号:永久-9。

江苏省档案馆藏中国共产党苏北区办公厅档案:《苏北一年来生产救灾工作的初步总结》,见中国共产党苏北区办公厅《中共苏北区第一次党代表会议的开幕词、报告、发言、总结、决议、闭幕词》(1950年3月),全宗号301,卷号:永久-9。

江苏省档案馆藏中国共产党苏北区委员会档案:中国共产党苏北区委员会农村工作委员会《本委关于农业生产、土改后农村土地关系变化情况的报告、意见及各种统计表》(1951年),全宗号301,卷号:永久-85。

江苏省档案馆藏中国共产党苏北区委员会档案:中国共产党苏北区委员会农村工作委员会《苏北区农业生产典型调查综合资料》(1952年),全宗号301,卷号:永久-92。

江苏省档案馆藏中国共产党苏北

区办公厅档案：中国共产党苏北区办公厅《中共中央华东局关于上海市遣送游民犯人至苏北开垦劳动改造给区党委的指示信》（1950年2—3月），全宗号301，卷号：永久-99。

江苏省档案馆藏南京国民政府江苏省社会处档案：《徐州市长骆东藩致江苏省政府主席电报（1948年3月26日）》，全宗号1009，卷号：乙-1917，缩微胶卷第000166片。

江苏省档案馆藏南京国民政府江苏省社会处档案：《灌云县农会致苏北水灾急赈委员会电（1948年3月25日）》，全宗号1009，卷号：乙-1918，缩微胶卷第000282—000288片。

江苏省档案馆藏南京国民政府江苏省社会处档案：《睢宁县长朱伯鸿、参议会议长姚云帆致江苏省水灾急赈委员会（1948年4月6日）》，全宗号1009，卷号：乙-1918，缩微胶卷第000291—000292片。

江苏省档案馆藏南京国民政府江苏省社会处档案：《报告淮、涟、泗三县灾情及监放春荒将救济款情形（1948年4月26日）》，全宗号1009，卷号：乙-1918，缩微胶卷第000297—000302片。

江苏省档案馆藏南京国民政府江苏省社会处档案：《宿迁县政府电呈本县水灾严重电请列入徐属同等救济（1948年5月）》，全宗号1009，卷号：乙-1920，缩微胶卷第0000769—000774片。

中国第二历史档案馆藏重庆国民政府振济委员会档案：《江苏省振济委员会呈文》，全宗号116，卷号423，无页码，文件原始分类号5-2-2-1，卷号19。

中国第二历史档案馆藏重庆国民政府振济委员会档案：《江苏省振济委员会呈文》，全宗号116，卷号423，无页码，文件原始分类号5-2-4，卷号2。

中国第二历史档案馆藏重庆国民政府振济委员会档案：《豫皖边区副总指挥部快邮代电》（1940年11月11日），全宗号116，卷号425，无页码，文件原始分类号5-2-2，卷号16。

中国第二历史档案馆藏重庆国民政府振济委员会档案：《立煌办事处电报》（1943年12月20日），全宗号116，卷号425，无页码，文件原始分类号5-2-2-3，卷号86。

中国第二历史档案馆藏重庆国民政府振济委员会档案:《安徽省临时参议会等代电报该省灾况》(1943年),全宗号116,卷号448,无页码。文件原始分类号5-2-2-3,卷号77。

中国第二历史档案馆藏振济委员会档案:《安徽省各县受灾概况及配征军公粮数量表》(1943年),全宗号116,卷号448,无页码,文件原始分类号5-2-2-3,卷号77。

中国第二历史档案馆藏重庆国民政府振济委员会档案:《安徽寿县农会致重庆中央赈济委员会函》(1944年),全宗号116,卷号448,无页码。文件原始分类号5-2-2-3,卷号93-1。

中国第二历史档案馆藏重庆国民政府振济委员会档案:《潢川县政府呈报灾情电报》(1943年9月23日),全宗号116,卷号459,无页码。文件原始分类号5-2-2-14,卷号41。

中国第二历史档案馆藏南京国民政府财政部盐务署档案:《两淮盐区地方区乡镇保甲协助查禁私制食盐奖惩办法》(民国二十四年八月),全宗号266,卷号8937,无页码。

中国第二历史档案馆藏中国华洋义振会档案:《中国红十字会固始分会快邮代电》,全宗号573,卷号78。

中国第二历史档案馆藏中国华洋义振会档案:《灵璧县党部等呈中国华洋义振义快邮代电》(1933年3月18日),全宗号573,卷号137。

中国第二历史档案馆藏中华民国北京政府陆军部军法司档案:《江北陆军骑兵团长张长林报告张勋所部武卫前军南下沿途奸淫抢掠情形及沂北军事状况》(1913年8月),全宗号1011,卷号552。

中国第二历史档案馆藏中华民国北京政府陆军部军法司档案:《安武将军行署谨将民国二年八月起至三年六月止依军法办理各案罪犯姓名年龄籍贯职业案由罪名刑名判决地点行监禁日期造具清册》,全宗号1011,卷号2572。

中国第二历史档案馆藏中华民国北京政府陆军部军法司档案:《安武将军督理安徽军务咨送盗匪案件执行死刑人犯一览表》(洪宪元年三月)、《安武将军督理安徽军务咨送盗匪案件执行死刑人犯一览表》（民国四年八月）、《安武将军督理安徽军务咨送盗匪案件执行死刑人犯一览表》（民国四年十二月），全宗号1011，卷号2600，无页码。

台北故宫博物院等藏清代档案：《河南巡李世杰奏折》（乾隆四十七年十一月七日），箱号2741，统一编号403043032。

台北故宫博物院等藏清代档案：《署两江总督萨载奏为查抄汪鹤皋家产折》（乾隆四十六年九月十九日），箱号2715，统一编号403039299。

台北故宫博物院等藏清代档案：《江苏巡抚闵鹗元奏为查抄程国表在籍赀财家产折》（乾隆四十六年八月二十一日），箱号2715，统一编号403039089。

台北故宫博物院清代宫中档与军机处折件：《大学士管理工部事务彭蕴章等奏（咸丰十年四月初二日）》，箱号2714，文献编号406012288。

台北故宫博物院清代宫中档与军机处折件：《革职山东巡抚陈世倌等奏折（雍正六年四月十八日）》，箱号75，文献编号402014831。

台北故宫博物院藏清代清代宫中档与军机处折件：《管理陕甘总督李侍尧奏折》，箱号2715，统一编号403039258。

台北故宫博物院清代宫中档与军机处折件：《江南道监察御史李鹏奏折（道光七年七月二十六日）》，箱号2747，文献编号060992。

台北故宫博物院清代宫中档与军机处折件：《江南总督赵弘恩奏折》（雍正十二年十月初六日），箱号：75，文献编号：402010579，统一编号：故宫013710。

台北故宫博物院清代宫中档与军机处折件：《江南总督赵弘恩奏折（雍正十二年十月十二日）》，箱号75，文献编号402010580。

台北故宫博物院藏清代清代宫中档与军机处折件：《江苏巡抚闵鹗元奏为查抄程国表在籍赀财家产折》，乾隆四十六年八月二十一日，箱号2715，统一编号403039089。

台北故宫博物院清代宫中档与军机处折件：《江苏巡抚汪日章奏折》（嘉庆十三年六月初二十九日），箱号2714，文献编号406012288，统一编号（故宫）131140。

台北故宫博物院清代宫中档与军机处折件：《两江总督高其倬奏折（雍正九年二月初六日）》，箱号79，文献编号402006286。

台北故宫博物院清代宫中档与军机处折件：《两广总督孔毓珣奏折（雍正五年四月二十四日）》，箱号75，文献编号402013573。

台北故宫博物院藏清代清代宫中档与军机处折件：《萨载等奏查抄王䆫原籍家产折》，箱号2705，统一编号029870。

台北故宫博物院清代宫中档与军机处折件：《署都察院左都御史宗室敬征奏折附件（道光十四年六月八日）》，箱号2743，文献编号068229，统一编号故机068715。

台北故宫博物院藏清代清代宫中档与军机处折件：《署江苏巡抚萨载奏折》，箱号2771，文献编号014430。

台北故宫博物院藏清代清代宫中档与军机处折件：《署理河东河道总督何裕城奏报淮安头帮船只沉溺情形》，箱号2776，文献编号032502。

台北故宫博物院藏清代清代宫中档与军机处折件：《署理江南河道总督张井奏折》，箱号2747，文献编号054995。

台北故宫博物院清代宫中档与军机处折件：《署理江南江西总督范时绎奏折（雍正五年六月初五日）》，箱号75，文献编号402018214。

台北故宫博物院清代宫中档与军机处折件：《署理两江总督江南河道总督萨载奏折》（乾隆四十三年九月十三日），箱号2704，文献编号403036239，统一编号（故宫）06211。

台北故宫博物院藏清代清代宫中档与军机处折件：《书麟等奏江西帮船渡黄漂没》，箱号2778，文献编号040802。

台北故宫博物院清代宫中档与军机处折件：《苏州布政使高斌奏折》（雍正八年十一月二十八日），箱号79，文献编号402009954，统一编号故宫013085。

台北故宫博物院藏清代清代宫中档与军机处折件：《图明阿奏折》，乾隆四十六年九月九日，箱号2715，统一编号403039210。

台北故宫博物院藏清代清代

台北故宫博物院藏清代清代宫中档与军机处折件:《图明阿奏折》,乾隆四十六年九月二十五日,箱号2715,统一编号403039361。

台北故宫博物院藏清代清代宫中档与军机处折件:《图明阿奏折》,乾隆四十六年九月二十五日,箱号2715,统一编号403039362。

台北故宫博物院清代宫中档与军机处折件:《徐州贡生张其浦等呈文》,箱号2742,文献编号100686。

台北故宫博物院清代宫中档与军机处折件:《徐州童生刘际昌等呈文(同治三年十一月三日全庆折件)》,箱号2742,文献编号100343。

台北故宫博物院藏清代清代宫中档与军机处折件:《伊龄阿伊星阿奏折》,乾隆四十七年十月二日,箱号2741,统一编号403042629。

台北故宫博物院藏清代清代宫中档与军机处折件:《直隶总督袁守侗奏查抄甘当西宁道刘光昱折(附片)》,乾隆四十六年九月二十日,箱号2715,统一编号403039620。

台北"中研院"近代史研究所档案馆藏档案:《导淮案》,馆藏号:08-21(2),宗号1-(2)。

台北"中研院"近代史研究所档案馆藏档案:《导淮案》(二),馆藏号:08-21,宗号1-(3)。

台北"中研院"近代史研究所档案馆藏档案:《导淮案》(五),馆藏号:08-21(2),宗号1-(6)。

台北"中研院"近代史研究所档案馆藏档案:《导淮案》(七),馆藏号:08-21,宗号2-(1)。

台北"中研院"近代史研究所档案馆藏档案:《导淮案》(八),馆藏号:08-21,宗号2-(2)。

台北"中研院"近代史研究所档案馆藏档案:《江苏公民张镇南条陈治淮意见》(民国8年9月至10月)馆藏号:09-21-00-011-09。

台北"中研院"近代史研究所档案馆藏档案:《江苏查勘淮河故道并办工赈》(光绪三十三年)馆藏号:06-21-11-09,宗号2-(3)。

台北"中研院"近代史研究所档案馆藏档案:《安徽水利》(一),馆藏号:08-21-12,宗号1-(1)。

台北"中研院"近代史研究所档案馆藏档案:《安徽水利》

（二）,馆藏号：08-21-12,宗号1-（2）。

台北"中研院"近代史研究所档案馆藏档案：《陇海铁路被兵滋扰损失索偿案》,馆藏号：08-05-025,宗号03-001。

台北"中研院"近代史研究所档案馆藏档案：《海军截留盐余拨充饷项事》(民国11年1月),馆藏号：03-04-002,宗号02-002。

台北"中研院"近代史研究所档案馆藏档案：《各国抗议海军舰队截留两淮盐税案》,馆藏号：03-04-009,宗号01-002。

台北"中研院"近代史研究所档案馆藏档案：《南运河经费》,馆藏号：06-21-11,宗号001-06。

台北"中研院"近代史研究所档案馆藏档案：《山东运河工程局微山湖洪水排泄意见书》,馆藏号：26-00-02,宗号4-1。

台北"中研院"近代史研究所档案馆藏档案：《整理沂沭泗尾闾工程初步计划概要》,馆藏号：26-00-11,宗号3-8。

台北"中研院"近代史研究所档案馆藏档案：《江苏公民张镇南条陈治淮意见》(民国8年9月至10月),馆藏号：09-21-00,宗号011-09。

台北"中研院"近代史研究所档案馆藏档案：《江苏查勘淮河故道并办工赈》(光绪三十三年),馆藏号：06-21-11-09,宗号2-（3）。

台北"中研院"近代史研究所档案馆藏档案：《淮扬清江等处向为盐枭出没之所》,馆藏号：01-01-008,宗号04-004。

台北"中研院"近代史研究所档案馆藏档案：《中央种畜场救济农村耕牛试办计划书》,馆藏号：17-27,宗号226-（1）。

台北"中研院"近代史研究所档案馆藏档案：《导淮委员会设计测量队被匪损失事项》,馆藏号：26-45,宗号2-3。

台北"中研院"近代史研究所档案馆藏档案：《导淮委员会杂卷》,馆藏号：27-02,宗号020-01。

台北"中研院"近代史研究所档案馆藏档案：《漕运总督请咨发通商各国条约案》,馆藏号：01-01-008,全宗04-004。

台北"中研院"近代史研究所档案馆藏档案：《潘子光请扶助农村牧养》,馆藏号：17-27,宗号

212-(7)。

台北"中研院"近代史研究所档案馆藏档案:《张謇上书陈关于水利意见》(1914年2—3月),馆藏号:09-21-00,宗号0008-05。

(6)调查资料

1995年2月,马俊亚在沭阳、东海等地的调查。

1996年11月,马俊亚在沭阳、东海、灌云的调查。

2005年11月,马俊亚在阜阳的调查。

2009年6月17日,马俊亚与包蕾在南京市江苏省军区第一干休所的访谈。

2011年1月11日,马俊亚与张广杰在复旦大学医学院老干部处的访谈。

二、西文部分

Bastid, Marianne. "The Structure of the Financial Institutions of the State in the Late Qing," in S. R. Schram (ed), *The Scope of State Power in China*. Hong Kong: The Chinese University Press, 1985.

Chen, Fu-mei Chang. "Local Control of Convicted Thieves in Eighteenth-Century China," in Frederic Wakeman, Jr. and Carolyn Grant (eds.), *Conflict and Control in Late Imperial China*. Berkeley, Los Angeles and London: University of California Press, 1975.

Chen, Han-sheng, "The Burdens of the Chinese Peasantry," *Pacific Affairs*, vol. 2, no. 10 (Oct., 1929), pp. 644–658.

Ch'en, Yung-fa, "The Wartime Bandits and Their Local Rivals: Bandits and Secret Societies," Susan Mann Jones (ed.), *Select Papers from the Center for Far Eastern Studies*, No.3, 1978–79, Proceedings of the NEH Modern China Project, 1978–79: Political Leadership and Social Change at the Local Level in China from 1850 to the Present. Chicago: The University of Chicago, 1979.

Chi, Ch'ao-ting. *Key Economic Areas in Chinese History: As Revealed in the Development of Public Works for*

Water-Control. New York: Paragon Book Reprint Corp. 1963 (First Published by George Allen & Unwin Ltd., 1936, London).

Chiang, Tao-chang. "The Production of Salt in China, 1644-1911," *Annals of the Association of American Geographers*, vol. 66, no. 4 (December, 1976), pp. 516-530.

Chiang, Tao-chang. "The Salt Trade in Ch'ing China," *Modern Asian Studies*, vol. 12, no. 2 (1983), pp. 197-219.

Chiao, Chi-ming. "A Study of the Chinese Population," *The Milbank Memorial Fund Quarterly, vol.* 12, no. 1 (Jan., 1934), pp. 85-96.

Cohen, Myron L. *Kinship, Contract, Community, and State: Anthropological Perspectives on China*. Stanford: Stanford University Press, 2005.

Cressey, George Babcock. *China's Geographic Foundations: A Survey of the Land and Its People*. New York and London: McGraw-Hill Book Company, Inc. 1934.

Crow, Carl. *My Friends, the Chinese*. London: Hamish Hamilton, 1938.

Dodgen, Randall A.. "Hydraulic Evolution and Dynastic Decline: The Yellow River Conservancy, 1796-1855," *Late Imperial China*, vol. 12, no. 2 (December 1991), pp. 36-63.

Dunstan, Helen. *State or Merchant? Political Economy and Political Process in 1740s China*. Cambridge (Massachusetts) and London: Harvard University Asia Center, 2006.

Elliot, Mark. *The Manchu Way: The Eight Banners and Ethnic Identity in Late Imperial China*. Stanford: Stanford University Press, 2001.

Esherick, Joseph W. "Two Generations of a Chinese Family", in Joseph W. Esherick and Wen-hsin Yeh and Madeleine Zelin (eds.), *Empire, Nation, and Beyond: Chinese History in Late Imperial and Modern Times-A Festschrift in Honor of Frederic Wakeman*. Berkeley: Institute of East Asian Studies, University of California, 2006.

Fairbank, John K. *The United States and China*. New York: The Viking Press, 1958.

Fairbank, John K., Alexander Eckstein, "Economic Change in

Early Modern China", in Alexander Eckstein (ed.), *China's Economic Development: The Interplay of Scarcity and Ideology*. Ann Arbor: The University of Michigan Press 1975.

Faure, David. *The Rural Economy of Pre-Liberation China: Trade Expansion and Peasant Livelihood in Jiangsu and Guangdong, 1870-1937*. Oxford, New York: Oxford University Press (Printed in Hong Kong). 1989.

Fei, Hsiao-tung. "Peasantry and Gentry: An Interpretation of Chinese Social Structure and its Changes," *The American Journal of Sociology*, vol. LII, no. 1, (July 1946), pp. 2-17.

Fei, Hsiao-tung. *Peasant Life in China: A Field Study of Country Life in the Yangtze Valley*. London: Routledge & Kegan Paul Ltd, 1962.

Feuerwerker, Albert. "Handicraft and Manufacture Cotton Textiles in China, 1871-1910," *The Journal of Economic History*, vol.30, no.2, June 1970, pp. 338-378.

Feuerwerker, Albert. *State and Society in Eighteenth-Century China: The Ch'ing Empire in Its Glory*. Ann Arbor: Center for Chinese Studies, The University of Michigan, 1976.

Fewsmith, Joseph. *Party, State, and Local Elites in Republican China: Merchant Organizations and Politics in Shanghai, 1890-1930*, Honolulu: University of Hawaii Press, 1985.

Finnane, Antonia. "The Origins of Prejudice: The Malintegration of Subei in Late Imperial China," *Comparative Studies in Society and History*, vol. 35, no. 2 (April, 1993), pp. 211-238.

Gammon, Lieut. Charles F.. "China in Distress," *Bulletin of the American Geographical Society*, vol. 44, no. 5 (1912), pp. 348-351.

Gilbert, Rodney. *What's Wrong with China*. New York: Frederick A. Stokes Company Publishers, 1927.

Goodman, Bryna. *Native Place, City, and Nation: Regional Networks and Identities in Shanghai,1853-1937*, Berkeley /Los Angeles /London: University of California Press, 1995.

Gottschang, Thomas R. "Economic Change, Disasters, and Migration: The Historical Case of Manchuria," *Economic Development and Cultural*

Change, vol.35, no.3, April 1987, Chicago: The University of Chicago Press, 1987.

Grist, D. H. *Rice*. London: Longmans, Green and Co. LTD, 1965.

Hanwell, Norman D.. "New Floods Threaten More Losses for China," *Far Eastern Survey*, vol. 8, no. 15 (July, 1939), pp. 176–177.

Hanwell, Norman D. and Kurt Bloch, "Behind the Famine in North China," *Far Eastern Survey*, vol. IX, No. 6, March 13, 1940, pp. 63–68.

Hechter, Michael. *Internal Colonialism: The Celtic Fringe in British National Development, 1536–1966*. London: Routledge & Kegan Paul, 1975.

Hinton, Harold C.. "The Grain Tribute System of the Ch'ing Dynasty," *The Far Eastern Quarterly*, vol. 11, no. 3 (May, 1952), pp. 339–354.

Ho, Franklin L. *Population Movement to the North Eastern Frontier in China*. Shanghai: China Institute of Pacific Relations, 1931.

Ho, Ping-ti. "The Sale Merchants of Yang-chou: A Study of Commercial Capitalism in Eighteenth-Century China," *Harvard Journal of Asiatic Studies*, vol. 17, no. 1–2 (June, 1954), pp. 130–168.

Ho, Ping-ti. *Studies on the Population of China*. Cambridge, Massachusetts: Harvard University Press, 1959.

Ho, Ping-ti. *The Ladder of Success in Imperial China: Aspects of Social Mobility, 1368—1911*. New York and London: Columbia University Press, 1962.

Hobsbawm, Eric. *Bandits*. The U. S. A: Delacorte Press, 1969.

Honig, Emily. *Sisters and Strangers: Women in the Shanghai Cotton Mills, 1919–1949*. Stanford: Stanford University Press, 1986.

Honig, Emily. *Creating Chinese Ethnicity: Subei People in Shanghai, 1850–1980*. New Haven and London: Yale University Press, 1992.

Horowitz, Irving Louis (ed.). *Power, Politics and People: The Collected Essays of C. Wright Mills*. New York: Oxford University Press, 1963.

Hsu, Shin-yi. "The Cultural Ecology of the Locust Cult in Traditional China," *Annals of the Association of*

American Geographers, vol. 59, no. 4 (Dec., 1969), pp. 731-752.

Hu, Ch'ang-tu. "The Yellow River Administration in the Ch'ing Dynasty," *The Far Eastern Quarterly*, vol. 14, no. 4, Special Number on Chinese History and Society (August, 1955), pp. 505-513.

Huang, Pei. *Autocracy at Work: A Study of the Yung-cheng Period, 1723-1735*. Bloomington and London: Indiana University Press, 1974.

Huang, Philip C. C. (ed.). *The Development of Underdevelopment in China: A Symposium*. New York: M. E. Sharpe, Inc. 1980.

Huang, Philip C. C. *The Peasant Economy and Social Change in North China*. Stanford: Stanford University Press 1985.

Kelley, David E. "Temples and Tribute Fleets: The Luo Sect and Boatmen's Associations in the Eighteenth Century," *Modern China*, vol. 8, no. 3 (July 1982), pp. 361-391.

Khadduri, M. "The Role of the Military in the Middle East Politics," *American Political Science Review*, vol. 46(1953), pp. 511-524.

Krausse, Alexis. *China in Decay: The Story of a Disappearing Empire*. London: George Bell & Sons, 1900.

Kuhn, Philip A. *Rebellion and its Enemies in Late Imperial China: Militarization and Social Structure, 1796-1864*. London: Oxford University Press, 1970.

Kuhn, Philip A. *Soulstealers: The Chinese Sorcery Scare of 1768*. Cambridge, Massachusetts: Harvard University Press, 1994.

Lamson, H. D.. "The People's Livelihood as Revealed by Family Budget Studies," *Chinese Economic Journal*, vol.VIII, no.6, June 1931, pp. 449-485.

Lamson, H. D.. "The Effect of Industrialization upon Village Livelihood," *Chinese Economic Journal*, vol. IX, no. 4, October 1931, pp. 1025-1082.

Leonard, Jane Kate, "Controlling from Afar: Open Communications and the Tao-Kuang Emperor's Control of Grand Canal-Grain Transport Management, 1824-26", *Modern*

Asian Studies, vol. 22, no. 4 (1988), pp. 665-699.

Levathes, Louise. *When China Ruled the Seas: The Treasure Fleet of the Dragon Throne, 1405-1433*. New York: Simon & Schuster, 1994.

Lewis, Bernard. "Islamic Concepts of Revolution," in P. J. Vatikiotis (ed.), *Revolution in the Middle East and Other Case Studies*. London: George Allen & Unwin Ltd, 1972, pp. 30-40.

Lewis, Mark Edward. *The Flood Myths of Early China*. New York: State University of New York Press, 2006.

Li, Bozhong. *Agricultural Development in Jiangnan, 1620-1850*. New York: St. Martin's Press, 1998.

Li, Lillian M.. "Life and Death in a Chinese Famine: Infanticide as a Demographic Consequence of the 1935 Yellow River Flood", *Comparative Studies in Society and History*, vol. 33, no. 3 (Jul., 1991), pp. 466-510.

Li, Lillian M. and Alison Dray-Novey. "Guarding Beijing's Food Security in the Qing Dynasty: State, Market, and Police," *The Journal of Asian Studies*, vol. 58, no. 4 (Nov., 1999), pp. 992-1032.

Liang, Hon. M. T. "Combating the Famine Dragon," *News Bulletin* (Institute of Pacific Relations), April 1928.

Liew, Foon Ming. *Tuntian Farming of the Ming Dynasty, 1368—1644*. Hamburg: Gesamtherstellung, 1984.

Lockwood, Edward T. "Flood and flood Prevention in China," *Far Eastern Survey*, vol. 4, no. 21, October 23, 1935, pp. 164-168.

Lowdermilk, W. C. "Forestry in Denuded China," *Annals of the American Academy of Political and Social Science*, vol. 152, China (Nov., 1930), pp. 127-141.

Lui, Adam Yuen-Chung. *Ch'ing Institutions and Society, 1644-1795*. Hong Kong: Centre of Asian Studies, University of Hong Kong, 1990.

Ma, Junya. "China's Traditional Monetary System and the Trade in Agricultural Products, 1920-1933", *Modern China*, vol.34, no. 3 (July 2008), pp. 344-371.

Mallory, Walter H.. *China: Land of Famine*. New York: American Geographical Society, 1926.

Mallory, Walter H.. "Famines in China," *Annals of the American Academy of Political and Social Science*, vol. 152, China (Nov., 1930), pp. 89–98.

Mann, Susan. "Women's Work in the Ningbo Area, 1900–1936," in Thomas G. Rawski and Lillian M. Li (eds.), *Chinese History in Economic Perspective*. Berkeley/ Los Angeles/ Oxford: University of California Press, 1992.

Marsh, Robert M.. "The Venality of Provincial Office in China and in Comparative Perspective," *Comparative Studies in Society and History*, vol. 4, no. 4 (July, 1962), pp. 454–466.

Metzger, Thomas A.. "The Organizational Capabilities of the Ch'ing State in the Field of Commerce: The Liang-huai Salt Monopoly, 1750–1880," in W. E. Wilimott (ed.), *Economic Organization in Chinese Society*. Stanford: Stanford University Press, 1972, pp. 9–45.

Murray, Dian H.. *Pirates of the South China Coast, 1790–1810*. Stanford: Stanford University Press, 1987.

Myers, Ramon H. *The Chinese Peasant Economy: Agricultural Development in Hopei and Shantung, 1890–1949*. Cambridge, Massachusetts: Harvard University Press, 1970.

Naquin, Susan and Evelyn S. Rawski, *Chinese Society in the Eighteenth Century*. New Haven and London: Yale University Press, 1987.

Nishijima Sadao, "The Formation of the Early Chinese Cotton Industry," in Linda Grove and Christian Daniels (eds.), *State and Society in China: Japanese Perspectives on Ming-Qing Social and Economic History*. Tokyo: University of Tokyo Press, 1984.

Park, Nancy E.. "Corruption in Eighteenth-Century China," *The Journal of Asian Studies*, vol. 56, no. 4 (November 1997), pp. 967–1005.

Perry, Elizabeth J.. *Rebels and Revolutionaries in North China, 1845–1945* Stanford: Stanford University Press, 1980.

Perry, Elizabeth J.. "Collective Violence in China, 1880-1980," *Theory and Society*, vol. 13, no. 3, Special Issue on China (May, 1984), pp. 427-454.

Pomeranz, Kenneth. *The Making of a Hinterland: State, Society, and Economy in Inland North China, 1853-1937*. Berkeley, Los Angeles, Oxford: California University press, 1993.

Pomeranz, Kenneth. *The Great Divergence: Europe, China and the Making of the Modern World Economy*. Princeton: Princeton University Press, 2000.

Porter, Jonathan. "The Culture of Patronage in Early Nineteenth-Century China: Ruan Yuan's Circle at Canton", in Joseph W. Esherick and Wen-hsin Yeh and Madeleine Zelin (eds.), *Empire, Nation, and Beyond: Chinese History in Late Imperial and Modern Times—A Festschrift in Honor of Frederic Wakeman*. Berkeley: Institute of East Asian Studies, University of California, 2006.

Rawski, Thomas G. and Lillian M. Li (ed.), *Chinese History in Economic Perspective*. Berkeley/Los Angeles/Oxford: University of California Press, 1992.

Reynolds, Bruce Lloyd. "The impact of Trade and Foreign Investment on Industrialization: Chinese Textiles, 1875-1931". A Dissertation Submitted in Partial Fulfillment of the Requirements for the Degree of Doctor of Philosophy (Economics) in the University of Michigan, 1975.

Robertson-Scott, J. W.. *The People of China: Their Country, History, Life, Ideas, and Relations with the Foreigner*. London: Methuen & Co., 1900.

"Salt in China and Elsewhere," *Chinese Economic Journal*, vol.4, no. 6, June 1929, pp. 476-497.

Shek, Richard. "Fictional and Real-Life Rulers: Journey to the West and Sixteenth-Century Chinese Monarchs". In Joseph. Esherick, Wen-hsin Yeh and Madeleine Zelin (eds.), *Empire, Nation, and Beyond: Chinese History in Late Imperial and Modern Times—a Festschrift in Honor of Frederic Wakeman*. Berkeley: Institute of East Asian Studies,

University of California, 2006.

Shih, James. C. *Chinese Rural Society in Transition: A Case Study of the Lake Tai Area, 1368-1800*. Berkeley: University of California, 1992.

Skinner, G. William. "Cities and the Hierarchy of Local Systems," in G. William Skinner (ed.), *City in Late Imperial China*. Stanford Stanford University Press 1977, pp. 275-351.

Smith, Arthur. *Village Life in China*. Boston: Little, Brown & Co., 1970.

Sugihara, Kaoru, "Agriculture and Industrialization: The Japanese Experience," in Peter Mathias and John Davis (eds.), *Agriculture and Economic Growth*. Oxford: Blackwell Publishers 1997, pp. 148-166.

Tanaka, Masatoshi, "Rural Handicraft in Jiangnan in the Sixteenth and Seventeenth Centuries," in Linda Grove and Christian Daniels (eds.), *State and Society in China: Japanese Perspectives on Ming-Qing Social and Economic History*. Tokyo: University of Tokyo Press, 1984.

Tatsuo, Yamada. "The Foundations and Limits of States Power in Guomingdang Ideology—Government, Party and People," in S. R. Schram (ed), *Foundations and Limits of State Power in China*. Hong Kong: The Chinese University Press, 1987.

Tawney, R. H.. *Land and Labour in China*. London: George Allen & Ltd, 1932.

Tayler, J. B . *Farm and Factory in China: Aspects of the Industrial Revolution*. London: Student Christian Movement, 1928.

"Tenancy and Farming at Kwanyun, Northern Kiangsu", *Chinese Economic Journal*, vol. 1, no. 4, April 1927, pp. 370-374.

Thaxton, Ralph. "Land Rent, Peasant Migration, and Political Power in Yao Cun, 1911-1937," *Modern Asian Studies*, vol. 16, no. 1 (1982), pp. 101-122.

Tiedemann, R. G.. "The Persistence of Banditry: Incidents in Border Districts of the North China Plain," *Modern China*, vol. 8, no. 4 (October, 1982), pp. 395-433.

Ting, V. K. "Prof. Granet's 'La Civilizaticn Chinoise,' " *The Chinese Social and Political Science*

Review, vol. xv, no. 2, July 1931.

Toffler, Alvin. *Powershift: Knowledge, Wealth, and Violence at the Edge of the 21 Century*. New York, etc.: Bantam books, 1990.

Turner, Bryan S.. *Marx and the End of Orientalism*. London: George Allen & Unwin Ltd, 1978.

Wakeman, Frederic Jr. "Localism and Loyalism during the Ch'ing Conquest of Kiangnan: The Tragedy of Chiang-yin," in Frederic Wakeman, Jr. and Carolyn Grant (eds.), *Conflict and Control in Late Imperial China*. Berkeley, Los Angeles and London: University of California Press, 1975.

Wakeman, Frederic Jr. and Wen-hsin Yeh (eds.). *Shanghai Sojourners*. Berkeley: University of California, 1992.

Walker, Kathy Le Mons. *Chinese Modernity and the Peasant path: Semicolonialism in the Northern Yangzi Delta*. Stanford: Stanford University Press, 1999.

Warner, Maude D.. "Living Conditions in China," *Annals of the American Academy of Political and Social Science*, vol. 122, The Far East (November, 1925), pp. 167–173.

Will, Pierre-Etienne. "Official and Money in Late Imperial China: State Finances, Private Expectations, and the Problem of Corruption in a Changing Environment," in Emmanuel Kreike and William Chester Jordan (eds.), *Corrupt Histories*. New York: University of Rochester Press, 2004, pp. 29–82.

Wingate, Lieut.-Colonel A. W. S. "Nine Year's Survey and Exploration in Northern and Central China," *The Geographical Journal*, vol. 29, no. 3 (March, 1907), pp. 273–302.

Wright, M. C. (ed). *China in Revolution: The First Phase, 1900–1913*. New Haven and London: Yale University Press, 1968.

Wrigley, E. A. "Why Poverty Was Inevitable in Traditional Societies," in John A. Hall and I. C. Jarvie (eds.), *Transition to Modernity: Essays on Power, Wealth and Belief*. New York, etc.: Cambridge University Press, 1992.

Wu, Leonard T. K. "Rural Bankruptcy in China," *Far Eastern Survey*, vol. V, no 20, October 8, 1936.

Wu, Silas H. L. *Communications and Imperial Control in China. Evolution of the Palace Memorial System, 1693-1735*. Cambridge: Harvard University Press, 1970.

Xu, Jiongxin. "A Study of Long Term Environmental Effects of River Regulation on the Yellow River of China in Historical Perspective," *Geografiska Annaler*. Series A, Physical Geography, vol. 75, no. 3 (1993), pp. 61-72.

Yang, C. K.. *Religion in Chinese Society*. Berkeley: University of California Press, 1961.

Yao, Shan-yu. "The Geographical Distribution of Floods and Droughts in Chinese History, 206 B.C-A.D 1911," *The Far Eastern Quarterly*, vol. 2, no. 4 (August, 1943), pp. 357-378.

Yuji, Muramatsu. "A Documentary Study of Chinese Landlordism in the Late Ch'ing and the Early Republican Kiangnan," *Bulletin of the School of Oriental and African Studies University of London*, Vol. 29, No.3, March 1966, London: The School of Oriental and African Studies, 1966.

Zhou, Linong, "State Relief and Population Growth in Late Imperial China". A thesis submitted in total fulfillment of the requirements for the degree of Doctor of Philosophy, Department of Economic History, School of Economics and Commerce, La Trobe University (Bundoora), June 1990.

三、日文部分
（以姓氏笔划为序）

山本進：《清代の市場構造と経済政策》，名古屋：名古屋大学出版会，2002年。

山村治郎：《清代両淮の灶户一斑》，《史学杂志》第53编第7号，1942年出版。

大東亜省:《蘇北地区総合調査報告書》,昭和18年(1943)9月刊行。

大泽正昭:《唐宋変革期農業社會史研究》,东京:汲古书院,1996年。

小葉田淳:《中世日支通交貿易史の研究》,东京:刀江书院昭和十七年(1942)1月版。

中砂明德:《後期唐朝の江淮支配》,京都大学文学部:《東洋史研究》第47卷第1号,昭和六十三年(1988)6月发行,第30—53页。

天野元之助:《支那農業経済論》(上、下),东京:改造社,1940、1942年。

天野元之助:《陳旉の〈農書〉と水稲作技術の展開》(上),京都《东方学报》第19册,1950年12月。

天野元之助:《陳旉の〈農書〉と水稲作技術の展開》(下),京都《东方学报》第21册,1952年3月。

天野元之助:《中國の農業地域的展開》,东京:龙溪书舍,1979年。

天野元之助:《中國農業史研究》(増补版),东京:御茶の水书房,1989年。

田中忠夫:《支那農業経済の諸問題》,東京:學藝社,1935年。

田尻利:《清代農業商業化の研究》,东京:汲古书院,1999年。

片岡芝子:《明末清初の華北における農家経営》,《社會経済史學》第25卷第2、3號(1959年),第77—100页。

K. A. Wittfogel著,平野義太郎監译:《解體過程にある:支那の経済と社會》(上卷),东京:中央公论社,1940年。

吉田浤一:《一九三0年代中國農村経済研究の一整理》,京都大学文学部:《東洋史研究》第33卷第2号,1974年9月30日发行,第110—120页。

安場保吉等编:《プロト工業化期の経済と社會》,京都:日本经济新闻社,1983年。

伊藤武夫:《黄河治水の経済的重要性》,东京:东亚研究所,1941年。

杉本寿:《支那林業経済建設论》,京都:教育图书株式会社,1943年。

佐佐木衛编:《近代中國の社會と

民衆文化——日中共同研究・華北農村社會調査資料集》,东京:株式会社东方书店,1992年2月。

佐伯富:《塩と支那社會》,《东亚人文学报》第3卷第1号,1943年出版。

佐伯富:《清代道光朝における淮南塩政の改革》,《东方学论集》(3),1955年出版。

佐伯富:《清代咸丰朝における淮南塩政》,《东洋史研究》第13卷第6号,1955年出版。

佐伯富:《清代における塩业资本について》,《东洋又研究》第11卷第1、2号,1950—1951年出版。

佐伯富:《清代塩政の研究》,京都大学:东洋史研究会刊,1962年。

佐伯富:《清代における塩务の疑獄について》,《东方学》第32辑,1966年出版。

島一郎:《中國民族工業の展開》,京都:ミネルウァ京书房,1978年。

岩井茂树编:《中国近世社會の秩序形成》,京都:京都大学人文科学研究所,2004年。

波多野善大:《清代兩淮製塩における生産組織》,《東洋史研究》第11卷第1号,1950年出版。

松浦章:《清代上海沙船航運業史の研究》,吹田市:关西大学东西学术研究所,平成十六年(2004)。

牧野巽:《近世中国宗族研究》,东京:日光书院,1950年。

柏佑賢:《アジア農業の特質—特に中國における耕種方式をめぐって—》,京都《東方学報》第25册,创立二十五周年纪念论文集《人文學報》第5号合并号,1954年11月。

星斌夫:《明代漕運の研究》,东京:日本学术振兴会,1963年。

星斌夫:《大運河—中國の漕運》,东京:近藤出版社,1971年。

星斌夫:《六運河發展史:長江から黄河へ》,东京:平凡社1982年。

星斌夫:《元代海運経営の実態》,《歴史の研究》1980年第7期。

星斌夫:《明清時代社會経済史の研究》,东京:国书刊行会,1989年4月。

南满洲铁道株式会社调查部:《江蘇省無錫県农村実態調査报

告書》，上海大陆新报社营业印刷局，昭和十六年（1941）3月印行。

南満洲铁道株式会社調査部：《江蘇省松江県农村実態調査报告書》，上海满铁调查资料第48种，昭和15年（1940）12月印行。

南満洲铁道株式会社調査部：《江蘇省南通県农村実態調査报告書》，上海大陆新报社营业印刷局昭和16年（1941）4月印行。

南満洲铁道株式会社調査部：《江蘇省松江県农村実態調査报告書》，上海，N.P.

华中連絡部：《塩运河调查书》，大東亜省兴亜院：《調査月报》，第26期,1942年5—6月，第57—93页。

华北联络部：《江蘇省蘇北地方绵花調查》，大東亜省兴亜院：《調査月報》第11卷，昭和16年（1941）1月出版。

清水盛光：《支那社會の研究——社會學的考察》，東京：岩波書店，1939年。

清水盛光：《中國鄉村の治水灌溉に現はれたる通力合作の形成》，京都《東方学報》总第18册，1950年2月。

森正夫：《十五世紀前半太湖周辺地帶における國家と農民》，载森正夫：《明清社會經濟史舊稿選》（私家版），爱知县：未来舍1983年3月发行，第59—64页。

森田明：《清代水利史研究》，東京：亜纪书房，1974年。

森田明：《清代の水利と地域社會》，福冈：中国书店，2002年。

宫崎市定：《宫崎市定全集》全25册，東京：岩波书店，1991—2000年

飯冢靖：《中國國民政府と農村社會》，東京：汲古书院，2005年。

穀光隆编：《東亜同文書院大運河調査报告書》，爱知县：爱知大学刊1992年。

满铁上海事务所调查室：《上海特别市嘉定區農村実態調査报告書》，估计印行时间为1942年。

影山剛：《中國古代の商工業と專売制》，東京：东京大学出版会，1984年11月。

興亜院技術部：《北支における林産資源調査》，東京，1940年。

興亜院華中連絡部：《中支那畜産資源牲畜ニ関スル調査报告書》，华中调查资料第148号，1942年7月出版。

后 记

对于淮北,外地人觉得没什么可说,本地人又不知该说什么。

我是淮北人。

说到伤心处,荒唐愈可悲。

嘉庆年间治河时,被废弃的后沭河从我生长的村中间穿过。村西是范围曾各达数百平方公里的桑墟湖和青伊湖,村子因此被称为"湖东口",村西南是民国年间著名的匪窟司家荡,村东是同样曾达数百平方公里的硕项湖。紧挨村南的是古泊善后河,这条河即是古涟水,与盐河相交,经埒子口入海。村北稍远处是蔷薇河(后沭河),由临洪口入海。村子向西南约10公里是宽达数华里的新沂河。源于洪泽湖的灌溉河水从村西旁经过,我经常直接从河中掬水而饮。由于灶柴太珍贵,我没有留下小时喝过开水的记忆。那时的歌谣豪情万丈地高唱:"端起淮河当水瓢,凑近太阳点袋烟。"可能是不少人家与我家一样直接喝河水,连火柴都舍不得用。

春天到来时,万木葱郁。每当我想到这个季节,总有些苦涩和无奈:在明媚的阳光下,早已饥肠辘辘的我,腿肚像灌满了铅,无精打采,但还得与哥哥一起用平板车去拉黄泥。这种泥是当年泛滥的黄水从黄土高原带来的,不适合五谷生长,只能作填坑盖房之用。掺满番薯野菜的玉米糊,我一吃就是几大碗,只是太不抵饿。

在学校，一般上完两节课后，我会饿得直冒冷汗。但当老师讲到周扒皮半夜鸡叫苛待高玉宝、美国资本家把鲜牛奶倒掉、刘文彩家的收租院大斗收租、阿里山的小姑娘还遭受着皮鞭的毒打时……我便从心底喷涌出成长于新社会的幸福感、生长在红旗下的自豪感以及解放全人类的使命感。

上午第三节课一般是不上的，我要乘生产队看青老人回家吃中饭的时机，到"湖"（村民们都把田称为"湖"）里去打猪草。那时，人是可以饿肚子的，但猪不能。因此，我很小就领会了苏格拉底的断言：做猪比做人幸福。

夏天雨季时，"湖"中莽莽苍苍，大片大片的庄稼只有梢部露出水面；房前屋后的小河早已满溢，很多人家开始进水，脸盆、水瓢之类被用来戽水；地势较高的邻村还在向我们这边放水，大人们出动了，说理、争吵、对骂，甚至殴斗。只有大雨天，我辈才毋须打猪菜、割柴禾，可以做老师布置的作业，到河中摸鱼。云霁日出，水退的"湖"中白茫茫一片，稍低处就成了盐碱滩。除了些不知名的耐碱植物，这些碱滩光平如砥。经常捡些废单据当作业本的我，视这里为涂鸦的好场所，我很小就把作品写在了祖国的大地上。

夏夜总是太短。除了新婚燕尔的小两口和大姑娘，人们很少睡到房矮窗小、闷如蒸笼的屋子里，而是在路边纳凉、过夜，偶尔发出呼噜声和一两下拍打蚊虫的声音。我辈男孩多拿条席子和被单，到生产队的打谷场上过夜，那里平坦宽旷，蚊虫较少。鸡鸣二次，我强睁开眼，卷起芦席，半梦半醒地往家赶，帮母亲推磨。在富裕家庭，推磨是蒙着眼睛的驴干的活。我的其他兄弟都说推磨头晕，他们在分派到此活时,一致夸我的磨推得好,这是我的唯一能获得他们认可的优点。一天盆掺着玉米、番薯的杂粮磨完,天刚放亮,我要乘看青人尚未下"湖",把猪草割回。吃完早饭再下"湖"割杂草,作灶柴。与看青人斗,我总能正确地运用游击战的方略。我常恨自己生得太晚,否则定能像电影中的小英雄一样去消灭反动派。

秋天到来时,白杨树脱光了绿叶,青青的小麦稀疏地分布在田中。时常可见片片田土光光秃秃,黄里泛白。妇女衣衫褴褛,孩子赤脚露背,人人肩筐提篓捡拾秸秆的根部,或是寻找野菜。只有秋天,家中才能吃上几餐面饼和米饭,这是我赞戎"秋日胜春朝"的主要理由。夏日里泛滥的小河,水流已然消退,碧澄见底。叶尽枝枯的白杨树上传来一两声寒鸦的聒噪,给人心头增添了许多凄凉和失落。

风雪交加的冬天,生产队密不透风的牛屋中,干牛粪燃着呛人的烟尘,大人小孩济济一屋,听某位常去书场的村民转述说书人讲唱过的故事。在这里,人们为自己享受到牛的温暖而倍感满足。那些住在生产队牛屋里的"城里人"是令人羡慕的,他们可以随意使用生产队的草料,而且干的是农村最轻的活。这些来到农村接受贫下中农再教育的城里人,与贫下中农倒是没有什么接触,与村里鸡狗的交流似乎更多。乡亲们最盼望的事就是牛病了或是死了,大家整夜守在煮牛肉的土灶旁,富裕的家庭买些添斤加两的热牛肉,我家也可以舀上一盆免费的牛肉汤。

晚上,公社的礼堂出演宣传队的节目。内容通常是地主搞破坏,最后被民兵或红小兵抓获。尽管我那时是看青人黑名单上的严打对象,但每次到生产队的田中割草,都要紧握镰刀警惕地搜寻一番,看有没有坏分子在挖社会主义墙角。"农业学大寨"期间,即使深更半夜,大队的喇叭也震天动地,传达着毛主席的最新指示;或是县里派来的工作组把村民们从暖被窝中喝斥起来,在漆黑的霜幕下,去冰河里罱淤泥。

故乡,童年,在我的记忆中,绝大部分是劳累和饥饿。"男孩子不吃十年闲饭",是长辈的教诲,意为男孩至多到10岁,就得承担家务劳动。在我的家中,父亲没完没了地生病,姐姐、哥哥过早地承担了成年人的辛劳和责任,却挣不到整工分。每年秋收分配,我家都是"透支户",分不到几斤粮食。邻家的家长,均是生产队的干部或壮劳力,在大袋大袋地扛回用汗水换回的收获物和光荣的同时,有着充分的自信和理由对我们这样的落后家庭不屑一顾。

我到7岁就吃不到"闲饭"了。那一年,父亲被烧成重伤,我从此结束了童年。在此后的七八年里,在家中打猪菜、捡灶柴,为生产队割牛草、干各种各样的重农活,似乎是我生活的主题。而像放牛、喂猪、开机器之类的轻农活是绝不会轮到我的。记忆中获得的唯一一次照顾是12岁时替全生产队社员做饭,我先要挑着两只齐胸高的大水桶,到1.5公里外的农机站挑井水,再到生产队的打谷场上去挑草。至于老师布置的背诵课文的任务,有时是在上学路上完成的。

即使这样,孩子们没有任何地位。在我家中,每餐饭食中的干稠部分,是父亲的专享。鸡蛋、水果、点心之类,只有最小的弟弟能从父亲那里分享一点点。其他人家的情况差堪相似。邻家一位四五岁女孩因丢失了一元钱,被父母用藤条打得皮开肉绽。忆及此事,至今犹感心悸。后来读司马光砸缸的故事,我深深地担心砸缸者的安危——要是我救下一个人，砸了人家的缸，当邻居上门索缸时，我估计自己会被父亲打死。毕竟，一口缸的代价是一个强劳力半年的所得。而死个孩子，"拖去给狗吃"是常规的处置方式，已经成为村民们训斥孩子的口头禅。

村中的母亲们，只要遇到不顺心的事，就要咒骂孩子。生婆婆的气时，一般把孩子的祖宗数十代挨个骂一遍；与丈夫生气，则把孩子骂成是"讨债鬼"，数落着自己含辛茹苦的件件往事，希望孩子早点死；与邻居斗气，邻家有跛子就骂孩子的腿，有瞎子就骂孩子的眼睛；与小姑子斗气，就骂孩子是野种、长大是野男人……反正村子里经常骂声不断，搞不清谁挨骂或是谁不挨骂。在我后来发表研究淮北的文章招致无数谩骂和辱骂时，我才意识到当年村中的骂人者是为我好，从小就在我身上植入了抗骂基因。

每年家中总有一段时间断顿。母亲与一位远房祖母做朝牌（一种烤饼）卖，她们把小麦磨成85%的细白面粉、10%的粗黑粉、5%的麸皮。细白面粉是做炒牌卖给别人吃的，粗黑粉与麸皮就是利润，留下供家人食用。她们要躲着市管会（工商所的前身）的"干部"，否则，炒牌会被没收。她们还要躲着国营和集体饭店的师傅，因为她们的朝牌又白又热乎，严重地影响了饭店的生意，饭店的师傅常把她们的摊子踹翻。由于干部们说做生意就是投机倒把，必须打击，每次看到母亲去卖朝牌，我在同学面前就有抬不起头的感觉。学期末，被评为"三好生"时，我总是万分纠结要不要大义灭亲，向大队或老师举报母亲的"投机倒把"行为。

盼望过节，盼望外公。

盼来节日，可以吃顿肉。猪肉白米饭是节日庆典的全部，是忍受一两个月饥饿的煎熬和馋虫的噬咬才等来的。

盼来外公,可以吃几天粗粮饱饭。外公和外婆家均曾是东海南部地区的富户。民国年间,由于土匪的绑票,家道已开始中落,到1949年后,家中土地全部被没收。外公做过私塾先生,人品学问深受当地人的推重,土地改革时因此没有受到虐待。外公与外婆共生育6个孩子,因跑反、疾病等,仅我母亲一人存活下来。而我外婆的父亲是当地的名医。

外公有时荷着担子,有时推着车子,不断把吃糠咽菜省下的玉米、小麦等口粮送到我家。那时,父亲患有严重的肾病,曾被淮阴专区医院诊断为不治。外公不嫌不弃,用中药为父亲治疗。为了配齐药方,经常携带一些冷煎饼,步行数百里,前往海州、淮阴等地购药。精诚所至,金石为开。在他的治疗下,父亲终于战胜沉疴。

我很向往到外公家去。他的家,黄土筑墙茅盖顶,门前一棵紫荆花。尽管房子很小,但总予人一尘不染之感。院子里种满许多花木,印象最深的是紫荆和葡萄,还有其他各种各样的果树。在他在世时,我共去过两次。不过,那时白面馒头比鲜花对我的诱惑更大。在他家中,无须干任何农活,却可以吃上饱饭,他还教我四书五经、千家诗,给我讲诗词韵律等。那时,我从不关心两位老人的钱、粮从何而来,只关心自己能吃饱。

宣传队、学校老师、大道小路边的大喇叭、每家屋檐下的小广播日夜宣传,村中到处是鼓舞人心的标语。我当时坚信,我们不久就会像大寨或是江南那样,每天能吃上一顿饱饭。县里派下的工作组斗志昂扬、立场坚定地下令把即将成熟的小麦翻作绿肥,用来种稻子,以"赶江南"。结果,被水浸泡的小麦发了芽,平整稻田时重新翻上来的麦秸堆积如山,麦子毁了,稻子却也无法种植。那一年,一个劳动日折合4分钱人民币,一个壮劳力即使干上300天,也只能挣12元钱。秋收分配时,整劳力分得的口粮为9斤。到冬季,有的乡亲开始了讨饭。

经常听到有人自杀的消息,意外死亡者均被葬在村西南的一块田地中。据说这些屈死的鬼魂是不能进入阴曹地府的,他们会把怨恨发泄到活人的身上。有几位在这里干活的妇女被鬼"祟"了,发病时竟然讲着她们平时根本不会讲的山东话或是别处方言。

村中的漂亮姑娘一个个嫁到了外地。后来知道,她们有的嫁给了河南的矿工,有的嫁给了城中的瞎子,有的嫁给了吃国家粮(城镇户口)的傻子,有的嫁给了国营农场的二流子……这深深地教育了我!比这么多年所有思想政治老师加在一起对我的教育效果要好得多:要想娶漂亮姑娘,必须把自己的农村户口变为城镇户口。这也是我后来认真学习、并能考上录取率仅有4%的"一本"的原因。

我成了村中第一位大学生、硕士生、博士生、博士后、大学教授。乡邻和亲友对我寄予了无数的厚望。他们的车子被交警处罚、邻里发生冲突、孩子想转学、去派出所改名、在省城缺路费、想买真文凭、与别人打官司、写不出论文、想进南大读书、与乡镇政府有纠葛、就业找工作、盖房子缺钱、做生意缺钱、娶亲缺钱……都会找我帮忙。所有需要我帮忙的事,概括起来只有两条,一是要钱,一是要关系,而我平时最缺的就是这两样东西,只能让他们一次次地失望而归。

我成了村中无能者的代名词,成了读书无用论的活典范。

许多在外见过世面的人,回家绘声绘色地描述外面的精彩世界，引来许许多多的崇拜者，亲友们争相宴请，以之为荣。就是刑满归来者，也可自豪地给村民们带回大量的奇闻异事，让乡亲们伸长了脖子，缩不回舌头。

一些原来对我抱有巨大希望的亲友，把我视为骗子、忘恩负义、狼心狗肺之徒；有人还编出各种各样的流言以泄愤。在村中，他们无数遍在我父母面前把我与某位在县城当交警、在某局开车的能人作对比，以彰显我的低能和呆蠢。

我绝非能人。在村中的能人们为大家带来许多实惠之时，我自然无力、也不敢奢想望其项背。只想做一件自己力所能及的事，这当然是不能为任何村民带来实际利益的虚事。于是，最近二十五年里，我始终把淮北作为研究对象，多次勒紧腰带，独自一人，深入僻乡偏壤，做田野调查，搜集各种各样的资料和数据。在某乡村，我曾无缘无故地遭半村人围殴。后来某位在该地当领导的老乡告诉我，他们那个局的"每个处长都被揍过"，我终于明白原来我也曾享受过处长级待遇。

我发表淮北人在江南的小文章，有些仅看了标题和提要的淮北网友，随即展开了谩骂，认为我贬低了淮北人的形象。我的关于淮北初夜权问题的文章发表后，似乎大江南北自认为学识宏富的网友多加入了骂阵，且不断地推出"谩骂升级版"：辱骂、构诬、编造流言、无厘头的"商榷"，甚至有人热血沸腾、壮怀激烈地扬言要除掉我这个苏北败类！我在某个学术论坛发表对淮北女性节烈的看法后，当晚竟梦见自己被一胖女鬼翻山越岭、跨海渡江地整整追杀了一夜，到了早晨尚疲惫不堪，冷汗未干。这似乎告诉我：讲淮北真话，连鬼都不容！

子夜以手扪胸，我怎敢否认，以前的"研究成果"总有这样或那样的"水分"。但我对淮北的研究，绝不是为了增加某项指标或"成果"，而是实实在在地说着自己内心认为必须要说的话，绝不说自己内心不想说的话。

即将呈奉给读者的，就是我十多年研究的些许收获。不奢望不挨骂，惟愿这一地域能引起真正的方家的关注。若能如此，无论怎样罪我、骂我，我均感欣慰。

祝福故乡，祝福整个淮北早日摆脱贫困！

2009年11月初稿
2020年10月修订

让 思 想 流 动 起 来

官方微博：@壹卷YeBook
官方豆瓣：壹卷YeBook
微信公众号：壹卷YeBook
媒体联系：yebook2019@163.com

壹卷工作室
微信公众号